한국현대철학사

한국현대철학사

갑오개혁부터 1980년까지

초판 1쇄 발행 2025년 9월 1일

지은이 안건훈

펴낸곳 서울대학교출판문화원
주소 08826 서울 관악구 관악로 1
도서주문 02-889-4424, 02-880-7995
홈페이지 www.snupress.com
페이스북 @snupress1947
인스타그램 @snupress
이메일 snubook@snu.ac.kr
출판등록 제15-3호

ISBN 978-89-521-3210-9 93100

한국현대철학사

갑오개혁부터 1980년까지

안건훈 지음

physica

philosophia

metaphysica

logica

ethica

mathematica

서울대학교출판문화원

머리말

사람들은 보다 확실한 것을 추구하거나 완전성에 이르려는 지적인 모험을 즐긴다. 이런 지적인 모험은 언제, 어디서나 이어져 왔다. 이런 마음에서 지혜를 사랑하는 활동도 함께 나타났다. 예로부터 도학(道學)이나 성리(性理)란 말도 있었고, 조선 시대에는 성리학이 중시되었다. 이황과 같은 학자는 이런 사색활동을 '궁리(窮理)'라 하면서 중시했다. 1920년대 이관용(李灌鎔)은 그런 특징을 지닌 근본학을 '원학(原學)'이라 일컬으며, 이런 것을 추구하는 원성(原性)에 인류가 무한히 발전할 큰 희망이 은재(隱在)한다고 했다.

수 세기 전, 특히 조선 시대 후기에 접어들어 천주교나 서학이 전해지고, 일부 유학자(儒學者)나 한학자(漢學者)들이 새로운 외국 문물을 접함에 따라 사색 활동은 더욱 증대되었다. 국내에서는 실학이 많은 학자의 관심을 자아내던 시대였다. 실학의 형성이나 청나라를 통해 간접적으로 알려진 서구의 과학 지식을 포함한 문물은 이와 같은 지적인 모험을 더욱 촉발시킨 또 하나의 계기가 되었다. 한국의 현대철학은 그런 토양과 어우러짐 속에서 싹텄다. 역사는 흐름이다. 단절이 아닌 연속적인 이어짐 속에서 형성된다.

'현대'라는 개념은 애매성(ambiguity)이 있다. 둘 이상의 의미로 사용되는 경우가 많기 때문이다. 문제는 현대라는 용어가 모호성(vagueness)도 지닌다는 점이다. 그 개념이 적용되는 경계가 명백하지 않은 채 사용되기 때문이다. 개념 자체가 모호할 뿐만 아니라 사용자도 모호하게 사용한다는 점에서 더욱 그렇다. 그래서 가능한 한 명확한 정의를 시도하거나 후속되는 서술을 통해 현대라는 개념이 지닌 애매성을 제거하고 모호성을 감소시킬 필요가 있다.

필자는 한국철학사에서 현대라는 개념을 갑오개혁(1894~1895), 독립협회 결성(1896), 대한제국(1897)이 출발하던 때와 관련짓는다. 이 시기에는 갑오개혁, 동학농민전쟁을 거치면서 자주와 민권을 위한 노력과 더불어 새로운 사조를 향한 계몽운동이 싹텄다. 여러 학교의 설립과 더불어 국한문 혼용 교과서가 간행되었고, 한글 신문이 발행되었을 뿐만 아니라, 학계에서도 논문과 책이 한글 또는 국한문 혼용으로 쓰이기 시작했다. 또한 『독립신문』과 같은 한글 신문도 나타났다.

그런 시대상황 속에서 필자가 이 책에서 다루는 자료는 주로 우리나라 사람이 우리글로 쓴 것이다. 아울러 우리나라 사람이 외국에서 외국어로 발표한 자료들도 다룬다. 이 책에서는 철학의 내용을 서양철학, 동양철학 등으로 구분하기보다 철학의 분야나 담론별로 정리한다. 철학을 지리나 역사처럼 지역적으로 나누어 살피는 것은 원칙상 확실성 추구로서의 철학 정신과 부합하지 않을뿐더러, 편의상 그렇게 나누더라도 애매성과 모호성이 여전히 깃들어 있기 마련이기 때문이다. 철학자들은 대체로 자연 전체나 인류 전체를 탐구 대상으로 삼지, 일부 지역이나 사람을 대상으로 하지 않는다. 학문으로서의 철학은 개별성이나 특수성보다 보편성을 띤 진리를 탐구하는 데 더 관심을 둔다.

필자는 『한국현대철학사』를 편의상 크게 제I부와 제II부로 나누어 관련된 자료들을 모으고 그것에 근거해 서술한다. 제I부에서는 시기적으로 갑오개혁 즈음부터 해방 전까지의 내용을 다룬다. 독립협회와 대한제국 성립에서 일제강점기까지다. 그러니 조선이 저무는 시기와 일제강점기에 해당하는 철학이다. 주권 회복을 위한 투쟁과 함께 새로운 사조를 향한 계몽운동이 싹트던 때부터다. 철학이란 말이 우리나라에 등장한 때이기도 하다.

제II부는 광복 후에서 1980년 7월 30일 교육개혁 때까지를 다룬다. 해방 이후 사회적 혼란, 남북 분단, 6·25전쟁, 4·19혁명, 유신 등을 거치는 과정에서 학자들이 발표한 논문이나 출간된 책들을 다룬다. 이 시기에는 국내 주요 대학교에 철학과가 창설되고, 『철학』(한국철학회), 『철학연구』(철학연구회), 『哲學硏究』(대한철학회) 등 학회에서 발행한 학술지뿐만 아니라 몇몇 대학교 철학과에서 펴낸 학술지가 모습을 드러냈다.

철학이란 개념은 희랍어 'philos'와 'sophia'의 합성어에서 비롯되었다. 'philos'는 'eros'와 동의어로 사랑을 의미하며, 'sophia'는 지혜라는 뜻이다. 그러니 그 합성어인 'philosopia'는 '지혜에 관한 사랑'이란 뜻이며, 줄여 말하면 애지(愛智)다. 철학의 경계를 정하기는 매우 어렵다. 지혜에 관한 사랑을 통해 얻을 수 있는, 다시 말해 확실성을 향한 탐구를 통해 얻을 수 있는 모든 것과 관련되어 있기 때문이다.

이런 점에서 보면, 유길준(兪吉濬)이 1895년 4월 『서유견문(西遊見聞)』에서 철학의 의미와 특성을 밝힌 부분은 매우 의의가 있다. 개화기 때 사람인 그는 중국 외 다른 나라의 선진 문화에 관해서도 관심을 가졌다. 그는 『서유견문』 13편에서 '지혜에 관한 사랑', '보다 완전한 것, 보다 확실한 것에 도달해 보려는 인간의 끊임없는 애지활동'을 뜻하는, 철학의 원래 개념을 우리나라에서 초창기에 사용했다.

역사는 (i) 이미 지난 과거에 속하는 세계에서 일어난 사건들과, (ii) 쓰인 역사(역사 서술)를 가리킨다. 과거 사건들에 관한 문서가 역사의 중심을 이루지만, 자료 선택은 역사가의 평가 작용인 '선택하는 눈'에 따라 많이 좌우된다. 서술에서도 역사는 '사실(事實)에 근거하지만 널리 인정되는 판단들의 묶음'이나 이런 것을 향한 탐구에 영향을 받는다. 그래서 한국현대철학사에 포함되는 자료들을 찾아내고, 역사 서술에 도움이 되는 자료들을 선택해 엮는 것은 보통 일이 아니다. 철학에서의 영역은 좁게는 철학사, 방법론, 형이상학/존재론, 인식론/지식론을 그 핵심 분야로 들 수 있다. 그러나 범위를 좀 더 넓히면 논리학과 가치론(윤리학, 미학 등)이 포함되고, 더 넓히면 신앙이나 사상과 관련되어 있는 유학, 도학, 불학과도 상당히 중첩된다. 물론 개별 학문과의 관계에서 다루어지는 분과철학들도 포함된다. 이런 상황 속에서 필자는 철학의 범위를 비교적 넓은 의미로 정하면서 이 책의 서술을 계획했다.

필자는 『한국현대철학사』를 펴내면서 다른 철학사에서 흔히 찾아볼 수 있는 형이상학·인식론 중심의 철학, 인물 중심의 철학사에서 벗어나고 싶었다. 따라서 제I부에서는 갑오개혁 즈음부터 일제강점기를 거쳐 광복 전까지를 다루는 '간추린 철학사(1)'에 이어, 철학에서의 일반 부문으로 방법론, 형이상학(존재론/우주론)과 인식론(지식론), 논리학(진)·윤리학(선)·미학(미)을 다룬다. 이어서 개별 학문과의 관계에서 나타나는 특수 부문으로 과학철학/자연철학, 교육철학/교육사상, 불교철학(불학), 비교철학, 사회철학/정치철학, 생철학/실존철학, 심리철학, 역사철학/역사관, 유학, 현상학(이상 가나다순)을 다룬다. 유교와 불교보다는 유학과 불교철학(불학)이라는 용어를 사용하면서 학문적·철학적인 측면에 무게를 둔다.

한편, 제II부는 1945년 광복에서 1980년 교육개혁까지의 철학사를 다룬 '간추린 철학사(2)'를 포함해, 철학에서의 일반 부문으로 방법론, 형이상학과 인식론, 논리학과 가치론(윤리학·미학)을 다루고, 분과철학과 더불어 철학적 주요 담론들도 다룬다. 개별 학문과의 관계에서 나타나는 분과철학으로는 과학철학, 교육철학, 기독교철학, 노장철학, 문화철학, 법철학, 불교철학(불학), 비교철학, 사회철학/정치철학, 생철학/실존철학, 수리철학, 실학, 심리철학, 언어/분석철학, 역사철학/역사관, 유학, 종교철학, 철학적 인간학, 해석학, 현상학(이상 가나다순)을 다룬다. 제II부에는 제I부에서 취급하지 않은 분과철학들도 있다. 제I부에 해당하는 시기에서는 그런 것과 관련된 자료들을 찾지 못했다.

제II부에서는 제I부와 달리 이 시기에 있었던 주요 담론 주제(개념)들도 다룬다. 제II부에서 다루는 주요 담론으로는 기술/설명, 대승기신론(大乘起信論), '부정(否定)'의 적극적인 면, 생명, 성(誠)과 경(敬), 시간과 공간, 심신동일론, 유교 공죄론(功罪論) 논박, 이기론/사단칠정론, 이해, 인과성, 인물성동이론, 자아동일론, 자유/자유의지, 정의/공정, 진리,

천(天)과 도(道), 학문의 보편성과 특수성(이상 가나다순)이다. 이어서 시대 상황에 따른 학풍과 더불어 창의적인 견해나 모습들도 정리한다.

필자는 1976년 가을부터 대한민국학술원 사무국에서, 학술원이 발행하는 『학술총람』 11집 〈철학편(1901~1975)〉 출판을 위해, 수집된 원고 정리와 교정 일을 한 적이 있다. 그때 학술원 편집위원회에서 〈철학편〉 편집 책임을 맡은 분은 김계숙(金桂淑) 교수였다. 이 책을 편저 형태로나마 펴내려는 것은 〈철학편〉 원고 정리를 하면서 품었던 아련한 꿈을 부분적으로 실현하기 위해서다. 그 당시 학술원은 경복궁 안에 있었는데, 우아한 고전미가 흐르는 반(半)석조식 건물이었다. 뜰에는 국보인 석탑과 더불어 가을이 되면 잎이 샛노랗게 물드는 커다란 은행나무도 몇 그루 있었다. 필자는 그때 수집된 원고들을 접하면서 개화기 이후 한국철학의 역사에 어렴풋이 눈떴으며, 훗날 이와 관련된 글을 써보고 싶었다. 그 후 49년이 지난 이제야 서울대학교출판문화원의 도움으로 그 꿈을 실현하게 되었다.

필자는 『한국현대철학사』를 서술하면서 다른 철학사에서 흔히 찾아볼 수 있는 형이상학이나 인식론 위주의 철학, 인물 중심의 철학사에서 벗어나고 싶었다. 필자가 소장하고 있는 러셀(Bertrand Russell)의 『서양철학사』(1945년판), 듀랜트(William Durant)의 『철학이야기』(1953년판), 번역서인 램프레히트(S. P. Lamprecht)의 『서양철학사』(김태길·윤명노·최명관 옮김), 풍우란(馮友蘭)의 『중국철학사』(1952년판)를 보면서 서술 체계를 구상하기도 했으나, 그들과 다른 모습으로 책을 엮었다. 한 예로 분과철학을 통해 독자들이 관심 분야를 보다 쉽게 찾아볼 수 있도록 했다.

『한국현대철학사』는 주로 출판된 책, 전문 학술지에 발표된 논문이나 학위논문들을 모아 분류, 정리하는 데 힘을 기울였다. 그러나 이런 사료들을 통해 철학의 흐름을 파악하고, 그런 흐름 속에서 특히 중요한 논문이나 저서가 어떤 것인지 가려내는 일은 힘든 작업이었다. 사실에 근거해 서술하되 어느 것이 보다 중요한지 평가 내리면서 서술해야 하기 때문이다. 게다가 초기에 출판된 것들 가운데 상당수는 자료

조차 찾아내기 힘들었다.

이런 시대적인 배경 속에서 필자가 이 책에서 다루는 내용은 우리나라 사람들이 쓴 자료가 주류를 이룬다. 철학적인 주제를 다룬 논문이나 저서들을 찾아 그 내용을 엮는 일에 초점을 맞추었다. 철학사에 등장하는 개별 철학자들의 견해를 다른 사람들이 되풀이해 연구하는 경우에는 선별해서 서술했다. 중복된 서술을 피하기 위한 편의적 조치다.

철학에서의 방법론을 체계적으로 다루는 일과 더불어, 한국현대철학사를 어떤 방법으로 펴내야 할지에 관해선 계속적인 숙고가 필요하다. 여기서는 우선 자료를 중요시하면서 발표된 논문, 출간된 책들에 근거한다. 논문이나 책들의 내용을 시대순 혹은 분야별로 소개하면서 말이다. 이런 상황에서 분과철학 가운데 비교철학(II부의 경우)과 역사철학이 다른 부분에 비해 비교적 많이 언급된다. 비교철학은 두 사상이나 견해들을 다루고, 역사철학은 역사관까지 다루기 때문이다. 실학은 편의상 유학 부문에서 독립해 별도로 정리한다. 이 책에서는 철학 자료들을 가능한 한 분류해서 정리하지만, 어느 곳에 넣어야 더 좋을지 경계가 모호한 경우도 많다.

필자의 바람은 독자들이 이 서서를 통해 한국현대철학의 전체적인 발자취를 더듬어 보면서, 관심 분야의 전례로는 어떤 것들이 있는지 알게 하는 것이다. 끝으로, 1976년 필자에게 『학술총람』 11집 출판에 참여할 기회를 주신, 지금은 고인이신 김계숙 교수와 한기언 교수께 고마움을 전하고 싶다. 특히, 막내아들인 필자에게 큰 힘이 되어 주신, 지금은 이 세상에 안 계신 어머니가 사뭇 그립다.

2025년 5월 8일

안건훈

차례

제II부
해방에서 1980년 교육개혁까지

제1부

갑오개혁 무렵에서 해방까지

1장

간추린 철학사(1)

현대의 출발점인 개화기에는 민족에 대한 사랑과 더불어 서구의 새로운 사상을 알려는 경향이 강하게 움텄다. 쇄국의 틀에서 벗어나 깨어나려는 백성들에게서 나타난 아래로부터의 자연스러운 소리이기도 했다. 그동안 제대로 대접받지 못한 부녀자들이나 서민들이 주로 사용해 오던 국어에 관한 관심과, 중국을 넘어선 서구 문화에 관한 관심 증대 등이 그런 경우다.

이런 경향은 서재필(徐載弼, 1864~1951)과 주시경(周時經, 1876~1914)에 의해 주도적으로 발행되었던 『독립신문』[1]의 장간과 성격에도 잘 나타나 있다. 『독립신문』은 서재필의 민주주의 사상과 주시경의 민족주의 사상이 결합해 발행된 것으로, 책임자는 서재필이고 부책임자는 주시경이었다. 서재필은 사장 겸 주필(主筆)로 있으면서 국문판 논설과 영문판 사설을 맡고, 주시경은 조필(助筆)로서 국문판 편집과 제작을 담당했다. 신문 1권 1호의 한글 논설에서도 밝혔듯이 국문 전용을 내세

1 『독립신문』은 1896년 4월 7일 창간해, 1899년 12월 4일 4권 278호로 종간호를 냈다. 창간 당시는 4면으로 된 가로 22cm, 세로 33cm의 타블로이드판이었고, 화·목·토요일에 각각 발행되었다. 3면까지는 일반 대중이 읽고 이해하기 쉬운 국문판, 4면은 국내에 있는 외국인들이나 외국에 보내기 위해 영문판으로 편집되었다. 처음에는 300부, 나중에는 3,000부씩 인쇄되었다. 한국 현대사의 특징이라 할 수 있는 국문 전용, 국문 띄어쓰기를 실행에 옮겨 우리 겨레의 말과 글의 발전에 크게 기여했다.

워 많은 사람이 읽을 수 있게 했다. 이들의 노력으로 '자유', '천부인권', '법치주의', '최대 다수의 최대 행복' 등의 사상이 소개되고, 우리글의 중요성이 강조되었다. 훗날 1910년대에 이르러 언문이나 국문이란 이름 대신 한글이란 이름이 주시경에 의해 사용되기 시작한 것도 이런 맥락에서 이해할 수 있다.

이처럼 민주주의와 민족주의 사상이 점차 퍼져 나가던 시절, 처음에는 필로소피아란 이름으로, 나중에는 철학(哲學, philosophy)이란 이름의 학문이 우리나라에 소개·전파되었다. 이에 이 책에서는 그런 이름의 학문이 우리나라에서 어떻게 전개되었는지 정리한다. 철학 각 분과에 따라 주로 연대순으로 정리하지만 경우에 따라서는 인물이나 담론을 중요시하기도 할 것이다. 이 책에서는 1894년 갑오개혁 무렵에서 1945년까지 나타난 글 가운데 논문 형태나 저서로 출판된 것을 중심으로 한다. 1976년 학술원에서 펴낸 『학술총람』 11집 〈철학편(1901~1975)〉이 많은 도움이 되었다. 그 책은 주로 20세기 들어 1975년까지 국내 학자들에 의해 발표되거나 출판된 것을 연대순으로 정리한 철학 관련 자료집이다.

그러나 갑오개혁에서 해방 전까지 철학 관련 모든 서술들이 철학사를 이룰 수는 없다. 기록된 문서가 역사를 이루지만 역사에서의 사실은 역사를 쓰는 사람의 평가 작용인 '선택하는 눈'에 따라 많이 좌우되기 때문이다. 그렇다고 해서 역사를 서술하는 사람의 주관적인 평가에 너무 무게 중심을 둬도 안 된다. 그래서 역사는 '사실에 기본하기는 하나, 널리 인정되는 몇 가지 판단들의 묶음이나 이런 것들을 향한 탐구'[2]라 할 수 있다.

역사에서 서술 방법은 그 대상을 어디에 둘 것인가에 따라 크게 거시사(macro historical level analysis)와 미시(micro)사로 나뉜다. 거시사에 따

---

2 '역사'라는 용어의 어원은 '탐구'라는 뜻을 지닌 희랍어 'historia'이다. 그래서 역사라는 낱말이 지닌 뜻은 '조사', '문의', '탐구'이기도 하다(안건훈, 2007: 17-18).

른 접근 방법은 정치·경제·사회적 상황과의 관련을 중시하면서 역사를 다루는 경향이 짙고, 미시사에 따른 접근 방법은 개인들의 구체적인 삶과 그에 관한 이야기에 더 관심을 둔다. 이런 점에서 갑오개혁 무렵에서 해방 때까지의 서술은 그 시기에 우리 겨레가 겪은 일들과 관련지으면서 서술할 수밖에 없다. 그래서 여기서 다루는 철학사도 큰 틀에서는 거시적인 접근 방법에 근거하되, 구체적인 내용에서는 학자들의 연구 결과에 무게를 두면서 서술하는 미시적인 분석을 병행한다.

1. '비록소비아(斐錄所費亞, Philosophia)'란 낱말과 뜻의 유래

1) '비록소비아'란 낱말의 등장

'철학'이란 말은 '필로소피아(philosophia)'[3]의 우리말 옮김이다. 우리보다 먼저 서양 문물을 적극적으로 받아들이던 일본에서, 1860년대에 니시 아마네(西周)가 '애지학(愛智學)'이란 뜻을 지닌 필로소피아를 '철학(哲學)'으로 번역해 사용하던 개념이 그 후 중국 학계에서도 사용되다가, 우리나라에 전해진 것으로 알려져 있다. 그는 외국에서 사용하는 수많은 학술 용어를 한어(漢語)로 새로 만든[造語], 그 당시 근대화를 지향하는 사상가였다. 우리나라의 경우 필로소피아라는 개념 자체는 조선 시대 후기 저서 이곳저곳에서 나타난다. 예를 들면 신후담(愼後聃, 1702~1761)[4]의 경우, 그가 서학(西學)을 비판하기 위해 1724년 펴낸 『서

3 'philosophia(愛智, 철학)'라는 말은 '사학의 아버지'라고 일컬어지는 헤로도토스(Herodotos, 484~425B.C.)에서 비롯되었다. 그런데 그는 'philosophia'보다 'philosophein(지혜를 애구하면서)'이라는 동사형을 썼다고 전해진다.

4 신후담은 1702년 한양 동부에서 태어났으며, 휘(諱)는 후담(後聃), 자(字)는 이로(耳老), 호(號)는 하빈(河濱) 또는 돈와(遯窩)이다. 23세 때인 1724년에 처음으로 성호(星湖) 이익(李瀷, 1681~1763)을 찾아뵌 뒤 스승으로 모셨다. 그때 성호는 그에게 『근사록(近思錄)』을 권했다. 성호는 그에게 서학(천주학)에 관해서도 언급했다. 이것이 계기

학변(西學辨)』에서, 중국에서 들어온 『직방외기(職方外紀)』를 소개하는 과정에 외국의 중학교 교육과정을 다루는데, 이때 필로소피아라는 개념이 등장한다(최동희[5], 1995: 259).

> 중학교는 이치를 배우는 단계라고 하며 세 과정이 있다. 첫해는 낙일가(落日加)를 배우는데, '바르고 그름을 따지는 법'이다. 2학년에서는 비서가(費西加)를 배우는데, '성리(性理)를 살피는 법'이다. 3학년에서는 묵달비서가(黙達費西加)를 배우는데, '성리를 넘어선 것을 살피는 학문'이다. 이 셋을 모두 합쳐서 비록소비아(斐錄所費亞)라고 부른다.[6]

이 글에서 비록소비아는 필로소피아를 가리킨다. 비록(斐錄)을 한자로 비록(斐祿)으로 나타내기도 한다.[7]

그 후 우리나라에서 문헌적으로 필로소피아(斐祿所費亞, Philosophia)라는 용어가 발견된 것은 이가환(李家煥, 1742~1801)이 소장했다는 『서학범(西學凡)』이다. 이가환은 천주교 탄압 사건인 신유박해 때 희생된 사람이다. 그의 집에 그 책이 있었다는 것으로 볼 때, 그도 필로소피아라는 학문과 그 내용을 알았을 것으로 여겨진다. 그 책은 선교사인 애유략(艾儒略, Giulio Aleni)이 지은 것으로, 서양의 학문을 체계적으로 소개

가 되어 신후담은 서학에 관한 문헌들을 얻어 연구하고, 이 서학을 사학(邪學)이라고 비판하는 『서학변』을 지었다(최동희, 1995: 59, 64).

5 최동희(崔東熙)는 함경남도 북청 출신으로 고려대 철학과 졸업 후 같은 대학에서 「신후담/안정복의 서학비판에 관한 연구」로 박사학위를 취득했다. 고려대 교수를 역임했으며, 저서로 『천도교』(원광대-종교문제연구소, 1976), 『동학의 사상과 운동』(성균관대출판부, 1986), 『서학에 대한 한국실학의 반응』(고려대 민족문화연구소, 1995) 등이 있다.

6 '낙일가', '비서가', '묵달비서가', '비록소비아'는 logic, physics, metaphysics, philosophy를 각각 뜻하는 라틴말을 한자로 표기한 말이다(최동희, 1995: 259).

7 최동희의 『서학에 대한 한국실학의 반응』(고려대 민족문화연구소, 1995)에는 斐錄所費亞로 표기되어 있고(259), 열암기념사업회의 『박종홍전집 V』(민음사, 1998)에는 斐祿所費亞로 나타나 있다(244).

하고 있다. 애유략은 학문을 문과·이과·의과·법과·교과(敎科: 교황이 정한 법도를 다루는 것)·도과(道科: 신학)로 나누고, 문과는 수사학을 하는 것, 이과에 속하는 필로소피아는 이치를 밝히는 것으로 각각 소개했다. 그는 필로소피아를 다시 로지카(Logica, 落日加: 논리학)·피지카(Physica, 費西加: 물리학, 자연철학)·메타피지카(Metaphysica, 黙達費西加: 형이상학)·마테마티카(Mathematica, 馬得馬第加: 수학)·에티카(Ethica, 厄第加: 윤리학)로 나눴다. 이어서 필로소피아에 관해 말하면서 아리스토텔레스(Aristoteles, 亞理斯多)를 특히 높이 평가했다(『박종홍전집 V』, 1998: 243-244). 이처럼 18세기에 중국에서는 필로소피아란 학문이 책들에 등장했다.

개화기 사상가 가운데 최한기(崔漢綺, 1803~1877)처럼 비교적 현대적인 관점에서 자기 견해를 내세운 학자도 드물다. 그는 당시 중국에서 발행된 서구 사상과 관련된 책들을 읽고 조선 실학의 철학적 이론을 개척하는 데 힘썼다. 최한기는 중국의 위원(魏源, 1794~1856)이 지은 『해국도지(海國圖志)』, 서계여(徐繼畬, 1795~1873)의 『영환지략(瀛環志略)』(1850년 간행)과 그 밖에 중국어로 옮겨진 서양 책들을 읽고 연구한 흔적이 있다. 그는 이런 책들을 통해 서구 사상의 영향을 받았다. 박종홍은 그의 사상 가운데 어떤 내용은 로크(John Locke)의 사상과 비슷하고, 어떤 내용은 베이컨(Francis Bacon)의 우상설(偶像說)과 상통하기도 하며, 오컴(William Occam)의 유명론(唯名論)에 해당하는 것 같다고 했다(『한국철학사』(한국철학회)(하), 1987: 382; 『박종홍전집 V』, 1998: 288-294). 그는 경험주의적인 인식론[8]의 바탕 위에서 과학적 철학사상을 수립해 나갔다. 그러나 그의 글들에서는 철학이라는 용어가 발견되지 않는다. 그는 철학이란 용어를 사용하면서 별다른 견해를 펼치지는 않은 듯싶다. 그가 펴낸 글들의 맥락에서는 그런 뜻이나 사상이 담겨 있지만 말이다.

8 박종홍의 「최한기의 과학적인 철학사상」(『박종홍전집 V』, 1998)에 따르면, 혜강(惠崗)은 경험의 성립 조건을 ①경험하는 주체, ②경험되는 객체, ③주체와 객체를 연결하는 매개체, 이렇게 셋으로 보았다. 그러면서 이 매개체를 감각기관으로 보았다(294).

2) '비록소비아'의 뜻풀이

우리나라에서 필로소피아란 학문의 뜻이 비교적 정확하게 소개된 것은 유길준(兪吉濬, 1856~1914)에 이르러서다. 이 무렵에는 필로소피아가 철학으로 옮겨져 사용되고 있었다. 유길준은 개화기 때 우리나라 사람으로는 처음 일본과 미국에서 공부한 사람이다. 일본에서는 1881년 6월 게이오기주쿠(慶應義塾)대학에 입학해 후쿠자와 유키치(福澤諭吉, 1835~1901)[9]의 집에 기숙하면서 그로부터 배웠다. 아울러 유길준은 일본에 진화론을 처음 소개한 도쿄대학 초빙 교수인 모스(Edward S. Morse, 1838~1925)의 강연회와 스펜서(Herbert Spencer, 1820~1903), 몽테스키외(C. L. Montesquieu, 1689~1755), 토크빌(Alexis de Tocqueville, 1805~1859) 등의 사상을 소개하는 곳에도 부지런히 참석했다. 그러던 중 임오군란으로 1883년 1월 귀국했다가, 같은 해 7월 정부에서 미국에 파견하는 사절단의 수행원으로 함께 갔다. 그는 미국에 간 뒤 유학생으로 남아 10개월 동안 오리건주 세일럼시의 박물관장이던 진화론자 모스의 개인 지도를 받았다. 그리고 더머 아카데미(Dummer Academy) 3학년에 편입하는데, 이 생활은 4개월로 끝났다. 우리나라에서 갑신정변이 일어났기 때문이다. 학업을 중단한 그는 유럽 여러 나라를 순방한 뒤 1885년 12월에 귀국했다.

이처럼 유길준은 일본의 후쿠자와 유키치, 미국의 모스에게서 직접 지도받은 뒤, 우리나라에 진화론을 소개했다. 그는 4년에 걸쳐 일본, 미국, 유럽에서 생활한 경험을 바탕으로 『서유견문(西遊見聞)』(1889)을

---

9 후쿠자와 유키치는 게이오기주쿠대학(慶應義塾大)을 설립한 공리주의적 계몽가로 니시 아마네(西周)처럼 서양의 앞선 문물을 받아들이는 데 적극적이었다. 사상적 측면에서는 다윈(Charles Darwin)의 진화론, 스펜서와 헉슬리(Thomas Huxley) 등의 사회진화론에 호의적이었다. 아울러 합리적인 자유주의 정신을 중요시하면서 일본이 버려야 할 구습을 타파하는 데 힘썼다. 미국과 서구를 다녀 온 뒤에 펴낸 『서양사정』을 비롯해 『신여대학(新女大學)』·『학문의 권유』 등의 책을 썼다.

저술해, 후쿠자와 유키치의 알선으로 1895년 일본 도쿄에 있는 교순사(交詢社)에서 간행했다.[10] 이 책은 국한문체로 쓰여, 훗날 이런 문체의 보급에 크게 공헌했다. 그 후 상당히 오랫동안 이런 문체가 신문이나 책·논문에서 주류를 이루었다.

『서유견문』은 모두 20편으로 되어 있는데, 13편인 「학업하는 조목(學業條目)」에서는 서양의 각종 학문을 소개하고, 철학 항목에서는 아래와 같이 철학을 국한문체로 정의했다(유길준, 1895: 329; 대한민국학술원, 1976: 85. 이후로는 대한민국학술원을 학술원으로 표기함).

> 此學[11]은 知慧를 愛好ᄒᆞ야 理致를 通ᄒᆞ기 爲홈인 故로 其根本의 深遠홈과 功用의 廣博홈이 界域을 立ᄒᆞ야 限定ᄒᆞ기 不能ᄒᆞ니 人의 言行과 倫紀며 百千事爲의 動止를 論定ᄒᆞᆫ 자라.

신후담이 1724년에 한문으로 된 『서학변』을 펴낸 지 171년 만이다. 유길준은 그의 책에서 철학에 관한 개념 규정과 철학의 탐구 대상에 관해 비교적 정확하게 소개했다. 그 책은 태서학술(泰西學術)의 내력에 관해서도 다음과 같이 서술했는데, 눈여겨볼 만하다(유길준, 329; 학술원, 85).

> 道德學에는 스크렛즈와 플네토의 諸人이며, 窮理學에는 아뤼스토털이란 말이 적혀 있으며, 英國의 베큰이 博洽한 지식과 宏傑한 才操란 말이 나와 있다.[12]

10 『서유견문』 초판(351면 국판)은 1895년 4월 1일 일본 도쿄의 교순사에서 간행되었다. 국내에서는 1971년 서울 일조각에서 출판되었다.

11 여기서 '此學'은 철학을 가리킨다.

12 이 글에 나오는 철학자 가운데 '스크렛즈', '플네토', '아뤼스토털', '베큰'은 각각 소크라테스, 플라톤, 아리스토텔레스, 베이컨을 가리킨다. 철학자들 이름에 관한 유길준의 우리말 표기법은 영어 철자와 발음에 따른 것으로 여겨진다.

위 글에서 알 수 있듯이, 그가 철학을 '지혜를 애호하여 이치를 통하려는 학문'이라고 한 것은 철학의 어원에 근거해 매우 정확하게 소개한 거라고 하겠다. 한편, '공용의 학(學)'이라는 개념을 통해 철학의 특성을 말한 것은 그가 공부할 당시 일본과 미국에서 널리 퍼져 나간 프랑스 계몽사상의 영향으로 여겨진다.

아울러 그가 우리나라에 소개한 진화론은 그 당시, 그리고 그 후 개화사상에 큰 영향을 주면서 사회적으로 많은 파급을 미쳤다. 더욱이 그가 진화론을 소개할 무렵에 터진 청일전쟁은 많은 지식인이나 일반인들에게 국제사회에서 약육강식이 어떻게 전개되는지 구체적으로 알게 했으며, 진화론에 관한 믿음을 확산시키는 데 큰 역할을 했다.

2. 한국현대철학의 싹과 그 전개

1) 유학자(儒學者)/한학자들의 서학(西學) 연구

유길준이 일본과 미국에서 공부하고 유럽을 여행한 뒤 펴낸 『서유견문』에서 철학에 관한 개념 규정과 철학의 탐구 대상에 관해 비교적 정확하게 소개했다면, 조선 말기 유학자인 이정직·이인재·전병훈의 경우는 중국에서 활동한 외국 선교사들이 한문으로 펴낸 서구 철학 서적들에 호기심을 갖고 연구했다. 한문으로 된 철학 저서 외에는 외국어로 된 철학책을 접할 수 없던 시기이기도 하고, 이들의 외국어 해독 능력이 한문에 국한되었기 때문이기도 하다. 이들은 중국을 통해 수집한 책들을 사용해 국내외에서 서구 철학을 연구했다. 그들은 하나같이 이런 책들도 학문의 발전을 위해서나 동서양의 조화를 위해 더 연구해야 한다고 강조했다. 아쉬운 점은 이런 저술들이 갑오개혁 이후에 출간됐는데도 일반인들이 이해하기 힘든 한문으로 되어 있어, 접할 수 있는 사람이 제한적이었다는 점이다. 이제 이들의 구체적인 연구활동에 관해 알아보기로 한다.

(1) 이정직의 『강씨(칸트)철학설 대략』

이런 일단의 학자 가운데 우선, 석정(石亭) 이정직(李定稷, 1841~1910)에 관해 살펴보자. 그는 전북 김제 출신으로 서구 철학자에 관해 어느 정도 체계적으로 연구한 최초의 학자다. 그는 1868년 연행 사절을 따라 베이징(北京)에 가서 신학문에 관심을 갖고 공부하면서 철학자들에 관해서도 언급했다. 그는 여러 분야에 걸쳐 책들을 저술했는데, 아쉽게도 동학농민운동 때 대부분 불타 버렸다. 지금 남아 있는 것으로는 『연석산방미정문고(燕石山房未定文藁)』 6책, 『연석산방미정문고별집(燕石山房未定文藁別集)』 2책 등[13]이 있다. 『연석산방미정문고별집』에는 베이컨의 철학과 칸트철학에 관한 글이 있어 흥미로운데, 「배근학설(倍根學說)」·「강씨철학설대략(康氏哲學說大略)」이 각각 그것이다.[14] 후자의 경우 「강씨철학설대략」이라는 글 이름에서도 알 수 있듯이 '철학'이라는 개념이 본격적으로 등장한다. 이것은 1903년에서 1910년 사이에 펴낸 글로 추정된다.

이정직은 『연석산방고』의 「미정문고 별집」에서 칸트를 한문식으로 강덕(康德)이라 표기하고, 「강씨철학설대략」이라는 글에서 칸트의 철학에 관해 무려 128쪽에 걸쳐 상세히 서술했다. 그 당시 시대상황을 감안한다면 매우 깊이 있게 다룬 것이다. 그는 칸트의 철학을 참으로 성(聖)하다고 하면서 높이 평가했다. 그는 칸트가 합리론과 경험론을 비

---

13 『간오정선(刊誤精選)』 1책, 『석정집(石亭集)』 3책, 『전가록(傳家錄)』 1책이 그것이다.

14 「배근학설」에서 배근은 베이컨을, 「강씨철학설대략」에서 강씨는 칸트를 각각 가리킨다. 「배근학설」, 「강씨철학설대략」은 중국의 량치차오(梁啓超, 1873~1929)가 그의 저서인 『음빙실문집(飮氷室文集)』에서 다룬 내용과 깊이 관련되어 있다. 양계초는 『음빙실문집』에서 「근대 문명의 시조 베이컨, 데카르트의 학설」이란 글을 썼고, 「근세 제일대철 강덕지학설(近世第一大哲康德之學說)」에서는 칸트에 관해 서술했는데, 이정직이 펴낸 글들도 양계초의 것들과 내용이 대체로 비슷하다.

판했다면서 3대 비판서인 『순수이성비판』, 『실천이성비판』, 『판단력비판』을 소개했다. 그는 칸트의 자유사상을 '순천리지자연사상(循天理之自然思想)'이라면서, 천리인 자연에 따르는 것이 참된 자유이며 유학에서 말하는 '본연지성(本然之性)'이라 했다. 이어서 "사람을 목적으로 대해야지 수단으로 대해서는 안 된다."라는 칸트의 주장은 인간의 존엄성을 드러내 보이는 것이라면서, '인(仁)'도 그런 경지에 있는 상태일 거라고 했다. 그래야만 칸트가 주장한 '영세태평지론(永世太平之論)'이 될 수 있다는 것이다. 아울러 이정직은 동양이니 서양이니 하면서 언급되는 견해들도 앞으로 더 연구하면 서로 조화될 수 있지 않겠느냐고 말했다 (『박종홍전집 V』, 1998: 284-285).

이처럼 그는 칸트의 철학을 「강씨철학설대략」에서 비교적 자세히 소개했다. 그는 다른 서구 철학자들이 주로 이론적인 면에 치중 해 연구한 것에 비해 칸트철학이 도덕처럼 실천적인 측면을 강조한 것을 눈여겨보면서, 그런 관점이 중국 유학자들과 비슷하다고 했다. 그는 "칸트는 유학자의 화신(化身)이 서양에 가서 빼어난 것이 아니냐."라고 언급하기도 했다. 아울러 그는 칸트의 철학사상을 중국 철학 중에서 특히 주자학과 비교하는 데 관심을 가졌다(284-285). 이런 점에서 그의 글은 우리나라에 서구 철학자를 비교적 자세히 소개한 첫 사례에 해당한다. 따라서 중국 이외 철학자 가운데 우리나라에 처음 자세히 소개된 서구 철학자는 칸트라 하겠다.

우리나라에서 서구 철학을 본격적으로 소개하며 평한 사람이 이정직이라면, 철학을 교육기관에서 처음으로 가르친 것은 1855년 가톨릭 신학교였다. 대학이나 전문학교에서는 1906년 평양 숭실학당에 대학부가 설치되고, 철학개론·논리학 등의 강의가 시작되었다.

(2) 이인재의 『철학고변』

우리나라에 고대희랍철학을 처음으로 소개한 사람은 이인재(李寅梓,

1870~1929)[15]다. 이인재의 자는 여재(汝材)이고 아호는 성와(省窩)로, 경상북도 고령군에서 태어났다. 당시 석학 면우(俛宇) 곽종석(郭鍾錫)의 문하에 들어가 유학을 공부했다. 곽종석은 이진상(李震相)의 제자로 퇴계(退溪) 이황(李滉, 1501~1570)의 사상을 계승하는 주리론자였고, 이인재 또한 그랬다.

유학자이자 한학자인 이인재는 그의 스승인 곽종석에게 보낸 글에서 "서양이 그처럼 흥(興)한 것은 반드시 연유하는 바가 있을 것이라 여겨져 그 근본을 궁구(窮究)하려 한다."라고 했다. 서양이 그렇게 일어나기까지는 정치만 한 것이 없겠기에 헌법·행정 등의 책을 연구해 보니 그 원류가 모두 철학에서 왔음을 알게 되어 철학책부터 읽었다는 것이다. 그 결과, 그는 1912년에 고대희랍철학을 비판적으로 소개한 『희랍고대철학고변(哲學攷辨)』을 출판해 그 첫선을 보였다. 『철학고변』은 우리나라에서 희랍의 고대철학을 다룬 최초의 책이다. 한문으로 된 이 책은 고대희랍철학의 소개와 더불어 유학의 관점에서 비판을 함께 담고 있다. 이인재는 이 책에서 철학은 논리학·형이상학·윤리학으로 되어 있다고 한 다음, '필로소피아(飛龍少飛阿)'[16]라는 것은 본래 희랍어로 '예지(叡智)를 좋아한다'는 뜻으로 이제는 '철학'이라 번역된다고 했다. 또한 철학은 삼라만상의 법리(法理)를 연구하며 사물의 원리와 존

---

15 이인재는 당시 신간 서적들을 탐독하던 가운데 서양의 발전이 철학에 토대를 두고 있음을 알고, 철학서를 살폈다. 이런 배경에서 일본인 이노우에(井上圓了)가 쓴 뤄바이야(羅伯雅)의 한역본 『철학요령(哲學要領)』(1902), 천평(陳鵬)이 한역한 프랑스인 리치뤄(李奇若, 원명 미상)의 『철학논강(哲學論綱)』 및 량치차오(梁啓超)의 『음빙실문집(飮氷室文集)』(1903)에 수록된 학설 등을 참고해, 1912년 『희랍고대철학고변』이라는 서양고대철학사에 관한 저술을 펴냈다. 지은 책으로 『성와문집』(1905)이 있다: 『박종홍전집 V』, 1998: 245, 424-434).

16 필로소피아는 한자로 斐祿所費亞(선교사 Giulio Aleni의 『서학범』), 斐錄所費亞(신후담의 『서학변』), 飛龍少飛阿(이인재의 『철학고변』)처럼 쓰이다가 나중에 '철학'으로 번역된다. 이어서 19세기 후반부터는 '철학'이라는 개념으로 일반화된다. 우리나라에서 처음 철학 계통으로 외국에서 학위를 취득한 이관용은 1923년에 철학보다 원학이란 용어가 더 적합하다는 주장을 펴기도 했다.

재를 찾아 풀이하는 것으로, 만상(萬像) 중 한 가지 이치[一理]만을 연구해 실용을 찾는 과학의 기초가 되는 것이므로, 백과(百科)의 학에 기초를 이룬다고 했다(『박종홍전집 V』, 1998: 428).

이인재는 아테네 전기 철학자인 탈레스(Thales, 廷禮, 624B.C.?~546B.C.?), 아낙시만드로스(Anaximandros, 亞那機曼的, 610B.C.?~546B.C.?), 아낙시메네스(Anaximenes, 阿那機蔑尼, 588B.C.?~524B.C.?), 아낙사고라스(Anaxagoras, 亞那機沙哥拉, 500B.C.~428B.C.), 피타고라스(Pythagoras, 畢達哥拉, 580B.C.~500B.C.), 크세노파네스(Xenophanes, 質諾非尼, 560/570B.C.?~470/480B.C.?), 파르메니데스(Parmenides, 仈蔑尼的, 515B.C.?~445B.C?), 제논(Zenon, 質諾, 490B.C.~430B.C.), 레우키포스(Leukippos, 柳西仈斯, 480B.C.~?)를 소개할 뿐만 아니라, 아테네기 철학자인 소크라테스(Socrates, 瑣格拉底, 469B.C.~399B.C.), 플라톤(Platon, 栢來圖, 427B.C.~347B.C.), 아리스토텔레스(Aristoteles, 亞里斯多德, 384B.C.~322B.C.), 그리고 스토아학파의 제논(Zenon, 士多亞質諾, 336B.C.~262B.C.)의 철학을 소개, 비판했다. 뒤에는 데카르트(René Descartes, 笛卡兒, 1596~1650)와 베이컨(Francis Bacon, 倍根, 1561~1626)에 이르는 서양철학사를 서술했다. 이인재는 데카르트와 베이컨을 근대철학의 시조로, 사상의 자유를 질식시킨 암흑의 중세를 벗어나 근대철학을 불러일으킨 사람들이라 소개하면서, 유럽의 정치·학술·문학·기예 등이 모두 희랍철학에서 생겨났으므로 희랍철학이 그 어머니 격이라고 했다. 『철학고변』은 그의 문집 『성와문집』에 수록되어 전해진다. 그의 스승 곽종석은 젊은 제자 이인재를 위해 이 책의 발문을 썼다(안종수, 2003: 324-325; 『박종홍전집 V』, 1998: 427-428).

이인재는 희랍고대철학을 소개하면서 비판을 하기도 했다. 탈레스의 주장에 대한 그의 비판을 보자. 탈레스는 물계(物界) 가운데 물[水]은 유동할 수 있고 정형(定形)이 없으며 질도 비교적 정밀하므로 물질의 으뜸으로 삼은 것이요, 심계(心界)는 동력·생력(生力)·지력(智力)의 3력이 있어 외계의 유형함에 비하면 보다 정밀하므로 이것을 내계의 정신이라 한다면서, 유형과 무형의 2종으로 원리를 나눴다. 이에 대해 이인재는 정신이라는 것은 기의 영묘한 작용을 가리키는 것인데, 탈레스는 그 기의 영묘한 까닭이 본연지리(本然之理)에 있음을 모르고, 또 유형과 무형으로 나누는데 기가 모여 형을 이루는 것인 만큼 형과 기를 2종으로 나눈 것은 기가 무엇인지 모르기 때문이라 했다(『박종홍전집 V』, 1998: 428-429).

그는 『철학고변』의 「사론(史論)」이란 글에서 희랍이 없었으면 구라파도 없었을 것이라면서 역사에서 희랍의 위치를 중요시했다. 100여 쪽의 서술 가운데 특히 플라톤에 관한 것이 35쪽, 아리스토텔레스에 관한 것이 46쪽에 이를 정도로 두 철학자에 관해 중점적으로 서술하였다. 그 가운데서도 아리스토텔레스를 학술을 집대성한 학자로 보면서 아리스토텔레스야말로 고대 문명의 대표자라고 추켜세웠다. 이처럼 이정직은 칸트를 높이 내세우고, 이인재는 아리스토텔레스를 높이 내세웠다.

한편, 이인재는 아리스토텔레스가 물질·형상·공인(工人)·목적이라는 4원인설을 주장한 것에 조심스럽게 우려를 나타내면서, 그 목적을 의리로 여기느냐 이익으로 여기느냐에 따라 큰 차이가 난다고 했다. 목적을 의리가 아닌 이익으로 삼는나면 군자는 그 도를 밝히는 것이 아니라는 것이다(432).

(3) 전병훈의 『정신철학통편』

유길준이 국한문으로 된 책을 펴내 보다 많은 일반인이 읽을 수 있게 한 것에 반해, 전병훈(全秉薰, 1857~1927)은 유학자인 이가환·이정직·이인재처럼 한문으로 된 철학책을 펴냈다. 전병훈은 베이징에서 살았고, 그의 책을 읽는 사람이 주로 중국인들이었기 때문인 것 같다. 평안도에서 태어난 유학자 전병훈은 조선 말기 부패한 관료들에 의해 부당한 취급을 받자 1907년 중국으로 망명해, 베이징에서 '정신철학사'라는 학관을 설립해 운영하는 한편, 1920년에 『정신철학통편(精神哲學通編)』을 펴냈다. 그는 이 책에서 우리나라 철학사상뿐만 아니라, 특히 도가의 양생론에 많은 관심을 보였다. 동서양의 철학을 심리학·도덕철학·정치철학 등으로 나누어 다루었는데, 한역 신간 서적들을 통해 그런 부분들을 연구했다. 그러면서 '철학이야말로 최고의 학술일 뿐만 아니라 원리 근본의 학'이라고 여겼다(『박종홍전집 V』, 1998: 252). 또한 그는 종교보다 철학이라는 말을 사용하면서 도교나 대종교가 담고 있는 사상도 이해하려 했다.

전병훈은 이 책에서 탈레스와 소크라테스를 비롯해 플라톤·아리스토텔레스의 사상을 소개하고, 근세철학자들로는 몽테스키외(孟德斯鳩)·칸트 등의 사상을 다루었으며, 학문의 방법에서 데카르트를 연역법의 주창자로, 베이컨을 귀납법의 주창자로 각각 서술했다. 한편, 전병훈은 이인재와 달리 희랍철학자로는 아리스토텔레스보다 플라톤을 더 높이 평가했으며, 근세철학자로는 칸트를 일인자로 보았다.

전병훈은 『정신철학통편』에서 소크라테스·플라톤·아리스토텔레스·칸트에 관해 나름대로 서술했다. 그에 따르면, 소크라테스는 사람들이 만일 도덕에 관해 잘 안다면 선이 아닌 것을 하려 해도 그렇게 되지 않을 것이라고 했다면서, 사람들이 선이 아닌 것을 행하는 까닭은 선인 것을 모르기 때문이라고 했다. 그런 까닭에 소크라테스를 성인(聖人)의 자리에 놓는다는 것이다. 플라톤의 철학에서는 신(神)을 지선(至善)이라 하여 세상에서 미와 선의 전형으로 삼아, 그 학문이 성역에 이른 것이라면서 플라톤을 서양철학의 시조로 간주했다. 나아가, 그의 주장이 유학과 일치하니 놀라운 일이라 했다. 아리스토텔레스는 특히 그의 중용설(中庸說)을 중요시하면서 언급했다. 과(過)와 불급(不及)은 모두 해가 되는 것으로, 음식도 일도 오락도 그렇다는 것이다. 모두 지나치면 해로우며, 미치지 못해도 해로우니 덕이 있는 군자는 중용을 지켜 과불급(過不及)이 없도록 노력해야 한다면서 중용의 덕을 강조했다. 이어서 이는 유학정신과 다름없다고 했다(『박종홍전집 V』: 252-253). 이처럼 그는 고대희랍철학자들의 주장을 소개하면서, 그 내용들이 유학에서 강조하는 것과 유사하다는 점도 곁들였다.

전병훈은 칸트의 인식론에 관해, 고찰과 실험을 하지 않고도 얻어지는 '사전(事前)의 식(識)'과, 고찰과 실험이 반드시 필요한 '사후(事後)의 식'을 구별하면서 공간과 시간을 사전의 식으로 보았으니, 이른바 칸트의 선험성에 관해 언급한 것이다. 공간과 시간은 의식(형식)인 반면, 감각은 우리의 오관을 통해 밖으로부터 얻어진다. 이런 칸트의 인식론에 관한 소개는 결국 '감관에 의해 밖에서 주어지는 감각이 먼저 시간과 공간이라는 직관 형식에 의해 종합되고, 이것이 다시 오성의 형식에 속하는 의식 일반인 12범주에 의해 종합됨으로써 대상계인 객관적인 세계가 성립한다'는 칸트의 '선험적 종합판단'을 언급한 것이라 하겠다.

전병훈은 도덕법칙을 따르려면 자유의 성(性)이 있어야 함을 칸트의 논지를 들어 설명했다. 자유가 없다면 책임도 없으며 책임이 없다면 회한(悔恨)도 없을 터인데, 회한이 있다는 것은 책임과 자유가 있다는 증거라는 것이다. 상당히 현대적인 관점에서 언급한 내용이라 하겠다. 칸트에 따르면 명령에는 두 종류가 있다. 하나는 어떤 목적의 수단으로 무엇을 원하거든 이러이러해야 한다는 식의 것이요, 다른 하나는 무엇을 위한 수단이 아니라 명령을 지키는 것 자체가 목적인 경우다(『박종홍전집 V』: 253). 소위 칸트가 말하는 가언명법과 정언명법에 관한 전병훈의 서술이다. 정언명법으로서의 도덕률은 의지가 자기 자신에게 주는 것으로 자율이며 이런 자율에 근거한 의지가 바로 진정한 자유다.

그는 끝으로 칸트의 영구평화론에 관해서도 언급했다. 전 세계가 자유로운 의지에 기초해 민주국을 건설하는 것이 좋다는 것이다. 칸트는 이를 위해 모든 나라는 크고 작음을 막론하고 타국을 합병할 수 없으며, 타국의 내정에 간섭할 수 없고, 상비군을 둘 수도 없을 뿐 아니라, 모든 국가는 민주제도를 채택하고, 각 독립국은 하나의 큰 연방을 형성해, 국제법의 범위 내에서 서로 화합한다는 강령들을 들었다. 이에 대해 전병훈은 칸트가 천인회통(天人會通)의 이치를 환히 내다본 것이라면서 그를 거룩하다고까지 했다(『박종홍전집 V』: 254). 그는 『정신철학통편』 말미에서 가칭 '세계일통공화정부헌법(世界一統共和政府憲法)' 9개조를 제시해 세계대통령 선출과 통일중앙정부 수립을 제창하기도 했다. 이정직이 칸트의 영세태평지론을 높이 평가하면서 다루었듯이, 전병훈도 그것과 관련된 칸트의 철학을 자세히 소개했다.

조선이 일본에 강제로 병합될 기미가 보이자 이곳저곳에서 이에 반대하는 목소리가 높아지고 의병들이 일어나는 가운데, 학계에서는 니체(Friedrich Nietzsche, 1844~1900)의 사상이 소개되기도 했다. 니체가 우리나라에 처음 소개된 것은 1909년 무렵으로 작자 미상의 글 「톨스토이주의와 니체주의」(『남북학회월보』 12월호)에서다. 그 후 그와 관련된 글이 잇달아 신문이나 잡지 등에 등장했다.[17]

2) 초기의 철학도들

이런 가운데 정규 대학 철학과에서 철학을 공부한 사람들이 나타나기 시작했다. 그 대표적인 예로 '철학이란 무엇인가'란 물음을 제기하면서 철학의 특성에 관해 언급한 최두선(崔斗善, 1894~1974)[18]을 들 수 있다. 그의 호는 각천(覺泉)으로, 휘문의숙을 거쳐 일본 와세다대학(早稻田大學) 철학과에 입학해 1917년에 졸업했다. 그 후 1922년 5월 독일 유학

17 2010년 한국철학회 편집위원회가 엮은 『한국철학의 회고와 전망』에서 강용수가 쓴 「한국니체학회」의 248쪽 참조.

18 최두선은 육당(六堂) 최남선(崔南善)의 동생으로 서울에서 태어났다. 1919년에 중앙고등보통학교(중앙고보) 교장이 되었다. 1925년 10월, 독일 유학에서 귀국해 1931년까지 교장으로 다시 있었다. 1931년 보성전문학교(보성전문) 이사를 거쳐 경성방직 사장으로 있다가, 1947년 2월 동아일보 사장에 취임해 1963년 10월 제3공화국 초대 국무총리로 임명될 때까지 몸담았다. 총리직에서 물러난 뒤 대한적십자사 총재로 일하면서 1971년 8월 12일 남북 이산가족찾기회담을 제의, 그해 9월 20일부터 이를 위한 예비회담을 개최했다.

길에 올라 마르부르크대학, 예나대학, 베를린대학에서 3년 반 동안 수학하기도 했다.

최두선은 『청춘』 11호(1917)에 게재한 「哲學이란 何오」에서 철학은 '자연, 인생 및 지식(의 현실 및 이상)에 관한 근본적 원리의 학'이라고 하면서, 철학의 주안(主眼)은 일반원리, 다시 말해 근본적인 원리에 있다고 했다. 그러므로 예컨대, 물리적 현상에 관한 철학, 법률 현상에 관한 철학 등 특수한 현상에만 관련된 철학은 없다고 했다. 철학은 근본적인 원리의 학이기 때문이라는 것이다(학술원, 1976: 85). 이처럼 그는 '철학과 과학의 차이점'을 부각시키면서 철학의 특징을 제시하려 했다. 하지만 그의 이런 견해는 철학과 과학의 공통점이나 관련성을 취급하지 않아 아쉬운 점이 있다. 나아가 그의 주장대로라면 물리철학, 법철학 등 분과철학의 특성에 관한 규명이나 서술이 많이 위축된다.

이어서 최두선은 『청춘』 13호(1918)에 「근대철학의 선도자 데카르트」란 짤막한 글을 발표했다. 데카르트의 생애와 사상을 소개한 이 글에서 그는, 그의 철학은 근세에 계발되어 온 자각, 자의식에 근거하고 있으므로, 그를 근세 신철학의 선봉으로 간주할 수 있다고 했다(학술원, 1976: 85). 최두선 이후에도 그처럼 외국의 철학과에서 철학을 공부한 사람들이 가끔 나타나면서 그들이 신문, 잡지나 학술지에 기고한 글들이 모습을 드러내곤 했다.

이런 시대적 흐름 속에서 철학 분야 최초의 박사학위 취득자도 나타났다. 1921년 이관용(李灌鎔, 1894~1933)[19]이 스위스 취리히대학(Zürich Univ.)에서 「의식의 근본사실로서의 의욕론」이라는 논문으로 박사학위를 취득한 것이다. 그는 이재곤의 셋째 아들로 태어나 관립 한성학교

19 다른 한자 이름으로 이관용(李灌溶, 李瓘鎔, 李鑵鎔, 李冠鎔, 李灌龍)을 사용하기도 했다. 1919년 초 파리로 가서 4월 김규식 등과 함께 임시정부 파리위원부를 조직하고, 부위원장이 되어 파리강화회의에 참석하려 했으나 실패했다. 그해 7월 국제사회주의자회의에 조소앙과 한국사회당 대표로 참석해 '한국독립승인요구안'을 제출했고, 8월부터 파리위원부 위원장 대리로 활동하기도 했다.

를 다니다가 중퇴하고, 도쿄부 관립 제4중학교에 입학했으나 그 학교도 중퇴했다. 그 후 1913년 3월 경성전수학교를 졸업한 뒤 영국으로 가서 1914년 3월 옥스퍼드대학 문과에 입학했으나 중퇴하고, 1916년 취리히대학에 입학해 1921년에 졸업했다.

그는 박사학위논문에서, 칸트 이후 학계에서의 통념—인간의 세 가지 심적 요소로 지(知, 지성)·정(情, 감정)·의(意, 의지)를 인정하고 지로부터 정, 정으로부터 의, 의로부터 지로의 순환에 의해 정신생활이 성립한다는 것—에 대해 이의를 제기하고, 자기 지도교수인 립스(G. F. Lipps)의 견해를 옹호했다. 지·정·의를 의식이 지닌 기본 동작의 세 방면이라고 한 지도교수의 학설에 근거해 인격의 발전 과정을 설명했다. 맹자의 '사단설'을 의식의 근본 사실로 재해석한 내용도 담겨, 비교철학 측면에서도 살펴볼 만한 논문이라 여겨진다.

그는 학위 취득 후 독일, 프랑스, 미국 등을 견학하고 귀국해 동아일보 기자가 되었고, 1923년 5월부터 연희전문학교(연희전문) 문과 교수 등으로 활동하기도 했다. 그는 1922년 동아일보에 연재한 「사회의 병적인 현상」에서는 사회유기체론에 관해 언급했다. 이어서 1923년 잡지 『신생명』 창간호에 「원학(原學)인 철학」이라는 글을 게재했는데, 그는 이 글에서 철학이라는 용어 대신 '원학'이라는 용어를 사용할 것을 주장했다. 이를 위해 우선 그는 '원(原)' 자와 '학(學)' 자를 연구했다. 그는 철학이 과학과 같은 특성이 있음을 시인하면서, 과학처럼 한정된 사실을 종합해 총괄적으로 연구함으로써 존재의 원유(原由)나 법칙과 목적을 발견하려는 것이므로 철학 대신 원학으로 일컫는 것이 옳다고 했다. 이어서 인류란 천부의 지적 본능에 의해 만족할수록 더욱 탐구하고, 종국적 만족이 불가함을 자각하면서도 낙담함 없이 더욱 용감히 그것에 이르고자 힘쓰는데, 이런 원성(原性)에 인류가 무한히 발전될 대희망이 은재(隱在)한다는 말로 글을 마무리지었다(학술원, 1976: 85).

그는 1925년 2월 동아일보 특파원으로 출국해 러시아와 유럽에서 취재활동을 하다가 7월 베를린대학에 재학 중이던 동생 이운용(李沄鎔)

과 함께 조선에 돌아왔다. 같은 해 11월에는 태평양문제연구회 위원이 되고, 1926년 3월에는 시대일보(時代日報) 부사장이 되었다. 1927년 1월에는 신간회 발기인으로 참여해 간사로 활동했다. 이어서 광주학생사건과 관련해, 1929년 12월 신간회 간부들과 민중대회를 위한 활동을 하다가 체포되어 징역 1년 6개월을 선고받고 1932년 1월 22일에 가출옥되었다. 그런 상황에서 1933년 8월 14일 함경북도 청진에서 아쉽게 익사했다. 이처럼 그는 학자로서, 언론인으로서, 독립운동가로서 짧은 생애를 보냈다.

1920년대에는 이관용 외에도 유럽에서 철학을 공부해 학위를 취득한 사람들이 나타났다. 김중세(金重世, 1882~1946?)는 1923년에 독일 라이프치히(Leipzig)대학에서 「희랍철학의 비판」으로 박사학위를 취득했다. 그는 이관용보다 앞서 일찍이 1909년에 베를린대학으로 유학 가서 고전철학과 동양방언을 공부했다. 그는 범어, 희랍어, 라틴어 등 9개 국어를 구사할 정도로 뛰어난 어학능력을 지녔던 것으로 전해지며, 불교 원전을 독일어로 옮기는 등 독일 학계에 유교나 불교사상을 알리는 데도 기여했다. 특히, 그 당시 독일 학계에서 범어자전(梵語字典)을 만들 때 힘을 크게 보탠 것으로 전해진다. 김중세의 역할에 관해, 이관용은 1921년 독일 라이프치히에서 있었던 동양학자대회에서 그 무렵 김중세의 학자로서 활동과 명성을 목격하고 자랑스러워하기도 했다. 그 후 그는 독일에서의 교수직 제의도 거부하고 1928년 귀국해 경성제대 법문학부에서 강사로서 4년 동안 고전어 강의를 했다.[20]

이관용, 김중세에 이어 백성욱(白性郁, 1897~1981)[21]은 독일 뷔르츠부

---

20 김중세는 거의 20년간 독일에서 공부하다가 귀국해 적응하느라 이러저러한 어려움이 있었던지, 독일에서와 같은 왕성한 연구활동을 하지 못하고 1946년경 세상을 떠난 것으로 전해진다. 귀국 후의 행적에 관한 자료도 발견되지 않는다. 해외에서는 그 뛰어남을 드러냈지만 귀국해서는 그 능력을 발휘하지 못하고 세상을 떠난 아쉬운 인물이다.

21 백성욱은 1925년 독일 뷔르츠부르크대학에서 학위를 취득한 뒤 귀국해 1928년부터 중앙불교전문학교(중앙불전)에서 학생들을 가르쳤다. 해방과 더불어 애국단체인 중앙공작대를 만들기도 하고, 1946년부터는 건국운동에 참여해 1950년에는 내무장관으로 임

르크대학(Würzburg Univ.)에서 박사학위를 취득했다. 그는 앞선 두 사람과 달리 불교와 관련된 것을 자료로 하여 논문을 작성했다. 그는 1919년 경성불교중앙학림을 졸업한 뒤 1920년에 프랑스 파리의 보배고등학교에 입학했고, 이듬해 독일 뷔르츠부르크대학 철학과에 진학해 고대 희랍어, 독일 신화사(神話史) 및 문명사, 천주교 의식 등을 연구했다. 1925년에는 독일 뷔르츠부르크대학에서 「불교의 형이상학」이라는 논문으로 철학박사학위를 취득했다(당시 신문에는 베를린대학에서 학위를 취득한 것으로 기사화되었다). 그 후 그는 귀국해 1926년부터 중앙불교전문학교의 전신인 학교에서 학생들을 가르쳤다.

그 무렵 프랑스 파리대학에서도 비슷한 시기에 김법린(金法麟, 1899~1964),[22] 이정섭(李晶燮, 1895~?),[23] 정석해(鄭錫海, 1899~1996)[24]가 철학과에서 학사학위를 받았다. 김법린과 이정섭은 1926년에, 정석해는 1930년에 각각 졸업했다. 그중 김법린은 3·1독립운동 때 탑골공원 만세운동, 부산 동래 만세운동에 참여했다. 그는 1920년 4월 중국 난징(南京)의 금릉대학을 거쳐, 1921년 프랑스 유학길에 올라 1923년 파리대

명되었다. 훗날 동국대 총장을 역임하기도 했다. 동국대 대학원에서 '금강삼매경론(金剛三昧經論)', '화엄경' 등을 가르쳤다.

22 김법린은 경북 영천에서 태어났다. 파리대학 졸업 후 1927년 귀국해 불교자주화운동을 하다가 다시 일본 고마자와대학(駒澤大學)에서 초기불교연구와 인도철학을 공부하기도 했다. 항일비밀결사체인 만당(卍黨) 일본지부를 결성했고, 조선불교청년총동맹의 도쿄지부장으로도 활동했다. 1932년 귀국해 중앙불전에서 강의를 했다. 해방 후에는 문교부장관, 제3대 국회의원(부산 동래), 동국대 교수와 총장 등을 역임했다.

23 이정섭은 함남 함흥에서 태어나 유학을 마친 뒤 귀국해 신간회에도 참여하고 언론계에서도 활동했다. 1932년에는 『조선일보』 정치부장이 되었고, 1938년 2월 조선총독과의 회견에서 이른바 내선일체를 위한 '민중단일당 건설'을 제안했다. 1938년에는 경성중앙방송국 방송부 직원이 되었으며, 1940년대에는 총독부 기관지인 『매일신보』에 태평양전쟁, 대동아공영권에 호의적인 글을 게재하기도 했다. 해방 후에는 조선방송협회 회장을 역임했으며, 1950년 7월 납북되었다.

24 정석해는 평북 철산에서 태어났다. 유럽에서 오랜 유학 생활 후 귀국했으나, 그동안의 독립운동과 관련된 일로 체포되어 연금 생활을 했다. 해방 후 연희전문 교수를 거쳐 연희대(연세대 전신)와 연세대 교수로 있었다. 그는 실천적 삶을 중요시해, 1960년 4·19혁명 때는 교수단 시위를 주도했다. 지은 책으로 『진리와 그 주변』, 논문으로 「학문과 진리의 문제」, 「시간과 자유」가 있다.

학 철학과에 입학했다. 귀국 후에는 한용운의 영향을 받아 '민중 본위적 불교운동'을 펴면서, '산사(山寺)에서 도시'로, '승려 본위에서 신도 본위'로, '은둔적·독선적 불교에서 사회적·경제적 불교'로 바꾸자고 주장했다. 조선어학회에서 활동하다가 구속되기도 했다.

이정섭은 1919년 프랑스로 유학을 떠나, 1926년 3월 파리대학 문과를 졸업한 뒤 귀국했다. 1927년에는 신간회 발간인으로 참여했고, 『중외일보』 논설위원으로도 일했다. 같은 해 7월 2일부터 세계일주여행에 올라 10월 8일부터 『중외일보』에 「세계일주기행 – 조선에서 조선으로 –」를 연재하기 시작했다. 하지만 1928년 2월 27일 게재한 '아일랜드 기행문'에서 조선의 독립운동을 고취시킨 사실이 문제 되어 그해 11월 징역 6개월, 집행유예 2년을 선고받았다.

정석해는 1917년 연희전문 수물과에 입학했다가 문과로 전과해 백상규(白象圭)로부터 논리학을 배웠다. 그는 재학 시절 YMCA 회장으로 3·1독립운동에 적극 참여해 3·5 남대문역(서울역) 시위의 한 주동자로 활약했다. 그 당시 김원벽(金元璧, 1894~1928)을 중심으로 한 연희전문 학생들은 남대문역에서 시내 쪽으로, 강기덕(康基德, 1886~?)과 한창환을 중심으로 한 보성전문 학생들은 종로 일대에서 시위대를 이끌었다.[25] 정석해는 다음 해인 1920년에 프랑스 파리로 떠났다. 이어서 1922년에 이미륵(李彌勒, 1899~1950)[26]의 도움으로 독일 뷔르츠부르크대

25 3·1독립운동 때 시위에 참가한 총인원수는 200만이 넘었고, 일본 관헌에 의해 7,509명이 피살되고 1만 5,850명이 부상을 당했다. 경상도(2,470명)와 평안도(2,042명)에서 특히 많은 희생자가 발생했다. 불타 버린 교회당은 47곳, 민가는 715채였다. 한편, 면사무소는 47곳, 순사주재소(巡査駐在所) 28채가 피습되었고, 사상관헌(死傷官憲)은 166명이었다(한우근, 1973: 544–545).

26 본명은 의경(儀景)이다. 미륵은 필명이며 어머니가 지어 준 아명이다. 해주에서 태어나 경성의학전문학교에서 공부하던 중 3·1독립운동에 가담했다. 1920년 독일로 피신해 뮌헨대학에서 철학·동물학·생물학을 공부하고 1928년 이학박사학위를 취득했다. 1931년부터 작품활동을 했으며, 1946년에는 『압록강은 흐른다(*Der Yalu Fliesst*)』라는 자전적 소설을 출판해 큰 주목을 받았다. 「무던이」, 「이상한 사투리」 등의 작품이 있다. 뮌헨대학 동양학부에서 한국어 및 한국문학을 강의했다.

학에 입학해 심리학을, 1923년에는 베를린대학에서 '고도 자본주의론'을 배웠다. 1924년에 다시 파리로 와서 파리대학 철학과에 입학해 철학·사회학·경제학을 공부했다. 1930년 수학과 과학사로 파리대학을 졸업한 뒤 연구생으로 공부하다가 귀국했다.

1920년대가 저물 무렵 독일 예나대학(Jena Univ.)에서도 박사학위 취득자가 나타났다. 안호상(安浩相, 1902~1999)이 그런 경우다. 안호상은 신학문을 배우기 위해 서울 중동중학을 거쳐 1921년 일본 세이소쿠 영어학교를 졸업한 뒤, 같은 해 10월 상하이(上海) 중덕학교(中德學校) 예과에 입학해 1924년 7월에 졸업했다. 독일국립동제대에 다니면서 상하이 한인유학생회를 이끌기도 했다. 1925년 5월부터 독일의 예나대학에서 철학과 법학을 공부했다. 그는 그곳에서 그리제바흐(Eberhard Grisebach), 바우흐(Bruno Bauch), 쾰로이터(Otto Koellreutter), 헤데만(Justus Hedemann), 휘브너(Rudolf Hübner) 교수 등의 강의를 수강했다. 그는 1929년 예나대학에서 「헤르만 로체(Hermann Lotze)의 관계문제를 위한 의미」라는 논문으로 철학박사학위를 받았다.[27] 그 후 그는 귀국해 보성전문에서 철학 강의를 했다. 헤겔학도이기도 했던 그는 헤겔의 변증법에 근거해 유심론과 유물론을 분석·종합하려 했다. "물질 없이 정신은 물질을 생산할 수 없고, 정신 없이 물질은 정신을 생각할 수 없다."라고 한 것이 그 한 예다.

한편, 그 당시 미국 유학생들의 대표적 인물은 한치진(韓稚振, 1901~?)이었다. 한치진은 16세 때 중국으로 건너가 상하이, 난징 등지에서 독립운동가들을 도왔다. 난징의 진링대학 부속중학교를 졸업한 뒤,

---

27 안호상의 호는 한뫼이며 1902년 경상남도 의령군에서 태어났다. 1929년 철학박사학위를 취득한 뒤, 1929~1930년에는 옥스퍼드대학에서 연구생으로 공부했다. 1931년에는 일본 교토대학에서 연구했고, 1933년에는 다시 경성제국대학(경성제대) 대학원을 졸업했다. 1934년 보성전문 강사로 재직 중 이광수의 소개로 문인 모윤숙(毛允淑)과 결혼하기도 했으나 이혼했다. 보성전문에서 강사를 거쳐 교수로 철학 강의를 했다(1945년 이후의 활동은 이 책의 II부 참조).

1921년 미국 유학길에 올랐다. 미국에서도 우리나라의 독립을 주장하는 『삼일신보(三一申報)』의 창간을 주도했다. 이처럼 독립운동을 하다가 해외에서 공부한 사람들로는 정석해·방정환·김법린·한치진·박희성 등이 있다. 정석해·방정환·김법린·박희성은 3·1독립운동 때 직접 시위를 주도하거나 적극적으로 참여했고, 한치진은 중국에서 독립운동가들을 도왔다.

한치진은 미국 로스앤젤레스에 있는 남가주대학(Univ. of Southern California)에서 1925년 6월에 학사학위(B.A.), 1926년 6월에 석사학위(M.A.)를 취득한 뒤, 1928년 6월에 「중국윤리체계 비판: 불교, 도교, 유교(A Criticism of Chinese Ethical Systems: Buddhism, Taoism and Confucianism)」란 논문으로 박사학위를 취득했다. 그런 뒤 귀국해, '신학문 보급의 기수'라고 할 정도로 철학 여러 분야에 걸쳐 개설서를 집필해 신학문에 관심 있는 우리나라 학자들이나 일반인들에게 신학문을 알리고 보급하는 데 힘썼다.[28]

갈홍기(葛弘基, 1906~1989)도 1934년 미국 시카고대학에서 신학을 공부해 「비교종교학적 입장에서 본 천도교」라는 논문으로 철학박사학위를 받고 귀국해 연희전문의 철학 교수가 되었다.[29] 백성욱이 1925년 독일 뷔르츠부르크대학에서 불교를 연구해 학위를 취득했다면, 갈홍기는 천도교를, 한치진은 불교·도교·유교를 비교 연구해 학위를 취득했다.

이처럼 외국에서 학위를 취득한 사람들의 논문 유형을 보면 한국, 중국 등의 자료를 근거로 논문을 작성해 학위를 취득하는 사람들과,

---

28 한치진은 평안남도 용강에서 태어나, 소년 시절부터 해외에서 독립운동과 학업을 병행하다가 1930년 9월 귀국해, 1931년 9월 서울에 철학연구사(哲學硏究社)를 설립했다. 그 이듬해인 1932년 9월부터는 이화여자전문학교(이화여전) 교수가 되었다. 그러나 일제의 요시찰 인물로 지목되어 온 터라 4년 만인 1936년에 교수직을 사임했다. 그 후 사상범으로 다시 검거되어 서대문형무소에 갇혔다가 1945년 8월에 출감되었다(1945년 이후의 활동은 이 책의 II부 참조).

29 갈홍기는 연희전문 교수로서 성서, 철학개론 등을 가르치며 감리교에서 발간한 잡지 『신학세계』에 「철학의 의의와 임무」·「철학강의」·「종교론」 등을 게재했다.

유학한 나라의 학문과 관련된 자료들을 근거로 논문을 작성하는 경우로 크게 나뉜다. 앞에서 언급한 백성욱·한치진·갈홍기는 전자에, 이관용·안호상은 후자에 해당한다. 이런 경향은 그 후에도 이어진다.[30]

먼 유럽이나 미국이 아닌 이웃 나라 일본 대학을 졸업한 뒤 귀국해 전문학교나 대학에서 재직하는 사람들도 이어졌다. 최현배(崔鉉培, 1894~1970)는 1925년 교토제국대학(경도제대) 철학과에서 교육학을 전공하고 졸업논문으로 「페스탈로치의 교육학설」을 제출했다. 그리고 그 이듬해 연희전문의 교수가 되었다. 그는 이후 유명한 한글학자로 널리 알려졌는데, 그에게 큰 영향을 미친 사람은 주시경이었다. 훗날 최현배의 회고담에 따르면, "주보따리(수업을 위해 큰 보자기에 책을 싸가지고 동분서주하던 주시경의 별명) 선생은 연지동으로, 정동으로, 정동에서 박동으로, 박동에서 동관으로 다니면서 한글을 가르쳤는데, 그의 말 가운데는 겨레의 혼이 들어 있었고, 나라 생각이 넘쳐 있었다." 이런 점에서 주시경·서재필·지석영·최현배는 그 생각과 실천 방법이 서로 비슷하다고 하겠다. 주시경은 '한문 음대로 읽으면 모르는데 우리말로 풀이하면 쉽게 뜻을 알게 된다'는 엄연한 사실에 근거해 우리글에 관심을 지니게 되었다고 한다. 특히 서재필을 만나면서 뜻을 같이해, 서재필이 일반인들이 쉽게 읽을 수 있는 한글로 된 『독립신문』을 만들자, 주시경은 신문사 총무 겸 국문 담당 일을 보았다. 최현배는 박동에 있는 보성학교 안 국어강습소에서 주시경의 수업을 들으면서 "국어는 우리 민족정신의 형성 기반이며, 우리의 생각과 행동세계를 지배한다."라는

30 일제강점기 해외에서 취득한 철학 관련 박사학위는 다음과 같다.
- 이관용(1921): 「의식의 근본사실로서의 의욕론」(스위스 취리히대)
- 김중세(1925): 「희랍철학의 비판」(독일 라이프치히대)
- 백성욱(1925): 「불교의 형이상학」(독일 뷔르츠부르크대)
- 한치진(1928): 「중국윤리체계비판: 불교, 도교, 유교」(미국 남가주대)
- 안호상(1929): 「헤르만 로체의 관계문제를 위한 의미」(독일 예나대)
- 갈홍기(1934): 「비교종교학적 입장에서 본 천도교」(미국 시카고대)
- 박희성(1937): 「주관론과 직관」(미국 미시간대)

말에 큰 감명을 받았다. 최현배는 1930년에 『민족갱생의 도』라는 책을 펴내 민족주의적 견지에서 계몽사상을 고취하기도 했다.

방정환(方定煥, 1899~1931)은 아동심리학과 아동예술에 관심을 둔 철학도였다. 손병희의 사위인 방정환은 1918년 7월에 보성전문 법률과에 입학해 공부했다. 그러던 중 3·1독립운동 때 「독립선언서」와 윤익선(보성전문 교장/조선독립신문 사장) 명의로 된 『조선독립신문』을 등사하고 배포하는 일을 했다. 3주간이나 계속해서 발행하다가 검거되었다. 그런 일들로 인해 더 이상 보성전문을 다니지 못하고, 1920년 일본으로 건너가 도요대학(東洋大學) 철학과에 입학해 평소 관심을 두었던 아동심리학과 아동예술을 연구했다. 그는 공부 후 귀국해 어린이 관련 활동에 힘을 기울였다. 방정환은 '어린이'라는 낱말을 만들고, '어린이날'을 제정한 사람이다. 그는 1923년에 순수한 아동 잡지 『어린이』를 창간하고, 아동문학운동 단체인 '색동회'를 조직했으며, 그해 5월 1일을 '어린이날'로 지정하는 등 아동보호운동과 아동문학의 선구자로 활동했다.[31] 이처럼 처음에는 5월 1일이 어린이날이었다.

춘원(春園) 이광수(李光洙, 1892~1950)는 평안북도 정주에서 태어나 1916년 와세다대학 철학과에 입학해 광범위한 독시와 더불어 활발한 소설 창작활동을 병행하다가 3학년 때 중퇴했다. 그 뒤 상하이 임시정부에서 일하다가 1922년 귀국해 『개벽(開闢)』지에 「민족개조론」을 발표하고, 그 이듬해부터 동아일보 편집국장으로 일했다. 그 후 1926년 늦은 나이에 경성제대 문학과에 다시 입학했다. 하지만 와세다대학 철

31 방정환은 귀국해서 동화구연대회, 아동예술강습회를 통해 어린이들에 대한 부모의 각성을 촉구하기 위해 전국을 돌면서 강연을 했다. 그뿐만 아니라 소년문제강연회·소년지도자대회 등을 주재하고, 『학생』·『신여성』·『신청년』 등의 잡지를 편집/발간해 여성이나 소년·청년들의 계몽운동에 앞장섰다. 그의 대표 저서로는 『사랑의 선물』이 있다. 세상을 떠난 뒤 출간된 책으로는 『소파전집』(1940), 『소파동화독본』(1947), 『방정환아동문학독본』(1962) 등이 있다. 1999년 5월, 고려대에서는 그에게 명예학사학위를 수여했다.

학과에서도 경성제대 문학과에서도 졸업하지는 못했다.[32]

이처럼 최현배와 방정환은 철학도이면서 교육이나 교육학에 관심이 많았다. 그들의 삶은 일제강점기 우리나라 사람들이 현실에서 직면한 어려운 문제들을 구체적으로 해소하는 일로 이어졌다. 그런 마음가짐에서 겨레의 앞을 내다보면서 한글을 다듬거나, 어린이들에게 꿈을 안겨 주는 일에 힘을 쏟았다. 한편, 이광수는 문학을 통해 꿈을 펼치려 했다. 모두 철학과에 몸담은 적이 있는 그들은 각자 관심을 둔 구체적인 분야에서 실천적 삶을 살려고 했다.

1925년 최현배가 교토제대를 졸업하던 해에 이재훈(李載薰, 李載壎)도 릿쿄대학(立教大學)을 졸업했다. 채필근(蔡弼近)과 윤태동(尹泰東)은 1926년 도쿄제대 철학과를 졸업하고, 채필근은 숭실전문 철학 교수로, 윤태동은 경성제대 예과 교수로 각각 부임했다. 김두헌(金斗憲)도 1929년에 도쿄제대를 졸업하고 이화여전 교수로 부임했다. 이들 외에도 일본에서 철학을 공부하고 귀국한 학자로는 김기석(도호쿠대), 김오성(니혼대), 전원배·이종우(이상 교토대)·손명현·하기락(이상 와세다대) 등이 있다.

3) 전문학교에서의 철학교육

우리나라 전문학교나 그 전신들은 조선 말기에 창설된 경우가 많다. 연희전문학교의 전신이나 이화여자전문학교의 전신은 1880년대[33]에

32 서울대학교 기록관에 있는 학적부에는 이광수의 경성제대 재학 번호가 1번이고, 그가 입학한 1926년 9월부터 1928년 3월까지 4번에 걸쳐 휴학한 것으로 되어 있다. 건강에 문제가 많았던 것으로 여겨진다. 결국, 그는 1930년 1월 23일 학칙에 따라 제적되었다. 입학 후 강의 시간에, 만학으로 다시 대학에 입학한 사유를 묻는 어떤 교수의 물음에, 그는 "와세다에서는 철학을 했으나 이제는 영문학을 하고 싶다."라고 대답했다는 이야기가 전해진다(이충우·최종고, 2013: 116).

33 연세대학교는 1886년 왕립병원 제중원 의학부로 개교해, 1917년에 이르러 그동안 선교사인 언더우드(H. G. Underwood, 원두우)가 설립해 운영하던 연희전문학교와, 세

창설되었고, 처음부터 전문학교로 출발한 보성전문학교는 1905년[34]에, 숭실학당의 대학부는 1906년[35]에 각각 창설되었다. 이들 전문학교에서는 해외에서 공부한 학자들이 주로 1920년대부터 강사나 교수로 강의하기 시작했다. 앞서 언급했듯이 이관용은 1923년 5월부터, 최현배는 1926년부터 연희전문에서 학생들을 가르쳤고, 비슷한 시기에 백성욱은 불교 계통 학교[36]에서 가르치기 시작했다. 그 무렵 채필근은 숭실전문에서, 윤태동은 경성제대 예과에서, 김두헌은 1929년부터 이화여전에서, 안호상은 보성전문에서 학생들을 가르쳤다. 갈홍기는 1934년 학위 취득 후 귀국해 연희전문에서 가르쳤다. 그 후 경성제대 철학과에서 졸업생들이 배출되어, 박종홍은 1935년부터 이화여전에서, 고형곤은 1938년부터 연희전문에서 가르치기 시작했다.

브란스 연합의학전문학교 2개의 학교로 운영되었다. 전자는 1946년부터 연희대학교로 체제를 바꿔 운영되다가, 1957년에 세브란스의과대학과 통합해 연세대학교가 되었다. 이화여자대학교의 경우는 1886년 스크랜턴(M. F. Scranton) 여사의 수업에서 출발했는데, 1887년 고종황제가 하사(下賜)한 이화학당으로 교명을 정했다. 1925년부터 이화여자전문학교로 교명을 바꾸었고, 1946년에는 이화여자대학교(문교부 제1호 인가 종합대학교)로 출발했다.

34 보성전문은 1905년 처음부터 전문학교로 개교(설립자 충숙공 이용익)했는데, 개교 때는 수업 연한 2년의 법률학·이재학 2개 학과로 이루어졌으나, 1907년 법률과와 경제과로 각각 개칭하면서 수업 연한이 3년이 되었고, 같은 해에 학술지 『법정학계』를 창간했다. 1910년 천도교(손병희)에서 인수했고 3·1독립운동 때 거교적으로 참여해 그 후 일제로부터 핍박을 많이 받았다. 어려운 형편에 있던 중, 1932년에 재단법인 중앙학원이 인수해 인촌 김성수가 제10대 교장에 취임했다. 1946년 8월 15일 종합대학교로 인가되면서 고려대학교로 교명을 정했다(초대 총장 현상윤).

35 숭실대학교는 1897년 평양 신양리의 선교사 베어드(W. M. Baird, 배위량)의 자택에서 문을 연 학교에서 시작된다. 1901년 숭실학당, 1906년 9월에는 대학부를 설치해 숭실대학이라 했다. 1925년 숭실전문학교로 개편되었고, 1930년대 들어 신사참배 거부로 일제의 압력을 받아 오다가 1938년 자진 폐교했다. 그 후 1954년 서울 영락교회 부속 건물을 임시 교사로 하여 16년 만에 다시 개교했고(학장 한경직), 1971년에 종합대학교인 숭실대학교로 개편했다(초대 총장 김형남).

36 1906년 동대문 밖 원흥사(元興社)에 세워진 명진학교는 그 후 몇 번에 걸친 우여곡절과 명칭 변경 뒤, 1928년에 불교전수학교로, 1930년에 중앙불교전문학교로, 1940년에 혜화(惠化)전문학교로 개칭되었다. 그 당시 다른 전문학교들도 이와 유사한 어려움들을 겪었다.

이들 전문학교의 경우 철학과는 없었지만 철학 관련 강좌는 개설되어 있었으며, 교수진도 비교적 잘 짜여 있었다. 연희전문의 경우를 보면, 1920년대 교수진에 이관용(취리히대 철학박사), 최현배(교토제대 졸업)가, 1930년대 교수진에는 갈홍기(시카고대 철학박사), 고형곤(경성제대 졸업)이 포함되어 있었다.

이화여전의 경우, 1920년대에는 이재훈과 김두헌이, 1930년대에는 박종홍이 부임해 학생들에게 철학 관련 수업을 했다. 이 교수들은 각 전문학교에서 철학 외에 외국어 강독, 심리학 등도 강의했다.

『고려대학교 교우회 100년사』(고려대학교교우회, 2007)에 나타난 1938년 무렵 보성전문의 상황을 보면, 전임강사로 안호상(예나대학 철학박사), 촉탁강사로 이상은(베이징대 철학과 졸업)[37], 박희성(미시간대 철학박사), 이종우(교토제대/경성제대 대학원 졸업)의 이름이 올라 있다(249). 유진오는 교수로 되어 있다. 유진오는 대학에서 철학을 전공하지 않았지만 철학에 관심이 많았고, 관련 글도 발표해 왔다. 이 정도 교수진이라면 그 당시 국내외 일반 대학의 철학과 교수진 수준이었다.

4) 경성제대 철학과 창설과 유학생들의 귀국

1919년 3·1독립운동이 일어난 뒤, 민족 지도자들은 경제와 교육에서 실력양성운동을 벌여 물산장려운동과 민립대학 설립운동을 펼쳤다. 이 가운데 민립대학 설립운동의 경우를 보면 이 운동의 시초로는 한말(대한제국 후반부) 남궁억·박은식·양기탁·윤치호 등이 600만 원을 모금해 민립대학기성회를 조직한 것을 들 수 있다. 그러나 한일병합에 따

37 이상은(李相殷, 1905~1976)의 호는 경락이며 함경남도 정평에서 태어났다. 1921년 중국 유학을 떠나 베이징의 안후이(安徽)중학, 톈진의 난카이(南開)중학을 거쳐, 1925년 베이징대 예과에 입학했다. 1927년에는 베이징대 철학과에 진학해 1931년 졸업한 뒤 귀국했다. 1934년에서 1940년까지 보성전문 강사로 있었다. 이어서 고려대 교수로 재직하다가 1970년에 퇴임했다.(1945년 이후 활동은 이 책의 II부 참조)

른 어수선함과 3·1독립운동 같은 대규모 독립운동으로 주춤했다. 이런 과정에서 1920년 6월에는 남궁억·박은식·이상재·윤치호 등 100여 명이 조선교육회설립발기회를 개최했고, 1922년 1월에는 이상재·이승훈·윤치호·김성수·송진우 등이 조선민립대학기성준비회를 결성했다. 학생들에게 현대식 학문을 가르치려 민간에서 추진한 민립대학 설립 운동이다. 이어서 1923년 3월 29일에는 조선중앙기독교 청년회관에서 발기인 가운데 462명이 참석해 3일에 걸쳐 총회를 개최했다.

이 총회에서는 문화 발달과 생활 향상이 고등교육기관인 대학에 있음을 알리는 '민립대학발기취지서'를 채택하고, 구체적인 설립 계획서를 확정했다. 계획서의 주요 내용은 민립대학 건립을 3년에 걸쳐 실행하는데, 제1차 연도에는 400만 원으로 대지 5만 평을 구입해 교실 10동과 대강당 1동을 건축하고 법과·경제과·문과·이과대학 및 예과를 설치하며, 제2차 연도에는 300만 원을 들여 공과를, 제3차 연도에는 300만 원으로 의과와 농과를 각각 설치한다는 내용이었다. 이어서 '한민족 1000만 명이 한 사람 1원씩'이라는 구호를 내걸고 기금 모금에 나섰다(『한국민족문화대백과』, '민립대학설립운동' 참조).

이런 분위기 속에서 1924년 일제에 의해 경성제국대학이 설립되었다. 경성제국대학은 이런 민립대학운동을 억제할 수 없다는 판단 아래 일제가 서둘러 마련한 고등교육기관이다. 그래서 1923년 11월 제국대학 창립위원회를 발족시키고 급히 입학원서 교부에 들어갔는데, 대학 명칭은 '조선제국대학'이었다. 그러던 것이 신입생 입학시험에서 합격자 발표까지 과정에서 '경성제국대학(이하 경성제대)'으로 대학 명칭이 바뀌었다. '조선제국대학'이라고 하면 조선을 하나의 제국으로 인정해 주는 꼴이 되어 서둘러 바꿨다고 한다(이충우·최종고, 2013: 43).

1924년 개교와 더불어 예과가, 1926년에는 법문학부와 의학부에 본과가 각각 설치되었다.[38] 법문학부의 경우 설립 초기에는 법률학과·정

38 경성제국대학 예과는 1924년 6월 12일 청량리 예과 신축 교사에서 개교식을 거행했다

치학과·문학과·사학과·철학과와 같이 5개 학과로 구성되어 있었으나, 1927년 법률학과와 정치학과가 법학과로 통폐합되어 4개 학과가 되었다. 이처럼 국내 대학에서도 철학에 관한 교육과 연구가 이루어졌다.

한국현대철학사에서 철학 연구 전개 과정을 보면, 처음에는 그동안 이정진·이인재·전병훈과 같은 유학자(儒學者)들이 주로 서양 선교사들이 한문으로 저술한 책을 국내외에서 연구해 서구철학을 소개해 왔다. 이후 해외 대학 철학과에서 공부한 철학도들에 의해 심도 있는 철학 관련 담론이 이어졌다. 이런 상황에서 경성제대에도 철학과가 개설되어 국내에서도 철학을 체계적으로 공부할 수 있었다.

경성제대 철학과 교수진은 주로 도쿄제대 출신 일본인이었는데, 일본에서도 이름이 꽤 알려진 중견 교수들이었다. 1920년대의 이관용·백성욱·한치진·안호상이나 1930년대의 박희성처럼 독일이나 미국에서 박사학위를 취득한 우리나라 학자도 있었지만, 과거 국내외에서 독립운동을 한 이력 때문에 일종의 국립대학격인 제국대학에서는 일자리를 구하기 어려웠다. 물론 윤태동의 경우에서 알 수 있듯이 경성제대 예과에 교수로 부임한 사람도 있기는 하다. 하지만 대부분 외국에서 공부한 뒤 국내 사립 전문학교에서 교수로 재직했다.

경성제대 철학과의 경우를 보면, 세부 전공으로 철학/철학사, 윤리학, 미학/미술사, 종교학/종교사, 지나철학(중국철학), 교육학, 심리학, 사회학이 있었다. 철학과의 강좌 수를 보면 철학/철학사 2강좌, 윤리학 2강좌, 미학/미술사 2강좌, 종교학/종교사 1강좌, 지나철학 1강좌, 교육학 2강좌, 심리학 2강좌, 사회학 1강좌였다.[39] 철학과 세부 전공 가

(이충우·최종고, 2013: 55). 이어서 학부인 법문학부와 의학부는 1926년에, 이공학부는 1941년에 각각 설치되었다. 경성제대는 일본이 해외에 설립한 최초의 제국대학이기도 하다. 이어서 1928년에는 대북제국대학(타이완대학의 전신)이 타이완(臺灣)의 타이베이(台北)에 설치되었다.

39 교수진을 보면, 〈철학/철학사〉 제1강좌 담임은 아베 요시시게(安倍能成), 〈철학/철학사〉 제2강좌 담임은 미야모토 와키치(宮本和吉), 또 다른 〈철학/철학사〉 강좌는 다나베 시게조(田邊重三, 조교수), 〈윤리학〉 제1강좌 담임은 시마모토 아이노스케(島本愛

운데 철학과의 중심 전공이라 할 수 있는 철학/철학사의 이수 과목은 9단위였다. 1단위는 1주일에 4시간씩 1년 동안 공부하고 시험에 통과하면 부여하는 것으로 되어 있었다. 학점 취득이 어려웠음을 알 수 있다. 이수 과목 9단위는 철학개론(1), 철학사(2), 논리학·인식론(1), 철학연습(3), 특수철학강의(2)였다.

이처럼 경성제대 법문학부에 철학과가 생기자 학생들이 입학하기 시작했다. 1924년 예과 입학생은 권세원·김계숙·박동일·배상하·염정권·임석재·조용욱·한제영·홍정식이고, 학부 입학생은 현준혁·김용하였다.[40] 경성제대 초창기 인문계통 학풍은 꽤 의연해, 학생들은 철학 서적들을 즐겨 읽었으며, '철학한다'는 말을 곧잘 사용했다고 한다(이충우·최종고, 2013: 204). 교수진과 학생들의 성향을 살펴보면 그 당시 경성제대 철학과의 학풍을 이해하는 데 도움이 된다. 철학과 교수 가운데 아베 요시시게(安倍能成)와 그의 매부 미야모토 와키치(宮本和吉)는 조선 학생들에게 특히 우호적이었다. 특히 아베 교수는 명강의로 알려져 인기가 많았다. 그는 때때로 조선 학생들의 우수성을 강조했고, 조선 사람들이 흰옷을 좋아하는 것은 일본 사람들이 검은 것을 좋아하는 것과 대조를 이룬다면서 흰옷의 장점을 말하곤 했다. 그는 조선 사람들의 합리성을 바둑을 들어 말하기도 했다. 조선에서는 죽은 돌을 골라내고 계산하는 데 반해, 일본에서는 그대로 채워 놓고 계산하는 경향이 있

之助), 또 다른 교수로는 고지마 군조(小島軍造), 〈미학/미술사〉 제1강좌 담임은 우에노 나오테루(上野直昭), 또 다른 〈미학/미술사〉 강좌 담임은 다나카 도요조(田中豊藏), 〈지나철학〉 강좌 담임은 후지쓰카 지카시(藤塚隣), 가토 조켄(加藤常賢, 조교수), 〈심리학〉 강좌를 위해서는 하야미 히로시(速水滉), 구로다 료(黑田亮) 교수 등이 있었다. 다카하시 도루(高橋亨) 교수는 〈조선어학/조선문학〉 제1강좌 담임이었는데, 그는 『조선유학사』를 펴냈으며 철학도들에게도 큰 영향을 미쳤다(위상복, 2013: 74-75).

40 훗날 이들은 우리나라 학계를 비롯해 여러 곳에서 많은 일을 했는데, 구체적인 역할은 아래와 같다. 권세원(서울상대·성균관대 교수), 김계숙(서울대 교수 및 대학원장·건국대 교수), 박동일(대전중 교장), 배상하(이화여대 교수), 임석재(서울사대·중앙대 교수), 조용욱(동덕여대 학장), 한제영(평양사범 교장·서울사대 교수), 김용하(서울상대 학생과장) 등이 그렇다.

다면서, 이것을 불합리하다고 했다. 미야모토 교수는 조선인 학생 박치우(朴致祐, 철학과 6회)를 가리켜 일본에서도 볼 수 없는 천재라고 했는데, 그는 사고력 가운데서도 기억력과 추리력이 대단했던 것으로 전해진다(204-205).

아베 교수는 당시 명문인 일본 제1고등학교를 거쳐 도쿄제대에서 철학을 공부했다. 주로 칸트의 실천철학에 관심을 갖고 관련된 번역과 저술에 힘썼다. 그의 주된 저서는 『칸트의 실천철학』이다. 그는 1926년 경성제대 법문학부장으로 「경성제국대학에 부치는 희망」이라는 개회식 식사를 통해 "경성제국대학은 일개의 독특한 사명을 지닌 독립대학이다. 그것은 내지(內地) 대학의 출장소가 아니다."라고 말하면서 경성제대의 독자적인 위상을 부각시켰다. 미야모토 와키치 교수도 칸트철학에 조예가 깊었다. 그의 대표 저서는 『칸트연구』와 『철학개론』인데, 후자의 경우 초판이 1916년에 나오고 1922년에 44판이 나올 정도로 인기가 많았다. 다나베 시게조 교수도 칸트 전공자로 독일 유학 후 경성제대에 부임했다. 번역서로 칸트의 『논리학』이 있다.

이처럼 경성제대 교수진은 주로 칸트를 연구하는 학자들로 이루어져 있는 데 반해, 학생들은 헤겔이나 마르크스, 실존철학, 그리고 그 외 인접 학문에 흥미를 지니고 있었다. 주된 이유는 순수철학보다 시대 상황에 따른 정치사회적 분위기에 젖어 현실적인 것에 관심을 가지는 한편, 구체적·개인적인 삶의 문제와 관련해 철학을 공부하려 했기 때문이다. 그 당시 철학과의 교육과정은 비교적 포괄적이어서, 학생들은 철학뿐 아니라 미학·종교학·교육학·심리학 등도 공부할 수 있어 욕구를 어느 정도 충족시킬 수 있었다.

경성제대에서 새로운 학문을 체계적으로 공부한 학생들이 졸업하면서 철학과에서 공부한 학생들의 논문도 그 모습을 드러냈다. 초기에 발표된 학생들의 졸업논문 경향을 보면, 철학사에 등장하는 인물들의 주장에 관한 연구가 주류를 이루었다. 문제 중심보다는 인물 중심의 연구였다. 예컨대, 1929년 봄 경성제대 철학과 제1회 졸업생들의 논문을 살펴보면 그런 경향을 어느 정도 알 수 있다. 그해에 김계숙(金桂淑, 1905~1989)[41]은 「코엔(Hermann Cohen)의 순수논리학에 있어서의 Ursprung에 관하여」라는 논문을, 권세원[42]은 「볼차노(Bernard Bolzano)의 현상학 원류」라는 논문을 각각 제출했다. 같은 해 김두헌(金斗憲, 1903~1981)은 「크로체(Benedetto Croce)의 실천의 철학」을 도쿄제대에 제출했다. 이어서 4년 후인 1933년에 고형곤(高亨坤, 1906~2004)[43]과 박종홍(朴鍾鴻, 1903~1976)[44]이 「셸링(F. W. J. von Schelling)은 어떻게 피히테(J. G. Fichte)를 넘어섰는가」와 「하이데거(Martin Heidegger)에 있어서의 Sorge에 관하여」라는 논문을 경성제대에 각각 제출했다.

철학과 관련된 글들은 철학 학술지가 아닌 일반 잡지에서도 찾아볼 수 있다. 한치진은 1928년 「철학과 인생」(『조선지광』 77호)이라는 글에서

---

41 김계숙은 함경남도 홍원군 출생으로 1923년 함흥고등보통학교(함흥고보)를 거쳐 1929년 경성제대 철학과를 1회로 졸업한 뒤, 10년 동안 서울경신학교 교사로 재직했다. 1939년 도쿄제대 대학원 철학과에 진학해 1942년에 수료한 뒤 다시 중앙중학교 교사로 재직했다. 이처럼 그는 해방 전에는 주로 중등교육에 힘썼다. 그래서인지 해방 후에도 중등교사 양성 교육기관인 서울사대에 주로 재직했다(1945년 이후 활동은 이 책의 II부 참조).

42 권세원(權世元, 權菊石)은 대구고등보통학교(대구고보)를 졸업한 뒤, 1924년 경성제대 예과에 입학했다. 1930년대 초기에는 학술지에 논문 투고를 열심히 하여, 『신흥』 창간호(1929. 7)에 「진리와 정확의 구별에 대한 첨언」, 2호(1929. 12)에 「현상학의 진리설에 대하여」, 3호(1930. 7)에 「부정판단의 논리적 위치에 대하여」를, 『철학』 창간호(1933. 7)에는 「철학이란 무엇이냐 – 철학의 영원성에 대하여 –」를 각각 게재했다. 해방 후 서울 상대, 성균관대 교수를 역임했다.

43 고형곤은 스승인 제당(霽塘) 신일균으로부터 한학뿐 아니라 한글, 프래그머티즘, 계몽운동 등을 배웠다. 늦은 나이인 열네 살에 초등학교에 들어가 6년 과정을 1년 반 만에, 이리농림학교에 입학해서도 5년 과정을 3년 만에 끝내고 경성제대 예과에 입학했다. 대학원에서는 현대철학자인 하르트만·셸러·딜타이·후설·하이데거 등의 책을 읽었다. 1938년에 연희전문 교수로 임용되었다(1945년 이후 활동은 이 책의 II부 참조).

44 박종홍의 호는 열암(洌巖)이며 평양 출신이다. 1920년에 평양고등보통학교(평양고보)를 졸업하고, 대구고보 교사 등을 거쳐 1929년 경성제대 법문학부 철학과에 진학한 만학도다. 1934년에 경성제대 대학원을 졸업하고, 1935년에 이화여전 강사, 1937년에 교수가 되었다. 하지만 이미 1922년에 『개벽(開闢)』지에 「한국미술사」를 연재하는 등 학구적이었다. 철학과 재학 시에는 칸트와 헤겔철학을 주로 연구했다(1945년 이후 활동은 이 책의 II부 참조).

철학을 '생활비판'으로 간주하면서 철학은 정신적인 과학이 되어야 하며, 소위 유물론까지 정신활동의 산물이라 했다. 이어서 모든 것의 출발점을 '나'로 보았다. 철학의 이상은 고원(高遠)하고도 포괄적인 데 있음을 강조하면서, 일부 철학자들의 혼란스러운 궤변을 경계했다(학술원, 1976: 85). 그는 1931년에 「철학적 직관론」(『청춘』 2월호)을 통해 실재가 직관 방법으로만 인식될 수 있다는 것은 이성과 반대된다는 것을 지적하면서 그 의의를 밝혀 나갔다.

한치진은 철학·논리학·윤리학뿐만 아니라, 인접 분야인 교육학·사회학·심리학·종교학에 관한 저서나 글도 발표했는데, 현재까지 밝혀진 바로는 20여 권의 저서와 100편에 가까운 글이 있다. 미국에서 학사, 석사, 박사과정을 골고루 다니면서 공부한 것들이 저술에 큰 힘이 된 듯싶다. 다양한 분야에 관한 기초지식을 요구하는 학부과정도 이수했으니 말이다. 그의 글들은 신문이나 철학학술지를 비롯한 각종 잡지에 게재되었다. 일제강점기 때 펴낸 개설서만 보더라도 『신심리학개론』(1930), 『논리학개론』(1931), 『아동의 심리와 교육』(1932), 『사회학개론』(1933), 『종교개혁사요』(1933), 『종교철학개론』(1934), 『증보윤리학개론』(1934), 『최신철학개론』(1936) 등을 들 수 있다.

이 가운데 『최신철학개론』은 우리나라에서 철학 일반에 관한 최초의 단행본이다. 이 책은 5부로 이루어져 있다. 1부는 '총론'으로 철학 전반에 관해 서술하고, 그 주된 내용은 철학의 정의와 방법에 관한 것이었다. 2부는 본체론으로 존재자의 본체가 무엇인가에 관해 여러 철학 관련 논의를 다루었다. 유물사관, 유심사관, 그리고 전체와 개체의 관계에 관해 서술했다. 3부는 우주론으로 우주만물의 기원과 목적, 생명의 기원과 진화에 관해 서술했다. 4부는 인식론으로 인식의 문제, 지식의 기원, 지식의 성질에 관해 서술했고, 5부에서는 가치론으로 도덕철학, 예술철학, 종교철학에 관한 것이었다.

철학자들 가운데는 한치진처럼 철학 각 분야를 광범위하게 다루면서 연구한 사람도 있고 평생 어느 한 분야를 집중적으로 연구한 학자도 있다. 한치진은 철학에 관한 외국의 학문 경향을 우리나라에 소개하는 데 힘을 쏟았다. 그는 당시 선진 외국 학문을 우리나라에 소개하는 일에 힘써 개론서 수준의 책들을 펴내느라 바빴다. 예나 지금이나 많은 사람이 학위논문과 관련된 분야에 힘을 기울여 철학 일반에 관한 탐구에 소홀히 하는 경향이 있지만, 그는 철학에 관한 선진 외국의 전체적인 학문 경향을 파악하는 데 치중했다. 철학계의 경우는 아쉽게도 한치진의 학문 자세와 같은 경우가 드물다. 그런 점에서 한치진의 역할은 돋보인다.

철학은 그 역사를 통해 알 수 있듯 깊이뿐만 아니라 폭넓게 접하면서 사색할 필요가 있다. 그래서인지 한치진은 철학 각 분야에 관한 개론서의 필요성을 느낀 듯하다. 다만 한치진에게서 아쉬운 점은 여러 영역에 관한 개론서 출판에 치중하다 보니 깊이 있는 연구나 논문을 작성하기에 시간이 부족했다는 점이다. 더욱이 한창 활동할 나이인 6·25전쟁 때 납북되어 연구활동이 이어지지 못해 아쉽다.[45]

5) 학술지 『신흥』과 『철학』의 발행

철학사를 살펴보기 위해선 1929년 7월 15일 경성제대 법문학부 출신들이 발행한 『신흥』이라는 종합잡지를 살펴보면 도움이 된다. 경성제대가 창립되자 그 대학에 다니던 조선인 학생들이 모여 독서회 성격의 모임을 만들었는데 문우회(文友會),[46] 적송회(赤松會), 낙산문학회(駱山文

---

45 철학에서는 다른 학문에 비해 그 깊이뿐만 아니라 넓게 아는 일도 중요하다. 물론 이 두 가지 일을 함께하기란 힘든 일이다. 그럼에도 한국의 현대철학사에서 이 같은 일을 실현한 사람들도 있으니 박종홍·김준섭·최재희의 경우가 그렇다. 최동희·신일철·소흥렬의 학문 탐구에서도 이런 경향이 나타난다. 한편, 수필이나 강연을 통해 철학의 확산, 철학의 대중화를 위해 힘쓴 사람으로는 김태길·김형석·안병욱·박이문을 들 수 있다.

46 문우회의 목적은 조선 학생들 간의 친목 도모에 있었다. "군자는 글로써 벗을 모으고(以文會友), 벗으로써 인(仁)을 보충한다(以友輔仁)."라는 『논어』의 글귀를 따서 지은

學會)가 그것이다. 그런데 문우회 외에는 동인지를 내지 못했고, 낙산문학회는 1927년 겨울에 해산되었다. 문우회는 전체 학생회가 『청량』이라는 일본말로 된 잡지를 발행하자 『문우』라는 한글로 된 작은 책자를 따로 냈다. 원고는 시·소설·논문·수필·기행문 등 다채로웠으며, 100부 한정판으로 1년에 한 번 출간했다. 하지만 아쉽게도 5호로 끝을 맺었다. 이런 상태에서 졸업한 이들이 아쉬운 마음에 다시 뜻을 모아 발행한 종합잡지가 『신흥』이다.

1929년, 경성제대 철학과에서는 제1회 졸업생 7명, 즉 김계숙·권세원(權世元)·박동일(朴東一)·배상하(裵相河)(이상 철학/철학사 전공), 조용욱(趙容郁)(중국철학 전공), 한제영(韓悌泳)·현준혁(玄俊爀)(이상 교육학 전공)이 배출되었다. 이 무렵 창간된 『신흥』은 문예와 학술을 아우른 종합지로, 경성제대 조선인 문학도들의 모임인 적송회와 낙산문학회 회원들이 졸업 후 신흥사에서 펴냈다. 처음 발행자는 배상하(필명 想何), 인쇄인은 김진호, 발행처는 서울 수창동의 신흥사였다. 인문·사회과학 등에 걸쳐 논문 게재자가 다양하며, 당시에는 비교적 수준 높은 이 종합지에는 모두 100여 편의 글이 실려 있다. 1929년 7월 15일 창간호에 이어 1937년 1월 9호로 종간되었다. 진단학회(震檀學會)가 발행하던 학술지 『진단학보』와 더불어 나름대로 그 시대를 대표한 종합지였다.

배상하에 이어 이강국(李康國)·유진오(兪鎭午)·장후영(張厚永)·서재원(徐載元)이 차례로 주된 역할을 했으며, 철학 논문들이 비교적 많이 실렸다. 이 학술지의 창간호(1929. 7)에서 마지막 호인 9호(1937. 1)까지 수록된 글 가운데 철학 관련 글만 간추리면 다음과 같다.

창간호(1929. 7). 저작 겸 발행자: 배상하

유물사관 단장(斷章)/ 진오(陳伍. 유진오)

진리와 정확의 구별에 대한 첨언(僭言)/ 권국석(權菊石)

것이다(이충우·최종고, 2013: 68). 1928년 2월 이후에는 모임이 없었다.

코엔철학에 관한 단편/ 김계숙

(번역물)/ 배상하

직각철학/ 노영창

2호(1929. 12). 저작 겸 발행자: 배상하

사색방법에 대한 서론/ 김계숙

현상학의 진리설에 대하여/ 권국석

3호(1930. 7). 저작 겸 발행자: 이강국

사유재산권의 기초 – 헤겔 『법리학』에 나타난 – / 진오

미학의 사적 개관(史的槪觀)/ 고유섭

철학의 특수과학/ 김계숙

부정판단의 논리적 위치에 대하여/ 권국석

비극고찰척편(悲劇考察隻片)/ 서두수(徐斗銖)

철학의 장래/ S-D

4호(1931. 1). 저작 겸 발행자: 이강국

철학과 자연성과의 관계/ 김계숙

헤겔 현상학 중의 개체의식과 사회의식의 범형(範型)/ 안용백(安龍伯)

5호(1931. 7). 저작 겸 발행자: 이강국

헤겔백년제(百年祭)와 헤겔부흥/ 신남철

헤겔사상의 전사(前史)/ 김계숙

철학적 우주관/ 권직주(權稷周)

6호(1931. 12). 저작 겸 발행자: 이강국

추상(抽象)과 유물변증법/ 진오

포이엘빠흐 철학 – '헤겔'을 기념하는 의미에서 – / 소철인(蘇哲仁)

신(新)헤겔주의와 그 비판/ 신남철

조선탑파(塔婆)개설/ 고유섭

헤겔연맹 제2회 대회/ SH

헤겔이냐 맑스냐?/ ㅎㅅ

7호(1932. 12). 저작 겸 발행자: 유진오

민족이론(民族理論)의 3형태/ 신남철

로서아의 건축/ 고유섭

역사적, 사회적 현실과 이론작용/ 권직주

유물론적 견해와 관념론적 견해의 대립/ 소철인

역전중(易傳中)의 변증법적 관념의 전개/ 최창규(崔昌圭)

사회주의에 대한 인간정신/ 현영섭(玄永燮)

8호(1935. 5). 저작 겸 발행자: 장후영

최근 독일의 심리학/ 이진숙(李鎭淑)

마하주의(主義)에 대한 편상(片想)/ 소철인

호적(胡適)의 공자론(孔子論) 비판/ 김강수(金剛秀) 역(譯)

9호(1937. 1). 저작 겸 발행자: 서재원

인식(認識), 신체 급(身體及) 역사/ 신남철

세대사관비판 기일(其一)/ 박치우

이 가운데 유진오가 1929년 창간호에 게재한 「유물사관 단장」은 '진리의 이중성을 중심으로 하야'라는 부제(副題)가 달려 있는데, 메모 형식으로 쓴 것으로, 그는 변증법을 집에 비유해 아래와 같이 나타냈다(유진오, 1929: 26). 한글 맞춤법이 제대로 되어 있지 않은 것은 그 당시 표기법이 그렇기 때문이다. 서술된 그 당시 글 그대로 인용하기로 한다.

> 변증법은 논리학상의 다층집이다. 종래의 논리학은 게딱지 갓흔 단층집이엇스나, 변증법의 발견에 인(因)하야 비로소 우리는 상층구경을 하게 되엿다. 밋헤 층에만 잇는 사람은 주위에 둘너진 놉흔 벽돌담 박갓헤는, 무엇이 잇는지 알 수 업스나, 2층 혹은 3층 집에서는, 그까지 것은, 창문을 열기만 하면, 단번에 환하게 보히는 것이다.

1호에서 9호까지 수록된 글들에서 알 수 있듯 일부 철학도의 글이 발견되지 않는데, 박종홍의 경우가 그렇다. 그는 그 당시 글쓰기에 적극적이었는데, 그의 글이 그 당시 종합잡지인 『신흥』에서 발견되지 않는 것은 우연인지 모르지만 아쉽다. 반면에 김계숙의 글은 『철학』에서 발견되지 않는다. 두 간행물 모두 짧은 기간에 폐간되어 그럴 수도 있겠다. 글에서 본명이 아닌 필명을 사용하는 경우도 종종 있는데, 글에서 사용되는 필명에서 진오(陳伍)는 유진오, 권국석은 권세원, 두수(杜漱)는 서두수를 각각 가리킨다. 더욱이 본명 대신 4호에서 볼 수 있듯 S-D, 6호에서 볼 수 있듯 SH, ㅎㅅ을 사용한 경우도 있어, 왜 그랬는지 의문이 남는다.

『신흥』의 저작 겸 발행자를 살펴보면, 창간호와 2호는 배상하(1906~?), 3호에서 6호까지는 이강국(1906~1956), 7호는 유진오(1906~1987), 8호는 장후영(1909~1985), 9호는 서재원이었다. 이들 가운데 이강국이 비교적 오랫동안 그 잡지를 펴냈다. 이런 점에서 그의 역할이 매우 크다. 그는 해방 후 어수선한 분단의 정치 상황에서 비극적으로 삶을 마감했다.[47]

인물 중심의 연구는 계속 이어져, 김계숙은 1931년 7월 『신흥』 5호에 「헤겔사싱의 진사(前史)」라는 글을 게재했다. 이 논문에는 '헤겔 백년제를 당하야'라는 부제가 붙어 있다. 그는 이 글에서 17세기부터 시작해 헤겔사상에 이르기까지 전(前) 사상의 흐름을 살폈다. 그는 헤겔의 경우, 18세기 산업혁명 이후 사상적 변동, 계발적 사상과 자유주의적 사상의 풍비 등 이성적 혁명의 시대 분위기 속에서, 역사적 규정을 받아 그의 독특한 고찰 방법으로 세계사의 발전 과정을 논했음을 지적

---

47 이강국은 경성제대 졸업 후 1932년 독일 베를린대학에 유학했다가 1935년에 귀국해 노동운동에 참여했다. 해방과 더불어 건준, 민주주의 민족전선 등에 참여하다가 애인인 김수임의 도움으로 월북했다. 1947년 북조선인민위원회 사무국장, 1948년 3월 남북협상 참여, 제1기 인민대의원, 상업성 법규국장 등을 지냈다. 하지만 김수임이 남한에서 간첩 혐의로 처형당했듯이 이강국도 북한에서 숙청당했다. 분단 속 남녀의 비극을 적나라하게 보여 준다.

했다. 이어서 철학사상으로는 칸트와 피히테(J. G. Fichte)의 주관적 관념론과 셸링(F. W. J. von Schelling)의 객관적 관념론이 헤겔사상의 전사(前史)를 이루는 것으로 보았다. 글의 끝에는 헤겔의 연대표가 약기(略記)되어 있다.

『신흥』 외에도 1932년 11월 1일 발행된 『신동아』 13호에는 스피노자(Baruch de Spinoza, 1632~1677) 탄생 300주년을 기념하는 글들이 실렸다. 스피노자라는 철학자에 관해 세 사람이 서로 다른 측면에서 글을 썼다. 투고한 사람은 이관용, 안호상, 이종우(李鐘雨, 1903~1974)이다. 이관용은 「스피노자의 생활」이란 글에서 스피노자의 생애와 사상을 다뤘다. 그는 스피노자를 무신론적·유물론적 일원론자로 여기면서, 직업·사색·기거(起居) 등 그의 생활 어느 방법에서나 철두철미 수정탁마(水晶琢磨)로 보낸 47세의 일생을 소개하고 스피노자의 저서 소개를 첨부했다. 안호상은 「스피노자의 우주관」이란 글을 게재했다(학술원, 1976: 86-87)(이 책 I부 3장 '형이상학과 인식론' 참조).

한편, 이종우는 1932년 「스피노자철학의 특징」이란 글을 통해, 스피노자철학의 특징으로 (1) 범신론적인 것, (2) 개체의 불사(不死)를 부정한 점, (3) 감정적 윤리론 및 정치론 등에 자연주의적 계기를 포함한 점을 들었다. 이어서 연장(延長)과 사유의 인과연쇄가 세계—심계(心界)와 물계(物界)—이며, 동시에 유일신의 두 가지 존재방식임을 언급했다. 그러면서 인식의 병행론적 해석에는 난점이 많고, 정신-물리적 문제의 병행론적 해석에서 병행 또는 동일이란 개념에도 불만이 많다고 했다. 신체는 내(內)와 외(外), 아(我)와 비아(非我)의 변증법에 근거한 통일체인데, 그는 변증법적 논리를 가지지 못한 까닭에 동일이란 개념을 사용해 많은 문제점을 남겼으나, 그가 신체를 '노에티쉬'하게 생각하면서 심신 문제에 관해, 오늘날까지 영향을 미치는 사상의 연원을 이룬 점은 불후의 공적으로 평가했다(학술원, 1976: 86-87).

이런 가운데 철학 분야 학술지도 태동했다. 철학연구회가 1932년 4월 22일 결성되었는데, 그날은 1724년 칸트가 태어난 날이기도 했다.

칸트의 생일을 기념하여 그날에 맞춰 결성한 것이다. 창립 구성원은 이관용을 비롯해 김두헌·박종홍·박치우·신남철·안호상 등이었다.[48] 이어서 철학연구회는 1933년 전문 학술지 『철학』 창간호를 한성도서주식회사에서 출판했다. 우리나라 최초의 철학전문 학술지가 발행된 것이다. 실로 한국현대철학사에서 눈여겨 봐야 할 뜻깊은 날이다.

판권장을 보면, 편집 겸 발행인 이재훈,[49] 인쇄인 김진호(金鎭浩), 인쇄소 한성도서주식회사, 발행소 철학연구회(서울: 원동 107), A5판 122면(정가 30전)으로 되어 있다. 이재훈은 일본 릿쿄대학 철학과를 졸업한 뒤 『철학』의 편집 겸 발행인이 되었다. 그런데 그가 사상범 혐의로 종로경찰서에 구속되면서 『철학』도 1935년 6월 통권 3호로 종간되고, 철학 분야 최초의 학회인 철학연구회도 해산되었다.

이처럼 일제강점기 때 철학도들이 글을 게재하던 대표적 잡지로는 철학·문학·사회과학 종합지인 『신흥』과, 철학 전문지인 『철학』이 있다. 전자는 경성제대 법문학부 졸업생들이 중심이 되어 창간호를 펴냈으며, 후자는 『신흥』이 발간된 지 4년 뒤 철학연구회에서 발행했다. 전자는 글을 게재한 사람들이 법문학부 각 학과 졸업생들로 이루어져 있지만, 후자는 법문학부 철학과 출신을 포함해 국내외에서 철학을 공부한 사람이라면 누구든지 게재할 수 있는 철학 관련 학술지 성격의 잡지였다.

전자는 미야케 교수의 영향을 받은 사람들이 중심을 이루었는데, 미

---

48 철학연구회가 태동하기 전에는 철학을 전공한 동인들끼리 한 달에 한 번씩 모여 연구발표회를 열었는데, 그 구성원은 권세원·김계숙·김두헌·박종홍·이재훈·이종우·안호상·최현배 등이었다. 그런 과정에 한성도서의 이창익이 무료로 『철학』을 출판하기로 해 학술지도 빛을 보게 되었다(위상복, 2013: 198-199).

49 이재훈은 해방 전에는 휘문고등보통학교(휘문고보)에서 교사로, 해방 후에는 휘문고교 교장(9년)으로 각각 있으면서 중등교육에 이바지했다. 훗날 그는 『철학』지가 폐간되던 때의 상황을 「잊혀지지 않는 것」이란 수필(『사상계』, 1958. 9)로 남기기도 했다. 그는 훗날 그의 한자 이름 가운데 '훈(薰)'을 '훈(壎)'으로 바꿔 썼다(1945년 이후 활동은 이 책의 II부 참조).

야케 교수는 경성제대에서 '성대 경제연구회'라는 독서회를 이끌었다. 그 독서회에 참여했던 학생들이 졸업 후 『신흥』에 투고하는 주축을 이루었다. 성대 경제연구회 구성을 보면, 초기에는 1회생 유진오·전승범·김처순(이상 법과), 김계숙·조용욱(이상 철학), 최창규(중문), 이종수(영문) 등이 회원이었으며, 주로 개인 집에 모여 책을 읽고 토론하는 독서회 형식을 취했다. 이때 읽은 책은 플레하노프(G. V. Plekhanov)의 『유물사관의 근본문제』, 부하린(N. I. Bukharin)의 『유물사관』 등이었다. 1927년이 되자 2회생들이 학부로 올라와 이강국·박문규·최용달·안용백 등이 이 모임에 가입했는데, 윤리학을 전공하는 안용백 외에는 모두 법학과 소속이었다. 그해부터 미야케 시카노스케(三宅鹿之助), 스즈키 다케오(鈴木武雄) 교수가 지도교수가 되면서, 경제연구회는 급격하게 좌익으로 기울어졌다. 특히 미야케 교수가 좌익 성향이 강했다(이충구·최종고, 2013: 137).

미야케 교수나 스즈키 교수가 경성제대 학생들에게 끼친 이런 영향은 학생들의 재학 시나 졸업 후, 나아가 훗날 우리나라 사회철학이나 정치철학 분야 담론에서뿐만 아니라 사회 전반에 파고들어 큰 영향을 주었다. 일제강점기 일제의 일부 지식층이 우리나라 지식인들에게 남긴 또 하나의 큰 흔적이라 하겠다. 우리나라 지식인들이 직접 유럽 등 해외에 나가 그런 분야를 연구하고, 주체적 견지에서 적극적인 측면과 소극적인 측면에서 심사숙고한 다음, 우리 실정에 어울리는 주장을 펴나갔으면 더 바람직했겠지만 말이다. 일제 지식인들의 일방적인 주장과 우리나라 일부 젊은이들의 사회변혁을 향한 조급성이 함께 뒤섞인 흔적이라 하겠다.

『신흥』에 게재된 글은 사회과학·문학·철학까지 범위가 넓어 종합잡지와 비슷했다. 배상하가 첫 발행자이고 유진오·이강국 등이 대표적 인물로 활동했다. 한편, 『철학』의 발행인 이재훈은 릿쿄대 철학과를 졸업했다. 공교롭게도 그 당시 활발하게 글을 쓰던 박종홍의 글은 『신흥』에서, 김계숙의 글은 『철학』에서 발견되지 않는다. 두 학술지 모두 몇

년을 버티지 못하고 폐간되었기 때문인 듯하다. 『철학』이 3호를 내고 폐간되어 김계숙·최현배 등의 글도 찾아볼 수 없다. 종합잡지나 철학 전문지가 계속 발행되었으면 게재했을 법도 한데 말이다.

『철학』 창간호에 글을 게재한 사람은 박종홍·권세원·이재훈·이종우·안호상·김두헌·신남철이다. 실린 글들은 다음과 같다.

창간호(1933. 7. 17). 편집 겸 발행인: 이재훈
'철학하는 것'의 출발점에 대한 일 의문(1-16)/ 박종홍
철학이란 무엇이냐 – 철학의 영원성에 대하여 – (17-27)/ 권세원
구체적 존재의 구조(28-47)/ 이재훈
외계실재의 근거(48-62)/ 이종우
객관적 논리학과 주관적 논리학(63-81)/ 안호상
윤리적 평가의 이념(82-95)/ 김두헌
'헤라클레이토스'의 단편어(96-103)/ 신남철

창간호에 실린 논문들은 그 당시 유행하던 특정 인물과 관련된 연구라기보다 많은 사람이 일고 싶이 하는 문제에 초점이 맞추어졌다. 나름대로 의의 있는 경향이라 하겠다. 이런 경향은 2호, 3호에도 이어진다. 『철학』 창간호의 경우, 창간사는 없고 「편집 후기」에 이렇게 적혀 있다.

우리 동인은 협동하여 철학사상 건설의 기도(企圖)로 '철학잡지'를 발간하게 되었다. 조선에 있어서 시초인 만큼 적지 않은 곤란도 있었다. 이 잡지는 동인의 경영으로 판매 영리를 목적으로 함은 아니나, 호학(好學)의 사(士)와 같이 그 정신을 나누어 과거를 반성하며 가치 있는 미래를 건설하기 위하여 공개 판매하기로 하였다. 여기에 특기할 바는 우리 계획과 사업에 대하여 찬동과 호의로 다대한 진력(盡力)을 하여 준 이는 이창익(李昌翼: 한성도서 사장) 씨이다. 씨의 진력이 없었다

면 우리의 계획은 (…) 아직 탄생을 볼 수 없었는지도 모른다.

논자들에서 알 수 있듯이, 이들은 이후 한국현대철학사 각 분야에서 기초를 마련하는 데 큰 역할을 했다. 박종홍이 1933년 『철학』 창간호에 게재한 「'철학하는 것'의 출발점에 대한 일 의문」과, 1934년 『철학』 2호에 게재한 「'철학하는 것'의 실천적 지반」은 각각 철학하는 자세나 철학의 방법론으로 주목할 만해, 여기에 소개한다. 첫머리에 실린 박종홍의 「'철학하는 것'의 출발점에 대한 일 의문」의 서두를 소개한다(『박종홍전집 I』, 1998: 317-318). 박종홍은 당시 경성제대 철학과 재학 중에 이 글을 썼다.

나의 문제의 소재(所在)는 학교의 한 과목으로서의 강단철학을 학습함에 있어서 그 무엇으로부터 시작할 것인가 하는 것이 아니다. 다음으로 고대(古代)철학의 발단을 새로이 천착(穿鑿)하려는 것도 아니다. '철학하는 것(Das Philosophieren)'의 출발점이 나의 문제다. (…) 우선 나의 의문은 '철학하는 것'의 출발점을 문제로 제기할 수 있는가 없는가로부터 비롯한다. (…) 출발점은 각기 다르며 막연하여 문제 삼을 수 없지나 않은가. 철학하는 사람은 그 누구나 절실한 자기의 문제를 가졌고 따라서 그 자기의 문제로부터 출발한다고 볼 수 있다. 전체적으로 보아 비록 사소한 문제일는지는 모르나 진실로 적극적 정신을 가진 힘찬 '철학하는 것'의 출발점이 되어 있는지도 모른다. (…) 즉, 철학이 무엇이라는 개념을 가지기 전에 벌써 우리는 사실에 있어서 철학을 하고 있다. '철학하는 것'은 사람의 본성(本性)에 속한 것이요, 단지 학과의 일부분도 아니며 학자의 이지(理智)로써 짜낸 어떤 특이한 영역(領域)도 아닐 것이다. '철학하는 것'은 사람에게 있어서의 근본적인 생기(Geschehen)다. 따라서 철학을 시작한다고 하여 본래의 사람을 떠나 별다른 생활을 할 수는 없다. 여기에서 나는 나의 문제에 관련되는 두 가지 점을 지적할 수 있다. 첫째는 '철학하는 것'의 출발점이 각인 각양 불일치하다는 것, 둘째는 그 출발점이 어느 때 무엇으로부터라고 명백하게 표시하기 거북하다는 것이다.

이처럼 『철학』 창간호 첫 논문에서 박종홍은 '철학하는 것'은 사람의 본성에 속한 것으로, 학자의 이지(理智)로써 짜낸 어떤 특이한 영역이 아니라고 했다. '철학하는 것'은 출발점 여하에 따라 그 방향이 결정되며, '철학하는 것'이 무엇인지에 관한 해답도 그 출발점 여하에 따라 서로 다른 것으로 파악했다. 모든 철학자들의 시대, 민족, 계급 내지 개성이 한결같지 않았던 것처럼 그들의 출발점도 서로 달랐음을 지적하면서 다음과 같이 결론지었다(『박종홍전집 I』, 1998: 331).

나의 결론은 이러하다. 우리의 '철학하는 것'의 출발점은 '이 시대의, 이 사회의, 이 땅의, 이 현실적 존재 자체에 있지나 않는가' 하는 것이다. 이 현실적 지반을 떠나 그의 출발점을 찾는 철학은 결국 그 시대 그 사회에 대하여 하등의 현실적 의미를 가질 수 없을 뿐만 아니라 철학 자체에 있어서도 새로운 경지를 개척하기가 곤란하지나 않을까 하는 것이다.

이처럼 그는 '철학하는 것'의 출발점은 '이 시대의, 이 사회의, 이 땅의, 이 현실적 존재 자체에 있지나 않는가'라고 했다. 각 개인이 처한 사회환경이나 자연환경의 중요성을 일깨우면서 '철학하는 것'도 파악하려 했음을 알 수 있다.

이어서 권세원은 1933년 『철학』 창간호에 실린 「철학이란 무엇이냐 – 철학의 영원성에 대하여 –」라는 논문(17-27; 학술원, 1976: 87)에서 진리탐구를 철학의 대상으로 보면서, 진리에 관한 정의를 다음과 같이 5부로 분류해 살피고 그 문제점들도 언급했다. 그 가운데 1부는 진리의 개념을 인식작용과 분리되어 존재하는 것으로 파악하는 진리관이다. 진리의 불변성과 영원성을 강조하는 경우로, 아리스토텔레스·아우구스티누스·토마스 아퀴나스·라이프니츠(G. W. Leibniz) 등에 의해 내려진 정의다. 하지만 진리의 실재성을 증명하는 데 미흡해 충분한 정의가 되지 않는다. 2부는 진리를 인식과 관련시켜 파악하는 진리관이다. 이는 인식론적인 정의로 진리에 대한 명제나 표상의 속성과 관계되어 있는 관계로, 속성과 혼동하게 되어 있다. 3부는 우리로서는 보편타당한 참된 진리를 알 수 없다면서 우리가 알 수 있는 진리는 상대적이며 제한적이라고 한다. 예컨대, 라이프니츠와 볼프학파의 견해다. 4부는 분석적 진리와 종합적 진리, 상대적 진리와 절대적 진리처럼 이분법을 사용하면서 파악하는 진리관이다. 형식논리적인 진리에 관한 정의이며, 내용적인 진리규정을 소홀히 하기 쉬운 정의이기도 하다. 5부는 진리 자체는 시간과 공간을 초월하는 것이지만 주관적 진리도 영원한 진리 자체가 될 가능성이 있음을 내세우는 진리관이다. 진리의 영원성에 아직 도달하지 못했을지라도 그 존재를 부인할 수 없다는 점에서, 우리 인생은 철학할 희망과 가치를 계속해서 찾을 수 있다고 했다.

신남철의 번역물 「'헤라클레이토스'의 단편어」가 철학 전문 학술지에 실린 것도 눈여겨볼 만하다. 신남철은 헤라클레이토스(Heracleitos)가 훗날 헤겔의 변증법에 근거한 사유에 큰 영향을 끼쳤음을 강조하면서 번역하게 되었다고 했다. 헤겔의 변증법 형성을 정확하게 이해하기 위해 번역에 착수한 것이다. 희랍어 본문에 관한 첼러(Eduard Zeller)의 번역본을 참고하면서 주를 달아 가며 126편에 이르는 헤라클레이토스의 단편을 꼼꼼히 번역했다. 경우에 따라서는 번역이 책 저술이나 논문 작성보다 더 어렵다는 것을 생각할 때, 그의 번역은 남다른 의의를 지닌다. 번역의 중요성을 일깨우는 대표적인 예가 될 수 있는 글이다.

여기서 우리는 철학사에서 박종홍과 신남철의 삶의 여정과 더불어 학문상 접근방법이나 경향성을 잠시 비교해 볼 필요가 있다. 박종홍은 1903년 평양에서, 신남철은 1907년 서울에서 각각 태어났다. 박종홍은 1920년 평양고등보통학교 졸업 후 교편 생활을 하다가, 1929년 경성제대 법문학부 철학과에 입학해 1933년 졸업한 뒤 같은 대학 연구실에서 조수(助手) 생활을 거쳐 1937년부터 이화여전에서 교수 생활을 했다. 신남철은 서울의 중앙고등보통학교를 거쳐 1926년 3월 경성제대 예과에 입학해 1931년 철학과를 졸업한 뒤 조수로 일했다. 신남철은 이 무렵 조선사회사정연구소 회원이 되었다. 1935년에는 문예비평에도 참여했다. 잠시 기자 생활도 했고, 일제강점기 말에는 경성제대 조교수, 중앙고보에서 교사로 근무했다. 해방 후 박종홍은 주로 서울대에서 교수로, 신남철은 서울대와 김일성대에서 교수로 있었다. 두 사람의 정치 성향을 보면, 박종홍은 우파 경향이 있고 신남철은 좌파적이었다. 특히 신남철은 그 정도가 분명한 편이었다.

신남철의 초창기 글로는 1933년에 발간된 『철학』 창간호에 실린 「'헤라클레이토스'의 단편어」를 들 수 있다. 신남철에 따르면 이 글은 1932년 6월에 이미 번역되었다. 원문에 담겨 있는 철학적인 의미를 일깨워 주는 잘된 번역이라 흔히 일컬어진다. 이어서 그는 1934년에 발간된 『철학』 2호에 「현대철학의 Existenz에의 전환과 그것에서 생(生)하는 당면의 과제」를 게재했다. 이 논문은 그가 1948년 1월에 펴낸 『역사철학』(서울출판사)의 7장에 「실존철학의 역사적 의의」로 제목을 달리하여 실렸다. 국판 228면으로 되어 있는 이 책은 현대 우리나라에서 출판된 최초의 역사철학책으로 여겨진다.

반면에 박종홍의 경우는 『철학』 창간호에 실린 「'철학하는 것'의 출발점에 대한 일 의문」과 『철학』 2호에 게재한 「'철학하는 것'의 실천적 지반」에서도 드러나듯이, 철학하는 자세나 철학의 방법론을 언급하는 데 더 힘을 기울였다. 물론 『철학』 창간호와 2호에 각각 나타난 그들의 논문만 보고 언급하기는 무리가 있지만 그 경향성을 어느 정도 느낄 수는 있다.

박종홍과 신남철은 학문탐구에서도 서로 대비되는 경우가 많았다. 예컨대, 하이데거(Martin Heidegger)를 중심으로 실존철학에 관한 그들의 연구 성향을 살펴보더라도, 박종홍이 하이데거를 통해 실존철학의 핵심 연구에 계속 힘쓰면서 나아간 것과 달리, 신남철은 비판적인 관점에서 실존철학을 바라보았다. 신남철에 따르면, 하이데거의 실존철학에서 언급되는 소위 '인간의 위기'란 '철학적 당파성'에서의 위기이며, '부르주아적 인간의 위기'이고, '부르주아적 사회의 위기'였다(신남철, 1934: 69; 1948: 189). 실존철학은 인간의 위기를 말하면서도 그 위기가 야기된 물질적·사회적인 토대에 대한 과학적인 분석을 하지 않아 부르주아적인 당파성에서 벗어날 수 없다는 점이다.

1934년 4월 1일, 철학연구회가 발행한 『철학』 2호에는 박치우·박종홍·이재훈·신남철·이종우·이인기·안호상·김두헌의 글이 실렸다.

2호(1934. 4. 1). 편집 겸 발행인: 이재훈

위기의 철학(1-17)/ 박치우

'철학하는 것'의 실천적 지반(地盤)(18-37)/ 박종홍

존재·인식(38-62)/ 이재훈

현대철학의 Existenz에의 전향과 그것에서 생(生)하는 당면의 과제(63-80)/ 신남철

생의 구조에 대하여(81-96)/ 이종우

개성유형과 그 교육적 의의(97-118)/ 이인기

이론철학은 무엇인가?(119-129)/ 안호상

고 이관용 박사 의욕론 - 의식의 근본사실로 - (130-142)/ 김두헌

2호 「편집후기」에는 김두헌이 쓴 「고 이관용 박사 의욕론 - 의식의 근본사실로 -」와 함께 이관용 박사의 갑작스러운 별세를 애석해하면서 그를 기리는 다음과 같은 추모의 글이 실렸다.

고 이관용 박사가 작년 여름 불의에 작고(作故)하였음은 널리 조선 각계의 애석한 바이거니와, 더구나 우리 철학연구회로서는 큰 손실이었다. 씨는 일찍이 조선 철학계의 최대 선진(先進)이었던 것이요, 또 우리 철학연구회 창설에 한 공로자였다. 그 남긴 공을 기념하기 위하여 이

번 호에 씨의 '논문 해설'을 게재하고 (…) 추도의 뜻을 표하는 바이다.

박종홍이 『철학』 창간호 권두 논문으로 게재한 「'철학하는 것'의 출발점에 대한 일 의문」과, 1934년 『철학』 2호에 게재한 「'철학하는 것'의 실천적 지반」은 각각 철학하는 자세 또는 철학의 방법론으로, 서로 깊은 연관이 있다. 이 두 논문은 그가 젊은 시절에 품었던 철학에 관한 생각들이 어떠했는지 살펴볼 수 있어, 그의 철학 형성과정을 살펴보기 위해서는 둘 다 읽는 것이 제격이다. 그는 우리의 '철학하는 것'의 출발점이 '이 시대의, 이 사회의, 이 땅의, 이 현실적인 존재 자체에 있음'을 지적했다. 이것이 '철학함'을 이해할 수 있는 계기가 된다. 이어서 그는 『철학』 2호에 게재한 「'철학하는 것'의 실천적 지반」에서 실천을 '감성적인 사회적 활동'으로 규정하면서, 실천 개념을 좀 더 적극적으로 펼쳤다.

1935년 6월 20일 펴낸 『철학』 3호에는 이인기·전원배·이재훈·안호상·갈홍기의 글이 실렸다.

3호(1935. 6. 20). 편집 겸 발행인: 이재훈

교육원리로서의 개성과 사회와 문화(1-20)/ 이인기

사회학의 논리적 구조 – 한 개의 소묘 – (21-34)/ 전원배

철학의 문제 및 입장(35-65)/ 이재훈

이론철학과 실천철학에 대하여 – 지와 행에 대한 일 고찰 – (66-72)/ 안호상

회의주의의 논리적 방법(73-84)/ 갈홍기

이 가운데 이재훈은 「철학의 문제 및 입장」이란 논문에서, 철학의 문제는 예나 지금이나 같지 않으며, 때와 장소에 따라 다름을 주장했다. 철학의 원리는 외부로부터 받는 것이 아니라, 자기 생활을 통해 획득하는 성질의 것이라는 점이다. 이처럼 그는 현재 확립한 자기의 생

존 내지 인격이 중요함을 내세웠다. 그는 『철학』 2호에서 「존재·인식」이란 글을 통해 우리 현실세계는 자연과 인간, 사람과 사람의 교섭적 존재로서 자연적인 동시에 도덕적이라면서 구체적으로 파악해야 함을 주장한 바 있다.

안호상은 『철학』 2호에 「이론철학이란 무엇인가?」를 발표한 데 이어, 『철학』 3호에 「이론철학과 실천철학에 대하여 – 지와 행에 대한 일 고찰 – 」을 게재했다. 전자는 바우흐(Bruno Bauch, 1877~1942)의 글을 주로 소개했다. 그는 독일 예나대학에서 학생 시절 바우흐의 수업을 듣기도 했다. 반면 후자에서는 지와 행의 문제를 서양철학사를 통해 개괄하는 한편, 그와 관련해 유교철학, 특히 『대학』과 율곡(栗谷) 이이(李珥, 1536~1584)의 철학을 중심으로 고찰했는데, 예컨대 '삼강오륜'이나 '수신제가치국평천하' 등이 그것이다. 그는 지와 행을 언급하는 과정에서 "행과 지는 제들 자체가 목적인 동시에 또한 수단이 되는 것이다."라고 해, 일반 독자들이 그 말뜻을 이해하는 데 어려움을 주기도 했다(I부 2장 '변증법적인 방법' 참조).

한국현대철학사에서 중요한 몫을 담당했던 철학연구회와 학술지 『철학』은 오래 지속되지 못했다. 아쉽게도 『철학』은 1935년 6월 20일 발행된 통권 3호로 종간되었다. 3호 발간 후인 1936년, 편집인 겸 발행인인 이재훈이 사상범 혐의로 종로경찰서에 구속되어 모임의 구심점이 없어지면서 『철학』도 폐간되고 철학연구회도 해산되었기 때문이다.

이 시기에 있었던 또 다른 철학 관계 모임으로는 '철학담화회'를 들 수 있다. 1933년부터 경성제대 철학과 졸업생을 중심으로 철학과 연구실에서 모임을 정기적으로 가졌는데, 고형곤·권세원·김계숙·김규영·김용배·박종홍·손명현·안호상·이종우·최재희 등이 주된 구성원이었다. 이 담화회에서 발표된 것으로는 1933년의 경우, 김계숙의 '헤겔 청년시대의 종교관', 박종홍의 'Das Man의 자기부정적 발전', 고형곤의 '하이데거의 "횔더린과 시의 본질"과 그의 철학' 등이 있다(안종수, 2003: 342).

철학연구회의 『철학』지가 폐간되었지만, 학자들의 철학 관련 논문들은 이어졌다. 안호상은 1934년 3월 3일 발행된 『보전(普專)학회논집』 1집에 「헤겔의 철학의 시초와 논리학의 시초」라는 논문을 게재했다. 그는 논문에서 헤겔철학의 해석자들이나 헤겔 문인들 사이에 나타나는 초기 헤겔철학과 관련된 차이점들을 소개하면서, 그 시초에 관한 견해도 밝혔다.

철학지인 『철학』과 종합지인 『신흥』이 폐간된 상황이어서 철학도들은 문예지에 글을 발표하기도 했다. 1939년에는 작가 이태준이 주재하는 『문장』[50]과 평론가 최재서가 발행하는 『인문평론』[51]이 발행되었는데, 『인문평론』에 비교적 여러 철학도의 글[52]이 실렸다. 여기에는 철학에서의 주요 담론 가운데 하나인 자유의지와 관련된 글도 있어 눈길을 끈다. 『인문평론』 창간호에 최재희가 「막스 프랑크, 자유의지론」이라는 글을 게재했기 때문이다. 공교롭게도 1939년에, 자유의지에 관한 철학계의 담론에서 주목할 만한, 모리츠 슐리크(Moritz Schlick, 1882~1936)의 『윤리학의 제문제(*Problems of Ethics*)』[53]가 영문으로 옮겨져

---

50 『문장』지는 이태준에 의해 문장사에서 발행되었는데, 1939년 1월 1집을 낸 뒤 1941년 4월 통권 26호(1939년 7월 임시 증간호 포함)로 폐간되었다. 순수문학을 지향했다. 『문장』지를 통해 많은 문인이 등장했다. 예컨대, 소설에 이효석·임옥인, 수필에 김진섭·고유섭·최정희, 시에 박종화·박두진·박목월·조지훈, 시조에 김상옥·이호우 등이 있다.

51 『인문평론』은 최재서에 의해 창간되어 인문사(人文社)에서 출판되었다. 1939년 10월 창간호를 낸 뒤 1941년 4월 통권 16호를 마지막으로 폐간했다. 신남철과 박치우의 글이 많은 점이 이채롭다. 신남철의 「문화창조와 교육」(1권 2호), 「전환기의 인간」(2권 3호), 「사색일기」(2권 10호), 「헬만 헷세 작, 시인」(3권 1호), 「유진오 저, 화상보」(3권 3호), 박치우의 「교양의 현대적 의미」(1권 2호), 「지식인과 직업」(2권 5호), 「동아협동체론의 일 성찰」(2권 7호)이 각각 그것이다. 문학과 관련된 철학도들의 글이 많다. 마르크스 철학자라 여겨지는 신남철과 박치우의 또 다른 측면을 엿볼 수 있는 글이 많다.

52 창간호(1939. 10)에는 최재희의 「막스 프랑크, 자유의지론」, 1권 3호(1939. 12)에는 박종홍의 「현실파악의 길」, 고형곤의 「하이네만, 철학의 신방향」, 2권 1호(1940. 1)에는 박상현의 「하이데거, 존재와 시간」, 2권 10호(1940. 10)에는 서인식의 「문학과 윤리」가 각각 게재되었다.

53 슐리크는 빈학단(Wiener Kreis)이라 일컬어지는 논리실증주의 형성에 주된 역할을 했다. 그는 『윤리학의 제문제』라는 저서에서 자유의지는 결정론에 대비되는 것이 아니라 강요나 강제와 대비된다는 점을 강하게 제시했다. 자유의지와 결정론의 양립 가능성을

(David Rynin, Trans.) 뉴욕 프렌티스 홀(Prentice Hall) 출판사에서 출판되었다. 고형곤의 경우는 1941년 1월 베르그송이 세상을 떠났음을 아쉬워하면서, 같은 해 조선춘추사에서 발행된 『춘추』 3월호 2권 2호에 「베르그송의 생애와 사상」이란 글을 게재했다(I부 5장 '생철학/실존철학' 참조).

해외에서의 논문 발표나 책 간행, 학위 취득도 나타났다. 박종홍은 1935년 일본의 『이상』지에 「하이데거에 있어서의 지평의 문제」라는 논문을 발표했는데, 이 글은 나중에 백영사(白映社)에서 발행한 『지성의 방향』에 다시 우리말로 번역되어 수록되었다(I부 5장 참조).

이 시대에 인식론 분야에서 눈여겨볼 만한 박사 논문도 나타났다. 박희성(朴希聖, 1901~1988)[54]이 바로 그 주인공이다. 그는 미국 유학길에 오른 지 10년 만인 1937년 미시간대학 철학과에서 「주관론과 직관(Subjectivism and Intuition)」이란 논제로 박사학위를 취득했다. 이 논문은 '지각(perception)', '형이상학', '가정(assumption)', '관계와 관련된 주관적 견해에 대한 이의 제기' 등으로 구성되어 있다. 긴 시간에 걸쳐 숙고한 뒤 작성된 독창적인 논문으로 여겨진다. 그는 인식론에서 문제가 되는 흄의 회의주의를 막아 내려면 직관주의에 의할 수밖에 없다고 판단하면서, 주관주의를 막기 위해 직관과 관련된 방면에 몰두해 연구했으나 성립되기 어려움을 지적했다(I부 3장 '인식론' 참조). 철학하는 자세가 어떤 것이어야 하는지 암시적으로 보여 주는 사색 어린 논문이다.

최재희(崔載喜, 1914~1984)[55]는 1938년 경성제대에 「소크라테스에 있

주장하는 대표적인 약한 결정론자다.

54 박희성은 1901년 4월 함경남도 홍원군에서 태어나, 1925년 연희전문 문과를 졸업했다. 1929년 6월 미시간주에 있는 앨비언(Albion)대 철학과를 졸업한 뒤, 같은 해 9월 미시간대 대학원 철학과에 입학해 1937년 2월 박사학위를 취득했다. 1938년부터 고려대의 전신인 보성전문 강사로 영어와 심리학을 가르치다가 1945년 9월에 고려대 교수가 되었다.

55 최재희의 호는 서우(曙宇)이다. 경상북도 청도군에서 태어나, 1938년 경성제대 법문학부 철학과 졸업 후, 1942년부터 경성여자의학전문에서 강사로 학생들을 가르쳤다(1945년 이후 활동은 이 책의 II부 참조).

어서의 선(善)의 규정」이라는 논문을 제출했고, 이듬해 「막스 프랑크, 자유의지론」을 『인문평론』 창간호(1939)에 게재했다. 이처럼 그는 철학적인 탐구를 윤리적인 문제로부터 시작했다. 김두헌은 1938년에 『윤리학개론』(일어판)을 출판했다.

외국어로 발표된 논문들을 보면, 1941년에 안호상은 「헤겔에 있어서의 판단의 문제」(독일어)를 교토제대 『철학연구』지에 게재했다. 김준섭(金俊燮, 1913~1998)[56]은 제2차 세계대전이 한창이던 1943년 도호쿠제대에 「Kant의 시간론」이라는 졸업논문을 제출했다.

이 무렵에는 철학을 개괄적·전체적으로 소개하는 개론서나 입문서들도 출판되었다. 안호상이 1942년 6월 1일 『철학강론』을 서울 동광당서점(東光堂書店)에서 발행한 것이 대표적이다. 『철학강론』은 286면으로 이루어져 있으며 46판(版)이다. 이 저서는 '1부 서론'과 '2부 이론철학'으로 이루어져 있다. 1부에서는 철학이란 개념에 관한 일반적인 규정을, 2부에서는 이론철학에 관한 개념 규정을 각각 다루었다. 2부 '1장 형이상학'에서는 형이상학의 개념과 분류를 논하고 존재론·우주론 순으로 서술했다. 이어서 '2장 인식론'에서는 인식론의 역사와 개념 규정, 인식의 기원, 인식의 타당성, 인식의 바탕, 인식의 대상 순으로 서술했다. 이어 인식 대상을 논하면서 '인식에서 참의 문제'로 마무리 지었다. 『철학강론』에서 도덕철학·사회철학·역사철학 등 실천철학 부분을 뺀 것은 그 당시 일제의 발행 금지를 피하기 위해서였다니 안타까운 일이다.[57]

그때 『철학강론』에 실천철학 부분을 싣지 못한 이유를 밝힌 근거 자

---

56 김준섭의 호는 현안(玄晏)이다. 평안북도 박천에서 출생했다. 1941년 연희전문 문과를 거쳐 1943년 도호쿠제국대(동북제대) 철학과를 졸업했다. 1944년부터 이화여전에서 강의했다(1945년 이후 활동은 이 책의 II부 참조).

57 필자의 조사에 의하면, 1948년 박문출판사에서 펴낸 『철학강론』에는 아직 실천철학 부분이 없다. 이로 미루어 1942년 동국문화사에서 펴낸 것과 1948년 박문출판사에서 펴낸 것 사이에 큰 차이가 없는 듯하다.

료는 그가 1963년 동국문화사에서 펴낸 증보 10판 『철학개론』 머리말에 나타나 있다(물론 증보 10판에는 실천철학이 들어 있다). 그 일부를 소개하면 아래와 같다.

> (…) 이때까지는 『철학강론』의 이름으로 이론철학만이었지만, 여덟째 판에서는 이름을 『철학개론』으로 또 내용은 실천철학까지 더붙여서, 순한글 가로쓰기로 나오게 되었다. 그때 실천철학을 뺀 것은 일제의 발행금지를 피하려던 까닭이었다. 4275년 나의 『철학강론』이 출판되자, 우리말로서 된 것으로는 아마 처음인가 싶었다. 4278년에 해방이 되자, 그 책을 고치는 동시에 실천철학의 원고를 정리해 붙여서 (…)

안호상이 『철학강론』을 펴내자, 이종우는 1942년 8월 1일 발행된 『춘추』(조선춘추사) 3권 8호에 「안호상 교수 저 철학강론을 읽고」라는 글을 기고했다. 그는 안 교수가 그동안 헤겔철학을 연구한 것과 교단에서 철학을 강의한 경험에 근거해 이 책을 간행하게 되었다면서 그 내용도 소개했다. 이 책의 1부는 철학 개념의 일반적 규정에 관한 것이고, 2부는 이론철학에 관한 서술로 형이상학·인식론 이렇게 2장으로 이루어져 있다고 밝혔다.

2장

방법론

'방법(method)'이란 용어는 희랍어 meta와 hodos의 합성어로 어떤 '길'이나, '목표·목적에 이르기 위한 방도'를 가리킨다. 방법은 그것이 주어진 목표 달성이나 목적 실현에 어느 정도 적합하느냐에 따라 강점과 약점이 가려지기도 하고, 목표나 목적과 어떻게 모순 없이 연관되어 있느냐에 따라 평가되기도 한다. 일상 언어생활에서 사용하는 관점이나 시각이란 말을 철학이나 과학에서는 방법이라 부르는 경우도 많다. 방법론(methodology)은 방법 자체를 연구하는 분야다.

철학에서는 방법을 넓은 뜻으로 논리라 일컫기도 한다. 용어의 혼동일 수도 있고, 언어가 지닌 애매성 때문일 수도 있다. 이런 용어의 한계성 때문에 여기서 다루는 내용도 가치론의 논리학 부문에서 다루는 내용과 중복되는 경우가 발생할 수 있다. 이 책에서는 좀 느슨하고 포괄적인 뜻으로 다루고, 논리학 부문에서는 아리스토텔레스 삼단논법과 같은 고전논리나 현대적인 의미의 형식논리·기호논리·논리철학 등과 연관시키면서 다루겠다.

철학적인 방법은 예로부터 다양했고 그 폭도 넓었다. 문답법, 변증법, 선험적 방법, 종합적 방법, 분석적 방법, 직관법, 실증적 방법, 합리적 방법, 귀납법, 연역법, 언어분석 방법 등이 그것이다. 철학에서 방법론이 특히 중요성을 지니게 된 것은 베이컨과 데카르트로부터 힘입은 바가 크다. 그들은 경험과학 연구방법으로서의 귀납법이나, 논리적인 필연성에 따라 연역해 나가는 연역법을 각각 학문이나 철학의 방법으로 체계화시키는 데 남다른 힘을 기울였기 때문이다. 변화하는 사회나 세계를 파악하는 데 치중한 변증법도 그 역사가 길다. 직관법도 마찬가지다.

이런 방법들 가운데 일제강점기에 많이 언급된 방법으로는, 우선 변증법적인 방법(dialectical method)을 들 수 있다. 헤겔이나 마르크스주의 철학에서 특히 많이 언급되는 것으로, 정립(定立, thesis), 반정립(反定立, antithesis)을 거쳐 종합(綜合, synthesis)에 이르는 대립의 통일을 기본 법칙으로 삼아 생성·변화하는 세계를 파악하는 방법이다.

다음으로 직각론적인 방법(intuitive method)을 들 수 있다. 예컨대, 생철학자 베르그송(Henri Bergson, 1859~1941)에서 찾아볼 수 있는 견해다. 변화하는 실재의 세계를 직각(intuition)을 통해 직접적으로 파악하려는 것으로, 실재의 세계나 직접이라는 용어가 무엇을 뜻하는지에 따라 견해가 다양할 수 있다. '직각'이란 용어 자체도 애매성과 모호성을 지니기에 더욱 그렇다.

그래서 『한국현대철학사』 I부에서는 변증법적인 방법과 직각론적인 방법을 중심으로 철학방법론에 관해 언급하려 한다. 이 시기에 국제학계에서 흔히 언급되던 현상학적인 방법(phenomenological method)은 우리의 의식을 있는 그대로 순수하게 기술해서 분석·분류하려는 방법으로, 특히 후설의 견해에서 두드러진다. 실존철학에서 흔히 사용하는 방법이기도 하다. 여기서는 서술 편의상 분과철학의 현상학에서 다루기로 한다. 방법론에서 다루면 분과철학으로서의 현상학과 중복되는 경향이 짙기 때문이기도 하다. 현상학적인 방법은 현상학과 불가분의 관련을 지니기에 더욱 그렇다.

이 시기에는 칸트가 사용하는 비판적·선험적 방법이나 분석철학에서의 방법론과 관련된 우리나라 학계의 연구자료들을 찾기가 수월찮다. 칸트에 관한 것은 전병훈과 같은 한학자들에 의해 처음으로 우리나라에 소개되었고, 그 뒤 경성제대 철학 교수들의 주된 관심사이기도 했지만 그 제자들에게서는 별로 관심을 끌지 못했다. 교수진 구성을 보더라도 칸트 전공자가 여럿이었는데 말이다. 일제강점기에는 그랬지만 해방 후, 특히 1960년대부터는 관심을 많이 끈 분야이며 방법이다. 필자의 경우는 이 책 II부에서 칸트와 관련해 언급할 때 다룰 것이다.

20세기에 이르러서는 논리실증주의나 일상어의 철학에서 선호하던 실증적인 방법이나 언어분석 방법도 있다. 분석철학의 경우, 시대상황의 특수성 때문에 일제강점기에는 우리나라에 별로 소개되지 않았다. 이 시기에는 외국 철학이 주로 일본과 독일을 통해 소개되었다. 그러다가 1960년대에 접어들어, 특히 1970년대 이후 논문이나 저서에서 활발하게 다뤄진다. 그래서 이 책에서는 II부(해방에서 1980년까지) 10장 '분과 철학' 가운데의 '언어/분석철학'에서 주로 다룬다.

1. 변증법적인 방법

이 시기 한국현대철학사에서는 철학적인 방법으로 변증법적인 방법과 현상학적인 방법이 종종 언급되며, 직관론적인 방법이 부분적으로 가미되는 양상을 띤다. 문제는 변증법이 무엇이며 현상학적인 방법이 무엇인지 철학적으로 심도 있는 탐구를 거치지 않은 상태에서 그 용어가 과도하게 사용되었다는 점에 있다. 직관적인 방법의 경우도 그렇다. 이런 점은 과정이나 절차보다 어떤 주장부터 우선 내세우려는, 우리 학계에서 종종 나타나곤 하는, 학문에서의 조급성을 보여 주는 민낯으로 여겨진다.

논리학이란 개념 사용과 더불어 철학방법론과 관련된 구체적인 예로는 1929년 김계숙(金桂淑)이 경성제대에 제출한 「코엔(Hermann Cohen)의 순수논리학에 있어서의 Ursprung에 관하여」라는 논문이다. 같은 해 그는 『신흥』 창간호에 「코엔철학에 관한 단편」이라는 글을 발표했는데, 부제는 '질에 대한 것과 입체적 견해'였다. 그는 그 논문에서 신칸트학파(Neukantianer) 가운데 마르부르크학파(Marburg Schule)의 거두인 코엔(Hermann Cohen, 1842~1918)의 논리학을 다루면서 그의 주저인 『순수인식의 이론』에 담겨 있는 사상을 소개했다. 그는 이 논문에서 코엔의 논리학이 칸트의 철학과 어떤 관련이 있는지 소개하면서, 더 나아가 칸트의 철학에만 머무르지 않고 헤겔의 변증법과도 이어질 수 있음을 주장했다.

김계숙은 코엔이 우리의 '사유는 존재의 사유이며, 존재는 사유의 존재'라는 것을 논하면서, 칸트의 이원론적인 철학을 일원론으로 논파했음을 지적했다. 이어서 코엔이 모든 것은 질에 의해 생산되며, 양도 질에서 생산된다고 보는 것은 모든 것을 질의 양화(量化)라고 하는 그의 미적분적인 사색 방법에서 나오는 견해라고 했다(학술원, 1976: 85). 코엔은 동일성과 모순성을 구별하기는 했지만, 양자의 구별은 질적인 구별이 아니고 양적인 구별에 불과하다고 보면서, 질은 양의 기초가 되기 때문에 질적인 동일성만을 강조했다. 모순성은 단지 양적인 차별에 불과하다는 것이다(김계숙, 1929: 48). '질의 양화'라든가 '미적분적인 사색 방식' 등에 관해 상세한 서술이 요청되는 논문이라 하겠다.

또한 김계숙은, 코엔이 칸트철학의 중요성을 인정하면서도 발전과 운동을 설명하는 데 있어서는 헤겔의 변증법적인 논리가 여전히 설득력 있음을 인정하는 태도를 취했다고 했다. 존재와 비유(非有)의 동일성이나 그 관계를 보면 그렇다는 것이다. 그러면서 김계숙은 논문에서 형식논리와 입체논리의 관계에서 입체논리의 중요성이나 조합적인 특성을 아래와 같이 부각시켰다(김계숙, 1929: 54; 위상복, 2013: 135).

> 코엔은 재래의 논리를 평하면서 종래의 것은 다만 부정만을 오인(吾人)에게 주었다고 했다. 이와 같은 관찰(변증법적인 관찰/입체논리)은 형식논리에서는 볼 수 없는 것이며, 동적 견해의 성과라고 하겠다. 고로 전변원(田邊元) 씨도 평면논리에서는 모순대립(Kontradiktorische Opposition)의 관계에 있는 것도 입체논리에서는 반대대립(Kontraere

Opposition)으로 변한다고 하였다.[1] 고로 새 논리(입체논리)로 말하면, 재래의 평면적, 분석적, 다만 형식인 논리를 그 일부분으로 하고, 다시 그것을 초월하여, 아니 그것을 포함한 종합적 논리를 칭한다. 따라서 형식논리와 입체논리의 타당 범위 여하가 자연히 명백하게 된다.

김계숙은 코엔의 사상을 계승한 나토르프(Paul Natorp, 1854~1924)의 사유에 관해서도 언급했다. 코엔이 질의 양화만을 시인한 데 반해 나토르프는 양의 질화(質化)도 시인해야 함을 논했다는 것이다. 유심론에는 현재 논리주의적 철학과 직각적 철학이라는 양대 조류가 있는데, 두 조류 사이엔 서로 접근하려는 경향이 있다면서 이는 지극히 당연하다고 했다. 유심론 철학의 방법론은 새로운 방향을 취하거나 근본적으로 새 방법으로 전개되어야만 한다면서 그는 논문을 마무리 지었다(학술원, 1976: 85-86).

김계숙은 당시 논리학·수학·물리학 등에 관해 관심이 있었으나, 형편상 그런 분야에 관한 학문적 욕구를 실현해 나가지 못했다. 김계숙은 훗날 자기가 그런 분야에 관해 더 공부하지 못한 것에 아쉬움을 드러내는 말을 종종 했다. 하지만 철학에서 논리학·수학·물리학의 중요성을 일깨우는 데는 소홀함이 없었다. 아쉬운 것은 이런 그의 뜻이 후학들에게 적극적으로 이어져 철학 분야에서 관련된 분야가 더 넓고 깊게 펼쳐지지 못했다는 점이다. 다행스럽게도 1990년대 이르러 우리나라 철학계에서 논리학이나 과학철학 분야를 공부하는 철학도가 이전에 비해 많이 증가하고, 학술지도 발행되었다.

---

1 아리스토텔레스 이래로 전해지는 '대당의 정방형(the square of opposition)'에 따르면 예컨대, '모든 S는 P이다'의 반대대당은 '어떠한 S도 P가 아니다'이고, 모순대당은 '약간의 S는 P가 아니다'이다. 기호화하면, (x)(Sx→Px), (x)(Sx→~Px), (∃x)(Sx & ~Px)로 각각 나타낼 수 있다. 특칭부정명제를 부정하면 전칭긍정명제가 되지만, 전칭부정명제를 부정하면 특칭긍정명제로 변한다. 그러므로 모순대당도 반대대당으로 변한다는 주장은 세심한 검토가 필요하다.

철학방법론으로서의 변증법적인 경향은 박종홍의 논문에서도 찾아볼 수 있다. 그는 『철학』 2호에 실린 「'철학하는 것'의 실천적 지반」이란 논문에서, '철학하는 것'의 출발점을 현실존재에서 찾으려 한 『철학』 창간호의 논문을 상기시키면서, 현실존재를 개념적으로 명확하게 파악함이 우리에게 있어 '철학하는 것'의 중심과제라 했다. 창간호에 실린 논문에서는 '철학하는 것'의 출발점을 현실존재에서 파악하려 했다면, 2호에 실린 논문에서는 '철학하는 것'의 실천적 지반을 변증법적인 방법과 결부시켜 해결하려는 노력이 보인다. 그는 이런 측면에 관해 다음과 같이 그 정당성을 옹호하고 나섰다(『박종홍전집 I』, 1998: 347).

> 〈철학하는 것〉의 지반을 실천 가운데에 구하는 곳에 곧 이론과 실천과의 변증법적 통일이 성립됨을 볼 수 있다. 좀 더 자세히 말하면 이론과 실천이라는 대립물은 서로 제약하는 것이요, 실천 편에서 본다면 실천은 이론의 지도를 받음으로써 발전하고 그리하여 발전된 실천은 다시 새로운 단계의 이론을 요구하는 것이다. 또 이론 편에서 본다면 이론은 실천을 발전시키는 동시에 자기를 발전시키고 그리하여 발전된 이론은 다시 새로운 단계의 이론을 요구하는 것이다. 이론과 실천은 이러한 단계를 밟으며 서로 발전되는 것이요, 따라서 양자의 변증법적 통일 때문에 이론이 결코 현실의 실천적 지반으로부터 유리할 수 없는 것이다. 실천은 항상 자기를 발전시키기 위하여 이론을 요구한다. 실천으로 본다면 이론은 곧 타자일 것이다. 그러나 이 타자는 그 자신이 현실적 실천에다가 지반을 두어야 한다. 실천은 자기로부터 나와서 타자인 이론으로 이행하지마는 이 타자인 이론이라는 것이 결국 실천 자신의 파악이므로 해서 타자인 이론으로 이행함이 곧 자기에게로 귀환하는 것이 된다. 이러한 과정을 거듭함에 따라 이론은 점차로 그의 절대적 진리성으로 접근하게 되고, 실천은 자연발생적인 실천으로부터 이론적으로 자각되고 단련된 보다 고차적인 실천이 되는 것이다.

"이론과 실천이라는 대립물은 서로 제약하는 것이요, 실천 편에서 본다면 실천은 이론의 지도를 받음으로써 발전하고, 발전된 실천은 다시 새로운 단계의 이론을 요구하게 된다."라는 그의 주장이 특히 설득력 있어 보인다. 비교적 알기 쉽게 표현해 독자들의 이해를 돕는다.

이처럼 우리나라에 논리학의 유입과 전개 과정을 보면, 형식논리학이나 기호논리학에 앞서 논리철학이나 철학방법론의 성격을 띤 포괄적 의미의 논리학이 먼저 소개되었다. 아리스토텔레스 계통의 논리학이나 현대의 형식논리학·기호논리학에서 찾아볼 수 있는 그런 유형이 아니라, 헤겔변증법과 같은 논리학이 먼저 자리 잡았다. 후자의 경우는 역사나 사회의 발전을 파악하는 데는 하나의 방법으로 유용할 수 있어도, '정확한 추리를 하기 위해 올바른 추리와 그렇지 못한 추리를 구별하고, 오류에 빠지지 않기 위해 지켜야 할 법칙들이나 규칙들을 연구하는 학문'으로서의 '논리학'과는 차이가 있다.

독일 관념론 가운데서도 헤겔류의 철학이 그 당시 우리나라 철학계, 특히 젊은 철학도들에게 널리 퍼져 나간 까닭도 눈여겨볼 만하다. 그 당시 경성제대 철학과 교수진의 전공이나 관심 분야는 주로 칸트철학 쪽이었는데, 학생들의 관심이나 졸업생들의 논문에서는 칸트에 관한 연구를 거의 찾아볼 수 없다. 철학도들이 유물변증법이나 마르크스주의 사상을 접한 경로는 철학 교수진으로부터가 아니라, 정치경제학을 다루던 법문학부 교수들이나 개인적인 탐구에 의해서였다. 이정직이나 전병훈에서 볼 수 있듯이, 칸트에 관한 자료들이 주로 중국을 통해 전해졌다면 유물변증법이나 마르크스철학에 관한 자료들은 주로 일본을 통해 들어왔음도 눈여겨볼 만하다. 유물변증법이나 마르크스철학이 일본의 근대화 과정에서 불거진 문제점들을 지적하는 데 더 유용했으리라 여겨진다. 반면에 중국의 경우는 아직 전통적인 사회질서에 있었고, 가치관도 유교 윤리적인 부문이 지배적이어서 칸트의 사상과 같은 것이 학계나 일반인들에게 좀 더 설득력이나 호소력이 있었다.

일제강점기 우리나라 철학계나 나아가 여러 분야 학계에서, 특히 학생들에게 유행처럼 퍼져 나가던 변증법에 관한 관심은 그 당시 우리나라의 특수한 사회나 정치상황과 관련되거나, 전래해 오던 봉건사상에 대한 젊은 지식인들의 강한 거부감에서 비롯된 것일 수도 있다. 러시아 철학 아카데미에선 펵 오래전에 변증법 관련 연구자들과 형식논리학자들 간의 치열한 연구와 토론에서 변증법의 한계가 드러났고, 그 적용 범위가 제한적이라는 결론에 이르렀는데도 불구하고, 우리나라에서는 변증법에 대한 열풍이 지나치다 할 정도였으니 말이다. 이는 마치 1980년대 러시아를 비롯한 동구권에서 일어난 세계사적인 정치적 지각변동에 대한 열망에도 불구하고, 우리나라에선 오히려 그와 대비되는 현상이 대학가에서 나타난 것과도 비슷하다. 그런 현상이 세계사의 흐름을 제대로 읽지 못한 우리나라 지식인들의 잘못에서 유래하는지, 아니면 그 당시 우리나라 정치현실에 대한 사람들의 강한 거부감에 의해 묻혀 버렸는지는 모르지만 말이다.

안호상은 『철학』 2호에 「이론철학이란 무엇인가」라는 논문을 게재한 뒤 이어서 『철학』 3호에 「이론철학과 실천철학에 대하여 – 지와 행에 대한 일 고찰 – 」을 게재했는데, 두 논문은 서로 관련이 깊다. 안호상은 지와 행의 문제에 관해 고찰하기 위해 우선 서양의 철학사를 언급한 뒤, 유학에서의 지와 행을 살피면서 어느 쪽이나 이론에 대한 실천의 우위를 내세웠다고 보았다. 그러면서도 그는 특히 율곡의 경우를 들면서, '지가 행을 위한 수단이라는 의미만 있는 것이 아니라 행이 지를 위한 수단이라는 의미도 함께 담고 있다'고 했다. 다시 말해 '지와 행이 시간상으로는 선지후행(先知後行)이지만 가치상으로는 선행후지(先行後知)'이며, 오히려 '지는 행의 목적이요 행은 지의 수단이기도 하다'는 것이다. 그의 표현을 빌리면 아래와 같다(안호상, 1935: 66-72; 위상복, 2013: 275).

> '지'는 정신의 활동 즉 '행'으로 된 것이 분명한 동시에 지는 행이란 수단으로서 실현한 목적이란 것이 또한 분명하다. 이로 말미암아 지는

행의 목적이요 행은 지의 수단에 불과한 것으로서 지는 행에 대해 우위를 표현하고 있다.

시간상 선후는 가치상 선후와 서로 반대임을 말하려는 것이었지만, 이는 석연치 않은 점이 있다. 이론에 대한 실천의 우위를 내세우는 가치론적인 주장과 시간적으로는 지가 먼저라는 시제상의 주장을 같은 범주로 보고 언급하는 데는 어려움이 뒤따르기 때문이다. 이는 마치 행위를 다루는 인과관계에서 이유(원인)와 행위(결과)를 살필 때 어느 것이 먼저인가 하는 문제에서 야기되는 것과 비슷하다. '사건이 발생한 시간상 순서로 보면 행위가 이유를 앞서지 못하지만 행위가 있고 난 다음에 그것의 이유를 캐묻게 된다는 인식적인 조건에서 본다면 행위가 이유보다 먼저이다'라는 주장도 가능하기 때문이다. 가치론적인 우위와 물리학적인 시간상의 우위를 같은 범주에 속하는 것으로 보면서 논의하는 것은 보다 세심한 숙고가 필요하다. 안호상의 서술에서 종종 나타나는 비약적인 표현들에서 엿볼 수 있는 문제점들이 이런 데서도 드러난다.

안호상은 그 당시 유행하던 변증법을 들어, 지와 행은 서로 목적이 되고 수단이 되며, 동시에 그 자체 목적이고 수단이기에, '지는 행이다' 또는 '행은 지다'라는 판단을 내리면서 이런 것을 다음과 같이 진리라는 말로 정리하려 하기도 했다(안호상, 1935: 72).

> 지는 지 자체 속에서가 아니며 또 행은 행 자체 속에서가 아니라 양자는 상호관계 속에서 제들의 진리를 보게 된다. 진리에서는 지와 행 양자가 상호 긍정을 하는 까닭에 각자의 부정을 초래하며 또 양자가 상호 부정을 하는 까닭에 각자 긍정을 전제하고 있는 것이다. 이와 같이 양자의 긍정과 부정이 끝없이 반복하여서 무궁한 정과(과정)를 산출하는 법이다. 이것이 진리의 본성이며 이것이 진리의 영원한 발전을 의미하는 것이다.

이처럼 안호상은 지와 행의 관계를 변증법적인 관계로 설명하려 한 점이 흥미롭다. 그가 이런 문제에 관해 좀 더 진척된 연구를 하지 못하고 철학의 다른 분야나 사회문제에 관심을 가진 것이 아쉬움으로 남는다. 관심과 담론을 유발시킬 수 있는 그런 문제였는데 말이다.

변증법에 근거한 방법을 통해 현상이나 사건들을 이해하려는 것은 이 시기에 학문활동을 했던 많은 철학자의 경향이었다. 이미 언급한 박종홍이 논문 「'철학하는 것'의 실천적 지반」(『철학』 2호, 1934)에서, 이론과 실천이라는 대립물의 변증법적인 통일을 통해 새로운 단계로 발전되어 나감을 강조한 것에서도 그런 모습을 찾아볼 수 있다. 인식론적인 외계 존재의 증명과 관련지으면서, 정신의 타재(他在)에 의해 자기를 자각하면서 보다 구체적인 삶에 복귀하는 변증법적인 진전 과정에 관해 언급한 이종우의 방법이나, 존재의 문제를 주체와 객체의 변증법에 근거한 통일로 해명하는 이재훈의 방법도 변증법의 영향 속에서 이루어졌다. 변증법에 따라 파악하려는 자세는 사회문제나 역사문제로 나아가면 그 정도가 더욱 짙게 나타난다.

일제강점기에 변증법과 함께 마르크스주의 철학에도 관심을 가지면서 글을 발표한 주요 학자로는 신남철·박치우·전원배 등을 들 수 있다. 물론 이곳에서는 학문의 방법으로서 변증법과 관련된 것을 주로 다루겠다. 발표된 자료들을 보면, 박치우는 다른 두 사람처럼 교수 생활도 했지만, 그들에 비해 전문 저서나 학술지보다는 주로 신문이나 잡지를 통해 글을 남겼다. 그의 삶 자체가 이것저것 너무 얽혀 있어 그런 면도 있다. 신남철은 여러 분야에 걸쳐 글을 남겼는데, 그 가운데서도 역사철학 분야에서 특히 큰 흔적을 발견할 수 있다. 한편, 전원배는 철학의 방법, 사회학의 방법 등 방법론 탐색에 좀 더 힘을 기울인 점이 돋보인다.

전원배는 철학이란 전체성을 다루는 학문으로, 철학에는 숲을 보고 그 안의 나무는 못 보는 문제점이 있음을 지적했다. 철학은 전체성과 특수성 가운데 전자에 치우쳐 사변적인 것으로 기울어져 있다는 것이다. 반면에 개별과학은 특수성에 매몰되어 숲을 못 보는 단점이 있음을 문제시했다. 그래서 그는 새로운 학문인 사회학을 철학이나 과학과 달리 전체와 특수를 통일적으로 아우르면서 바라볼 수 있는 학문으로 여기면서, 그 방법으로 변증법을 강조했다. 변증법이야말로 학문연구 방법의 진수이며 사회학의 방법도 그래야 한다는 것이다.

전원배의 이런 견해는 1935년 『철학』 3호에 게재한 「사회학의 논리적 구조 – 한 개의 소묘 –」에 잘 나타나 있다. 그[2]는 그 논문에서 사회학이 성립한 이래, 실증과학적 방법·기계학적 방법·생물학적 방법·심리학적 방법·문화과학적 방법·현상학적 방법·해석학적 방법 등 여러 방법이 나타났는데, 이런 모든 방법론은 각각 일면(一面)의 진리를 포함하기는 하지만 대체로 사회현상을 연구하는 데 한 가지 태도에 치우쳐 있다고 했다. 그러면서 사회학상에 제시된 재래의 여러 방법과 본질적으로 구별되는 것으로, 변증법이 가장 적절하다고 주장했다. 이어서 사회학이란 사회의 구체적 전체를 연구대상으로 하고, 변증법을 그 연구방법으로 하는 하나의 전체과학이라 했다. 그의 논문에 있는 언급을 소개하기로 한다(전원배, 1935: 34).

> 우리는 변증법적 방법에 입각할 때에 비로소 대상을 정당히 파악할 수 있다. 변증법은 그 본질에 있어서 모든 사물을 전체성과 특수성과의 연관적 통일에서 인식하기를 요구하는 까닭이다. 그러나 변증법이 이와 같은 본질을 갖게 되는 이유는 그것이 단순히 우리의 주관에 속하는 인식 방법만이 아니라 우리가 취급할 사회적 현실의 전체를 관

---

2 전원배(田元培. 1903~1984)의 본관은 담양(潭陽), 호는 백암(百巖)이다. 1914년 군산보통학교를 거쳐 선린상업학교(현재 선린인터넷고등학교)를 졸업한 뒤 고학으로 도쿄외국어학교(지금의 도쿄외국어대)를 졸업했다. 이어 1932년에 교토제국대학(지금의 교토대학) 철학과를 졸업했으며, 귀국한 뒤 서울에서 협성신학교(協成神學校) 교수로 재임했다. 1933년 조선철학회를 창립한 데 이어 『동광(東光)』 편집장, 『서해공론(西海公論)』 주간으로 활동했다(1945년 이후 활동은 이 책의 II부 참조).

통하는 사회적 존재의 형식이 있는 까닭이다. 그러한 의미에서 변증법은 '대상의 진실', '대상의 넋'이라는 의미가 있는 것이다. 변증법은 그것이 참으로 대상의 형식이기 때문에 그것의 적용이 또한 대상의 정당한 인식을 형성하는 것이다. 이 점에서 변증법이 사회학상에 제출된 재래의 모든 방법과 본질적으로 구별되는 것이다. 이상에 도달된 결론을 간단히 말하면 사회학이란 사회의 '구체적 전체'를 연구 대상으로 하고 변증법을 그 연구방법으로 하는 일개의 전체과학이다.

한편, 박치우의 변증법적 논리를 이해하려면 형식논리나 분유논리(分有論理)에 대한 그의 비판적인 견해를 살펴보아야 한다. 그가 논리의 문제를 다루는 글들로는 1939년 『조선일보』에 두 차례(5월 6일, 7일)에 걸쳐 게재한 「형식논리의 패퇴－분유논리의 부활(상)·(하)－」를 들 수 있다. 그는 형식논리를 근대 시민사회를 관통하는 논리로 파악하면서 개인주의나 자유주의의 논리적인 근거로 보았다. 이런 형식논리나 근대 시민사회가 안고 있는 역기능을 해결하기 위해 나타난 것이 분유논리와 변증법에 근거한 논리라는 것이다. 그는 형식논리가 유기체설적인 분유논리로 나아가는 것은 근대 시민사회가 파시즘으로 이어지는 길이고, 변증법적 논리로 나아가는 것은 볼셰비즘으로 이어지는 길로 각각 파악하면서, 이런 형식논리나 분유논리의 대척점에 변증법에 근거한 논리가 있다고 했다. 이처럼 박치우는 변증법을 논리학적인 영역에만 한정해서 이해하지 않고 세계관적인 이념으로 받아들였다(위상복, 2013: 643-646). 형식논리에 대한 그의 글은 해방 후에도 이어졌다.[3] 다만 형식논리가 지닌 순기능에 관해서는 언급하지 않은 것이 아쉽다.

이제까지 살펴본 김계숙·안호상·전원배·박치우의 경우에서 알 수 있듯이, 그들의 논문에는 넓은 의미로 보아 학문의 방법론과 연관 지

3 박치우는 1946년 7월에는 『인민평론』 1권 2호에 「일대일과 형식논리」(43-51)를 게재해 형식논리에 대한 비판적인 견해를 이어 나갔다.

을 수 있는 글들이 있다. 하지만 방법론에 관한 집중적인 연구라기에는 미흡한 것이 아쉽다. 주로 변증법과 관련된 내용들이 이곳저곳에서 부분적으로 발견될 뿐이다. 변증법이 무엇인지에 관한 담론과 개념 규정이 있기도 전에 개념만 무성한 상태에서 주장들을 펼쳤다.

2. 직각론적인 방법

철학도들 사이에 직각론을 들어 담론을 펼치는 경우는 예나 지금이나 종종 있지만 직각[4]이 무엇을 뜻하는지 집중적으로 상세하게 글을 쓴 사람은 예나 지금이나 드물다. 앞에서 이미 살핀 변증법에서도 그런 방법들에 관한 구체적인 서술 없이 용어들이 빈번하게 사용된 것을 문제점으로 지적했는데, 직각론적인 방법에서도 그런 일들이 되풀이되어 아쉽다. 갑오개혁, 독립협회 결성, 대한제국 시기에서 해방 전까지의 철학사인 이 책의 I부에서 특히 그렇다. 이런 학문적인 풍토 가운데, 직각론에 관해 언급한 사람으로는 노영창·한치진·박희성을 들 수 있다. 그래서 여기서는 이들 세 사람의 경우를 들어 살펴보기로 한다.

노영창이 직각론적인 철학 방법에 관해 구체적으로 언급한 것은 1929년에 발간된 『신흥』 창간호에 실린 「직각철학」이다. '일명 이지(理智)로 시를 하는 순간의 나의 사상'이란 부제가 달려 있다. 영문학에서 영시를 전공한 그는 자연에의 도취, 정서적 내면에 흐르는 감정 등과 관련시키면서 시적인 세계에서 느끼는 직각을 말했다.

한치진은 1928년 남가주대학에서 학위 취득 후 1930년 9월 귀국해 적극적으로 저술활동을 했는데, 1931년에는 『논리학개론』을 펴냈다.

---

4 한글학회가 지은 『우리말큰사전』(어문각, 1997)에 따르면, 직각은 "① 곧바로 깨달음, ② (철) = 직관"(3909)으로 정의되어 있고, 직관은 "① 있는 그대로를 곧바로 봄, ② 바로 곧 느껴 깨달음, ③ (철) 경험이나 추리·판단 들에 의하지 않고, 그저 곧바로 느껴 아는 일"(3910)로 정의되어 있다.

그는 그 당시 미국 철학계에서 유행처럼 널리 퍼져 가던 프래그머티즘을 우리나라에 소개하는 한편 철학에서의 방법론에 관해 관심을 가졌다. 그런 가운데 그는 1931년 「철학적 직각론」(『청춘』 2월호)이란 글에서 '(1) 철학방법', '(2) 직각론의 의의'로 나누어 살피면서, 실재(實在)는 직각 방법으로만 인식할 수 있다는 견해를 내세웠다. 아울러 직각 방법은 플라톤·헤겔·브래들리(F. H. Bradley, 1846~1924) 등이 중시하는 이성과 대비된다고 했다(학술원, 1976: 86).

박희성은 1937년 「주관론과 직관(Subjectivism and Intuition)」이라는 박사학위논문에서, 직관을 "대상이 지닌 특성(object's affection)에 대한 주관적인 알아차림이나 느낌"으로 규정하는 등 직관이 어떤 특성을 지니는지 비교적 깊이 다루었다. 그러면서 '흄의 회의주의를 막아내려면 직관주의에 의할 수밖에 없지만, 직관이 성립하기가 어려움'을 지적하는 등 철학적인 고뇌를 담았다(I부 3장 '인식론' 참조).

3장

형이상학과 인식론

형이상학(metaphysics)은 존재를 전체적·근원적으로 연구하는 분야다. 그래서 좁은 의미로는 존재론(ontology)이라고도 한다. '이 세상에 궁극적으로 존재하는 것이 무엇인가?'라는 물음에 관한 대답으로, 그 궁극적인 존재를 정신으로 보면 유심론에 근거한 대답이 되고, 물질로 보면 유물론에 근거한 대답이 될 것이다. 궁극적인 존재의 수효에 따라 일원론·이원론·다원론 등으로 나뉘기도 한다. 변화무쌍한 세계에서 언제나 변하지 않는 그 무엇이 참으로 있을까라는 물음은 철학에서도 근본적인 주제 가운데 하나다.

한편, 인식론(epistemology)은 주로 우리가 지식을 습득하는 기원·기초·본성(본질)·범위·한계 등을 연구하는 분야이므로 좁게는 지식론(theory of knowledge)이라고도 한다. 그래서 우리 인간이 확실한 지식을 지닐 수 있는가라는 문제제기가 병행되게 마련이다. 아울러 인식론은 인식과정의 형식과 방법, 진리와 허위를 구별하는 준거(criteria)를 탐구하는 학문이기도 하다. 3장에서는 형이상학과 인식론을 함께 다룬다. 존재론과 우주론에 관한 것은 형이상학의 영역에, 지식론은 인식론의 영역에 넣는다. 서술 편의상 여기에서는 시대순으로 형이상학이나 인식론과 관련지을 수 있는 글들을 정리한다.

1. 형이상학(존재론/우주론): 무엇이 존재하는가?

안호상은 1932년 간행된 『신동아』 13호에 「스피노자의 우주관」이라는 글을 게재했다. 이 글은 스피노자 탄생 300주년을 기념하기 위한 것으로, 스피노자의 우주관으로 보면 모든 물체의 전체인 우주는 한낱[一個]의 물체가 있어진다고 불어[擴大]지거나, 한낱의 물체가 없어진다고 줄어[縮小]지는 법이 없어, 우주 전체로선 더도 없고 덜도 없고 오직 같음[同一]뿐으로, '우주는 영원한 변치 않는 정돈' 상태다. 신에 관한 그의 견해를 보면, '신은 최초의 원인이며 만물의 공통자요 우주의 본체로서 우주의 품속에 안겨 있고, 우주는 영원한 필연적 결과로서 신의 품속에 안겨 있어 신을 떠난 우주는 우주가 아니요, 우주를 떠난 신은 신이 아니다.' 이처럼 안호상은 스피노자의 독특한 우주관과 신관을 소개하면서, 현대 구주(歐洲)에서는 스피노자의 주장들에 관해 유심론자뿐 아니라 유물론자도 많은 흥미를 가지고 연구 중이라고 했다(학술원, 1976: 87).

이종우(李鐘雨, 1903~1974)[1]는 1933년 『철학』 창간호에 「외계실재성의 근거」라는 논문을 게재했다. 그는 '외계가 어떤 것인가' 알기 위해, 딜타이(Wilhelm Dilthey, 1833~1911)의 「외계의 실재성에 대한 우리의 신념의 근원 및 그 신념의 권리문제의 해결을 논함」을 참고하면서, 외계의 실재성에 관한 자기의 견해를 폈다. 그는 체험을 철저하게 정합적으로 반성하려면, 외계의 실재성을 인정하지 않을 수 없다는 이유로 외계를 믿게 된다고 했다. 이처럼 외계의 실재성은 논리적인 증명이 아니고 신념이므로, 이런 실재성을 믿지 않는 사람으로 하여금 믿게 할 수는 없다. 외계의 실재성은 체험과 관찰에 의해 확신된다. 그러면서 그

---

1 이종우는 1931년 교토제대 철학과를 졸업하고 경성제대 법문학부 대학원을 수료했다. 철학연구회 회원이었으며, 보성전문 강사를 거쳐 고려대 철학과 교수가 되었다. 1933년 『철학』 창간호에 「외계실재성의 근거」, 2호(1934)에 「생의 구조에 대하여」를 게재했다.

는 사유가 절실히 요구되는 생의 자각적 단계에서 외계의 실재성에 관한 확신이 성립된다고 했다.

이어서 그는 1934년 『철학』 2호에 실린 「생의 구조에 대하여」라는 논문에서, 구체적·현실적으로 직접적인 것은 유(有)나 정유(定有)와 같은 추상적인 것이 아니라 생의 교섭적인 존재라 했다. 그러면서 생의 주객양면성, 주체에 의한 예료(豫料, 예측)의 의의 및 예료에 의한 생의 모순과 표현, 그리고 생이 정신의 타재(他在)에 의해 자기의 형태를 자각하면서 보다 구체적인 생으로 복귀하는 그런 변증법적인 진전 과정에 관해 서술했다.

한편, 이재훈은 『철학』 창간호, 2호, 3호를 통해 존재에 관해 물음을 제기하면서 자기 견해를 펴나갔다. 그는 1933년 『철학』 창간호에 게재한 「구체적 존재의 구조」라는 논문에서 경험에 초점을 두면서, 경험의 주체는 정신과 육체이며 이 주체가 대상과 관계할 때 구체적인 경험이 생긴다고 했다. 구체적 경험은 주체와 대상이라는 두 존재의 융합을 통해서만 알게 되며, 그 통일은 변증법적인 성격을 지닌다고 했다. 질서를 달리하는 두 존재, 곧 주체와 대상을 통일의 개념인 경험(체험)을 들면서 우리의 구체적·현실적 존재구조를 논했다. 그러면서 이런 일이 존재 일반을 해명하는 것보다 선결 문제라고 했다. 그는 헤겔적인 관점에서 존재의 문제를 주체와 객체의 변증법적인 통일로 해명하기 위해, 우선 라이프니츠의 단자론, 후설의 현상학적인 관점, 베르그송의 관점 등 존재에 관한 여러 철학자의 견해를 비판했다. 아울러 그는 사회나 국가는 개인을 떠나 존재하지 않으며, '개인성의 완전성을 향한 실현'으로 볼 수 있다고 했다.

'존재 문제'에 관한 이재훈의 관심은 계속 이어져 1934년 『철학』 2호에서는 「존재·인식」이란 논문을 통해, 칸트의 인식론을 주관주의라 비판하고, 헤겔의 객관적 관념론에 대해서도 주관주의를 벗어나지 못한다며 마르크스의 객관주의를 들어 비판했다. 하지만 '의식은 존재의 반영에 지나지 않는다'는 마르크스의 객관주의도 다시 당위나 도덕성의 개념을 들어 비판했다. 도덕적인 당위나 실천은 '물적인 존재의 단순한 반영'이 아니라는 것이다.

또한 이재훈은 그 논문에서 존재와 인식의 문제를 다루면서, 우선 칸트철학에 관해 언급한 뒤 여러 철학자와 관련지어 가면서 논지를 폈다. 우리의 현실세계라는 것은 자연과 인간, 사람과 사람의 교섭에서 나타나는 존재로서 자연적인 동시에 도덕적인 정신이라 했다. 어떠한 것이든 '있다' 하는 이상 그것을 구체적으로 보아야 한다는 구체적 존재론의 처지에서, 23개의 학설을 검토하면서 주장을 펼쳤다.

이어서 그는 1935년 『철학』 3호에 게재한 「철학의 문제 및 입장」이란 논문에서 사유와 존재 사이의 문제가 물질의 문제로 전환되는 모습을 철학에 근거한 입장의 변화로 규정하면서, 철학을 '세계관이나 인생관과 같은 문제와 관련된 학문'으로 파악했다. 그러면서 헤겔의 국가철학도 마르크스의 사회주의 사상도 그들이 처한 특수성에 얽매어 있다고 했다.

존재론/우주론에서는 이기론(理氣論)과 관련된 담론도 주목할 만하다. 이병도(李丙燾, 1896~1989)[2]는 1936년 4월 『진단학보(震檀學報)』 4호에 「서화담(徐花潭) 및 이연방(李蓮坊)에 대한 소고(小考)」라는 논문을 발표했다. 그는 이 논문에서 회재(晦齋) 이언적(李彦迪)을 주리적 이기이원론자로, 화담(花潭) 서경덕(徐敬德)을 주기적인 이기이원적 일원론자로 각각 규정했다. 그러면서 퇴계와 율곡을 들어, 퇴계는 회재의 학설에, 율곡은 화담의 이기합일적인 견해에 동조한 점들을 들면서, 서화담과 이연방의 견해에 관해 언급했다. 율곡의 경우 화담의 "일기장존(一氣

2 이병도(1896~1989)의 호는 두계(斗溪)이며, 경기도 용인에서 태어났다. 보성전문을 거쳐 와세다대학에서 사학 및 사회학과를 졸업했다. 우리나라에 실증사학을 받아들여 학문연구 방법으로 사용하는 데 힘썼다. 1934년 진단학회(震檀學會)를 창립하고, 학술지 『진단학보』를 간행했다. 1952년 「고려시대연구」로 서울대학교에서 문학박사학위를 취득했다. 서울대 교수, 대한민국학술원 원장 등을 역임했으며, 주요 저서로 『한국유학사』·『국사대관』·『한국고대사연구』 등이 있고, 그 외 많은 논문들이 있다.

長存)"이란 주기적인 견해에 대해서는 반대했음을 지적하면서 말이다. 이어서 화담의 문인인 이연방이 스승의 주기적 이기합일론을 좀 더 다듬는 한편, "마음에는 체와 용이 없다는 논변", 곧 "심무체용편(心無體用辨)"을 작성해 퇴계에게 보였는데, 퇴계는 이에 대해 반대 논변을 폈음도 밝히면서 화담 및 연방의 학설이 유학사에서 차지하는 특색을 다뤘다(학술원, 1976: 22).

이병도는 같은 해 11월 『진단학보』 6호에 「이회재와 그 학문 – 조선 유학사의 1절(節) –」이란 논문을 발표해 회재의 학문적 성향을 더 깊게 다뤘다. 그는 회재와 조망기당(曺忘機堂, 이름 漢輔)과의 사이에 일어난 형이상학적인 무극태극(無極太極)에 관한 논쟁을 다뤘다. 망기당은 "태극은 즉시무극(卽是無極)이요 또 태허(太虛)의 체로 본래 적멸(寂滅)한 것이니, 어찌 태극에 대하여 유무(有無)와 내외를 분별할 수 있으랴."라는 견해를 발표한 적이 있는데, 회재는 이에 대해 주자학적인 견지에서 "지무(至無, 지극히 無)한 가운데 지유(至有, 지극히 有)한 것이 있으므로 무극이태극(無極而太極)이라 한 것이지, 결코 태극 위에 또 무극이 있는 것은 아니라고 했음"을 지적했다. 아울러 이병도는 이와 관련된 논쟁이 수차례 전개되었음을 지적하고, 이런 회재의 학문적 성향이 훗날 퇴계에게 큰 영향을 미치고 공명을 자아내게 했음도 덧붙였다(1976: 22-23). 이 논문은 이회재·이퇴계로 이어지는 견해와 서화담·이연방·이율곡으로 연결되는 학풍을 이해하는 데 도움을 준다. 아울러 입증 자료를 제시하면서 논지를 펴는 그의 실증사관적 접근 방법도 엿볼 수 있다.

2. 인식론(지식론): 지식의 특성과 범위

이 무렵 특히 인식론 분야에서 당시 서구의 학문 조류를 섭렵한 후 독창적인 논문을 작성한 사람으로 박희성을 들 수 있다. 그는 연희전문 졸업 후 1927년 미국 유학길에 오른 지 10년 만인 1937년 미시간대 철학과에서 「주관론과 직관(Subjectivism and Intuition)」이란 논제로 박사학위를 취득했는데, 논문은 '서론(introduction)', '지각(perception)', '형이상학(metaphysics)', '가정(assumption)', '관계와 관련된 주관적인 견해에 대한 이의제기(objections to the internal view of relations)', '결론(conclusion) 등으로 구성되었다. 이 가운데 결론은 '짧은 요약'과 더불어 '인식론과 형이상학의 관계'로 되어 있다. 이 논문의 결론 부분을 우리말로 옮겨 보면 다음과 같다. 먼저 '1. 짧은 요약(1. A brief summary)'부터 소개하기로 한다(박희성, 1937; 여훈근, 1989: 203-205).

> 인식론에서 나타나는 어려움과 논쟁들은 상당히는 소정의 지식의 특성과 범위에 달려 있다. 어떤 사람이 주관주의자인지 객관주의자인지도 그런 지식이 결정하며, 그런 지식의 범위가 그 사람이 지닌 철학의 깊이와 폭을 결정한다. 본 논문의 제1장에서는 주관주의 논리를 검토하였다. 주관주의는 세계가 다양하다는 부지불식간의 가정에서 유래하는 논리적인 귀결임을 지적했다. 몇몇 사상가들은 그런 가정을 견지하면서 지식의 객관성을 정당화하려 했다. 하지만 그런 가정을 견지한다는 것과 객관적 지식을 믿는다는 것은 서로 타협할 수 없다. 주관과 객관 간에 소통이 있어야 한다는 것은 정의상 불가사의한 일이다; 내가 나의 성격을 결코 벗어나지 못하면서 외적인 대상을 믿어야 한다는 것은 우스꽝스러운 일이다.
>
> 만일 우리의 지식이 실제로 객관적이라면 우리는 그 객관성을 정당화할 수 있어야 한다. 우리가 해야 할 새로운 출발점은 세계는 다양하지 않고 하나이며, 경험의 핵심은 외적으로가 아니라 내적으로 서로들 그리고 전체로 연결되어 있다는 가정이다. 그처럼 파악하면, 주관과 객관 사이에는 틈이 있을 수 없다. 우리는 대상이 지닌 특성(object's affection)에 대한 주관적인 알아차림이나 느낌을 직관이라 부른다. 직관이란 개념을 채택하면서 우리가 보여 주려 하는 것은 (1) 소정의 지식이 전적으로 주관적이지만은 않으며, (2) 소정의 지식

의 범위는 감각세계(sense world)에만 한정된 것이 아니라 감각에 이를 수 없는 영역으로도 확장된다는 점이다. 이어서 제2장에서는 지각에 의한 지식의 객관성을 주장했고, 제3장에서는 세계를 전체로서 이해하는 그런 가능성을 제시했다.

그러나 이 논문의 주요 성과를 달성하는 데 기초를 이룬 가정은 '세계는 하나(The world is one)'라는 것인데 맞는 가정인가? 4장에서는 이 물음에 관해 대답했다. (물질·현상의 총칭으로서의) 일체(the universe)와 다양성(the many)이라는 두 개념의 분석, 외적 관계(external relations)라 일상적으로 일컫는 것에 대한 음미, 그리고 마침내 형이상학적인 견지에서 그 물음에 긍정적으로 답하고 있다.

마지막 장에서는 관계와 관련해 주관적인 견해에 반대해 온 실재론자들의 두 가지 주요 이의, 곧 논리적인 반대와 인식론적인 반대를 다뤘다. 논리적인 이의는 관계에 관한 주관적인 견해가 비합리적인 것에 기초하기 때문에 큰 고려 없이 거부되었다. 인식론적인 이의는 공간, 시간, 애착의 강도라는 세 가지 외적인 조건들과 지각자의 주관적인 목적에 따른 내적인 조건에 의해 그 대답이 주어졌다.

다음에는 '2. 인식론과 형이상학의 관계(The relation between epistemology and metaphysics)'에 관한 언급을 보면서 논문에 나타난 그의 견해를 살펴보기로 한다(박희성, 1937; 여훈근: 205-206).

형이상학에서 인식론을 엄격하게 분리하는 일은 불가능하며, 인식론에서는 대상과 마음의 관계가 중요하다. 이런 관계는 마음의 특성에 관해 어떤 것이 결정되지 않는 한 혼란에 이른다. 그런데 마음의 문제는 동시에 형이상학과 인식론의 문제다.

이와 같이 하여 인식론과 형이상학은 제휴하고 있다. 하지만 나는 의도적으로 '다양성', 실제로는 '모든'에 관해 상세한 담론을 시작하는 것을 피해 왔다. 선행하는 장들에서 제시했던 이론과 밀접한 연관성을 지닌 형이상학적인 물음들을 말이다. 그런 문제들은 불가피하게 자아, 시간과 공간, 하나와 여럿 등과 같은 형이상학적인 문제들로 이어지며, 직각론(theory of intuition)을 옹호하게 된다. 그런데 다음과 같은 두 가지 이유로, 그런 것들이 만족스럽게 논의되지 못했다.

나의 첫 번째 이유로는 이런 문제들이 고대로부터 현재에 이르기까지 위대한 사상가들을 당황하게 한 것들이었으며, 나 역시 세부적인 논의를 위해 준비되지 못한 그런 형편이었다. 나는 이 논문을 완성하려 원했지만 완성하지도 못했고, 만족스럽지도 않다. 만일 내가 이런 문제들에 대해 체계적인 논술을 시도했더라면, 나는 혼란과 절망으로 끝맺어야 했을 것이다.

내가 형이상학적인 물음들에 관해 세부적인 논의를 하지 않은 두 번째 이유는 앞의 여러 장에서 소개된 형이상학들의 총계가 서문에서 규정했던 나의 본래 계획을 충분히 수행했다고 믿기 때문이다. 이 논문의 주된 목표는 지식에 관한 완전한 이론을 제시하려는 데 있지 않고, 우리가 지닌 지식에 관한 아주 첫 단계에 관해—그것이 지각적인 것이든 형이상학적인 것이든—설명하려는 데 있다. 만일 내가 이런 목표를 이뤄 내는 데 어느 정도 성공했다면 나는 만족스럽다.

박희성은 한편으로는 3·1독립운동에 적극적으로 참여해 옥고를 치른 독립운동가다. 다른 한편으로는 유학하기 어렵던 시절에도 미국 대학에 오랫동안 머물면서 철학을 깊이 있게 공부한 학자다. 하지만 아쉽게도 그는 생전에 논문이나 글을 별로 남기지 않았다. 글쓰기보다는 관조와 사색에 더 몰입했다. 그는 글을 쓰는 것을 조심스러워했다. 대신 관련 분야의 다른 학자들이 이미 언급한 바가 있다면, 그들의 글을 직접 읽어 볼 것을 권하곤 했다. 그들의 글을 직접 접할 능력을 배양하기 위해서인지, 대학원 수업도 주로 원서 강독으로 이루어졌다. 그의 박사 논문 내용도 반세기가 넘어서야 사람들이 접했다. 하지만 그가 남긴 몇 편의 글은 철학을 함이 어떤 것인지 아는 데 도움을 준다.

박종홍은 1939년 『인문평론』 1권 3호에 「현실파악의 길」이란 글을 발표했다. 이 논문은 구체적 실천으로서 현실파악의 길을 큰 테두리로 그린 것이다. 그는 이 글에서 현실파악의 길은 일상적 현실이 구체적 실천을 매개로 자각하는 과정이자, 문화창조를 위한 투쟁이고, 국가건설을 위한 성전이라고 했다. 박종홍의 글솜씨는 일반적으로 차분한 가운데 알기 쉬운데, 이 글은 조금 격정적인 면이 엿보인다.

4장

논리학과 가치론

논리학은 정당한 추리 방법을 체계적으로 연구하는 학문으로, 참과 거짓[眞僞]의 분별이 중요 탐구 과제가 된다. 넓은 의미로서의 가치론(axiology)은 진위, 선악, 미추, 종교적인 성(聖) 등을 가치 측면에서 탐구하는 학문이다. 전통적으로 가치론을 이루는 주요 분야는 윤리학(선), 미학(미), 종교철학(성), 사회철학/정치철학 등인데, 이런 분야를 종종 규범과학(normative science)이라고도 부른다. 이 가운데서도 윤리학과 미학이 많은 사람에게 익숙한 전형적·대표적인 분야다. 이 책에서는 편의상 논리학을 이곳에 넣어 살펴보고, 가치론은 윤리학과 미학을 중심으로 다룬다. 사회철학/정치철학 부문 등은 분과철학에서 다룬다.

1. 논리학(진)

우선, 갑오개혁 즈음에서 해방 전까지 찾아볼 수 있는 논리학 분야 자료들에 관해 살펴보기로 한다. 1906년에는 평양에 있는 숭실학당에 중학부와 더불어 대학부가 설치되었는데, 교육과정에 철학개론과 더불어 논리학 강의도 있었다. 선교사 번하이셀(Charles F. Bernheisel, 1874~1958)[1]이 논리학 강의를 담당했는데, 당시 논리학과 더불어 철학 일반, 심리학도 강의했다. 보성전문에서는 1907년 법학과 3학년 1, 2학기에 논리학이 개설되어 있었고, 연희전문에서는 1921년 문학과 3학년 교육과정에 논리학이 보이며 백상규(白象圭)가 담당했다. 이들 전문학교의 논리학 강의에서 구체적으로 어떤 내용이 다루어졌는지는 앞으로 탐구과제로 남겨 놓겠다.

그 후 1910년대에 접어들면, 논리학에 관한 짤막한 글이 이인재가 펴낸『철학고변』에서 발견된다. 유학자인 이인재는 희랍고대철학에 관해 탐독하면서 철학자들 가운데 특히 아리스토텔레스의 철학을 높이 평가했다. 그는 1912년에 펴낸『철학고변』에서 철학은 논리학·형이상학·윤리학 이렇게 셋으로 이루어져 있다면서, 논리학, 특히 형식논리의 요령에 관해 아리스토텔레스가 제시한 한 예를 아래와 같이 소개했다(『박종홍전집 V』, 1998: 249).

> 논리학은 모든 학문의 원칙으로 그 원형은 마음으로부터 생기고 그 자료는 감각에서 왔다. 그리고 논리학에서 명사(名辭)·명제·추론을 다루는 것이 바로 연역법에 해당한다. 대명사와 소명사의 양단에 중명사가 척도가 되어 전제를 내걸고 그 귀결을 단정하는 것이다. 만일 전제가 실하지 못하면 귀결도 그릇될 것이요, 또 명제가 번잡할 때는 명제를 가지고 문답을 하기도 하고, 또 각 전제에 증거를 붙여서 추론을 하기도 한다.

논리학에 관한 글이나 책으로는 그 후 거의 20년이 흐른 1930년에 발행된 종합학술지『신흥』3호에 실린 권국석의「부정판단의 논리적

1 선교사 번하이셀(한국 이름은 편하설, 片夏薛)은 미국 인디애나주 마셜카운티에서 출생해, 1896년 인디애나주의 하노버대(Hanover College), 1900년 시카고의 매코믹신학교(McCormick Theological Seminary)를 졸업한 뒤, 미국 북장로회 소속으로 우리나라에 왔다. 선교 기간(1900~1941)에 1903년부터 평양 장로회신학교 교수를, 1912~1928년에는 숭실대학 교수를 역임했다. 장로회신학교에서는 수학, 성서지리학을 가르쳤다. 시기적으로 보아 처음에는 강사로 숭실대에 출강한 듯하다.

위치에 대하여」라는 글과, 한치진이 1931년에 펴낸 『논리학개론』이 있다. 이 가운데 한치진의 책은 여러 면에서 눈길을 끈다. 예컨대, 이초식(李初植, 1935~)은 그 책에 관해 "한국에서 최초로 출간된 논리학 교재로 여겨지며, 당시로서 세계성을 지닌 논리학의 내용을 담고 있을 뿐 아니라 그 후 몇십 년 동안 출간된 많은 논리학 교재가 그 틀에서 크게 벗어났다고 보기 어렵다."라고 평했다(2000: 193). 그러면서 책의 내용 가운데서도 '7장 귀납적 추리', '8장 연구방법론', '9장 인과관계론', '10장 가설', 그리고 '12장 허위론의 귀납적 허위'에 관해 구체적으로 다뤘다. 좀 더 세부적으로 살펴보면 다음과 같다(194-196).

7장은 귀납추리의 성질, 귀납추리의 기본요구, 유비추리로 이루어지는데, 귀납추리를 '특수에서 보편으로'의 추리로 규정하고 있다. 이런 방식은 오늘날까지도 널리 보급되어 있는 규정이다. 8장은 방법의 의의, 관찰과 설명, 매거와 통계로 되어 있는데, 귀납법을 주로 다루면서 과학적 지식을 구하는 첫 단계로 관찰법을 다룬다. 관찰은 사실을 질과 양으로 측정하고 기술하는 것이며, 설명은 관찰한 특수사실을 연결 해석해서 그 전체적 의의를 발견하는 일이다. 9장은 인과관계의 의의, 밀(J. S. Mill)의 실험적 방법으로 되어 있으며, 후자의 경우에서는 일치법과 차이법이 가장 기본적이라 했다. 10장은 가설의 의의, 가설의 가치, 가설의 증명, 정당한 가설의 요건으로 되어 있다.

한편 박치우는 논리학과 관련된 논문을 발표하거나 저서를 펴낸 적은 없지만, 논리학에서 흔히 사용되는 양도논법(dilemma)을 구체적인 예를 들어 풀어 나가는 재치를 보였다. 그는 경성제대 재학 시절인 1930년 예과 잡지인 『청량』에 「돌아가는 맹자」라는 글을 게재한 적이 있는데 흥미롭다. 제(齊)나라를 떠나는 맹자(『맹자』, 「공손추」 하)의 처지와 관련된 글인데 다음과 같다. 맹자가 제나라를 떠나 국경인 주(晝) 땅에서 사흘을 머물 때, 윤사(尹士)가 이를 못마땅히 여기면서 말한 것을 정리한 내용이다(이규성, 2012: 684).

왕이 탕무(湯武) 같은 성군이 될 수 없음을 모르고 왔다면 이것은 지혜가 밝지 못한 것[不明]이요, 불가능함을 알고서 왔다면 이것은 은택을 요구한 것[干澤]이다. 천리 먼 길을 왕을 만나 보러 왔다가 뜻이 맞지 않으므로 떠나가되, 사흘을 유숙한 뒤에 주 땅을 출발하니, 이 어찌 이리도 오랫동안 체류한단 말인가? 나는 이것을 기뻐하지 않노라.

박치우는 위 문장을 양도논법으로 다음과 같이 명쾌하게 다시 정리했다.

(제1전제) 만일 맹자가 제왕이 탕무(湯武)가 될 수 없음을 모르고 제에 왔다면 그는 성현의 명(明)을 가지지 않는다. 만일 또 그가 제왕이 탕무가 될 수 없음을 알고서도 제에 왔다면 그는 도록자(盜祿者)이다.
(제2전제) 그는 제왕이 탕무가 될 수 없음을 모르고 왔든지 또는 알고서 왔든지 둘 중의 하나이다.
(선언인 결론) 따라서 맹자는 성현의 명(明)을 가지지 못하든가, 도록자이든가이다.

물론 맹자가 사흘이나 그곳에 머문 것을 부정적·소극적인 측면에서 본 윤사의 논박에 대해, 맹자는 긍정적·적극적인 측면에서 답변—자기는 성현의 명을 가지거나 도록자가 아니거나이다—을 해, 자기가 성선설을 지지하는 사람임도 시사하면서 윤사의 그런 비판을 피해 나갔다.[2] 자기가 사흘씩이나 참으면서 머문 것이 지닌 큰 뜻을 윤사에게

---

2 P는 '맹자는 제왕이 탕무가 될 수 없음을 모른다'를, Q는 '맹자는 성현의 명을 가지고 있다'를, R은 '맹자는 도록자이다'를 나타내는 기호라면, 윤사의 논증은 '(P → ~Q) & (~P → R), P ∨ ~P /∴ ~Q ∨ R'로, 맹자의 논증은 '(P → ~R) & (~P → Q), P ∨ ~P /∴ ~R ∨ Q'로 각각 나타낼 수 있으며, 둘 다 복잡구성적 양도논법(complex constructive dilemma)에 속한다. 하지만 같은 유형의 양도논법을 사용하면서도 논증들을 구성하는 예문의 내용을 다르게 구성함에 따라 서로 대비된다. 그 결과, 윤사가 구사한 논증의 결론과 맹자가 구사한 논증의 결론은 서로 대비를 이룬다. 맹자는 이런

넌지시 전하면서 말이다. 아무튼 박치우가 이런 식의 양도논법을 사용하면서 문장을 정리할 수 있었던 것은 그가 어느 정도 논리학과 관련된 지식을 이미 지니고 있었기 때문이다. 옛이야기에서 양도논법의 예를 찾아내는 그의 논리적인 식견이 드러나는 대목이다.

박치우는 유물론적인 관점에서 변증법적 논리를 옹호하려고 개인주의적인 형식논리와 전체주의적인 논리들이 지닌 문제점을 각각 지적하기도 했다. 그에 따르면 형식논리는 기본공리 가운데서도 중요한 것으로 동일률과 모순율을 내세우는데, 이렇게 하면 이를 근거로 소위 원자적인 개체를 옹호하는 것으로 이어진다는 것이다. 반면에 전체주의는 끊임없이 변화하는 사회나 역사의 모습을 제대로 반영할 수 없어 그 한계가 있다고 했다. 그래서 대립과 투쟁, 운동과 발전을 지속하는 사회나 역사의 모습을 담아내기에 적합한 논리로 변증법이 중요시되어야 한다는 논지를 폈다. 하지만 박치우가 형식논리학의 범위와, 앞으로 다가올 컴퓨터의 개발과 같은 현대과학기술이나 문화에 형식논리학이 미칠 영향에 관해서는 생각이 짧았으며, 변증법의 장점에 관해 필요 이상으로 확대해석한 점은 아쉽다(I부 5장 '사회철학/정치철학' 참조).

일제강점기에 펴낸 논리학 책은 한치진의 『논리학개론』(1931) 외에는 발견되지 않는다. 더욱이 이 시기에는 논리학에서 하나의 중요한 흐름이면서 현대에 와서 학문이나 과학기술 분야에서 큰 역할을 하고 있는 기호논리학을 중심으로 한 형식논리학에 관한 연구논문이나 책을 찾아보기 힘들다. 우리나라의 경우 시대상황상 순수논리학에 관한 연구를 하기에는 너무 어수선했을 수도 있다. 철학자들이 차분하게 순수한 학문을 연구할 수 있는 분위기가 아니었다. 무엇인가 빨리 제시하고 웅변적으로 설득하고 싶어하는 분위기가 철학의 여러 영역에도

방식으로 긍정적·적극적인 측면에서 내용을 재구성하면서 윤사의 부정적·소극적인 주장을 되받아치면서 그의 말문을 막는 데 기여했다. 물론 형식논리로 보면 두 사람의 논증은 모두 타당하다.

퍼져 있지 않았나 싶다.

2. 윤리학(선)

전문학교 교과과정에 나타난 윤리학 강의들을 보면, 연희전문의 경우는 1921년 문학과 4학년 교과과정에 철학개론·논리학과 더불어 윤리학이 개설되어 있다. 이화여전의 경우는 1925년 문과 교과과정에 철학·윤리학이 개설되어 있고, 1930년에는 문과와 음악과 교과과정에 윤리학입문·윤리학사가 들어 있다. 보성전문의 경우는 1932년 새로운 젊은 교수들을 영입할 때 안호상이 철학을, 현상윤(玄相允, 1893~?)이 윤리학을 각각 담당했다.

가치론 가운데 윤리학에 관한 논문은 1933년 7월 17일 발행된 『철학』 창간호에서 찾아볼 수 있다. 김두헌[3]은 「윤리적 평가의 이념」에서, 윤리적인 평가는 윤리적인 가치판단으로 나타나며, 거기에는 감정이 기초되기는 하나 항상 평가 원리가 전제되어 있고, 가치판단 배후에는 어떤 사색적이거나 직관적인 가정도 존재한다고 했다.

한편, 최재희는 1938년 경성제국대학에 「소크라테스에 있어서의 선의 규정」이란 논문을 제출했다. 윤리학의 핵심 용어인 선에 관해 언급한 것이다. 그는 1939년 『인문평론』 창간호에 「막스 프랑크, 자유의지론」을 게재해, 자유의지에 관심을 나타내기도 했다. 자유의지 문제는 형이상학과 밀접하게 관련되어 있지만 윤리학의 기초와도 관련 있는 문제다. 그는 논문에서 개별적인 자유의지와 민족적인 전체의지에 관

---

3 호는 예동(汭東)으로 전라남도 장흥에서 출생했다. 1921년 대구고등보통학교(대구고보)를 졸업한 후, 1929년 도쿄제국대학(동경제대) 문학부 윤리학과를 졸업했다. 1929년 이화여전 강사를 거쳐, 1930~1944년에는 중앙불교전문학교(중앙불전) 교수로 재직했다. 1934년 진단학회 발기인으로 참여했고, 해방 후에는 진단학회 상임위원을 지냈다. (1945년 이후의 활동은 이 책의 II부 참조)

해 말했는데, 그가 살던 시대적 상황을 고려하면 흥미롭다.

우선, 그는 자유의지의 본질에 관해 언급하는 가운데 "인생에 있어서 우리의 생활을 사실적으로 규정하고 방향 짓는 것은 오성적 숙려에 지지(支持)된 과학적 인식이 아니라, 당위로서의 윤리적 목적을 향한 자유의지다."라고 하면서, "중대한 최후적 결의(決意)에서는 의지 자신은 오성에서 독립하는 것이고 독단적인 것이다."라고 했다. 이어서 민족적인 전체의지에 관해서도 다음과 같이 언급하면서 논문을 마무리했는데 이채롭다(『최재희전집 V』, 1985: 455).

> 한 민족의 역사는 그 민족을 위해서 과거에 대해서만 인과법칙적으로 이해되나, 그 민족의 장래는 결코 순수과학적 방법에서 천명될 수 없다. 그러므로, 흥성과 몰락의 문제를 역사과학적 연구에 의해서만 해결하려 하는 시험은 처음부터 잘못이요, 미래는 의지를 진작하고 의지를 활동하게 하는 민족에게 귀속하는 것이다.

아쉽게도 이 시기에는 전체적으로 윤리학에 관한 논문이나 저서가 별로 없다. 앞에서 언급한 논리학 분야가 그렇듯이 말이다. 일제강점기라는 시대적인 상황과 학문으로서 철학을 탐구하는 층이 얇은 것이 맞물려 그런 듯싶다.

3. 미학(미)

우리나라에서 미학의 역사를 시기적으로 구분한다면, 대체로 배태기(胚胎期)·고난기·정착기·발전기로 나눌 수 있다.[4] 배태기는 일제강점

---

4 서울대30년사편찬위원회에서 편찬·발간한 『서울대학교30년사』(서울대학교30년사편찬위원회, 1976)의 '제4편 분야별 학술활동과 업적 – 서울대학교 학풍 30년 –'에서 철

기 경성제대 법문학부에 철학과가 설치된 뒤 8·15광복을 맞이할 때까지다. 1924년 경성제대 개교와 더불어 예과가 설치된 데 이어, 1926년에는 법문학부에 철학과가 설치되었고, 철학과에는 다시 세부적인 전공으로 미학/미술사학이 있었다. 이 세부적인 전공에 미학/미술사 2강좌가 개설되었다.

백기수(白琪洙)는 이 배태기의 특징에 관해 다음과 같이 서술했다(백기수, 1976: 577).

> 이 시기를 통한 연구성과는 서구 미학사상 그 자체에 관한 이론적 성찰과 아울러, 특히 한국민족의 미적 문화의 특질 내지 한국에 특유한 전통예술의 본질에 관해서, 주로 조형적 제예술의 경우를 중심으로 하는 미학적 내지 예술사적 탐구라고 할 수가 있을 것이다.

해방 전까지 자료를 보면 미학이나 예술철학 부문에서는 고유섭의 글 외에는 찾아보기 드물다. 박종홍이 1922년 4월부터 1923년 5월 사이 『개벽』[5] 22호에서 35호까지 총 12회에 걸쳐 「조선미술의 사적 고찰」을 연재한 것이 그나마 귀한 자료다. 이 글은 박종홍이 평양고등보통학교(평양고보) 졸업 후 대구수창보통학교 교사로 부임한 해부터 시작되었다. 그가 1929년에 늦깍이로 경성제대 법문학부 철학과에 입학한 것을 보면, 그는 대학생이 되기 훨씬 전에도 학문에 관심이 많았던 듯

학(573-581) 분야는 철학(573-576), 미학(576-579), 종교학(579-581)으로 다시 나뉘는데, 김태길(金泰吉), 백기수(白琪洙), 장병길(張秉吉)이 각각 나누어 서술했다. 이 가운데 백기수는 우리나라 미학의 역사를 시기적으로 구분해, 배태기(胚胎期)·고난기·정착기·발전기로 나누어 서술했다.

5 『개벽』지는 3·1독립운동 이후 천도교의 도움을 받아 펴낸 월간 종합잡지였는데, 3·1운동 때 천도교의 역할이 컸고 잡지에서도 일제에 대한 항쟁노선이 깃들어 있어 창간호 때부터 감시를 많이 받아 왔다. 잡지는 평등주의에 기초한 사회개조, 민족문학 수립, 민족전통문화유산 창달을 기조로 삼았다. 1926년 8월 통권 72호(8월호)를 끝으로 일제에 의해 강제로 폐간되었다.

하다.

박종홍의 「조선미술의 사적 고찰」은 모두 3장으로 이루어져 있다. '1장 총론'은 세계 미술사상(美術史上)의 위치, 조선미술의 특색과 성인(成因), 연구상 곤란 등의 내용이 담겨 있다. '2장 상고 시대'는 고대미술의 아고(芽考)·상대(上代)·삼한기(三韓期)·낙랑기(樂浪期)로, '3장 삼국 시대'는 조선과 육조미술·고구려·백제·신라로 각각 이루어져 있다. 이 가운데 그는 총론의 '조선미술의 특색과 성인'에서는 "미술에서 인상파가 일어나고 입체파가 생긴 오늘날 우리의 미술도 또한 그러하여, 동서양 미술이 부합하니 그 미감(美感)도 서로 같음을 입증한다."라고 하면서 그 시대의 추세에 관해 언급했다(『박종홍전집 I』, 1998: 13). 연구상 곤란한 점으로는 연구 대상물의 희귀성을 지적했다.

'제2장 상고 시대' 가운데 1절 '고대미술의 아고'에서는 육예(六藝)—예(禮)·락(樂)·사(射)·어(御)·서(書)·수(數)—와 『논어』의 「술이(述而) 6」에 있는 "志於道, 據於德, 依於仁, 游於藝니라(도에 뜻을 두고, 덕을 근거삼아, 인에 의지하며, 육예에서 즐기라)."[6]를 인용하면서, 여기서 육예를 영어의 Art를 광의로 해석한 것과 같다고 했다. 2절 '상대'는 유사전(有史前)과 유사후(後)로 나누어 서술했는데, 단군 시대는 유사후에 속한다. 3절 '삼한기'에서는 크게 삼한 시대의 문화와 개설로 나누어, 전자에서는 부여·옥저와 예맥·진한과 변한·마한에 관해 언급하고, 후자에서는 각국의 조소·주조·건축 등에 관해 언급했다. 4절 '낙랑기'에서는 특수한 경우이긴 하지만 나라나 민족을 초월해 미술적 안목에서 보면서 축조에서는 목곽(木槨)·전곽(塼槨)을, 유물에서는 와(瓦)·관(棺)·조각품을 다뤘다.

---

6 "우주법칙의 한 부분으로서 만물에 두루 퍼져 있는[遍在] 도를 생활화하기 위해 수양에 뜻을 두고, 이 도가 현실적으로 구체화되어 사물에 나타난 덕을 생활 근거로 하여, 덕의 가장 중요한 요소 가운데 하나인 인간애에 마음을 의지하고, 지성인의 중요한 교양인 육예—예(禮)·락(樂)·사(射)·어(御)·서(書)·수(數)—를 자유롭게 즐기라"(『논어』(『신역사서』 2, 현암사), 1974: 28-29).

'제3장 삼국 시대'에서는 먼저 조선과 육조 미술에 관해 언급한 뒤, 고구려·백제·신라 순으로 다뤘다. 고구려 담징(曇徵)의 법륭사 벽화는 인도 아잔타(Ajanta) 석굴의 벽화와 같은 종류이며, 희랍미술을 계승한 서역 간다라 지방의 미술에서 영향을 받았다고 했다. 건축미술에서도 평안남도 쌍영총(雙楹塚)의 예를 들면서 간다라미술의 영향이 적지 않았음을 지적했다. 백제의 미륵탑에 관해서는 우리나라 최대 규모의 석탑이면서 최고로 오래된 탑 가운데 하나라고 하면서, 붕괴 위험을 막기 위해 탑의 한쪽을 철골과 시멘트로 지탱케 한 점을 아쉬워했다. 조각에서는 일본의 박물관 내에 있는 백제의 관세음보살상을 들어 그 섬세함을 높이 평가했다. 아울러 백제 시대 회화에서는 음영법(陰影法)의 기교를 통해 그 가치를 인정했다. 한편, 신라 시대 건축은 황룡사탑을 들어 세계 불교미술사상 유명한 3대 탑파의 하나임을, 첨성대는 현존하는 동양 최고의 천문대임을 각각 지적했다. 조각의 경우는 서악리에서 발견되어 경주진열관에 보존 중인 석조미륵반가상을 들어 그 우수성에 관해 언급하면서 특히 신라 시대 조각들에서 나타나는 미소를 머금고 있는 자비로운 모습을 높이 내세웠다.

박종홍은 1926년 11월에 「심리학의 입장에서 본 심미적 감정의 우위」(『문교조선』 3월호)를 발표했다. 아직 철학과에 입학하기 전이다. 1998년 민음사에서 펴낸 『박종홍전집 I 〈1945년 이전 논문〉』에 수록된 그 논문을 보면, 그는 심리학적인 작용으로 지(知)·정(情)·의(意) 가운데 어느 것을 더 중요하게 여기느냐에 따라 주지(主知)·주정(主情)·주의(主意)로 나뉨을 눈여겨보면서, 철학에서의 진(眞)·선(善)·미(美)가 의식에서 통일을 이뤄야 하는 것처럼, 지·정·의도 그래야 함을 주장했다. 그러면서 '그렇다면 종국적으로 통일하는 작용은 무엇인가'라는 문제를 제기했다(106). 이에 그는 종래 심리학에서 의지가 지·정과 나란히 특별한 정신능력으로 여겨져 온 것에 이의를 제기하면서 감정이 모든 의식작용에서 궁극적인 것이라 했다. 이어서 심미적 감정은 "다양의 통일성 그 자체의 자기의식이며, 그 작용의 동인이기도 하다."(111)

라고 했다. 우리 의식을 통일하는 작용에서 가장 근본적인 요소가 심미적 감정이라는 주장이다. 아울러 심미적인 감정의 내용은 인격을 통일하는 내용이며, 인격이 여러 가지 작용의 동적인 통일이라고 한다면, 심미적 감정은 이런 통일 위에 나타나는 의식작용이라 했다. 요컨대, 심미적 감정이 우리의 전인격 구성작용의 자기의식이라 할 수 있다는 것이다(112-113).

이미 여러 방면에서 사려 깊으면서도 박식한 박종홍이 대학에 입학하기도 전에 미학과 관련된 글들을 써 여러 사람의 관심을 모은 반면, 고유섭(高裕燮, 1905~1944)[7]은 전문적인 대학교육을 통해 얻은 지식을 토대로 글을 발표했다. 그래서 미학 분야에서는 고유섭의 역할이 특히 돋보인다. 그는 우리나라에서 처음으로 미학과 미술사학을 전공해 우리나라 미술사학의 토대를 마련한 학자다. 그는 경성제대 법문학부 철학과에서 미학과 미술사를 전공하고, 실증적 학문방법에 관심을 가졌다. 1930년 대학 졸업 후 미학연구실 조수로 있으면서 나라 안 이곳저곳에 있는 고대 미술품 조사와 연구에 힘썼다. 중국·일본·인도와 구별되는 우리나라 특유의 미의 본질을 찾고자 불교 조각과 탑, 고구려 미술 등을 연구했다. 그 결과 그는 일제강점기임에도 불구하고 미학 분야에서 뛰어난 업적을 남겼다.

그는 1933년 3월 개성부립박물관장으로 부임했는데, 그 전인 1930년 7월에는 「미학의 사적 개관(史的槪觀)」을, 1931년 12월에는 「조선탑파(塔婆)개설」을, 1932년 12월에는 「로서아의 건축」을 『신흥』 3, 6, 7호에 각각 게재했다. 그는 10여 년 동안 개성부립박물관장으로 있으면서 유

7 고유섭의 호는 우현(又玄)이며 인천에서 태어났다. 20대 후반인 1933년 3월 개성부립박물관 관장에 부임해 10여 년간 일했다. 유물 수집과 연구에 힘쓰면서 많은 논문을 발표했다. 그의 글들은 그가 세상을 떠난 뒤 제자인 황수영(黃壽永)과 진홍섭(秦弘燮)이 『한국미술사 및 미학논고(韓國美術史及美學論攷)』(통문관, 1963), 『조선화론집성(朝鮮畵論集成)』(고고미술동인회, 1965), 『한국미술문화사논총(韓國美術文化史論叢)』(통문관, 1966), 『송도의 고적』(설화당, 1977) 등으로 간행했다.

물 수집과 연구에 힘썼는데, 초기에 그가 힘을 기울인 연구의 초점은 석탑이었다. 그는 삼국 중 백제와 신라, 통일신라 시기의 석탑들을 양식론에 근거해 체계화했다. 1948년에 출판된 『조선탑파(韓國塔婆)의 연구』가 바로 그런 그의 유고집이다. 이 책은 우리나라 탑파에 관한 최초의 학술적 논의이자 역작이다. 고유섭은 석탑뿐 아니라 불교미술에서 조각의 발전 과정에도 주목했다. 1940년 발표한 「한국의 조각」에서는 조각을 중심으로 미술사적 시기를 구분하고 시대별 조각의 변화와 특징을 정리했다. 1930년경부터 5~6년간 규장각 장서를 중심으로 회화에 관한 문헌 발췌 작업을 진행했다. 그 결과, 사후이긴 하지만 『조선회화집성』이 출간되었다. 조선 시대 회화사 연구는 화론(畵論)의 집성에서 시작해 화가별 연구에까지 이르렀으며, 이 연구는 그 후 한국회화사의 기틀이 되었다. 고려청자와 같은 도자기 연구에도 관심을 가져 20여 편의 논문을 남겼으며, 미술사 전반에 관한 글도 많이 발표했다. 미술사 기초자료 수집에 남다른 열의를 보이다가, 1944년 39세의 젊은 나이로 세상을 떠났다.

이처럼 그는 우리나라에서 미술사와 미학을 본격적으로 수학한 첫 학자이자 우리 미술을 최초로 학문화한 학자였다. 그는 신문·잡지·강연 등을 통해 연구결과를 활발하게 발표했다.[8] 그가 발표한 미학 관련

---

8 신문을 통해 발표한 것을 보면, 그는 1932년 5월 13일과 15일 『조선일보』에 「조선고미술에 관하여」, 1934년 10월 11일에서 20일에 걸쳐 『동아일보』에 「우리의 미술과 공예」, 1935년 6월 8일에서 11일에 걸쳐 『동아일보』에 「미의 시대성과 신시대 예술가의 임무」, 1940년 1월 4일에서 7일에 걸쳐 『동아일보』에 「조선문화의 창조성(공예편)」, 1940년 7월 26, 27일 양일간 『조선일보』에 「조선미술문화의 몇 낱 성격」을 각각 게재했다. 강연 내용은 1943년 혜화전문 강연 수기인 「불교미술에 대하여」를 들 수 있다.
잡지에 게재한 경우는 1930년 「미학의 사적 개관」(『신광』), 1933년 「현대세계미술계의 귀추」(『신동아』), 1936년 「동양화와 서양화의 구별」(『사해공론』), 「신라와 고려문화와의 예술문화의 비교시론」(『사해공론』), 1937년 「형태미의 구성」(『이화』), 1940년 「현대미의 특성」(『인문평론』), 「'말로'의 모방설」(『인문평론』), 「고대인의 미의식 – 특히 삼국시대에 관하여 –」(『조광』), 1941년 「조선미술과 불교」(『조광』), 「유어예(游於藝)」(『문장』), 「조선고대미술의 특색과 그 계승문제」(『춘추』)를 들 수 있다. 학회 학술지에 게재한 것으로는 1937년 「불교가 고려예술의욕에 끼친 영향의 고찰」(『진단학보』)을

글들을 『학술총람』 11집에 수록된 자료들을 중심으로 소개하기로 한다. 필자는 그런 자료들을 서술 편의상 몇 가지 부류, 즉 미학사 및 미학일반, 비교미학, 고대예술, 공예, 불교예술, 예술가와 일반인들이 지녀야 할 태도, 그리고 청자와 탑파에 관한 유고로 다시 구성해 정리하겠다(이 가운데 비교미학의 경우는 I부 5장 '비교철학' 참조).

우선, 미학사 및 미학일반에 관한 그의 저서나 글로는 저서 강의안인 미학개론과 개별적으로 발표한 「미학의 사적 개관」, 「현대세계미술계의 귀추」, 「형태미의 구성」, 「현대미의 특성」을 들 수 있다. 이 가운데 미학개론은 1936년 10월부터 1944년 6월 그가 세상을 떠날 때까지 연희전문에서 강의했던 미학개론 강의안으로, 미학의 성립과 미학의 주요 과제를 주된 내용으로 한다. 그는 서론에서 바움가르텐(A. G. Baumgarten)이 오성에 의한 인식능력과 다른, 저위(低位)의 감각적 인식에 관한 연구를 에스테틱(Ästhetik)이라는 일종의 방법론으로 제시하며 미학을 수립한 데 이어, 칸트(Immanuel Kant)에 이르러 미학이 독자적인 학문의 위치를 얻었다고 했다. 그 후 독일이 형이상학적 미학의 발전을 가져온 반면, 헤르바르트(J. F. Herbart)에서 비롯된 과학적 미학이 페흐너(Gustav Fechner)를 통해 심리주의적 접근 방법인 '아래로부터의 미학'으로 발전해, 현대미학의 기초를 이루었다는 것이다. 본론에서는 미적 대상인 객체를 자연미와 예술미로 구분하고, 소재와 형식, 내용과 형식의 관련성, '미'와 '미적'의 구별, '미적'과 '예술적'의 구별, 미적인 대상 일반과 관련된 내포적인 관계에 서술했다. 결론에서는 소위 '미적'인 것만을 연구대상으로 하는 미학과 '예술적'인 것을 연구대상으로 하는 예술학의 구분 문제와 함께, 예술적 가치의 독자성을 주장하는 피이들러(Konrad Fiedler)와 같은 학자들의 견해를 소개했다(학술원, 1976: 154).

「미학의 사적 개관」(『신광』, 1930)에서는 헤겔류의 형이상학적 미학과

들 수 있다.

헤르바르트류의 경험과학적 미학을 구분한 뒤, 19세기 후반의 경험과학적 미학과 선험철학적 미학의 대립에 관해 서술했다. 전자에서는 경험적 미의 작용이나 미적인 사실 내용을, 후자에서는 미의 본질이나 미적인 가치 형식을 각각 중시했다면서 두 접근법 모두 적절치 못함을 지적했다. 이어서 미학의 방법은 현상학적 미학의 견지에서 순수체험을 기술(記述)함으로써 그 실마리를 찾을 수 있다고 보았다.

「현대세계미술계의 귀추」(『신동아』, 1933)에서는 현대미술의 출발점이 야수파(野獸派) 이전 인상파까지 거슬러 올라간다면서 각 유파의 특징을 언급했다. 이어서 현대미술은 주관적인 것에 너무 치우쳤으며, 최근의 초현실주의와 신즉물주의(新卽物主義)는 미술 자체의 이론도 갖추지 못했음을 비판했다.

「형태미의 구성」(『이화』, 1937)에서는 형태미의 구성이 선이나 점의 결합에 있다면서, 결합을 규칙적인 것과 불규칙적인 것으로 나눠 살폈다. 규칙적인 결합의 경우는 다시 반복(repetition)과 상칭(相稱, symmetry)으로 나누고, 이런 규칙성에서 풍기는 미는 예술의 신비에 속한다고 했다. 한편, 불규칙적인 결합의 경우는 비례(proportion)를 들어, 그런 비례는 비록 황금비율(golden ratio)이라 할지라도 상대성을 띠므로, 특히 조형예술가들은 비례의 미를 얻기 위해 힘써야 한다고 했다.

「현대미의 특성」(『인문평론』, 1940)에서는 불안감의 개념을 들어 언급했다. 현대미는 사상성을 잃고 지성을 얻었다고 하지만, 후자는 전자에 비해 체계적이지 않음을 지적했다. 그 결과, 현대미는 예리하고 날카롭기는 하나 윤리의 상실로 불안과 애수가 깃든 미라고 했다.

한국의 고대예술에 관한 그의 글로는 「조선고미술에 관하여」, 「고대인의 미의식 – 특히 삼국 시대에 관하여 –」, 「조선고대미술의 특색과 그 계승문제」를 들 수 있다. 이 가운데 「조선고미술에 관하여」(『조선일보』, 1932)에서는 한국미술의 흐름을 삼국 시대 예술·신라통일기·고려시대·조선 시대로 나누어, 그 시대의 예술의식과 외래문화적인 요소를 살폈다. 이 가운데 삼국 시대의 예술은 아직 외래문화적인 요소가 전통문화와 조화되지 못한 채 복합적으로 나타나는 과도기의 것으로 비자연적·기고(奇古, 기이하고 예스러움)적이다. 신라통일기는 통일·정리 및 겉모양을 꾸미는[修飾] 특징이 있으며 국가사회에 대한 단체의식이 나타나고, 고려 시대와 조선 시대는 귀족이나 양반사회의 개인의식과 권력형 행사가 발달해 귀족사회에 필요한 예술품이 많다. 고려는 불교의 영향 아래, 조선은 유교의 영향 아래에서 말이다. 이어서 신라통일기와 같은 큰 변화가 있어야 예술에서도 그런 질적 비약이 있을 거라고 했다.

「고대인의 미의식－특히 삼국 시대에 관하여－」(『조광』, 1940)에서는 삼국 시대의 미의식은 패기가 깃들어 있어 정지태(靜止態)가 아닌 운동태(運動態)의 기세라 했다. 이런 기세는 생물과 무생물 모두에 드러나 있다. 또한 미의식은 개념적·관념적 특색을 띠기도 하는데, 그는 이런 모습에 '설명적 통일'이 기도되어 있다고 보았다. 아울러 기억의 재생과 환상적 흥취의 결합에서 나타나는 또 하나의 추상주의를 이뤄 냈다고 했다.

「조선고대미술의 특색과 그 계승문제」(『춘추』, 1941)에서는 조선 고미술의 특색으로 '무기교(舞技巧)의 기교', '무계획의 계획'을 꼽으며 민예(民藝)가 그 주류를 이룬다고 했다. 조선의 미술은 신앙이나 생활과 분리되어 있지 않으며, 비정제성(非整齊性, 정돈하여 가지런히 하지 아니함)과 아울러 '적요(寂寥, 적적하고 고요함)와 명랑'이라는 모순된 성격이 함께 있다는 것이다. 조선미술의 특색으로 '무관심성'을, 특질로 '구수한 큰 맛'을 들기도 했다. 기술적인 면에서도 높은 수준임을 지적하면서 학술적으로나 기술적으로 이런 특징들이 이어져야 한다고 했다(학술원, 1976: 157). 이런 우리나라 미술의 특질에 관한 그의 견해는 그 후 다른 학자들의 언급에서도 종종 이어진다.

한국의 공예에 관한 글로는 「우리의 미술과 공예」, 「조선문화의 창조성(공예편)」을 들 수 있다. 「우리의 미술과 공예」(『동아일보』, 1934)에서는 조형예술의 전개 과정을 열거하면서 그 역사적인 의미와 미술사적인 가치를 논했다. 고구려의 고분미술, 백제의 탑파(塔婆)·벽화·불상미술, 신라의 금철(金鐵)공예·조각·탑파미술, 고려의 부도(浮屠)미술·도자(陶磁)공예·경판(經版)예술, 이조(李朝)의 공예미술이 각각 그것이다.

「조선문화의 창조성(공예편)」(『동아일보』, 1940)에서는 대양문화, 북방 알타이 스키타이문화, 서역문화, 한족문화 등 여러 문화를 받아들인 시기를 한국미술사의 창조기로 보았다. 창조성이 특히 두드러지는 공예의 예들로는 신라 경덕왕 때의 만불산, 조선 세종 때의 흠경각(欽敬閣)·보루각(報漏閣)·간의대(簡儀臺) 등의 의기(儀器)가 있다. 이것들은 상상력과 그것을 구체화한 풍부한 구성력의 표현이다. 창조성은 자의식이 능동적으로 발양될 때 가능한데 불국사의 건축평면, 다보탑 등이 그 예다.

한국의 불교예술에 관한 그의 글로는 「불교미술에 대하여」, 「조선미술과 불교」, 「불교가 고려예술의욕에 끼친 영향의 고찰」을 들 수 있다. 그는 이런 글들에서 불교가 건축·조각·회화 등에 영향을 끼친 점을 밝히곤 했다. 1943년에 있었던 혜화전문학교 강연수기인 「불교미술에 대하여」에서는 동양 예술이론이 우주적인 이법의 표현이라며, 불교 선종(禪宗)에 기초한 사상과 중국 재래의 유리(唯理)적 사상의 합일에 독특한 발생 연원이 있다고 했다. 그는 미술에 건축·조각·회화·공예를 포함시키면서 그런 것들의 역사상 발전 양태에 관해 서술했다. 건축에서는 특히 탑에 많은 관심을 두었다(학술원, 1976: 157).

「조선미술과 불교」(『조광』, 1941)에서는 한국의 미술문화를 원시고유미술문화 시대, 한문화섭취 시대, 불교미술 시대, 유교문화 시대로 나누었다. 불교미술의 경우, 불교의 대소승현밀(大小乘顯密)과 선종에 의해 발달해 왔다면서, 불교의 선(禪)적인 면과 대중성의 예를 건축물을 비롯한 미술에서 찾았다. 이어서 동양의 불교사상은 한국불교를 낳고, 한국 불교미술은 그것에 근거해 토착화되었다고 했다.

1937년 『진단학보』에 게재한 「불교가 고려예술의욕에 끼친 영향의 고찰」에서는 감각적인 것을 거쳐 정관(靜觀)의 길로 가려는 예술의 본성과 감각적인 것을 막음으로써 정관의 길로 들어가려는 종교는, 방법은 다르지만 결과는 같다[異路同歸]는 관점을 기조로 하여, 어느 하나도 불교적 정신에서 벗어나지 않는다고 했다. 그러면서 동양의 경우 도신적(道神的) 사상이나 예술 등에 불교의 영향이 크고, 고려도 그 굴레[羈絆]를 벗어날 수 없었다는 관점에서 불교가 고려예술에 끼친 영향에 관해 언급했다. 아울러 그는 고려에서는 심학(心學)을 위주로 한 선종(禪宗)이 대종이라면서, 고려예술이 주관적 심성을 강조한 동기는 직지돈오(直指頓悟)를 주장하는 것에서 이루어졌다고 했다.

예술가와 일반인들이 지녀야 할 태도에 관한 글로는 「미의 시대성과 신시대 예술가의 임무」, 「조선미술문화의 몇 낱 성격」을 들 수 있다. 「미의 시대성과 신시대 예술가의 임무」(『동아일보』, 1935)에서는 미에 변화와 불변의 두 측면이 있다면서, 미의 변화를 시대적인 것과 연관시켰다. 이를 위해 원시인의 미의식과 희랍의 미에 관한 형이상학적 이념 등을 살핀 뒤, 칸트의 비판철학이 미에 독자성과 자율성을 부여하는 데 크게 기여했음을 지적했다. 아울러 예술을 감상의 철학이라면서 감상과 '철학적으로 사색하다(philosophieren)'를 동의이어(同義異語)로 보기도 했다. 그러면서 신시대 예술가는 위대한 시대관과 예술관을 소유해야 한다고 강하게 주장했다. 일제강점기에 살고 있는 예술가들의 자세를 강조한 것이라 하겠다.

이어서 「조선미술문화의 몇 낱 성격」(『조선일보』, 1940)에서는 우리나라 미술문화의 성격은 상상력과 구상력이 풍부하며 구수함이 특질인데, 이는 순박·순후한 데서 오는 큰 맛이라 했다. 이런 구수함에 대응해 맵자한 곳도 있는데, 전자는 '온아(溫雅)'에 후자는 '단아(端雅)'에 속하며, 모두 질박·담소(淡素)·무기교를 그 기초로 한다고 보았다. 이듬해 그는 「조선고대미술의 특색과 그 계승문제」(『춘추』, 1941)에서 이런 '구수한 큰 맛'을 한국미술의 특색으로 다시 지적하고 나섰다. 한편, 미술문화에 관해 일반 사람들이 지녀야 할 태도로는 역사적 반성과 함께 충분한 이해가 필요하다는 점을 꼽았고, 문필인들이 지녀야 할 태도는 미술품들에 관한 관심 결여와 문학적 표현 결여에서 벗어나는 일이라고 했다. 특히 문필인들의 태도는 일반 민중의 미의식 향상에 직결된다면서 그 역할의 중요성을 강조했다.

그의 저서나 유고(遺稿)집으로는 『고려청자』(우현 고유섭전집 5)와 『조선탑파의 연구(상)』(우현 고유섭전집 3), 『조선탑파의 연구(하)』(우현 고유섭전집 4)이 있다.[9] 그는 실증적 방법에 근거해 글을 발표해 나갔다. 『고려청자』(열화당, 2010)에서는 청자란 무엇을 뜻하는지 밝혔다. 청자는 철분이나 철염을 함유한 회유(灰釉)에 의해 청색계의 색을 나타내는 자기, 곧 철염의 환원염에 의한 청록색 자기라는 것이다. 그는 『고려사』「의종(毅宗) 세가(世家)」에 '청자(靑瓷)'란 말이 있음을 소개하면서 자기를 나타내는 한자인 '磁'나 '瓷' 가운데 후자가 더 옛 맛이 난다고 했다. 고려인들이 청자의 색을 비취(翡翠)색으로 보아 비색(翡色)이라 일컬었음을 지적하면서, 고려 예종조·인종조에는 이미 우수한 청자들이 만들어졌다고 확신했다(『고려청자』, 2010: 40). 그는 청자의 종류[10]를 구체적인 사진들로 제시했는데, 실증적·입증적이어서 실증사관에 근거한

---

9 이 가운데 『고려청자』는 원저(原著)가 『朝鮮の靑瓷』로 1939년 일본의 호운샤(寶雲舍)에서 간행된 것인데, 광복 후 을유문화사(1954), 삼성문화재단(1977), 열화당(2010)에서 우리말로 옮기고 수정·보완해 발간되었다. 2010년 열화당에서 발행한 『조선탑파의 연구(상)』은 고유섭이 1936년에서 1944년까지 발표했거나 집필한 것을 후학들이 모은 것이고, 『조선탑파의 연구(하)』는 세상을 떠나기 직전까지 그에 의해 거의 완성된 미발표 연구논문들로 이루어져 있다.

10 고유섭이 분류한 청자의 종류로는 다음과 같은 것이 있다(『고려청자』, 2010: 40-80). 비색청자(무상감청자): 취청색(翠靑色) 유색(釉色)만을 지닌 것으로, 문양 장식이 없는 것과 있는 것으로 나뉜다. 상감(象嵌)청자: 기체(器體)에 주제를 음각하고 그 파인 곳에 백토나 흑토를 메워 문양을 내는데 나전세공(螺鈿細工)의 응용이다. 백색퇴화문(白色堆花文)청자: 백토를 붓에 묻혀 두드러지도록 문양을 낸 것이다. 화(畵)청자/회고려(繪高麗): 백토나 흑토(주로 흑토)를 붓에 묻혀 그림을 그리는데, 유조(釉調)가 산화되어 황갈이나 청회(靑灰)색을 낸다. 진사(辰砂)청자/유리홍(釉裏紅)청자: 진사란 동염이 산화되어 주홍색이 나는데, 표면 전부를 진사유(辰砂釉)로 칠한 것도 있다. 희귀한 일품이다. 화금(畵金)청자: 상감청자의 유리에 금니(金泥, 금박가루를 아교풀에 갠 것)로 장식하며 희귀하다. 명관(銘款)이 있는 청자: 명문(銘文)은 화청색에서는 흑토로 하지만, 비색청자에서는 철사(鐵砂)를 쓴 것도 있고 음각만 한 것도 있다.

그의 연구자세를 엿볼 수 있다. 청자의 요지(窯址)는 전남 강진군, 전북 부안군, 경북 경주군, 충남 보령군, 경기 안성군, 황해 신천군, 평남 강서군 등이다. 그에 따르면 도자의 감상은 몸으로 하는, 요컨대 스스로 체험을 통해서 하는 것이다.

한편, 그는 『조선탑파의 연구(상)』 머리말[序說]에서 "탑파는 불법승(佛法僧) 삼보(三寶)를 봉안하고 표치(標幟)하고 기념하는 건물"(『조선탑파의 연구(상)』 2010: 33)로 사찰의 중심을 이룬다고 했다. 탑파 유형은 그 건축 재료에 따라 크게 목조탑파, 벽탑(甓塔), 석조탑파가 있다. 목조탑파의 경우는 법주사 목조 5층탑에서, 벽탑(塼塔), 곧 전탑의 경우는 경주 분황사탑에서, 석조탑파의 경우는 다보탑에서 대표적인 것을 찾을 수 있다. 현존하는 대부분의 탑파는 내구성이 강한 석조탑파들이다. 간혹 영주 부석사처럼 탑파가 없는 경우도 있지만 말이다. 고유섭은 곳곳에 있는 탑파들의 사진과 더불어 그 특성을 기술했는데, 경우에 따라서는 가람의 배치도(예: 경주 사천왕사지 가람 배치도, 익산 미륵사지 가람 배치도), 실측도(예: 경주 황룡사지 실측도), 탑의 구도(예: 장연사탑의 초층 탑신부)를 통해 소개했다. 이처럼 그의 서술방식은 실증적 학문방법에 기초한 미술사학적인 면이 강하다.

5장

분과철학

분과철학편에서는 갑오개혁 무렵에서 8·15광복 전까지 발표되었던 철학 관련 책이나 글들을 다시 분과별로 정리했다. 물론 자료들을 접하다 보면 어느 영역에서 다뤄야 더 적절할지 의문이 생기는 경우도 많다. 이 시기에 발표되었지만 아직 발견되지 않은 귀중한 자료들도 있을 수 있다. 지금까지 정리된 상황에서 살펴본다.

1. 과학철학/자연철학

박동일(朴東一)은 1929년 7월 『불교』 61호에 게재한 「칸트로부터 흄까지 인과문제의 발전」이란 논문에서 흄이 제기한 인과문제와 흄이 칸트에게 미친 영향, 그리고 인과문제에 관한 칸트의 견해를 살폈다. 인과법칙의 유래와 기원에 관해 경험론에서 나타나는 문제점, 흄에서 칸트에 이르기까지 인과문제가 전개된 과정을 간략히 서술했다. 우리나라의 경우, 박동일을 통해 처음으로 인과문제에 관한 연구가 현대의 학문적 관점에서 탐구되어 그 모습을 드러낸 것이다. 물론 탐구 대상은 인과성에 관한 근세철학자 칸트와 흄의 견해였지만 말이다. 그 후 인과문제는 1931년에 한치진이 펴낸 『논리학개론』 '9장 인과관계론'에서 거론된다. 한치진은 밀(J. S. Mill)의 견해를 집중적으로 언급했다.

정석해는 파리대학에서 수학과 과학사를 공부하고 1930년에 졸업한 뒤 연구생으로 있다가 귀국했다. 그는 파리대학에서 실증주의적 경향을 지닌 브룅스비크(Léon Brunschvicg, 1869~1944)의 수업을 들은 것으로 전해진다. 귀국 후 연희전문에서 과학철학과 관련된 강의를 했다. 그의 영향으로 연희전문, 연세대학에서는 과학철학·실증철학의 싹이 움텄다. 정석해·박희성·김준섭 등 연희전문에서 공부한 학자들이 그런 유형의 철학에 호의적인 것에서 연희전문의 또 다른 학풍을 엿볼 수 있다. 모두 실증성을 중요시하면서도, 정석해는 과학사, 박희성은 인식론, 김준섭은 논리학·과학철학 분야에서 각각 힘을 기울여 연구했다. 정석해와 박희성은 3·1독립운동에 학생 신분으로 적극적으로 가담해, 일제의 요시찰 인물이 되거나 긴 옥살이를 치르기도 했다.

자연성에 관한 논문으로는 김계숙(1931)의 「철학과 자연성과의 관계」를 들 수 있다. 그는 1931년 1월 『신흥』 4호에 게재한 이 논문에서 철학은 '개념시(槪念詩)'나 개념적 유희가 아니라, 자연과 현실에 근거한다고 했다. 먼저 칸트와 헤겔에게서 자연성의 문제를 다루면서, 헤겔의 '진리에 관한 열정'에는 사물을 본질적·발전적으로 관찰하려는 의도가 있어, 칸트의 관념론을 계승해 완성시킨 그의 관념론은 단순한 유희가 아니라고 했다. 그는 체코 프라하대학 실험물리학 교수였던 마흐(Ernst Mach, 1838~1916)의 사상에 관해서도 언급하면서, 그의 견해가 자연과학과 밀접한 관계에 있다는 점과 그 예례(豫例)를 들어 철학과 과학의 변증법적 견해를 피력했다. 희랍 이래 많은 철학이 자연성과 밀접한 관계에 있고, 자연성과의 관계를 알고 자연법칙을 사용함으로써 자연을 지배하게 되었다고 했다. 보편적인 일반법칙과 이론은 경험에 근거해 도달될 수 있다면서, 일반원칙은 구체적인 사실에서 추출되므로 현실성을 내포한 관계에 기초한 진리를 표상하게 된다고 했다.

2. 교육철학/교육사상

박종홍은 1928년 3월 『경북의 교육(慶北の教育)』 6호에 「이퇴계의 교육사상(李退溪の教育思想)」이란 논문을 게재했다. 경성제대 철학과에 입학하기 1년 전 일이다. 일제강점기에 대구공립고등보통학교(대구고보) 교사로 근무했기 때문인지 일문으로 작성했다. 그는 철학적이라기보다 사상적인 측면이 짙은 이 논문에서, 퇴계는 교육애의 화신으로 천생 교육자였음을 언급하면서, 퇴계의 교육사상에서 나타나는 특징을 다음과 같이 요약했다(『박종홍전집 I』, 1998: 156-157).

1. 교육목적의 본령을 윤리적으로 확립하고, 문예나 등과(登科) 또는 영리적 수단 같은 것은 부차적인 것으로 다루었다.
2. 입지에 따른 자발적 태도를 존중하였으며, 특히 개성을 살리는 교육이어야 한다고 보았다.
3. 방법은 대략 청년기를 중심으로 전후 2기로 나누어 전기에는 반복 연습을 주로 하는 학습과 습관 형성에 치중하고, 후기에는 전적으로 자각적인 사색과 역행(力行)에 의할 것을 권장하였다.
4. 지행호진설(知行互進說)을 취하여 2자(二者)의 근본을 경(敬)에다 두어 이 경의 중요성을 역설하였다.
5. 신체와 관련되는 양호(養護)도 소홀히 할 수 없음을 주의하였다. 그리고 더 나아가 학습은 의문의 해결을 위하여 신중한 사색이 필요하며 천리의 체인(體認)에까지 이를 것을 이상으로 하였으며, 실천은 일상적인 평이·비근한 것으로부터 노력하되 효를 기본으로 한 것 등도 주요한 특색이 아닐 수 없다.

여기 박종홍의 서술에서 나타나는 특징들을 통해 그의 교육자다운 면모나 교육사상도 간접적으로 짐작할 수 있다. 그는 퇴계의 교육사상을 통해 우리나라 교육에서 앞으로 중요시해야 할 것이 무엇인지 나름대로 짚어 보려 했다.

교육철학·교육사상 분야에서는 오천석(吳天錫, 1901~1987)[1]의 역할이 돋보인다. 그는 미국 컬럼비아대학에서 존 듀이(John Dewey, 1859~1952, 진보주의 교육철학을 개척한 프래그머티스트)의 제자들로부터 배운 뒤 1931년에 박사학위를 취득했다. 그의 박사논문 제목은 「한국에 대한 일본의 교육정책연구」다. 그는 학위 취득 후 1932년부터 4년 동안 보성전문에서 영어와 철학개론을 가르쳤다. 그는 박사논문에서 일본의 식민지 교육정책을 영국이나 프랑스 등의 식민지 교육정책과 비교하면서 일본이 교육을 어떤 수단으로 사용했는지 다뤘다. 그의 부친이 목사여서인지, 박사논문의 성격 때문인지 보성전문에서 4년간 재직하던 중 1936년 일제의 감시를 피해 중국 상하이로 피신해야 했고, 해방 후에 귀국했다. 그동안 일제의 감시로 인해 국내외에서 힘든 시절을 보낸 탓인지, 해방 후에는 『민주주의 교육의 건설』(국제문화공회, 1946), 『교육철학신강』(교학사, 1972) 등 민주주의를 향한 주요 저술들과 많은 글을 발표했다. 아울러 교육현장에서의 구체적인 실행을 위해 힘썼다.

이 분야와 관련된 것으로는 이인기(李寅基, 1907~1987)[2]의 논문들도 있다. 그는 1934년 「개성유형과 그 교육적 의의」(『철학』 2호)라는 논문에서, 전문교육에서는 개성의 고려가 앞서야 하고, 보통교육에서는 피교

---

1 오천석의 호는 천원(天園)이며, 목사인 오기선(吳基善)의 아들로 평안남도 강서에서 태어났다. 그는 소학교에서 신학문을 익혔으며, 1919년 일본 아오야마학원(青山學院) 중등부를 졸업하고 미국으로 건너가 교육학을 공부했다. 코넬칼리지(아이오와주 마운트버넌)에서 학사(1925), 노스웨스턴대에서 석사(1927), 컬럼비아대에서 박사학위(1931)를 취득했다. 백낙준(연세대 총장 역임), 김활란(이화여대 총장 역임)과 유학 당시부터 친분이 있었다. 모두 기독교를 열성적으로 믿던 사람들이다. 오천석은 보성전문 교수로 있으면서 강의·강연·논문 등으로 교육 발전을 위해 힘썼으나 일제의 탄압으로 상하이로 피신했다.

2 이인기의 호는 벽계(碧溪)이며 경상북도 성주에서 태어나 1931년 도쿄제대 문학부 교육학과를 졸업 후 귀국해 철학연구회에 참여했고, 『철학』 학술지에도 투고했다. 그 당시 경성제대에는 철학과에 교육학, 심리학이 속해 있었다. 이화여전 강사, 만주국의 관료 생활을 했다. 해방 후에는 서울문리대 교수, 숙명여대 총장, 영남대 총장, 학술원 회원 등으로 활약했다.

육자의 개성보다 그가 속한 공동사회의 다방면적인 교화를 먼저 고려해야 한다고 했다. 이처럼 그는 전문교육과 보통교육에서 각각 힘써야 할 점들을 지적했다.

그는 이듬해인 1935년에도 개성과 관련된 논문을 발표했다. 「교육원리로서의 개성과 사회와 문화」(『철학』 3호)라는 논문을 통해, 교육이 정치·경제·법률 등의 문화영역과 함께 사회생활에서 하나의 근본기능임을 주장했다. 이어서 개인적 교육학과 사회적 교육학의 교육학적 처지에 관해 언급하면서, 개성·사회·문화는 내부적으로 연결되어 교육활동에 강인한 원리를 제공한다고 했다.

3. 불교철학(불학)

1) 불교 일반/불교사

권상로(權相老, 1879~1965)와 이능화(李能和, 1869~1943)는 우리나라 불교역사에 관심을 갖고 그것을 개관할 수 있는 약사나 통사를 1917년과 1918년에 각각 펴냈다. 권상로가 1917년 8월 22일 펴낸 『이조불교약사(李朝佛敎略史)』(신문관)는 우리나라 불교에 관한 개관서다. 불교사를 정리해 서적으로 출판한 최초의 현대적인 책이기도 하다. 삼국불교, 고려불교, 조선불교의 3편으로 이루어져 있는데, 불교 전래기로부터 집필 당시에 이르기까지 역대 고승들의 행적, 사찰의 내력, 각종 불사(佛事, 불가에서 행하는 모든 일)와 사실(史實)들에 관해 서술했다. 부록으로 법상종·화엄종 등에 관해 서술하고 그 계통에 관해서도 언급했다(학술원, 1976: 54). 이능화는 1918년 3월에 『조선불교통사(朝鮮佛敎通史)』(신문관) 상·중·하편을 출판했다. 상편에는 불교가 고구려 소수림왕 2년에 전래된 이후 그 발달 과정과 불교사적 사실이, 중편에는 불보·법보·승보, 곧 삼보의 원류(源流)가, 하편에는 역사에 나타난 사실과 설화 등이 수록되어 있다(학술원, 1976: 54).

책 외에 불교사와 관련된 논문이나 글들도 볼 수 있다. 정광진(鄭珖震)은 1919년 2월 『불교총보(佛敎叢報)』 14~15지(紙)에 「불교사학연구」를,[3] 퇴경(退耕)은 1928~1929년 「조선에서 자립한 종파」라는 글을 7회에 걸쳐, 양건식(梁建植)은 1929년 「고려 대각국사에 관한 연구」를 5회에 걸쳐, 박창두(朴昌斗)는 1930년 「신라불교의 대관(大觀)」을 7회에 걸쳐, 최남선은 1930년 「조선불교 – 동방문화사상에 있는 그 지위 –」를 각각 『불교』지에 게재했다. 김영수(金映遂)는 1937년 역사학 학술지 『진단학보』 8호에 「오교양종에 대하여」라는 논문을 발표했다. 이런 책이나 글들은 철학보다 역사적인 측면이 짙다.

2) 연기설

이제부터 불교에서 철학과 관련된 글이나 논문, 저서들을 좀 더 살펴보기로 한다. 불교 일반에서 중요시할 뿐만 아니라 철학과도 관련지을 수 있는 것으로는 연기설(緣起說)과 원융화쟁(圓融和諍) 등을 들 수 있다. 그 가운데 십이인연론(因緣論)은 불교철학이 지닌 하나의 독특한 세계관이며 원시 불교사상의 초석이다. 1928년 9월 발행된 『불교』 50~51지와 1929년 5월에 발행된 『불교』 59～63지에 그런 면모가 드러나 있다. 십이인연(因緣)에 관해 각각 서술되어 있는 것이다. 전자에서는 철아(鐵啞)가 「십이인연에 대하여」라는 글을, 후자에서는 허영호(許永鎬)가 「십이상연법(相緣法)에 대하여」라는 글을 발표했는데 그 내용들은 각각 다음과 같다.

철아는 「십이인연에 대하여」라는 글에서 불타가 본 세계는 무수한

3 이 논문에서 그는 '경흥(憬興)이 유가종(瑜伽宗)의 해동초조(海東初祖)'임을 유식(唯識)에 관한 연구를 비롯한 여러 자료를 들어 입증하면서, '태현법사(太賢法師)'를 '유가대덕(瑜伽大德)'이라고 기록한 『삼국유사』에 대해 이의를 제기했다.

시간적·공간적 의존관계로 조직된 큰 그물과 같은 것이라 할 수 있으므로 인연생(因緣生)의 세계, 이른바 유위법(有爲法, 형성되어진 것의 존재방식, 유위는 무위의 대비개념)이 무상한 이유는 그 의존관계 때문이며, 불교에서 인격적 창조신을 배척하고 유신적 세계관을 부인하는 것도 이런 인연관(因緣觀)에서 비롯된 귀결이라 했다(학술원, 1976: 45).

한편, 허영호는「십이상연법에 대하여」에서 십이상연법[4]에 관해 일본, 독일 등의 여러 불교철학자가 서술하는 십이인연관을 논박하면서 석존(釋尊)의 근본사상을 옹호했다. 그는 십이연지해석(十二緣支解釋)을 현대심리학이나 생물학의 관점에서 관찰하기도 했다. 또 무명(無明)의 근거는 무명 자신에서 구해야 하며, 무명을 떠나서는 정견(正見)이 없음은 '반야중생이 곧 불[無明卽般若衆生卽佛]'인 관계와 같다고 했다. 이어서 십이상연법을 상연(相緣) 구성으로 보아서는 연관(緣觀)으로, 멸증수도상(滅證修道上)으로 보아서는 멸관(滅觀)으로 크게 나누고, 다시 각각의 관점이 순관(順觀)·역관(逆觀)·원관(圓觀)으로 나뉜다고 했다(학술원, 1976: 45).

3) 화엄철학

김태흡(金泰洽, 1899~1989)은 1929년 1월『불교』55지에 게재한「의상대사와 화엄철학」이란 글에서, 조선에 화엄철학이 수입된 후 조선 화엄학의 초조(初祖)를 원효(元曉)와 의상(義湘)이라는 두 흐름으로 나눴다. 전자를 조선 독립의 화엄종 초조로, 후자를 지나(支那), 곧 중국으로부터 정통을 계승한 외래 화엄종의 초조로 각각 규정했다(학술원, 1976: 54). 한편, 한용운(韓龍雲, 1879~1944)은 1933년 6월『불교』108지에「선(禪)과 자아」라는 글을 발표했다. 그에 의하면 선은 범어(梵語) 디야나(Dhyana)를 음역한 선나(禪那)의 줄임말이다. 선나를 의역하면 사유·정

---

4 십이상연법은 십이연기설, 십이인연법, 십이상의설(相依說) 등으로 일컫기도 한다.

려(靜慮, 조용히 생각함)·정정(正定, 산란한 생각을 버리고 마음을 안정함)을 뜻한다. 선은 몸을 정정(整定)히 하고 마음을 수양하는 것이다. 자아를 선과 철학의 관계에서 보면, 자아는 유한적이지도 상대적이지도 않은 실로 무한아(無限我)·절대아(絶對我)이고, 선은 진여불생(眞如佛生), 다시 말해 무한절대 자아를 실현하는 유일무이의 도이다(학술원, 1976: 45).

허영호는 1937년 5월에 「조선불교와 교지확립(敎旨確立)」을 『불교』(신3) 8지에 발표했다. 그에 따르면, 인도에서 여러 분파로 분열되고 중국에서 편교입종(偏敎立宗)의 경향을 보였던 불교는 조선에 와서 원효의 화쟁론(和諍論)에 의해 시정되었다. 그는 근본불교의 원의(原義)에서 통불교(通佛敎)의 일종(一宗)으로 교지를 확립하고, 통불교 교단으로 조직되어야 함을 주장했다. 그 근거로는 원효의 십문화쟁사상(十門和諍思想)을 들어 언급했다(학술원, 1976: 55).

이어서 허영호는 1941년 「원효불교의 재음미」를 『불교』 신29~35지에 게재하면서, 선교쌍수(禪敎雙修)를 특징으로 하는 조선불교 조계종은 그 종명(宗名)의 유래 여하를 막론하고 원효 교학에서 그 흐름을 찾아야 한다고 했다(1976: 56). 착한 일을 하고, 몸과 마음을 안정하게 하며, 마음이 흐려지는 것을 깨뜨리는 일은 원효의 사상에서 출발점을 찾을 수 있다는 것이다. 원효의 십문화쟁론에 나타난 통불교사상으로 조선불교가 정비되어야 함을 주장한 것은 「조선불교와 교지확립」과 그 맥을 같이한다.

우리나라의 사상사에서 원효가 남긴 발자취는 그 화쟁론이 종합적 불교를 지향한다는 데서 찾아볼 수 있다. 원효는 대승불교의 종지(宗旨)인 원융화쟁(圓融和諍)의 새 길을 제시했다. 그는 불교의 수많은 종파와 말씀 밑바닥에 흐르는 참된 이치를 찾아내는 데 힘써, 그런 여러 가지 주장을 배격하지 않고 용납하는 데 힘을 기울였다. 나아가 진속일여(眞俗一如), 곧 세속적인 현실을 실상의 타재(他在)로서 파악함으로써 통일적인 일이관지(一以貫之)도 모색했다. 이처럼 그는 우리 겨레의 생활에서 불교가 종합성을 지닌 대중불교로 나아가는 데 틀을 세웠다.

한편, 1942년 김동화(金東華)는 「대승불교의 사상적 고찰」을 『불교』 신41, 43~44, 46~48지에 걸쳐 발표했다. 그는 대승비불설론자(大乘非佛說論者)의 논거를 16개조로 열거하면서 구체적인 문헌상 출처를 통해 살폈다. 보살(菩薩)이 실제 인물인지 아닌지도 문헌을 통해 살폈고, 생존했던 인물임을 밝혔다. 이처럼 그는 여러 대승 경전에 나타난 대승사상을 종교적·철학적·실증적으로 고찰하는 데 힘썼다(학술원, 1976: 67).

4. 비교철학

철학연구회의 학술지인 『철학』이 창간되자 안호상은 「객관적 논리학과 주관적 논리학」(『철학』 창간호, 1933), 「이론철학이란 무엇인가」(『철학』 2호, 1934), 「이론철학과 실천철학에 대하여」(『철학』 3호, 1935)를 연이어 발표했다. 이 가운데 「객관적 논리학과 주관적 논리학」은 헤겔논리학을 제한된 범위 내에서 소개한 것이지만, 논리학을 구분해 언급하는 시도가 처음이라는 데 의의가 있다. 그는 논문 머리말에서 헤겔논리학을 들어, (1) 객관적 논리학과 주관적 논리학의 관계, (2) 주관적 논리학이 객관적 논리학보다 더 객관적인 점과 함께, (3) Objektive Logik, Subjektive Logik을 객체(Objekt)와 주체(Subjekt)에 초점을 둔다는 점에서 객체적 논리학, 주체적 논리학으로 각각 일컫는 것이 더 적절함을 주장했다. 객관적 논리학은 존재와 본질로서의 객체성을, 주관적 논리학은 개념으로서의 주체성을 다루기 때문이다.

또한 안호상은 1935년 「이론철학과 실천철학에 대하여 – 지와 행에 대한 일 고찰 –」(『철학』 3호)에서 지와 행의 객관적 관계를 밝히기 위해 문제의 철학사적 의미를 알고자 서양철학사를 간단히 고찰한 뒤 유학, 특히 『대학』과 『율곡선생전서』를 중심으로 다뤘다. 전통에 의해 이론철학과 실천철학으로 나뉘긴 하나, 차라리 철학의 이론 방면과 실천 방면으로 구별하는 것이 더 적당할 거라고도 했다. 이론과 실천은 철학체계에서는 두 낱이지만 원기둥이요, 양 계기로 여겨지기 때문이라는 것이다.

한편, 이달하(李達河)는 1938년 3월 『불교』 신11지에 발표한 「야소교(耶蘇教)의 구별심(區別心)기원과 불교의 분별심(分別心)기원」이란 글에서, 인간에게 차별하는 마음이 어떻게 생겨났는지 종교의 교리를 들어 언급했다. 야소[5]·유태 양교에 따르면, 여호와가 사람과 선악과(善惡果)를 창조했는데, 사람이 여호와의 이르심을 거역하고 선악과를 따 먹어 그전까지 없었던 구별심이 생겼다. 이것이 사람들에게 처음으로 선악시비(善惡是非)라는 구별심이 생긴 계기라고 했다. 반면에 불교의 분별심은 무명(無明)[6]이 망동해 전상현상(轉相現相)이 나타나면서 생긴다. 이런 분별심은 속세의 상태에 따라 설명하는 진리인 속제(俗諦)에는 있으나, 평등 무차별의 이치이며 아(我)를 초월한 무아(無我)의 진리인 진제(眞諦)에는 없다고 했다(학술원, 1976: 45).

비교미학과 관련된 것으로는 고유섭의 글인 「동양화와 서양화의 구별」, 「신라와 고려문화와의 예술문화의 비교시론」, 「유어예(游於藝)」를 들 수 있다. 이 가운데 「동양화와 서양화의 구별」(『사해공론』, 1936)에 따르면 자연을 동양화에서는 운동의 '경향태'로, 서양화에서는 '완성태'로 보고, 동양화의 예술적인 활동의 출발은 선(線)이지만 서양화는 면(面)을 중요시하며, 동양화의 표현방법은 흑선(黑線)이지만 서양화는 도색(塗色)에서 비롯된다고 했다. 동양화는 상징적·사의(寫意)적·연역적이지만 서양화는 사실적·인상적·귀납적이며, 원근법에서도 동양화는 고원(高遠)·심원(深遠)·평원(平遠)이라는 삼원법이 설정되는 데 비해, 서양화는 관조자와 대상이 한 점에 일치한다는 것이다. 아울러, 서양화에서는 예술가와 관조자가 구별되는 도덕성이, 동양화에서는 양자

5 야소교(耶蘇教)는 기독교를 가리키는 그 당시 표현이다. 예수교를 음만 비슷하게 들리는 대로 한자로 적은 것이다.

6 무명은 불교에서 말하는 사성제(四聖諦: 苦聖諦, 集聖諦, 滅聖諦, 道聖諦)의 진리에 통달하지 못한 마음의 상태로 모든 번뇌의 근원이 된다.

가 일치하는 도덕성이 특성임도 내세웠다.

「신라와 고려문화와의 예술문화의 비교시론」(『사해공론』, 1936)에서는 신라가 팽창해 그 문화운동이 창안·개척·건설과 같은 생동하는 기개를 지닌 것에 비해, 고려는 봉건문화·귀족문화를 지속하는 사회로 그 문화는 모방·계승·결집 상태를 지닌다고 했다. 신라의 경우는 예술형식에서 기하학적 도상성(圖像性)을 갖고 좌우균제(左右均齊)·전후상충(前後相衝)하게 되어 있지만, 고려는 전란 때문인지 복잡하고 단편적·무체계적이다. 이런 가운데 사상과 정서에서의 허무주의적 색채는 향락적·낭만적·저회(低徊)적인 예술문화를 낳았다. 요컨대, 신라의 예술이 희망적인 환희의 예술이라면, 고려는 낭만적인 비애의 예술이라는 것이다(학술원, 1976: 154).

「유어예(游於藝)」(『문장』, 1941)에서 '유어예'란 『논어』의 「술이(述而) 6」에 있는 "공자께서 말씀하시길, '도에 뜻을 두고, 덕에 근거하며, 인에 의지하고, 예에서 노닐어야 한다[志於道 據於德, 依於仁, 游於藝]'"라는 구절에서 따온 것이다.[7] 그는 동서양의 '예' 개념을 비교하면서 그 근본정신은 공통적이라 했다. 그는 '예'가 여기서는 예술뿐만 아니라 그 외의 뜻도 지닌다면서, 실러(J. C. F. von Schiller)의 유예(游藝) 사상, 곧 '완전한 인간'도 '아름다운 마음씨를 지닌 인간'임을 지적하면서, 결국 동서양에서 유예의 개념이 일치한다고 했다(학술원, 1976: 157).

5. 사회철학/정치철학

일제강점기에는 사회철학/정치철학, 역사관, 변증법, 유물론 등이 비

7 유어예는 1922년 박종홍이 『개벽』지에 연재한 「조선미술의 사적 고찰」에서 '2장 상고시대' 가운데 고대미술의 싹을 언급할 때도 언급한 개념이다. 이런 점에서 고유섭과 박종홍은 유사한 점이 있다.

교적 활발하게 언급되었다. 국제적으로 사회주의 사상이 빠른 속도로 번져 나가고, 암울한 사회현상이나 불평등을 타개할 대안적인 철학이나 사상들이 관심을 끌었다. 이때 발표된 논문 가운데 전체주의의 발흥과 관련된 것들이 눈길을 끈다. 신남철(申南澈)·박치우(朴致祐)·전원배(田元培)·박상현(朴相鉉) 등이 관련 논문을 발표했다. 서술 편의상 신남철은 역사철학 부문에서 다루고, 여기서는 박치우를 중심으로 언급하기로 한다.

신남철의 견해에 관해, 이병수(2010)는 『교수신문』 356호 「기획특집」에서 크게 두 가지를 들어 요약했는데 '신남철의 견해에는 낭만적 인문주의의 정신이 강력한 동기로 작용하고 있음'[8]과, '신남철은 단순한 마르크스주의 철학자가 아니라 조선의 마르크스주의자였음'이 각각 그것이다. 한편 이규성은 신남철이 지향하는 철학의 목표가 '사회해방'과 '인간해방'이었다면서, 그는 이런 두 가지 목표를 종합적으로 실현하려 했지만 시대의 한계와 연관되어 비극적 변증법으로 이어졌다고 했다(이규성, 2012: 600).

박치우도 사회철학, 정치철학, 변증법 등과 관련된 견해를 글로써 적극적으로 발표하곤 했다. 그는 1939년 「전체주의의 철학적 해명」(『조선일보』)이란 글에서 변증법적 논리를 '부정의 논리', '대립과 투쟁의 논리', '운동과 발전의 논리'로 규정하면서, 이런 논거 때문에 현대의 전체주의자들은 변증법을 환영할 리 없다고 했다. 역동적인 변증법적 논

---

8 이병수는 신문의 같은 면에서 신남철에게서 나타나는 낭만적 인문주의 정신에 관해 아래와 같이 서술했다.
"신남철의 인문주의 정신, 혁명적 휴머니즘은 무엇보다도 해방 후, 백남운의 연합성 신민주주의 혹은 진보적 민주주의를 지지하면서 이를 정당화하는 데서 나타난다. (…) 그는 진보적 민주주의의 과제가 현재 관철되지 못하는 이유를 혁명적 휴머니즘의 결여에서 찾고, 당시 좌우익의 폭력성과 무교양을 질타하는 동시에 좌익의 교조적인 태도도 비판했다. 그는 인간이 계급적으로 규정된다는 대원칙을 받아들이면서도, 역사적 전환기에는 인간에 대한 자애로운 공감, 자기희생의 사회적 정의감, 고전에 대한 교양을 갖춘 풍부한 인간성이 요구된다고 봤다."

리는 결국 전체주의에 적대적인 것으로 이어지기 때문이다. 이어서 그는 우리 민족이 하나의 문화공동체로 발전해 참된 민주주의를 실현하기 위해서는 '민족'보다 '사람'이 더 중요시되어야 한다고 했다. 또한 '생성·향유·발전하는 문화'를 중요하게 여겼으며, 원래 문화라는 것을 동양이니 서양이니 하고 나누는 것부터가 과학적이지 않다고 했다(이규성, 2012: 727).

이런 견해는 신남철에게서도 엿보인다. 어느 정도 설득력 있다고 여겨진다. 동양이니 서양이니 하는 지리적 구분은 편의상 설정된 것인데, 편의상 구별에 연연해 문화의 특성도 규정지으려는 것은 '논점 변경의 오류'를 범할 수도 있고, '비유의 오류'를 범할 수도 있기 때문이다.[9] 구태여 나누려면 동양, 서양으로 크게 나눌 것이 아니라 세분화된 지역이나 역사를 고려하면서 보편성과 더불어 그 특징들도 찾아내어 정리하는 것이 더 바람직하다.

박치우[10]의 구체적인 삶은 20세기 중반 우리 겨레의 상당수가 겪어야 했던 사회적·정치적 고민과 아픔을 반영하고 있어 여기서 좀 더 자세히 살펴보기로 한다. 교회 목사와 노회장까지 지낸 아버지[11]를 둔 박

---

9 논점 변경의 오류(fallacy of shifting the point at issue)는 제시된 논점을 실수에 의해서나 일부러 변경했으면서도, 마치 원래 논점을 논의한 것처럼 꾸미는 데서 빚어지고, 비유의 오류(fallacy of metaphor)는 어떤 것을 다른 것에 비유하고 나서, 그 비유를 근거로 전자를 극단적으로 긍정하거나 부정하는 데서 빚어진다.

10 1909년 8월 함경북도 성진에서 태어나, 1928년 3월 함경북도 경성고보를 졸업한 뒤, 4월 1일 경성제대 예과 문과 B조에 입학했다. 그의 입학 동기로는 문과 A조인 조중흡(시인), 신기석(역사학자), B조인 이숭녕(국어학자), 이진숙(심리학자), 박정휘(한국축구협회 부회장 역임)가 있다. 예과 시절에는 축구부에 소속되어 일본, 만주 등 원정 경기에도 참가했으며, 글솜씨와 한문 실력도 있었다. 야마다(山田) 총장 부임 환영음악회에 연주자로 참여하기도 했다. 여러 방면에서 재능을 드러냈던 그는 졸업 후에도 교수(숭실전문), 기자(『조선일보』), 평론가 등 매우 특이한 삶을 이어 갔다.

11 박치우의 아버지(박창영)는 평양 장로회신학교에서 공부(1913년 6회 졸업)한 뒤 성진중앙교회, 이원, 솔내, 서호 등에서 전도활동을 했으며, 1921년에는 함경북도 노회장에 선출되기도 했다. 1922년부터는 노회장으로 있으면서 17년 동안 시베리아 교포들의 선교에 힘썼다. 1939년 4월, 함북 온성군 훈계교회에서 시무하던 중 세상을 떠났다. 박치우의 어머니는 1936년 봄에 세상을 떠났다. 박치우에게는 형과 누이동생이 있었는데,

치우의 삶은 너무나 역동적이다. 갈등을 겪으면서 살다가 결국 비극적으로 삶을 마감했다. 그는 경성제대 철학과에서 철학·철학사를 전공했다.[12] 그 당시 철학·철학사 전공 교수들은 자유주의적 성향이 강해 대학의 자치와 자율을 강조했다. 그 또한 그런 자유로운 분위기에서 학업을 닦았는데, 특히 기억력과 추리력이 뛰어났다. 그래서 그의 지도교수인 미야모토 와키치(宮本和吉) 교수도 그의 총명함을 언급하곤 했다.

그는 대학 1학년 때 카우츠키(Karl Kautsky)의 윤리[13]와 유물사관에 관해 읽었다. 이것들은 훗날 그가 마르크스주의 철학에 관심을 가지는 실마리 역할을 했다. 박치우는 미야모토 와키치 교수의 지도를 받으면서 졸업논문으로 「니콜라이 하르트만의 존재론에 대하여」를 썼고, 1933년 3월 31일 철학과를 5회로 졸업(문학사)했다. 그와 함께 철학과를 졸업한 사람으로는 박종홍·고형곤·이갑섭·이진숙·홍정식(교육학 전공)이 있다. 그는 대학 졸업과 함께 미야모토 와키치 교수의 연구실 조수가 되었다.

그가 식민지였던 우리나라의 문제와 관련해 근본적이고 철학적인 문제를 발견하고 담론을 펴기 시작한 것은 경성제대 연구실 조수 때부터였다. 이때부터 그는 하르트만(Nicolai Hartmann, 1882~1950)과 같은 신칸트학파(Neukantianer)[14]나 후설(Edmund Husserl, 1859~1938), 하이데거

형인 박치목은 1930년대 함경북도 청진에 있던 소련 공사관에서 근무했다.

12 박치우는 졸업이수 단위인 21단위를 초과한 27단위를 수강했으며, '우·양·가·불가'의 4단계 평가에서 17개의 우, 8개의 양, 2개의 가, 불가 없음으로, 그 당시 기준으로 성적이 좋았다.

13 윤리에 관한 카우츠키의 견해를 엿볼 수 있는 것으로는, "도덕적 세계에는 하나의 명령밖에 존재하지 않는다. 그것은 영원한 사회진보와 무한한 사회혁명이다."와 같은 언급을 들 수 있다.

14 신칸트학파는 크게 마르부르크학파와 서남학파로 나뉜다. 마르부르크학파는 자연과학의 기초를, 서남학파는 문화과학이나 역사과학의 기초를 각각 밝히는 데 힘썼다. 전자에는 코엔, 나토르프, 카시러(Ernst Cassirer) 등이 속하는데, 코엔에 따르면 모든 인식의 내용은 사유에서 비롯되며, 시간과 공간까지도 사유의 범주다. 후자에는 빈델반트(Wilhelm Windelband), 리케르트(Heinrich Rickert), 라스크(Emil Lask), 바우흐(Bruno Bauch) 등이 속하는데, 빈델반트는 자연과학은 법칙정립적(nomothetisch)이

(Martin Heidegger, 1889~1976)와 같은 현상학의 영향에서 점차 벗어나 변증법을 수용하기 시작했다. 경성제대 연구실 조수로 있을 때, 그는 철학연구회(1932년 4월 22일 창립)와 관련을 맺었다. 그는 철학연구회의 『철학』 2호(1934년 4월 1일 발행)에 「위기의 철학」이라는 논문을 실었는데, 그에게서 마르크스주의적인 철학 경향이 점차 두드러지게 나타나기 시작한 때였다. 실천구조와 변증법에 관한 그의 관심이 「위기의 철학」에 담겨 있다.

그는 그 논문에서 그 당시 세계의 정치나 사회사상을 살펴보면서 이 가운데 어느 것이 더 설득력 있는지 이성적으로 판단해야 한다고 주장했다. 논문은 '1. 서론', '2. 주체적 파악이란?', '3. 위기란?', '4. 위기의 극복은?'으로 구성되어 있다. 그는 위기의 극복은 행동이나 실천에 의해서만 가능하다고 했다. 행동이나 실천을 강조하는 그의 견해는 그 후에도 계속 이어졌다. 그는 현대에서 절박한 위기를 극복하려는 노력은 크게 보아 볼셰비즘(Bolshevism)과 파시즘(Fascism)인데, 둘 다 실천에 의해서만 위기를 극복할 수 있음을 강조했다고 보았다. 그러나 두 가지 실천 방법 가운데 어느 편이 참이며 어느 편이 거짓인지 알아내야 한다면서, 우리가 취할 일은 조급하게 진부(眞否)를 결정하기 전에 먼저 이 두 가지 형태의 실천이 지닌 로고스(logos)적인 요소에 관해 근본적으로 검토하는 것이라고 했다.

이런 점에서 이때까지만 해도 그의 태도는 유보적이었다. 물론 그의 주장 가운데에서 찾아볼 수 있는 아쉬운 점은 참/거짓에 관한 것과, 설득력 정도에 관한 것의 구별에서 그 이해가 부족하다는 점이다. 볼셰비즘이나 파시즘과 관련된 일은 참과 거짓과 관련되어 있다기보다 찬성과 반대를 야기하는 설득력의 영역에 속하기 때문이다.

이런 상황 속에서 그는 1934년 9월 12일부터 평양에 있는 숭실전문

지만 역사과학은 개성기술적(idiographisch)이라고 했다. 전자는 사유일원론에 후자는 사유이원론에 기울어져 있다.

에 교수로 부임했다. 숭실전문 교수 시절의 초기 글들에는 철학의 성격을 둘러싼 깊은 고뇌, 강단철학에 대한 강한 회의 등이 곳곳에 나타난다. 숭실전문 교수가 된 후 1935년 1월 11일부터 18일까지 처음 『동아일보』에 기고한 「나의 인생관, 인간철학사상」은 새로운 인간철학의 수립과 새로운 인간관을 펼친 글이다. 그는 '관조적인 철학에 대해 요구적인 철학'을, '비판적인 철학에 대해 호소적인 철학의 확립'을, '예민성 대신에 성실성을 가지고 인간존재의 근원적인 고뇌를 호소할 수 있는 새로운 인간적인 철학'을 갈망했다. 아울러 그는 새로운 인간철학의 수립을 위해 새로운 인간관을 요구했다. 현대가 요구하는 새로운 '르네상스'의 첫 과제는 위기 일반의 극복을 앞두고 이 일을 성공적으로 하기 위해, 상실된 인간성 탈환에서 시작해야 한다고 했다. 새로운 인간을 발견해야 하는데, 이런 인간은 실천하는 인간, 힘 있는 인간이어야 한다는 것이다.

위상복은 박치우의 이런 모습을 다음과 같은 표현을 통해 정리했는데, 그의 삶의 자세를 이해하는 데 도움이 된다(위상복, 2013: 591-592).

> 박치우는 먼저 이론과 실천이 구별되는 것과 마찬가지로 철학과 사상을 구별하고자 했다. 철학은 이론적인 사상인가 하면 사상은 실천적인 철학이다. 철학·이론·'아카데미즘'·'테오리아' 등이 한편에 있고, 그 다른 편에서 사상·실천·'저널리즘'·'이즘' 등이 그에 대립한다. 물론, 이때의 잠정적인 구별과 대립은 언제나 그 변증법적인 지양과 통일을 목표로 하며, 박치우는 이론적인 철학을 실천적인 사상으로 전환시키고자 그 자신의 의식과 삶을 거기에 일치시키려고 부단히 노력했다. 이런 구별과 대립의 변증법적인 대립과 통일을 향해 그는 이론적인 철학자보다는 현실적인 사상가로서 실천을 지향하고자 했다.

지금 처지에서 보면 볼셰비즘도 파시즘도 실패한 정치사상이며 사회사상이다. 볼셰비즘이나 파시즘은 그 당시 절박한 사회문제를 해결하려는 수단으로 일부 통치자들로 하여금 독재정치를 구사하게 했으며, 반대하는 자는 가차 없이 처단했다. 그런 가운데 파시즘은 제2차 세계대전을 통해 오명을 남기면서 패망했고, 볼셰비즘을 계승한 동구권의 공산주의·사회주의 정권은 국민들의 생활수준을 향상시키지 못한 채 독재를 지속하다가 1990년대 전후 스스로 붕괴했다.

이런 점에서 보면 위기의 극복이 실천에 의해서만 가능하다고 파악한 박치우의 견해는 아쉬운 면이 있다. 섣부른 실천에 앞서 먼 앞날을 내다보는 지속적인 탐색과 진지한 사색이 먼저 필요하기 때문이다. 볼셰비즘이나 파시즘이 아닌 다른 형태의 정치사상이나 사회사상도 모색하는 여유로움이 깃들었으면 좋았을 터인데 말이다. 볼셰비즘이나 파시즘이라는 위기를 극복하려는 실천적 주장 가운데 어느 것이 더 나은지 로고스에 의해 검토해 보자는 주장은 그 대상을 너무 한정시켰고, 두 주장 모두가 지닌 문제점을 좀 더 시간을 두고 숙고하면서 지적하는 일에 소홀했다는 점에서 아쉽다. 박치우가 학술지에 논문 형태로 발표한 것은 『철학』 2호에 게재한 「위기의 철학」과 『신흥』 9호에 게재한 「세대사관비판 기일」뿐이고, 나머지는 신문이나 문예지 등에 게재한 글이다(그의 「세대사관비판 기일」은 1부 5장 '역사철학/역사관' 참조).

해방 후 혼란한 정치상황 속에서 빨치산(파르티잔)이 된 박치우는 1949년 9월 유격대의 정치위원이 되어 활동하다가 태백산에서 최후를 맞았다. 아버지가 함경북도 노회장을 지낼 정도로 철저한 기독교 집안에서 성장한 그가 왜 아버지와 다른 길에서 그런 죽음을 택했는지는 관심거리다. 그의 견해가 어떤 점에서 아버지의 종교에서의 신념과 배치되는지, 그의 형이 미친 영향은 어떤 것인지도 계속 물음으로 남아 있다. 아무튼 그의 죽음은 우리 겨레가 겪었던 시대의 비극에서 빚어진 것이다. 그는 대학교수, 언론인, 문예비평가이자 사회평론가, 실천적 사상가이자 혁명가, 나아가 투사로서 한 시대를 살다가 갔다. 어떤 측면에서 그를 바라봐야 할지를 후대 사람들에게 숙제로 남겨 놓은 채 말이다. 그는 삶을 되돌아 보면서 사상을 좀 더 차분히 정리하기도 전에 이것저것에 힘을 기울이다가 너무 젊은 나이에 삶을 마감했다. 이론과 실천의 변증법에 근거한 통일, 선택에서 로고스의 역할 등에 관해 좀 더 고심하면서 정리할 것들을 남겨 놓은 채 말이다.

실천을 강조하는 철학도로는 박치우와 같은 해에 졸업한 박종홍도 빼놓을 수 없다. 박종홍은 1933년 10월 26일부터 28일까지 『동아일보』에 「모순과 실천」이라는 글을 게재했다. 그 글에서 그는 현실의 모순을 힘껏 파악하지 못할 때는 다만 관조적 태도에 서서 보게 된다고 했다. 모순과 실천의 관계를 보면, 모순은 실천으로 인해 파악되고, 다시 실천으로 인해 지양된다. 이것이 곧 역사의 산 과정이며 현실적 존재의 심각한 구체성이다. 실천을 중요시하는 견해를 글에서 찾아 소개하기로 한다(『박종홍전집 I』, 1998: 355).

> 철학자는 정숙한 가운데에 홀로 책임을 회피하는 관찰자로서만 있을 수 없을 것이다. 사람의 능동적·실천적인 활동이야말로 가장 지중(至重)한 그의 본성이 아니고 무엇이랴. 칸트에게 있어서는 이론이성에 대한 실천이성의 우위로써 이론을 제한하였다 할 수 있으나, 우리에게 있어서 이론에 대한 실천의 우위는 그로써 이론을 강화하는 것, 즉 힘을 넣어 주는 것이라고 할 수 있다. 실천은 단지 이론의 응용이 아니다. 우리의 실천이 다방면으로 발전함에 따라 우리 주위의 현실은 더욱 깊이 다방면으로 그의 모순에 있어서 인식되며 다시 기운찬 실천으로써만 가장 구체적으로 지양, 극복되는 것이다. 그리하여 역사는 분투의 역사, 실천으로써만 현실적 존재는 그의 구체성에 있어서 파악할 수 있는 것이다.

그러나 박종홍과 박치우는 실천의 방법에서 서로 차이를 보인다. 전자는 도덕적인 측면에서, 후자는 정치적인 측면에서 삶의 실천을 각각 강조했다. 전자가 칸트에서 볼 수 있는 양심적인 시민들의 도덕적인 실천에 힘을 기울였다면, 후자는 마르크스적인 정치투쟁과 관련된 실천에 더 관심을 가졌다.

한편, 박상현은 1941년 『춘추』 2권 8호에 「전체주의의 철학 – 20세기의 신화에 대하여 – 」을 게재했다. 그는 이 글에서 당시 전체주의 철학자의 대표자로 슈판(Othmar Spann, 1878~1947), 로젠베르크(Alfred Rosenberg, 1893~1946) 등[15]을 지적하면서, 그들의 사상은 자유주의·개인주의 등을 반격함에 있어서는 보조를 같이하나, 그 특수한 역사적·사회적 현실에 따라 근본 성격과 주의주장(主義主張)에서는 서로 다른 부분이 있다고 지적했다(학술원, 1976: 91).

6. 생철학/실존철학

생철학이나 실존철학은 19세기 후반에서 20세기 초중반에 걸쳐 유럽에서 활발하게 언급되었고 우리나라에서도 관심이 높았다. 이들 철학은 인간의 구체적이고도 생생한 삶을 중요시하며, 합리적·이성적인 것에 대비되는 비합리적인 것에 그 무게의 중심을 두면서 나타났다. 생철학에서 중요시하는 삶은 생물 전체나 세계 전체를 꿰뚫는 전체적인 것, 전체성과 관련된 것이었다. 이에 비해 실존철학은 개별성과 절대성을 강조하고 비합리적인 삶에 더욱 관심을 두면서, 인간성이 소외되는 것에 대해 주체적 자아나 자각을 중요시했다. 실존철학의 경우는 제1차 세계대전을 겪으면서 더욱 그러했다. 우리나라는 일제강점기라는 특수한 상황 속에서 1930년대 들어 그런 경향이 짙게 나타났다. 이처럼 암울한 시대상황과 맞물려 그 시대에 생활했던 상당수 철학도가

15 슈판은 오스트리아 사람으로 비합리주의에 근거해 가톨릭적·사회철학적인 전체주의 이론을 제시했다. 로젠베르크는 표현주의 미술에 "타락한 혼혈들의 짐승과 같은 소산"이라며 강한 인종주의적 비난을 가하는 한편, 독일 민족의 우수성을 드러내면서 전체주의를 합리화하는 데 힘을 보탠 나치즘 이론가로, 『20세기의 신화』(1930)라는 책을 썼다.

실존철학과 관련된 글을 쓰거나 언급해 왔다.

우선 생철학에 관한 연구를 보면, 고형곤은 1941년 조선춘추사에서 발행된 『춘추』 2권 2호에 「베르그송의 생애와 사상」이란 글을 게재했다. 그는 작금(昨今)에 걸쳐 리케르트(Heinrich Rickert, 1863~1936), 후설, 프로이트(Sigmund Freud, 1856~1939)가 세상을 떠났는데, 베르그송도 1월 5일 세상을 떠난 것이 아쉽다면서 그의 생애와 사상을 소개했다. 베르그송의 사상에 따르면, 우주는 결국 '생의 약진(élan vital)'의 개체화 과정이니, 인간 의식은 그것의 상승적 극점이고 물질은 그것의 하강적 극점이다. 창조적 활동의 경우는 환도적(環圖的)으로 완결될 것이 아니라, 무한히 자기 자신을 새롭게 창조해 나가는 개방적인 운동이다.

실존철학에서는 하이데거와 관련된 글이 많이 나타난다. 이런 경향은 일제강점기뿐만 아니라 그 후에도 이어진다. 1930년대에 벌써 우리나라에서 하이데거에 관한 연구논문들이 나타난 것을 보면 그 당시에도 그가 세계 철학계에 미친 영향이 만만치 않았던 듯하다. 하이데거에 관한 언급이나 논문들은 여러 철학자에 의해 이어졌다. 예컨대, 박종홍의 경우를 보더라도 「하이데거에 있어서의 Sorge에 관하여」(1933년 경성제대 졸업논문), 「하이데거에 있어서의 초월의 내면적 가능성에 관하여」(미발표 논문), 「하이데거에 있어서의 지평(Horizont)의 문제」(『이상』, 1935)에 관해 각각 서술했다.[16]

그 당시 박종홍의 논문들은 반문 형태의 의문문으로 이루어진 경우가 많아, 다른 사람들의 논문들과 비교해 글의 형식이 특이했다. 그는 졸업논문에서도 "인간의 현존재는 오히려 대립과 모순의 갈등 속에 존재하는 것인바, 하이데거는 그것을 외면함으로써 구체적인 인간 자체의 모습을 보지 못하는 것이 아닌가?"라는 물음을 제기했다. 이 논문은 박종홍이 실존철학과 하이데거 연구에 적극적으로 나선 계기가 되었다. 아울러 그는 우리나라에서 일찍이 실존철학을 체계적으로 연구

16 이 세 편의 논문은 김병우에 의해 우리말로 옮겨져, 『박종홍전집 I』에 실렸다.

하는 학자로 자리매김했다. 그는 「하이데거에 있어서의 Sorge에 관하여」에서, 하이데거가 현존재의 존재를 Sorge(불안)로 해명함으로써 종래의 현실성(Realität)의 문제를 어떻게 정위(定位)했는지 살폈다. 자신의 논문이 Sorge의 특징을 한층 명확히 파악하는 데 유용할 거라고 기대하면서 말이다. 그는 하이데거의 경우, 인간이라는 존재자는 그 근원을 Sorge에 두고 있으며, 살아 있는 동안 그것에 예속하는 존재로 보았음을 지적했다. 그에 따르면, 하이데거는 신체와 정신의 복합체인 인간의 구조 연관에서 Sorge의 우위를 분명히 보여 준다(『박종홍전집 I』, 1998: 185-186).

박종홍은 일어로 작성된 「하이데거에 있어서의 초월의 내면적 가능성에 관하여」라는 논문에서, 하이데거의 존재론은 존재자를 초월한 존재에게서 그것을 찾는 하나의 초월철학이라면서, 존재이해란 초월을 이해하는 것 외에 다른 것이 아니라고 했다. 그러면서 그는 다음과 같이 글을 이어 나갔다(251).

> 존재이해가 초월인 이상, 존재이해의 가능적 근거를 문제 삼는 기초적 존재론으로서의 인간존재의 존재의 분석도, 초월의 내면적 가능성에 관한 문제를 추구하는 것이 된다. 그러나 다시 초월의 내면적 가능성에 관하여 물을 수 있는 가능적 근거도 역시 인간존재의 존재로서의 초월에 있지 않으면 안 된다. 따라서 초월의 내면적 가능성을 명백하게 하기 위해서는, 인간존재에 있어서의 불명확한 초월, 즉 선존재론적 존재이해를 명확하게 수행하는 것 외에 달리 길을 찾을 수 없다.

이어서 박종홍은 1935년 일본의 『이상』지에 게재한 「하이데거에 있어서의 지평의 문제」[17]라는 논문의 마지막 문단에서, 인간이 존재이유를 갖는다는 말에는 인간존재 자신의 존재까지도 구체적·전체적으로

17 논문은 백영사(白映社)에서 1956년 발행한 『지성의 방향』에 다시 번역되어 수록되었다.

이해하고 있음이 포함된다고 했다. 존재이해의 가능적 지평은 구체적·전체적인 인간존재에 관한 존재이해를 가능케 할 수 있는 그러한 지평이어야 한다는 것이다. 그러면서 하이데거에 있어서 시간성의 탈자적 지평은 매우 구체적·전체적이라고 하면서도 그가 이를 아직 충분하게 수행치 못해, 달성하지 못한 것을 아쉬워했다.

실존철학에 관한 연구는 비교적 많은 철학도에 의해 이루어진다. 역사철학 연구에 주로 치중한 것으로 알려진 신남철도 실존철학과 관련된 언급을 했다. 예컨대 보성전문 연구부 주최 강연회에서 '최근 철학의 위기'라는 제목으로 강연을 한 데서, 1934년 4월에는 제2회 철학연구회 강연회에서 '현상학적 세계관'이라는 제목으로 강연을 한 데서 그런 점들을 엿볼 수 있다.

같은 해 신남철은 「현대철학의 Existenz에의 전향과 그것에서 생(生)하는 당면의 과제」(『철학』 2호)에서 현상학적인 방법은 실재의 해석이라고 규정하면서, 하이데거의 실존철학을 그것과 관련된 중요한 현대의 철학으로 간주했다. 신남철은 1600~1900년까지 모든 철학적 성과를 이 실존에로 전향하려고 한 전변(轉變)이라고 보면서, 이러한 실존에의 전향의 의미가 무엇인지 언급했다. 이어서 그는 실로 현금(現今)의 문화적·이론적 학문같이 당파적인 것은 없다고 했다. 그는 '위기에 있어서의 인간의 입장'이라는 것을 여하히 교묘하게 이론적으로 해석한다 하더라도 이데올로기의 당파성에 있어 유형화의 문제로부터 떠나지는 못할 것이라 했다(학술원, 1976: 89). 이런 주장은 그가 실존철학에만 머무르지 않았음을 시사한다.

하이데거와 관련된 신남철의 논문들이나 글은 점차 실존철학에 대해 소극적·비판적인 측면으로 이어진다. 자기가 사는 시대를 위기의 시대로 보면서 사회변혁에 관심을 가졌던 그로서는 자연스러운 일이다. 사회변혁과 관련된 사회철학이나 역사철학에 관한 관심으로 많이 기울어진 그에게 실존철학은 철학적인 당파성을 지닌, 하나의 부르주아 철학에 불과한 것으로 보였을 것이다. 이 점에서 그의 실존철학 연구 태도는 박종홍의 연구 태도와 사뭇 다르다. 박종홍이 실존철학의 특성이나 실존철학이 현대인들에게 시사하는 철학적인 물음에 관심을 두면서 연구하는 데 치중했다면, 신남철은 이런 개인의 고뇌보다 사회 변혁을 내세우는 데 매진했다.

신남철은 1930년대 조선화운동을 하면서도 동양문화가 서양사상에 대해 우월하다는 것 또한 이데올로기라고 생각했다. 그러면서 그는 마르크스주의와 유교에 관한 재해석을 통해 동서양사상의 융합을 시도하기도 했다(『교수신문』 356호, 2005년 5월 16일). 하지만 그러한 학문에서의 시도가 구체적으로 계속 이어지지 못했음은 아쉬운 일이다.

7. 심리철학

심리철학은 크게 보면 과학철학에 속한다. 그러나 몸과 마음의 관계에 관한 연구가 점차 특수성과 전문성을 지님에 따라, 더욱이 이 분야에 관한 관심이 높아짐에 따라, 여기서는 별개의 항으로 다룬다. 주목할 것은 과학에 기초한 접근방법을 취하면서 이런 분야에 관심을 갖고 공부한 학자들이 이미 1910년대, 1920년대에 있었다는 사실이다. 비록 다른 분야에 비해 발표 논문이 적어 아쉽기는 하지만 말이다.

과학적인 방법의 희소성을 고려한다면 여기서 소개한 이관용(李灌鎔, 1894~1933)의 논문에 주목할 필요가 있다. 이관용의 논문은 어느 정도 심리학과 연관 있지만 한국의 현대철학사에서도 언급하고 넘어가야 한다. 이관용은 1921년 스위스 취리히대학에서 박사학위를 취득했는데, 학위논문은 「의식의 근본사실로서의 의욕론(意欲論)」이다. 아쉽게도 이관용은 관심을 가졌던 학문 분야나 학계에서 그 뜻을 크게 펼치지 못한 채, 젊은 나이에 불의의 사고로 세상을 떠났다.

김두헌은 이관용이 세상을 떠난 이듬해인 1934년에 발행된 『철학』 2호에, 고인의 죽음을 아쉬워하면서 「고(故) 이관용 박사 의욕론」이란 글을 게재했다. 이 글은 '의식의 근본사실로서'라는 부제가 붙어 있는데, 그의 학위논문을 소개했다. 그 내용은 크게 '서론', '실험적 연구', '이론적 고찰'의 순으로 서술되었으며, 문제점 지적을 생략하고 그 본지(本旨)를 그대로 소개하는 데 힘썼다. 논술의 목차는 다음과 같다(130).

一. 서론: 연구의 대상

A. 대상적 의지설

1. Herbart

2. Münsterberg

3. Ebbinghaus

B. 주정적 의지설

4. Wundt

C. 노력의지설

5. Jodl 비판적 별견(瞥見)

二. 실험적 연구: 방법론 및 연구규정

A. 실험자의 행위

B. 실험결과

C. 실험자의 진술

D. 실험결과의 설명

三. 이론적 고찰

A. 직접소여(直接所與)

B. 의식내의 주체적 생의 활동의 출현

C. 자아의 생의 활동의 의식생성으로서의 의욕

D. 발전과정으로서의 의지과정

이관용도 훗날의 박치우처럼 아버지와 다른 길을 걷다가 세상을 떠났다. 박치우의 아버지는 독실한 기독교 목사였으며, 이관용의 아버지는 조선 말기 친일파로서 나라를 일본에 넘기는 데 조력한 사람이었다고 전해진다. 하지만 이관용이나 박치우는 달랐다. 이관용은 유럽에서 조국의 독립을 위해 단체를 만들고 국제회의에 참석하는 등 동분서주했다. 애석하게도, 귀국한 지 얼마 지나지 않아 뜻하지 않은 사고(익사)로 젊은 나이에 세상을 떠났다. 박치우는 신앙심이 두터운 아버지와 달리 현실참여에 적극적이어서 빨치산(파르티잔) 유격대원으로 활동하다가 삶을 마감했다.

이관용이 세상을 떠남에 따라 심리철학 관련 연구자들도 찾아보기 힘들어진다. 그가 젊은 시절에 사망해, 한국현대철학사에서 심리철학이 움틀 수 있는 분위기가 지체된 듯해 아쉽다. 이런 점에서 그의 죽음은 학문적으로도 안타깝다. 철학의 역사를 보면 심신 문제와 같은 담론은 퍽 오랜 역사를 지녔으며, 상당히 중요한 것임에 틀림없다. 특히 20세기에 이르러 더욱 그랬다. 우리나라에서도 예로부터 인간의 마음에 관한 연구는 학문에서 중요한 몫을 해왔다. 한국의 근세철학사를 보더라도 마음과 관련된 주제들이 학자들의 담론에서 큰 부분을 점유했다. 아쉽게도 일제강점기에는 이처럼 전해 내려온 분야를 세계의 철학사조와 관련지으면서 연구하는 풍토가 형성되지 못했다. 이런 측면은 지금도 마찬가지다. 우리나라에서 예로부터 내려오는 심신 문제에 관한 담론들과 현대 심리철학에서의 담론들을 꿰뚫어 연구하는 학자들이 있었으면 한다.

한국현대철학의 역사에서 일제강점기는 실존철학, 헤겔철학, 마르크스철학으로 기울어져 있다. 암울한 시대상황의 영향도 없지 않다. 철학이 정치상황이나 사회현실 등과 무관할 순 없지만, 그럼에도 철학자들이 무엇보다 힘써야 할 것은 인간과 자연에 관한 문제를 진지하게 해결해 보려는 마음가짐이다.

8. 역사철학/역사관

1) 역사철학

여기서는 신남철·박치우·전원배의 경우를 들어 살펴보기로 한다. 신남철(1907~1958)은 종합지 『신흥』에 헤겔철학과 관련된 논문들을 발표했다. 그 잡지는 경성제대 시절 미야케(三宅鹿之助) 교수의 지도 아래 마르크스철학 및 경제학을 연구하던 법문학부 졸업생들이 주축이 되어 펴낸 연속 간행물이다. 신남철은 헤겔 백년제에 즈음하여, 논문들을 1931년 간행된 『신흥』 5호와 6호에 각각 발표했다. 5호에 발표한 「헤겔 백년제와 헤겔부흥–독일철학에 있어서의 헤겔정신의 부흥과 그 행방에 대한 한 개의 시론–」이라는 논문에서는 '생(生)의 철학에서의 헤겔부흥'을 중심으로 다뤘다. 여기서 그는 헤겔적인 요소가 딜타이(Wilhelm Dilthey)·슈프랑거(Eduard Spranger) 등 '광의(廣義)의 생의 철학자'에 미친 영향과, 헤겔 부흥에 있어서 철학자들의 견해를 다뤘다. 그러면서 그는 헤겔이 생의 철학에 영향을 주었음에도 그의 영향을 받은 철학자들의 견해는 헤겔정신에서 멀리 떠나 있다고 했다(학술원, 1976: 86).

이어서 신남철은 같은 해에 간행된 『신흥』 6호에 게재한 논문 「신헤겔주의와 그 비판」에서 (1) 신헤겔주의의 여러 형태와 그 공통성, (2) 신헤겔주의의 대두와 그 사회적 근거를 다루었다. (2)에서는 '칸트 뒤로(Zurück zu Kant)'와 '다시 헤겔에게로(Rückkehr zu Hegel)' 사이에 나타나는 다른 점과 같은 점을 다루는 한편, 현재 문제와 철학을 다루었다. 그에 따르면, 헤겔연맹은 '헤겔정신에 따라 철학 연구의 기운을 촉진하려는 모토'를 지녔지만, 그것은 다만 표면상 장식이고 철학계에서 파쇼화 문제를 제공하는 것이라고 했다(학술원, 1976: 86). 이런 점에서 그의 논문은 당시 독일의 정치나 사회상황과 관련시켜 볼 때 눈길을 끈다.

신남철은 1937년 『신흥』 9호에 실린 「인식, 신체 및 역사–'문화의 논리학'의 기초론 기일(其一)–」라는 논문에서 인식과 신체의 문제를 다루었다. 그는 문화의 논리학을 위한 예비적 논구로, 인식과 신체의 문제에 '역사'라는 두 글자를 집어넣는 이유를 말했다. 그는 마르크스주의 철학을 받아들이면서도 이를 우리나라가 처한 암울한 과제를 해결하려는 문제의식 아래 주체적으로 수용하거나 변용하려 했다. 그에 따르면 이론과 실천의 통일은 현실의 모순을 뼈저리게 자각하고 그 모순을 극복하기 위해 자신의 몸을 내던지는 신체행위에서 이루어진다. 그래서 역사적 실천은 '체인(體認)', '몸소 아는 것', '신부에 침투해 통절하다는 것의 자각'을 통해 몸을 던지는 파토스(pathos)적 행위다. 그는 마르크스주의 인식론을 수용하면서도 이를 변용해 뼈와 살을 가진 생동하는 인간의 삶을 더욱 부각시키려 했는데, 이것이 그의 신체적 인식론이다(이태우, 2018: 341).

1930년대 젊은 지식인이었던 그는 사회과학자들과 함께 주체성 있는 마르크스주의를 탐색하는 한편, 조선어학연구회를 결성해 최현배의 한글 운동과 다른 방식으로 일반 대중의 언어를 표준화해야 한다는 주장을 펴기도 했다. 그러나 그는 조선화운동을 하면서도 '동양문화가 서양사상에 대해 우월하다는 것 또한 이데올로기'라는 생각을 갖고 있었으며, 큰 안목에서 동서양사상의 융합을 시도했다. 대동아공영권을 떠받치는 사상에 대해 우려를 나타낸 것도 그런 맥락에서였다.[18] 이런 고뇌 속에서 그는 1937년 『신흥』에 「역사철학의 기초론」을 발표했다. 그 후 1948년에는 3권으로 이루어진 『역사철학』을 출간했다. 그는 마르크스주의에 기초한 역사철학을 통해 민족해방운동, 나아가 동서양사상의 융합운동을 전개하려 했다.

일제강점기나 해방 전후 마르크스주의 철학을 수용하고 이를 펼쳐나간 또 다른 인물로 박치우를 들 수 있다. 그는 신남철과 더불어 우리

18 2005년 5월 16일 자 『교수신문』 356호에는, 한국철학사상연구회의 한중일 국제학술대회(5월 8일 베이징사범대)에서 홍영두가 발표한 「일제강점기 조선 마르크스주의 철학과 동양전통사상의 충돌과 융합」이라는 글이 소개되어 있다. 그에 따르면, 신남철은 마르크스주의와 유교 재해석을 통해 동서양사상의 융합을 시도했다.

나라 최초의 마르크스주의자로 알려져 있다. 박치우는 1937년 『신흥』 9호에 「세대사관비판 기일(其一)」이란 글을 발표했다. 그의 글은 원래 '1장 세대기폭(世代期幅)의 문제', '2장 세대와 시간', '3장 세대와 계급'으로 계획되었는데, 이 글에서는 1장만 다루었다. 그는 세대가 역사 성립에 빼놓을 수 없는 토대가 된다고 해서 역사를 세대 본위에 근거해 재단해도 좋다는 주장이 성립하지는 않음을 지적했다. 세대교체라는 생물에서의 리듬이 역사의 토대가 된다는 것은, 그것으로부터 역사가 도출된다는 것과 다르다고 주장했다. 그런데도 세대사관은 이 점을 혼동하고 있다는 것이다. 나름대로 일리 있는 지적이라 하겠다.

한편, 전원배는 「현대독일철학과 나치스의 세계관」(『사해공론』 6월호, 1936)이란 글을 통해, 독일철학사에서 의지의 철학, 권력주의 철학의 흐름은 피히테·셸링·헤겔 등 독일 이상주의 철학에도, 서남학파·마르부르크학파 등 근대의 신이상주의 철학에도, 쇼펜하우어(Arthur Schopenhauer)·니체 등 주의주의(主意主義) 철학에도 그 흐름이 있었다고 했다. 이어서 그는 제3제국의 예언자이자 나치스의 철학자인 로젠베르크의 철학을 소개했다. 아울러 그는 세계관 교사(敎師)와 철학자를 구별했으나, 그렇다고 양자택일의 태도를 갖는 것은 아니라고 했다(학술원, 1976: 90).

2) 역사관: 국사에 관한 사관들[19]

(1) 일제강점기의 사관들

시대상황이 지닌 특징 때문인지, 일제강점기에는 역사관 관련 글이 비교적 많이 나타난다. 20세기 들어 활발했던 국내 사관들로는 20세기

19 이 항의 상당 부분은 필자가 펴낸 『역사와 역사관』(서광사, 2007) '14장 한국에서의 민족주의 사학자들(민족사관)'(175-194)에 실린 글이다. 약간의 수정과 보완을 했다.

초에 나타나 일제강점기에도 이어지는 민족주의 사학(민족사관), 사회주의 영향 속에서 특히 1930년대에 활발했던 사회경제사학, 역사에서 일어난 사실을 중시하는 진단학회 중심의 실증사학을 들 수 있다. 이들이 추구하는 이념이나 사상과 관련된 내용들을 알기 위해, 서술 편의상 사회경제사학과 실증사학에 관해 먼저 언급한 뒤 민족사관에 관해 언급하기로 한다. 민족사관의 경우 우리나라에서 형성된 독특한 사관이어서 좀 더 상세히 살펴보려 한다.

일제강점기에 사회경제적 관점에서 역사를 연구한 학자들은 크게 '전통적 사회경제연구', '역사주의 경제사학', '유물사관' 계통으로 나뉜다. 전통적 사회경제연구의 경우는 기초 사상이나 연구방법이 근대 경제학에 비해 전문적이지 못해 다른 계통에 비해 체계적이지 못했다. 관련 학자들로 김두헌·문정창·배성룡·송석하·유자후·이능화·이훈구·최익한 등을 들 수 있다. 관련자들의 관심분야도 다양해서, 예컨대 이능화 같은 불교철학자도, 김두헌 같은 윤리학자도 포함되어 있다. 1930년대 이후 이들 가운데 일부는 유물사관 계열로 옮겨 가고, 일제의 정책에 동조하는 듯한 사람도 나타났다.

역사주의 경제사학의 경우는 각 민족의 특수성을 중요시하는 독일 역사학파의 경제학에 호의적인데, 경제현상의 조사나 통계를 그 방법으로 채택했다. 이런 점에서 영국에서 큰 힘을 얻고 있던 애덤 스미스(Adam Smith) 계통의 자유시장경제체제 이념과는 노선을 달리한다. 우리나라의 경우는 1920년대 백일규를 비롯해, 그 후 고승제·이극로·최호진 등으로 이어졌다. 이들의 학문활동은 해방 후에도 이어져, 우리나라 경제학계에서 큰 역할을 해왔다.

유물사관은 식민지 현실인식에 기초하여, 식민사학에 저항하면서 유물론에 기초한 보편주의적 관점에 호의적이었던 역사학이다. 사회경제사에 근거한 연구 계통에서 가장 영향력이 강했던 역사학이어서, 흔히 사회경제사학이라면 유물사관을 가리킬 정도였다. 유물사관은 우리나라에 1920년대 초부터 도입되어 1930년대 중반에 하나의 학풍으로 정착되었다. 유물사관은 한국사를 연구하는 접근방법에서 사회구성체적 시각으로 과학적이고 법칙적인 발전을 찾으려 했다. 유물사관의 관점에서 한국사를 체계화하려 한 주요 학자로는 백남운을 비롯해 김광진·김세용·김태준·도유호·이북만·이여성·이청원·한흥수 등이 있다. 유물사관론자들은 일제에 의한 탄압이 더욱 심해지던 1940년대에 침체에 빠졌다가 해방 후 연구를 재개했고, 김사덕·김일출·이진영·임건상 등이 가세했다. 하지만 그 후 북한에서 유물사관이 체제유지를 위한 이데올로기로 변용되고, 그에 따른 반작용으로 남한에서는 이를 기피하면서 움츠러들어 남북 모두에서 제대로 발전하지 못했다.

이들 가운데 백남운(白南雲, 1895~1979)은 마르크스주의 역사관에 기초해 한국사의 전개 과정을 정리하려 했다. 그런 경향 속에서 그는 1933년 우리나라 원시·고대사회와 관련된 첫 사회경제사라고 할 수 있는 책인 『조선사회경제사』(개조사)에 이어 1937년에는 『조선봉건사회경제사(상)』(개조사)을 펴냈다. 그는 '세계사적인 일원적 역사법칙'에 따라 한국사의 전개 과정을 꿰뚫어 보려 했다. 그는 한국사의 전개 과정을 원시공산제사회, 노예제사회, 아시아적 봉건제사회, 봉건제 해체와 자본주의 맹아, 이식자본주의사회로 정리했다.

이청원(李淸源, 1914~?)은 유물사관의 측면에서 식민사관과 민족사관을 비판하고 나섰다. 그는 백남운이 그랬듯 식민사관이 조선사회의 정체성(停滯性)을 강조하는 등 한국사상을 왜곡시켰다면서 비판했고, 민족사관에 대해서는 유교훈화적인 사관이라 일컬으면서 냉소적이었다. 그러면서 그는 사전 유물론으로 조선사회와 역사를 분석·정리하면서 『조선사회사독본』, 『조선역사독본』 등을 펴냈다. 이 가운데 1936년 『조선사회사독본』(백양사)에서는 한국사의 발전 단계를 백남운처럼 정리하면서 통사(通史) 형식으로 엮었다. 여기서 아시아적 노예제사회는 우리나라의 경우 삼국 시대에서 고려 시대에 해당하는데, 그 특징으로 공동체적 토지 소유를 물적 기반으로 한다. 그런데 이런 그의 견해가 사실과 부합하는지는 논란의 여지가 있다. 그래서 유물사관을 옹호하면서도 김광진·이북만·전석담 등은 백남운이나 이청원의 견해와 달리 우리나라의 경우 노예제사회를 거치지 않고 원시공산제사회에서 봉건제사회로 직접 이행했다고 주장하기도 했다.

한편, 실증사학은 역사연구 방법으로 실제적 증거를 중시해 문헌고증사학이라고도 한다. 실증사학은 19세기 말부터 1920년대까지 일본인 학자들에 의해 주도되었는데, 시라토리 구라키치(白鳥庫吉)·이마니시 류(今西龍)·이케우치 히로시(池內宏) 등이 대표적이다. 이들의 활동은 1920년대까지 이어졌다.

1930년대부터는 우리나라 학자들에 의해서도 그런 연구방법이 중요시되어 채택되었다. 실증사관을 옹호한 학자들은 역사적 사실의 정확한 이해가 한국사를 옳게 이해할 수 있는 길임을 주장하면서, 주로 1934년에 조직된 진단학회를 중심으로 연구활동을 펼쳤다. 그 중심인물은 이병도였으며 고유섭·김상기·손진태·신석호·이상백·이홍직 등이 이런 학풍에 동조했다. 이들의 연구활동은 해방 뒤에도 이어졌다. 대체로 사회주의 계통에서 사회경제사학을 중시하는 사람들은 유물사관에, 실증사학을 중시하는 사람들은 실증사관에 각각 기초해 연구하는 경향이 짙었다.

실증사학 연구방법의 특징은 실제 증거를 가지고 역사에서의 사실을 설명한다는 것이다. 실증사학에서 중요시하는 증거는 정확한 사료다. 그래서 실증사학자들은 정확한 사료를 확보하기 위해 사료 검증과 비판에 힘을 기울였다. 사료에 관한 주관적 해석을 배격하고 비판을 강조했다. 사료 비판에서 기준은 합리성 여부였다. 사료 비판과 사실 해명은 서로 불가분의 관계에 있다. 그런데 같은 실증사학자라고 하더라도 시라토리와 같은 일본 학자들은 사료 비판을 더 중시했고, 이병도 등 우리나라 학자들은 사실 해명에 더 기울어진 경향이 있었다.

실증사학자들의 이런 사실 해명에서 드러나는 특징으로는, 개별 사실을 이해하려, 연대를 고증하는 일이나 인물에 관해 연구하는 경향을 들 수 있다. 이들은 시간의 선후관계를 따져 사실들을 인과관계로 파악하는 데 힘썼는데 인과관계에서도 결과보다 원인 파악을 더 중요시 하면서 사건의 기원을 찾아 그 유래를 밝히는 일에 힘썼다. 이들은 역사를 정치사 중심으로 이해하면서 지배자의 정치적 동향에 관심이 컸다. 아울러 이들은 역사에서 대외관계도 주목했다.

이제까지 일제강점기에 있었던 역사관들에 관해 사회경제사학과 실증사학을 중심으로 정리해 보았다. 이런 학계의 분위기와 더불어 국사 연구에서 애국적인 계몽사학도 눈여겨볼 만하다. 애국적인 계몽사학의 전통을 이은 민족주의 사학은 1920년대와 1930년대에 특히 활발했다. 물론 그 뿌리는 조선 말기로 거슬러 올라간다. 특히 한국의 민족사관은 일제의 식민사관[20]에 대항해, 우리 민족의 자발적이고 주체적인 발전을 강조하는 가운데 확립되었다. 식민사관은 일본의 어용학자들이 일본의 한국 침략을 정당화하려 조작한 사관으로, 그 핵심 견해는 일선동조론(日鮮同祖論)·정체성론·타율성론 등으로 요약된다. 이에 대해 민족사관에서는 우리 민족이나 민족사의 기원을 밝히는 데 힘썼다. 이런 민족사관은 독립운동을 펼친 박은식·신채호 등에 의해 제기되어 정인보·안재홍·문일평 등으로 이어지는 일련의 학풍이다.

민족사관은 일제강점기에 전개된 사회경제사학·실증사관과 더불어 그 당시 우리나라에서 펼쳐진 역사관을 이해하는 데 큰 도움을 준다. 이를 위해 여기서는 박은식의 국혼론(國魂論)과 신채호·정인보의 민족자주사관과 더불어, 안재홍·문일평·최남선의 주장도 살펴보려 한다. 안재홍의 신민족주의론은 정치사상 부문에, 문일평의 국사대중화 운동은 국사 바로 알기 운동에, 최남선의 불함문화론은 문화사의 범주에 각각 가깝기도 하지만, 나름대로 독창적인 측면도 있다.

---

20 식민사관의 대표적인 예로는 신공왕후의 신라정복설, 임나일본부설(任那日本府說), 만선사이론(滿鮮史理論), 한국경제의 낙후성 들춰내기 등이 있다. 이 가운데 임나일본부설은 일본이 4세기 중엽부터 6세기 중엽까지 가야 지역을 통치했다는 학설로, 일본이 날조한 전형적인 경우다. 만선사이론은 만선사관이라고도 하며, 만주사를 중국사에서 분리시켜 중국이 만주에 대해 영토상 주권을 행사하지 못할 근거를 제시하는 데 힘썼다.

① 박은식의 국혼론과 신채호·정인보의 민족자주사관

박은식(朴殷植, 1859~1925)은 조선 후기에서 일제강점기에 걸쳐 활동한 언론인이며 독립운동가다. 『황성신문』·『대한매일신보』·『서북학회월보』 등의 주필로 있으면서 애국사상을 북돋웠고, 정부의 실정을 규탄했다. 3·1운동 후에는 상하이로 가서 『독립신문』·『한족공보(韓族公報)』·『사민보(四民報)』 등의 주필로 활약하고, 1925년에 임시정부의 대통령에 선출되었다. 주요 저서로는 『단조사고(檀祖事考)』·『한국통사(韓國痛史)』·『동명성왕실기(東明聖王實記)』·『한국독립운동지혈사(韓國獨立運動之血史)』가 있다. 이 가운데 특히 『한국통사』·『한국독립운동지혈사』를 통해 평등적·세계적 안목에서 근대적인 관점을 펼쳤다.

박은식은 『한국통사』에서 '국(國)은 형야(形也)요 사(史)는 신야(神也)'라고 하면서, 형(形)으로서의 국가와 정신으로서의 국사[國魂]라는 체용론(體用論)적인 이분법의 논리를 구사했다. 그는 형(形)으로서의 국(國)이 멸하더라도 신(神)으로서의 사(史)는 불가멸이라 해서, '국가멸이나 사불가멸이라'는 신념으로 국혼만 잘 간직하면 앞으로 형으로서 국가의 광복도 기대할 수 있다고 했다. 그는 국혼을 다시 혼(魂)과 백(魄)으로 나누어 '국교·국학·국어·국문·국사' 등 민족문화의 정신면을 '국혼'이라 하고, '전곡(錢穀)·졸승(卒乘, 걷는 군사와 말탄 군사)·성지(城池, 성과 그 주위에 파놓은 못)·선함·기계' 등은 국백(國魄)이라 했다(신일철, 1997: 262).[21]

그의 국혼론은 그 후 단재(丹齋) 신채호(申采浩, 1880~1936)에 의해 계승된다. 신채호는 구한말 언론인으로 『황성신문』, 『대한매일신보』의 논설위원으로 새로운 지식을 고취시키는 데 힘썼다. 그는 1905년에 신민회(新民會)를 조직하고 중국·러시아에서 활약하다가 옥사했다. 대표

21 신일철은 그의 글 「박은식의 '국혼'으로서의 국사개념」(『신채호의 역사사상연구』에 수록)과, 그의 저서 『현대사회철학과 한국사상』(1997)에서 박은식이 지은 『한국통사』의 자서(自序)를 인용했다.

적인 글이나 저서로는 『독사신론(讀史新論)』·『조선상고사』·『조선상고문화사』·『조선사연구초』·『조선사론』 등이 있다.[22] 여기서는 『독사신론』과 『조선상고사』를 중심으로 그의 견해를 살펴보기로 한다.

그는 『독사신론』(1908) '서론'에서 양계초(梁啓超)가 「신민설(新民說)」에서 인용한 블룬칠리(J. C. Bluntschli, 1808~1881)[23]의 국가유기체설을 적용해, 국가를 '민족정신으로 구성된 유기체'로 정의했다. 블룬칠리는 "국가에는 영혼과 육신, 의지와 행동조직이 필수적으로 한 생명 안에 함께 묶여 있다."라고 했다(배용일, 2002: 82). 이런 견해는 헤겔이 민족정신(Volksgeist)을 주체로 해서 국가의 성립을 살핀 유기체적인 국가관을 연상케 한다. 이 점에서 신채호는 루소(J. J. Rousseau)의 사회계약설보다 블룬칠리의 국가유기체설에 기울어져 있고, 그 유기체의 구심점으로 민족정신을 고려했으며, 그 민족정신은 '주동력이 되는 특수종족' 중심의 민족사관에 의해 그 실체가 나타나고 정립되는 것으로 보았다. 이어서 그는 양계초가 주장한 공덕적인 단체결합방식보다 주종족(主種族) 중심의 국사관에 기초한 애국계몽으로 조국정신을 북돋우는 국사적인 국가관념을 중시했다(신일철, 1997: 260).

그의 이런 국가관은 국가의 이분설, 곧 '정신상국가'와 '형식상국가'로 이어지며, 그 자신은 전자를 주(主)로, 후자를 그 외형으로 파악하면서, 1909년에 발표한 「정신상의 국가」란 논설에서 정신상국가를 형식상국가의 모(母)라고까지 일컬었다. 이처럼 그는 정신상국가 우선인 정

---

22 신채호는 상고사(上古史)에서 잘못된 부분을 바로잡기 위해 『조선사연구초』를 썼는데, 이는 『조선상고사』의 기틀을 잡는 데 기여했다. 그가 후에 쓴 『조선상고문화사』는 『조선상고사』를 보충하기 위한 것이다.

23 블룬칠리는 스위스 취리히에서 출생했으며, 독일에서 공부한 뒤 1833년 취리히에 신설된 대학의 로마법 교수가 되었다. 이어서 1848년에는 독일 뮌헨대 교수, 1861년에는 하이델베르크대 교수가 되었다. 1873년에는 스위스에 국제법연구소(Institut de Droit International)를 설립해 총재가 되기도 했다. 그의 관심 분야는 국가학·국제법·사법 등이었으나, 그 가운데서도 국가학 분야의 국가유기체설 옹호자로 잘 알려져 있다. 주요 저서로 『근대국제법』·『과학으로서의 정치학』·『근대국가학』이 있다.

신주의를 택했다. 그는 국가 성립의 3대 요소인 토지·인민·주권보다 상위에 민족자주성을 띤 국가의식인 민족혼이나 '국가의 혼'을 놓고, 국사관에 기초한 '내 나라 의식'이라는 역사 공속감을 국가 성립의 기본으로 삼았다(262). 신채호의 이런 견해는 박은식의 국혼론과 맥을 같이한다. 박은식의 '대한정신론'이나 신채호의 '정신상국가론'은 모두 민족정신과 같은 정신적인 면을 중시한다는 점에서 같은 맥락에 있다.[24]

그의 근대국가사상은 동아시아 문화권에서 독립된 '본국사' 위주의 국가인식을 통해, '국가아(國家我)'의 발견에 주력한 점에서 큰 의의가 있다. 그에게 있어 역사 전개의 주체는 국가를 단위로 하는 국가아이며, 타국과의 열국경쟁의 마당에서 보면 자강의 주체로서 그런 아(我)이다. 그래서 그는 다음 주장에서 볼 수 있듯이, 역사를 '아(我)와 비아(非我)의 투쟁'으로 보기도 했다(266).

> 역사란 무엇이뇨? 인류사회의 '아'와 '비아'의 투쟁이 시간에서 발전하며 공간에서 확대하는 심적인 확대 상태의 기록이니, 세계사라면 세계 인류의 그리되어 온 상태의 기록이며, 조선사라면 조선민족이 그리되어 온 상태의 기록이다.[25]

이런 견해 속에는 역사를 '민족정신이 그 대립물과의 투쟁 과정에서 발전한 자취'로 간주하는 관념론에 기초한 역사관이 놓여 있다(도서출판 광주 편집부, 1988: 299-300). 글자 그대로 보면 여기서 아란 나를, 비아란 나 이외 모든 사람을 가리키나, 그의 문맥으로 보면 자강의 주체로

---

24 그러나 배용일은 저서 『박은식과 신채호 사상의 비교연구』(2002)에서 신채호의 국가관 특성으로, 신채호가 박은식에 비해 국권회복 후 국민국가상에 관해 보다 구체적으로 제시했으며, 박은식이 그 이념을 '평등'에 둔 것에 비해 신채호는 '평등'뿐만 아니라 '자유'에도 역점을 두고 있음을, 『대한매일신보』의 「20세기 신국민」란에 1910년 2월 22일부터 3월 3일까지 실린 신채호의 글들을 들어 지적했다(84-85).

25 『단재 신채호전집(상)』(형설출판사, 1972) 가운데 「독사신론」 31쪽에 실린 글을 현대 한국어로 옮긴 것이다.

서 국가아와 그 외 다른 민족이나 국가를 각각 가리킨다. 이처럼 그의 민족주의는 서로 경쟁하는 약육강식의 국제관계 속에서 강자가 되려는 자강의지(自强意志)를 지닌 그런 국가아와 관련되어 있다. 아울러 그 당시 국제관계 속에서 우리 민족이 처한 상황을 고려한 저항적 민족주의 성격을 지닌 것이었다(신일철, 1997: 266-267).

이런 특징들을 열거하면서 신일철(申一澈, 1997)은 우리 민족이 추구해야 할 것으로서 신채호가 주장한 근대국가의 성격으로, 첫째로 중화주의적인 동아시아권에서 일민족 일국가의 원리에 근거한 자주적인 민족국가상을, 둘째로 부국강병형의 자강국가를, 셋째로 자주적인 민족사관에 의해 역사적 조국관이 뚜렷한 민족적 공속감에 기초한 정신사적인 국가관을 들었다(275).

한편, 신채호는 해외 망명 시절 저술한 『조선상고사』 서설 '한국사 총론'에서 구체적으로 우리 민족사의 방법론을 제시했다. 『조선상고사』와 관련된 두 저서 『조선사연구초』와 『조선상고문화사』에서는 중국 중심의 사관에 이의를 제기하고, 고구려 민족사를 문헌 연구를 통해 합리적으로 해석하면서, 반도사(半島史) 위주의 국사 서술이 잘못되었음을 지적했다. 이런 점을 홍이섭(洪以燮)은 아래와 같이 요약·정리했다(홍이섭, 2003: 123-124).

> 묘청의 북벌의식, 최영장군의 요동 출병에 이르기까지의 고려의 북벌론은 왕건의 고려 건국에서만이 아니라, 반도사적 신라사회에 반기를 든 궁예도 논리적으로 그러하여, 후고구려의 의도가 왕건에게 그대로 계승된 것으로 보았다. 요동 출병을 반대한 이성계의 '사대교린(事大交隣)'책은 이씨조의 역사적 성격을 규정하였다. 이씨조 유가(儒家)들의 강목사관(綱目史觀)—한족(漢族) 중심주의 사관에 생포·함몰됨—을 통렬히 비판한 신채호의 민족사관에서는 역사적 문헌의 비판과 또 그것의 정신적 비판에서 부용적 사관극복을 제창하였다. 이와 함께 고구려의 을지문덕, 고려의 최영, 조선의 이순신 등을 민족적 위기를 배제한

용감하고 유능한 민족적 영웅으로 보아 3장군의 전기를 따로 남겼다.

신채호의 역사학은 김부식의 『삼국사기』에서 드러난 사대주의 근거 역사학을 극복하는 데 있었을 뿐만 아니라, 일본 어용학자들의 견해에서 나타나는 식민주의사학을 철폐하는 데 그 특징이 있었다. 이런 바탕에서 우리나라 근대 역사학의 터전을 마련하는 데 기여했다. 아울러 그는 역사가로서 그치지 않고 자주성을 지닌 민족국가의 상을 제시하는 데, 부국강병형 자강국가를 세우는 데, 민족적 공속감에 기초한 정신사적인 국가관을 제시하는 데 힘쓴 계몽가였다.

이런 박은식·신채호의 민족사관은 정인보(鄭寅普)·안재홍(安在鴻)·문일평(文一平)으로 이어지는데, 이 가운데 정인보(1893~?)[26]는 1910년부터 중국에서 동양학을 전공하면서 신규식(申圭植) 등과 동제사(同濟社)를 조직하고 독립운동을 전개하는 동시에 교포 계몽에 힘썼다. 1918년에 귀국해 연희전문·이화여전 등에서 국학·동양학 등을 강의하는 한편, 『시대일보』·『동아일보』 등 일간신문의 논설위원이 되어 각종 논설로써 민족혼을 환기시켰다. 그 무렵 『동아일보』에 연재되었던 신채호의 『조신사연구초』기 그에게 큰 자극을 준 것으로 전해진다.

정인보는 경학과 양명학을 공부하던 학자였는데, 특히 1930년대에 접어들어 일제의 식민주의사관에 의해 우리나라 고대사가 왜곡되는 것을 보고 우리나라 역사연구에 본격적으로 나섰다. 그는 단재 신채호의 사학을 보다 체계적·정신사적으로 전개하면서 민족의 '얼'을 지키는 일을 강조했다. 그래서 1935년 1월 1일부터 1936년 8월 29일까지 「오천년간 조선의 얼」이라는 제목의 글을 『동아일보』에 연재하기도 했

26 정인보의 호는 위당(爲堂)·담원(薝園)이다. 그는 전문학교에서 국학·동양학을 강의하기도 하고 일간신문의 논설위원으로도 활동했다. 해방 후인 1948년에는 국학대학장에 취임하고, 이어 초대 감찰위원장에 기용되었으나 6·25전쟁 때 납북되었다. 저서에 『조선사연구』·『조선문학원류고(朝鮮文學源流考)』 등이 있다(『동아세계대백과사전』 24권, 1988: 624).

다. 정인보의 연재는 『동아일보』가 일제에 의해 정간될 때까지 계속되었다. 해방 후 일제강점기에 『동아일보』에 연재했던 글들을 엮어 『조선사연구』로 1946년에 상권을, 1947년에 하권을 서울신문사에서 각각 발행했다.

이 책에서 그는 '얼'이란 끊임없이 활동하는 것으로 인간 존재의 핵이며 역사의 원동력이라면서, 민족의 '얼'을 통해 독립의 꿈을 실현시키려 했다. 이는 신채호의 견해를 체계적으로 정리한 노력의 결과이기도 했다. 그는 안재홍과 함께 정약용(丁若鏞)[27]과 같은 실학자들에 관한 연구를 통해 우리 현실에서 역사를 파악하는 자세가 필요함을 내세우기도 했다. 그러나 이런 마음가짐도 그가 한국전쟁 때 납북됨에 따라 지속적으로 이루어지지 못했다.

신채호의 영향을 받은 안재홍(1891~1965)[28]도 조국의 암담한 현실 속에서 가장 중요한 것은 민족정기를 되찾는 것이라고 생각했다. 그는 1914년 와세다대학 정경과 졸업 후 1916년 상하이로 망명해 동제사에 가입하며 신채호 등과 함께 활약했다. 그 후 귀국해 국사를 깊이 연구했는데, 특히 1930년대 후반부터 1940년대 초반까지 고대사(古代史) 연구에 몰두해 일제 관학자(官學者)들의 식민사관을 극복하고자 노력했다.

언론인인 문일평(文一平, 1888~1939)[29]도 국사 연구에 힘을 기울였다.

---

27 다산 정약용에 관한 연구는 특히 1930년대 중·후반기에 정인보·백남운·안재홍·최익환·현상윤에 의해 재조명되었다. 다산의 문집인 『여유당전서』 영인본(전 76권) 간행 작업도 이 시기(신조선사, 1934~1938)에 이루어졌다. 이 간행 작업에 참여했던 사람 가운데 최익환은 그 후 『동아일보』에 「여유당전서를 독(讀)함」을 65회(1938. 12. 9~1939. 6. 4)에 걸쳐 연재하기도 했다(『동아일보』 2012년 5월 14일 자, A21면).

28 안재홍의 호는 민세(民世)다. 중국에서 활동하다가 귀국해 중앙고보 교감을 지내며 3·1독립운동 때 만세시위를 지도했고, 상하이 임시정부와 연락을 취하다가 붙잡혀 3년간 복역했다. 그 후 조선일보사 사장 겸 주필로 10년간 재직했고, 물산장려운동도 벌였다. 1925년에 신간회 총무로 활약하다가 투옥되어 8개월, 1936년에 임시정부와의 내통이 발각되어 2년, 1942년에 조선어학회 사건으로 다시 1년간 옥고를 치렀다. 광복 후에는 건국준비위원회, 국민당 등을 조직했고, 미군정청 민정장관을 지내기도 했다. 6·25전쟁 때 납북되었다(『동아세계대백과사전』 19권, 1988: 627).

29 문일평의 호는 호암(湖岩)이며, 사학자이자 언론인으로 생활했다. 평북 의주(義州) 출

지은 책으로는 비록 그가 세상을 떠난 후지만 다른 사람들에 의해 발간된 『조선사화(朝鮮史話)』·『호암전집』·『한국의 문화』 등이 있다(『동아세계대백과사전』 12권: 399). 이처럼 정인보와 안재홍이 신채호의 견해를 보다 체계화·구체화하는 데 힘썼다면, 문일평은 신채호의 견해나 국사를 대중화하는 데 힘썼다.

박은식·신채호·안재홍·문일평으로 이어지는 민족사관은 일제강점기라는 암울한 시대상을 고려하면 이해가 가지만, 실증성과 체계성에서는 부분적으로 아쉬움도 있다. 그러나 민족사관은 사실을 중시하는 실증주의사관(실증사학), 계급과 이념을 중시하는 유물사관과 관련이 깊은 사회경제사학과 더불어, 20세기 전반부 우리나라 역사관의 한 사조를 형성하는 데 크게 기여했다. 아울러 민족의 자긍심을 불러일으키면서 민족이 주체가 된 국가 형성을 지향하려 했다는 점에서 의의가 크다.

② 최남선의 불함문화론

민족의식 고취가 활발하던 1920년대, 최남선(崔南善, 1890~1957)은 비교언어학 측면에서 언어계통을 연구하던 가운데, 1927년에 여러 나라의 옛글을 연구해 이른바 「불함(Pǎrkǎn)문화론(不咸文化論)」[30]을 『조선과 조선민족(朝鮮及朝鮮民族)』 1집에 게재했다. 불함문화는 백두산 중심으로

신으로, 1910년 일본에 건너가 와세다대학 정치학부에 다니다가 중퇴했다. 중국으로 가서 상하이의 대공화보사(大共和報社)에 근무했다. 1933년에 『조선일보』 편집고문이 되어 7년간 논설을 담당했다.

30 최남선이 1927년 일문(日文)으로 발표한 「불함(Pǎrkǎn)문화론」은 그 후 여러 사람에 의해 우리말로 옮겨졌는데, 여기서는 정재승과 이주현이 2008년에 우리말로 옮기고 주석을 단 책을 사용했다. 이 책(2008)에 따르면, 붉은(Pǎrkǎn)이나 붉은애(Pǎrkǎnai)는 붉(pǎrk)의 활동형(活動形)이다(41). 그러면서 그는 '불함(不咸)'을 '밝음'과 관련된 '붉은(Pǎrkǎn)'의 뜻으로 보고 불함문화론을 전개해 나갔다(120). 이는 동북아시아 시베리아 천신(天神)문화권의 '불한'이나 '부르한'과 연관이 있는 것으로 보인다. 이때의 '부르한'은 지상의 거대 자연물과 관련된 신들을 가리키며, 백두산을 불함산이라 했을 때 여기에 적용되는 의미다(120).

배달겨레를 근간으로 이루어진 고대문화다. 그는 이 글에서 동방문화의 올바른 유래를 찾아내기 위해서는 중국 본위로 파악하는 것을 지양하고, 우선 조선인이든 일본인이든 자기 본래의 면목을 자주적으로 관찰해야 함을 주장했다. 이어서 불함문화 연구를 통해 동방문화 및 전 인류문화에서 이제까지 드러나지 않은 부분이 새롭게 밝혀지면, 인류문화를 구명하는 데 새로운 빛을 더하게 된다고 했다.

그래서 그는 불함문화의 발자취[形跡]를 더듬어 그 분포상태 및 범위를 명백하게 하는 것이 필요하다고 했다. 이를 위해 인류문화의 하나로 밝(白, pǎrk)[31]문화를 내세우면서 그것의 원시 중심지는 카스피해·흑해 부근임을 주장했다. 이런 밝과 관련된 지명이나 단체로는 발해(渤海, 옛 한자 표기는 渤澥, Parkai), 발칸(Balkan), 화랑(Parkane) 등이 있다.[32] 밝과 관련된 산도 곳곳에 많이 있다.

그렇지만 이런 밝(pǎrk)산의 대표는 조선의 백두산이고, 백두산의 옛 이름[古名]은 불함산이라는 것이다(최남선/정재승·이주현 옮김, 2008: 60). 밝이 백(白)이나 불함 등으로 나타난 것은 우리말 발음과 비슷한 한자어를 빌려다 쓴 일종의 차자표기(借字表記)에서 유래한다. 그러면서 동방문화의 오래된 옛 모습은 불함산을 중심으로 한 조선을 통해 비교적 뚜렷이 조망될 수 있으며, 동양학의 진정한 모습은 조선이 간직한 그

---

31 최남선에 따르면, Pǎrk에 해당하는 대가리(Taigǎri), 텡그리(Tengri, 하늘에 사는 존재, 천신)를 들 수 있다(67). 백(白)이란 곧 이 pǎrk의 대자(對字)다. 그에 의하면, pǎrk는 단순히 광명만을 의미하는 것이 아니라 옛 뜻으로는 신(神)·천(天) 등이 있고, 신이나 천은 그대로 태양을 의미한다(41). 조선에서는 밝(pǎrk)을 근원으로 하여 밝은(Pǎrkǎn)으로도 되고, 발음이 변해 부군(Pukun)으로도 불(Pur)로도 불렸다(104). 중국의 『산해경(山海經)』에는 Taigǎri가 대인(大人)의 이름과 관련 있는 것으로 되어 있다(79).

32 밝(pǎrk)산은 생명의 사신(司神)과 관련된 산이다. 금강산의 경우를 보면, 고대에는 신앙적인 경외(敬畏)의 대상이었고, 신라 시대에는 화랑의 순례가 행해지던 곳이었다. 희랍의 올림포스처럼 신탁과 예언이 이 산에 의해 계시되는 것으로 여겼기 때문이다. 금강산의 밝(pǎrk), 밝은(Pǎrkǎn), 밝은애(Pǎrkǎnai)로서의 면모는 봉래(Pong-rai)나 풍악(Pung-ak)과 같은 총명(總名)이나, 망군(望軍, Parkun), 법기(法起, Püpki), 백운(白雲, Pǎkǎn)과 같은 이름에 그 흔적이 남아 있다(65-66).

런 모습이 열림으로써 가능하다고 보았다. 그는 동양문화를 흔히 중국과 인도문명을 들어 논의하는 것에 이의를 제기하고, 불함문화가 배제된 동양문화나 세계문화는 불완전함을 주장했다. 그는 백두산을 중심으로 한 불함문화를 동북아문화권의 중심으로 파악하는 한편, 인도와 중국문명 외의 또 다른 주요 문명으로 파악했다.

이어서 그는 광명(光明), 태양을 의미하는 신(神)이나 천(天) 등을 제시하면서 밝문화의 특징과 관련시켰다(41). 그래서 밝문화에 근거한 밝산은 사람들에게 절대적인 숭경(崇敬)을 받게 되었다(64). 밝산은 생명을 맡은 신과 같은 것으로, 그 주변 사람들의 삶과 죽음, 재난과 축복을 좌우한다고 여겨졌다. 다른 문명들—나일강 문명, 메소포타미아 문명, 인더스·갠지스 문명, 황허 문명 등—이 강 유역에서 발생한 데 반해, 불함문화는 산을 숭상하는 데서 발생했다. 전자가 강 유역에 살면서 그곳에서 발생된 것에 비해, 후자는 산을 숭상하면서 나타난 산문화나 문명이다. 이런 모습은 몽골족들이 이룬 문명 가운데 하나인 아메리카 인디언 문명에서도 엿볼 수 있다.

아무튼, 1927년 최남선이 펼친 불함문화론은 그의 사관을 엿볼 수 있는 일련의 주장이다. 불함문화론은 그 문화의 중심을 백두산과 한국에 둔 동북아시아 문화권론이다. 아울러 불함문화는 한국인이 단군의 자손임을 부각시킨 단군문화이며, 고대 동북아시아에서 한국문화의 우위, 특히 일본문화에 대한 우위를 증명하기 위해 쓰였다(이영화, 2003: 93). 해방 후인 1949년에 그는 반민특위에 제출한 「자열서(自列書)」에서 다른 죄목은 수용하겠으나, 불함문화론이 내선일체(內鮮一體)를 주장했다는 비판은 받아들일 수 없다고 항변했다(95). 그는 불함문화론이 "실로 단군문화로서 일본은 물론이요, 전인류문화의 일반(一半)을 포섭하고자 한 당돌한 제안에 불외(不外)하는 것이었다."라고 했다(『육당최남선전집』 10권, 1974: 532).

③ 민족사관의 특징 및 한계

박은식과 신채호의 서술에서 볼 수 있듯이, 그들에게는 우리 민족이 처한 암울한 상태에서 민족의식을 불러일으키려는 생각이 무엇보다 앞서 있었다. 박은식의 '형(形)으로서의 국가'와 '정신으로서의 국사(국혼)'라는 체용론(體用論)을 따른 이분법 구사나, 신채호의 국가의 이분설인 '정신상국가'와 '형식상국가'는 당시 시대 상황을 고려할 때, 선각자들이 취한 당위론적 주장처럼 여겨진다. 이분법적 사고활동을 펼치면서 정신 측면을 더 부각시키는 접근방법은 그 당시로서 당연하면서도 현실적인 방법이라 하겠다. 그러나 이런 접근방법은 이분법이 지니는 문제점이나, 이분법을 지향하더라도 다른 식의 이분법—두 측면을 함께 중요시하는 경우, 또는 '형으로서의 국가'나 형식상 국가를 더 강조하는 경우—도 가능하다는 점을 고려할 때, 문제점도 안고 있다. 그들의 글은 웅변조여서 읽는 이들로 하여금 이지적인 측면이나 실증적인 측면에서 이해하게 한다기보다 감정에 호소하는 측면이 강하다. 그런데 이런 측면이 좀 더 지나치면 국수주의적인 경향으로 이어질 수 있다.

다음, 최남선의 불함문화론은 일종의 문화사관이라 할 수 있으나, 우리 민족을 강조한 부분이 두드러져, 민족문화사관이란 이름으로 이 책에서 다루었다. 그의 글에서 찾아볼 수 있는 아쉬운 점은 불함문화론을 입증하려고 세계 곳곳의 지명을 열거하는 데 있어 비약적인 측면이 엿보인다는 것이다. 그럼에도 다른 문화들이 주로 강 유역 중심의 문화였는데 반해, 불함문화론은 산 중심의 문화라는 점은 주목할 만하다. 아울러 동양문화를 중국과 인도 중심의 강문화로 고착시키려는 당시 학자들의 주된 견해에 대해, 백두산 중심의 산문화가 또 있었음을 내세운 것도 특이하다. 산문화는 강문화에 비해 신비성을 더해 준다. 잉카(Inca) 문명이 그렇듯이 말이다. 아무튼 그의 견해는 세계사의 흐름 속에 불함문화라는 또다른 문화가 있었음을 제시하는 동시에 우리 민족의 자긍심도 불러일으킨다. 하지만 그의 불함문화론에 관한 글은 한편에 불과해 아쉬움을 남긴다. 다른 사람에 의해 연구가 이어지길 기대해 본다.

민족사관은 사실을 중시하는 실증주의 역사관, 계급과 이념을 중시하는 유물사관과 더불어, 20세기 우리나라 역사관의 한 사조를 형성하는 데 크게 기여했다. 특히 민족의 자긍심을 불러일으키면서 민족이 주체가 된 국가 형성을 지향하려 했다는 점에서 현재 우리에게 시사하는 바가 크다.

아직도 우리 겨레는 분단의 아픔을 지닌 채 살아가고 있다. 이는 우리의 아픔이면서 비극이다. 우리 겨레의 부끄러운 한 모습이기도 하다. 우리 겨레가 해결해야 할 과제이자 세계인들의 숙제 가운데 하나로 남아 있는 남북통일을 앞당기기 위해, 민족주의 사학자들이 내세우는 민족사관은 시사하는 바가 크다. 겨레의 자긍심과 하나 되어야 한다는 의식이 그 밑바닥에 흐르고 있기 때문이다.

9. 유학

조선 말기나 일제강점기에 발표된 체계화된 유학 관련 논문이나 책들이 의외로 드물다. 그런 가운데 강춘산(姜春山)의 「동양도학의 체계여하」, 이병도의 「권양촌(權陽村)의 입학도설(入學圖說)에 대하여」, 「서화담(徐花潭) 및 이연방(李蓮坊)에 대한 소고(小考)」, 「이회재와 그 학문」이 잡지나 학술지에서 발견되어 그나마 다행이다. 계속해서 유학 관련 글들이 발굴되고 체계화되기를 기대하면서 이들이 발표한 글의 내용을 정리해 본다.

1921년 강춘산은 「동양도학의 체계여하」를 『개벽』지에 게재했는데, 그가 이 글에서 사용하는 도학이란 개념은 상당히 포괄적인 뜻을 지닌다. 중국철학과 거의 비슷한 의미를 지니거나 유가철학을 중심으로 정리한 느낌이다. 그는 고대철학에서 유가·묵가·도가·양가 등을 다루고, 중세철학에서 한대(漢代)의 회남자(淮南子) 및 양웅(揚雄)의 학설 일반과 철학설을 도가철학에 포함시켜 소개했다. 근세철학에서는 북송(北宋)과 남송(南宋) 철학으로 나누어, 북송에서는 주렴계(周濂溪)·소강절(邵康節)·장횡거(張橫渠)·정명도(程明道)·정이천(程伊川) 등을, 남송에서는 주자(朱子)철학과 진북계(陳北溪)를 다뤘다. 이어서 그는 남송에서 조선철학에 이르기까지를 기술해, 육상산(陸象山)·왕양명(王陽明) 등의 학설과 더불어 이퇴계의 학설에 관해서도 서술했다(학술원, 1976: 72-73).

이병도는 1929년 4월 『동양학보』 17집 4호, 18집 1호에 「권양촌(權陽村)의 입학도설(入學圖說)에 대하여」라는 일문(日文)으로 된 논문을 게재했다. 양촌 권근(權近)의 『입학도설』은 여말선초(麗末鮮初)에 완성된 것으로, 근조선유학사의 벽두를 이해하기 위해 필요한 책이다. 이병도는 먼저 이 책의 각 판본에 관한 서지학적 연구를 시도했는데, 이는 그의 학문적 접근방법이기도 했다. 이어서 그는 『입학도설』의 중요한 내용에 관해 언급했다. 아울러 양촌의 학풍을 이은 김반(金泮)의 『속(續)입학도설』과 권채(權採)의 『작성도론(作聖圖論)』에 관해서도 다뤘다(학술원, 1976: 22).

이병도는 1936년 4월 『진단학보』 4호에 「서화담(徐花潭) 및 이연방(李蓮坊)에 대한 소고(小考)」라는 논문을 발표했다. 그는 이 논문에서 회재 이언적을 주리적 이기이원론자로, 화담 서경덕을 주기적인 이기이원적 일원론자로 각각 규정했다. 아울러 퇴계와 율곡을 들어 전자는 이언적, 후자는 서화담과 이연방의 학통에 각각 서 있음을 지적하면서 이런 학설이 유학사에서 차지하는 특색을 다뤘다(학술원, 1976: 22). 이병도는 같은 해 11월에 『진단학보』 6호에 「이회재와 그 학문」이라는 논문을 발표해 회재의 학문을 집중적으로 다뤘다. 그러면서 회재와 조망기당 사이에 일어난 형이상학적 무극태극(無極太極)에 관한 논쟁을 다뤘다(학술원, 1976: 22-23).[33]

---

33 이병도의 「서화담(徐花潭) 및 이연방(李蓮坊)에 대한 소고(小考)」라는 논문과 「이회재

10. 현상학

권국석은 1929년 『신흥』 2호에 게재한 「현상학의 진리설에 대하여」라는 논문에서 후설의 진리설을 다뤘다. 그는 이 논문에서 초개인적인 이상에 근거한 이념적인 진리에 관해 논했다. 이 이념적인 진리가 설득력을 지닌 증명에 근거한 판단일 가능성에 관해, 그것이 허구인가 아닌가 의문을 던지면서 그친 미완의 논문이다.

신남철은 1934년 『철학』 2호에 발표한 「현대철학의 Existenz에의 전향과 그것에서 생(生)하는 당면의 과제」에서, 현상학적인 방법은 실재의 해석이라고 했다. 그러면서 하이데거의 실존철학을 높이 평가했다(I부 5장 '생철학/실존철학' 참조). 이처럼 이 시기에는 현상학에 관한 약간의 소개가 있었을 뿐이다.

와 그 학문」이라는 논문의 내용은 I부 3장 '형이상학(우주론/존재론)'편에서 더 상세히 다룬다.

요약 및 시사점:
새 학문 유입과 철학하는 자세

한국철학사에 관한 이제까지의 저술은 주로 전통사상, 유학, 불학, 노장사상과 관련된 글을 자료로 하여 조선 후기까지 서술하는 것으로 마무리되는 경향이 있다. 철학이란 학술어의 발전 과정을 살펴보면, 신후담이 1724년에 펴낸 『서학변』에 '비록소비아(斐錄所費亞)'란 표현이 나타나는데, 세월이 지나면서 '철학'이란 용어로 옮겨져 점차 정착된다. 이인재가 1912년에 펴낸 『철학교변』에는 원어를 '비룡소비아(飛龍少飛阿)'로 나타낸 경우도 있다.

철학이란 용어의 뜻풀이로는 유길준이 1889년에 펴낸 『서유견문』에 '지혜를 사랑하여, 이치를 통하기 위함'이 있는데, 필로소피아(philosophia)란 원어의 뜻과도 들어맞는다. 이런 상황에서 이정직은 20세기 초 「강씨철학설대략」이란 글을 발표해 칸트철학을 구체적으로 소개했다. 이에 필자는 갑오개혁 무렵부터 철학이란 이름으로 발표된 글들을 정리하면서 한국현대철학사 서술을 시도했다.

한국의 현대철학에서 한학자(漢學者)나 유학자(儒學者)의 역할은 크다. 이정직·이인재·전병훈 등이 그런 경우에 속한다. 이정직은 「강씨철학설대략」을 통해 칸트의 3대 비판서를 소개했고, 칸트 윤리사상의 핵심들을 유학의 본연지성(本然之性)이나 인(仁)의 상태와도 비교했다. 이인재는 『철학교변』에서 아테네 전기나 아테네기의 철학 등을 소개했으며, 전병훈은 『정신철학통편』에서 소크라테스·플라톤·아리스토텔레스·칸트 등에 관해 나름대로 서술했다. 아쉽게도 한문으로 쓰인 책들이어서 한문을 해득할 수 있는 사람을 제외하고는 읽을 수 없다.

갑오개혁 무렵에서 해방까지를 다루는 1부 시기의 특징을 살펴보면, 우선 철학 관련 글이 한글이나 국한문으로 되어 있어 겨레의 자각과 더불어 철학의 대중화에 큰 몫을 했다는 점이 있다. 갑오개혁 이후 각급 학교에서 한글이나 국한문 혼용 교재들이 사용된 것이 그 구체적인 모습이다. 일제강점기에 활동했던 학자들 가운데는 최현배나 안호상처럼 한글이나 한글 위주로 글을 쓰는 학자도 있지만, 국한문 혼용으로 글을 쓰는 사람이 주류를 이루었다. 하지만 대부분의 나라에서는 모국어로만 글을 쓰지, 외국어를 함께 사용하는 경우가 드물다는 점도 우리는 유념할 필요가 있다.

한학자나 유학자들에 의한 새로운 학풍의 철학 연구에 이어, 1920년대에 접어들면서는 이관용·정석해·안호상처럼 해외에서 철학을 공부한 사람들이 귀국해 주로 전문학교에서 학생들에게 철학을 가르쳤다. 이런 상황에서 1924년 경성제대에 철학과가 창설된 일이나, 1930년대 철학연구회에 의해 『철학』 1~3호가 발행된 일이나, 『신흥』 1~9호에 철학 관련 글이 대거 실린 일은 한국현대철학사에서 매우 뜻깊다. 신문이나 여러 잡지에도 철학 관련 글이 게재되었다.

철학도들이 별로 없던 시대라 이 책의 I부에서는 학부를 졸업한 철학도들의 졸업논문, 『철학』이나 『신흥』과 같은 학술잡지에 실린 논문, 신문이나 일반 잡지에 기고한 논문 등을 주로 다뤘다. 이관용·김중세·한치진·안호상·박희성처럼 외국에서 박사학위를 취득한 학자들도 있지만 말이다. 대학을 졸업했거나 대학원 재학 중 또는 대학원에서 석사학위를 취득하고 학계에 나온 사람들이 주로 집필진을 형성하고 있었다.

다행히 한국현대철학사의 전개 과정에서 유길준·최두선·이관용 등 초기 학자들에 의해, 그리고 1930년대에는 박종홍에 의해 철학에 관한 정의뿐만 아니라 철학하는 자세도 비교적 정확하게 다뤄졌다. 물론 일찍이 신학문을 공부하기 위해 외국에 가서 유학한 사람들의 역할도 컸다. 스위스 취리히대학에서 「의식의 근본사실로서의 의욕론」이란 논문으로 박사학위를 취득한 이관용, 독일 예나대학에서 「헤르만 롯체(Herman Lotze)의 관계문제를 위한 의미」라는 논문으로 학위를 취득한 안호상, 미국 남가주대학에서 학부부터 공부한 한치진, 미시간대학에서 「주관론과 직관」이란 논문으로 학위를 취득한 박희성이 대표적인 경우다. 그러나 이들은 독립운동 경력이나 독립에 관한 지속적인 관심 때문에 학문적인 뜻을 적극적으로 펴기 힘들었다.

그런데 이 시대를 살던 철학자들의 연구풍토에서 아쉬운 점들도 있다. 우선 우리나라에서 예로부터, 특히 조선 시대부터 철학과 관련된 담론에서 큰 역할을 해오던 음양론, 이기론이나 사단칠정론, 새로운 관심을 자아낼 수 있는 인물성동이론, 조선 시대 중후반에 접어들어 크게 펼쳐졌던 실학 등 전통철학에 관한 연구가 저조했다는 점이다. 해외에서 유입된 철학과의 연결을 위한 구체적인 연구도 드물었다. 외국에서 새로운 시각으로 공부한 사람들이 국내에 와서 과거의 전통철학과 그들이 공부한 것을 연관시키려는 모습이 부족했다.

철학 전반을 다루는 개론서나, 한 분야의 내용을 깊게 다루는 전문서적이나, 중요한 외국 서적들의 번역서도 찾아보기 힘들다. 철학 각 분야의 기초를 이루는 책이나, 일반적·전체적인 것을 다루는 개론서나 번역서가 드물다. 저자들이 서둘러 자기 주장을 논문이나 글로 표현하는 경향이 짙었다. 이 시기 신문이나 잡지에서는 철학도들의 단편적인 글을 주로 많이 다루었다.[1] 현실적인 문제와 관련된 것에 너무 치

---

1 이태우의 책을 통해 일제강점기에 신문지에 철학 관련 글을 발표하거나 관련 활동(강연회)을 한 사람들을 보면, 한치진 130건, 신남철 82건, 전원배 63건, 김기석과 김오성 각각 58건, 안호상 52건, 이관용 50건, 김두헌 42건, 채필근 39건, 배상하 36건, 박치우·최두선·고유섭 각각 31건, 백성욱 27건, 박종홍 23건 등이 있다(이태우, 2018: 28). 한치진은 논문이 아닌 신문이나 강연 형태로 사람들에게 철학을 전하는 데 힘쓴 것이 엿

중하다 보니 철학도 그 테두리에서 벗어나지 못했다. 철학의 차분하면서도 진지한 면모를 이 시기에는 찾아보기 힘들다. 무엇인가를 조급하게 웅변적으로 내세우려는 데 치중한 면이 있다.

이 시기에 나타나는 또 다른 특징은 일제강점기의 경우, 유럽에서 형성된 철학, 그것도 특정 분야에 치우친 글이 주류를 이뤘다는 점이다. 시기적으로 일제강점기여서, 일본이 독일을 중심으로 유럽 지역과 비교적 활발하게 교류한 탓도 있겠다. 헤겔철학, 마르크스주의 철학, 생철학·실존주의철학과 관련된 글이 많이 발견된다.[2] 생철학과 실존주의철학이 제1차 세계대전을 겪으면서 인간의 참모습, 참된 삶이 어떤 것이어야 하는지 찾아보려는 철학자들의 지적인 몸부림이었다면, 마르크스주의는 정치나 사회문제를 해결하기 위한 급진적인 철학이자 개혁사상이었다. 사회 부조리를 없애기 위해 계급에 의한 투쟁이나 혁명을 옹호하는 사상이었다. 그렇기에 봉건사회의 잔재와 일제강점기라는 특수 상황에서 변혁을 원하는 상당수 지식인이 관심을 가지고 지지한 사상이기도 했다.[3]

유럽의 고대나 중세철학에 관한 관심이 저조한 것도 또 다른 아쉬움이다. 이인재처럼 희랍고대철학을 소개하면서 플라톤과 아리스토텔

보인다.

2 이태우의 책에는 유럽철학자들에 관한 신문기사가 구체적인 수치로 나타나 있다. 유럽근세철학자의 경우는 헤겔 53건, 칸트 45건, 스피노자 16건, 루소 15건, 파스칼 7건, 데카르트 2건이며, 유럽근현대철학자들에 관한 기사는 마르크스 75건, 하이데거 20건, 니체 18건, 양코아넬(러시아 유물론 철학자인 듯) 12건, 딜타이 6건, 브루노 바우흐 5건, 리케르트 4건 순이다. 한편 유럽고대철학자를 다룬 기사는 『동아일보』의 경우, 소크라테스 3건, 플라톤 1건이며, 아리스토텔레스는 다루지 않았고, 유럽중세철학자의 경우 아우구스티누스, 토마스 아퀴나스는 1건도 없었다(이태우, 2018: 23-24).

3 이 시대에는 주로 일본에서 유입된 마르크스주의 철학에 관한 연구가 특히 활발했다. 경성제대 법문학부에서 마르크스 정치경제학을 강의하면서 '성대 경제연구회'라는 독서회를 이끌었던 미야케 시카노스케(三宅鹿之助)의 영향도 철학과 학생들에게 크게 작용했다. 일본의 경우 1920년대 말에 마르크스·엥겔스 전집이 출판되었고, 1930년 초에 헤겔 전집이 나왔다는 것을 생각하면, 관련 자료들을 학생들이 쉽게 접했을 수도 있다. 이런 풍토에서 신남철·박치우를 비롯하여 많은 사람들이 마르크스주의 철학연구에 힘을 기울였다.

레스의 견해를 비교적 심도 있게 다룬 사람을 찾아보기 힘들다는 점이다. 일제강점기에는 한국현대철학 초기 이정직·전병훈에 의해 소개되었던 칸트철학에 관한 연구도, 신문기사로서 언급된 경우는 많지만 논문집에 게재된 연구는 진척이 이루어지지 못했다.[4]

게다가 20세기 현대철학의 큰 흐름 가운데 하나인 논리실증주의나 일상어의 철학과 같은 언어분석철학에 관한 논문이나 저서도 찾아보기 힘들다. 1920년대와 1930년대에 활발하게 전개되던 국제사회의 또 다른 큰 조류를 도외시했다는 점이 아쉽다. 언어분석철학은 유럽 이곳저곳에서 발생했지만 미국·영국·호주 등에서 꽃피었다. 하지만 그런 나라들은 그 당시 일본과의 관계가 서먹서먹한 상태였고, 언어분석철학자들이 대체로 전체주의자들이 사용하는 언사나 추상적인 표현들에 비우호적이었기 때문일 수도 있다. 어떻든 주로 일본인 학자들이나 일본 책을 통해 학문이 전해지던 시대여서 그런 철학들을 접하기 어려웠다. 프래그머티즘에 관한 연구도 찾아보기 힘들다.

사람들이 체계적으로 읽고 공부할 수 있는 철학 서적이 드물거나 그런 바탕이 만들어지지 않은 풍토에서는 일부 한정된 글들이 학계나 사회에서 과장되거나, 학자 층이나 모임의 글로 자리매김하기 쉽다. 물론 그 당시 우리나라의 처지에서는 철학이라는 새로운 학문을 급히 이해하려는 일이 우선시되었고 게다가 어떤 철학이나 사상을 소개하는 데 치중한 면도 있다. 학자들 사이에 그런 면들이 어느 정도 숙고 후 합의가 이루어졌다면 더욱 좋았을 터인데 하는 아쉬움이 있다.

철학에서 다루는 기본적인 것, 기초적인 문제 중심의 연구가 토착화되는 데 미흡하기도 했다. 철학이 무엇인지, 어떻게 하는 것이 철학인

---

4 한학자인 이정직이나 전병훈이 힘주어 강조했던 칸트철학에 관해 일제강점기 철학도들은 별로 관심을 가지지 않은 것이 특이하다. 『신흥』이나 『철학』지에 실린 논문이나 글의 경우를 보면 그렇다. 그 당시 경성제대 철학과의 아베 요시시게, 미야모토 와키치, 다나베 시게조 교수가 모두 칸트철학 연구로 잘 알려진 학자인데도 말이다. 다만 논문이 아닌 신문기사로서는 칸트의 이름이 제법 많이 등장한다.

지에 관한 담론이 좀 더 활발했어야 했다. 갑오개혁에서 광복 전까지의 경향을 보면 더욱 그렇다.

철학사를 보면 철학 각 분야를 폭넓게 연구하는 학자가 있는가 하면, 어느 한 철학 분야나 인물을 집중적으로 연구하는 데 힘을 기울이는 학자도 있다. 우리나라의 경우는 상당수의 철학자가 후자의 길을 걷고 있다. 이런 경향은 일제강점기에도 나타난다. 자기 연구영역에서 비교적 빨리 두각을 나타낼 수 있고, 그 분야를 확보해 안주하려는 경향이 짙기 때문이기도 하다. 그러나 인류의 철학사를 보면 철학자들은 대체로 폭넓게 사색했던 사람들이다. 지혜로움을 찾기 위해서다. 철학은 '지혜에 대한 사랑'이며, 철학자는 그것을 구현해 보려는 사람이다. 다른 개별 학문에서처럼 어느 분야를 집중적으로 연구하는 데 만족하는 사람은 그 분야의 전문가는 될 수 있을지언정 지혜로운 삶을 찾는 데 한계가 있다. 아쉽게도, 그 시대 철학자 가운데 폭넓게 연구하려 한 사람은 비교적 적다.

철학이 개별 학문과 다른 점은 기본적이고 일반적인 진리를 찾으려는 데 있다. 이 점에서 철학은 특정 지역을 대상으로 하는 역사나 지리와 다르다. 철학은 특정 지역의 역사나 지리에 의해 스스로 역할을 위축시켜서는 안 된다. 이런 점에서 철학에 특정 지역의 명칭을 넣어 분류하거나 서술하는 것은 주의가 필요하다. 철학은 종교나 특정 지역의 사상과도 구별되어야 한다. 관련지으면서 연구할 수는 있겠지만, 철학이 추구하는 근본정신은 인류 차원에서 보편적이고 일반적이며 보다 확실한 진리나 가치를 추구하는 데 있다. 그렇기에 지역의 명칭을 사용한 철학서들도 인류 차원에서 보편적 가치를 내세우는 것을 그 속에 담고 있어야 한다.

이런 점에서 박종홍이 1933년 7월 『철학』 창간호에 게재한 「'철학하는 것'의 출발점에 대한 일 의문」과 2호에 게재한 「'철학하는 것'의 실천적 지반」은 철학하는 자세에 관해 살필 수 있어 나름대로 의의 있는 글이라 여겨진다. 아울러 1937년 2월 박희성이 박사 논문으로 제출한

「주관론과 직관」도, 보다 확실한 것을 추구하기 위한 지적 호기심과 관련된 철학도의 사색이 어떤 것인지 엿볼 수 있다는 점에서 또한 의의가 있다. 이런 글들은 어디서나 함께 담론을 펴야 할 것이기도 하다. 필자는 이 책에서 우리나라 사람들이 국내외에서 펼친 철학 관련 견해나, 우리나라 사람들이 소개한 외국 철학자들의 주장을, 철학에서 종종 언급되는 철학분과에 따라 출판된 자료들을 중심으로 정리했다. 역사는 입증 자료들을 바탕으로 비교적 정확하게 서술될 수 있기 때문이다. 이 책의 제I부에 속하는 시기에는 철학이란 학술어로 학문이 소개된 지 얼마 되지 않아, 우리나라 사람이 펼친 철학 관련 자료가 부족한 점도 아쉽다. 깊이 있게 다룬 전문서적이나 논문이 매우 적다.

한국현대철학사를 서술하면서 필자는 연대 중심의 철학사와 더불어, 문제 중심 서술에도 물꼬를 트는 데 유념했다. 우리나라의 경우 대부분 인물 중심 연구로 담론이 이어져 왔음을 부인할 수 없다. 그러나 어떤 문제가 철학에서 보다 중요한 담론이 되는지는 더욱 관심거리다. 그런 점에서 일제강점기 철학연구회에서 발간한 『철학』에 실린 내용들은 우리에게 시사하는 바가 크다. 인물 중심의 연구논문보다는 문제 중심의 논문이 주류를 형성하기 때문이다.

제II부

해방에서 1980년 교육개혁까지

6장

간추린 철학사(2)

이 책의 I부는 갑오개혁 무렵에서 1945년 해방까지이고, II부는 해방에서 1980년 교육개혁에 따른 1981년 대학확충과 대학정원 대폭 증원 발표 전까지다. 현대가 시작되는 시기나 일제강점기에는 철학이 극히 일부 사람들의 전유물과도 같았다. 하지만 해방 후 대학이 이곳저곳 생기면서 철학 강좌들도 늘어났고, 주요 대학에는 철학과가 설치되는 등 학문으로서의 철학이 조금씩 자리 잡아 가게 되었다.

이 시기에는 논리학·윤리학·미학 등이 각 대학의 철학강좌에서 중요하게 다루어지고, 과학철학·분석철학·심리철학·해석학 등과 같은 새로운 분과철학들이 소개되며, 철학에서의 주요 담론들도 점차 그 윤곽을 드러내게 되었다. 유학이나 불교철학 등이 현대의 형이상학·인식론·가치론과 관련지으면서 새롭게 정립되어 가는 시기이기도 하다. 한편, 1980년에 있었던 이른바 '7·30교육개혁'을 통해 전국적으로 대학 입학인원이 대폭 증원됨과 더불어 철학과나 철학도도 크게 증가하게 되었다.

1. 해방과 분단 상황

해방과 더불어 학계의 움직임도 빨라졌다. 해방이 되자마자 1945년 8월 16일 조선학술원 창립을 위해 설립준비위원으로 김양하·백남운·윤일선·홍명희 등 17명이 선정되었는데, 철학분야 위원은 김계숙과 신남철이었다. 이어서 9월 3일에는 조선학술원[1] 규장(奎章)이 심의를 거쳐 확정되었다. 조선학술원의 목적과 임무는 제3조에 담겨 있었는데, 그 내용은 아래와 같다(위상복, 2013: 387).

> 본원은 과학의 제 부문에 걸쳐서 진리를 탐구하며 기술을 연마하야 자유조선의 신문화건설을 위한 연총(淵叢)이 되며 나아가서 국가의 요청에 대한 학술 동원의 중축(中軸)이 되기를 목적으로 함.
> 본원은 국가조직이 완성되고 국책이 확립될 때까지 조선 학술계의 총력을 집결하야 조선 건설의 위업에 협력할 것을 당면의 임무로 함.
> 본원은 전항(前項)의 목적을 달성하기 위하야 학술의 각 부문에 임시 대책위원회를 설치하고 토의안을 작성하야 정부에 건의함.

조선학술원의 위원은 인문·사회과학자, 자연과학자들로 구성되었는데, 인문과학분야의 철학/역사학분야 부장은 이병도였고, 김계숙과 신남철은 서기국 위원과 상임 위원이 되어, 전자는 서무과/출판과에서 후자는 조직과에서 각각 활동했다. 박치우의 경우는 이북만·전석담·최호진 등과 실무진으로 참여했다. 박종홍은 후에 임원 교체에 따

1 조선학술원 위원장은 백남운이다. 그러나 남북분단이 굳어지면서 조선학술원은 해체되고 논문집도 1집으로 막을 내렸다. 학자들도 갈라져, 1952년 남한에서는 대한민국학술원(초대회장 윤일선)이, 북한에서는 조선민주주의인민공화국과학원이 각각 창립되었다. 백남운은 일제강점기에는 연희전문학교 교수로, 1945년 12월부터는 경성대학 법문학부 재정학 교수로 있었다. 그 후 월북하여, 1948년 9월에는 교육상, 1952년에는 조선민주주의인민공화국과학원 과학원 원장, 1969년에는 최고인민회의 의장 등을 역임했다.

른 추가위원으로 참여해 상임위원과 실무진으로 활동했다(위상복, 2013: 388).

이듬해인 1946년 8월에는 조선학술원 논문집으로『학술』1집을 발간했다. 1집의 내용을 보면 철학논문에서는 신남철[2]이「역사의 발전과 개인의 실천 - 헤겔철학에 대한 한 개의 시론 -」을, 박치우(朴致祐, 1909~1949)가「민주주의의 철학적 해명」을 각각 게재했다.

조선학술원은 1946년 5월 6일에는 민족문화연구소를 창립했는데 여기에 참여한 철학자는 신남철·김계숙·정진석 등이다. 조선학술원과 민족문화연구소가 개최한 '인문과학강좌'에서 있었던 철학 관련 강좌들은 다음과 같다(방기중, 1993: 287; 위상복, 2013: 388-389).

- 제1기(1946. 9. 30~11. 30) 철학/ 신남철
- 제2기(1946. 12. 9~1947. 2. 8) 동양철학/ 정진석, 서양철학/ 박종홍
- 제3기(1947. 2. 10~4. 9) 근대철학사/ 신남철
- 제4기(1947. 4. 10~6. 9) 유물변증법 발달사/ 함봉석
- 제5기(1947. 6. 10~8. 9) 유물변증법 발달사/ 함봉석
- 제6기(1947. 8. 10~10. 10) 칸트와 헤겔철학/ 박종홍, 변증법의 구체적 발전/ 함봉석

한편 대학에서의 철학 풍토를 살펴보면, 일본인에 의해 세워진 제국대학들은 일제강점기가 끝나자 모두 제국이란 말을 학교이름[校名]에서 삭제하게 되어, 경성제국대학도 경성대학으로 그 이름이 바뀌었다.

2 신남철은 1945년 8월 조선학술원 서기국 위원이 되었으며, 후에 민족문화연구소 연구원으로도 활동했다. 1946년에 김일성대학 부교수, 1950년에 교수가 된 데 이어 같은 해 철학강좌장에 임명되었다. 1947년 2월 조선과학자동맹 결성에서는 '현하의 과학정세와 과학자의 임무'를 발표했다. 1948년 4월에는 '남북회담 지지 108인 성명'에도 참여했다. 같은 해 8월 해주에서 열린 남조선 인민대표자대회에서 제1기 최고인민회의 대의원으로 뽑혔다. 1957년 제2기 최고인민회의에서도 대의원으로 뽑혔으나, 1958년 3월 제1차 당대표자회에서는 자유주의자로 비판받았다.

1945년 말 경성대학이 새로 문을 열었을 때, 경성대학은 경성제국대학 시절의 교수와 학생들이 사용하던 연구실과 도서 등을 인계받았다. 그해 말 경성대학에서는 철학과 편입생을 모집했는데, 그 당시 편입한 학생들은 일제 치하에서 대학에 적을 두면서 약간이라도 철학을 공부한 학력을 지닌 사람들이었다.

해방 후 1년간 경성대학의 철학과 교수진은 안호상,[3] 김두헌,[4] 박종홍[5]이었고, 조교로는 김규영(金奎榮)이 일했다. 이어서 1946년 10월 15일에는 국립서울대학교가 새롭게 창립되었다.

이런 가운데 해방 이듬해인 1946년 8월 15일에는 보성전문학교가 고려대학교라는 이름으로 새로이 출발했고, 철학과도 그해 9월부터 전문학교 2학년을 마친 학생들을 맞이해 1학년 수업을 시작했다. 1948년 9월부터는 대학 예과를 거쳐 온 학생들이 철학과에 많이 지원해 철학과 1학년 학생 수가 무려 50명쯤 되었다. 이 무렵 고려대 철학과는 서

3 안호상은 해방과 더불어 서울대 철학과 교수를 거쳐 1948년 정부수립 때는 초대 문교부장관을 역임했다. 1954년에 학술원 회원이 되었고, 1960년에는 초대 국회 참의원 의원을 지냈다. 1964년 배달문화연구원장, 1992년 대종교 총전교 등이 되었다. 1995년 개천절에는 민족통일의 물꼬를 트려 방북해서 화제가 되었다. 해방 후 철학 관련 저서로는 『논리학』·『철학강론』, 민족이나 종교 관련 저서로는 『민족정론』·『민주적 민족론』·『단군과 화랑의 역사와 철학』·『배달의 종교와 역사와 철학』등이 있다. 그의 성향은 점차 민족주의·국가주의에 기울어져 갔으며, 민족종교에 몰입했다.

4 김두헌은 해방 후 1950년까지 서울대 교수로 재직했다. 1950년 11월부터 문교부 고등교육국장, 1952년부터 전북대 총장 등을 역임했다. 1952년 서울대에서 「한국가족제도연구」로 문학박사학위를 받았고, 1954년 학술원 회원이 되었다. 펴낸 책으로는 『윤리학개론』·『민족이론의 전망』·『조선가족제도연구』·『서양윤리학사』·『도의원론』·『민족원론』·『가치론』 등이 있다.

5 박종홍은 해방 후 서울대 교수로, 1968년 정년퇴임 뒤에는 한양대·성균관대에서 가르쳤다. 그는 이황·이이의 학설을 탐구하면서 한국사상의 주체성을 중시하고 대학에서, '한국철학사' 강의를 처음으로 개설했다. 일반논리, 인식논리, 변증법논리를 거쳐 역(易)의 논리와 창조의 논리를 탐구하기도 했다. 그가 펴낸 책으로는 『일반논리학』·『인식논리학』·『철학개론강의』·『철학개설』·『지성의 방향』·『철학적 모색』·『새날의 지성』·『현실과 구상』·『지성과 모색』·『한국의 사상적 방향』·『한국사상사 〈불교사상편〉』·『지각과 의욕』 등이 있다. 유고(遺稿)로는 『변증법적 논리』·『한국사상사 〈유학편〉』이 있고, 그를 기리는 사람들이 엮은 『스승의 길』이 있다.

양철학 전공과 동양철학 전공으로 나뉘어 있었다. 그러나 2학년까지는 들어야 할 과목들이 거의 같았으므로 전공에 구애됨이 없이 자리를 같이하는 경우가 많았다. 그 당시 고려대 철학과에는 이종우,[6] 박희성,[7] 이상은[8]이 교수로 있었고 김기석(金基錫, 1905~1974)[9]이 강사로 출강했다. 이종우는 칸트 및 독일관념론·현상학·실존철학을, 박희성은 영미철학·심리학을, 이상은은 중국철학을 강의했다. 강의는 원서강독이 많아, 예컨대 이종우는 3, 4학년 학생들에게는 하이데거가 1927년에 펴낸 『존재와 시간(*Sein und Zeit*)』을 강독했고, 이상은은 철학 관련 한문을 칠판에 써놓고 하나하나 해석하면서 설명했다. 박희성의 강의 교재는 러셀(Bertrand Russell, 1872~1970)이 1945년에 펴낸 『서양철학사(*A History of Western Philosophy*)』였다. 그는 교재 내용 가운데 중요한 부분을 직접 읽으면서 그 내용을 설명했다. 이렇듯 그 당시는 학생들이 스스로 원서를 읽고 생각할 수 있게끔 강의가 진행되었다.

이어서 경성대학은 1946년 8월 22일 공포된 '국립서울대학교 설치

---

6 이종우는 해방 후에는 『철학개론』(을유문화사, 1948)을 출판했으며, 세상을 떠난 뒤 출판된 저서로 『야스퍼스론』(고려대학교출판부, 1976)이 있다. 『철학개론』은 개론서로서 당시에 평판이 좋았다. 고려대 총장·문교부장관을 역임했다.

7 박희성은 1945년 9월에 고려대 교수로 부임했고, 1952년에서 1958년까지는 서울대 상대 교수를 겸직하기도 했다. 1968년 8월에 정년퇴임했다. 그의 수업은 원서강독으로 진행되는 경우가 많았고, 글쓰는 일에 신중을 기해 남겨진 글들이 별로 없다. 「생명의 문제」(『고려대 개교 50주년 기념논문집』, 1955)·「민족의 문제」·「위대한 비극」(『철학연구』〈고려대〉 3집, 1960)·「인문과학의 방법」(『고대신문』 812호, 1978)·「인간의 전통윤리」(『고려대 개교 80주년 국제학술회의 논문』, 1986)만이 전해진다. 3·1독립운동 때는 약 10개월 동안 형무소에 수감되었고, 4·19혁명 때는 교수들의 견해를 적극적으로 대변하기도 했다. 국립4·19민주묘지에 안장되어 있다.

8 이상은은 1945년에 한중문화협회를 창설하고 『한중문화(韓中文化)』를 발간했다. 1946년에서 1970년까지 고려대 철학과 교수로 재직했다. 고려대 아시아문제연구소장(1956~1969)으로 있으면서 국제적인 연구소로 그 위상을 높혔다. 1960년 4·19혁명 때는 시국선언문을 기초하여 교수단시위에 앞장섰다. 저서로 『유학과 동양문화』·『퇴계의 생애와 사상』·『현대와 동양사상』 등이 있다(해방 전 이력은 I부 참조).

9 김기석은 평안북도 용천에서 태어나, 정주 오산학교를 거쳐 일본 도호쿠대(東北大) 철학과를 졸업했다. 해방 후 서울사대 교수 및 학장, 대한민국학술원 회원, 한국교육학회 회장을 역임했다. 저서로 『철학개론』·『윤리전서』·『현대정신사』·『남강 이승훈』이 있다.

령'에 의해, 서울과 그 근교에 있던 여러 전문학교들을 통합·개편하여 1946년 10월 15일 국립서울대학교로 새롭게 출발했다. 철학과 교수진을 보면 해방 후 경성대학 시절의 안호상·김두헌·박종홍 외에, 새로 부임한 동양철학분야의 민태식(閔泰植, 1903~1981),[10] 헤겔전공의 김계숙[11]이 있었다. 안호상은 독일에서, 김두헌과 박종홍은 독일철학이 지배했던 도쿄제대와 경성제대의 철학과에서 각각 수학했었다. 김두헌의 경우는 윤리학이 전공이었지만, 영국철학에도 관심이 깊었다. 이런 가운데 1947년에는 하이데거 전공의 고형곤,[12] 미국에서 공부한 한치진이 철학과 교수진에 합류했다. 전체적으로 철학과 교육과정과 강의 내용에서 독일철학이 많은 부분을 차지했다. 강의는 서양철학사·윤리학사와 같은 기초과목이나, 칸트·헤겔 등과 관련된 원전을 강독하는 것이 그 중심을 이뤘다(김태길, 1976: 573-574). 이처럼 해방과 더불어 새롭게 출발한 대학들의 강의 내용에서는 원서강독이 많은 비중을 차지했다.

대학의 이런 분위기 속에서 교수들은 그들의 관심분야를 우리말 저서로 펴내기 시작했다. 이 당시는 일제강점기의 풍토와는 달리 철학의 전체적인 내용을 소개하는 개론서 수준의 저서들이 출판되었는데,

---

10 민태식은 1932년 경성제대 철학과를 졸업한 뒤, 배재고보 교사, 연희전문 전임강사를 거쳐 1941년 교수가 되었으며, 1943년부터는 개성박물관 관장으로도 일했다. 해방 후에는 공주중학 교장, 서울대 교수, 전시연합대학장, 충남대 총장, 성균관대 유학대학장 등을 역임했다. 서예가로도 활약했으며, 한문으로 쓴 최익현(崔益鉉)의 수필인 『유한라산기(遊漢拏山記)』를 한글로 옮기기도 했다.

11 김계숙은 해방 후에는 서울문리대 교수를 거쳐 1948년부터 서울사대 교수로 재직했다. 미 국무성 초청으로 하버드대에 가서 미국철학의 특색을 연구하기도 했다. 1960년 「헤겔연구」로 서울대에서 철학박사학위를 취득했으며, 재직 중에는 교무처장, 대학원장으로 일하기도 했다. 대한민국학술원 회원, 고등고시 위원으로 활동했다. 저서로는 『근세철학사』·『현대철학사조』·『서양철학사』·『헤겔연구』 등이 있다.

12 고형곤은 1947년부터 1958년까지 서울대 교수로 있었다. 1959년에는 전북대 총장으로, 1963년 총선 때는 군산·옥구지역에서 출마하여 당선되기도 했다. 그 후 다시 학문에 힘써 1969년에 『선의 세계』를 출간했다. 1970년에 박사학위(서울대)를 받았으며, 「선의 존재론적 구명(究明)」·「해동(海東) 조계종의 연원 및 그 조류」·「하이데거의 존재 현전성(現前性)」·「추사(秋史)의 백파망증15조(白坡妄證十五條)」 등의 논문이 있다. 1995년에는 『선의 세계』를 증보, 1권(서양철학과 선)과 2권(한국의 선)으로 간행했다.

1946년 6월에 김준섭이 웅변구락부출판부에서 46판 82면으로 된 『철학요론』을, 김두헌이 대성출판사에서 『윤리학개론』을 출판한 것 등이 그 예다. 이 가운데 『철학요론』의 구성을 살펴보면, 1부 서론에서는 철학의 의의·목적·분류, 상식과 과학과 철학, 종교와 철학, 철학의 방법, 2부 본론에서는 형이상학과 인식론, 3부 결론에서는 형이상학과 인식론, 실천철학과 이론철학, 예술철학과 이론철학, 종교철학과 이론철학의 관계를 언급했다. 김준섭은 같은 해 11월에는 세계서림(世界書林)에서 국판 80면으로 된 『철학개론』을 출판하기도 했다. 『철학개론』은 『철학요론』을 개정증보한 것으로, 일반인들이 책의 주제를 더 알기 쉽게 하고자 책 이름을 바꾸었다. 새 책에는 '인생과 철학'이라는 1장이, 본체론을 다루는 2장에는 물심론을 다루는 1절이 각각 더해졌다.

이재훈은 1946년 10월에 동양공사출판부에서 『민족의식과 계급의식 – 조선의 금명일 –』을 펴냈다. 이 책은 그의 철학사상을 자유주의적인 측면에서 드러냈다. 1948년에는 『철학개론』(동국문화사)과 『서양철학사』(을유문화사)를 출판했는데, 『철학개론』은 그 이후에도 계속 출판되어 1953년에는 5판에 이르렀다. 1949년에는 『철학사전』을 동국문화사에서 편저의 형태로 출판했다. 이처럼 그는 철학사전이나 철학개론을 펴냄으로써 철학을 학생들이나 일반인들에게 확산시키는 데 기여했다.[13]

신남철와 더불어 우리나라의 대표적인 마르크스주의자로 여겨지는 박치우는 1946년 11월에 평론집 『사상과 현실』을 백양당에서 출판했다. 그 책에는 이론과 실천을 어떻게 통일할 것인지에 관한, 요컨대 변증법적인 통일에 관한 그의 관심이 응축되어 있다. 마르크스주의적인 견지에서 자신의 철학사상을 펼친 책이기도 하다. 같은 마르크스주의

13 이재훈이 지은 책으로는 그 밖에도 『철학과 세계관』(1955), 『윤리학』(1957), 『유전(流轉)하는 인간』(1963), 『프라토: 철학과 정치』(1973)가 있다. 이화여전 강사, 서울미대 교수, 휘문중고 교장 등을 역임했다.

계통 철학자인 신남철과 비교해 보면, 신남철이 이론적인 측면에 몰두했다면 박치우는 실천적인 삶을 살았다. 그는 이호제가 이끄는 조선인민유격대의 제1병단[14]에 소속되어 싸우다가 태백산에서 사망했다.

한치진은 일제강점기에 여러 분야에 걸쳐 신학문 보급에 힘써 관련된 개설서를 주로 출판했다. 이런 점에서 다른 사람들과 구별된다. 그러던 중 그는 사상범으로 검거되어 서대문형무소에 갇혔다가, 1945년 8월에 출감되어 방송을 통해 '민주주의 원론'을 강의했다. 1947년 5월에는 철학연구사를 재창립·개편하여 조선문화연구사라는 출판사를 출범해 그의 뜻을 계속 펴나갔다. 7월에는 서울대 교수로 부임하는 한편, 민주주의에 관한 관심이 높은 그 당시 시대상황에서, 3권으로 된 『민주주의 원론』(남조선 과도정부 공보부 여론국, 1947)을 출판해 민주주의 보급에 힘썼다. 그는 각종 책을 저술하며 활발한 학술활동을 하던 중 1950년에 납북되었다.

이런 가운데 독특한 안목을 가지고 철학서적을 출판한 경우도 있었으니, 김용배(金龍培, 1895~1961)[15]에 의한 『철학신강(哲學新講)』(금용도서, 1947)이 그것이다. 46판 156면으로 되어 있는 이 책에는 만유(萬有)의 근본 원인을 원기(元氣, energeia)로 간주하는 '에네르기 일원론'에 근거한 그의 철학체계가 소개되어 있다. 그는 이 책을 통해 헤라클레이토스(Heracleitos, 535B.C.?~475B.C.?)와 엠페도클레스(Empedokles, 490B.C.?~430B.C.?)부터 출발한 서양철학자들과, 관자(管子)와 맹자로 연결되는 동양

---

14 조선인민유격대 제1병단 군단장은 이호제(보성전문 졸)였는데 오대산에서 활약했고, 제2병단 군단장은 이현상(보성전문 중퇴)이었는데 주된 무대는 지리산이었다. 이호제는 1949년에, 이현상은 1953년에 전투 중 각각 그들의 삶을 마감했다.

15 김용배는 경기도 광주에서 태어나 한학을 공부하다가, 1932년 경성제대 예과에, 1934년에 철학과에 진학했다. 철학과에서는 중국철학전공으로 철학과 11회, 서양철학전공으로 철학과 13회로 각각 졸업했다. 1947년 『철학신강』을 펴낸 데 이어 1948년 『미학·예술학』, 『예술의 근본문제』, 1956년 『최신과학적 세계관』, 『동양철학사상사대관』을 각각 펴냈다. 1955년에는 『철학』 1집에 「정치력사관의 제창」을, 1957년에는 『철학』 2집에 영문으로 "A study of the political interpretation and materialistic interpretation of history"를 각각 발표했다. 서울사대·이화여대·동국대 교수를 역임했다.

철학자들에서 '에네르기 사상'이 나타나고 있음을 입증하고, 물질과 생명 그리고 정신 모두가 '에네르기'에 귀착됨을 주장했다. 그는 책에서 에네르기 사상을 본질론과 현상론으로 대별하여, 전자에서는 '에네르기'의 기초 구조를 밝혔다. 후자에서는 상부구조에 도덕철학·예술철학·지식철학뿐만 아니라, 교육철학·법철학·사회철학·역사철학·인생철학·정치철학·종교철학을 포함시켰다(학술원, 1976: 91). 다른 일반적인 철학개론서와는 다른 고유한 독창성을 지닌 철학책이라 여겨진다. 같은 해 최두성(崔斗星)은 신학사에서 『역사철학』을 펴냈다(II부 10장 '역사철학/역사관' 참조).

시대적인 요청에 의해 고등교육에 관한 관심이 증대되고 이에 따라 곳곳에 대학들이 설립되자, 대학에서 사용할 철학교재들도 출판되었다. 학문방법론과 관련된, 정당한 추리방법을 체계적으로 연구하는 분야인 논리학책들의 경우를 보더라도, 김준섭의 『논리학』(태백서적공사, 1947), 안호상의 『논리학』(문화당, 1948), 박종홍의 『일반논리학』(백영사, 1948)이 당시에 출판되었다. 이런 책들—철학개론이나 논리학—은 철학 입문자를 위한 기본서였는데, 이런 출간 경향이 해방공간에서의 혼란스러움과 6·25전쟁의 참화 속에서 계속 이어지는 데는 어려움이 있었다.

김준섭의 『논리학』은 광복 이후 처음 등장한 논리학 책이다. 그 서론에 논리학의 정의와 약사(略史)가 실렸고, 제1부 원리론과 제2부 방법론으로 구성되었다. 방법론은 다시 1편 통정(統整)적 방법론, 2편 연구방법론, 3편 허위론으로 나뉘었다. 저자는 결론에서 논리와 방법을 서술했고, 부록으로 도표를 제공했다. 안호상의 『논리학』은 들말[緖論]에 이어, 기초론과 방법론으로 이루어져 있는데, 기초론에서는 판단론·개념론·추리론을, 방법론에서는 (가) 방법의 본질과 종류, (나) 방법과 학문, (다) 학문의 구분, (라) 앎의 탐구법, (마) 앎의 정돈법을 다뤘다. 가능한 순수한 우리말로 쓰려고 한 것이 곳곳에 눈에 띈다. 박종홍의 『일반논리학』은 서론·일반논리학의 성질과 원리·개념론·판단론·

직접추리·삼단논법·귀납법·오류론·결론으로 이루어졌다. 귀납법은 다시 귀납법의 성질, 사실의 관측, 통계적 귀납법, 인과적 귀납법, 유비추리, 연역추리와 귀납추리로 세분화되었다. 다른 논리학 책과 구별되는 이 책만의 특징은 결론에서 창조의 논리에 관해 언급한 점이다. 결론에서는 일반논리학의 한계, 창조의 논리에 대한 예비적 시고(試攷)를 다루었는데, 후자는 다시 창조의 성질, 창조의 일반적 구조, 창조의 제상(諸相), 일반논리와 창조의 논리로 나누어 서술했다.

신남철은 해방정국인 1948년 1월 서울출판사에서 『역사철학』을 출판했다. 이 책에는 1931년에서 1947년에 걸쳐 발표했던 7편의 논문이 수록되었다(II부 10장 '역사철학/역사관' 참조). 그러면서 1948년 4월에는 '남북회담지지 108인 성명'에 참여하는 등 사회나 정치적인 문제에도 깊이 관여했다. 그는 해방 후 조선문학가동맹에도 가담하여 인민민주주의 민족문학론을 주장했으며, 평론집 『전환기의 이론』(백양당, 1948)을 펴내기도 했다. 이처럼 1948년은 그에게 역동적인 한 해였다. 그 후 그는 월북했다.

같은 해 안호상은 『철학강론(哲學講論)』[16]을 박문출판사에서 출판했는데, 1942년 동광당서점에서 발행한 것을 보완하여 다시 펴낸 것이다. 이 저서는 제1부 서론과 제2부 이론철학으로 이루어져 있다. 1부 서론인 '철학개념의 일반규정'에서는 철학하는 것, 철학개념의 역사적 변천, 철학과 다른 학문들과의 관계(철학과 예술, 철학과 종교, 철학과 과학과 상식), 철학의 분류(이론철학과 실천철학의 관계)를 다뤘다. 2부에서는 먼저

16 안호상은 훗날 『철학강론』을 『철학개론』(증보8판)으로 책 이름을 바꾸고 실천철학을 추가했다. 1963년의 『철학개론』(증보10판)을 보면 다음과 같이 덧붙여졌다. 둘째 편: 실천철학. 실천철학과 가치. 첫째 가름: 윤리학. 윤리학의 개념규정. 이어서 그는 A. 도덕철학에서는 '가. 도(道)의 본바탕', '나. 덕(德)의 본바탕', '다. 여러 가지 윤리·도덕론(행복설, 쾌락설, 공리설)', '라. 칸트의 지상명법', '마. 의지의 자유', '바. 도덕과 법률과 관습'에 관해 각각 서술했다. B. 사회철학에서는 '가. 가족', '나. 민족', '다. 나라(나라의 본바탕, 나라의 기원, 나라의 목적)'를, C. 역사철학에서는 '가. 된 역사와 만든 역사', '나. 역사발전의 요소와 계단(ㄱ. 역사발전의 요소, ㄴ. 역사발전의 계단)', '다. 민족역사와 세계역사', '라. 역사의 목적과 뜻'을 각각 다뤘다.

이론철학의 개념규정을 논한 후, 1장 형이상학에서는 형이상학의 개념과 분류를 논하고 존재론, 우주론을 차례로 서술했다. 이 가운데 존재론은 실체와 있음의 일반개념·실체의 양·실체의 질로 나누어 서술하고, 실체의 질은 다시 질과 양의 관계·유물론·유심론·이원론·일원론으로 나누어 논했다. 우주론은 다시 변성(變成)·인과관계·기계론과 목적론으로 나눴다. 2장 인식론에서는 인식론의 역사와 개념규정, 인식의 기원, 인식의 타당성, 인식의 바탕, 인식의 대상 순으로 서술했다. 이 가운데 인식의 기원에서는 경험론·유리론(唯理論)·회의론(懷疑論)·비판론을, 인식의 바탕에서는 실재론·관념론을, 인식의 대상에서는 인식과 모사·인식의 향응대상(向應對象)과 향종대상(向從對象)·인식과 참을 각각 다뤘다. 인식의 바탕 가운데 관념론의 경우는 다시 주관적 관념론·플라톤의 관념론·칸트의 관념론으로 나누어 서술했다. 이상에서 알 수 있듯이 그 무렵에 사용된 철학 학술용어들은 지금의 그것과 크게 다르지 않다. 현대적인 견지에서 철학이 소개되고 있음을 알 수 있다.

한치진은 1948년, 『미국실용주의』라는 저서에서 제임스(William James, 1842~1910)의 『프래그머티즘(*Pragmatism*)』을 소개하는 한편, 프래그머티즘의 진리관, 프래그머티즘과 인본주의, 존 듀이의 기구론(機具論, Instrumentalism), 실러의 인간주의를 언급했다. 남가주대학에서 수년간 실러 교수의 강의를 접하면서 그 영향을 받았던 한치진은 이렇게 국내 학계에 프래그머티즘을 본격적으로 소개했다.

1948년 10월 이종우는 『철학개론』을 을유문화사에서 출판했다. 저자는 머리말에서 이 저서는 고려대에서 강술한 강의 초안에 가필(加筆)하여 모 출판사에서 간행했던 것에 다소의 증보(增補)와 수정을 가한 것이라 했다. 46판 202면으로 1편 인식론, 2편 형이상학, 3편 철학의 특수부문으로 이루어져 있는데 3편에서는 역사학도 다루었다. 결론에서는 철학개론의 임무와 철학·과학·종교를 다루었다.

이런 철학 개론서들이 출판되는 과정에 김준섭은 1949년 1월 『서양철학사』를 정음사에서 출판했다. 서론에서는 철학사와 철학, 철학사의 분류 등을 서술했다. 그는 이 책에서 고대·중세·근세철학사를 다룬 뒤 현대철학사와 연결했다. 현대철학 편에서는 신칸트학파·현상학파·생(生)의 철학·실존철학·실용주의(프래그머티즘)·소연방(蘇聯邦)의 철학 등을 다뤘다. 이 책은 국판(菊版) 308면으로 그 당시의 실정으로 보아 분량이 많은 편이었으며, 고대철학에서 현대철학에 이르는 통사(通史)로서의 서양철학사였다.

같은 해 현상윤[17]은 『조선유학사』를 민중서관에서 출판했는데, 그 내용은 서론과 결론을 포함하여 다음과 같이 17장으로 이루어져 있다.

1장 서론
2장 라여시대(羅麗時代)의 유학
3장 이조 초기의 유학
4장 지치주의(至治主義)의 유학
5장 성리학
6장 퇴율전후(退栗前後)의 일반 명유(名儒)
7장 예학(禮學) 중심의 유학
8장 모화사상(慕華思想)의 고취
9장 당쟁시대의 유학
10장 양명학의 유입과 그 배척
11장 호락학파(湖洛學派)의 분열의 원인과 대표자들, 경제학파의 출현과 풍동(風動)

17 현상윤의 호는 소성(小星), 기당(幾堂) 등이다. 평안북도 정주에서 태어나 평양육영학교, 경성보성학교를 거쳐, 1918년 와세다대학을 졸업했다. 1917년에는 조선유학생 학우회 기관지인 『학지광』의 편집인으로 활동했다. 3·1독립운동 당시에는 민족대표 48인으로 피검되었다. 1921년 중앙고등보통학교 교장에 취임했으며, 1922년에는 조선민립대학 기성준비회 조직에 참여했다. 해방 후에는 경성대학 예과 과장, 보성전문 교장, 고려대 총장을 역임했으며, 6·25전쟁 때 납북되었다.

12장 경제학파의 출현과 풍동(風動)

13장 성리학의 재연(再燃)

14장 서학(西學)의 전래와 재야 선비의 감염

15장 척사위정(斥邪衛正)의 운동발발의 정세 및 대표자

16장 근세이후 일반 유학계의 학문경향과 유학자

17장 결론

그는 결론에서 '유학이 조선 문화에 남겨 놓은 흔적 및 그 폐단'을 언급했는데,[18] 그 발자취로 '인륜도덕에 대한 것'과 '이학 곧, 철학사상에 대한 것'을 들었다. 후자와 관련된 다음의 서술은 특히 눈여겨볼 만하다(현상윤, 2008: 461-462).

> 이학(理學), 즉 유교철학의 사상에 있어서는 이조 유학의 대부분이 이것에 종사하였던 만큼 이 방면의 기록과 업적은 실로 위대한 것이라고 말하지 아니할 수 없다. 대체로 또 표면으로 볼 때는 조선 이학이라는 것이 지나 선유(支那先儒)들의 사상을 한갓 연구하고 소개하며 해석한 것에 불과하다는 느낌이 없지 아니하나, 이 가운데는 조선 유학으로서 자랑할 만한 독특한 업적이 또한 다대(多大)한 것을 우리는 기억하지 아니하여서는 불가하다. 즉 송명(宋明) 시대에 지나(支那)의 제현에게서 제창된 모든 문제를 우리는 다시 검토하고 발전시켜 한편으로는 그 유(遺)를 보하고 그 류(謬)를 지적하는 동시에, 또 타 일방(他一方)으로는 새로운 의견을 주창하고 새로운 학설을 수립한 것이 불소하다. 즉 사칠론(四七論)을 중심으로 한 이기설(理氣說)과 인물성동일론을 중심으로 한 성설(性說)이나 '심시기(心是氣)', '심즉리(心卽

18 훗날, 이상은은 그의 논문 「한국에 있어서 유교의 공죄론(功罪論) – 현상윤선생의 '유교공죄론에 대한 재평가' –」(『아세아연구』 9권 4호, 1966)에서, 현상윤이 『조선유학사』(민중서관, 1949)에서 열거한 공죄론을 조목별로 다시 검토했다.

理)' 또는 명덕설(明德說) 미발설(未發說)을 중심으로 한 심성정(心性情)의 설(說)이 다 그것들이다.

류형기(柳瑩基, 1897~1989)는 1946년, 듀랜트(William Durant)의 『철학사화(*The Story of Philosophy*)』를 우리말로 옮겨 상·하권으로 나누어 신생당에서 출판했다. 그는 일제강점기에 일본의 아오야마학원, 미국의 웨슬리언대·보스턴대·하버드대에서 공부한 뒤 귀국하여 종교교육사업에 힘써오던 사람이다. 듀랜트의 『철학사화』는 1926년에 미국에서 출판되어 당시 크게 호평을 받았고, 일본에서도 번역되어 평판이 높았다. 그 책은 다루는 내용이 많아 두 권의 번역서로 출간되었다. 상권에서는 고대로부터 칸트 이전까지, 후자는 칸트로부터 현대까지였다. 이 책은 그 후 1954년 숭문사에서 다시 발행되었다.

이런 저서나 역서들이 출판되는 학문적인 풍토에서 대학에서 학위를 취득하는 사람들도 나타났다. 김용민(金容民, 1917~?)은 1949년에 「바우흐(Bruno Bauch)의 진리론」이란 논문으로 석사학위(서울대)를 취득했다. 그 당시 우리나라에는 대학이 많지 않았고 활성화되지도 않았으므로 석사학위를 취득하는 일도 드물었다. 그는 논문에서 "진리는 가치이며, 그런 진리 가치가 여타(餘他)의 가치를 포함하면서 현실 전체를 구성하여 나가면서 삶의 목표로 이어지게 된다."라는 바우흐의 말을 인용했다.

이듬해인 1950년, 김하태(金夏泰, 1916~2007)[19]는 남가주대학(Univ. of Southern California)에서 「칸트 이후 관념론에서의 의지에 관한 학설

---

19 김하태는 연희전문 문과 졸업 후 시라큐스대에서 철학전공으로 석사학위를 취득했다. 1942년부터 샌프란시스코, LA 등에서 목회 활동을 했다. 1950년 남가주대학에서 박사학위(철학)를 취득한 뒤 1953년부터 오하이오 노던대학 철학과 교수로 재직했다. 귀국 후 연세대 교수로 재직하면서 신학대학장, 대학원장 등을 역임하기도 했다. 미국에서는 오랫동안 목사, 남가주한인회장 등을 역임하며 한인사회에서 큰 역할을 했고, 한국에서는 동양철학에 관해 연구하는 등 폭넓은 공부를 통해 신학과 철학탐구에 힘썼다.

이 로이스철학에 미친 영향(The influence of the doctrine of the will in Post-Kantian Idealism upon the philosophy of Josiah Royce)」이란 논문으로 박사학위를 취득했다. 김두헌은 1952년 서울대에서 「한국가족제도연구」로, 같은 해 김준섭은 컬럼비아대학에서 「변증법(Dialectical method)」이란 논문으로 각각 박사학위를 취득했다. 김하태는 1955년에 「비논리의 논리: 도와 헤겔(The logic of illogical: Zen and Hegel)」이란 논문을 하와이대에서 발행하는 학술지인 『동서철학(*Philosophy East and West*)』에 게재했다. 그 이후 그의 글 중 상당수는 아시아나 신학, 비교철학을 다루었다.

6·25전쟁 중이던 1953년 3월 23일에는 1950년에 납북된 현상윤에게 『조선유학사』란 저서로 박사학위(고려대)가 수여되었다. 이로써 그는 1949년에 발행된 그의 유학사상 개설서로 학문적 성과를 인정받았다. 논문이 아닌 저서로 학위가 수여된 경우는 이미 언급한 김두헌의 사례에서도 찾아볼 수 있다. 김두헌은 1949년 『조선가족제도연구』를 을유문화사에 펴냈었다. 이처럼 발행된 저서나 발표된 논문을 근거로 대학에서 학위를 수여하는 경우가 그 무렵에는 있었다.

현상윤의 『조선유학사』는 비교적 이해하기 쉽게 쓰여졌으며, 이 분야에 관한 초기 연구에 해당하는 저서였다. 휴전을 앞두고 막바지 전쟁이 치열하던 때인 같은 해 5월, 박종홍은 백영사에서 『인식논리학』을 펴내는 열정을 보이기도 했다.

2. 철학회들의 창립과 이어지는 출판물들

전쟁이 끝난 지 2개월 후인 1953년 9월 28일에는 한국철학회 창립준비위원회가 서울대학교 교무처장실에서 개최되었다. 이어서 1953년 10월 1일에는 서울대학교 문리과대학(약칭 '서울문리대') 철학연구실에서 철학을 탐구하는 학자들의 모임인 한국철학회 창립총회를 개최하고, 규약 통과 및 임원을 선출했다. 1955년 간행된 『철학』 1집에 실려 있는 한국철학회 규약을 보면 다음과 같다(174). 규약은 모두 11조로 되어 있는데 다음은 그 가운데 일부를 발췌한 것이다.

제4조 본 학회의 사업은 다음과 같다.
(1) 학보의 발행 (2) 연구발표회, 강연회의 개최 (3) 기타의 필요한 사업

제5조 본 학회의 회원 자격은 철학을 전공한 자 및 철학에 관심을 가진자로서 회원 2인 이상의 추천으로 평의회에서 그 자격을 인정한 자로 한다.

제8조 본 학회의 임원 및 임무는 다음과 같다.
(1) 회장 1인. 회장은 사무를 통할(統轄)하며 평의원회의 회장이 된다. (2) 부회장 2인. (3) 평의원 15인. 평의원은 평의원회를 구성하고 총회의 결의를 집행하며, 총회로부터 위촉받은 제반 사항을 심의결정한다. (4) 간사 약간인. 간사는 본 회의의 사무를 집행하고 회계를 장리(掌理)한다. 그중 1인은 상임으로 한다. (5) 편집위원 약간인.

제9조 회장 및 부회장은 평의원회에서 호선하여 총회의 승인을 얻는다. 평의원은 총회에서 선출한다. 간사는 회장이 위촉한다. 편집위원은 평의원회의 의결로 회장이 위촉한다. 임원의 임기는 1년으로 한다. 단 재임할 수 있다.

위의 규약에 따라 출발한 학회의 임원 명단을 보면 아래와 같다. 『철학』 1집 말미에 실려 있는 그들의 면면을 보면, 그 당시 우리나라를 대표하는 철학자들이 거의 망라되어 있음을 알 수 있다(인명 가나다순 재정리).

- 회장: 고형곤
- 부회장: 박종홍, 이종우
- 상임이사: 김기석

• 평의원: 고형곤, 권세원, 김경탁, 김계숙, 김기석, 김두헌, 김용배, 민태식, 박종홍, 이상은, 이재훈, 이종우, 정석해, 최재희, 하기락
• 편집위원: 고형곤, 김경탁, 김기석, 박종홍, 손명현, 이종우, 최재희

같은 해 10월 24일에는 한국철학회 1회 연구발표회(역(易)에 대한 연구/구본명), 11월 21일에는 2회 연구발표회(칸트와 주체성의 입장/김기석), 12월 29일에는 3회 연구발표회(자유에 관하여/손명현), 이듬해 2월 27일에는 4회 연구발표회(생명의 정의/박희성, 및 프래그머티즘의 역사관/이정훈)가 각각 열렸다. 이어서 6월 13일에는 5회 연구발표회(과학철학의 성격/김준섭), 10월 23일에는 6회 연구발표회(정치력사관 제창/김용배), 11월 20일에는 7회 연구발표회(인성문제의 초기변론/이상은)가 각각 있어 학문적인 분위기를 조성해 나갔다. 연구발표회 가운데 1회와 7회는 성균관대에서, 2회에서 6회까지는 서울문리대 강의실에서 진행되었다.

한편, 한국철학회 창립에 관한 논의가 활발하던 때인 1954년 3월 23일에는 전국 대학 및 고등학교장에게 한국철학회 창립 취지서가 발송되기도 했다. 우리나라에 학회가 많지 않던 때라 학계에 새로운 사실을 알릴 필요가 있었기 때문이다. 석사학위 취득자도 별로 없던 당대였지만, 이순종(李順種)이 「변증법연구 – 헤겔변증법을 중심으로 –」로, 최동희가 「하이데거에 있어서의 인간존재에 시공(時空)」으로 각각 석사학위(고려대)를 취득하기도 했다.

저서 출판의 경우를 보면, 김준섭은 1954년 정음사에서 출판한 『논리학』의 내용 가운데 2편에서 고급논리를 다루었는데, 이는 국내 최초로 기호논리학을 다룬 사례이다. 이처럼 그는 논리학과 과학철학 분야에 특히 관심을 두고 연구했다. 같은 해 11월, 박종홍은 백영사에서 『철학개설』을 펴냈는데,[20] 그는 이 책의 서언(序言)에서 철학에 관한 견

20 이 책은 1장 서론(1절 철학적 요구, 2절 철학적 태도), 2장 '철학하는 것'의 기반, 3장

해의 차이가 오늘날에 이론적·과학적인 태도와 실존적·형이상학적인 태도로 나뉨을 지적하면서, 이 점이 철학을 처음으로 접하는 사람들에게 혼란을 야기한다고 했다.

1955년 1월 25일에는 한국철학회 9차 평의원회에서 학술지인 『철학』을 사상계사(발행인 장준하)에서 출판하기로 하고 출판을 위촉했다. 이어서 1955년 5월 10일 『철학』지의 창간호가 발행되었다. 1935년 6월 20일 철학연구회의 철학전문학술지 『철학』이 3호로써 폐간된 지 20년 만에 한국철학회가 철학전문학술지 『철학』을 발간한 것이다. 발행 주체는 다르지만 학술지명은 같다.

이때 새롭게 창간된 『철학』 학술지에 실려 있는 논문 제목과 게재자는 다음과 같다.

- 헤겔의 청년시대 – 철학적 사색의 태동기 – / 김계숙
- 인심도심(人心道心)의 원시해석/ 이상은
- 자유의 근거/ 손명현
- 칸트와 바울 – 칸트철학의 일 통로 – / 김기석
- '휴맨'의 죄악성/ 김석목
- 정치력사관의 제창/ 김용배
- 고전논리학과 현대논리학/ 김준섭
- 역전(易傳)과 중용/ 전목(錢穆)(김경탁 역)

창간호에서 이상은은 「인심도심(人心道心)의 원시해석」이란 논문을 통해 성리학에서 중요시되는 '인심유위 도심유미(人心惟危 道心惟微)'에

주체의 일반적 모색, 4장 현실파악의 두 방향, 5장 향외적(向外的) 현실파악의 현대적 유형, 6장 인식론적 탐구, 7장 향내적(向內的) 현실파악의 현대적 유형, 8장 형이상학적 과제(1절 형이상학의 계보, 2절 '무(無)'의 형이상학과 동양사상), 9장 우리나라 선각들의 사색과 자취, 10장 결론(1절 현실의 구체적 파악, 2절 우리의 길)으로 이루어져 있다.

관한 주자의 해석을 비판하면서, 순자의 설을 인용하여 인심도심의 원초적인 의미를 밝히려 했다. 아울러 주자의 천리·인욕(人欲)의 해석은 비실제적이라고 하면서, 순자는 천리를 인욕 가운데서 구하려 했음을 지적했다(이상은, 1955: 42). 기존 학설을 일방적으로 소개하는 데 그치지 않고 이를 신선하게 비판한 이 논문은 후학들에게 시사하는 바가 크다. 그가 현상윤이 『조선유학사』의 결론에서 '유학이 조선 문화에 남겨놓은 흔적 및 그 폐단'에 관해 언급한 내용을 다시 조목조목 들어 비판한 것도 이런 맥락에서 그 의의가 크다(II부 11장 '유교공죄론' 참조). 철학에서는 건전한 비판을 통해 담론이 활성화되고, 이런 논의 과정을 거쳐 보다 확실한 앎에 이를 수 있기 때문이다.

연구발표회도 이어져 1955년 7월 3일에는 한국철학회 8회 연구발표회(아우구스티누스의 시간론/김규영), 9월 12일에는 9회 연구발표회(인간성에 관하여/김두헌), 11월 12일에는 10회 연구발표회(현대의 진리관/정석해)가 각각 열렸다.

철학서들이 출판되는 과정에 이재훈은 1955년 보문각에서 『철학과 세계관 – 철학입문 – 』을 펴냈고, 김준섭은 같은 해 정음사에서 『서앙철학사』의 초판을 584면 분량으로 크게 보강하여 펴냈는데, 8장에 과학철학을 첨가하는 등 현대철학 부문을 많이 보완했다. 그는 같은 해 박영사에서 『철학개론』도 펴냈다. 이 저서는 1946년 세계서림에서 이미 출판된 『철학개론』을 증보한 것으로, 후편에 현대철학 개관을 더해, 유럽철학계의 인상, 미국의 실용주의, 철학이란 무엇인가, 과학철학의 성격, 시맨틱스(semantics), 과학과 철학의 발달약사 등에 관해 서술했다.

김준섭이 『서양철학사』의 개정판을 펴낸 해에, 김계숙(1955)은 『근세철학사』(한성도서주식회사)를 펴내면서 철학사를 좀 더 세분화했다. 김계숙은 철학의 참다운 의미는 '철학적인 사색'에 있다고 하면서 '철학사는 철학적인 사색의 역사'라고 했다. 이어서 사색과 사상체계가 그 시대와 어떤 관계를 지니고 있고, 후세에 어떤 영향을 주었으며, 인류의 정신적·문화적인 노력과는 어떤 관련성을 지니는지를 찾아보는 것이 철학사를 서술하는 데 매우 중요하다고 했다. 그런데 학(學)으로서의 철학사의 성립은 오래지 아니하며, 특히 근세철학의 역사의 경우는 더욱 그렇다고 했다. 그러면서 근세철학사를 르네상스기의 철학에서 시작한 것으로 간주했다. 아울러 근세철학의 체계화, 계몽철학, 칸트와 독일고전철학, 19세기 말의 철학으로 나누어 서술했다(학술원, 1976: 83). 그에게서 영향을 받았는지, 그 이후의 철학자들도 근세철학을 언급할 때는 대체로 그렇게 나누고 있다. 김계숙은 같은 해 헤겔이 지은 『철학요강』 가운데 논리학 부문을 우리말로 옮겨 『논리학』이란 제목으로 민중서관에서 발행하기도 했다(II부 9장 '논리학' 참조).

한국철학회가 학회 차원에서 학술지를 발행한 데 이어 각 대학에 있는 철학과에서도 학술지를 창간했다. 고려대철학회는 1955년 9월에 국내 대학 최초로 정기 학술지인 『철학연구』를 발행했다. 『철학연구』 창간호에 실린 논문 게재자와 논문 제목은 각각 다음과 같다.

- 뮤토스와 로고스 – 생존의 모험성 – / 손명현
- 동양적 생성논리의 구상 – 형식논리와 변증법논리의 지양으로서 – / 김경탁
- 자유의 근거와 현대/ 최재희
- 윤리학의 기초문제/ 안종운
- 자아반성과 자기해방/ 김영철
- 화이트헤드의 사건 개념/ 신일철
- 싸르트르적 실존의 근본성격/ 최혁순
- 관념론/ 김영길 역
- 변증법논리 연구/ 이양기 역
- 시간성과 실체성/ 조인경 역

이듬해인 1956년 4월 28일에는 한국철학회 11회 연구발표회(하르트만

의 자유의지론/최재희)[21]가 있었다. 같은 해 6월 1일 한국철학회에서는 『교양과 철학』이란 저서를 대동출판사에서 펴냈다. 여러 철학자들이 분야별로 각각 서술한 것을 엮어서 펴낸 책인데 그 차례는 다음과 같다.

- 철학을 뜻하는 사람에게 주는 글/ 고형곤
- 철학은 무엇을 연구하는 학문인가?/ 박종홍
- 철학과 인생/ 김기석
- 철학과 종교/ 김도암
- 철학과 과학/ 박익수
- 철학과 교육/ 임한영
- 철학과 미학/ 장 항
- 과학적 세계관과 인생관의 구조/ 김용배
- 세계관과 인생관/ 최재희

서양철학 개관

- 고대희랍에 있어서의 학문의 기원/ 손명현
- 중세철학사조/ 박갑성
- 근대철학/ 김근숙
- 실존철학/ 박상현
- 과학철학/ 김준섭

동양철학 개관

- 공맹노장의 도관(道觀)과 논리사상/ 김경탁
- 성리학의 성립과정/ 이상은
- 퇴계와 율곡의 사상/ 한상갑

---

21 최재희는 그 후 같은 해인 1956년 10월 「자유의지론의 한 타입 – 하르트만의 존재론적 방법에 입각한 – 」을 『서울대 논문집(인문사회과학)』 4집(203–250)에 게재했다(II부 11장 '자유/자유의지' 참조).

종교와 사상

- 인도철학에 대하여/ 김동화
- 노장사상이라는 것은 무엇인가?/ 구본명
- 기독교사상의 특색/ 김석목

이처럼 이 책은 그 당시 영향력이 있는 철학자들을 망라하여 그들의 주된 관심사나 그들이 의뢰받은 분야를 다룬 개론서다. 철학에서의 방법론, 형이상학, 인식론, 윤리학 등의 구분이 없어 그 구성에서 아쉬운 점이 보인다. 체계적인 저서는 아니지만 그 당시 각 분야 주전공자들의 글이 많이 실린 만큼 나름대로 눈여겨볼 만하다.

1956년 5월, 박종홍은 『지성의 방향』을 박영사에서 출판했는데, 그가 그동안 써왔던 글들의 모음집이다. 같은 해 9월에는 신일철이 고려대에서 「화이트헤드(A. N. Whitehead)의 유기체의 철학」이란 논문으로 석사학위를 취득했다.

한국철학회의 학술지인 『철학』 2집[22]은 창간호가 발행된 지 2년 후인 1957년 7월 20일에 발행되었다. 2집의 말미를 보면 상임간사는 김준섭, 간사는 유승국·최동희·이영구로 되어 있고, 평의원은 고형곤·박종홍·이종우·박희성·구본명·이재훈·김용배·안용백·김경탁·정석해·최재희·이상은·김준섭·김기석·민태식으로 되어 있다. 편집위원회에 관한 서술이 없어 궁금하다. 2집에는 한국, 중국과 관련된 논문들, 실존철학에 관한 논문들이 수록되었다. 그 무렵 독일 하이델베르크 대

22 『철학』 2집에서의 논문 제목과 게재자는 아래와 같다.

- 고대중국의 자연고(考) – 정신과 자연의 일치의 양상을 희랍적 세계와 비교하여 논함 – / 조가경
- 실존의 자유 – 사르트르의 입장을 극복하면서 – / 박상현
- 동양적 인간관/ 구본명
- 이기설(理氣詠) – 율곡선생이 우계(牛溪)에게 보내는 시 – / 김경탁
- A study of the political interpretation and materialistic interpretation of history/ Yong bae Kim

학에서 학위를 취득한 조가경(曺街京, 1927~2022)의 논문도 보인다. 그는 폭넓게 철학을 탐구한 학자에 속한다.

이듬해인 1958년 11월에 고려대철학회에서는 『철학연구』 2집[23]을 발행했다. 창간호가 발행된 지 3년 후의 일이다. 여기에 김경탁(金敬琢, 1906~1970)은 「생성철학의 구성」이란 논문(7-17)을 발표했는데, 그는 그 논문에서 생성의 문제를 부각시켜 새로운 철학체계를 구성하려 했다. 그는 모든 현상 속에서 '된다(become)'는 사실의 보편성을 직관을 통해 파악했다. 그는 생성철학의 논리로서 'A는 비(非)A로 된다'는 직관방법을 눈여겨보면서 이를 관상법(觀象法)이라 이름 붙였다. 이어서 그는 1964년 12월에는 「생성철학적 재구성(I)」을, 1965년에는 「생성철학적 재구성(II)」를 각각 『중국학보』 2집(1-15)과 3집(83-105)에 각각 중국어로 발표해서, 중국 학자들도 읽을 수 있게 했다.

이처럼 그는 생성철학의 체계를 세우려는 철학적인 견지에서 구체적인 적용과 확대를 더욱 시도했다. 우주의 근원을 '생명'으로 보고, 모든 것을 생명의 끊임없는 생성과정으로 파악하고, 이를 철학적으로 해명해 보려고도 했다. 생성철학과 관련된 형이상학에서는 생성자를 단위요소로 분석하는 것이 아니라 생성 자체를 드러내야 한다고 주장했다. 그는 생성의 직관적인 파악을 강조하면서, 생성의 논리를 'A는 비A로 된다'(A becomes non A.)로 보고, 발생·성장·쇠멸로 그 원형을 제시했다. 이처럼 그는 철학방법론에서 새로운 면을 제시했다(II부 7장 '방법

---

23 『철학연구』 제2집에서의 논문 제목과 게재자는 각각 아래와 같다.

- 생성철학의 구성/ 김경탁
- 공(空)의 개념에 대하여/ 김동화
- 논리실증주의/ 손명현
- 실존적인 경험/ 최동희
- 감동주의적 윤리설은 주관주의인가?/ 김영철
- 화이트헤드의 자연관/ 신일철
- 열반(涅槃)의 원시적 의의/ 한기두

—북·레뷰—

- B. Russell, *Introduction to mathematical philosophy*/ 강창희

론' 및 8장 '형이상학' 참조).

철학 관련 저서 출판도 이어져 김준섭의 경우, 1958년 4월에는 『실존철학』을, 7월에는 『현대철학』을 정음사에서 각각 출판했다. 전자는 실존철학 분야에 관해 우리나라에서 출판된 최초의 단행본으로 여겨진다. 이를 통해 그의 폭넓은 탐구 활동을 엿볼 수 있다. 후자는 현대철학에 관한 그의 논문집인데, 1부는 현대철학 일반, 2부는 연구방법론과 논리, 3부는 인식론, 4부는 실천철학을 다루었다. 모두 23편의 글들로 이루어져 있는데, 1부에는 듀이의 기구주의, 과학철학의 전망, 실용주의, 지성의 방향이, 2부에는 과학적 방법, 논리적 법칙의 선출방법, 듀이의 논리가, 3부에는 인식의 근거, 수학의 근거, 기술주의, 진리문제가, 4부에는 민주주의, 학문과 자유, 자유의 현상학 등의 글들이 각각 담겨 있다. 한편, 같은 해 7월, 서동익(徐同益)은 「칸트 후계자들의 형이상학적 추론 문제(Das Problem der metaphysischen Deduktion bei Kants Nachfolgern)」란 논문으로 독일 하이델베르크대학(Heidelberg Univ.)에서 박사학위를 취득했다.

박종홍은 1959년 5월, 『서울대 논문집(인문사회과학)』 8집에 「부정에 관한 연구」를 게재했는데, 이 논문은 인간의 지속적인 창조성을 강조했다. 그가 1960년에 취득한 박사학위논문(서울대)의 제목이기도 하다. '부정성의 자각'에 더해 일신우일신(日新又日新)을 지향하는 논문으로 그는 이를 하늘의 뜻과 합일하는 것으로 파악했다(II부 11장 3절 '부정의 적극적인 면' 참조).

이 시기에는 김계숙·김준섭·박종홍의 저술 활동이 특히 활발했다. 김계숙의 경우는 1955년 한성도서에서 『근세철학사』를 출판한 데 이어, 1959년에는 일조각에서 『현대철학사조』를 출판했다. 그는 『현대철학사조』에서 유물론, 생의 철학, 영국의 신실재론, 프래그머티즘, 실존철학 등을 관련 학자들의 견해를 중심으로 서술했다. 끝으로 헤겔 부흥과 함께 현대철학의 전망 특히 그 고민과 과제에 관해 언급했다. 같은 해 12월, 그는 『헤겔연구』(일조각)를 출판했다. 이 책에서는 특히 헤겔의 청년시대에 주목하면서, 이제까지의 헤겔철학 연구가 논리주의 해석에 치우쳐 있음을 비판하고 '생(生)의 사상'의 중요성을 강조했다. 이어서 그는 1960년에 펴낸 『서양철학사』(일조각)에서 철학사를 자유정신에 근거한 것으로 파악했다. 그는 이 책에서 희랍의 자연철학·아테네의 철학·헬레니즘 시대의 철학·근세철학인 경험론·이성론·독일고전철학·현대철학 순으로 서술하면서, 서양에서의 철학 흐름을 통사로 엮었다. 19세기 말 철학에서는 유물론을 중심으로 다뤘고, 현대철학에서는 현상학·생의 철학·신실재론·프래그머티즘·실존철학·과학철학 등을 다뤘다.

한국철학회에서는 1959년 9월 5일 서울대 교수회관에서 우리나라를 방문한 후크(Sidney Hook) 교수와 '현대철학의 동향'이란 제목으로 좌담회를 개최했다. 그 이후로도 이처럼 외국의 철학자들을 초청하여 강연을 듣는 등 교류의 폭을 넓히는 일이 종종 있었다. 이어서 9월 26일에는 한국철학회 20회 연구발표회(시간에 관한 고찰/김형석)가, 12월 5일에는 21회 연구발표회(상고 우리의 사상과 신앙/안호상)가 각각 있었다. 김태길[24](金泰吉, 1920~2009)은 같은 해 9월, 『학술지』(건국대학술원) 1집에 「도덕판단의 객관성 – 무어의 저서 『윤리학』에 관하여 – (The objectivity of moral judgements – On *the Ethics* by G. E. Moore –)」이란 논문을 발표했고, 1962년에는 「자연주의와 감동주의 – 도덕판단의 제 양상 – (Naturalism and emotivism – Some aspects of moral judgements –)」란 논문으로 미국 존스홉킨스대학(Johns Hopkins Univ.)에서 박사학위를 취득했다. 해방 후 김하태가 남가주대학에서 로이스(Josiah Royce)와 관련된 인물 중심 연구로, 김준섭이 컬럼비아대학에서 논리학 분야인 변증법에 관한 연구로

24 김태길은 충북 충주에서 태어나, 도쿄대 법학부 2년을 수료한 뒤 해방 후 서울대 철학과와 대학원을 졸업하고, 1962년 존스홉킨스대학에서 박사학위를 취득했다. 서울대 교수, 학술원 회장 등을 역임했다. 주저인 『윤리학』 외에 『존 듀이의 사회철학』 등이 있다. 주로 수필과 관련된 저서나 글을 많이 남겨 김형석·안병욱과 더불어 대중에게 친숙한 철학자다.

학위를 취득한 데 이어, 김태길은 윤리학 분야에서 학위를 취득한 것이다. 한편, 박종홍은 1959년 백영사에서 『철학적 모색』을 출판했다. 이 저서는 그가 수년 전에 펴낸 『지성의 방향』에 10편의 글을 새로이 더한 것이다. 그는 이 책에서 '건설의 이론'을 철학적으로 다듬어 '창조의 논리'를 밝히고자 한다고 했다.

한국철학회에서 주최하는 연구발표회도 이어져 1960년 4월 17일에는 22회 연구발표회(칸트와 충족이유율의 관계/서동익 및 율곡의 성리학에 관하여/유승국)가, 6월 26일에는 23회 연구발표회(토미즘(Thomism)에 있어서 유개념/김규영 및 Dasein과 Sosein/전원배)가 각각 있었다. 같은 해 9월 17일에는 독일 횔첸(E. Hölzen) 교수의 '하이데거와 형이상학'이란 강연이 있어, 하이데거 철학사상에 관심이 큰 우리나라 학자들의 주목을 받았다. 한편, 김준섭은 1961년 3월에 창신문화사에서 펴낸 『철학의 제문제』에서 철학이 다루어야 할 것들을 폭넓게 아울렀다.[25] 철학도뿐만 아니라 비전공자들의 관심도 끄는 책이었다.

해외에서 학위를 취득한 사람들도 이어져, 임석진(林錫珍)은 1961년 7월 「헤겔의 노동 개념. 『정신현상학』 해설 시론(Der Begriff der Arbeit bei Hegel. Versuch einer Interpretation der Phänomenologie des Geistes)」으로 독일 프랑크푸르트대학(J. W. Goethe Univ. Frankfurt)에서 박사학위를 취득했다.

서울문리대 재학 중 미국에 유학하여 프린스턴대학(Princeton Univ.)에서 공부하던 김재권(金在權, 1934~2019)은 1962년 「사회과학과 역사학에서의 설명(Explanation in social and historical sciences)」이란 논문으로 박사학위를 취득했는데, 지도교수는 헴펠(C. G. Hempel)이었다. 헴펠은 과학에서의 설명 유형들을 제시한 학자로 현대 과학철학계에 큰 영향을 준 인물이다. 특히 그의 D-N형 설명(deductive-nomological explanation)은 널

25 책의 목차는 1장 사색의 문제, 2장 인식론의 문제, 3장 형이상학의 문제, 4장 윤리의 문제, 5장 예술의 문제, 6장 종교의 문제, 7장 과학의 문제, 8장 사회의 문제, 9장 역사의 문제, 10장 언어의 문제, 11장 세계관의 문제, 12장 인생관의 문제, 13장 현대철학 사조의 문제로 되어 있다.

리 알려진 과학에서의 설명형으로 그 설득력 또한 높다.

한국철학회는 1963년 5월 30일에는 문교부로부터 학회등록 허가(문교부 고시 제142호)를 받았으며, 같은 해 8월 27일에는 중고등 도의(道義) 교육에 관한 건의서를 당국에 제출하기도 했다. 10월 27일에 있었던 연구발표회에서 천옥환은 「흄(D. Hume)에 있어서 경험적 일반 명제의 성질」을, 조가경은 「구미 철학계의 현상」을 각각 발표했다. 이재훈은 『유전하는 인간』(일조각)이란 책을 펴냈다.

한편, 글쓰기에서 안호상의 한글 사랑은 세월이 지남에 따라 더욱 뚜렷해지는데, 1963년의 증보 10판 『철학개론』에서는 '들론', '첫째편', '첫째가름', '있음론', '됨', '앎', '앎과 참', '나라', '뜻' 등의 낱말을 사용한다. 이는 그가 그 이전에 사용했던 서론, 제1부, 1장, 존재론, 변성, 인식, 국가, 의미 등에 각각 해당한다. '관념론'은 '이데알리스무스(Idealismus)'로 바꾸어 표기했다. 이런 경향은 이규호(李奎浩)의 글에서도 많이 나타난다.

이 무렵 철학계에서는 또 하나의 철학 모임이 태어났는데, 철학연구회가 그것이다. 철학연구회는 철학연구에 관한 박종홍 교수의 뜻을 이어받아 철학을 연구하고 회원들의 친목을 도모하고자 1963년 8월 19일에 창립되었다. 처음에는 박종홍 교수의 문하생들이 중심을 이루었으나 점차 전국적인 학회로 발전해, 한국철학회에 이어 우리나라의 또 다른 대표적인 철학회가 되었다.

철학연구회는 1964년 4월 1차 연구발표회를 개최한 이래 해마다 봄과 가을에 연구발표회를 개최했다. 철학연구회는 1963년 10월 15일에는 『열암 박종홍박사 환력기념논문집』을 발행한 바 있는데,[26] 이 책은

26 논문과 게재자는 다음과 같다.

- 헤겔 『법철학강요』의 한 비판/ 최재희
- 함축의 의미의 분석/ 김준섭
- 네오 토미즘에 있어서의 존재개념/ 김규영
- 칸트와 물자체의 문제/ 서동익

여러 분야를 다룬 논문들로 엮어졌다.

이런 상황에서 철학연구의 중앙 편중을 완화시키는 한편, 철학을 연구하는 회원들 간의 친목을 위해, 한국칸트학회가 1963년 11월 9일 경북대에서 창립되었다. 한국칸트학회는 그 이듬해인 1964년 4월 20일에 논문집 『철학연구』 1집을 형설출판사에서 발행했다. 창간호에 실린 논문 게재자와 발표된 논문은 각각 다음과 같다.

- 칸트와 현대철학/ 한명수
- Die Kritik Kants Schematismus/ 최일운
- 칸트와 변증법/ 장만용
- 인간과 역사/ 한명수
- 분석철학의 방법론/ 소흥렬
- 하르트만(Nicolai Hartmann)에 있어서의 가치표(價値表)의 법칙성/ 민동근
- 하르트만의 Ontologie에 있어서의 Kategoriensystem의 문제/ 하기락

위의 학술지 창간호 가운데 한명수(韓明洙)는 「칸트와 현대철학」이란 논문에서 '자유 없는 이성', '이성 없는 자유'를 모두 비판함과 동시에, '이성도 자유도 함께 비판하는 자유로운 이성의 활동'을 주장하면서, 칸트의 비판 정신은 이런 점에서 역사를 초월하여 빛날 것이라고 했다. 칸트학회에서 발행한 창간호의 첫 논문에 어울리는, 학회의 특성을 엿볼 수 있는 글이다.

- 씸볼·씸볼리즘 – 의미의 세계/ 최명관
- E. Husserl에 있어서의 객관성/ 한전숙
- B. Russell의 NeoRealism/ 김병규
- 공준의 완전성과 범주성/ 이태윤
- 하이데거의 논리학에 대한 물음/ 조가경
- 희랍자연철학자들의 신관/ 조요한
- 논리의 객관성을 위한 소고/ 정진

한편, 한국철학회의 경우 1965년 6월 6일에는 27회 연구발표회(칸트의 존재사유/서동익 및 동학연구/최동희)가, 같은 해 10월 31일에는 30회 연구발표회(한국 고유의 도의원리의 특수성/안호상 및 한국도의의 당면과제/김두헌)를 각각 개최했다. 이처럼 한국철학회는 꽤 오래 학술지 발행 없이 연구발표회 중심으로 운영되었다. 학회의 학술지인 『철학』의 발행이 이어지지 못한 상태에서 말이다.

연세대 졸업 후 예일대(Yale Univ.)에서 공부하던 승계호(承啓浩, 1930~2022)는 1965년 「칸트의 선험논리(Kant's transcendental logic)」로 박사학위를 취득했다. 독일이 아닌 미국에서 칸트의 학설을 연구해 학위를 취득한 것이 이채롭다. 그에게서 엿볼 수 있는 그런 경향은 그 후에도 곳곳에서 발견된다. 니체와 관련된 연구에서도 말이다.

이 무렵에 발행된 대표적인 저서로는 김태길이 펴낸 『윤리학』(박영사, 1964)을 들 수 있다. 이 책은 1부인 고전윤리학의 제유형과 2부인 현대윤리학의 제유형으로 이루어져 있다. 1부는 다시 1장 윤리학의 과제, 2장 고전윤리학의 세 유형, 3장 형이상학적 윤리설, 4장 자연주의적 윤리설, 5장 직각론적 윤리설로 나뉜다. 2부는 6장 윤리학적 회의론과 현대윤리학의 과제, 7장 직각론적 윤리설의 새로운 시도, 8장 자연주의 윤리설의 새로운 시도, 9장 분석철학에 입각한 윤리설들, 10장 결론으로 되어 있다. 이 가운데 9장에서는 이모티비즘(emotivism), 절충적 이모티비즘, 일상언어학파의 윤리학에 관해 서술했다. 이처럼 이 책은 기존에 출판된 윤리학 관련 저술들에 비해 현대적인 관점에서 쓰여졌다.

1965년, 한국칸트학회는 『철학연구』 2집[27]을 형설출판사에서 발행

27 논문과 게재자는 다음과 같다.

- Aspekte der gegenwärtigen Deutschen Philosophie/ O. F. Bollow
- Heidegger에 있어서의 역사성과 존재역사의 문제/ 한명수
- 『순수이성비판』의 비판/ 최일운
- 비판전기 Kant의 천체이론/ 허재윤
- Zeit und Bewusstsein/ Friedrich Kümmel
- Nicolai Hartmann의 윤리적 가치에 관한 연구(其一)/ 민동근

했다. 2집은 창간호에서 그랬듯이 칸트와 관련된 연구 외에 하르트만과 관련된 논문들이 곳곳에서 발견된다. 이처럼 1집과 2집에선 칸트나 하르트만 관련 논문이 많다. 한국칸트학회는 회원의 확대와 게재될 논문의 다양성을 위해 1965년 10월 31일에는 학회 이름을 한국칸트학회에서 한국철학연구회로 바꾸고, 1966년 5월에 『철학연구』 3집을 발행한데 이어 같은 해 12월에는 4집을 발행했다. 그리고 1967년 10월에는 5집을 같은 출판사에서 발행했다.

1963년 8월에 창립되어 활동하던 또 하나의 철학전문학회인 철학연구회도 창립된 지 거의 3년이 되어 가던 1966년 5월 20일에 『철학연구』[28] 1집을 발행했다.

철학연구회의 학술지도 그 이름이 『철학연구』였는데, 1955년 9월에 고려대 철학회가 간행한 『철학연구』, 1964년 4월 한국칸트학회가 간행한 『철학연구』와 더불어 또 하나의 『철학연구』라는 학술지가 태어나게 되었다. 1963년에 창립된 철학연구회의 경우, 1933년에 창립된 철학연구회와는 학회의 이름은 같더라도 학술지 이름은 다르다. 학술지 이름이 『철학』이 아니라 『철학연구』이다. 1966년 철학연구회에서 발행한 『철학연구』 창간호에 실린 논문 게재자와 제목은 다음과 같다.

- 하이데거에 있어서의 존재와 시와 신/ 이영춘
- 감각과 신체/ 한전숙
- 헤겔에 있어서 무한판단의 문제/ 이석윤
- 귀납추리의 정당화에 관한 고찰/ 이초식

- Max Scheler와 N. Hartmann에 있어서의 가치의 서열문제 / 조희영

28 학술지의 이름이 『철학연구』인 것은 1955년 고려대철학회에서 발행된 것을 시작으로, 1964년 한국칸트학회(훗날 대한철학연구회를 거쳐 대한철학회로 학회명 변경)에서 발행된 것, 1966년 철학연구회에서 발행된 것 등이 있다. 유사한 경우로 학술지의 이름이 『철학』인 것은 1933년 7월 17일 철학연구회에서 발행한 것, 1955년 5월 10일 한국철학회에서 발행한 것이 있다.

• 트락타투스(Tractatus)의 중심사상/ 이명현

같은 해 최재희(崔載喜, 1914~1984)[29]는 『헤겔의 철학사상』을 정음사에서 출판했다. 이 책은 헤겔의 사회철학과 역사철학에 관한 연구로 되어 있는데, 1편과 2편 가운데 2편은 그의 학위논문이다. 그는 1965년 「헤겔 『법철학강요』 비판」으로 박사학위(서울대)를 취득한 바 있다. 2편은 머리말에 이어 1장 헤겔 법철학강요의 성격, 2장 추상적 법, 3장 도덕성의 문제, 4장 인륜적 생활, 5장 세계정신, 6장 이성적=현실적 또는 현실적=이성적이란 명제 그리고 맺는말로 이루어져 있다.

외국 철학자들의 초청 강연회나 국내 철학자의 해외 발표도 이어져 1966년 9월 30일에는 울리히(Robert Ulich) 박사의 강연회가, 같은 해 12월 3일에는 볼노브(O. F. Bollnow) 교수의 강연회가 각각 있었는데, 후자의 경우 발표 제목은 '시와 철학의 사이'였다. 다른 한편, 서동익은 같은 해 10월 22일 국제철학회에 참가하여 '데카르트 이후의 신 존재 가능성의 문제의 귀추'를 발표했다. 같은 해 12월에는 한국철학연구회에서 『철학연구』 4집을 발행했다.[30]

---

29 최재희는 1946년 서울대 강사를 거쳐 1947년 고려대 철학과 교수가 되었다. 1952년 이래 서울대 교수로 재직하다가 1979년 퇴임했다. 1965년 서울대에서 박사학위를 취득했다. 가치윤리학을 비롯해 폭넓게 철학을 탐구했다. 50~60대에는 독일근대철학을 중심으로 사회철학과 역사철학에 관심을 두면서 연구했다. 서양철학이나 서양사상의 주체적인 수용을 강조한 철학자다. 한국휴머니스트 회장, 한국철학회 회장, 대한민국학술원 회원을 지냈다. 여러 방면에 걸쳐 20여 권의 저서와 역서를 펴냈고, 많은 논문을 남겼다. 저서로는 『사상과 자유』·『사회철학』·『역사철학』·『칸트의 순수이성비판연구』·『헤겔의 철학사상』 등이 있다.

30 논문과 게재자는 다음과 같다.
- 칸트의 목적론/ 최일운
- 칸트철학의 존재론적 해석/ 장용만
- 명철한 사고를 위한 의미론적 분석/ 소흥렬
- 노자고석(老子古釋)의 검토/ 김충렬
- 자연의 범주체계(其 二)/ 하기락
- Heidegger의 신의 문제(1)/ 이영춘

3. 확대되는 철학영역

이 무렵 재미철학자인 김재권은 심리철학 분야를 중심으로 국제학술지에 여러 편의 논문들을 게재해 주목을 끌었다. 그는 1966년「심신동일론(On the psycho-physical identity theory)」(*American Philosophical Quarterly,* 3(3))을 게재한 데 이어, 1967년에는「동일론 논리(The logic of the identity theory)」(*The Journal of Philosophy,* 64(17))를, 1968년에는「마음에 관한 심신법칙과 이론(Psychophysical laws and theories of mind)」(*A Swedish Journal of Philosophy and Psychology*)과「환원, 대응, 동일성(Reduction, correspondence, and identity)」(*The Monist,* 52(3)) 등을 발표하면서 국제철학계에 큰 관심을 불러일으켰다.

철학연구회에서는 1967년 6월 17일『철학연구』2집[31]을 발행했고, 한국철학회에서는 같은 해 8월에 볼노브가 지은『현대철학의 전망』을 발행하기도 했다. 이어서 한국철학회에서 주관하는 연구발표회가 같은 해 11월 14일 있었는데, '한국유교와 다산학'(이을호), '칼바르트(Karl Barth)의 신(信)의 이해와 철학과의 대화'(박순경), '로고느(Logos)와 니소스(Nisus)로서의 존재와 일이이(一而二)며 이이일(二而一)인 이치와 기운으로서의 율곡의 이기'(전두하)에 관한 발표였다. 이어서 1968년 11월 8일과 1969년 5월 17일에도 각각 발표회가 있었는데, 1968년 연구발표회에서는 '혜강(惠崗)사상에 있어서 감각에 관한 일 고찰'(한단석), '칸트의 관념론 반박에 관하여'(정진), '구미철학계의 동향에 관한 소감'(조가경)이, 1969년 발표회에서는 '마르셀(G. Marcel)에 있어서 존재와 감

---

31 논문과 게재자는 다음과 같다.
- 칸트의 인간학/ 김두헌
- Heidegger의 '존재'와 율곡의 '이기'와의 비교/ 전두하
- 정신의 창조적 자기소외에 관하여/ 윤노빈
- 법·명령·논리/ 심헌섭
- (서평) Kurt Baier, *The Moral Point of View*/ 최명관

각의 변증법'(김형효), '화이트헤드의 신관(神觀)'(민경석), '팔메니데스(Parmenides): 형이상학의 단초'(박홍규)에 관한 발표가 있었다.

철학연구회는 1968년 11월에 『철학연구』 3집을 발행했는데 박종홍 교수 정년퇴임 기념호이기도 하다.[32] 같은 해 박종홍은 『한국의 사상적 방향-그 몇 가지 고찰-』(박영사)을 펴냈다. 한국사상에 관한 그의 견해를 정년 퇴임에 즈음하여 펴낸 책이다.

그 이듬해인 1969년 9월 이상은은 『아세아연구』 12권 3호에 「한국사상사를 논함」을 게재했는데, 그는 한국사상사 서술에 나타나는 문제점들로 자료 문제, 사료의 감정·감별 문제, 고유사상과 주체성의 문제, 고전의 현대화 문제 등을 지적했다. 아울러 완전한 한국사상사에 관해 언급하는 가운데, '사상사는 철학사와 일치하지 않으며', '공정한 한국사상사가 되어야 하며', '한국사상사는 한국문화사가 아님'을 뜻한다고 했다.

한편, 이 무렵 재미철학자인 승계호는 1969년 『칸트의 선험논리(*Kant's Transcendental Logic*)』를 미국에서 출판했다. 선험논리에 관한 그의 관심이 담겨 있는 책으로, 그의 박사 논문에 기초한 것이다.

한국철학회의 경우, 1957년 『철학』 2집을 발행한 이래 한동안 학술지를 출판하지 못했는데, 12년 만인 1969년 11월 1일에 다시 학술지를 출판하여 그 전통을 이어 나갔다. 『철학』 3집이 발행된 것이다. 다시 학술지가 발간하기까지는 당시 한국철학회 회장단(회장: 최재희, 부회장: 김규영·이석희)의 역할이 컸다. 속간된 『철학』 3집에 실린 논문과 게재자는 다음과 같다.

---

32 『철학연구』 3집의 논문과 게재자는 다음과 같다.
- Kant의 '관념론 논박'에 관하여/ 정진
- Das Problem des Anfangs bei Hegel/ Sok Yun Rhie
- Heidegger에 있어서 '행'의 개념/ 신오현
- 성선설 연구/ 신동호

• 직관과 추상/ 조가경
• 인간의 유한성과 오류가능성에 대한 해석/ 김형효
• 화이트헤드의 3성론적 유한신관과 그 문제점/ 민경석
• 라이프니츠의 보편기호법의 사상과 역(易)의 논리/ 김용정
• 논어고금주(論語古今註)의 수사학(洙泗學)적 고찰/ 이을호
• (서평) Jurgen Habermas, *Erkenntnis und Interesse*/ 이규호

한국철학회에서 발행하는 『철학』이 12년 만에 다시 발행된 관계로, 한국철학회보다 늦게 창립된 철학연구회에서 발행하는 『철학연구』와 거의 비슷한 발행 호수[誌齡]를 지니게 되었다. 이런 경향은 그 후 상당히 오랫동안 지속된다. 이런 상황 속에서 철학연구회는 1969년 11월 20일에 『철학연구』 4집[33]을 발행했다. 『철학연구』 4집에서는 철학에서 중요한 개념인 '진리'를 문제 중심으로 접근한 손명현(孫明鉉)의 논문이 눈길을 끈다. 교육사상이나 교육철학에 관한 논문도 실려 있다. 4집에는 서동익의 「제14회 국제철학회의 참가 보고」도 게재되어 있다.

1969년, 최재희는 칸트의 『순수이성비판』을 우리말로 옮겨 출판(동아출판사)했다. 그는 이미 1957년에는 칸트의 『실천이성비판』을 우리말로 출판(청구출판사)한 바 있다.[34] 1974년에는 이석윤(李錫潤)이 『판단력비판. 부(附) 판단력비판 제일서론(第一序論)』을 번역함에 따라, 이른바 칸트의 3대 비판서가 모두 우리말로 옮겨졌다. 이런 책들은 1956년 박

33 『철학연구』 4집의 논문과 게재자는 다음과 같다.
· 존재현전(存在現前)으로서의 자연/ 고형곤
· 진리의 문제/ 손명현
· Aristoteles와 형이상학의 문제/ 조요한
· Heidegger철학의 형성과정(상)/ 소광희
· Wille zur Macht의 구조적 고찰/ 이영호
· 정다산의 교육사상/ 이을호
· 율곡사상의 교육철학적인 고찰/ 정진두

34 그 후 최재희는 『순수이성비판』과 『실천이성비판』을 박영사에서 1972년, 1974년에 각각 다시 출판했다.

종홍과 서동익이 번역한 『형이상학서론』(한국번역도서), 1970년에 정진(鄭鎭)이 옮긴 『도덕철학원론』(을유문화사)과 함께 칸트의 철학사상을 공부하는 데 길잡이 역할을 하는 번역서들이다. 이처럼, 일제강점기와는 달리 칸트에 관한 연구가 활발해져 철학에서의 담론을 폭넓게 하는 데 기여했다. 한학자이면서 유학자인 석정 이정직이 20세기가 시작될 무렵 128쪽에 달하는 「강씨철학설대략(康氏哲學說大略)」을 서술한 지 60여 년이 지나, 칸트에 관해 제대로 알 수 있는 토대가 비로소 마련된 것이다.

한편, 한국철학회는 1970년 11월 5일에 『철학』 4집[35]을, 철학연구회는 같은 해 11월 10일에 『철학연구』 5집[36]을 각각 발행했다. 박종현의 「희랍인들의 탐구정신의 전개과정」은 희랍철학이나 그 후 철학의 흐름을 파악하는 데 도움을 주는 논문이다. 『철학연구』 5집에 실린 6편의 논문들 가운데 3편이 헤겔과 관련된 논문들이다. 김계숙이 작성한 「헤겔 탄생 200주년 기념 국제대회 참가보고」도 실려 있어 헤겔연구에 관한 그의 지속적인 관심을 엿볼 수 있다.

손명현이 1969년 『철학연구』(철학연구회) 4집에서 「진리의 문제」를 다뤄 주목을 끌었듯이, 최동희는 다음 해인 1970년에 '한국사상이 있는지에 관해' 물음을 제기하면서 글을 써서 관심을 끌었다. 이상은이

---

35 『철학』 4집의 논문과 게재자는 다음과 같다.
- 루이 라벨(Louis Lavelle)의 철학에 있어서 '존재의 긍정'이 지니는 의미/ 김형효
- 『정신현상학』에 있어서의 종적 소외/ 전두하
- B. Russell의 수리철학/ 이초식
- 황노학(黃老學)의 사적 의의와 성격에 대한 고찰/ 유남상

36 『철학연구』(철학연구회) 5집의 논문과 게재자는 다음과 같다.
- 헤겔에 있어서의 '생'의 문제/ 김계숙
- Confucianism and Korean Social Structure/ Seung Kook Lew
- 『정신현상학』의 횡적 소외/ 전두하
- 희랍인들의 탐구정신의 전개과정/ 박종현
- Wittgenstein과 본질철학의 종언/ 김여수
- Aristoteles의 De Anima에 전개된 인식의 문제/ 김완수
- Hegel의 종말론/ 김희준

1년 전 『아세아연구』에 「한국사상사를 논함」을 발표한 것과 더불어 말이다. 최동희는 『고대문화』(고려대) 11집에 게재한 「한국사상 연구의 과제」에서, '한국사상이 무엇일까?'를 묻기에 앞서 '한국사상이 실질적으로 있을까?'를 물었다. 그러면서 그 대답으로 고유의 원시사상만이 아니라 유교·불교·도교와 같은 외래사상이라도 한국의 역사를 통해 한국인의 생활을 이끌어 가는 것이라면 한국사상이 될 수 있다고 했다. 이런 사상도 한국인의 사상적 소질에 의해 표현된 것이며, 한국사상의 연구 과제는 한국사상의 주체적인 전개과정을 밝히는 것이라 했다. 이어서 외래사상들도 한국인에게 받아들여지면 우리 자신의 시대와 환경에 따라 그 모습을 나타내는 것이라 했다.

한국철학회에서는 1971년 3월 13일에 외국 학회 및 대학에 『철학』 4집을 26권이나 항공으로 보냈는데, 한국철학계의 세계화를 위한 시도로서 긍정적으로 여겨진다. 같은 해 4월에는 『철학』 5집[37]이 발행되었다. 총 6편의 논문들 가운데 영어, 독일어, 프랑스어로 작성된 논문도 각각 1편씩 게재되어 이채롭다. 국내에서 간행된 학술지에서 최초로 나타나는 특이한 편집 경향이다. 이는 세계로 향하는 한국 학술지의 기운을 엿볼 수 있는 것이기도 한데, 5집에 이어 6집, 7집에서도 그런 모습이 나타났다. 하지만 이런 경향이 장기적으로 이어지지는 못했다. 현실적인 측면에서 보면, 국제어의 역할을 하는 영어로 된 논문은 세계 학계에서 통용되는 반면, 영어 이외에 다양한 외국어로 쓰여진 논문은 논문을 이해할 수 있는 학자 층이 엷은 상황이었기 때문이다.

---

37 『철학』 5집의 논문과 게재자는 다음과 같다.
- 신인(神人)과 인신(人神)/ 김두헌
- 송대 신유가사상의 천인관/ 이남영
- 화담과 율곡철학의 이동(異同)에 관한 고찰 – 기론을 중심으로 – / 이동준
- The pragmatic theory of truth of William James on moral and religious truths/ Thomas Koyong Pak, S. J.
- Über Einige Historische Voraussetzungen von Hegels System/ Dieter Henrich
- La Stucture de la Pensée et le Concept du Logos chez Héraclite/ 변규룡

외국의 사례를 보더라도 그렇게 꾸며진 학술지는 찾아보기 힘들다.

이런 분위기 속에서 1971년 11월 철학연구회는 『철학연구』 6집[38]을 발행했다. 이정복(李貞馥)은 『철학연구』 6집에서 서양철학사에서 나타나는 철학적 방법을 다룬 데 이어, 이듬해에는 같은 학술지 7집에선 중국 고대철학사에서의 철학적인 방법을 다뤘다. 학문에서는 그 탐구 방법론이 매우 중요시되기에 나름대로 의의가 있다. 하지만 독일어로 쓰인 논문들이어서 읽을 수 있는 사람이 제한적이어 아쉽다. 같은 해, 윤명로(尹明老, 1922~2005)는 후설과 마이농(Alexius Meinong)을 통해 본 「독오학파(獨墺學派)의 객관주의에 관한 논구」란 논문으로 박사학위(동국대)를 취득했고, 박동환(朴東煥)은 「가치론과 정책학(Value theory and the policy sciences)」이란 논문으로 박사학위(남일리노이대)를 취득했다.

1972년 5월에 이르러서는 『철학』 6집[39]도 발행되었다. 이때 한국철학회의 『철학』과 철학연구회의 『철학연구』가 우연히도 그 지령(誌齡)이 같았다. 『철학』 6집에서 드러나는 특징은 원로 철학자인 안호상이 단군에 관한 논문을 철학학술지에 게재했다는 점이다. 그는 한글로 글쓰기를 실천했던 학자이기도 하다. 그는 그 무렵 점점 더 단군에 관한 연구에 힘을 기울여 나갔으며, 나중에는 단군과 관련된 대종교에 몸담아 그 지도자로서 활동하기도 했다. 같은 해 9월에는 『철학연구』 7집[40]도

---

38 『철학연구』(철학연구회) 6집의 논문과 게재자는 다음과 같다.
- Hegel의 변증법존재론의 정초/ 서동익
- 옳은 나라 – Platon의 '국가'를 중심으로 – / 최명관
- Die Problematik der Philosophischen Methodik zur Auseinandersetzung der Geschicnte der Abendländischen Philosophie/ Tyong Bok Rhie

39 『철학』 6집의 논문과 게재자는 다음과 같다.
- 단군의 종교와 철학/ 안호상
- 변증법에 관한 방법론적 고찰/ 이석윤
- 주자철학에서의 도(道)의 본질적 함의/ 이남영
- William Jame's view on percept and concept/ Thomas Koyong Pak, S. J.

40 『철학연구』(철학연구회) 7집의 논문과 게재자는 다음과 같다.
- 이동무의 사상설(四象說) 논고/ 이을호
- Hölderin의 Halbgott/ 이영춘

발행되었는데 박종홍 박사 고희 기념 특집호이기도 하다. 이 시기에는 철학자들이 환갑이나 퇴임이나 고희를 맞이하는 경우, 후학이나 제자들이 기념 특집을 겸해 학술지를 발행하는 경우가 종종 있었는데 박종홍의 경우가 그 좋은 예다.

학문의 특징은 진리 탐구에 있다. 따라서 '진리란 도대체 무엇일까', '진리는 있는 것일까'라는 물음은 학자들의 머릿속을 떠나기 어렵다. 이런 점에서 정명오(鄭明五)가 『철학연구』(철학연구회) 7집에 게재한 「진리의 본질에 대한 존재론적 구명」이란 논문은 나름대로 의의가 깊다. 그는 논문에서 전통적 진리 관념이 지닌 오류를 지적하고, 현존재의 분석을 통해 존재론적·실존론적 진리의 본질을 구명해 나갔다(II부 11장 '진리' 참조).

이을호(李乙浩, 1910~1998)는 「이동무(李東武) 사상설(四象說) 논고」를 『철학연구』(철학연구회) 7집에 게재했다. 그는 이 논문에서 동무 이제마[41]의 사상설을 소개하는 가운데 사상원리(四象原理)의 철학적인 연원을 논하면서 그 철학적인 이론이 신체적인 구조와 만나는 근원을 구체적으로 밝혀 나갔다. 그는 동무의 사상설이 유가철학을 바탕으로 하여, 신체의 기능과 윤리적인 기초가 되는 심성정(心性情) 문제까지 연관되어 나갔음을 밝히면서 사상설의 본질을 논했다. 특이한 면이 있는 견해다.

- 헤에겔 논리학에 있어서 상호매개적 통일에 관한 논의/ 전두하
- Jaspers에 있어서 형이상학의 정초/ 김병우
- 진리의 본질에 대한 존재론적 구명/ 정명오
- 생각의 사회적 성격/ 윤노빈
- Problems of development and fundamental value assumption/ Tae Kil Kim
- Die Problematik der philosophischen methodik zur Auseinandsetzung der geschichte der alten chinesischen philosophie/ Tyong Bok Rhie

41 동무(東武) 이제마(李濟馬, 1837~1900)는 사상의학(四象醫學)을 제창하여 사상체질을 기반으로 진단과 치료를 시도했다. 사상의학에서는 인간의 체질을 사상(四象), 곧 태양·태음·소양·소음으로 나눠 이에 따라 성격·병의 증상을 진단하고 그 치료법을 언급한다. 허준(許浚, 1539~1615)처럼 한의학에서 중요시되는 인물이다.

같은 해 5월 윤사순(尹絲淳, 1936~)은 「퇴계의 가치관」(『퇴계학연구』, 1972)이란 논문에서 퇴계의 소당연(所當然)과 소이연(所以然)이 일치하는 의리지행(義理之行)은 유기체적인 우주관에 근거한다고 하면서, 퇴계 가치관의 장점은 인간의 타락을 막고 본연의 상태로 돌아가게 하려는 데 있다고 했다. 이는 휴머니즘이 아닐 수 없고, 그의 이발론(理發論)도 이런 관점에서 보아야 한다고 했다(학술원, 1976: 29).

법학 교수인 황산덕(黃山德, 1917~1989)은 1971년 『법철학』(1950)을 보완해 『법철학강의』를 출판했다. 그의 법사상은 법도구론을 정립하는 데 있었다. 그는 서양의 법철학을 불교사상으로 소화하여 법실증주의와 자연법론을 극복하려 했다. 그는 이 책에서 법철학자인 이항녕(李恒寧, 1915~2008)의 풍토적 법사상을 비판적으로 검토하기도 했다. 그의 풍토적 법사상은 사회현상을 풍토적으로 고찰하는 풍토학설과 관련되어 있는데, 그는 법의 풍토적 유형성을 계절풍적 풍토유형, 대륙성적 풍토유형, 해양성적 풍토유형이라는 세 가지 유형으로 나누었다(II부 10장 '법철학' 참조).

최명관(崔明官)은 1972년 「데카르트의 중심사상과 현대적 정신의 형성」이란 논문으로 박사학위(동국대)를 취득했고, 같은 해 진교훈(秦敎勳)은 「막스 쉘러에 있어서 인격(人格)과 사랑의 관계에 관하여(Über das Verhältnis von Person und Liebe bei Max Scheler)」란 논문으로 박사학위(빈대학)을 취득했다.

1972년 9월 10일, 서울대철학회에서는 『철학논구』 창간호를 발행했다. 이어서 1973년 11월에는 2집이, 1974년 11월에는 3집이 각각 발행되었다.

이런 가운데 1973년 3월 고려대 아세아문제연구소에서 발행된 『아세아연구』 16권 1호(통권 49호)는 이례적으로 한 명의 철학자 고봉(高峯) 기대승(奇大升, 1527~1572)의 철학사상을 집중적으로 다루어 눈길을 끈다. 이상은의 「사칠논변과 대설(對說)·인설(因說)의 의의」, 최동희의 「고봉(高峯)의 인생관」, 윤사순의 「고봉 심성설의 이기론적 특색」, 배종호

(裵宗鎬)의 「성리학과 기고봉」, 이을호의 「고봉사상 연원소고(淵源小考)」, 전두하(全斗河)의 「퇴계와 관련시켜 본 고봉의 인성론」, 강주진(姜周鎭)의 「기고봉의 정치사상」, 채무송(蔡茂松)의 「고봉성리학연구」(중국어)란 논문이 각각 그것이다(II부 11장 '이기론/사단칠정론' 참조).

같은 해 5월에는 『철학』 7집[42]도 발행되었다. 게재자 가운데 김진태(金鎭泰)는 「심리철학의 현황」을 발표했다. 그는 미국 오하이오주 클리블랜드(Cleveland)에 있는 케이스웨스턴리저브대학(Case Western Reserve Univ.) 교수로서, 김하태·김재권·박이문·승계호·조가경 등과 더불어 미국 대학에서 활동하던 철학자였다. 김진태와 김재권의 주된 관심은 철학 가운데서도 심리철학이었다. 9월에는 『철학연구』 8집[43]이 발행되었는데 김준섭 박사 환력(還曆)기념 특집호이기도 했다.

이 시기엔 하이데거나 후설의 철학에 관한 글들이 계속 이어졌다. 특히, 하이데거의 철학과 관련된 논문들이 그렇다. 하이데거의 경우, 그의 삶에서 드러나곤 했던 개운치 않은 모습—나치정권과의 관계—은 가려진 채 말이다. 학문과 실제 삶의 모습은 별개의 것인지 의문을 남겨 놓는다. 고대희랍철학에 관한 연구도 이어지지만, 현대철학 가운데 논리학·과학철학·분석철학과 관련된 논문은 상대적으로 적은

---

42 『철학』 7집의 논문과 게재자는 다음과 같다.
- 심리철학의 현황/ 김진태
- Kant의 자유에 관한 연구/ 이화춘
- Hegel의 정신현상학 비판/ 전두하
- Kierkegaard on existence and knowledge/ Kyong Suk Min

43 『철학연구』 8집의 논문과 게재자는 다음과 같다.
- 역사와 종말론/ 한철하
- Husserl의 현상학은 현상론이 아니냐/ 한전숙
- 현대 결단논리의 기본사상/ 이초식
- Heidegger시론(詩論)의 연구/ 정명오
- 의미론의 제 학설에 대한 검토/ 김봉수
- Schopenhauer의 본체론/ 박범수
- 언어와 사상/ 윤노빈
- Platon의 Phaidon에 나타난 Idea논고/ 김완수
- ενδαcμουίαBegriff bei Aristoteles durch Seine 3 Moralschriften/ Tschong Vnsun

편이다. 이초식·소흥렬(蘇興烈) 등이 『철학』이나 『철학연구』 등을 통해 이 분야와 관련된 논문들을 지속적으로 발표했을 뿐이다. 이초식은 특히 귀납추리에 관심을 가졌고, 가치문제도 그런 논리학이나 방법론을 통해 해결해 보려는 모습을 보였다. 과학철학에서의 방법과 관련지으면서 말이다.

그해 11월, 김계숙은 「헤겔철학과 프래그머티즘」(『학술원 논문집(인문사회과학)』 12호, 1973)을 발표했는데, 헤겔철학이 프래그머티즘, 특히 듀이 사상에 미친 영향을 탐구한 논문이다. 그는 이런 연구가 듀이 사상의 철학적인 기반을 알기 위해 필요한 작업이라 했다. 헤겔철학이나 듀이에 관한 각각의 저서나 논문들은 있어도, 두 철학자의 관계에 관한 연구는 없는 상황에서 우리나라 철학계뿐만 아니라 교육학계 등에 새로운 관점을 제공한 논문이다.

1974년에는 김충렬(金忠烈)·소흥렬·이초식·이명현(李明賢)·강성위(姜聲渭)가 외국에서 학위를 취득했다. 김충렬은 대만에 있는 중국문화대학에서 「천인화해론(天人和諧論)」으로 국가박사학위를 취득했다. 그는 1961년 국립대만대학을 졸업한 뒤, 1963년에는 국립대만대학에서 「왕필연구(王弼硏究)」로 석사학위를 취득한 바 있다. 그는 1969년에는 타이베이(臺北)에 있는 화강서국(華岡書局) 출판사에서, 중국어로 된 『시공여인생(時空與人生)』이란 책을 펴내기도 했다.

1974년 이초식과 소흥렬은 인간 행위에 관한 과학적인 탐구와 관련된 학위논문을 각각 제출하여 박사학위를 취득했다. 이초식은 오스트리아 잘츠부르크대학(Salzburg Univ.)에 「확률과 결단 – 규범적 결단론의 메타이론적 탐구 – (Wahrscheinlichkeit und Entscheidung – Eine Metatheoretische Untersuchung zur normativen Entscheidungstheorie –)」을, 소흥렬은 미국 미시간대학(Univ. of Michigan)에 「인간행위에 관한 인과설명(Causal explanation of human action)」을 제출해 박사학위를 취득했다(II부 10장 '과학철학' 참조).

이명현은 같은 해 6월, 「의미, 언어 그리고 삶의 형식에 관한 후기 비트겐슈타인의 성찰(The Later Wittgenstein's reflections on meaning, language and forms of life)」로 미국 브라운대학(Brown Univ.)에서 박사학위를 취득했다. 비트겐슈타인(Ludwig Wittgenstein, 1889~1951)의 의미에 관한 전기 사상이 후기의 『철학적 탐구(*Philosophische Untersuchungen*)』에서는 어떻게 평가되고 있는지를 검토한 뒤, 의미 문제에서 '사용(use)'의 개념이 어떤 모양새를 지니는지를 분석·검토했다. 의미론의 용법(use of theory of meaning)을 규명해 나가면서, 후기 철학의 중요 개념으로 제시된 '언어놀이(Sprachspiel)' 개념을 규칙과의 관련 아래 해명했다.

『철학』 8집[44]이 발행된 것도 같은 해 5월이었다. 게재자들 가운데 최명관은 「정의의 의미」를 통해 '정의(正義)'라는 개념을 집중적으로 다뤘다. 최명관은 논문의 결론 말미에서 정의를 '인간답게 사는 것'과 관련지어 언급했다. 하나님의 나라를 '일꾼들에게 똑같은 품삯을 치른 포도원'에 비유한 성경 구절을 들면서, '인간답게 사는 것'은 '의식주의 생활에 위협을 느끼지 않고, 어느 정도의 여유를 가지면서 문화적인 생활을 자유로이 할 수 있는 생활'임을 시사했다. 1969년 손명현이 『철학연구』(철학연구회) 4집에 「진리의 문제」를 발표하고, 정명오가 『철학연구』 7집에 「진리의 본질에 대한 존재론적 구명」을 발표하여 '진리'라는 개념에 관한 독자들의 이해를 도왔듯이, 최명관의 연구는 '정의'라는 개념을 집중적으로 다루어 나름대로 의의가 있었다.

손명현의 「진리의 문제」, 최명관의 「정의의 의미」, 정명오의 「진리의 본질에 대한 존재론적 구명」등은 문제 중심의 탐구로서, 철학도뿐만

---

44 『철학』 8집에 게재된 논문과 그 게재자는 다음과 같다.
- 정의의 의미/ 최명관
- 윤리판단의 근본원리/ 김태길
- 시간·자아·역사(I)/ 소광희
- 가치의 혁명으로서의 근인애(近人愛)/ 강성위
- 이조후기 개신유학의 경학사상사적 연구/ 이을호
- Hegel의 철학적 사고의 본질/ 신동욱
- 게오르규 피히트: 이론과 성찰/ 이영호 역

아니라 다른 사람들도 알고 싶어 하는 기초적·일반적인 물음들에 대한 탐구다. 아울러 철학적 호기심과 관련된 물음이기도 하다. 철학사에서는 그런 물음들을 던지고 그에 답하면서 철학적 담론이 이어졌으며, 학문은 진화되어 갔다. 이런 점에서 이들의 연구는 우리나라 철학계나 지적인 담론에서 그 선도적인 역할을 했다.

한편 김태길은 윤리적인 판단에 관해 철학적·근본적인 검토를 시도했다. 그는 1974년 논문인 「윤리판단의 근본원리」에 '그 논리적 성격과 타당성의 문제'라는 부제를 달고 윤리적 판단을 검토하고자 했다. 그의 논문은 크게 'I. 도덕원리의 객관성을 입증하려는 시도'와 'II. 윤리적 근본원리의 본질'로 이루어져 있다.

이런 상황에서 철학연구회에서는 같은 해 11월 『철학연구』 9집[45]을 발행했다. 「비트겐슈타인의 『철학적 탐구』 연구」라는 송현주(宋玄洲)의 논문이나, 「콰인(W. v. O. Quine)의 원초적 번역의 불확정성론」을 비판적으로 검토한 이명현의 논문은 현대 영미철학계의 모습을 소개하거나 알려 준다는 데서 나름대로 관심을 끈다. 그 당시도 유럽대륙의 관념론이나 실존철학이 여전히 지배적인 우리나라 철학계의 대체적인 풍토와는 좀 다르다는 측면에서 말이다.

유승국(柳承國, 1923~2011)은 1974년 「중국철학과 한국사상」을 한국철학회에서 엮은 『한국사상의 철학적 조명』(일지사)에 게재했다. 이상은·최동희에 이어 한국사상과 관련된 글이었다. 그는 한국적인 고대사상과 사유방식에 관해 논술하면서 중국적인 사유와의 차이를 찾아보려

---

45 『철학연구』 9집에 게재된 논문들은 아래와 같다.
- Kant의 윤리사상 其 二/ 이석희
- 현상학적 심리학/ 한전숙
- Wittgenstein의 *Philosophical Investigations* 연구/ 송현주
- Quine의 원초적 번역의 불확정성론 – 그 비판적 검토 – / 이명현
- 선험적 자아의 본질영역에 관한 고찰/ 이영호
- Kant에 있어서 과학으로서의 형이상학/ 손봉호
- Bergson에 있어서 무관심의 개념에 관한 고찰/ 김진성

했다. 중국 유학사상의 수용과 발전에 있어 한국 상황에 동화되어가는 특이성도 삼국시대로부터 중세, 근세에 이르기까지 살폈다. 그러면서 조선의 유학사상은 우리 민족의 인도주의사상과 민족적인 주체성을 확보하는 데 근간이 되었다고 했다. 도가사상의 전래와 수용과정도 살폈는데, 고대에는 우리 병법(兵法)에 운용되었고, 중세에는 문학과 인간수양에 응용되었으며, 근세에는 철학과 과학적 측면에 각각 응용되었다고 했다(학술원, 1976: 38). 같은 해 유승국은 「유학사상형성의 연원적(淵源的) 탐구 – 인방문화(人方文化)와 관련하여 갑골문(甲骨文)을 중심으로 – 」라는 논문으로 박사학위(성균관대)를 취득했다. '갑골문을 중심으로' 라는 부제에도 나타나 있듯이 관심을 야기하는 논문이었다.

이처럼 철학을 연구하는 학자 층과 논문 등이 점점 많아져 가는 상황에서 1974년 11월에는 철학전문출판사인 도서출판 서광사가 김신혁에 의해 창립되었다. 김신혁은 오래전부터 철학도가 되는 것이 꿈이었다고 전해진다. 그러나 이러저러한 일로 철학도가 되지 못하자 대신 철학도서를 세상에 출판하는 일로 자기의 꿈을 실현해 보려 했다. 서광사는 이듬해인 1975년 5월 칸트의 『순수이성비판』, 하이데거의 『존재와 시간』을 중판하는 것으로 본격적으로 출판 업무에 들어갔다. 1977년 6월에는 출판 등록과 더불어 국내 출판을 시작했다.[46] 서광사의 창립은 우리나라 철학계에 단비와 같은 역할을 했다.

한국철학회의 『철학』 9집[47]은 1975년 6월 간행되었다. 9집에는 논리

---

46 서광사의 서적 출판은 1980년대에 접어들면서 본격적으로 이어져 1989년 4월까지는 철학서적 100종, 2005년 4월까지는 500종을 출간한 데 이어 지금은 출간한 책이 750여 종에 이른다. 많은 철학도들이 그들의 저서를 서광사를 통해 출판했으므로 서광사는 글자 그대로 우리나라 철학서적들이 세상에 빛을 보게 하는 산파의 역할을 해왔다. 오랫동안 서울 동대문구 용두2동에 있다가 지금은 출판단지가 있는 경기도 파주에 있다. 철학전문출판사로 '철학과현실사'의 역할도 돋보인다. 1987년 등록 이후 철학과현실사를 운영 중인 전춘호 또한 철학에 각별한 관심을 가지고 철학서적을 펴내고 있다.

47 『철학』 9집에 실린 논문과 그 게재자는 다음과 같다.

- 유학의 진리와 사단칠정설의 문제/ 유정기
- Husserl의 현상학의 현대적 의의/ 윤명로

학에서 소흥렬이 연역추리, 이초식이 귀납추리 분야와 관련된 논문을 각각 게재하여 논리학에 대한 관심을 일깨웠다. 논리학에 관한 논문이 비교적 드물었던 시대라 그랬다. 이영란이 9집의 논문에서 '과시(誇示)의 충동과 예술적 의욕', '힘의 욕망과 예술적 가치감정' 등에 관해 언급한 것도 관심을 끈다. 현상학을 집중적으로 탐구해 온 한전숙(韓筌淑, 1927~2010)은 1975년 8월 「후설에 있어서의 데카르트적 길과 비(非)데카르트적 길」이란 논문으로 박사학위(서울대)를 취득했으며, 이어서 단행본으로 출판했다. 같은 해 12월에는 철학연구회에서 『철학연구』 10집[48]을 간행했다.

한편, 그동안 서학(西學)이나 서구사상을 주체적인 처지에서 수용이나 비판적으로 살펴보면서 논문을 발표한 학자로는 최동희와 신일철을 들 수 있다. 신일철은 1975년 「신채호의 역사사상연구 – 양계초를 통한 서구사상 수용을 중심으로 –」로, 최동희는 1976년 「신후담/안정복의 서학비판에 관한 연구」로 각각 박사학위(고려대)를 취득했다. 이들은 동서사상을 폭넓게 아우르면서 연구해 온 학자들이다. 이런 연구

- 직접추리에 의한 명제환원의 방법/ 소흥렬
- 귀납의 부정론과 긍정론/ 이초식
- 힘의 욕망과 예술/ 이영란
- 웅십력(熊十力)의 신관념론적 철학/ 이남영

48 『철학연구』 10집은 고형곤 박사 고희 기념호로 그 목차는 아래와 같다.

- 청송선생의 인품과 사상/ 소광희
- 근원적 자유의 이념에 관한 연구/ 김태길·김준섭·박홍규
- Plotinos의 시간론/ 김규영
- 도와 학/ 이동식
- 한국철학사의 시발점문제/ 한상련
- Cassirer의 언어철학/ 최명관
- M. Heidegger에 있어서 형이상학/ 안상진
- 키르케고르의 역설의 개념/ 표재명
- 무(無)의 형이상학/ 정명오
- Husserl현상학의 역사적 이해와 그 방법론적 의의/ 이수윤
- Kritische In Aerpretation Über Edmund Husserls 'Cartesianische Meditation'/ Young-Ho Lee

경향은 그들의 전 생애에 거쳐 이어진다. 그동안 철학과 물리학을 폭넓게 공부해 온 김용정(金鎔貞)은 1975년에 「칸트에 있어서의 자연과 자유에 관한 연구 – 과학철학과 연관하여 –」로 박사학위(동국대)를 취득했다.

한편, 1975년 미국에서는 박영식(朴煐植)이 「비트겐슈타인의 『논리철학논고』에서의 검증성의 개념」으로 박사학위(에머리대)를 취득했다. 분석철학 분야에서 비트겐슈타인의 전기 사상을 탐구하여 작성한 논문이다. 이명현이 1974년에 제출한 박사논문이 비트겐슈타인의 후기 사상을 기초로 하여 연구한 것이므로, 두 논문들은 분석철학에서 비트겐슈타인의 견해를 폭넓게 이해하는 데 도움이 되는 자료들이다. 같은 해 8월 신오현(申午鉉)은 심리철학의 근본 문제로 '자아'를 문제시하면서 「사르트르의 자아개념(Sartre's concept of the self)」이란 논문으로 박사학위(미시간대)를 취득했다.

독일에 유학 중이던 백승균은 「역사와 역사성: 야스퍼스의 철학에 있어서 역사적 사유에 대한 연구(Geschichte und Geschichtlichkeit: Eine Untersuchung zum Geschichtsdenken inner Philosophie von K. Jaspers)로 튀빙겐대학(Eberhard-Karis Univ. Tübingen)에서, 강성위도 독일에서 「근인애(近人愛)와 원인애(遠人愛) – 하르트만의 비판론 – (Nächstenliebe und Fernstenliebe – Eine kritische Auseinandersetzung mit Nicolai Hartmann –)」으로 마인츠에 있는 요하네스구텐베르크대(Johannes Guttenberg Univ. Mainz)에서 각각 박사학위를 취득했다(II부 9장 '윤리학' 참조).

1976년, 한국철학회에서는 『철학』 10집[49]을 발행했다. 이처럼 학술

49 『철학』 10집은 1976년 6월 3일에 발행되었는데, 논문과 게재자는 다음과 같다.
- Platon의 이원론적인 세계관과 Psyche/ 이창대
- Aristoteles의 철학적 관점과 그의 신관/ 정은순
- Hegel 논리학 본질론에서의 모순의 제단계/ 전두하
- Hegel의 자유개념/ 이수윤
- Helmuth Plessner의 철학적 인간학에 관한 소고/ 진교훈
- To say the unsayable/ Ynhui Park

지로서의 『철학』(한국철학회)과 『철학연구』(철학연구회)는 한동안 그 발행 호수(號數)[誌齡]가 서로 병행을 이루면서 나타난다. 『철학』 10집은 고대철학자·근세철학자·현대철학자들의 철학관과 더불어 현대철학에서 관심을 끄는 문제들에 관해 골고루 다루었다. 박인희·이명환·이건원(李建源)은 영문으로 논문을 작성하여 외국 학자들도 논문들을 접할 수 있도록 했다. 한편, 『철학연구』 10집에서는 김태길·김준섭·박홍규가 「근원적 자유의 이념에 관한 연구」를 발표하여, 시대적인 상황과 맞물려 관심을 끌기도 했다. 한편, 재미 철학자인 승계호는 미국에서 『문화주체론(*Cultural thematics*)』(Yale University Press, 1976)을 영문으로 출판하여 눈길을 끌었다.

같은 해 12월에는 대한민국학술원에서 『학술총람』 11집 〈철학편(1901-1975)〉을 발간했다. 대한민국학술원 회원인 김계숙이 철학편 책임편집을 맡았다. 이 책은 당시까지 출판된 철학 관련 저서나 논문들을 찾아내어 소개한 일종의 자료집이다. 그동안 대한민국학술원에서는 각 학문분야별로 총람을 만들어 보다 고차적·체계적인 연구에 도움을 주기 위해 축적된 자료들을 정리하는 일을 해왔는데, 1976년에는 철학편이 그 대상이었다. 대한민국학술원의 이런 활동은 그 후에도 이어졌다.

4. 담론의 활성화

한국철학회의 경우, 회원 수가 많아지고 관심을 갖는 영역이 다양해짐에 따라 영역별로 분화를 거치기도 했다. 1976년 12월 11일에 한국분석철학회가, 12월 18일에는 현상학분과연구회가 각각 창립 모임을

• Criticism of Moore's notion of indefinable good/ Myung Huan Lee
• A way out from the undecidability/ Gun Won Lee

가진 것이 그런 경우다. 현상학분과연구회는 그 후 1978년 2월 17일 창립된 한국현상학회로 이어진다. 이처럼 철학 연구자 가운데서도 관심 부분이 비슷한 학자들이 모여 더욱 심도 있는 담론을 펴나가게 된 것이다. 그 밖에도 여러 분과학회들이 창립되었다. 아울러 한국철학회의 통합학술지인 『철학』과 더불어 분과학회의 학술지나 자료집도 그 모습을 드러내는 계기가 되었다.

1977년 1월에는 박종홍의 『변증법적 논리』가 박영사에서 유고집의 형태로 출판되었다. 논리학 분야에서 변증법에 관한 관심은 철학사에서는 연역법이나 귀납법처럼 오랜 역사를 지녀왔다. 그래서 해방 후 우리나라에서도 김준섭이 1952년 컬럼비아대학에서 「변증법(Dialectical method)」이란 논제로 박사학위를 취득한 경우가 있다. 김준섭처럼 학위논문으로, 박종홍처럼 저서로 변증법에 관한 연구가 본격적으로 이루어짐은 학문방법으로 퍽 의의 있는 일이다. 이 가운데 후학들이 펴낸 박종홍의 『변증법적 논리』는 그의 평생 과제이기도 한 논리학 체계에 관한 일련의 연구 및 정리의 일환이다. 아쉽게도, 그가 책을 마무리 짓지 못한 채 갑자기 세상을 떠났기에 유고집의 형태로 출판되었다(II부 7장 '변증법적인 방법' 참조).

1977년에 발행된 『철학』 11집[50]에는 고대철학 관련 논문 1편, 현대철학 관련 논문 2편이 실렸는데, 현대철학 가운데 1편은 영문으로 작성되어 있어 관심 있는 외국 학자들도 읽어 볼 수 있도록 했다. 아울러 1편의 논평과 3편의 서평도 실려 있는데, 이런 논평과 서평의 수록은 그 후 12집, 13집에서도 이어진다. 논평의 경우를 보면, 11집에서 박이문은 「최근 불란서 철학계의 동향 – 이념학을 중심으로 – 」이란 제목으

50 『철학』 11집은 1977년 6월 22일에 발행되었는데 논문과 게재자는 다음과 같다.

- 희랍철학을 통해서 본 만듦의 문제/ 박종현
- 정의적 의미의 기원 – C. L. Stevenson의 의미론 시비 – / 황경식
- Alfred Schutz and social ontology – A PostHusserlian account of the life world – / Hongwoo Kim

로, 12집에서 김형효(金炯孝)는 「현상학적 방법의 한국적 조명」이란 제목으로, 13집에서 강성위는 「새로운 윤리를 위한 두 가지 모색」이란 제목으로 각각 게재했다.

서평의 경우를 보면, 11집에서 이석윤은 『변증법적 논리』(박종홍: 1977)에 관해, 서광선(徐洸善)은 『소설문학에 나타난 한국인의 가치관』(김태길 지음)에 관해, 김형효는 『현대철학의 이해』(이규호 지음)에 관해 각각 썼다. 12집에선 김두헌이 『칸트의 생애와 철학』(최재희 지음)에 관해, 13집에선 안호상이 『국학의 기본학』(안호상 씀)에 관해, 박동환이 『존 듀이의 사회철학』(김태길 지음)에 관해, 박순영(朴淳英)이 『이데올로기의 정체 – 정치이성 비판을 위하여 – 』(이규호 지음)에 관해 각각 다루었다. 이 가운데 안호상은 본인이 지은 책에 서평을 한 것이 특이하다.

이런 논평이나 서평은 관심자들이나 독자들에게 미리 정보를 준다는 점에서 나름대로 의의가 있다. 이 무렵부터 『철학』지에는 이러한 경향이 두드러졌다. 물론, 1969년 간행된 3집에서 이규호가 하버마스(Jürgen Habermas)의 『인식과 관심(*Erkenntnis und Interesse*)』에 관해 평한 경우처럼 전공자를 대상으로 한 서평도 있었다. 1974년의 8집에선 소광희가 조요한(趙要翰, 1926~2002)의 『예술철학』에 관해, 김형효가 이규호의 『앎과 삶』에 관해 각각 서평을 게재해 독자들의 길잡이 역할을 했다.

1977년 10월, 정인재(鄭仁在)는 「맹자심학지연구(孟子心學之硏究)」로 중국문화대학에서 국가박사를 취득했다. 논문에서 지적한 맹자철학의 특징은 (1) 도덕성으로서의 인의성(仁義性), (2) 보편성으로서의 동연성(同然性), (3) 직발성(直發性), (4) 존망성(存亡性), (5) 능사성(能思性)에 관한 것이었다.[51] 그가 1970년에는 「맹자의 천에 대한 고찰」이란 논문으로 석사학위(고려대)를 취득했던 것을 보면, 그 무렵 그의 주요 관심사는 맹자의 학설이었다.

51 다섯 가지 특징의 주요 내용은 각각 다음과 같다.

『철학』 12집[52]은 1978년에 발행되었는데, 12집에는 인식론·윤리학·해석학·현상학 관련 논문들이 담겨 있다. 12집에서는 학계나 일상인들의 담론이나 대화에서 많이 언급되는 '지행합일'의 의미에 관한 정대현(丁大鉉)의 분석이 눈길을 끈다(II부 9장 '윤리학' 참조). 같은 해 홍선희(洪善熹)는 「헤겔의 모순론 연구」로 박사학위(고려대)를 취득했다. 헤겔의 철학방법론을 집중적으로 파악하고자 시도한 논문이다(II부 7장 '변증법적인 방법' 참조).

그 이듬해인 1979년 6월 발행된 『철학』 13집[53]에 담긴 논문들 가운데 김여수(金麗壽)의 「환원적 분석」은 그 당시 우리나라 철학계에서는 비교적 새로운 접근이었다. 환원적 분석은 분석철학 가운데 논리실증주의에서 사용했던 중요한 하나의 언어분석 방법으로, 이와 관련된 김

---

(1) 인의성은 공자의 인과 묵자의 의를 종합하여 도덕을 세운 것
(2) 동연성은 인의가 보편성을 지닌다는 것
(3) 직발성은 어진 마음[仁]이 남의 고통을 차마 보지 못하여 조건 없이 곧바로 나오는 것[孺子入井의 예]
(4) 존망성은 마음이 도덕성을 간직하느냐[存], 잃어버리느냐[亡]을 논한 것
(5) 능사성은 인의를 생각하면 얻고[思則得之] 생각하지 않으면 얻지 못한다는 것

52 『철학』 12집은 1978년 6월 20일 서광사에서 출판되었는데 수록된 논문과 게재자는 다음과 같다.
- Bergson의 직관이론/ 최명관
- '상보성(相補性)'에 관한 인식론적 고찰/ 김용정
- 도덕판단의 성립요건 – 도덕적 입장의 제모형 – / 황경식
- 지행합일이란 무엇인가?/ 정대현
- Habermas의 해석학/ 박순영
- Husserl의 현상학에 있어서 태도(Einstellung)의 문제/ 손봉호
- A note on the Kantian mathematical method/ Hae Chang Choung

53 『철학』 13집에 실린 논문과 그 게재자는 다음과 같다.
- 선험적 구상력의 근원적 특성/ 최재희
- 환원적 분석/ 김여수
- 장자의 도와 자연의 문제/ 최염렬
- Creativity and the method of science – A problematic issue in Husserl's phenomenology – / C. A. van Peursen
- The structure of faith and practice in Huayen Buddism – Chinul(1158-1210), Li T'unghsüan(646-740) and Fatsang(643-720)/ Jaeryoung Shim

여수의 논문은 초기의 분석철학이 어떤 특성이 있었는지 구체적으로 살피는 데 도움을 주었다. 정대현은 같은 해 9월, 「지식개념의 일상언어적 분석 – 그 역사발전과정을 중심으로 –」으로 박사학위(고려대)를 취득했다.

우리나라에서 과학철학·분석철학·심리철학이 관심을 끌기 시작한 시기는 1960년대 후반에 이르러서였다. 그 가운데서도 심리철학의 경우는 더욱 늦은 감이 있지만, 곧 주목을 받는 분야가 되었다. 예로부터 우리나라에서는 마음에 관해 숙고하던 학구적인 흐름이 있었다. 그러던 것이 새로운 경향에 의해 또 다른 측면에서 촉발된 면이 있다. 그런 점에서 앞으로도 심리철학에 관한 심도 있는 탐구들을 기대해 본다. 우리나라의 전통적인 탐구방법과 관련지으면서 말이다.

현대적인 관점에서 심리철학을 집중적으로 탐구한 양상은 1979년 12월에 이화여대 국제관에서 열린 '철학연구회 1979년 추계연구발표회'에서 엿볼 수 있다. 그 발표회 주제는 "심리철학의 문제"였는데, 이 발표회에서 소흥렬은 「심신동일론」을, 신오현은 「자아동일론」이란 논제로 각각 발표했다. 조승옥(曺升玉)과 김여수가 전자에 관해, 신구현(申龜鉉)과 이명현(李明賢)이 후자에 관해 각각 논평했다(II부 10장 '심리철학' 참조).

1980년은 광주민주화운동이 보여 주듯 사회정치적으로 격동의 한해였다. 그해 7월에 발행된 『철학』 14집[54]에선 특집으로 '인간과 그의 권

---

54 1980년 7월 15일에 서광사에서 출판된 『철학』 14집의 논문과 게재자는 다음과 같다.

- □특집□ 인간과 그의 권리(김태길, 서광선)
- 인간사회 – 그 이상과 현실 – / 김태길
- 인권의 형이상학적 근원과 윤리적, 정치적 성격 – 미국혁명사상을 중심으로 – / 서광선
- 가치·규범·의사결정의 논리연구/ 이초식·피세진
- 세속언어와 종교언어/ 황필호
- 분석철학과 심신동일론/ 조승옥
- 어거스틴의 내적 경험의 신학/ 김영한
- Heidegger와 존재의 해석학적 기초/ 이상대

리'를 다루었는데, 서울대 교수인 김태길이 「인간사회 – 그 이상과 현실 – 」을, 이화여대 교수인 서광선이 「인권의 형이상학적 근원과 윤리적·정치적 성격 – 미국혁명사상을 중심으로 – 」을 각각 게재했다. 이들의 글은 당시 시대 상황과 맞물려 주목을 끌기도 했다. 김태길은 그의 글 말미에서, "인간의 장래가 어떻게 될 것이냐 하는 문제는 필경 인간이 어느 길을 선택하느냐에—다시 말해서 인간이 어떤 가치관을 체득하느냐에—달려 있다."(22)라고 했고, 서광선은 "국민의 혁명권은 정부의 '유능'과 '무능'에 그 기준이 있기보다는 오히려 근본적으로 국민의 기본 인권을 수호하는 책임을 다하였느냐 하는 '도덕적'인 것에 있다."(45)라고 했기 때문이다.

일반 논문으로는 이초식과 피세진(皮世鎭)의 「가치·규범·의사결정의 논리구조」가 눈길을 끈다. 가치체계나 규범과학에서도 논리적인 방법을 사용해야 한다는 것이다. 조승옥은 「분석철학과 심신동일론」이란 논문을 통해 현대 심리철학에서 하나의 큰 흐름인 심신동일론에 관해 언급함으로써 심리철학에 관한 담론이 국내 철학계에서 주목받는 계기를 만들었다. 우리나라의 경우, 현대적인 의미의 심리철학은 분석철학보다도 더 늦게 학술지에서 다루어진 면이 있다. 하지만 김재권의 경우에서 볼 수 있듯 우리는 심리철학 분야에서 세계적인 학자를 배출한 나라로 발돋움했다.

국내가 격동의 한 해였음에도 해외에서의 학위취득은 이어져 김영진(金榮振)은 1980년 5월, 「처방주의와 신자연주의: 헤어, 푸트, 그리고 워녹(Prescriptivism and Neo-Naturalism: Hare, Foot and Warnock)」이란 논제로 뉴욕주립대학(SUNY Binghamton)에서 박사학위를 취득했다. 그는

- 노자의 도에 관한 연구/ 김항배
- Poetic imagination and language – On the poetics of Bachelard – / Ynhui Park
- From justifying a theory to comparing theories and selecting questions – Popper's alternative to Foundationalism and Scepticism – / Gerard Radnitzky
- □자료-대담□ 하이데거: 그의 철학의 길/ 헤르만(F.-W. von Herrmann)과 차인석

이 논문에서 1950년대에서 1970년대 중반까지 헤어(R. M. Hare)와 푸트(Philippa Foot), 워녹(G. J. Warnock) 사이에 벌어진 논쟁을 다루었다(II부 9장 '윤리학' 참조). 이어서 6월에는 엄정식(嚴廷植)이 미시간주립대에서 「자유와 결정론의 양도논법에서 신비스런 자아개념(The mystic notion of the self in the dilemma of freedom and determinism)」이란 논제로 박사학위를 취득했는데, 그는 이 논문에서 자유론과 결정론의 문제는 '자유', '인과' 그리고 '책임'이라는 세 개념의 의미와 상호관련성을 규명함으로써 그 실마리를 찾을 수 있다고 했다(II부 11장 '자유/자유의지' 참조). 그해가 마무리되는 12월에는, 송병옥(宋炳玉)이 「잉가르덴에 있어서의 인과성의 문제(Das Kausalitäts Problem bei R. Ingarden)」란 논제로 튀빙겐대에서 박사학위를 취득했다. 그는 인과법칙성과 사유의 기반 사이에 놓여 있는 대립적인 담론에서 그 대안을 찾아 보려는 의도에서 연구를 수행했다(II부 11장 '인과성' 참조).

7장

방법론

방법론에서는 1945년부터 1980년까지 우리나라 철학계에서 철학적인 방법으로 제시되곤 했던 견해들을 다룬다. 자료 정리를 통해 몇 가지 방법들을 추출해 냈지만 방법들에 관한 선호도나 자료에 차이가 있어 균형을 맞추는 데는 한계가 있었다. 여기서는 나타난 자료들에 근거해 편의상 합리적인 사고와 추리에 의한 방법, 변증법적인 방법, 직관론(직각)적인 방법 현상학적인 방법으로 나누어 살피겠다. 방법론적 일원론과 다원론은 학문의 보편성과 특수성 문제와 깊이 관련되어 있으나, 이곳에서는 전자만 다루고 후자에 관해서는 이 책의 주요 담론 부문에서 서술하기로 한다.

1. 합리적인 사고와 추리에 의한 방법[1]

합리적인 사고에서 중심을 이루는 것은 정당한 추리방법이며, 이와 관련된 학문이 논리학이다. '추리방법을 체계적으로 연구하는 학문'인 논

---

1 연역논리의 응용과 관련된 구체적인 논리학 저서나 논문들은 논의의 편의상 II부 9장 '논리학과 가치론' 가운데 '논리학(진)' 부분에서 다룬다. 한편, 귀납추리의 현실적·구체적인 응용과 관련된 부분에 관해선 통계학·경제학·경영학·교육학·심리학과 같은 사회과학, 그리고 자연과학에서 많이 언급되므로 이 책에선 취급하지 않는다.

리학에서 그 주류를 이루어 온 것으로는 연역법과 귀납법이 있다. 그래서 여기서도 추리에 무게의 중심을 두면서 언급한다. 그 가운데서도 연역추리와 귀납추리를 중심으로 각각의 특성 및 그 철학적인 정당화와 관련된 글들에 초점을 두려 한다. 아울러 합리적 사고와 관련된 담론, 결단논리에서 볼 수 있듯 논리학의 응용가능성 등에도 관심을 두면서 관련된 논문들을 다루겠다.

1969년 소흥렬은 『인문과학』(연세대) 21집에 「논리적 사고와 합리적 사고」를, 22집에 「설득의 논리」를 각각 게재했다. 그는 21집에서 '논리적'이란 말은 엄밀히 말하면 형식논리학적인 개념 규정에 따른 '논리', 곧, 좁은 의미의 논리가 있을 수 있고, 일반적으로 인간의 합리적인 사고력을 뜻하는 '논리'가 있을 수 있다고 했다. 그는 논리학의 발달과정에서 '논리'라는 말의 뜻이 어떤 의미를 지니게 되었는지를 고찰하면서, 넓은 의미의 '논리'라고 할 인간의 합리적 사고에 관한 방법론적인 탐색을 시도했다. 이어서 22집에서는 합리적 설득의 방법에 적용될 수 있는 몇 가지 설득논법의 유형을 구별해 보고 각 종류의 설득논법이 실제적으로 적용되는 데 필요한 조건들을 분석했다.

합리성에 관한 그의 관심은 계속 이어지는데, 그는 1971년에는 『연세논총』 8집에 「인간의 합리성」이란 논문을 게재했다. 그는 컴퓨터가 등장함에 따라 합리성을 새로이 이해할 수 있게 되었음을 언급하면서, 합리성을 '논리적으로 사고할 수 있는 능력인 추리력'과 '가치판단을 합리적으로 할 수 있는 능력'으로 나눴다. 그러면서 전자는 보편성이 있으나 후자는 보편성이 결여되어 있음도 지적했다. 인간의 가치에는 개인적인 관심이나 편견이 개입되기 때문이다. 그러나 인간의 합리적 사고능력이란 개발되고 개선될 수 있는 것이라고 할 때, 이런 능력을 바탕으로 가치판단의 합리성도 가능하리라고 보았다. 아울러 인간의 합리성에 관한 몇 가지 문제들도 분석하면서 검토해 나갔다.

한편, 합리적인 행위를 위한 보다 구체적인 논리적 접근 방법에 관한 연구도 있었다. 이초식은 1973년 9월 『철학연구』 8집(김준섭박사 환력기념 특집호)에 「현대 결단논리의 기본사상」을 게재했다. 그는 이 논문에서 현대 결단논리의 과제는 사람들이 실제로 결단하는 방식을 연구하는 이른바 사실적 결단의 기술론(記述論)이 아니라, 합리적 행위를 결단함에 있어 사람들이 따라야 할 규범을 메타이론적인 수준에서 분석하는 것이라고 했다. 이런 논의를 위해 결단논리의 기본구조, 가치개념, 확률개념을 분석하고, 제프리(R. C. Jeffrey)의 통일화이론, 스테그뮐러(Wolfgang Stegmüller)의 카르납(Rudolf Carnap, 1891~1970) 비판, 그리고 후기 카르납 사상에서 나타나는 결단론적 해석의 문제를 검토해 나갔다.

그 후 1980년 이초식과 피세진은 「가치·규범·의사결정의 논리연구」(『철학』 14집)에서 '가치개념도 과학의 개념들처럼 수량·비교·분류의 개념으로 구분하여 논할 수 있다는 점', '본래적 가치를 논하는 윤리학에도 형식논리가 적용될 수 있다는 점', '현대과학철학 분야에서 개발한 가설확정론이나 설명이론의 적용가능성'에 관해 언급했다. 특히 논문 4장의 '의사결정의 논리'에선 인간이 합리적인 행위를 결정하기 위해 어떻게 해야 할지를 말해 주는 규범들을 다루었다. 이곳에서는 개인적인 의사결정과 사회적 의사결정으로 구분하여 살폈다. 5장에서는 최근 사회윤리에서 논의되곤 하는 롤스(John Rawls, 1921~2002)의 정의론과 공리주의 이론을 비판적으로 다뤘다.

이렇게 합리성을 규명하기 위한 논문들이 등장하는가 하면, 추리의 특성을 탐구하는 논문들도 나타났다. 그 가운데 특히 귀납추리의 특성을 알기 위한 노력의 일환으로 귀납추리의 정당화와 관련된 논문들이 있어 눈길을 끌었다. 이초식(1966)은 『철학연구』(철학연구회) 1집에 「귀납추리의 정당화에 관한 고찰」을 게재했다. 그는 이 논문에서 귀납적 비약에 관한 라이헨바흐(Hans Reichenbach, 1891~1953)의 주장을 살폈다. 이어서 헴펠이 지적한 귀납적 모순과 카르납의 전체증거의 요구, 수렴과 언어불변의 기준을 검토하고, 귀납의 정당화는 타당(validation)의 의미가 아니라 옹호(vindication)나 예증(substantiation)의 의미로 가능하다고 했다. 타당한 문장이나 타당한 논증이란 연역적인 문맥에서, 옹호나 지지는 귀납적인 논증에서 주로 사용된다는 점에서 설득력 있는 언급이라 하겠다.

권창은(權昌殷, 1944~2002)은 1974년 2월, 「귀납추리의 정당화문제」로 석사학위(고려대)를 취득했는데, 이초식에 이어 귀납추리의 정당화를 철학적으로 탐구한 논문이다. 이 논문은 크게 세 부분으로 이루어져 있다. 1장 '연역적 재구성설'에서는 밀(J. S. Mill)의 '연역적 재구성' 이론을 들어, 귀납적 증거에 '자연의 제일성(齊一性)'이라는 형이상학적인 대전제를 보충하여 귀납추리를 연역추리처럼 구성하는 경우를 제시했다. 이런 시도는 자연의 제일성이라는 대전제에 도달하는 과정이 '단순매거적 귀납법'에 의존하므로 순환논증의 오류를 범하게 된다고 했다. 2장 '문제해소설'에서는 스트로슨(P. F. Strawson)의 견해에 근거하여 서술했는데, 귀납법을 연역법의 일종으로 환원하는 데 이의를 제기하면서 귀납법의 연역법화는 사실상 불가능함을 지적했다. 제3장 '실용적 옹호설'에서는 퍼스(C. S. Peirce)의 '자기시정론', 라이헨바흐의 '필요조건론', 새먼(W. C. Salmon)의 '언어불변론'을 들어 논지를 폈다. 자기시정적(self-corrective)인 특성을 가진 귀납법의 사용에 의해 '종국'에 가서는 그 극한을 발견할 수 있으리라는 것인데, 귀납법이 자기시정적인지 아닌지 여부를 판단할 근거가 없으며, 종국이라는 개념 사용도 부적절함을 지적했다.[2] 귀납법이 예측의 필요조건이라는 주장도 예측가능한 다른 여러 가지 방법들보다 확실한 설득력이 있음이 밝혀지지 않는 한 문제가 있으며, 귀납법은 '언어불변의 기준—예측을 위한 보다 더 좋은 방법—'이 아니고 단지 임의적·습관적인 것에 불과하므로, 새먼의 논지에도 문제가 있음을 덧붙였다.

---

2 표본(표집)이 크면 클수록 그런 표본들에 근거한 통계치들이 모집단(전집)의 모수치(parameter)에 가까워진다는 주장은 경향성에 근거할 뿐, 큰 표본의 통계치가 그보다 작은 표본의 통계치에 비해 모수치에 가깝다는 보장은 없다. 특히, 여기서 '종국'이란 말은 귀납추리가 끝난 상태이다.

이어서 이초식은 1975년 『철학』 9집에 「귀납의 부정론과 긍정론」을 발표했다. 귀납논리를 긍정하고 이를 재구성하려는 카르납학파의 귀납주의와, 귀납논리를 거부하고 나선 포퍼학파의 연역주의 사이의 대립에서, 철학적 논의의 논점들을 분석하고 이를 통해 경험과학의 방법론을 개선하려는 것이 논문의 주제를 이루었다. 우선, 귀납문제에 관한 흄의 도전을 재정식화하고 이에 대한 현대적인 응답의 형태로서 귀납부정론과 가설확증의 역리문제(逆理問題), 그리고 귀납긍정론을 차례로 검토하면서 논평했다(개연성의 특징, 곧 확률과 관련된 언급은 II부 9장 '논리학'에서 다루기로 함).

2. 변증법적인 방법

철학적인 방법론으로 변증법에 관한 연구도 이어져 오고 있었으므로, 해방 후 1970년대 후반까지 있었던 변증법 관련 연구물들을 살펴보기로 한다. 먼저 변증법 일반에 관한 연구들을 살펴보고, 그 다음 변증법에 관해 언급한 학자들의 견해를 다룬 연구들을 다루기로 한다. 후자의 경우는 헤겔의 견해가 주류이지만 말이다.

6·25전쟁 때인 1952년 김준섭은 「변증법(Dialectical method)」이란 박사학위논문에서 헤겔·마르크스 계열의 변증법을 다루고 일본의 철학자 다나베 하지메(田辺元)의 절대변증법 등을 과학적인 견지에서 비판하면서 과학적인 변증법을 옹호·수립하려 했다. 다나베 하지메는 『헤겔철학과 변증법』(1932)의 저자로, 보편·특수·개별에서 절대매개라는 논리구조를 지니는 '종의 논리'를 내세웠다. 김준섭은 학위취득 이후 과학적 변증법에서 기호논리학, 과학철학 쪽으로 탐구의 중심을 옮겨 연구를 이어 나갔다.

이석윤은 1972년 「변증법에 관한 방법론적 고찰」을 『철학』 6집에 게재했다. 그는 이 논문에서 형식논리학자들이 비판해 온 변증법의 논리

구조를 분석하여 그 방법론적인 의의를 재평가함으로써 긍정되어야 할 것과 부정되어야 할 것을 구별할 수 있는 시점(視點)을 찾으려 했다. 아쉽게도 그는 이 논문에서 헤겔이 정식화하고 그 후계자들이 옹호한 변증법만을 다뤘다. 그것도 단지 '사유의 방법'으로서만 다뤘다. 이어서 1975년 『충남대학교 논문집』 2권 2호에 게재한 「변증법에 관한 연구」에서 그는 변증법에서 나타나는 몇 가지 기본문제들을 비판적으로 검토해, 변증법이 형식논리적 모순률을 부정하는 논리가 아님을 밝히면서 변증법과 과학방법론의 제휴를 시도했다. 아울러 변증법은 시행착오를 전제하는 과학방법처럼, 주어진 보편에서 출발하여 특수에로 소행(遡行, 물의 흐름에 거슬러 올라감)하는 배진(背進, 뒤쪽으로 나아감)적인 것으로 사용될 수 있음도 주장했다(학술원, 1976: 143).

변증법 일반에 관한 책으로는 1977년 1월에 박종홍의 『변증법적 논리』가 박영사에서 유고집의 형태로 출판된 것이 그 대표적인 예다. 『변증법적 논리』는 그의 평생의 과제이기도 한, 논리학 체계에 관한 연구 및 정리의 일환이었다. 그는 책의 머리말에서 변증법의 역사를 개괄하는 한편, 헤겔의 『대논리학(大論理學)』에서 변증법 체계가 본격적으로 구현되었음을 인정하고 그 체계적인 서술을 요약·기술한 뒤, 현대철학에서 변증법이 차지하는 의의를 여러 각도에서 논구했다. 그가 책을 마무리 짓지 못한 채 세상을 갑자기 떠났기에 미완성의 저서가 되었지만 말이다. 책의 구성을 보면, 책의 1장은 '변증법적 논리사상의 선구'로 고대·중세·근대에 있었던 대표적인 학자들을 다루었고, 2장은 '헤겔 변증법의 기본적 태도'를, 3장은 '유(有)의 변증법'을, 4장은 '본질의 변증법'을, 5장은 '개념의 변증법'을, 6장에서는 '현대철학과 변증법'을 각각 다루었다.

이 가운데 '유의 변증법'에서는 질·양·도량(度量)을, '본질의 변증법'에서는 근거로서의 본질·본질성, 곧 반영규정(反映規定)·현상·현실을, '개념의 변증법'에서는 주체성·판단·추리를 각각 다루었다. 이어서 '현대철학과 변증법'에서는 실존변증법을 키르케고르(Søren Kierkegaard,

1813~1855)·니체·야스퍼스(Karl Jaspers, 1883~1969)로 나누어 살폈다. 이처럼 이 책에서는 실존철학자들의 변증법을 다룬 것이 이채롭다.

다음으로 역사상 변증법을 중시한 학자들의 견해를 다룬 저서나 논문들을 살펴보기로 한다. 헤겔의 변증법이 연구의 주된 대상이었으나 다른 사람들이 주장한 변증법들에 관한 연구도 가끔 있어 관심을 끈다. 휴전 2년 뒤인 1955년, 김계숙은 헤겔이 지은 『논리학』을 우리말로 번역하여 민중서관에서 펴냈다. 평소에 헤겔에 관심이 많았던 김계숙은 헤겔의 『철학요강』 가운데 논리학 부분을 번역하여 출판했다. 헤겔은 당시의 그릇된 사고방식을 근본적으로 변혁하고, 철학적인 관심을 환기시키려고 이 책을 썼다.

김형석(金亨錫, 1920~)은 1959년 7월 『인문과학』(연세대) 4집에 「절망의 변증법」이란 논문을 게재했다. 이 논문에는 '변증법의 실천적 성격(Kierkegaard에 있어서의 일례)'이라는 부제가 붙어 있으며, I. 변증법과 키르케고르, II. 키르케고르 변증법의 성격, III. 키르케고르 변증법의 구조, IV. 절망에 있어서의 실제, V. 맺는 말의 순으로 이루어져 있다. 키르케고르에 초점을 두면서 변증법을 탐구한 논문이다.

헤겔 변증법에 관한 연구는 서동익·이강조(李康助)·이석윤 등에 의해서도 이어졌다. 서동익(1971)은 「헤겔의 변증법 존재론의 정초」를 『철학연구』 6집(철학연구회)에 게재했다. 그는 여기서 헤겔논리학의 기본성격, 그의 변증법 존재론의 형성 과정, 변증법 존재론의 정초로서 시초의 문제, 유일무일성(有一無一成)의 논리적 구조, 무한론(無限論) 등을 다뤘다. 이 논문에서 그는 헤겔 변증법의 존재론 구축에 있어 그 생성 과정과 구조로 연구 범위를 국한하면서, 이를 반추하고 비판하는 데 치중했다.

이강조(1972)는 「현실성의 논리에 관하여」(『한국철학연구회』 15집)에서 헤겔의 변증법을 중심으로 헤겔 변증법 성립의 철학사적 배경, 그의 변증법에 있어서의 현실성 규범의 위치, 현실성의 논리적 구조 등을 다뤘다. 헤겔의 변증법적 논리는 절대이념이 자기발전의 전 과정을 편력(遍歷)한 것으로, 현실성은 객관적인 대상에 국한되어 있는 것이 아니라 이념의 실현으로 이해되어야 한다고 했다(학술원, 1976: 129).

이흥수(李興洙)는 1974년 『철학논구』(서울대) 3집에 「헤겔의 변증법」을 게재하여 헤겔 변증법적 방법의 본질적 특성에 관해 언급했다. 논문은 헤겔 변증법의 선역사(先歷史), 헤겔 변증법의 구조, 변증법적 운동의 혼(魂)의 순으로 구성되어 있다.

조요한(1975)은 『최재희박사 환력기념논문집』에 「변증법에 대한 플라톤과 아리스토텔레스의 견해 차이」를 게재했다. 그에 의하면, 플라톤은 본인의 철학을 대화 형식으로 기술하는 과정에서 변증법 개념을 최초로 사용했으나, 아리스토텔레스는 그런 변증법에 대해 소극적이었음을 지적했다(조요한, 1975: 59). 조요한이 주장하기를, 플라톤은 소피스트(Sophistes)적 논법에서 도출된 변증법을 최고의 방법이라고 본 반면에, 아리스토텔레스는 소피스트적 논법을 변증법과 관계가 없고 이질적이라고 보았다고 지적하면서, 그 까닭은 소피스트적 논법은 제1명제에서 제2명제에로의 이행에 있어 '외견상의 필연'만으로 이끌어 가지만 변증법은 그렇지 않다는 것이다. 변증법이 소피스트적 논법과 다른 점은 '변증법의 과업' 때문이다(74-75). 예컨대, 아리스토텔레스는 형식적 추리관계를 중시해, '만일 A가 모든 B에 속하고 B가 모든 C에 속하면, A는 모든 C에 속한다'라는 이행 형식을 지녀야 한다고 했지만 플라톤의 경우는 그렇지 않았다(77). 플라톤의 분할과 종합의 변증법—예컨대, 종(種)과 유(類)의 관계—은 위와 같은 명제형식을 사용하지 않는다. 플라톤은 대화법적 탐구의 길에, 아리스토텔레스는 논증적인 추론에 그 초점을 두어 변증법이란 개념을 사용했기 때문이다.

같은 해에 김계숙(1975)은 「이성과 실존」(『학술원 논문집(인문사회과학편)』 14집)을 발표했는데, 그 논제에는 '의식의 분열과 통일의 논리'라는 부제가 있다. 그는 이 논문에서 헤겔이 후진국 독일에서 현실적인 필연성과 운명 속에서, 자기의식에 의해 후진성의 극복과 인간정신의 변혁을 위해 어떻게 철학적으로 사색했는지를 밝히려 했다. 그러면서 이를 위해 자유에 근거한 실존적인 체험과 학적인 노력을 통해, 새 시대를 향한 혁신과 사회 건설에 이바지하려 했음을 해석학적으로 이해하는 일이 중요함을 일깨웠다(학술원: 145).

홍선희는 1977년 11월 고려대에 제출한 박사학위논문인 「헤겔의 모순론 연구」의 서론에서 'I. 헤겔 변증법의 기본문제'를 다루면서, "헤겔 철학은 처음부터 경험적 인식도 오성적 인식도 아닌 사변적 인식에서 출발하였으며, 전체계(全體系)가 완성되어야 비로소 절대적 진리성을 인식하는 변증법에 의해 구성되어 있음"(5)을 상기시켰다. 이어서 "헤겔은 모순과 그것의 지양을 다 같이 불가피한 것으로 인식하였을 뿐만 아니라, 오히려 사변적 사유의 본성으로서 적극적으로 그 어떤 것도 그 자신 모순을 포함하고 있어야만 비로소 생명을 가진 것이라고 주장했음"(5)을 지적했다. 그러면서 "자기 속에 모순을 가질 수 없는 것은 계속 존재할 수도 없고, 다음 단계로 발전할 수도 없어서 모든 것이 정지해 버리는데, 바로 이러한 모순을 확실히 인식하고, 그 모순 속에서 일체를 파악하는 것이 헤겔적인 변증법의 본성"(6)이라 했다.

한동원(韓東遠)(1978)은 『철학연구』(고려대) 5집에 「지배와 예속에 관한 정신현상학의 변증법」을 게재했는데, 그는 헤겔의 『정신현상학』 가운데 후대에 특히 많은 영향을 준 「자기의식」의 장(章)에서 '지배와 예속'에 관한 부분을 중심으로, 그것에 관해 상충하는 두 가지 해석을 집중적으로 다루었다. 여기서 상충하는 두 가지 해석이란, 코제브(Alexandre Kojève)와 베커(Werner Becker)의 것을 각각 가리키는데, 전자는 '주인과 노예의 투쟁'의 시각에서 인간이 인간으로 생성되기 위해서는 '자연과의 투쟁', '인간 상호 간의 투쟁'하는 과정을 거친다고 했다. 이런 시각은 훗날 마르크스주의자들의 주목을 받게 되었다. 반면에, 후자는 장 발(Jean Wahl)을 비롯한 실존주의적 해석이 머무르는 곳으로 이어졌다. 인간정신에 부정성을 계기로 하는 변증법적인 운동을 인정하면서 실존으로의 체험을 논하는 것으로 말이다.

3. 직각(관)론적인 방법

여기서는 '직관(直觀)'이 무슨 뜻인지에 관해 다루는 논문이나, 직관과 관련지을 수 있는 구체적인 논문들을 시대순으로 정리하겠다. 직관에 관심을 가진 대표적인 학자로는 최명관을 들 수 있다. 그(1978)는 「베르그송(H. Bergson)의 직관이론」(『철학』 12집)이라는 논문 서두에서, '직관'이란 말 이외도 '직각(直覺)'이니 '직감(直感)'이니 하는 말도 쓰이는데, 이 세 가지 말이 뚜렷이 구별되지 않는 경우가 적지 않음을 지적했다. 그러면서 그는 직관이란 개념도 일상생활에서나 철학적인 논의에서 여러 의미로 사용된다고 하면서, 빈학단(Wiener Kreis)에서 활동했던 파이글(Herbert Feigl, 1902~1988)이 그의 논문인 「과학적 경험론에 의한 직관의 비판」[3]에서 제시한 직관이란 말이 지닌 일곱 가지 의미를 다음과 같이 소개했다(5).

1. '빨갛다'나 '따끈하다'와 같은 따위의 감성적인 성질을 뜻한다.
2. 공간이나 시간의 형식 또는 어떤 관념이나 형상이나 본질을 직접 파악하는 것이다. 칸트가 말하는 순수직관(reine Anschauung)은 이런 것이다.[4]
3. 자명한 진리들을 직접적으로 아는 것이다.
4. 본능적 지식이다.
5. 초감성적 지각인데, 영안(靈眼)으로 본다고 하는 경우와 같은 것이다.
6. 예감이나 제육감(第六感)이라든가 하는 것이다.

---

3 Herbert Feigl(1958), "Critique of intuition according to Scientific Empiricism," *Philosophy East and West* 8(1·2), 1-16.

4 칸트에 따르면 시간, 공간이라는 직관형식에 의해 감각이 종합된다. 감성적인 직관만이 가능한 직관이다. 직관을 통해서만 대상이 주어질 수 있고, 이런 직관 일반이 우리의 가능 세계의 대상 전체를 이룬다. 칸트에게 있어서의 직관은 감각 경험을 벗어나지 못하며, 순수직관은 그런 경험의 형식일 따름이다(6).

7. 신비적이나 초경험적 직관이다.

파이글은 과학적 경험론의 견지에서 특히 초경험적인 직관에 반대했다. 그러니 그에게 있어서는 베르그송이 말하는 직관은 불가능하다.

하지만 최명관(1978)은 그의 논문에서 파이글의 베르그송 비판에 이의를 제기했다. 베르그송도 '직관'이란 말을 한가지 뜻으로만 사용하지는 않는다고 하면서 파이글의 언어 사용 예들로 직접적 직관, 순수한 직관, 지성적 직관, 형이상학적 직관, 신비적 직관 등을 지적했다. 이들 가운데 직접적 직관의 경우는 데카르트가 말하는 직관과 비슷한 것으로 여겨진다고 했다. 정신의 단순하고 직접적인 파악과 연관되어 있기 때문이다. 그런 점에서 베르그송의 직관은 신비적이거나 초현실적인 것과 관련된 직관만은 아니다. 베르그송이 말하는 직관은 의식과의 관련성을 시사한다는 점을 보이기 위해, 최명관은 "직관은 무엇보다 먼저 의식을 의미하지만, 그것은 직접적 의식, 보여지는 대상과 거의 구별되지 않는 봄(vision)이요, 접촉 내지 합일이기까지도 한 인식이다."라고 한 베르그송의 말(*La pensée et le mouvant*: 27)을 인용하기도 했다(8-9).

직관이란 용어는 애매모호하다. 하지만 이런 상황에서도 직관적인 방법과 관련지을 수 있는 논문들은 있다. 예컨대, 김경탁(1958)은 「생성철학의 구성」이란 논문(『철학연구』(고려대철학회): 7-17)에서, 동양의 전통사상이 지니는 근원적인 기초개념으로 '생성'의 문제를 부각시키면서 새로운 철학체계를 구성하려 했다. 그는 모든 현상 속에서 '된다'는 사실의 보편성을 이른바 직관을 통해 파악하면서, '존재(being)'보다는 '생성(becoming)'을 통해 실재하는 보편성을 띤 세계를 파악하려 했다. 변화라는 관점에서 모든 사물을 파악하면서 '성(成)' 자를 사물에 관한 명제의 계사(繫辭)로 삼았다. 그는 생성철학의 논리로서 'A는 비A로 된다(A becomes non A).'를 내세우면서, 그런 것을 파악하는 직관방법을 관상법(觀象法)이라 명명했다. '무엇이 되어지고 있는지'를 아는 직관적인 방법을 가리킨 개념이다(II부 8장 '형이상학' 참조).

그의 견해에 따르면, 우리가 직관할 수 있는 것은 단지 생성하는 사물의 동작일 뿐이다. 우리는 물건이 없는 상이 아니라 물건이 있는 상을 직관한다. 그래서 이것이 직관의 한계다. 물론, 물건이 없는 상을 직관할 수는 없어도 이해하거나 느낄 수는 있다. 요컨대, '무엇이 생성인가?'나 '어떻게 생성하는가?'와 관련된 이런 생성학적인 태도는 취상(取象)에서 나왔으므로, 당연히 직관론이 필요하다는 주장이다(김경탁, 2007: 233-234).

모든 현상의 궁극 원리는 생성이므로 인간 존재도 하나의 생성자다. 그는 하나의 생성자로서의 인간 존재를 '실생(實生)', 그런 이해하는 태도를 지니는 인간 존재를 '각생(覺生)'이라 각각 부르면서, 생성철학 제일의 과제로 삼았다. 이어서 그런 생성학을 다루는 방법으로 '사상(事象) 그 자체에로'라는 말로 공식화되는 현상학을 통해 생성자의 생성을 파악할 것을 제시했다(학술원, 1976: 74). 그는 1964년에는 「생성학적 재구성(I)」, 1965년에는 「생성학적 재구성(II)」를 각각 『중국학보』 2집과 3집에 중국어로 발표하여 생성철학에 관한 그의 주장을 국제적으로 펼쳐 나가기도 했다(II부 8장 '형이상학' 참조).

한편, 김건(金健)은 1959년 「직증주의 철학방법론서설」을 『학술지』(건국대학술원) 1집에 발표했다. 그는 이 논문에서 직증변증법을 새로운 방법론으로 다루었는데, 그는 이 방법론을 통해 동양적인 사유방식에 기초해 서양방법론을 수정할 수 있다고 했다. 그는 동양적 사유방식인 전일관(全一觀)과 일여관(一如觀)에 근거하여 직증철학의 방법론으로 직증변증법을 채택하면서, 이 직증변증법은 실천변증법·존재변증법으로 이어지게 마련이라고도 했다(학술원, 1976: 98).

조가경(1969)[5]은 「직관과 추상」을 『철학』(한국철학회) 3집에 발표했다.

---

5 조가경은 서울대 졸업 후 1957년 하이델베르크대에서 박사학위를 취득했다. 서울대 미학과와 철학과 교수, 1970년부터는 미국 버팔로(Buffalo)에 있는 뉴욕주립대(SUNY)

이 논문에는 '현대 정신과학 및 자연과학이론에 있어서의 직관과 추상의 문제'라는 부제가 있다. 그는 이 논문에서 "직관을 한편으론 원리를 경험적으로 직관 가능케 하는 기능으로, 다른 한편으론 그런 원리 자체를 직각적으로 파악하는 기능으로 보는 것은, 인식론상으로는 분명히 두 갈래로 나뉘는 결과가 되지만, 어떤 경우이든 직관으로서의 공통적인 특징 곧, '직접성'이라는 특징을 지닌다."(13)라고 했다. 이어서 그는 과학의 이론 구성이나 가설의 설정 및 그 입증 과정에서, 개념적 추상과 직관이란 두 가지 작용이 서로 어떤 기능을 수행하며, 어떤 관계에 놓여 있는지를 밝히려 했다. 아울러 정신과학에서의 '직관우위의 관점'과 자연과학에서의 '추상의 문제'를 다루면서, 직관과 추상의 상호 관계를 규명하려 했다. 그러면서 그 관계를 밝히기 위해서는 후설과 흄의 견해를 대조하면서 검토하는 일이 필요함을 시사했다.

4. 현상학적인 방법

여기서는 현상학 가운데서도 방법론에 초점을 두어 언급하겠다. (분과학문으로서의 현상학 일반이나 이곳에서 다루지 않는 현상학 관련 논문들은 II부 10장 가운데 '현상학' 부문에서 다룬다.) 현상학적인 방법에 관한 논문은 일제강점기에도 있었지만, 특히 1970년대에 들어서 관련 논문들이 본격적으로 나타나는데 윤명로·한전숙 등의 역할이 돋보인다.

윤명로(1973)는 「현상학적 방법과 해석학적 방법의 비교연구」(『성곡논총』 4집)를 발표했는데, 서언에 이어 '현상학과 생철학의 사상적 배경', '현상학적 방법', '해석학적 방법' 순으로 이루어져 있다. 그는 논문에

교수로 재직했다. 독일어로 출판된 책인 『의식과 자연존재(*Bewußtsein und Natursein*)』와 수십 편의 논문이 있고, 2011년까지 *Orbis Phaenomenologicus* 시리즈의 책임편집자였다.

서 딜타이와 후설은 19세기의 자연주의와 신칸트학파에 의한 칸트적인 구성주의를 배격하고 직관적인 기술의 방법에 의거했다는 점에서는 같다고 했다. 그러나 딜타이가 역사적·사회적인 체험의 사실을 파악하는 것에 목표를 둔 반면, 후설은 사실 인식이 아니라 본질 인식에 치중하고 그 정초를 선험적 순수의식의 기술에서 구했다. 그런 점에서 딜타이의 해석학적 방법은 생철학에 있어 생자체(生自體)의 논리인 반면에, 후설의 현상학적 환원의 방법은 현상학 고유의 영역에 도달하기 위한 수단이다. 이 때문에 기술의 의의도 후자는 본질직관에 근거한 것임에 반해, 전자에 있어서는 일회적·개성적인 생의 추체험(追體驗)에 근거한다는 점에서 서로 다를 수 있다고 했다.

한편, 한전숙은 1975년 8월에 박사학위논문(서울대)으로 「후설에 있어서의 데카르트적 길과 비 데카르트적 길」을 제출했다. 한전숙은 현상학을 '20세기의 데카르트주의'라고 부르는 후설이 자기의 현상학의 길을 '데카르트적 길'이라고 부른 것은 있을 법한 일이라 했다. 이 길은 데카르트가 밟은 길과 비교할 때 그 이념, 그 이념을 추구하기 위한 방법, 그리고 도달점에 있어 외견상으로는 거의 비슷하다. 그러나 근본적인 차이가 있으니, 현상학은 선험적인 관념론이고, 그 방법은 선험적인 환원이며, 그 도달점은 선험적 주관성이라는 점이다. 그래서 데카르트적 길은 후설이 사용한 첫째의 길이긴 하지만, 그는 많은 비데카르트적 길도 시도했다. 대표적인 것은 심리학을 통한 길과 생활 세계를 통한 길이다. 이들 길이 새로 발견되고 진지하게 시도되는 것은 데카르트적인 길이 지닌 미흡한 점을 보완하기 위해서였다. 그런데 보완하려는 새로운 길들이 나타남을 보고 현상학이 그 본래의 의도를 변경한 것 같이 해석하는 경향이 있다. 특히 후설의 '꿈은 깨어졌다'는 문구를 들어 현상학이 실재론으로 그 방향을 바꾸었다고들 하는데, 한전숙에 따르면 비데카르트적인 여러 길들이 결국 선험적 환원에 이르는 것으로 보아 후설이 데카르트적 길에서 제시한 이념의 추구가 그대로 실시됨을 알 수 있다고 했다(학술원, 1976: 144-145).

이수윤(李壽允)(1975)은 「후설 현상학의 역사적 이해와 그 방법론적 의의」를 『철학연구』(철학연구회) 10집에 발표했다. 그는 이 논문에서 먼저 자본주의 발전, 사회주의 대두, 소유와 복지의 통일에 관한 담론 등 역사적인 배경을 살핀 뒤, 후설의 인식론이 지닌 기본적인 구조를 주관적인 보편성 인정, 객관적인 보편성 인정, 주·객관적 통일의 조건으로서의 지향성 순으로 펼쳐 나갔다. 이어서 새로운 방법론의 모색을 실증주의의 극복, 변증법적 유물론의 극복과 관련시켜 언급했다.

차인석(車仁錫, 1933~2021)은 1977년 「사회과학에 있어서 가치문제 – 현상학적 고찰 – 」(『현상과 인식』 1권 1호)에서, 사회과학의 연구방법으로 현상학이 관심을 끌게 된 것은 근대화의 추진과 과학·기술의 진보에 따라 실증주의적인 사고가 지배하게 되기 때문이라 했다. 그래서 인간의 사고도 물상화(物象化)될 위험이 있어, 그런 위험에서 벗어나기 위해 현상학을 통한 학문의 탈물상화가 요청된다고 했다(학술원, 1987: 135).

이길우(李吉雨, 1941~2000)(1978)는 「후설의 현상학적 판단론」을 『철학연구』(고려대) 5집에 게재했는데, 이 논문에서 그는 후설이 명증적 판단과 그렇지 않은 판단을 구별하고 명증을 다시 직접적 명증과 간접적 명증으로 구분했음을 지적했다. 후설은 간접적인 명증의 전제는 직접적인 명증에 도달할 때에만 명증적이 될 수 있다고 하면서, 명증적인 최초의 판단 기준을 '개별적인 대상'으로 여겼다. 원천적인 판단인 직접적인 판단의 판단기체(判斷基體, Urteilssubstrat)로서 말이다. 그래서 어떤 판단이든 최종적으로는 개별적인 대상과 관련되어 있다. 후설에게 개별적인 대상에 관한 명증이란 퍽 넓은 뜻을 지니는 경험 개념과 관련되어 있다. 후설이 경험이라고 할 때, 그 경험은 단순히 개별적인 존재자의 자체소여(自體所與)만이 아니라 상상이나 환상, 순간적으로 참인 듯이 보이는 것 등이 포함된다. 이런 경험 속에 주어지는 모든 사물과 사태가 그 대상이다. 그는 경험의 명증이야말로 궁극 원천적 명증이요, 판단의 원천을 해명하기 위한 출발점이라 했다.

5. 방법론적 일원론과 다원론

학문은 편의상 자연에 관한 여러 대상들을 연구하여 그 법칙성을 밝히는 자연과학, 인간이 공동생활을 하는 과정에서 발생하는 정치·경제·법률 등 사회적인 여러 사실들을 주로 연구 대상으로 하는 사회과학, 도덕·문예·역사 등 인간이 지닌 가치에 관해 근본적인 탐구를 하면서 보다 바람직한 삶을 추구하는 인문학(인문과학)으로 나뉜다. 경우에 따라서는 사회과학을 넓은 의미의 인문학 속에 포함해, 크게 자연과학과 인문학으로 나누기도 한다.

그런데 이는 주로 탐구 대상을 중심으로 나눈 것으로, 그 탐구 방법에서는 차이가 없다는 주장도 이어져 왔다. 자연과학과 사회과학은 모두 과학인 점에서 근본적인 차이가 없을 뿐 아니라 사회과학은 자연과학을 기초로 한다는 주장이다(II부 11장 '학문의 보편성과 특수성' 참조). 김준섭의 견해도 그런 경우에 호의적이다. 그는 「시간과 공간개념의 변혁이 사회과학에 미친 영향」(『서울대 논문집(인문사회과학)』 16집, 1970; 『철학과 논리의 연구』, 1975)에서 자연과학의 발달은 사회과학의 발달에 크게 영향을 주고 있으며, 특히 연구방법 면에서 그렇다고 했다. 사회과학은 자연과학적인 연구방법을 도입하여, 관찰·실험·조사·통계·기술 등으로 인과관계의 법칙을 발견하여 사회 현상의 미래를 예측하는 데 힘쓴다는 것이다(김준섭, 1975: 87).

또한 그는 자연과학과 사회과학은 근본적으로 다른 것이 아니라 자연과학의 토대 위에 사회과학이 성립되며, 동일한 과학적 방법을 사용해서 연구될 수 있다고 했다. 그러면서 사회과학의 연구대상이 자연과학보다 복잡하고 입체적이며, 다각적이라 해서 비과학적인 방법이 사용되어서는 사태를 바로 이해할 수 없다고 했다. 사회과학의 연구 과정이나 관찰 방법에 있어 난점이 많다고 해도 그 난점을 극복하도록 노력해야 한다는 것이다(김준섭, 1975: 88)(11장 '시간과 공간' 참조).

이명현(1942~)은 1976년 「통합과학의 이념과 학문방법론의 문제」(『서울대』 창간호)에서, 통합과학은 다양성 속에서 하나의 원리를 찾으려는 것으로 초기 논리실증주의의 철학적인 슬로건이었음을 지적한 뒤, '과학언어의 통일을 기하려는 형태', '과학법칙에의 환원을 기하려는 형태', '설명과 확률이라는 방법론적 일원론에 근거하는 형태'가 여기 속한다고 했다. 그러면서 과학언어의 통합은 과학법칙의 통합에 포섭되며, 과학법칙이 통합되면 방법론적 일원론은 자연히 뒤따르게 되므로, 과학법칙의 통합을 주장하는 둘째 유형이 통합과학의 가장 강력한 형태라 했다. 이는 하나의 작업가설이지만, 현대과학의 연구 성과가 이 가설이 설득력이 있음을 믿도록 해준다는 것이다. 이런 방법론은 인간을 자율적인 존재로 파악하는 전통적인 인간관을 견지하는 사람들로부터 많은 비판을 받곤 한다. 하지만 그렇다고 해서 설명 방법이 틀렸다는 판단을 내릴 수는 없다. 그래서 그는 인간 존엄성의 구호를 내세우면서 방법론적인 일원론에 반대하는 것은 지적으로 온당하지 못함을 지적했다(학술원, 1987: 115).

8장

형이상학과 인식론

1. 형이상학(존재론/우주론)

형이상학(metaphysics)은 형이상의 존재를 연구하는 철학 분야로, 존재를 근원적·전체적으로 탐구하는 데 초점을 둔다. 궁극적인 존재를 물질이라고 보면 유물론적인, 정신이라고 보면 유심론적인 접근 방법이다. 형이상학은 그 궁극적인 존재의 수효에 따라 유물론이나 유심론처럼 어느 하나만을 주장하면 일원론(monism), 정신과 물질 두 가지를 주장하면 이원론(dualism), 여러 가지를 주장하면 다원론(pluralism)으로 나뉘기도 한다. 이처럼 형이상학은 존재를 연구하는 그 특성 때문에 존재론(ontology)이라고도 한다. 그렇다면 이 시기에, 다시 말해 II부에서 다루는 해방 후에서 1980년까지에 발표된 관련 자료들로는 어떤 것들이 있는지 살펴보기로 한다.

해방이 되자 철학 분야에서도 그 관심의 폭이 더 넓어졌다. 6·25전쟁 때인 1952년, 김두헌은 증정판(增訂版)으로 『윤리학개론』을 서울의 정음사에서 펴냈는데, 그는 이 책에서 형이상학에서 다루는 중요한 담론 가운데 하나인 필연론이나 자유의지론도 일부나마 다루었다. 이 분야는 가치론과 연관된 형이상학적인 문제이기 때문이다. 손명현은 1955년 이 문제에 관해 더 집중적으로 거론하면서 『철학』 1집에 「자유의 근거」를 게재했는데, 그는 이 논문에서 물리적·외적·환경적인 것에 관한 '자아의 자유'를 논했다. 우선, 그는 중세기적인 신의 존재와 자유의 관계를 그 문제로서 제시했다. 이어서 외적·환경적인 것에 대해 자아의 독립적인 자유가 확보된다 해도 자아의 내부에 있어서의 필연성을 생각해야 한다고 했다(II부 11장 '자유/자유의지' 참조). 이런 점에서 그는 자유와 결정성이 서로 양립가능함을 암시했다.

현대철학의 중요한 사조 가운데 하나인 신실재론(NeoRealism)[1]에 관심을 나타내는 학자도 나타났다. 신일철(1931~2006)의 경우가 그 예인데, 그는 1955년 「화이트헤드의 사건 개념」을 『철학연구』(고려대) 창간호에 게재한 데 이어, 1956년 9월에는 「화이트헤드의 유기체의 철학」으로 석사학위(고려대)를 취득했다. 이어서 1958년에는 『철학연구』 2집에 「화이트헤드의 자연관」, 1965년에는 같은 학술지 4집에 「화이트헤드의 미학」을 각각 게재하여 화이트헤드 철학에 지속적인 관심을 드러냈다.

이 가운데 「화이트헤드의 자연관」이란 논문은, '1장 낡은 자연관의 부정', '2장 새로운 유기적 자연관' 순으로 이루어졌으며, 무생명적 자연, 단순정위(單純定位)의 오류, 전도된 구체자(具體者)의 오류,[2] 자연의 양분법, 실체개념에 대한 비판, 새로운 자연관, 미적·문예적 자연관, 19세기의 4대 관념, 20세기 물리학의 자연관, 새로운 유기개념의 확립

---

1 신실재론의 출현은 1903년 무어(G. E. Moore, 1873~1958)가 『마인드(*Mind*)』지에 「관념론 반박(Refutation of Idealism)」을 발표하여 버클리(George Berkeley, 1685~1753)의 주관적 관념론을 비판한 것이 큰 계기가 되었다. 무어는 지각의 작용(지각하는 것)과 지각의 대상(지각되는 것)은 다르므로, 서로 혼동해서는 안 된다고 하면서, 지각의 대상인 외계는 우리의 마음 밖에 독립해서 존재한다고 했다. 신실재론 형성에 큰 영향을 준 사람은 무어 외에도 러셀(Bertrand Russell, 1872~1970), 화이트헤드(A. N. Whitehead, 1861~1947), 알렉산더(Samuel Alexander, 1859~1938)를 들 수 있다.

2 단순정위의 오류(잘못 놓인 구성체의 오류, fallacy of a simple location)는 어떤 것을 다른 공간이나 시간과의 관계는 고려하지 않고, 그것이 속해 있는 특정한 시간이나 공간에만 한정시켜 생각함을 가리키는 것으로, 절대공간에서의 뉴턴역학, X-Y좌표로 나타내진 데카르트 좌표 등이 이에 속한다. 한편, 전도된 구체자의 오류(구체자로 전도된 오류, fallacy of misplaced concreteness)는 '동양과 서양', '남쪽과 북쪽'처럼 구체적인 사실이나 사물은 분리되지 않았는데도 분리된 것처럼 생각하는 것을 일컫는다.

등을 다뤘다. 화이트헤드의 형이상학 체계를 폭넓게 탐구한 논문이다. 화이트헤드에 관한 학자들의 연구는 1960년대에도 찾아볼 수 있다.[3]

이런 상황 속에서 김경탁[4]은 형이상학에 관해 나름의 독창적인 견해를 발표했다. 그는 형이상학적인 대상으로 '생성(becoming)'을 들어 이를 통해 세계를 파악하려 했다. 그의 이런 견해는 주로 『노자』와 『주역』 등 중국 고전의 내용에서 창안해 낸 것으로 여겨지지만, 그 외에도 아인슈타인의 상대성 이론을 포함해 동서양의 여러 견해를 다방면에 걸쳐 연구해 그런 결론에 도달한 것으로 보인다. 그는 그의 견해를 체계화하기 위해 1958년 『철학연구』(고려대) 2집에 「생성철학의 구성」을 발표한 데 이어, 1964년 12월에는 『중국학보』 2집에 「생성학적 재구성(I)」을, 1965년에는 『중국학보』 3집에 「생성학적 재구성(II)」를 각각 발표했다. 이처럼 그는 생성철학의 체계를 보다 단단하게 세우려는 견지에서, 더욱 구체적인 적용과 확대를 위해 2집과 3집에 실린 논문에는 '재구성'이란 표제를 덧붙였다.

김경탁은 서양철학의 주류는 '무엇이 존재(being)인가?'에 관해, 동양철학의 주류는 '무엇이 생성(becoming)인가?'에 관해 각각 탐구하는 것으로 파악하면서, 후자의 견지에서 그의 주장을 펼쳤다. 그는 서양철학의 주류를 플라톤 이래 '순수형상적 개념의 존재론'으로 보고, 이에

3 예컨대, 공종원(孔鍾源)은 1965년 「유기체로서의 세계」로 석사학위(서울대)를 취득했는데, 그는 논문에서 Whitehead의 철학적 방법, 근본적 실재로서의 현실재(現實在), Prehension의 이론, 신(神) 창조적인 우주를 다루었다. 이어서 몇 가지 문제점들을 지적하면서 논문을 매듭지었다.

4 우암(愚庵) 김경탁은 평안남도 중화군에서 태어나 한학을 공부했다. 1928년 배재고보를 졸업한 뒤, 일본대학 전문부 예술과를 수료했다. 그 후 북경의 중국대학 철학교육과 졸업 후(1931), 일본의 릿쿄대학(立教大學) 종교학과(1935)를 거쳐, 와세다대학 대학원에서 문학과 철학을 연구했다. 이 시기에 발표한 논문으로 「창조적 상대성원리」(1938)가 있다. 1949년 고려대 철학과 교수로 부임하여 노장철학·중국철학·한국사상사 등을 강의하면서 성균관대, 서울대에도 출강했다. 성균관대에서 명예철학박사학위를 받았다. 1965년 한일협정비준반대 교수회의 회장단으로 활동하다 교수직을 사퇴했다. 1968년 복직하여 후진을 지도하다가 정년 2개월을 앞두고 세상을 떠났다. 저서로 『유교철학사상개요』·『율곡성리학전서』·『중국철학개론』 등이 있다.

대해 동양철학의 주류를 '순수동작적 상(象)의 생성론'으로 대비시킨 뒤, 이 생성론을 철학체계로 구성하려 했다. 모든 변화를 생성원리로 설명·파악하면서, 생성철학의 형이상학이란 생성자를 단위 요소로 분석하는 것이 아니라 생성 그 자체를 드러내는 것이라 했다.

김경탁의 생성철학은 유동하는 '생성'을 형이상학의 대상으로 삼는, 일종의 변화의 철학이다. 그가 제시한 생성논리의 원리는 다음과 같다(한국공자학회, 2007: 239).

> 형식논리와 헤겔 변증법 논리학은 존재 형식의 '시(是, 이다, is)' 자를 계사(繫辭)로 삼는다. 왜냐하면 전자는 모순이 없는 동일률(A is A.)로 구성되어 있고, 후자는 모순동일률(A is non A.)로 구성되었기 때문이다. 그러나 생성논리학은 생성 형식을 '성(成=되다, become)' 자로 계사를 삼는다. 이 때문에 모순화합률(A becomes non A.)로 구성되어 있다. 이러한 화합 원리를 우리는 유가와 불가의 서적 중에서 발견할 수 있다.

그는 형식논리학의 동일률이나 헤겔 변증법 논리학의 모순률에서 드러나는 문제점을 지적하면서 그의 견해를 정당화했다. 그는 형식논리학의 동일률은 변화하지 않는 사고 법칙에 근거해 'A는 A이다'라고 하고, 헤겔 변증법은 변화하지 않는 가운데서 '동시'에 변화를 보는 사고 법칙, 곧 하나의 사물 가운데서 '이다[是]'와 '아니다[不是]'의 일체양면성을 드러내는 가운데 'A는 A가 아니다'라고 했음을 지적하면서, 아인슈타인의 상대성 이론을 들어 헤겔변증법에서의 '동시' 개념에 대해 소극적인 견해를 나타냈다. 아울러 그는 천웨이(枕威)의 "우리들의 의식은 유동적이다."란 말을 인용하면서, 우리가 일단 'A를 의식하였을 때 바로 A가 아님으로 변함'을 강조했다. 각 사물은 각기 다른 시간을 지니고 있는데, '어떻게 A는 동시에 A 아님이 되느냐'고 반문하면서 말이다(한국공자학회, 2007: 237).

현상계의 모든 사물은 생성·변화한다. 'A는 A가 될 수 없고, A와 A 아님은 동시에 함께 존재할 수 없다'. 요컨대, 'A는 A 아님으로 된다(A becomes non A)'. 이처럼 김경탁은 생성의 직관적 파악을 강조하면서, 생성의 논리를 'A는 비(非)A로 된다(A becomes non-A.)'로 요약했는데, 여기서 비(非)A는 A 자신만을 부정하는 유한 부정을 뜻한다(김경탁, 1958: 17). 아울러 그는 발생·성장·쇠멸로 그 원형을 제시했고, 이 생성학에 근거해 생성학적 인생관과 세계관을 해명하려 했다. 나아가서 그는 이런 형이상학 체계의 정당성을 확보하기 위해 네 가지 생성논리학의 공리를 제시하고, 구체적으로 관념학의 세계, 물리적 세계, 생물학의 세계, 사회적 세계를 들면서 입증해 나갔다. 여기서 김경탁이 내세우는 생성논리의 공리는 요약하면 다음과 같은 네 가지로 이루어져 있다(247-250).

(1) A는 A 아님으로 된다(A becomes non A).
(2) A는 B로 된다(A becomes B).
(3) A는 B 아님으로 되지 않는다(A cannot become non B).
(4) A는 B로 되는 데 c의 이유가 있고, d의 법칙으로 t의 시간과 s의 공간에서이다(A becomes B with the reason 'c' under the law 'd' at the time 't' and the space 's').

한편, 1962년 김영철(金永喆)은 「형이상학은 배제되었는가? - 논리적 실증주의를 중심으로 -」를 『건국학술연구원 학술지』 4집에 게재했다. 이 논문은 논리실증주의자들이 초기에 형이상학을 배제했던 것에 관해 언급한 후, 이에 대한 미국의 젊은 실증주의자들의 반기를 다뤘다. 화이트(Morton White)나 콰인(W. v. O. Quine) 등이 논리실증주의에 가한 비판을 다루면서, 논리실증주의자들이 빠진 도그마를 극복하기 위해선 "(1) 사변적 형이상학과 자연과학과의 사이에 가정된 경계선을 몽롱케 할 것, (2) 프래그머티즘에로 돌아가 이해할 것"을 내세우면서,

논리실증주의를 철학의 한 방법론이자 하나의 철학 운동으로만 이해했다(학술원, 1976: 102).

한편, 역사상 철학자들의 형이상학(존재론) 관련 견해에 관한 연구를 보면, 고대희랍철학자들에 관한 경우, 박영식은 1962년 『인문과학』(연세대) 7집에 게재한 「플라톤의 이데아론」이란 논문[5]에서 이데아(Idea)를 집중적으로 조명했다. 이창대(李昌大)도 1976년과 1977년에 걸쳐 플라톤과 관련된 일련의 논문들을 발표했는데, 그 가운데 형이상학이나 인식론과 관련된 논문들을 보면, 1976년 「플라톤의 이원론적인 세계관과 Psyche」(『철학』 10집)에서는 플라톤의 이원적인 세계관인 존재계와 현상계를 구별하고, 그 양자 사이에 있는 프시케(Psyche, 영혼)의 '묘한 위치'에 관한 인식을 문제 삼았다. 이를 위해 가장 밑바닥의 아페이론(apeiron, 무한정자, 무규정자)에서 출발해 가장 높은 선의 이데아로 지향하는 프시케의 본질과 프시케가 존재로 이르는 길을 살폈다. 그러면서 플라톤의 이원적인 세계는 헤라클레이토스가 주장하는 평면적 차원의 세계가 아니라 수직적인 차원의 세계로서, 프시케의 이데아에로의 상승이야말로 순수사유에 따른 인식이며 실천적 사유의 기초가 된다고 했다. 아울러 프시케가 이데아에로 상승하는 한편, 이데아를 인식한 다음 현상계로 하강(下降)하는 것도 다뤘다(30-31).

이창대는 1976년 『철학연구』 11집(철학연구회)에 발표한 「플라톤의 존재에 관한 분석적 고찰」에서는 플라톤이 '비존재도 어떤 의미에서는 있다(pōs einai)'고 했음을 지적했다. 생성계와 더불어 이데아의 생성을 연결시키기 위한 논리 도구로서 말이다. 이 점을 부인하면, 생성과 존재의 범주를 연결시키는 일이나, 유물론과 관념론을 연결시킬 수 있

5 이 논문은 크게 서언, 인식의 두 영역, 이데아로 이루어져 있다. 박영식은 논문의 서언에서 플라톤 철학의 의의, 문헌상의 몇 가지 문제점에 관해 다룬 뒤, 인식의 두 영역과 이데아에 관해 언급했다. 이데아 부분은 다시 I. 이데아의 성질 및 그 의의, II. 이데아와 사물들과의 관계, III. 이데아들의 계층 및 선의 이데아, IV. 선의 이데아와 신과의 관계로 나누어 언급했다.

는 길이 없다는 것이다. 생성 속에 있는 인간이 이데아계의 존재를 접할 수도 없다. 이어서 그는 1977년 『철학연구』(철학연구회) 12집에 게재한 「플라톤의 변증법에 관한 소고 - 소피스트편 분석을 중심으로 - 」에서 플라톤에게 개념이란 그 자체로 실재하는 것이고 변증법만이 확실한 인식에 도달하는 길이며 인식론과 존재론은 서로 결부되어 있는 것으로, 변증법에 의한 논리는 곧 존재론이 됨을 지적했다. 플라톤과 아리스토텔레스의 형이상학을 상세히 소개하는 데 치중한 논문들이다.

조우현(趙宇鉉)은 1966년 『인문과학』(연세대) 14/15합집에 게재한 「아리스토텔레스에 있어서의 ekhein의 문제」에서 아리스토텔레스의 범주론을 다뤘고, 조요한은 1969년 『철학연구』(철학연구회) 4집에 「아리스토텔레스와 형이상학의 문제」를 게재했다. 조요한은 이 논문에서 형이상학의 성립과 그 탐구 방법을 언급한 뒤에, 모든 감성적인 것을 배제한 가운데 순수형상에 도달할 수 있다고 했다. 자연학은 질료와 분리될 수 없는 반면 수학은 분리될 수 있는데, 제1실체와 같은 존재자의 존재에 관한 학문은 수학과 같은 추상 작용에 바탕을 둔다는 것이다. 아리스토텔레스의 형이상학은 '그 옆에' 다른 특수한 분야들이 놓여 있는 그런 것(metaphysica generalis)이 아니라, '그 안에' 여러 분야가 있는 그런 것(metaphysica totalis)이라는 특징도 있다고 했다(학술원, 1976: 118).

그 후 조요한은 1980년 「아리스토텔레스에 있어서의 존재의 문제」(『철학연구회 29회 발표논문집』)에서 아리스토텔레스가 『형이상학(*Metaphisica*)』 6권 2장에서 존재의 의미들을 네 가지로 나누어 다뤘음을 지적하면서, 그 가운데 가능태와 현실태를 채택하고 정적인 이데아론의 결함을 동태적으로 파악해 보완했다. 아리스토텔레스에게 세계란 힘(dynameis)을 가진 변화 과정이란 점을 드러내면서 말이다. 그 힘이 작용해(energeo) 나타날 때, 가능태도 현실태로 변한다. 이런 동적인 생성 변화 때문에 아리스토텔레스에게는 존재자와 존재의 구별이 없다. 여기서는 모든 사물은 존재하는 목적(telos)이고 생성은 그 목적을 위해 있다는 원리가 적용된다. 그래서 완성태는 글자 그대로 '목적에 있어서의 상태'가 된다.

유럽 근세철학자들과 관련된 연구에서, 박태흔(朴泰炘)(1961)은 「칸트의 실천적 형이상학」(『부산대 문리대학보』 2집)에서, 도덕원리에 관한 칸트의 방법적 발상(Ansat)은 현상학적인 가치윤리학, 곧 합리적인 방법과 경험적인 방법의 종합인 현상학적인 방법에 의해 보완되어야 함을 지적했다.

현대철학자들과 관련된 연구들을 보면, 김두헌(1959)은 「존재의 질서 – 니콜라이 하르트만의 존재론에 근거하여 –」(『학술원 논문집(인문사회과학)』 1집)에서 존재론을 역사적으로 살펴보면서, 특히 하르트만과 하이데거의 존재론을 연구의 중심으로 삼았다. 이를 위해 존재론의 과제, 자연철학의 성과, 관념론의 편향, 유심론과 유물론의 정체, 우주통일의 제 원리, 발전설과 계급질서, 존재의 성층적(成層的) 구조, 실존, 인간과 세계와 신의 순서로 글을 엮었다.

1963년 하기락(河岐洛, 1912~1997)[6]은 「니코라이 하르트만에 있어서의 존재론의 문제」로 경북대에서 박사학위를 취득했고, 그 논문을 『경대논문집(인문사회과학 편)』 5집에 발표했다. 그는 이 논문에서 하르트만의 존재론이 어떤 과정에서 형성되고, 어떤 단계로 구분 가능한지를 살폈다. I부에서는 존재론의 형성 과정으로 인식형이상학 이전과 이후의 연구 과정을 언급했다. 그는 하르트만의 존재론의 형성 과정이 ① 비판철학의 시기(1909~1920), ② 존재론 체계 준비기(1921~1934), ③ 존재론 체계 전개기(1935~1950)로 나뉜다고 했다. 이어서 II부에서는 문제설정과 방법론, 존재론과 범주론의 관계, 범주 체계와 세계상의 순으

---

6 하기락은 경남 함양에서 태어나, 경성제2고등보통학교(경성제2고보)를 거쳐 중앙고등보통학교(중앙고보)를 졸업한 뒤, 1941년 와세다대학 철학과를 졸업했다. 일제강점기 때 학생운동을 하다 퇴학, 구류 처분을 당하기도 했다. 경북대·계명대 교수를 역임했다. 저서로 『서양철학사』·『조선철학사』·『한국아나키즘운동사』, 논문으로 「니코라이 하르트만에 있어서의 존재론의 문제」·「하이데거에 있어서의 공간성과 시간성의 문제」 등이 있다.

로 존재론에서의 범주 체계를 다루었다.

김병우(金炳宇)(1972)는 『철학연구』(철학연구회) 7집에 「야스퍼스(K. Jaspers)에 있어서의 형이상학의 정초」를 게재했다. 그는 논문에서 데카르트의 형이상학적 세계, 칸트의 형이상학적 개념을 서술한 뒤 야스퍼스의 형이상학적인 관심의 근원과 형이상학의 본질과 이성을 언급했다. 신의 죽음이 오늘의 근본 상황이며, 형이상학적인 물음은 이런 근본 상황에서 발단한다고도 했다. 야스퍼스가 존재를 탐구하게 된 계기는 인간의 현존이 이런 '상황존재'인 데 있다. 그래서 그에게 형이상학의 방법적 정초의 문제는 실존적인 성실을 다시 회복하는 문제라고 했다.

불교를 형이상학적인 측면에서, 유학을 지(知)의 측면에서, 노자를 인식론적인 측면에서 각각 언급하는 논문들도 등장했다. 한상련(韓相璉)(1967)은 「불교와 형이상학」을 『동국대 불교학보』(5)에 게재했다. 그는 형이상학이란 자연을 초월한 것에 관한 연구로 존재론이나 우주론으로 일컫기도 함을 지적하면서, 불교는 이런 점에서 형이상학적이라 했다. 초기 불교를 보더라도 대승과 소승 모두 형이상학적임을 베리(Berry)와 라쥬(Raju)의 견해를 인용하며 밝혔다. 이어서 여러 경전에 나타난 형이상학적인 요소들을 뽑아 정리했다.

형이상학의 관점에서 퇴계의 존재론·실체관·객관적 관념론에 초점을 두어 논문을 발표한 일단의 철학자들도 등장하여 관심을 끌었다. 한상갑(韓相甲)은 1972년 「이퇴계의 실체관에 대하여」라는 논문을 『한국철학연구』(해동철학회) 2집에 게재했다. 이 논문은 형이상학에서 중요한 문제인 실체에 관한 이론을 칸트의 비판철학과 현상학에서의 접근방법, 그리고 퇴계 이전의 여러 견해를 통해 약술하고, 퇴계의 이기론과 성정론(性情論)을 통해 그의 실체관을 언급한 논문이다. 퇴계는 우주에는 천지를 이룩하고 만물을 창조하고, 다시 이를 생성 변화케 하는 위대한 주재력이 있다고 했다. 퇴계는 기는 현상계를 형성하는 과정에서만 이와 병칭한다고 했으므로, 이런 점에서 그는 궁극적으로는 주리일원론자로 간주되어야 한다는 것이다(31-57).

같은 해 전두하는 「퇴계의 존재론」을 『퇴계학연구』(퇴계선생 400주기 기념사업회)에 게재했다. 이 논문은 헤겔의 형이상학적 견지에서 퇴계의 우주론을 살핀 논문으로, 퇴계의 우주론에서의 '이(理)와 기(氣)의 대대적 통일(對待的統一)'과 헤겔의 '주관과 실체의 매개적 통일'에 일맥상통하는 점이 있음을 다뤘다. 이와 기를 근원에 있어서 양자가 모두 형이상학적인 개념, 곧 실체가 아닌 '비실체로서의 실체'라고 정의하고, 이는 마치 헤겔의 절대자가 주관과 객관의 매개적 통일로서 그 역할을 하는 것과 같다고 보았다.

최민홍(崔旼洪)(1973)은 『한국철학연구』(해동철학회) 3집에 「이퇴계의 객관적 관념론의 철학」을 게재했다. 그는 퇴계의 철학사상을 존재론·인식론·가치론의 세 부분으로 나누어, 우선 존재론에 관한 퇴계의 견해를 보면 전기에서는 이기이원론을 주장했으나 후기에 와서는 '이' 일차적 이기이원론을 주장했음을 지적했다. 그는 퇴계의 우주관에서 '이'는 실체에 해당하고 '기'는 현상에 해당한다고 했다. 퇴계의 격물·치지·궁리와 같은 인식론적인 견해는 객관적 관념론의 체계로서, 그의 이런 인식론에는 직관적이면서 체험적인 방법이 내재되어 있다고 했다. 이어서 그는 퇴계의 가치론에서는 인성론·성학십도·향약을 들어 언급했다.

이 시기에는 형이상학, 존재론에 관한 책도 등장했다. 소광희(蘇光熙)는 1980년 『시간과 인간의 존재』(문음사)라는 책[7]에 수록된 '존재론이란 무엇인가?'에서, "존재론은 세계에 관한 자연적인 태도에서 출발하고 그것으로 일관한다."라고 했다. 자연과학이 소박하게 파악된 대상에서 출발하여 그 대상 영역을 확대·심화해 나가듯이 존재론도 객관적·자연적인 태도를 견지한다고 하면서, 존재론은 과학과 달리 존재자의 존재에 관한 학문이기도 함을 지적했다.

---

7 그는 이 책에서 크게 네 가지 측면, 곧 존재론이란 무엇인가?(215-240), 실질적 존재론(241-265), 형식적 존재론(266-298), 현대 형이상학의 과제(299-306)를 다루었다.

이어서 '형식적 존재론' 또는 '일반존재론'에서는 '존재자로서의 존재'를 형식의 면에서 존재규정·존재원리·존재구조 등을 문제시하면서, 이를 위해 범주를 우선적으로 그 논의 대상으로 삼았다. 존재론에서의 범주는 실체·질·양·시간·공간·인과성·목적성과 같은 기본을 이루는 개념들을 일컫는다. 이런 점에서 범주론은 존재와 관련된 형식적인 규정이다. 존재원리에서는 존재계기·존재방식·존재양식·존재형식 등을 다뤘다. 이어서 그는 정재(定在, Dasein)와 상재(相在, Sosein)를 들어 '어떤 존재자가 있다'는 사실, '그것이 무엇인지'에 각각 답변하면서 '존재자로서의 존재자'를 탐구하는 두 계기로 삼았다.

형식적 존재론이 존재의 형식적·일반적인 규정이면서 구조에 관한 해명인데 반해, '실질적 존재론'에서 소광희는 존재를 실질적·내용적으로 파악하는 데 치중한다. 그는 여기서도 두 가지 연구 방법을 언급했는데, 하나는 전 우주를 정태적으로 연구하는 것이며, 다른 하나는 동태적으로 파악하는 일이다. 이어서 그는 '현대 형이상학의 과제'로서 탈시간적·무시간적인 존재론이 아니라 시간을 포함한 존재론을 시사했다. 이런 일이 현대 존재론이 직면하면서 해결해야 하는 과제이며 어려움이라는 것이다.

2. 인식론(지식론)

인식론(epistemology)은 인식의 기원·본성·한계·방법 등을 연구하는 철학의 부문이다. 지식의 문제를 다루므로 지식론(theory of knowledge)이라고도 한다. 합리론·경험론에서처럼 참과 거짓을 판단할 수 있는 기준(criteria)을 탐구하는 분야이기도 하다. 형이상학과 인식론은 서로 밀접하게 연관되어 있어, 발표되거나 저술된 상당수의 글들을 구분하기 어렵게 하는 경우가 많다. 그렇다면 해방 후 우리나라에서 발표된 인식론과 관련된 자료들로는 어떤 것들이 있는지 살펴보기로 한다.

이 시기에 나타난 특이한 점들을 보면, 우선 해방과 더불어 그 이전의 경향과는 달리 프래그머티즘에 관한 관심, 진보주의 교육사상과 새교육, 자유와 책임에 관련된 철학적인 담론 등이 싹텄다는 것이 있다. 이런 시대상황과 맞물려, 프래그머티즘의 인식론·지식론과 연관 지을 수 있는 자료로는 한치진이 1948년에 펴낸 『미국실용주의』(조선문화연구사)를 꼽을 수 있다. 그는 이 저서에서 제임스가 지은 『프래그머티즘』을 소개하는 한편, 프래그머티즘의 진리관, 프래그머티즘과 인본주의, 듀이의 기구론(機具論) 등을 언급했다.

이런 분위기 속에서도 박종홍은 인식론 일반을 심도 있게 탐구했다. 그 결과 그는 전쟁 중이던 1953년 5월에 『인식논리학』(백양사)을 펴냈다. 그는 인식론에서 무엇을 인식하는가, 곧 '인식되는 대상'이 문제인 동시에, 그 대상을 어떻게 인식하는가, 곧 '대상의 인식'이 문제라고 했다. 그러면서 인식을 대상을 인식하는 면에서 볼 때 그것은 우선 하나의 심적인 과정이라 했다. 그러나 인식이 일반적인 직관이나 사유와 다른 점은 그것이 참된 직관이나 사유와 관련되어 있다는 데 있다. 직관이나 사유가 참된 것이 되기 위해서는 그것이 심적인 과정 이상의 것이어야 한다고 하면서, 여기에서 인식론의 본질적인 점을 제기하는데, 그것을 논리적으로 파악하려는 것이 바로 인식논리학이라는 것이다(『박종홍전집 III』, 1998: 199-200; II부 9장 '논리학' 참조).

1960년대에 접어들면서, 1960년 3월 김팔곤(金朳坤)은 「종합적 지식의 기본원리와 종합적 추리의 최소가정」이란 논문으로 석사학위(고려대)를 취득해, 객관적인 인식이나 지식의 확립에 힘쓰는 모습을 보였다. 그 후 그는 이런 관점에서 윤리학 탐구에도 몰두했다. 이어서 그 이듬해인 1961년 3월에는 조병일(趙炳一)이 「의미의 검증가능성이론」으로, 1964년 9월에 여훈근(呂塤根)은 「확률에 대한 연구」로, 1966년 2월에 정대현(丁大鉉)은 「칸트의 대상성에 관한 연구」로 각각 석사학위(고려대)를 취득했다. 이 논문들은 보다 구체적이고 확실하며 객관성을 띤 인식이나 지식을 추구하고자 하는 탐구 자세 속에서 작성되었다. 이러한 연구 방향에는 박희성 교수가 직간접적인 영향을 주었으리라 여겨진다.

한전숙(韓筌淑)은 1966년 5월 「감각과 신체」를 『철학연구』(철학연구회) 1집에 게재해서 관심을 끌었다. 주지주의적인 감각론에서는 감각을 사유주관이 지니는 관념으로 해석하는 데 반해, 그는 생명체가 지닌 신체의 체험을 통해 감각을 이해하려는 셸러(Max Scheler)·스트라우스(Erwin Strausss) 등의 견해를 중시했다. '감각을 우리 신체나 신체 내 기관의 감성적 상태'를 가리키는 것으로 보는 셸러의 견해나, '감각을 자아와 세계와의 교통 방식'으로 규정하는 스트라우스의 견해를 중시하면서 감각의 참모습을 찾으려 했다. 그는 이를 위해 다음과 같은 3가지 측면을 말하기도 했다.

1. 대상의 성질로 파악된 것이 감성적 감각이라면 신체에 정위(定位)된 감각은 Empfindnisse로서, 이는 감성영역의 지향적인 체험인 감성적 감정(sinnliche Gefühle)이다. 신체는 외계와 교통함에 있어 이 Empfindnisse를 가짐으로써 자기 자신의 상태도 느낀다(43-44).
2. 신체는 모든 방위의 중심(Orientierungszentrum)이나. 감각이란 세계를 원근법적으로 본다. 세계는 어디까지나 나에 대한 세계요 나의 원근법적 관점에서부터 파악된 나의 세계이다(45).
3. 신체가 다른 물질적 사물과 다른 특징은 그것이 의지기관(Willensorgan)이라는 데 있다. 다른 물질적 사물은 오직 외부로부터 오는 작용에 대해 기계적으로만 움직이지만 신체는 자발적으로 자유로이 운동할 수 있다(48).

한편, 역사적으로 근세철학자들의 인식론 관련 견해들에 관한 논문을 보면, 정진(1968)은 「칸트의 '관념론 논박'에 관하여」를 『철학연구』(철학연구회) 3집에 실었다. 지금까지 내려온 경험적 관념론에 대해 칸트의 관념론을 선험적 관념론·형식적 관념론·비판적 관념론이라 하는데, 칸트의 비판론을 관념론이라 하는 것은 선험적인 견지에서이고, 경험적인 견지에서 보면 그의 인식론은 실재론에 속한다. 칸트의 비판이론이 선험적 관념론이면서 경험적 실재론이라는 주장이 함축하는 의미의 내용, 나아가서 이런 주장의 정당성 여부를 『순수이성비판』 제2판에 있는 '관념론 논박'을 깊이 새기면서 발표한 글이다. 김승택(金昇澤)(1978)은 『철학연구』(고려대) 5집에 게재한 「칸트 인식론의 구조」를 통해 인식론에 관한 칸트의 전반적인 견해를 정리했다. 칸트 인식론에 관한 그의 연구는 1989년에 제출한 그의 박사논문 「칸트 인식비판의 목표와 전개」에서도 드러난다. 인식론 분야에서 헤겔과 관련된 학위논문으로는 이삼열(李三悅)(1966)이 석사학위논문(서울대)으로 제출한 「헤겔에 있어서의 이성과 현실」을 들 수 있다.[8]

현대철학자들의 인식론과 관련해서는 신칸트학파(Neukantianer) 계열의 학자들에 관한 연구들이 보인다. 우리나라의 경우, 일제강점기 때도 광복 후에도 한동안 그랬다. 칸트처럼 과학의 기초를 세우는 데 힘쓴 신칸트학파는 19세기 말부터 20세기 초에 걸쳐 특히 독일에서 유행했다. 신칸트학파는 크게 마르부르크(Marburg)학파와 서남학파로 나뉘는데, 전자는 코엔에 의해 창설되어 나토르프(Paul Natorp, 1854~1924)·카시러(Ernst Cassirer, 1874~1945) 등에 의해 이어졌다. 후자는 빈델반트(Wilhelm Windelband, 1848~1915)에 의해 시작되어 리케르트·라스크(Emil Lask, 1875~1915)·바우흐(Bruno Bauch, 1877~1942) 등에 의해 이어진다. 마르부르크학파가 자연과학의 기초를 밝히려 한 데 비해, 서남학파는 역사과학이나 문화과학의 기초를 밝히려 했다. 빈델반트는 자연과학은 법칙정립적(nomothetisch)인데 비해 역사과학은 개성기술적(idiographisch)이라 했다. 리케르트의 비유에 따르면, 같은 건축물이

8 논문은 1. 의식의 경험과 현실세계, 2. 관찰하는 이성과 실존적 현실, 3. 실천하는 이성의 자기확립과정(자기부정), 4. 실천하는 이성과 현실의 창조, 5. 이성과 현실의 동일근원, 6. 구체적 현실 속에서의 이성으로 구성되어 있다.

라도 건물이 지닌 보편성을 파악하는 '보편화의 방법(generalisierende Methode)'을 쓰면 자연과학이고, 특수성을 중요시하면서 문화적인 가치를 파악하려는 '개성화적인 방법(individualisierende Methode)'을 쓰면 문화과학이다.

김용민(金容民)(1959)은 「인식주체」(『중앙대 논문집』 4집)라는 논문에서, 이런 신칸트학파 가운데 서남학파에 속하는 리케르트의 인식론적 주체를 구명하는 데 힘썼다. 리케르트는 주체의 개념을 '정신물리적 주체', '심적 주체', '인식론적 주체'로 구분하는데, 이 가운데 앞의 두 주체는 현실적인 주체로서 이것들로부터 일체의 현실적인 내용들이 점감(漸減)된다. 인식론적 주체는 단순히 표상하는 주체가 아닌 판단하는 주체로서 '판단의식 일반'이다. 내용적으로 현실적인 것은 바로 이 주체에 의해서이다. 김용민은 이 주체를 칸트의 선험적 통각과 비교하면서 그의 논문을 마무리했다(학술원, 1976: 97). 인식이원론자인 리케르트는 형식과 내용이라는 서로 이질적인 것들이 서로 관계함에 따라 인식이 성립한다고 했다. 큰 테두리로 보아 칸트의 견해에서 벗어나지 않는다.

프래그머티즘, 생철학과 관련지으면서 인식의 문제를 연구한 논문들도 발표되었다. 예컨대, 황경식(黃璟植)은 1971년 「경험의 직접성과 인식의 문제」를 석사논문(서울대)으로 제출했다. 그는 이 논문에서 존 듀이·앙리 베르그송·윌리엄 제임스의 견해를 들어 경험과 인식의 문제를 다루었다.[9]

과학철학 분야에 관심을 가진 김용정(1978)은 「상보성(相補性)에 관한 인식론적 고찰」(『철학』 12집)에서, 파울리(Wolfgang Pauli, 1900~1958)와 하이젠버그(W. K. Heisenberg, 1901~1976)의 견해인, 합리적 세계와 비합리적 세계의 변증법적인 상호관계를 상보적으로 파악할 때만 현대물리

9 논문은 1. 현대철학의 주제와 행방, 2. 경험의 질적 직접성(質的直接性), 3. 직접적 인식의 문제, 4. 인식의 대상과 기능, 5. 새 지평의 탐색과 조립으로 이루어져 있다.

학을 이해할 수 있다는 관점에서 현대물리학의 세계관을 언급했다. 현대물리학에서의 세계관은 직접적인 감각 경험에 의해 관찰될 수 없는 단계에 있기에 일반적인 개념이나 논리를 초월한다고 하면서, '물질이 무엇인가?'라는 물음에 관한 답은 물질을 우리 주관과 분리된 객체로 규정해서는 얻을 수 없다고 했다. '주관과 객관', '나와 세계', '정신과 물질'의 단일성을 전체적으로 통관(通觀)할 때만 그 답을 얻을 수 있다는 것이다. 하지만 그것이 현재로서는 불가능하기 때문에 상보성과 불확정성의 원리를 통해 통계적으로 해답을 얻는다고 했다(52-53).

같은 시기에 유학이나 노장철학의 인식론에 관련된 연구는 예컨대 송항룡(宋恒龍)·금장태(琴章泰)·이강수(李康洙)의 논문들에서 찾아볼 수 있다. 이 가운데 송항룡(1971)은 「노자의 인식이론에 관한 고찰 - 지(知)부지(不知)를 중심으로 -」을 제출해 석사학위(성균관대)를 취득했다. 그는 이 논문에서 '지와 부지', '부지와 무지', '무지와 명(明)'으로 나누면서 노장(老莊)에 있어서 지의 성격을 살폈다. 그러면서 노장에서의 부정철학은 참된 인식을 향한 방법적인 부정이며, '무(無)'로서의 도(道)는 인식 근거이자, 인식 그 자체라는 점을 지적했다 .

한편, 금장태는 1974년 8월 『성균관대 논문집』 19집에 「유학에 있어서 지(知)의 문제」를 게재했다. 그는 이 논문을 통해 유학에 있어서의 인식의 문제를 해명하고자 하였다. 그는 이런 인식의 문제가 특히 송대 유학에서 발전하였다고 하면서, 이 문제가 성리학에 철학적인 논리를 제공한다고 보았다. 그러면서 그는 지각 현상의 구조로서 주체를 마음[心]으로, 객체를 이(理)로 파악했다. 유학의 인식론적인 방법으로 유학의 지각 개념이 형식논리가 아닌 성장논리에 있음을 지적했다. 이어서 지각과 행위의 상호관련성과 상호근원성을 밝혀 나갔다. 유학의 인식론적인 내용을 뜻하는, 이도(理圖)와 지행도(知行圖)라는 두 도상(圖象)을 제시하기도 했다(227-246).

이처럼 금장태가 유학에서 지(知)의 문제를 다루면서 성장논리를 중요시하는 모습은 김경탁이 그의 논문들(1958; 1964; 1965)에서 '현상계의 모든 사물은 생성·변화한다'고 하면서 생성논리를 펼치는 것과 서로 상통한다. 요컨대, 서로 무모순적인 면이 있다. 이는 김경택도 중국의 고전들이나 아인슈타인의 상대성 이론 등을 연구한 뒤 주장을 펼쳤기에 그렇다.

이강수(1978)는 「장자의 지식론」을 『철학연구』(고려대) 5집에 발표했는데, 그는 논문의 머리말에서 장자의 관심은 어떠한 환경에서도 소요자재(逍遙自在)할 수 있는 정신 세계에 있다고 하면서, 이런 정신 세계는 지식을 추구하는 방법에 의해 열리는 것이 아니라, 특수한 종류의 위도공부(爲道工夫)를 통해 가능하다고 했다. 장자의 처지에서는 지식 자체의 성격을 규명하는 것이 주요한 관심사가 아니었다. 장자는 그 자신이 바람직하다고 여기는 도에 관한 체득이 지식 탐구에 의해 이루어지는 것이 아님을 밝히기 위해 지식의 문제를 다각적으로 언급했는데, 이 논문도 그런 점들을 살펴보는 데 있다고 했다. 지식은 감관(感官)이 사물이나 사건과 접촉하고 그것을 다시 사유 작용에 의해 분석·종합해야 성립하는데, 장자는 이런 지식은 사물이나 사건을 근원적·전체적으로 알려 주지 못한다고 했음을 이강수는 지적했다. 이어서 그는 지식의 기원, 인식대상과 인식기관, 지식에 대한 견해, 지식의 체득을 차례로 서술했다.

9장

논리학과 가치론

여기서 다루는 영역은 논리학(진), 윤리학(선), 미학(미) 등과 관련된 분야이다. 참과 거짓[眞/僞], 착함과 악함[善/惡], 아름다움과 추함[美/醜]을 각각 다루는 분야이다. 이 가운데 논리학은 철학 방법론, 인식론과도 밀접히 관련되어 있어, 편의상 이곳에서는 연역추리·귀납추리와 관련된 자료들을 주로 다루고, 논리학을 구성하는 또 다른 중요한 부분인 변증법의 경우는 방법론에서 다룬다. 그렇다 보니 이곳 가치론(axiology) 영역에서 중심을 이루는 것은 윤리학과 미학이다. 마찬가지로 가치론에서 중요한 부분인, 종교적인 성(聖)을 다루는 종교철학은 이 책에서는 편의상 분과철학에서 다루기로 한다. 물론, 종교철학은 '종교적인 것', '종교 일반적인 것'을 다루므로, 기독교/가톨릭철학, 불교철학, 유학 등처럼 '개별 종교'와 관련된 철학과는 차이가 있다.

1. 논리학(진)

1) 시대적인 배경

이 시대의 자료들로는 연역법(연역추리)·귀납법(귀납추리)·변증법처럼 논리학에서 큰 흐름을 형성하는 것들 이외에 결단논리에서 볼 수 있듯

논리학의 응용 분야에 관한 탐구도 눈여겨볼 필요가 있다. 역(易)이나 도(道)와 관련된 논문들도 나름대로 관심을 야기하는데, 주역에서 볼 수 있듯이 인간이나 자연현상에 관한 논리나 풀이—그것이 현실에서 설득력이 어느 정도 있는지는 차치하고—라는 점에서 그러하다.

일제강점기에도 논리학 성격을 띤 글들은 있었으나, 논리학 관련 책은 1931년 한치진이 철학연구사에서 펴낸 『논리학개론』 이외는 없다. 그러던 것이 해방에 이어서 50년대에 이르러 논리학 책들이 연이어 출판되었는데 안호상·김계숙·김준섭·박종홍에 의해서였다. 이 가운데 안호상은 논리학이 어떤 학문인지를 소개하는 데 치중했고, 김계숙은 헤겔 논리학에 관심이 깊었고, 김준섭은 논리학이 담고 있는 내용을 비교적 일반적·현대적 관점에서 서술했고, 박종홍은 나름대로의 독창적 접근 방법 속에서 논리학을 정리하는 데 힘썼다.

이어서 60년대 이후에는 여훈근·이초식·소흥렬 등이 논리학 관련 저서를 내거나 논문들을 발표하는 데 큰 역할을 했다. 제II부의 논리학 분야에서는 먼저 논리학 일반과 연역논리를 다룬 뒤, 귀납논리(추리)·결단논리·역(易)에 관한 논문 순으로 정리한다. 결단논리와 역(易)의 경우는 논리학의 응용 부분에 해당된다.

2) 논리학 관련 자료들

광복이 된 뒤인 1947년에 김준섭은 『논리학』(태백서적공사)을 출판했는데, 국판 160면이었다. 1931년에 한치진이 우리나라에서 처음으로 『논리학개론』을 출판한 이래 16년이 지나서 발행된 책이다. 이 책의 서론에는 논리학의 정의와 간추린 역사[略史]가 서술되어 있다. 이어서 제1부 원리론, 2부 방법론으로 되어 있는데, 방법론은 다시 1편 통정적 방법론(統整的方法論), 2편 연구방법론, 3편 허위론으로 구성되었다. 결론에서는 논리와 방법에 관해 언급했다. 부록으로 설명도표와 참고서적이 적혀 있다.

그의 책은 그 후에도 계속 보완되어 출판되었다. 1954년 11월에는 1947년 출판한 『논리학』에 언어론과 방법론을 첨가해 국판 283면으로 된 『논리학』(정음사)을 출판했는데, 책의 2편에서는 고급논리로 기호논리를 다뤘다. 이런 일로, 이 책은 우리나라에서 처음으로 기호논리학을 다룬 책이 되었다. 기호논리 편에서는 명제의 계산법·기능적 계산법·류(類)의 계산법·논리적 모순의 문제·관계의 계산법을 다뤘다. 그가 훗날 1974년도에 출판한 『논리학』(정음사)에서도 그런 큰 구도는 이어진다. 이런 노력으로 당시 그가 펴낸 책들은 논리학에 관심을 지닌 사람들에게 많은 도움을 주었다.

안호상은 1948년 3월에 『논리학』(문화당)을 출판했는데 국판 213면으로 되어 있었다. 그 내용은 들말[緖論]에 이어, 첫째 편인 기초론과 둘째 편인 방법론으로 이루어져 있다. 기초론에서는 판단론·개념론·추리론을 다루고, 방법론에서는 방법의 본질과 종류·방법과 학문·학문의 구분·앎의 탐구법·앎의 정돈법을 다뤘다. 그는 들말이라는 표현에서도 알 수 있듯이 순수한 우리말을 사용하는 데 힘쓰면서 책을 펴냈다. 이처럼 서술하려는 내용을 순수한 우리말로 나타내거나, 토속적인 우리말을 다듬어 사용하는 학자들이 있어 돋보인다. 최현배나 안호상처럼 말이다. 그 당시 우리나라에서 일상화되었던 국한문 혼용체 문장 표현이나 외래어 남발과는 다르다. 상당수 외국 학자들이 자기 나라 모국어 위주로 가다듬어 쓴 것에서 영향을 받은 것 같기도 하고, 모국어에 관한 그의 평소 신념일 수도 있다. 여하튼 최현배나 안호상은 이를 실천하는 데 남다른 힘을 기울였다.

같은 해 8월, 박종홍은 『일반논리학』(백영사)을 출판했는데, 국판 195면이었다. 1장은 서론·일반논리학의 성질·일반논리학의 원리, 2장은 개념론, 3장은 판단론, 4장은 직접추리, 5장은 삼단논법, 6장은 귀납법, 7장은 오류론을 각각 다뤘다. 귀납법에서는 귀납법의 성질·사실의 관측·통계적 귀납법·유비추리·연역추리와 귀납추리·오류론을 다뤘다. 8장은 결론인데, 일반논리학의 한계와 창조의 논리에 대한 예비적 논고로 이루어져 있다. 후자는 다시 창조의 성질·창조의 일반적 구조·창조의 제상(諸相)·일반논리와 창조의 논리로 이루어져 있다(『박종홍전집 III』, 1998: iii-viii). 이 책이 다른 책과 구별되는 특징은 '창조의 논리'를 언급한 점인데, 이는 그가 생애에 걸쳐 종종 강조했다는 점에서 특별한 것이기도 하다. 박종홍의 『일반논리학』은 논리학 입문서로서 출간 후 철학도들이나 논리학 관계 저서들에 많은 영향을 미쳤다.

박종홍은 1953년 5월에는 『인식논리학』(백영사)을 펴냈다. 그는 우선 인식논리학의 일반적인 윤곽과 그 이론적인 전개의 기초를 살피고 나서, 칸트의 선험적 인식논리학의 본질을 비롯해 그 이후의 추이를 파악하여 서술하는 데 힘썼다. 아울러 과학적 인식논리학의 골자를 살펴보면서 앞으로 제기될 직한 문제성을 드러내 보이려 했다. 책의 내용은 1장 서론 부분, 2장 선험적 인식논리학의 본질, 3장 선험적 인식논리학의 분파와 추이(其一), 4장 선험적 인식논리학의 분파와 추이(其二), 5장 과학적 인식논리학, 6장 결론 부문으로 이루어졌다. 1장에서는 서론과 더불어 1절 인식논리학의 개념, 2절 방법적 회의와 인식이론 전개의 기저를, 6장은 결론과 더불어 1절 합리성과 실증성, 2절 인식의 변증법적 성격과 역사성을 각각 다뤘다(『박종홍전집 III』, 1998: viii-xi).

박종홍(1955)은 한국철학회의 『철학』 1집에 투고한 「고전논리학과 현대논리학」을 통해서 아리스토텔레스식의 고전 논리학과 현대논리학의 차이점을 밝히면서 현대논리학의 장점과 특징을 들기도 했다. 그는 논문에서 현대논리학에서는 언어 대신에 기호를 사용하여 명제와 명제함수의 복잡한 계책(計策)을 자유롭게 하여, 고전논리학에서 다루지 아니한 '관계'라는 새 분야를 발전시켰음을 지적했다.

논리학 관련 논문이나 번역서도 등장했다. 근세 논리학 관련 번역서를 보면 김계숙은 1955년 민중서관에서 『논리학』을 펴냈는데, 이는 헤겔이 1817년에 펴낸 『철학요강』 가운데 논리학 부문에 관한 번역이다. 흔히 소논리학[1]이라고도 일컫는 부문이다. 대논리학은 헤겔이 1812~1816년에 걸쳐 지은 3권으로 된 『논리학』을 가리킨다. 헤겔 논리학에 관한 연구는 그 후 다른 사람들에 의해서도 이어진다. 예컨대 1960년대의 경우를 보면, 강재륜(姜在倫)(1964)은 「헤겔의 반성론(反省論)」을 석사논문(서울대)으로,[2] 최도희(崔道熙)(1964)는 「헤겔의 양론고(量論攷)」를 석사논문(서울대)으로 각각 제출했다. 후자는 헤겔이론과 수학을 비교한 것으로 '헤겔이 본 수학의 위치와 한계', '이론을 통해 본 헤겔철학의 특색과 남은 문제' 등을 다뤘다.

1970년대에는 전두하(全斗河)(1976)가 「헤겔 논리학 본질론에서의 모순의 제(諸)단계」(『철학』 10집)라는 논문에서, 현실성·가능성·필연성은 절대자의 반성(反省)을 형성하는 형식적인 계기(契機)들이기에 헤겔 논리학을 이해하기 위해서는 매우 필요하다고 했다. 이런 대논리학에서의 세 가지 계기인 현실성·가능성·필연성은 소논리학에서는 제약(Bedingung)·사상(事象, Sache)·활동성(Tätigkeit)이라는 말로도 표현되어 있다(66). 절대자에 있어서의 현실성·가능성·필연성은 절대자가 자기를 외화(外化)할 때마다 언제나 한 점에서 합일되어 있는데, 이 한 점에서의 3자는 동일한 사태를 서로 다른 각도에서 말한 것이라 했다(67).

한편 현대논리학 관련 논문을 살펴보면, 김준섭(1956)은 『서울대논문집(인문사회과학)』 4집에 「유형론의 논리적 분석」을 게재했다. 그 내용은 머리말, 1. 단순유형론, 2. 복잡유형론, 3. 모순의 문제, 4. 모순론의 역사적 변천, 결론으로 이루어져 있다. 복잡유형론에서는 순환논증률·기능의 유형·유형의 층계와 질서의 층계·환원의 공리를, 모순의 문제에서는 수학적 모순·논리적 모순·언어적 모순을 각각 세부적으로 다

---

1 헤겔은 이 책에서 논리적 사고를 오성적이며 추상적인 사고, 변증법적인 부정의 사고, 사변적인 이성적 사고로 나누고, 오성적 사고를 직접성에 대한 논리, 변증법적인 사고를 반성과 매개에 의한 논리로 각각 파악하고, 종래의 오성적 사고방식에서 벗어날 뿐만 아니라 변증법적인 부정의 사고도 지양하면서 이성적 논리를 내세웠다. 그러면서 이 이성적 논리야말로 전체적으로 통일되며 본질로 환원되는 진리라 했다.

2 헤겔의 대논리학과 소논리학을 근거로 해 서론 직접성과 매개, 1장 반성의 일반적 성격, 2장 정립하는 반성, 3장 외적 반성, 4장 규정하는 반성, 결론 반성론의 변증법 순으로 내용을 전개했다.

뤘다. 그는 모순의 문제는 유형론으로 해결할 수 있음을 지적했다. 이어서 이론적 모순은 이론으로써, 현실적 모순은 실천으로써 해결될 수 있음을 주장했다. 김용민은 1961년 4월, 『논리학』(동진문화사)을 펴냈는데, 형식논리학에 비중을 두면서 판단론·개념론·논리적 원칙·추리론·방법론 등을 다뤘다.

논리학을 다각도에서 다루는 저서들을 펴내 온 박종홍은 1959년 5월 『서울대 논문집(인문사회과학)』 8집에 「부정에 관한 연구」를 발표했는데 84쪽에 달하는 긴 분량이었다. 이 글은 부정성에 관한 전반적인 연구로, 그는 이 논문의 말미에서 인간은 부정성을 자각해 이에 창조적인 참여를 함으로써만 인간 구실을 할 수 있다고 했다. 글의 내용 가운데 4장에서는 '부정의 방법론적 의의'를 다루는데, '1절 부정에 따르는 다의성', '2절 소극적인 방법론적 의의', '3절 적극적인 방법론적 의의'로 나누어 살폈다. 특히 마지막 장(7장, 결론) 마지막 절(3절)에서는 '부정과 인간의 창조적 참여'를 언급했다.

그의 유고(遺稿)로는 『변증법적 논리』가 1977년 박영사에서 출간되었다. 이처럼 그는 철학 방법론으로서 논리학에 관한 책들—『일반논리학』(1948), 『인식논리학』(1953), 『변증법적 논리』(1977)—을 펴냈는데, 이런 맥락에서 「부정에 관한 연구」도 그가 중요시하는 방법론으로 그의 철학적인 탐구자세를 살필 수 있는 논문이다. 이들 저서나 논문은 서로 연결된 맥락 속에서 파악하는 것이 도움이 된다.

1940~1950년대에 안호상·김계숙·김준섭·박종홍 등의 역할이 컸다면, 1960년대 후반에서 1970년대에 걸쳐서는 여훈근·이초식·소흥렬의 논문들이 자주 등장한다. 앞 세대들이 저서를 통해 논리학을 알리는 데 힘썼다면 후자들은 주로 논문들을 통해 세부적인 문제들을 탐구하는 데 힘썼다. 변증법에 관한 논문도 비록 간헐적이지만 그 맥이 이어졌고, 기호논리학의 특성을 밝히려는 논문도 점차 그 모습을 드러내기 시작했다.

1960년대의 논리학 연구에서 주목할 일은 확률에 관한 논문이 발표되었다는 점이다. 그동안 우리나라 철학계에서 발표된 대부분의 논리학 관련 논문이나 저서들이 연역법·연역추리와 관련된 것들이었음에 비해 독특한 면이 있다. 1967년에 여훈근[3]이 『인문논집』(고려대) 8집에 「확률에 관한 연구」를 발표한 것이 그 경우다. 우리나라 철학계에서 확률 문제를 다루는 논문이 드문데다 확률은 귀납법·귀납추리와 관련된 분야기 때문에 이 책에서는 가능한 상세히 소개하겠다.

이 논문은 크게 고전설·빈도설(頻度說)·귀납설을 살피고 있다(여훈근, 1967: 357-402; 1986: 222-267). 이 가운데 고전설(1967: 358-367; 1986: 222-231)에서는 라플라스(P. S. Laplace, 1749~1827)의 정의에 따라, '나타날 수 있는 모든 경우들의 수에 대해, 확률을 구하는 사건이 나타나는 경우의 수의 비율'이 사건의 확률이다. 그 특징을 보면, 확률 진술은 경험적이 아니라 선험적이어서, 어떤 사건의 확률을 산출할 때 실제로 그 사건에 관해 과거의 경험적인 통보를 필요로 하지 않는다. 확률 판단은 우리의 지식과 상대적인 관계에 있어, 주어진 조건에 대한 우리의 지식이 변경됨에 따라 확률판단도 변경된다. 이 학설에서의 확률은 사물이 지니는 객관적인 성질이 아니라, 확실성의 도수(度數)나 합리적 신념의 측정치 같은 것을 뜻한다. 그러나 문제는 그런 신념의 양을 어떻게 측정하는가이다. 고전설에서는 확률진술을 '동등하게 나타날 수 있는 경우'로 제한하는데, 그런 경우의 수를 명시하기 힘들다. 아울러 '동등하게 나타날 수 있는(equipossible)'이라는 말이 '동등하게 확률이 있는(equiprobable)'이라는 말과는 어떻게 다른지도 문제[4]다.

빈도설(1967: 367-378; 1986: 231-242)에서는 확률이 '어떤 사건의 집합

---

3 대구에서 출생했으며, 고려대 철학과(학사 및 석사)를 거쳐 프린스턴대학에서 연구했다. 고려대 교수를 역임했고, 「확률에 관한 연구」·「양상논리와 그 해석상의 문제」·「다치논리의 해석문제」·「직관논리에 관한 연구」·「규범논리에 관한 연구」등 논문들과, 지은 책으로 『논리학 신강』(태학사, 1975)·『현대논리학』(대영사, 1980)·『현대논리학의 연구』(고려대출판부, 1986)가 있다.

4 가능성(possibility)과 개연성(probability)의 특성을 비교하면, 후자는 전자를 수치화(數値化)한 표현이다.

에서 그 성원이 나타내는 일정한 성질에 대한 상관빈도의 극한치'를 뜻한다. 여훈근은 빈도설이 지닌 특징으로 확률 진술이 실제적이며 경험적인 진술임[5]을 들었다. 그는 곳곳에서 라이헨바흐의 견해를 소개하면서—경우에 따라서는 미제스(R. v. Mises)의 견해도 인용—빈도설을 서술했다.[6] 빈도설에서의 확률 진술은 미래 상관빈도를 예측하는 진술이기도 한데, 여기서 확률이란 사물이 지닌 객관적인 성질이다. 확률 진술은 어떤 사물이나 사건집합의 구성원이 나타내는 일정한 성질의 상관빈도에 관해서만 성립된다. 하지만 그는 빈도설이 지닌 난점으로, 확률 진술을 관찰된 상관빈도에 근거한 예측적인 진술이라고 한 것에 대해 예측적인 진술이 지닌 정당성의 문제를 들었다. 이어서 빈도설의 확률 정의는 무한계열에 대한 상관빈도의 극한치를 구하는데, 대부분의 경우에서는 사건의 무한계열에 대한 상관빈도의 극한치를 구하려 하지 않는다는 점도 지적했다. 빈도설이 지닌 또 다른 문제점으로는 단일사건에 대한 확률 진술에 관해서는 설명을 할 수 없다는 점이다. 통계처리가 중요시되기 때문이다.

귀납설(1967: 378-399; 1986: 243-264)에서는 확률을 '어떤 이론이나 가설 또는 진술을 확증하는 증거의 무게'로 간주한다. 한 이론이 많은 증거를 지니면 높은 확률을, 약간의 증거를 지니면 낮은 확률을 지닌다. 카르납은 귀납설의 확률을 수치로 표시해 확률이란 주어진 가설에 대해 주어진 증거에 의거한 주장의 강도(强度)나 확증의 도수(度數)를 가리키는 것이라 했다. 여훈근은 이런 귀납설의 특징으로 확률 진술은

---

5 여기서 '실제적 진술'이란 확률진술이 세계현상의 실제나 사실에 관해 어떤 것을 주장하다는 뜻이며, '경험적 진술'이란 문제된 사건의 확률을 구할 때 그 사건이 실제로 일어난 빈도에 관한 경험적인 통보가 요구된다는 뜻이다.

6 라이헨바흐(1958)는 그의 책인 『과학적인 철학의 기원(*The rise of scientific philosophy*)』이란 책에서, "확률진술이란 반복되는 사건의 상관빈도 곧, 총계의 백분율로 계산되는 빈도를 나타낸다. 그것은 과거에 관찰된 빈도에서 도출된 것이요, 미래에도 이와 근사한 빈도로 일어나리라는 가정을 포함한다."(236; 여훈근, 1986: 231-232)라고 했다.

실제적인 진술이 아니라 논리적인 진술임을 지적했다. 증거 e에 의거한 가설 h의 확률 q를 구하는 물음은 실제에 대한 지식이 요청되는 것이 아니라 논리적 분석만이 요구된다는 것이다. 귀납설의 확률 진술에서는 증거가 그 진술의 확률을 증감시키며, 확률은 과학 그 자체에 속하는 것이 아니고 오히려 과학의 방법론에 속한다. 확률은 과학 관련 진술에 관한 판단에 적용된다. 귀납설은 단일사건을 예측하는 가설에 대해서도 확률치를 부여한다. 이 점이 귀납설의 한 난점으로 지적되는데, 이 확률치는 검증될 수가 없기 때문이다. 그래서 경험주의 원리인 검증의 원리를 위반한다는 문제가 제기된다. 귀납설에서의 확률 진술은 실제에 대한 지식을 요청하지 않고 논리적인 분석에만 의거해 성립되는 진술이므로, 실제에 관해서는 어떠한 것도 말하지 않는 진술이 된다. 귀납설의 확률은 논리적 관계를 표현하는데, 그렇게 되면 확률을 결정하는 방법이 무수히 가능하게 되어, 이 무수한 방법(귀납방법이나 확증도수의 정의) 가운데 우리가 어떤 것을 선택해야 할지도 문젯거리가 된다.

이처럼 여훈근은 확률에 관한 세 가지 학설이 지닌 각각의 특징과 그에 따른 난점 들을 살핀 뒤, 그 가운데 빈도설과 귀납설을 옹호했다. 확률의 의미가 두 학설에서는 뚜렷이 구별되기 때문이다. 빈도설의 확률은 사회과학이나 생물학·물리학 등에서 대상의 상태를 특징짓는 데 도움을 주는 것으로, 어떤 사물이나 사건 들이 지닌 일정한 성질을 진술하는 데 적용될 수 있기 때문이다. 반면에, 귀납설은 과학과 관련된 진술에 관한 판단에 적용된다. 그래서 증거가 되는 일정한 진술에 의거해 어떤 가설의 수락에 관한 판단에 주로 적용된다. 귀납설의 확률이란 진술(증거가 되는 진술)과 진술(가설이 되는 진술) 간의 관계를 나타내는 것으로, 진술(가설)들이 주장되는 강도나 증거의 도수라고 해석된다. 이런 점들은 빈도설과 귀납설이 동일한 문제를 해결하려 하는 것이 아님을 알려 준다. 그러므로 동일한 문제가 아니라 서로 다른 유형의 문제를 해결하기 위해서는, 빈도설과 귀납설을 받아들여 그 각각의 특징을 살리는 것이 적절하다는 그의 주장이다.

한편, 소광희와 김정선(金正善)은 1970년 3월 『기호논리학』(법문사)을 출판했다. 우리나라에서 기호논리학이란 이름의 단행본이 처음으로 출현한 것이다. 저자들은 이 시기에 요청되던 근대화니 생활의 합리화니 사고의 논리화를 절감하면서 이를 뒷받침하기 위해 이 책을 출판한다고 했다. 그들은 이 책에서 연습을 통한 논리적 사고의 훈련도 도모했다. 그러나 그들은 이 책에서 개연성에 근거한 귀납논리는 다루지 못하고 타당성에 근거한 연역논리만을 취급했다.

기호논리학이 지닌 특성도 논리학 관련 논문이나 책에서 소개되기 시작했다. 박영식(1969)이 『인문과학』(연세대) 21집에 「기호논리학의 특수성 – 형식논리학과의 대비 –」을 게재한 것이 그런 경우였다. 그는 이 논문에서 형식논리학이 어떤 결함을 지니며, 기호논리학의 특수성들이 무엇인지에 관해 언급했다. 형식논리학이 지닌 언어적인 제약성을 벗어나려고 기호논리학에선 기호를 도입했다고 하면서 그 특성들도 언급했다.

여훈근은 1974년 『인문논집』(고려대) 19집에 「수학 및 기호논리학에 의거한 삼단논법의 분석」을 게재한 데 이어, 1975년 3월에는 『논리학 신강』(태학사)을 펴냈다. 그는 이 책의 'I편 재래논리학'에서 명사(名辭)·명제·직접추리·간접추리·오류론을, 'II편 기호논리학'에서 명제계산(I)·명제계산(II)·술어계산을, 'III편 재래논리학의 기호화분석'에서 정언명법의 벤다이어그램(Venn Diagram) 및 기호화분석·직접추리의 기호화분석·간접추리의 기호화분석을 각각 다루었다. 그는 이 책의 머리말에서 박희성 교수로부터 논리학을 공부한 지 10여 년 만에 그동안의 생각을 정리해 책을 펴냈다고 했다. 이로 미루어 보아 1937년 박사학위를 취득한 박희성 교수는 인식론 분야뿐만 아니라 논리학 분야에도 조예가 깊었던 것으로 여겨진다. 박희성 교수의 강의 내용이나 교수 방법을 통해 그가 공부했던 1930년대 미국 철학계의 교육풍토가 어떠했는지도 간접적으로나마 알 수 있을 듯 싶다.

소흥렬은 명제환원의 방법에 관심을 가졌다. 그래서 그는 1975년 『철학』 9집에 「직접추리에 의한 명제환원의 방법」을 게재하기도 했다. 여기서 언급되는 직접추리는 아리스토텔레스 논리에서의 대당관계나 명제변형에 따른 추리를 일컫는다. 그는 대당관계에 따른 직접추리의 법칙 세 가지(대당관계의 법칙)와 명제변형의 법칙 세 가지를 통해 명제환원의 방법에 관해 언급했다. 여기서 전자로는 모순관계의 법칙(모순법), 반대관계의 법칙(반대법), 부분반대관계의 법칙(부분반대법)을, 후자로는 환위의 법칙(환위법), 환질의 법칙(환질법), 전위의 법칙(전위법)을 소개하면서 이런 6가지 직접추리의 법칙을 적용할 때 유의해야 할 점들도 사례들을 제시하면서 언급하였다.

이런 분위기에서 김준섭은 1975년에는 『철학과 논리의 연구』(서울대학교출판부)를 펴내기도 했다. 이 책은 그가 펴낸 세 번째 철학 논문집으로 과거 20여 년간에 걸쳐 연구한 철학과 논리에 관한 연구논문들을 선별해 엮은 것이다. 사회과학의 시-공개념, 의미공준의 문제, 분석성의 문제 등을 비롯해 영문으로 된 「카르납의 의미공준의 문제」와 「인과성의 의미」 등도 수록되어 있다. 모두 15편의 논문이 수록되어 있으며 미발표 논문인 현대물리학의 공간, 언어의 의미에 관한 문제, 다치논리학의 전망 등이 포함되었다. 그 당시 선진 외국의 새로운 학문 조류를 접해 보려는 우리나라 학자들에게 도움을 주는 책이다.

책 가운데 김준섭(1975)의 '13. 다치논리학의 전망'[7]은 우리나라 논리학사에서 특히 눈여겨볼 만한 글이라 여겨진다. 전통적인 논리학은 참[眞]과 거짓[僞]의 2치(二値)만을 다루는 2치논리학인데 반해, 3치로부터 4치·5치·무한치를 다루는 다치논리학(many-valued logic)은 19세기

7 『철학과 논리의 연구』는 머리말, (I)Lukasiewicz의 3치논리학, (II)Bochvar의 3치논리학, (III)Kleene의 3치논리학, (IV)직관적 명제계산의 체계(IPC), (V)Lukasiewicz의 일반적인 다치체계, (VI)다치논리체계로서의 양상논리학, (VII)기타의 다치논리체계, (VII)부정의 문제, (IX)다치논리학에 있어서의 모순률, (X)다치논리학에 있어서의 배중률, (XI)다치논리의 응용, 결론으로 이루어져 있다.

말에 싹터 상당히 빠르게 탐구되고 그 응용도 증가하는 추세였다. 그는 이런 측면들에 유념하면서 루카시에비치(Jan Lukasiewicz)·보크바(D. A. Bochvar)·클린(S. C. Kleene)이 제기하는 3치논리체계를 비롯해, 루이스(C. I. Lewis)의 양상논리, 헤이팅(Arend Heyting)·괴델(Kurt Gödel) 등의 다치논리체계를 살폈다. 이런 모습은 전통적인 논리인 2치논리체계와의 관계에서 논리의 상대주의와 편의주의 운동을 촉발시키는 계기가 되었다고 하면서, 그는 다치논리의 응용에 관해 다음과 같은 점을 지적하기도 했다(330-331).

1. 다치논리의 순 추상적인 사용은 명제논리에서 공리들의 비증명성, 공리적 독립성, 비모순성을 증명하는 도구로 사용된다.
2. 클린은 부분적 순환함수의 수학이론에서 수적 술어(數的述語)의 결정성을 연구하는 데 3치논리를 응용했다. 무한치논리는 발전된 집합론의 최선의 매체로 되고 있다.
3. 다치논리학은 양상논리학의 연구에 응용되고 있다.
4. 다치논리는 언어적 모순의 해결에 응용된다. 수학적 집합론의 모순을 피하는 방법으로서도 사용된다.
5. 양자역학과 파동역학의 기술과 체계방법으로써 이용된다. 현대물리학의 연구에는 적어도 3치논리가 요구된다.
6. 전기회로장치를 다루는 데 이용된다. 복잡한 다선회로장치를 조작하는 데는 다치 논리를 이용해야 한다.
7. 미래의 사실을 다루는 철학적인 연구에 사용된다. 종래에는 전통적인 모순률과 배중률이 철학적 사고의 법칙으로 사용되었으나, 다치논리의 발전으로 모순률과 배중률의 해석이 달라짐에 따라,[8] 철

8 다치논리에서의 모순율은 2치논리와 달리, 여러 가지로 해석된다. 예컨대, P와 ~P는 함께 참일 수 없는 배타율(the exclusion principle)에 대해 비판적이다. 다치논리에서는 여러 가지 다른 의미의 모순율을 인정한다. 배중률에 관해서도 종래의 논리학처럼 절대적인 것으로 간주하는 것이 아니라 상대적·편의적인 해석을 가한다.

학적 사고방식에 변화를 가져왔다.

8. 다치논리를 응용하는 데서 논리의 상대주의와 편의주의가 성립되었다.

그러면서 김준섭은 세월이 지날수록 다치논리는 복잡한 사고의 분석과 다양한 철학의 다양한 창의활동에 사용되는 연구방법으로 그 진면목을 더할 것이라 했다.

이처럼 김준섭이 다치논리를 소개한 뒤 그 이듬해, 김정선(1976)은 『철학연구』(철학연구회) 11집에 게재한 「양상논리의 존재론적 기초(I)」에서, 양상의 문제는 전통적인 논리의 차원에서 다루어질 것이 아니라 존재론의 문제로서 광범위하게 전개되어야 한다고 했다. 그러면서 이런 문제의식을 처음에 연구대상으로 삼은 아리스토텔레스를 비롯해, 메가라(Megara)학파, 그리고 현대의 하르트만의 견해에 이르기까지 가능태·현실태·시간·실체 등 여러 측면을 다뤘다. 우리나라 논리학계에서 양상논리(modal logic)를 탐구한 초기 사례에 해당하는 논문이다.

이 시대에는 양상논리의 응용과 관련된 논문을 발표한 사람도 있어 새로움을 더한다. 심헌섭(沈憲燮)(1967)이 『철학연구』(철학연구회) 2집에 게재한 「법·명령·논리」가 그것인데, 그는 논문에서 현대 법이론들 가운데 관심을 끌고 있는 '법명령설(法命令說)'의 골자는 법규범이 원리적으로 '당위문장(當爲文章)', 곧 명령문이라는 데 있다고 했다. 법규는 '가언적·조건적 당위문장'이다. 그래서 그는 법규범체계를 양상논리적으로 분석하여, 허용(permission)·의무(obligation)·금지(forbidden)의 문장으로 다루어 서술문과 명령문의 차이를 없게 하면, 법명령설은 포기될 수 있음을 시사했다. 그렇게 되면 진리치를 계산하는 진리표에 근거해 타당성 여부를 밝힐 수 있어, 논리적 원리의 법규범에의 적용문제는 다만 의미론의 문제에 불과하다. 이런 그의 견해는 돋보이는 논지이기는 하나, 논문에 구체적인 예증들이 있었으면 하는 것과, 이런 연구가 좀 더 활성화되어 후속적인 연구로 이어졌더라면 하는 아쉬움이 있다.

중국에서 싹튼 역(易)이나 도(道) 개념을 논리적인 특성과 관련시키면서 언급하는 논문들도 있어 이채롭다. 이종달(李種達)은 1956년 11월 『부산대 10주년 기념논문집』에 「주역의 논리적 고찰」을 게재했다. 그는 주역을 '신화적 사유'나 '신화적 논리'의 모델로 여기면서 논리적인 고찰을 했다. 그 논지를 보면 첫째, 이 논문은 '일체양용론(一體兩用論)'을 들면서 역이 지닌 체용론(體用論)의 특색을 밝혔다. 둘째, 사고법칙론으로 '무한율론(無限律論)'을 전개하는 과정에서 헤겔·칸트·코엔 등의 이론과 비교해 그 특성을 지적하면서 역이 지닌 대대관계(對待關係)를 논했다. 셋째, 역의 논리를 '위상논리적 논증식(位相論理的論證式)'이라 하여 특이한 논증으로 여겼다. 이처럼, 그는 역의 논리를 통해 역이 지닌 체용론의 특색을 드러내 보이려 했다(학술원, 1976: 13). 일반논리학에서 사용하는 용어들과는 거리감이 있는 용어들을 사용하면서 논지를 펴는 특이한 논문인데, 이 논문에서 더 나아간 후속 논문이 발견되지 않아 아쉬움을 남긴다.

논리적인 측면에서 역(易)의 특성을 밝힌 연구는 조용일(趙鏞一)의 논문에서도 찾아볼 수 있다. 조용일(1962)은 「주역에 관한 연구」를 석사학위논문(성균관대)으로 제출했는데, 그는 논문에서 역(易)의 형이상학적인 근거로 유무론(有無論)과 태극관을 살핀 뒤, 역에 관해 살폈다. 그는 이를 위해 먼저 형식논리학과 변증법논리학의 근본원리를 다룬 뒤, 역을 생성논리로 규정했다. 이어서 그 근본원리로는 (1) 상생성원리, (2) 상대성(相待性)원리, (3) 상극성원리, (4) 상관성(相關性)원리가 있음을 지적했다. 이러한 견해는 그 무렵 김경탁(1958; 1964; 1965)이 'A는 비A로 된다(A becomes non A.)'라고 하면서 주장한 생성논리나 훗날 금장태(1974)가 주장한 성장논리 등과 관련지어 볼 수 있다.

김용정도 역(易)이 지닌 논리적인 특성에 관해 언급했다. 그는 1969년 「라이프니츠의 보편기호법사상과 역의 논리」를 『철학』(한국철학회) 제3집에 발표했다. 라이프니츠의 보편기호법이 그가 말하는 보편학의 이념을 발견하는 기초작업임을 언급하고, 그의 보편기호법사상과 역(易)의 음양사상의 관계를 관련된 문헌연구를 통해 살폈다(II부 10장 '비교철학' 참조).

이처럼 이종달·조용일·김용정이 유학에서의 역(易)을 논리와 관련시켜 연구했다면, 안진오(安晋吾)는 노자철학에서 도(道)의 논리에 관해 연구한 것으로 주목을 끈다. 안진오(1975)는 「노자의 도(道)와 그 논리적 성격」을 『용봉논총 인문과학연구』(전남대) 4집에 게재했다. 그는 노자의 '도'의 세계에서 자연법칙과 인간의 당위규범이 합일하는 것과, 그 도의 세계를 이해하기 위한 중국적인 사고와 논리에 관해 살폈다. 그는 이 논문을 통해 노자의 '도'의 세계는 서양적인 사고방식이나 분석논리만으로 이해할 수 없으므로, 중국적인 사고와 인식론에 근거해 이해해야 함을 주장했다. 그러면서 노자가 펼치는 세계는 '역설의 논리'에 근거하여 직각적·직관적으로 파악할 수 있다고 했다. 이어서 그는 동양인의 세계관이나 만물일체의 자연관과 서양인의 신·자연·인간을 준별하는 세계관이 보다 높은 차원에서 융합될 때, 새로운 세계사상이 형성될 수 있음을 시사했다(학술원, 1976: 72). 하지만 그의 글에는 너무 성급하게 동양과 서양의 사상을 나눈다거나, 무엇이 중국적인 사고와 인식론인지, 직각적·직관적인 파악은 어떤 것인지에 관해 보다 구체적인 서술이 부족해 아쉬움이 남는다.

한상련(1968)은 「한국논리학의 구조」(『동국대논문집』 5집)에서 논리학을 우리나라 시조와 관련지어 언급해서 이채롭다. 그는 우리나라 시조의 경우를 들어 시의 형식을 명제화함으로써 그 명제형식을 찾을 수 있음을 밝히고, 대개념·중개념·소개념의 위치에 따라 삼단논법의 4가지 격식을 구분했다. 또한 시조는 명제로 따지는 것보다 말의 덩이로 추리하기 편하게 되어 있다는 점에서 형식논리와는 다르다는 점을 지적했다.

시조는 인도의 인명학(因明學)이나 삼단논법처럼 삼단으로 되어 있으나 인명학과도 삼단논법과도 다르며 시조도 무엇인가 주장하고 있지만 논리로 보면 형식논리보다는 현대논리에 가깝다고 했다. 그런데 시조는 그 추리에 있어 연역추리보다 귀납추리형식이 더 많음에도, 서구의 귀납논리가 과학 발전에 이바지한 것과는 달리 그렇지 못했음도 그는 지적했다. 아울러 그는 시조와 인명학(因明學) 사이의 관계도 직접적인 영향을 주고받는 관계는 아니라 했다. 그에게서 엿보이는 특이한 접근방법이라 하겠다. 하지만 '형식논리보다는 현대논리에 가까움', '연역추리보다는 귀납추리에 더 가까움' 등과 같은 표현들은 구체적인 사례들을 좀 더 제시하면서 다듬었어야 했다.

2. 윤리학(선)

1) 시대적인 배경

해방 후부터 1980년까지는 윤리학 관련 논문뿐만 아니라 윤리학 관련 책들도 단행본으로 출판되곤 했다. 논문의 경우를 보면 윤리학자들의 견해를 탐구하는 것이 여전히 주류를 이루었지만, 현대윤리학에서 쟁점이 되는 담론들이 논문의 형태로 발표되기도 했다. 한편, 발행된 윤리학 관련 책들 가운데는 김태길이 1964년 펴낸 『윤리학』(박영사)에서 볼 수 있듯이 현대적인 관점에서 서술된 책도 있다.

그동안 전통적 윤리학인 규범윤리학이 주류였던 우리나라에서 새로운 계기를 마련한 사람들로는 대표적으로 김태길·김영철 등을 들 수 있다. 분석철학자들이 주장하는 윤리인 분석윤리학도 점차 소개됨으로써, 윤리학 연구가 한 단계 더 새롭게 나아가게 되었다. 분석윤리학은 규범윤리학과는 다른 측면에서 윤리문제에 접근하는데, '언어의 논리적인 분석'을 통해 윤리적인 언사(言辭, term)나 문장의 의미를 분석하는 경향이 짙다. 선악(善惡, good and bad)과 정사(正邪, right and wrong)의 뜻, 도덕적인 것과 비도덕적인 것의 구별, 도덕에서의 가치판단과 그 정당화 문제 등이 관심의 대상이었다.

이와 더불어 자유와 자유의지·도덕적 책임·양심·정의와 공정·의도·동기와 결과·공동체 등과 같이 윤리나 도덕에서 기본을 이루거나 밀접한 관련이 있는 개념들에 관해서도 관심이 컸다. 이런 관심 속에서 윤리적 자연주의와 윤리적 비자연주의, 비인지주의, 일상언어학파의 윤리설 등이 윤리학계에서 중요 담론으로 새롭게 떠올랐다.

2) 윤리학 관련 자료들

윤리학 관계 단행본들의 출판은 1950년대에 접어들어서 활기를 띠었다. 1952년에 김두헌은 『윤리학개론』(정음사)을 펴냈는데, 증정판(增訂版)이다. 그 목차는 윤리학의 일반개념·행위론·양심론·표준론(標準論)·가치론·인격론·의지자유론·의무론·덕론으로 이루어져 있다. 의지자유론에서는 필연론과 자유론을, 마지막 장인 덕론에서는 덕의 본질 및 종류, 그리고 주덕(主德)에 관해 서술했다. 자유의지를 의지자유로 나타낸 그의 표현이 이채롭다.

그 이듬해에 최재희(1953)는 『윤리학원론』(일신사)을 펴냈는데 그 내용은 인간학·실존의 윤리·윤리학의 본질·윤리적 판단의 객체·윤리적 판단의 주체(양심)·윤리적 판단의 원리·과학적인 윤리학설·철학적인 윤리학설·윤리의 진보·자유의지론·자유주의의 윤리·윤리와 문화일반·서양윤리사상사(고대/중세/근세)·한국윤리사상의 발달로 이루어져 있다.

이어서 김태길[9](1956)은 윤리학의 새로운 방향과 구상에 힘쓰면서 국

---

9 김태길(1920~2009)의 호는 우송(牛松)이다. 충주에서 태어나, 1945년 도쿄대학 법학부를 중퇴하고, 1947년 서울대 철학과를 졸업했다. 1949년 같은 대학에서 석사학위를, 1962년 미국 존스홉킨스대학에서 박사학위를 취득했다. 건국대·연세대·서울대 등에서 교수를 지냈고, 2004년에서 2008년까지 대한민국 학술원 원장을 역임했다. 저서로 『윤리학』(박영사, 1964), 논문으로 「이조 소설에 나타난 한국인의 가치관 연구」, 수필집으로 『흐르지 않는 세월』 등이 있다.

판 215면으로 된 『윤리학개설』(민중서관)을 펴냈다. 그 내용은 서장(序章)·현대와 윤리학·윤리학의 과제·윤리학설에 관한 사적 관견(史的管見)·도덕현상의 본질·윤리학의 방향·인간성과 행위의 세계로 이루어져 있다. 같은 해 9월 김영철(金永喆)[10]은 「듀이 윤리학설의 성격 – 선을 중심으로 –」이라는 논문으로 윤리학 분야에서 석사학위(고려대)를 취득했다.

그 후에도 새로운 윤리사조에 관한 연구는 이어져 학계의 주목을 끌었다. 김태길(1957)은 건국대학교 정치대 10주년 학술지에 「윤리학은 엄밀한 의미의 '학(學)'이 될 수 있는가? – 러셀의 견해를 중심으로 –」를 게재했다. 이 논문은 6개의 장들(서언·고전적 윤리설의 제 난점·새로운 윤리사조와 러셀·러셀의 초기견해·러셀의 최근의 견해·결어)로 이루어져 있다. 그는 이 논문을 통해, 직각설의 입장으로부터 자연설을 거쳐 감동설의 입장으로 나아간 러셀의 전향을 언급했다. 아울러 '윤리학이 엄밀한 의미의 학이 될 수 있는가'라는 문제에 관해 러셀이 주는 해답은 찬부(贊否) 양론에 걸쳐 있다고 했다. 이어서 윤리학의 개심(開心)은 목적의 선택과 수단의 발견, 이 두 방면에 달려 있음을 지적했다(학술원, 1976: 96).

김영철(1958)은 『철학연구』(고려대) 2집에 「감동주의적 윤리설은 주관주의인가?」를 게재했는데, '에이어(A. J. Ayer)와 스티븐슨(C. L. Stevenson)을 중심으로'라는 부제가 붙어 있다. 그는 이 논문에서 논리실증주의 바탕 위에 감동설을 내세우는 영국의 에이어와, 프래그머티즘과 행동주의 요소를 넣어 에이어의 견해를 더욱 조직화하고 발전시킨 미국의 스티븐슨을 들어 감동설이 지닌 특성과 그 객관성에 관해 언급했다.

1961년 7월 김태길은 『인문과학』(연세대) 6집에 「평가적 발언의 의미

---

10 김영철(1928~)은 경남 함양에서 태어나, 고려대 철학과를 졸업하고 대학원에서 「도덕적 의무에 관한 연구」로 박사학위를 취득했다. 건국대·고려대 교수를 역임했으며, 저서로 『윤리학』(학연사, 1982)·『도덕철학의 제문제』(고려대출판부, 1983), 논문으로 「윤리학에 있어서의 존재와 당위」·「도덕적 의무의 정당화」·「가치갈등의 문제」, 역서로 『에티카』·『베이컨 수상록』 등이, 그리고 수상록으로 「사색의 즐거움」이 있다.

와 그 타당성에 관하여」를 게재했다. 그는 이 논문에서 '윤리적인 판단의 옳고 그름을 어떤 경험적인 논거 위에서 증명 또는 정당화할 수 있는지, 만약 있다면 어느 정도까지 그리고 어떤 의미로 그것이 가능한지'처럼 이어지는 물음에 관한 답을 꾀하면서, '좋음'·'나쁨'·'옳음'·'그름' 등등 평가와 관련된 개념들이 지닌 언어의 뜻을 밝혔다. 이어서 그는 다음 해인 1962년에 「자연주의와 감동주의 – 도덕판단의 제 양상 – (Naturalism and emotivism – Some aspects of moral judgments –)」를 박사학위 논문(존스홉킨스대)으로 제출했는데, 이 논문은 "윤리적 판단의 옳고 그름을 경험적인 논거 위에서 밝힐 수 있는가? 있다면 어떠한 방법으로 어느 정도까지 그것이 가능한가?"의 물음에 대한 해답의 실마리를 찾아보려 한 것이었다. 그는 이런 문제들에 대한 접근에서는 우선 윤리적인 언표(言表)의 의미를 분석해야 한다고 하면서, 평가적 언어의 의미를 상세하게 언급했다(학술원, 1976: 101). 같은 해 9월 그는 『학술원논문집(인문사회과학편)』 3집에 「평가판단의 논리에 관하여」를 게재했는데 영문으로 작성된 논문이다. 이 논문은 앞의 논문들과 밀접하게 관련되어 있다.

그는 1964년 2월에 『윤리학』을 박영사에서 펴냈는데, 이 책은 새로운 접근 방법에 따라 서술되었으며, 다음처럼 모두 10장으로 이루어져 있다.

1부 고전윤리학의 제 유형
- 1장 윤리학의 과제
- 2장 고전윤리학의 세 유형
- 3장 형이상학적 윤리학
- 4장 자연주의적 윤리학
- 5장 직각론적 윤리설

2부 현대윤리학의 제 유형
- 6장 윤리학적 회의론과 현대윤리학의 과제

7장 직각론적 윤리학의 새로운 시도
8장 자연주의적 윤리설의 새로운 시도
9장 분석철학에 입각한 윤리설들
10장 결론

그는 이 책의 에필로그에서 모든 문제는 '어떻게 살 것이냐'에로 귀착하며, 이 기본적인 물음이 우리로 하여금 윤리학을 탐구하게끔 한다고 했다.

한편, 김두헌(1957)은 『전북대논문집』 1집에 영문 논문인 "Research for the unity of opposities – Introduction of axiological dialectic – "을 게재했다. 이 논문은 그가 1953년 미국을 방문했을 때, 오하이오주립대학(Ohio State Univ.) 철학회에서 발표한 것이다. 그는 이 논문에서 우주와 인생의 모든 대립을 종합하는 가치론적 변증법을 제창하면서, 이는 동서고금의 철학에 걸쳐 중용의 도리에 상통함을 주장했다.

박태흔(朴泰炘)도 1960년대에 이르러 일련의 윤리학 관련 논문을 발표했다. 그(1963)는 「칸트의 정언명법의 해석」(『부산대 논문집』 3집)에서 사회성과 개체성(주체성)의 관련이 인간의 실천영역에서 중요한 과제임을 밝히면서, 칸트의 정언명법을 통해 사회성과 개체성의 실천적 통일원리를 찾아보려 했다. 그 후 그(1966)는 『철학연구』(한국철학연구회) 3집에 「도덕의 근원 – 라이너(H. Reiner)의 이론 – 」을 발표하기도 했는데, 가치파악의 형식을 가치범주라는 현상학적 방법을 소개하면서 언급한 논문이다. 이어서 그 이듬해 그(1967)는 「도덕적 당위에 관한 연구」(『부산대 논문집』 8집)에서 도덕적 당위를 현상학적인 가치윤리학에 의해, 특히 라이너의 이론에 의해 다뤘다. 가치를 '주관적으로 의의 있는 가치'와 '객관적으로 의의 있는 가치'로 구분 짓고, 후자의 실현에서 도덕적인 당위의 근본을 마련하려 했다. 위의 두 논문은 서로 깊게 연관되어 있다.

이런 학문적인 분위기 속에서 최재희는 1967년 4월에 『서양윤리사상사』(서울대출판부)를 펴냈는데, 438쪽으로 이루어져 비교적 분량이 많은 책이었다. 책의 내용은 고대의 윤리사상, 중세의 종교적 윤리, 근세의 윤리사상, 현대의 윤리사상 순으로 이루어져 있는데, 이 가운데 근세의 윤리사상은 다시 '(상)근세철학과 윤리', '(중)독일고전철학과 윤리', '(하)최근세의 현실주의와 그 반동'으로 이루어져 있다. 김태길의 『윤리학』과 더불어 1960년대에 출판된 대표적인 윤리학 관련 저서이다.

전원배[11]는 1969년 『원광대논문집』 4집에 「가치론의 연구」를 게재했는데, 이 논문은 서론에서 가치론의 과제·역사 및 현대의 가치문제를, 1~4장에서 가치의 본질·가치의 세계·가치의 인식·가치의 실현에 관해 각각 서술했다. 이어서 그는 인류 역사는 자유에서 출발해 자유와 더불어 발전했음을 지적하면서, 우리에게는 예견된 미래를 현실화하는 책임이 있으므로 책임이 중요하다고 강조했다.

1970년대에 접어들면서 윤리학 관련 논문들은 더욱 많아진다. 최창한(崔昌漢)(1970)은 석사학위논문(서울대)으로 「존 듀이의 가치론」[12]을 제출했다. 같은 해 6월 이초식은 『서울교육대논문집』 3집에 「도덕판단의 발달에 관한 고찰」을 게재했는데, 그는 도덕의 사회성을 강조하는 뒤르켐(Emile Durkheim)의 이론을 살핀 뒤, 도덕판단의 발달에 관한 피아제(Jean Piaget)의 연구성과를 분석·검토했다. 이어서 피아제의 이론에 대한 하비거스트(R. J. Havighurst), 타바(Hilda Taba) 등의 비판도 다뤘

11 전원배(1903~1984)는 해방 후에는 연희대·전북대·중앙대·원광대 교수를 역임했다. 저서로 『철학개론』·『철학의 제문제』·『논리학』·『역사철학』이 있다. 번역서로 『순수이성비판』, 헤겔의 『논리학』, 하르트만의 『미학』과 『윤리학』, 레닌의 『유물론과 경험비판론』이 있으며, 논문으로 「역사관의 변천」·「사회학의 논리적 구조」·「Schleiermacher 연구」·「일상성과 정열의 문제」·「실존주의의 역사관」·「감정론」·「실존과 초월」·「민주주의의 철학」·「J. Locke론」·「Marx주의 철학비판」·「존재의 구조」·「Hegel의 역사관」·「Marx의 역사관」·「무의 연구」·「역사적 세계의 구조분석」·「Kant 윤리학에서의 형식주의와 실질주의」·「가치론상의 제문제」가 있다.

12 이 논문은 듀이의 가치론에 대한 일반적인 이해에 초점을 둔 것으로 직접적 가치와 지성, 과학의 일반화와 실천비판, 목적과 수단의 연속과 도구적 가치, 비판적 고찰로 이루어져 있다.

다. 아울러 콜버그(Lawrence Kohlberg)와 같은 도덕성발달론자들의 견해를 음미하면서 그 활용가능성을 다뤘다. 콜버그를 비롯한 이들의 견해는 도덕성 발달과 관련된 담론이나, 도덕교육에서는 매우 중요시된 논거들이다.

이 시기에는 개별 종교와 관련된 윤리학 저서도 출판되었는데, 김동화(1972)의 『불교윤리학 – 인간학으로서의 불교 – 』(문조사)이 그 경우다. 그는 그 책에서 불타(佛陀)는 인간 석가가 수양의 결과로 그렇게 되었음을 말하면서, 인간 각자는 선천적으로 자유의지를 지니고 있으며, 인간 개인의 완성도 각자의 자력에 의해 하는 것이므로, 불교윤리학이란 불교의 인간학이라 했다. 이어서 그는 원시·부파(部派)·소승·대승 등에 나타난 불교윤리사상을 체계적·구체적으로 정리해 논술하는 한편, 불교는 실로 인본주의의 종교라는 것을 예증하려 했다(학술원: 49).

최준성(崔俊成)(1973)은 그가 살던 시대적 요청에 부응해 윤리에 관한 그의 견해를 펼쳤다. 『철학연구』(한국철학연구회) 16집에 「근대화와 새로운 윤리관」을 게재한 것이 그 경우다.[13] 같은 해 12월 김우태(金羽泰)는 『철학연구』(한국철학연구회) 17집에 「공리설에 관한 연구」를 게재했는데, 벤담(Jeremy Bentham)과 밀(J. S. Mill)의 공리설은 과거 희랍의 후기 소피스트(궤변론자)들처럼 배타적 이기주의가 아니라 박애 정신에서 출발했다고 주장하면서, 고통과 쾌락·공리의 원리·도덕개혁 등을 다뤘다.

한편, 강성위는 1974년 『철학』 8집에 「가치의 혁명으로서의 근인애(近人愛)」를 게재했는데, 이 논문은 그가 서독 마인츠에 있는 요하네스 구텐베르크대에 제출했던 학위논문인 「근인애(近人愛)와 원인애(遠人愛) – 하르트만의 비판론 – (Nachstenliebe und Fernstenliebe – Eine Kritische Auseinandersetzung mit Nicolai Hartmann –)」의 첫 부분을 간략하게 우리말로 옮긴 것으로, 하르트만에 있어서의 가치의 혁명·'근인' 개념의 발전

---

13 글은 1. 문제제기의 필요성, 2. 개념분석, 3. 현대 한국의 윤리적 상황, 4. 새로운 윤리관의 모색, 5. 윤리생활화의 조건형성, 결론으로 이루어졌다.

과정·근인애의 개념분석·근인애에 대한 오해들로 이루어졌다. 근인애는 '이웃 사랑'이나 '인인애(隣人愛)'로 번역되는 'Nachbarliebe'와는 다른 것으로, 하르트만은 근인애를 '그리스도교 윤리의 본질'로 파악했다. 아가페(Agape)로서의 근인애는 이타주의이며, 원수에 대한 사랑이자, 하나님에 대한 사랑이라는 것이다. 이런 점에서 동정이나 복락주의(Eudämonismus) 등과도 다르다. 이어서 그는 같은 해 11월 『철학논구』(서울대) 3집에 「사랑의 도덕과 정의의 도덕」이란 논문을 게재했는데, 이 논문은 앞의 학위논문 제2부의 초록으로, 제1부인 '가치의 혁명으로서의 근인애(近人愛)'의 요점을 간단히 서술한 뒤, 근인애와 정의의 관계에 관해 언급했다.

그동안 도덕이나 윤리판단에 관심을 많이 기울여 온 김태길(1974)은 『철학』 8집에 「윤리판단의 근본원리」를 게재했는데, 이 논문에는 '그 논리적 성격과 타당성의 문제'라는 부제가 있으며, 본문은 '도덕원리의 객관성을 입증하려는 시도', '윤리적 근본원리의 본질'의 순으로 되어 있다. 분석철학자들 가운데 게워스(Alan Gewirth)·설(J. R. Searle)·헤어·롤스 등을 선택하여, 학으로서의 규범윤리학의 성립을 지지하는 학설을 토대로 그것들이 의미하는 바를 현대윤리학 전반과 관련지어 언급했다. 같은 해, 그는 『새로운 가치관의 지향』(민중서관)이라는 책도 펴냈다. 그 책의 내용은 '새로운 인간상의 모색', '근대화의 제 문제', '새 윤리의 이론적 기초', '세대의 차이와 가치관의 차이' 순서로 이루어져 있다.

이런 가운데 김영철은 1975년 9월 「도덕적 의무에 관한 연구」로 박사학위(고려대)를 취득했다. 그는 그동안 「형이상학은 배제되었는가?」, 「윤리학에 있어서의 존재와 당위」, 「한국사회윤리연구서설」 등 논문들을 발표했으며, 1973년 2월에는 『윤리』(최동희/신일철 공저, 고려대출판부)를 펴내기도 했다.

한편, 김두헌(1975)은 『가치론』(박영사)을 출판했는데, 여기서 그는 신칸트학파의 가치철학에 관해 서술하고, 주지적·형식적 윤리론과 정서적·실질적 가치론을 변증법에 의해, 논리와 실제의 면에서 종합하는 것이 바로 중용의 도리에 통함을 동서고금의 사상을 통해 서술했다. 같은 해 정명오(1975)는 「실존과 윤리」(『인하대 인문과학연구소 논문집』 1집)라는 논문을 발표했다. 이 논문은 키르케고르의 개별적 예외자의 내면성 윤리를 구명한 것으로, 그는 이 논문에서 실존의 윤리적 요청을 밝힌 다음, 주체적 내면성과 실존의 윤리를 살피면서, 실존윤리의 특성과 문제점도 지적했다(학술원, 1976: 141).

이처럼 이 무렵에 발표된 윤리학 관련 논문들을 보면 김태길이나 김영철처럼 선·윤리판단·도덕적 의무처럼 윤리학 일반에서 제기되는 과제에 관심을 두고 그것이 무엇인지를 탐구하는 학자들이 있는가 하면, 특정 종교나 철학사조, 인물과 관련지어 연구하는 학자들도 있다. 김동화의 불교윤리학, 신칸트학파의 가치철학에 관심의 초점을 둔 김두헌의 저서, 실존과 윤리를 발표한 정명오의 경우는 이런 점에서 볼 때 후자에 속한다.

70년대 후반의 경우를 보면, 황경식이 현대철학적인 관점에서 윤리학과 관련된 일련의 논문들을 발표하여 주목을 끌었다. 그(1977)는 「정의적 의미의 기원 – 스티븐슨(C. L. Stevenson)의 의미론 –」(『철학』 11집)에서, 스티븐슨은 에이어(A. J. Ayer)의 정의주의(情意主義, emotivism)와 듀이 계통의 자연주의 윤리설을 결합해 그의 학설을 마련했다고 하면서, 스티븐슨의 의미론은 인간 심리학에 그 뿌리를 두었다고 했다. 아울러 스티븐슨이 주장하는 요점은 도덕판단에서는 사실판단이 지닌 서술적인 의미는 물론이려니와, 더욱 중요한 것은 정의적인 의미가 담겨 있는 점이라 했다(45). 정의적 의미는 서술적 의미의 제약을 받으면서도 어느 정도 독립적인 면이 있는데, 서술적 의미가 사라진 뒤에도 관성(inertia)으로 남아 있기 때문이다(49). 이런 관성의 근거를 밝히기 위한 조건은 지속적인 성향으로서의 태도이므로, 태도의 정체 및 근거를 밝히는 일이 필요하다. 아울러 스티븐슨의 의미론에서 서술적 의미와 정의적 의미의 관계는 결국 사실지(事實知)와 태도에 의존한다고 하면서 (66), 스트븐슨은 심리학과의 연관성 속에서 윤리학에 관해 탐구했음을 지적했다.

황경식(1978)은 「도덕판단의 성립요건 – 도덕적 입장의 제모형 –」(『철학』 12집)에서는, 분석철학에서 감지되는 윤리학의 최근 동향으로 윤리학적 회의론을 극복하려는 시도를 들면서, 정당근거적 접근 방식(good reasons approach)을 그 예로 들었다. 여기서는 비트겐슈타인의 후기 사상과 관련된 철학적 방법에 유념하고, 도덕추리에서 나타나는 특유의 문맥과 논리에 주목하면서 도덕판단의 정당한 근거와 그 한계를 짚어 보려 했다. 이런 주장을 펴는 사람들은 윤리적 비인식론자들처럼 도덕적인 발언이 행동을 변화시키기 위한 역동적인 표현이라는 것과 함께, 윤리적 자연주의자들처럼 도덕판단은 사실판단과 관련이 있음도 인정했다. 도덕판단을 함에 있어서는 그런 판단이 보편성을 지니기를 바라는 한, 그런 주장을 지지할 만한 사실적 근거를 제시할 수 있어야 한다는 것이다(55-56).

황경식은 앞에서 소개한 논문들 이외에도 롤스가 1971년에 출판한 사회윤리학 저서인 『정의론(*A Theory of Justice*)』을 우리말로 옮겨 펴내, 우리나라에 롤스의 정의론을 소개하는 길을 텄다. 황경식은 1977년 서광사에서 『사회정의론』이란 제목으로 번역서를 출판했다. 이 책은 철학계는 물론, 관련된 학계, 나아가서 일반인들에게도 담론의 장을 열거나 논거를 뒷받침하는 데 크게 기여했다. 김태길이 1964년에 펴낸 『윤리학』(박영사)이 그렇듯 많은 사람들에 의해 읽히고 있는 윤리학 책이다.

이 무렵 정대현(1978)은 「지행합일이란 무엇인가」(『철학』 12집)에서, 지행합일이나 신행합일(信行合一)을 의미론적으로 이해할 때 제기되는 몇 가지 문제들에 관해 언급했다. 첫째, 고통과 고통의 행동과의 관계나, 믿음과 행동과의 관계는 비대칭적이라고 했다. 둘째, 의지박약의 문제를 지적했다. 지행합일이나 신행합일을 의미론적으로 이해하는 데는 의지박약의 경우를 들어 설명하는 것이 도움이 된다고도 했다(96). '비대칭관계', '의지박약'이라는 용어들을 통해 지행합일 문제를 풀어 나간 것이 흥미롭다. 그런데 여기서 말하는 비대칭적이란 표현의 뜻이 예컨대, 김준섭의 『논리학』에 서술되어 있는 '무대칭적인 것'을 가리키는 것인지, 여훈근의 『현대논리학』에 서술되어 있는 '반대칭적인 것'을 가리키는 것인지를 정리하면서 작성했었으면 하는 아쉬움이 있다. 여훈근의 경우는 비대칭이란 대칭도 반대칭도 아닌 것을 뜻하기 때문이다. 나아가서 지행합일에서 '행'은 행동(behavior) 대신에 행위(action)와 관련시켜 파악하는 것이 더 나을 듯싶다. 행동은 자극-반응과 관련된 동물 실험에서 흔히 사용되는 경향이 있으므로, 의지와 관련된 것은 행위라는 표현이 더 적절하다.

조성민(趙成玟)(1979)은 「싱어(M. G. Singer)의 도덕적 추리론」(『철학논구』 7집)에서, 어떤 행위가 옳은지 그른지 하는 문제는 그것이 수행되는 환경이나 상황에 따라 좌우된다고 하는 싱어의 견해를 소개하면서, '한 사람에게 옳은 것은 똑같거나 비슷한 환경에 있는 어떠한 사람에게도 옳다'는 일반화 원리에 문제를 제기했다. 그러면서 행위는 외부 환경뿐만 아니라 내면적인 특성에 의해서도 영향을 받으므로, '한 사람에게 옳은 것은 비슷한 환경에 있는 비슷한 어떠한 사람에게도 옳다'는 형식으로 일반화 원리를 수정할 필요가 있음을 지적했다(학술원, 1987. 174-175).

고범서(高範瑞)(1980)는 『한국사상과 윤리』(한국정신문화연구원)에 실린 「현대 영·미사회윤리의 사조에 관한 연구」에서, 최근 영미의 사회윤리 사조를 '산업사회와 사회정의', '과학과 기술의 역기능이 초래한 문제들을 극복하려는 노력', '세계공동체와 보편윤리' 이렇게 세 분야로 나누고, 관련된 주장과 담론 들에 관해 언급했다. 아울러 이런 주장과 담론 들이 우리가 직면한 사회 문제들을 해결하고 극복하는 데 어떤 도움이 되는지도 다뤘다. 그는 발달된 산업사회는 소득 분배 및 인간화의 문제에 불가피하게 부딪히게 마련이므로, 이에 대비하기 위해 '정의'를 핵으로 하는 사회이념의 정립, 이런 이념을 뒷받침하기 위한 사회시스템구조의 합리화 및 인간화, 그리고 산업화와 경제발전에 따른 세계공동체의 일원으로 생활하기 위한 '보편윤리의 수립'을 제안했다(175).

같은 해 5월, 김영진은 5월, 「처방주의와 신자연주의: 헤어, 푸트, 그리고 워녹(Prescriptivism and Neo-Naturalism: Hare, Foot and Warnock)」이란 박사학위논문(뉴욕주립대)에서, 헤어를 중심으로 한 처방주의(Prescriptivism)와 푸트·앤스컴(G. E. M. Anscomb)·워녹을 중심으로 한 신자연주의(Neo-Naturalism) 간의 논쟁을 다뤘다. 그는 오스틴(F. L. Austin)의 언어철학에 근거해 윤리적 언어를 새롭게 분석하는 헤어의 견해와, 비트겐슈타인의 후기 사상 가운데 특히 사적 언어(private language) 이론에 근거해 헤어의 견해를 비판하는 신자유주의자들의 주장을 비교하면서 각각의 견해에서 나타나는 장점과 단점 들을 검토했다. 그러면서 상대방의 견해가 어떤 허수아비 논법(argument of straw man)에 의거하는지, 헤어의 초기 입장은 후기에는 어떻게 달라지는지 등도 살폈다.

3. 미학(미)

1) 시대적인 배경

우리나라 현대미학의 역사를 배태기(胚胎期)·고난기·정착기·발전기로 나눈다면 해방 후의 시기는 고난기에 이어 나타난 정착기·발전기에 해당한다. 일제강점기에는 고유섭이 미학이나 예술연구에서 거의 독보적이었다. 이 시기는 우리나라의 전통예술에 관해, 주로 조형적인 여러 예술의 경우를 중심으로 미학이나 예술사적인 탐구를 하던 때였다. 고유섭은 젊은 나이로 세상을 떠났지만, 다행히 그의 제자들[14]을

14 그의 제자이던 황수영과 진홍섭은 훗날 고유섭이 발표한 글들을 모아 『한국미술사 및 미학논고』(통문관, 1963), 『한국미술문화사논총』(통문관, 1966), 『조선화론집성 (상),

비롯한 미학 관련 학자들의 글이나 저서 들은 이어졌다.

이런 상황에서 해방 후 대학에서의 미학교육이나 기구편제를 보면, 학과 편제상에서 미학과로 독립하거나 철학과에 통합되어 운영되었다. 전자와 같은 경우는 서울대가 대표적이다. 그 외 대부분의 경우는 철학과의 교육과정 속에 미학이나 예술철학에 관한 교과목으로 개설되어 있었다.

전자의 경우를 보면 1976년 10월에 서울대출판부에서 발간된 『서울대학교30년사 1946-1976』에서 백기수(白琪洙)가 서술한 「미학」 부문에 그 예가 잘 나타나 있다. 옛 경성제대 법문학부에 설치되었던 철학과의 미학전공은 1946년 8월 국립서울대학교 설치령에 따라 예술대학이 설립되자 이에 소속되었다. 그 까닭은 미학교육을 통해 순수이론적 성찰만이 아니라, 실제적인 실기교육이나 예술창작활동을 직접 경험·관찰할 수 있는 기회를 갖게 함으로써 보다 큰 교육적인 성과를 거둘 수 있을 것이라는 관점에서였다.

그러나 실제적인 예술활동도 중요하지만 폭넓게 순수이론 교과목들을 수강하는 것이 더 바람직하다는 관점에서 1953년 4월 문리과대학에 미학과를 이속복귀(移屬復歸)시켰다. 공교롭게도 이 시기는 백기수가 1976년에 제시한 네 개의 시기들 가운데 '고난기'이기도 하다. 해방의 기쁨과 더불어 닥쳐온 사회적 혼란, 6·25전쟁으로 인한 참상, 4·19혁명 직후의 무질서 상태 등이 이 시기에 해당한다. 당시 미학 관련 도서는 희귀한 데다 그마저도 일제강점기 시대의 서적이 대부분이었고 새로운 책들은 구입하기가 매우 어려웠다. 이런 고난기에 미학분야 육성과 발전을 위해 힘쓴 사람으로는 동암(東巖) 박의현(朴義鉉) 교수, 학보(學步) 김정록(金正祿) 교수, 조가경 교수 등을 들 수 있다(577).

고난기를 거쳐 1960년대에 접어들면서 미학 연구는 정착기를 맞이

(하)』(경인문화사, 1976) 등을 간행했다. (고유섭이 발표한 구체적인 글들은 I부 4장 '미학' 참조)

했다. 미학·예술학·예술사학 관련 도서나 문헌자료가 입수되었고, 연구 경향도 과거 독일관념론 계통의 미학뿐만 아니라 영미나 프랑스계통 등의 미학도 소개되며 바뀌었기 때문이다. 아울러 학술단체의 경우를 보더라도, 1968년 한국미학회가 창립된 이래 학술지인 『미학』이 1971년 7월 간행되고, 대학이나 연구기관에서 미학이나 예술학 관련 분야의 연구가 활발하게 전개되었다(578).

이런 과정을 통해 정착된 미학은 1970년대부터 발전기에 접어들었다. 서울대의 경우, 1970년 3월부터 학칙에 따라 문리과대학의 철학·미학·종교학 3과가 철학과로 통합되어 그 안에 3개 전공이 있게 되었다. 이어서 1975년에는 서울대 관악산 이전과 더불어 서울대 종합화계획에 따라 인문대학으로 소속을 옮겼다. 종합화계획에 따라 과거 문리과대학 내에서만 제공되었던 미학 관련 강좌가 인문사회계열을 비롯해 예능계열·교육계열 등에 걸쳐 광범하게 소개됨으로써, 미학뿐만 아니라 다른 여러 학문을 위해서도 하나의 발전 계기가 되었다(578).

백기수는 이처럼 해방 후 미학사의 전개과정을 고난기·정착기·발전기로 나누어 언급하면서, 남은 문제로 미학 인구의 확장성을 제기했다. "우리의 자주적인 문화가치기준을 우리의 고유한 풍토와 전통 속에서 찾아, 그 위에 새로운 민족적인 예술관을 확립하는데 있어서 그 사상적인 기반을 마련해 주며, 특히 국가적 문화정책수립에 있어서 문화행정과 함께 그 일익(一翼)을 담당함으로써 현실에 참여할 미학 인구의 확장이 긴요하다."(579)라고 하면서 말이다.

해방 후 이 시기에는 고난기의 미학분야 육성과 발전을 위해 특히 힘쓴 박의현·김정록·조가경 외에도, 정착기·발전기를 거치면서 백기수·조요한·임영방(林英芳)·임범재(林範宰)·오병남(吳昞南)·권덕주(權德周) 등이 두드러지게 활동했다. 이 시기에 발표된 미학 관련 논문이나 저서들을 편의상 '미학 일반 및 미학사 연구', '미학 관련 학파/학풍', '개별 철학자들의 미학사상', 그리고 지역적인 특수 영역으로 '중국예술', '한국예술'로 나누어 정리하기로 한다. 자료로서는 학술원에서

1976년, 1987년에 각각 발간한 『학술총람』 11집 〈철학편(1901~1975)〉, 37집 〈철학편(II)(1976~1985)〉이 많은 도움이 되었다.

2) 미학 일반 및 미학사 연구

(1) 미학 일반 — 개론서를 중심으로

해방 후 미학 관련 저서를 처음으로 낸 사람은 김용배였다. 그는 1948년에 동방문화사에서 『미학·예술학』이란 책을 펴냈다. 그는 이 책에서 미의 본질관 및 계기관(契機觀)에 있어, 그 나름의 새로운 견해인 원기설(元氣說, Energerik)에 관해 언급했다. 여기서 원기설은 그가 이름 붙인 것으로, '미(美)라는 것은 객관(대상)의 자극에 따른 주관(신경)의 흥분으로 말미암아, 주관의 생리적 신진대사가 순조로이 촉진될 때 발생하는 주관의 직감(直感)'이라 했다. 그는 이런 원기설에 근거해 미(美) 및 미감의 본질 규정과 함께 미학 일반의 체계 수립을 시도했다. 아울러 서양미나 미학은 동적인 현란성(絢爛性)을, 동양의 경우는 정적인 고담미(枯淡美)를 그 주된 사조로 여기면서 서술했다.[15]

김태오(金泰午, 1903~1976)는 1950년에 정음사에서 『미학개론』을, 1955년에 그 수정판을 펴냈다. 그는 심리학적인 미학이나 예술심리학처럼 미에 관한 심리학적인 연구를 중요시했다. 그는 립스(Theodor Lipps, 1851~1914)나 폴켈트(Johannes Volkelt, 1848~1930)가 강조하는 '감정이입 미학설'에 근거해 미학의 여러 문제를 살폈다. 책의 1부는 미학

15 저서의 구성을 보면, 1부에서는 현대미학의 여러 사조를 선험철학적 미학설과 경험과학적 미학설로 크게 나누고, 각 분야의 대표적인 미학이론을 소개·비판했다. 2부에서는 미학 일반에 관한 새로운 체계 수립을 위한 시론으로, 원기설에 근거한 미(美) 및 미감의 본질 규정을 시도하였다. 3부에서는 예술학은 미학에서 독립된 하나의 과학임을 받아들이고, 4부는 예술각론(藝術各論)으로 예술을 단순예술(청각예술·시각예술·후각예술·미각예술)과 복합예술(시·소설·연극·영화)로 대별한 후, 각 예술이 지니는 특성을 밝혔다.

의 근거와 미적 가치, 미의식의 구성, 미적인 형식원리, 내용미, 미적인 감정, 감정이입, 여러 연구분파, 딜타이와 하이데거의 시론으로 이루어져 있는데, 딜타이와 하이데거의 시론은 수정판에서 더해진 것이다. 특히, 그는 미적 본질과 원리, 미적인 가치, 감정이입을 중점적으로 다뤘다. 2부에서는 대상물을 예술품으로 여김이 관조와 심리에 근거한다고 말한 뒤, 자연미와 예술미에서는 김용배처럼 동서양을 구분해 그 주된 사조를 다뤘다. 관조·창작·비판은 예술과 관련된 것이어서 그도 '미'와 '예술'의 관계를 밝히는 일을 중요시했다.

미학 일반을 다루는 개론서가 활발하게 출간된 것은 1970년대에 접어들어서였다. 백기수(?~1985)[16]는 1972년 동민문화사에서 펴낸 『미학·예술학서설』에서 19세기 이래 전개되어 온 미나 예술에 관한 다양한 견해들을 구체적·경험과학적 관찰에 의한 미학설과 추상적·사변적 성찰에 의한 미학설[17]로 나누고, 다시 '수목원 미학수(樹木園美學樹)의 성장도'를 통해 57개 미학설의 발전과정을 체계화했다. 여러 권의 책들[18]을 펴낸 그는 1978년 서울대출판부에서 『미학』을 출판했다. 8개의 장[19]으로 이루어진 이 책의 8장 '미학의 현대적 특수과제'에서 백기

16 백기수는 서울 출생으로 서울대 미학과를 졸업하고 도쿄대에서 박사학위를 취득했다. 서울대 교수를 역임했으며, 그가 펴낸 책들 가운데 1970년대의 책들로는 『미학·예술학서설』(1972), 『미학개설』(1972), 『예술학개설』(1974), 『미학서설』(1975), 『미학』(1978)이 있다.

17 구체적·경험과학적 관찰에 의한 미학설로는 심리학적·생리학적·생리심리학적·예술학적·사회학적·생물학적·인류학적·민족심리학적·정신분석학적 미학설 등이 있고, 추상적·사변적 성찰에 의한 미학설로는 신형이상학적·신비판주의적·생철학적·표현학적·현상학적·존재론적·기호론적·비교 미학 등이 있다.

18 예컨대, 『미학개설』(1972)에서는 미학에서 논의되는 8가지 과제들—미적 체험, 미적 대상, 미적 범주, 미적 가치, 예술체계, 예술기능, 예술사, 예술비평—에 관한 학설들을 살폈다. 『예술학개설』(1974)에서는 예술학과 미학과의 관계, 문화과학과의 관계, 예술학의 대상영역, 예술체험, 예술작품, 예술해석, 예술체계를 다루었다. 『미학서설』(1975)은 미학의 학문체계에서의 위치 및 학문적 의의, 미학의 연구방향과 방법 및 과제, 미학의 대상영역 등으로 이루어져 있다.

19 이 책은 1장 미의 3현상 영역, 2장 미적 체험, 3장 미적 범주, 4장 미적 가치, 5장 예술과 해석, 6장 예술사, 7장 예술비평, 8장 미학의 현대적 특수과제로 되어 있다. 이 가

수는 미학은 '인본주의적 미학'이어야 한다고 하면서 그 특수과제를 설정하기도 했다.

조요한[20]은 1973년 법문사에서 『예술철학』을 출판했는데, 그는 이 책에서 예술이론의 방법론으로 선험철학적인 '위로부터의 방법'도 심리주의적인 '아래로부터의 방법'도 아닌, 미적 체험에 따르면서도 의식 내용의 본질직관을 시도하는 현상학적인 방법을 취했다. 그는 저서의 제1부에서는 예술철학의 기본 문제를 다뤘다. 예술가·예술작품·향수자(관조)를, 다시 말해 미적 경험·형식과 내용·예술 생활을 세모꼴의 세 각에 각각 해당하는 것으로 보고, 이들 세 가지에 관한 현상 분석에서 출발하여 궁극적으로는 예술 일반의 본질을 밝히려 했다.[21]

이종후(李種厚)와 권희경(權喜耕)은 1979년에 출판한 『미학입문』(송원문화사) 1부 서론에서, '미학은 아름다움이 무엇이며, 아름다움에 관한 인간의 관심은 어떤 것인지를 다루는 학문'이라면서 미와 예술을 그 중심과제로 삼았다. 이어서 '미적인 것'과 '예술적인 것'의 관계가, '순수정관적 가치'와 '인격적·창조적 가치'의 관계와 구별이나 귀일(歸一)의 양상을 띠는지 살폈다. 2부 미론(美論)에선 미의 영역을 자연미와 예술미로 나누고, 미적인 가치에 관한 이해가 역사적으로 어떻게 변천해 왔는지를 다뤘다. 3부 예술론에선 예술을 미적 쾌감을 위한 기술로

운데 3장에서는 순정미·우아미·숭고미·비장미·골계미(滑稽美)·추(醜)에서 그 각각의 특질에 관한 견해들을 살펴보면서, 한국적 미의 범주를 모색했다. 5장에서는 예술창작·예술작품·예술해석의 세 문제를 살폈고, 7장에선 예술비평의 어의(語義)와 의미, 예술비평과 미학 및 예술사의 관계를 검토하면서 그 과제를 논급했다.

20 조요한의 호는 이경(怡耕)이며, 함경북도 경성에서 태어났다. 서울대 철학과에서 학부와 석사과정을 마친 뒤, 독일 함부르크대학에서 수학했다. 1975년 숭실대에서 철학박사학위를 취득했으며, 숭실대에서 교수와 총장을 역임했다. 지은 책으로 『예술철학』·『한국미의 조명』·『희랍철학의 기원에 있어서의 동방의 영향』·『아리스토텔레스의 철학』이 있다.

21 이를 위해 이 책의 I부에서는 위와 같은 예술의 본성을, II부에서는 현대예술의 과제를 각각 다뤘다. 그는 II부에선 현대예술의 과제로 정신분석과 예술, 기술과 예술, 마르크스주의와 예술, 한국 조형미의 성격을 소개했다. III부는 예술이론들에 관해 그의 의견을 펼친 논문으로 이루어져 있다.

규정하고, 생산과 수용이라는 양 계기를 중심으로 그 예술창작 과정을 언급했다. 끝으로 예술학에선 예술학을 예술상의 여러 문제를 과학적으로 연구하는 것으로 보면서, 광의의 예술학(예술 일반에 관한 학문)과 협의의 예술학(조형예술)으로 나누어 다뤘다.

한편, 같은 해 임영방(1929~2015)[22](1979)은 『현대미술의 이해』(서울대출판부)에서, 낭만주의 미술에서 추상미술에 이르는 현대 서양미술사를 두루 다뤘다.[23] 이 책은 현대의 미술사조를 그 표현방식에 따라 살펴볼 수 있게 하면서, 이들을 꿰뚫는 내적인 원리도 탐색했다. 낭만주의 미술, 리얼리즘 미술, 인상파 미술, 인상주의 미술, 입체파 미술, 미래파·다다이즘(dadaism)·초현실주의 미술, 추상미술을 다루면서 말이다. 양희석(梁熙錫)(1980/1981)은 『예술철학(상·중·하)』(자유문고)에서 예술형을 아폴론, 디오니소스, 프로메테우스 유형으로 나눠 서술했다. 아폴론 유형은 미(美)·지(知)·이상의 예술이고, 디오니소스 유형은 선(善)·정(情)·도취의 예술이며, 프로메테우스 유형은 진(眞)·의(意)·초인의 예술이라는 것이다. 이런 3가지 예술형을 예술의 원천으로 삼아 예술사를 분석하면서, 그는 생활의 현실화를 선사시대 이래로 더듬어 고찰하는 한편, 예술이 풍기는 삶의 여운과 체취라는 견지에서 '멋'과 '구수'를 예술의 공준(公準)으로 삼자고 제안하기도 했다.

장문호(張文戶)(1975)는 『복식미학(服飾美學)』(서울대출판부)을 펴내면서 복식미학을 '광의의 미학'의 한 분야로 다뤘다. 이 책은 각 시대와 민족에서 찾아볼 수 있는 다양한 복식의 변천 속에서 조형 감정의 양상을

22 임영방은 인천에서 태어나, 1958년 파리대학 고고학 및 미술사학과를 졸업하고 1963년에 같은 대학에서 박사학위를 취득했다. 국립파리박물관 연구원, 수도여자사범대학 교수 등을 거쳐 1969년부터 서울대 미대 교수로 재직했다. 펴낸 책으로 『미술의 길』·『현대미술의 이해 』·『미술이 걸어온 길』·『이탈리아 르네상스의 인문주의와 미술』·『중세미술과 도상』·『바로크』가 있다.

23 책은 모두 8개의 장으로 이루어져 있다. 1장 낭만주의 미술, 2장 리얼리즘 미술, 3장 인상파 미술, 4장과 5장은 인상파 이후에 속하는 세잔·고흐·고갱의 회화, 6장 입체파, 7장 미래파·다다이즘(dadaism)·초현실파, 8장 추상미술이 각각 그것이다.

살피면서, 다양한 미감(美感)의 원천을 탐색하는 것으로 이루어져 있다. 그러면서 저자는 복식미학의 의의와 목적은 다양한 미감의 원천을 탐색함으로써 패션의 규칙을 이끌어 내고, 행복한 인간 생활을 위한 아름다움의 기여에 있는 것이라 했다.

(2) 미학 일반 — 논문 중심으로

이제부터는 논문을 중심으로 미학 일반에 관한 학자들의 견해를 살펴보기로 한다. 백기수는 그의 논문들을 주로 한국미학회의 학술지인 『미학』지에 발표했다. 그(1971)는 「응용미학의 기초학으로서의 일반미학의 기초개념」(『미학』 1집)에서, 일반미학은 예술과 자연에서의 미적인 가치현상 일반을 대상으로 하며, 그 과제는 미적인 가치현상의 원리를 정립하고 그 본질을 탐구하는데 있다고 했다. 한편, 조형미학·음악미학·무용미학 등 응용미학은 일반미학의 원리를 토대로 특수예술 개개의 고유한 원리 및 본질을 탐구하는데 있다고 규정한 뒤, 음악미학의 사례에서 미적 문화유산의 보호와 외래문화 수입을 언급했다.

그(1972)는 「미학의 기초개념」(『미학』 2집)에선 미학이 어떤 학문인지에 관해 다뤘다. 미학이라는 학문의 성격을 구명하려는 철학적인 탐구라 하겠다. 그러면서 바움가르텐은 미학을 '감성학(aesthetica)'으로, 셸링은 '예술에 관한 학'으로, 립스는 '미의 학'으로 각각 간주하는 등 학자들마다 견해가 다름을 지적하면서 미학의 대상이 미인지, 예술인지, 아니면 모두를 포괄하는 것인지가 연구의 선결과제라 했다. 아울러 동서 비교미학적 견지에서 미와 예술의 의미도 각각 다뤘다.

그(1977)는 「현대적 상황에서의 미학의 과제에 관한 성찰적 시론(I)」(『미학』 4집)에서는, 미학의 과제는 여러 특수한 환경 속에서 살아가는 민족의 삶—민족적인 전통의 특수성—과의 관련 속에서 논의되어야 한다고 했다. 이와 관련된 글인 「테크놀로지 시대에 있어 예술의 반성과 미학의 과제」(『동아문화』 14집, 1978)에선, 미학의 과제로 '(1) 미적인 인간상의 확립'을 들며, 건전한 윤리관에 근거한 미적 교육과 예술활동을 통해 이룩할 수 있는 전인상을 추구해야 할 것을 주장했다. 이어서 '(2) 미적인 환경상의 조성'을 들며, 민족에 고유한 자연적인 풍토와 전통적인 윤리관, 사회체제에 부합하는 이상적인 생활환경을 조성할 것을, '(3) 미적인 생활상의 정립'을 들며, 미적인 인간이 미적인 환경 속에서 삶을 영위해 나아가는 이상적인 생활 양태를 설계해야 함을 각각 내세웠다.

이듬해 1978년에 발표한 「예술체험의 원리」(『예술원 논문집』 17집)에선 예술상의 미감(美感)을 음미하고 즐기는 측면에서 보면, 미적인 태도에 의해 예술작품은 '순연(純然)한 쾌적(快適)', '실질적 쾌', '광유(洸游)상태'라는 3가지 방식으로 향수(享受)된다고 했다. 그런데 이런 체험은 그 심적인 면에서 볼 때 보는 작용과 느끼는 작용, 곧 직관작용과 정감(情感)작용의 상호 융합에 의해 이루어진다. 애(愛)란 자기에게 결핍되어 있는 그 무엇을 대상으로 하는 것으로, 예술작품의 미도 그런 애가 없이는 관상될 수 없기에 애가 예술체험의 진정한 지주가 된다고도 했다.

그는 같은 해에 발표한 「예술의 미래상」(『미학』 5집)에서 예술은 진·선·미·성의 가치를 창조·표현하고 미적인 성질들을 보다 완전하게 맛보게 해줌으로써 활력을 주며, 생의 즐거움과 행복을 느끼게 해준다고 했다. 갑작스럽거나 강요된 변화는 예술문화를 혼란으로 이끌므로, 사회의 도덕이나 결속을 저해해서도 안된다. 이런 측면에서 예술인의 예술활동은 전통의 중요성을 상기시키면서 보다 나은 삶의 실현 속에서 이루어져야 한다면서, 이런 점에서 표현의 자유도 무제한으로 허용될 수는 없다고 했다.

한편, 임범재(1971)는 「예술과 축제」(『미학』 1집)에서, 인간존재의 본질을 존재감각적인 도구적 인간(homo faber)과 미적·유희적 인간(homo ludens)으로 파악했다. 아울러 그는 축제를 미적 현상의 구체적인 전체성으로 보고 예술과도 연관시켰다. 그(1976)는 「조형예술로의 전제적 문제」(『홍익』 18집 2호)에선 조형예술론의 과제가 합법칙성의 근원적인 원리 규명과 인간의 예술적 시(視)형식의 능동적·창조적 형성원리 규명에 있음을 지적했다. 그러면서 불가시적인 세계 개념의 탐구나 양식 형성의 의미사(意味史)적인 추구가 형식적·합법칙적 조형예술론의 전제로서 요구된다고도 했다.

예술에 관한 글들은 학술지 밖에서도 발견되는데 김윤수(金潤洙)(1971)는 「예술과 소외」(『창작과 비평』 20호)라는 글에서, 예술 소외는 역사현상이라면서, 예술은 이 문제를 극복하기 위해 전체적 인간, 문화적 종합 등의 개인적·사회적 기능을 확보해야 하며, 그런 예술이 건강한 예술이라 했다. 예술은 공동체의 꿈을 표현한다는 측면에서 휴머니즘과 관련되어 있으므로, 이를 실현하는 과정에서 예술 소외도 자연스럽게 극복된다는 것이다(학술원, 1976: 160). 이런 그의 주장은 1974년에 발표한 글 「20세기 예술과 사회배경」(『예술의 창조』(현대인의 사상 8권))에서도 나타난다. 그는 글의 5항에서 근대 서구예술의 특색으로 자연주의 미학원리를 거부하는 극단적인 주관주의를 지적한 뒤, 20세기 현대예술을 '인간적인 것'과 '비인간적인 것'의 관점에서 살피고, 삶을 갱신하고 풍부하게 하는 진정한 예술이 되려면 '인간적인 것'의 확보가 중요하다고 했다.

오병남(吳昞南)은 주로 현대예술과 경험적인 측면에서 일련의 글을 발표했는데, 1973년에 발표한 「미의 개념의 퇴조와 귀결」(『이의철박사 화갑기념논집』)에서는, 미적인 개념들의 퇴조에 주목하는 한편 영국의 현대 미학사상에서 나타나는 두 가지 경향에 주목했다. 하나는 '미'에 대한 현상학적 접근방식으로 '미적 태도'란 개념이요, 다른 하나는 '미'라는 말의 언어적 사용에 관한 분석철학적 접근방법이다. 그(1976)는 비트겐슈타인 후기 사상의 영향으로 미학이론이나 비평에서, 용어에 관한 명료화 작업이 활발함에 유념하면서, 「예술의 개념과 정의의 문제」(『서울대 인문논총』 1집)를 통해 정의의 문제를 언급했다. 그에 더해 와이츠(Morris Weitz)의 견해를 들어 정의불가론을 비판적으로 논의했다.

오병남(吳昞南)(1977)은 「연행(performance)으로서의 예술개념」(『철학연구』 12집)에선 미학이론에 '연행'이란 개념을 도입했다. 그는 예술을 지각자의 관점에서 접근하는 벨(Clive Bell)의 형식론과, 예술가의 관점에서 접근하는 크로체(Benedetto Croce)의 표현론이 각각 지니는 구조적인 한계를 지적했다. 전통적으로 '미적'이란 지각자의 고유한 경험을, '예술적'이란 예술가의 표현행위를 각각 가리키는 것으로 여겨졌다. 그는 이런 양자와 통하려는 존 듀이나 지각 자체의 창조성을 해명하는 메를로퐁티(Maurice Merleau-Ponty)의 견해에서 느낀 바가 있다면서, 예술가의 진정한 의미는 상황에 능동적으로 참여하는 연행자에 의해 드러남을 내세웠다. 아울러 연행을 통해 예술을 실현하고 행위에 의해 역동적인 창조를 드러내 보이는 전형적인 예로 무용예술을 들었다.

그(1979)는 「미적 태도론의 성립과 현대미학의 문제」(『미학』 6집)에선 18세기 취미론을 다루면서, 19세기에 시작된 미적 태도론의 형성 과정을 살폈다. 이를 위해 취미론의 방법적 기초를 이룬 로크의 경험주의 철학과 샤프츠베리(A. A. C. Shaftesbury, 1671~1713)의 무관심성 사상을 살핀 뒤, '취미론의 일반구조'를 '미적 태도론의 구조'와 비교·검토했다. 아울러 칸트의 '자유로운 유희와 무목적적 합목적성'의 형식은 전자에서 후자로 이행하는 데 분수령이 되었다고 하면서, 영미에 있어 미적 태도론의 현황에 관해 서술했다. 예술계에서 사용하는 언어들은 정의 불가능한 것이라는 현대 분석미학자들의 주장에 관해서는, 정의의 문제는 분석철학자보다 메를로퐁티와 같은 현상학자의 견해를 통해 파악하는 것이 낫다고도 했다. 예술과 미적 경험의 문제는 그 해석 여하에 따라, 미학에서 예술철학과 비평철학의 큰 분기점이 된다고 하면서 말이다.

예술교육에 관한 그의 논문은 1972년에 『미학』 2집에 게재한 「예술교육의 문제점에 대한 미학적 접근」에서 찾아볼 수 있다. 그는 미적 의식의 혼미가 염려되는 현대의 상황 속에서 예술교육이 필요함을 강조하면서, 교육 내용으로 '고유한 미적 형수(亨受)', '특수한 미적 경험', '가능한 미적 지식'으로 요약되는 미적 가치들을 제시했다. 아울러 여러 미학적인 개념들에 관한 철저한 이해를 지적했다.

미학적인 기초개념들을 강조하는 견해는 김규순(金奎淳)(1977)의 「미학의 기초개념에 관한 고찰」(『청주교대 논문집』 13집)에서도 나타난다. 그는 자연미·예술미와 같은 대표적인 개념뿐만 아니라, 공간예술·시간예술·종합예술과 같은 예술의 종류, 감정이입·미적 가치·미적 소재·미적 양식 등과 같은 개념들도 다루었다. 그러면서 자연미는 인간의 기교를 넘어선 직접적인 아름다움으로 무개재성·자발성이란 특성을 지니며, 우리는 그것을 다만 향수할 따름이라 했다. 백기수가 1971, 1972년에 『미학』 1집, 『미학』 2집에 각각 발표한 「응용미학의 기초학으로서의 일반미학의 기초개념」과 「미학의 기초개념」이 기초개념 파악을 통해 미학의 특성을 밝히는 데 도움을 준다면, 김규순의 글은 미학에서 사용되는 세부적인 주요 개념들의 뜻을 파악하는 데 도움을 준다.

오지호(吳之湖)(1977)는 「미의 원리 – 미적 감정의 육체생리적 근거 –」(『예술원 논문집』 16집)에서, 미(美)나 미적인 현상을 육체생물에 나타나는 생활현상·생리현상으로 파악했다. 시각과 청각의 대상, 곧 색채와 음향에 의해 생기는 '생리성 쾌감'에 근거해 미의 보편성과 불변성을 규정지으면서, 이를 미의 제1원리로 내세웠다. 이어서 지적 직관에 의해 얻게 되는, 대상의 완전성과 합목적성이란 인식에 수반해 나타나는 '정신성 쾌감'을 미의 제2원리, 생리성 쾌감과 정신성 쾌감을 연결하는 고리 역할을 하는 '형식성 쾌감'을 제3원리로 각각 규정지으면서, 회화는 이들 3원리가 조화를 이루면서 통일을 이루는 예술이라 했다.

역사인식과 관련된 논문들도 나타나, 김복영(金福榮)(1977)은 「현대예술에 있어서 역사인식의 문제」(『미학』 4집)라는 논문에서, 현대예술의 정체성 위기를 탈피하기 위해선 역사의식이 예술의 주요 동력으로 작용해야 한다고 했다. 이어서 예술과 역사의 횡적 연관성 파악이라는 과제에서 (1) 현대예술의 참여성, (2) 회의주의를 극복하는 자세의 필요성을 강조했다. 특히 후자에선, 역사적인 의미 창출을 통한 예술의 발전과 이해를 구했다.

김기주(金基珠)(1978)는 「미학적 세계관」(『인하』 14집)에서, 예술작품은 그 시대의 작품이면서 또한 역사상의 작품이라는 특성 때문에 횡적인 범주방면과 종적인 유형방면으로 나눠 살펴야 한다고 했다. 아울러 미적인 범주의 종류와 함께 그것이 주관과 객관 가운데 어떤 관계에서 도출되는지를 다뤘다. 미적 범주론은 미학사조나 예술사조와 어떤 관련이 있는지도 살핀 뒤, 미적 유형과 양식의 관계·양식의 구분 방법·유형학적 방법을 미학에 적용했을 때 일어나는 사태 등을 언급했다.

(3) 미학사 연구

여기서는 미술사나 예술사 일반에 관한 언급들을 살핀 뒤, 근대나 현대와 같은 시대적인 사조에 따른 연구들에 관해 정리하기로 한다. 이 시기에는 근대나 현대와 관련된 논문들이 비교적 많이 보인다. 서술의 편의상 예술사 일반, 근대·현대와 관련된 글들 순으로 다룬다.

백기수는 1970년 「서양미술사의 해석을 위한 시론」이란 글을 『미대학보』 1집 4호에 게재했는데, 그는 인간 유형을 원시적 인간·고전적 인간·종교적 인간·이지적 인간·실존적 인간으로 나누고, 이런 인간 유형들에 근거한 Präfiguration(외적인 자연 대상과 내적인 조형 충동의 변증법적인 대결)의 과정 속에서 미술양식의 창조적·역사적 발전 원리를 탐구했다.

그(1979)는 「예술사의 발전원리」(『예술원논문집』 18집)라는 논문에선 서양미술사를 외계와 내계의 대결 형식으로 파악하면서, 창조주체의 자유로운 조형 충동에 근거한 것(내계)으로 원시적 미술·종교적 미술·역동적 미술·낭만적 미술·실존적 미술을, 외계에 대해 긍정적·조화적 의식으로 자연에 충실한 것(외계)으로 고전적 미술·이지적 미술·복고적 미술·자연적 미술을 각각 제시했다. 그런 뒤 그는 미술사의 발전은, 원시적 미술로부터 현대의 실존적 미술에 이르기까지 추상주의적·관념표현적 경향과 재현(再現)적·자연주의적 표현 경향이 서로 어긋매끼는 가운데, 곧 전자(내계)와 후자(외계)의 교호(交互) 관계 속에서 그 발전 양상을 보여 왔다고 했다.

김미봉(金美鳳)(1971)은 「예술사에 있어 양식의 근원과 변천에 관하여」(『미학』 1집)에서, 양식변천의 원인이 무엇인지를 알기 위해 개인과 사회의 관계 파악을 중시하는 한편, 예술사의 근본문제는 예술에 관한 역사와 미학의 상호연관에서 성립되어야 한다고 했다. 그러면서 학자들의 주장들 가운데서도 제들마이어(Hans Sedlmayr)가 제시한 해결책에 동의한다고도 했다.

이 시기 미학사에 관한 연구에서는 특히 오병남(1940~2022)[24]의 역할이 돋보이는데, 그는 역사적인 관점에서 예술이나 미학의 역사·체제·계보에 관해 일련의 논문들을 발표했다. 그는 미학사에서도 특히 근대미학사와 현대미학사에 관한 논문들을 주로 다뤘다. 그(1978)는 「근대미학 성립의 배경에 관한 연구 – 예술의 체제의 성립과 미의 개념과의 관계를 중심으로 – 」(『미학』 5집)에서는, 서양미학의 중심 문제인 미와 예술이라는 두 개념의 관계를 고대부터 역사적으로 조명했다. 그런 논의를 통해 미와 예술이라는 이원적인 사고가 점차 해소되고, 예술과 미의 동시이 성립됨을 지적했다. 아울러 근대미학 흐름에 관해서도 언급했다.

그(1974)는 「근대미학의 사상적 기원에 관한 논의 – 최근에 이르기까지의 시비를 중심으로 – 」(『장병림교수 화갑기념논총』)에서는 근대미학의 사상적인 기원에 관해 4가지 견해들을 살펴보면서 그 차이는 미학적인 관점에서 온다고 했다. 그러면서 감성적인 인식의 학으로서 '미학(Aesthetics)'이라는 학명을 부여한 바움가르텐과, 『신과학(*New Science*)』

24 오병남은 1963년 서울대 미학과 졸업 후 석사과정을 거쳐 미국 일리노이대(시카고)에서 수학했다. 서울대 미학과 교수로 재직했으며, 지은 책으로 『미학강의』·『미술론강의』·『인상주의 연구』등이, 옮긴 책으로 『현대미학』(G. 딕키)·『예술작품의 근원』(M. 하이데거)·『고대 예술과 제의』(J. 해리슨)·『현대예술철학의 흐름』(Y. 바진), 『예술철학』(버질 C. 올드리치)·『현대미술과 과학적 사고』(J. A. 리처드슨) 등이 있다.

이란 저서에서 이른바 '새로운 학문[新學]'을 말한 비코(G. B. Vico, 1668~1744)는 철학에서 미학의 위치를 굳히는 데 크게 기여했음을 지적했다. 비코는 새로운 학문을 통해 인문학 고유의 위상을 파악하려던 사람이다. 이어서 애디슨(Joseph Addison)의 '상상력의 즐거움'론은 미의 개념을 현상론적으로 파악해 주관화시킨 경우라는 점에서 그 의의를 지닌다고 했다. 그러면서 미학의 사상적 기원을 '신구논쟁'[25]에서 찾을 수도 있음을 시사했다.

그(1974)는 『홍익미술』 3집에 게재한 「근대적 '예술(fine arts)'의 체제의 성립」에선 고대, 중세, 르네상스, 17세기를 거쳐 18세기에 와서 시·음악·회화·조각·건축 등이 어떻게 근대예술체제로 나타나게 되었는지를 다뤘다. 그는 근대예술의 개념과 그 체제의 소지로서 17세기 말 프랑스에서 '신구논쟁'이 전개되며 나타난 예술과 과학의 분리 시도를 그 발단으로 보았다. 특히, 철학자이면서 미학 관련 저술가인 바퇴(Charles Batteux, 1713~1780)와 백과전서파를 통해 근대적 예술체계가 확정되었다는 것이다.

오병남은 근대미학사뿐만 아니라 현대미학사에 관한 논문도 발표했다. 그(1973)는 「현대미학의 계보」(『홍익』 2집)에선 현대미학을 3단계로 구분하여, 1단계는 18세기의 미학사상들이 칸트에 이르러 종합되는 과정을, 2단계는 칸트 이후 19세기 독일미학의 전개를, 3단계는 앞의 2단계로부터의 전통과 새로운 경향이 공존하는 20세기의 현황으로 각각 보았다. 그는 칸트를 현대미학의 정초자로 간주했는데, 18세기 버크(Edmund Burke)에서와 같은 영국의 감각주의적·주관적 취미의 이론과, 바움가르텐과 같은 독일의 형이상학적 미학을 종합했기 때문

25 여기서 신구논쟁은 근세 때 고대 옹호론자와 근대 옹호론자들 사이에 벌어졌던 논쟁으로, 철학이나 과학분야에서 합리주의나 진보를 옹호했던 사람들이 기존이나 당대의 권위에 대해 맞서 벌인 것으로, 근대 옹호론자들은 과학에서의 진보 개념을 문학과 예술에 적용하는 것이 합당하다고 주장했는데 프랑스의 샤를 페로(Charles Perrault, 1628~1703)가 그 대표적인 사람이다.

이다. 칸트는 『판단력비판』(1790)에서 위의 2가지 측면인 '미의 미적인 경험에 관한 이론적인 측면'과, '미의 학적 체계에 관한 형이상학이라는 측면'을 종합했다. 이어서 그는 20세기 미학에 관해 벨로 대변되는 형식론, 크로체적인 관념론적 경향, 심리학적 방법론, 무관심성의 사상을 잇는 미적 태도론, 예술과 인생을 연결시켜 이해하려는 맥락주의(Contextualism), 경험과학으로서의 접근, 기호론적인 접근과 분석철학의 영향으로 가능해진 메타비판론(Metacriticism) 등을 들어 언급했다.

그(1973)는 「현대예술의 성격과 미적 경험에 관한 연구」(『민병태박사 화갑기념논총』)란 논문을 통해서는 현대예술의 특성으로 여겨지는 '자율적 예술'이라는 관념과, 그런 예술에 관한 경험인 '미적 경험'의 관계를 조형예술을 들어 살폈다. 그는 자율적 예술관의 전제에는 칸트가 제시한 '미적-무관심성'이란 개념이 있음을 지적하면서, 이는 미의식을 성립시키는 하나의 가정에 불과함을 듀이가 주장하는 '하나의 경험론'을 들어 입증하려 했다. 그러면서 예술과 인생의 통합을 주장하는 듀이의 견해에 따르면 미적 무관심성으로서의 '미적 경험론'은 재검토되어야 하며, 그것에 기초한 자율적 교과로서의 미학도 바뀌어야 한다고 보았다.

그(1978)는 「현대미학의 방향과 문제」(『문학과 지성』 가을호)에선 현대미학의 경향을 (1) 체계적인 미학, (2) 과학적인 미학, (3) 분석적인 미학으로 크게 나누었다. 이 가운데 체계적인 미학은 훗날 예술철학으로 이어지는 에스테티카(aesthetica, 감성적 인식의 학)의 이념을 계승한 것으로, 과학적인 미학은 취미론에 의해 싹트게 된 것으로 각각 보면서 말이다. 분석적인 미학의 경우는 메타비판론(metacriticism)으로 발전되어 취미론으로 귀결된다고 했다. 그러면서 예술활동의 인식론적인 의미를 확립하는 데는 현상학자인 메를로퐁티에 의해 시사받을 수 있음을 내비쳤다.

한편, 그(1976)는 「'아방가르드(Avant-garde)' – 그 말과 운동과 현황과 문제 –」(『청년미술』 1집)라는 글에서는 현대 '전위예술'에서 '전위'의 기본 성격을 밝히려 했다. '전위예술'은 '아카데미 예술'과는 달리 '운동'

의 성격을 지니며, 인간의 창조적인 힘의 자각과 더불어 역동적이면서도 진취적인 모습을 띠는데, 그로 인해 적대와 반발도 보여 준다. 최근의 특징들로는 '대중들로 하여금 전위예술가들의 작업과정에 능동적으로 참여케 한다는 점', '예술과 과학 사이의 장벽을 헐어 버리려 한다는 점' 등을 들었다. 그러면서 예술을 사람들의 생활 속에 통합시키려는 그들의 노력은 건설적 의미로 받아들여질 수도 있다고 했다.

이런 전위예술에 관한 언급은 조요한의 논문에서도 찾아볼 수 있다. 그(1972)는 「현대미술에 있어서의 추상의 문제」(『홍익미술』 창간호), 「예술가와 비평가와 미학자」(『홍익』 2호)를 각각 발표했는데, 전자에서는 예술이 예술 본래의 모습을 갖춰야 한다고 하면서, 그것이 '예술=종교'의 관계를 회복하는 해결점이 될 수 있음을 시사했다. 모든 가능성으로 향하는 야심적인 실험예술이 너무 오래 지속되면, 자연과 인간문화뿐만 아니라, 인간존재의 존엄성마저도 해체될지 모른다면서 말이다. 그러면서 오늘날의 전위예술가들도 '예술의 한계 내에서의 추상'을 주장했다. 그렇지 않을 경우 예술이 포기될 수도 있음을 우려했다.

그는 후자에서는 예술가·비평가·미학자, 곧 삼자의 활동영역을 설정하고, 서로의 유기적인 관계와 삼자 제휴의 중요성을 강조했다. 예술가는 작품창작을 통해 미적인 경험을 느끼길(to feel), 비평가는 그런 작품을 통해 미적 경험을 재인(再認)하길(to recognize), 미학자는 미적 경험을 이해하길(to comprehend) 바란다면서 말이다. 예술가·비평가·미학자는 비유하자면 집행부·감사역·기획실에 각각 해당하는 것으로, 서로 제휴해 인간의 미적인 경험을 풍부하게 한다. 예술가는 그의 작업을 미학자가 말하는 미성립(美成立)조건을 통해 내적인 완성을 해야 하고, 미학자는 개별적인 예술작업에 어떻게 임해야 할지를 비평가를 통해 배워야 하며, 비평가는 자기의 편견을 배제하고 미적 인식을 완전케 하는 일에 미학의 도움을 받아야 한다는 것이다.

임영방(1976)은 「르네상스 미술과 그 이론적 배경」(『조형』 1집)에서 르네쌍스 시대 대표적인 미술이론가이자 미술가들인 알베르티

(Leon Batista Alberti, 1404~1472), 레오나르도 다빈치(Leonardo da Vinci, 1452~1519), 미켈란젤로(Michelangelo Buonarroti, 1475~1564), 바사리(Giorgio Vasari, 1511~1574)의 미학에 관한 견해를 살폈다. 임영방은 이들의 견해를 통해 교회 절대주의에서 인간중심주의가 어떻게 발현되었는지를 예증했다. 그러면서 그는 모든 미술적 실행은 자기확신에 근거한 이론을 바탕으로 이루어져야 한다는 이성적인 안목이 르네상스 미술의 배경이었음을 지적했다. 그(1978)는 현대 미술사학자에도 관심이 있어, 「파노프스키의 미술사관과 미술사관을 위한 고찰」(『예술원 논문집』 17집)에서 파노프스키(Erwin Panofsky, 1882~1968)가 표현 내용과 방식은 개성적이며 개인에 국한된다는 전제하에 작품을 분석했다고 지적했다. 작가 개인의 복합적인 생활환경과 관련되어 창조적인 표현이 나타난다는 것이다.

서승원(徐承源)(1977)은 「부르크하르트와 뵐플린의 예술사관」(『미학』 4집)에서, 유럽예술사 확립의 두 주역인 부르크하르트(Jacob Burckhardt, 1818~1897)와 뵐플린(Heinrich Wölfflin, 1864~1945)의 의도와 성과를 다뤘다. 문화사가인 부르크하르트는 예술사에 관한 학문적 탐구의 기초를 놓았던 인물인데, 그는 예술작품 속에서 그 배후에 있는 위대한 인간의 정신과 인간의 내면 속에서 움직이는 강한 조형 충동을 포착함으로써 예술에서 영원하고 보편적인 그 무엇을 찾으려 했다. 한편, 뵐플린은 예술사가의 우선적인 과제는 직관 형식의 분석과 일차적인 표출로서는 양식이 파악되어야 한다는 점 등을 들면서, 끊임없이 발전하는 변천과 이행과정 속에서 역사를 파악했다.

3) 학파/학풍 관련 미학사상

(1) 독일 고전철학에서의 미학 — 칸트와 실러를 중심으로

해방 이후 있었던 미학 연구는 서구의 경우 우선 칸트의 미학사상과 관련된 것들이 많다. 임범재(1973)는 「구상력(構想力)의 미학적 문제」(『문리대학보』 19권)에서 칸트미학의 중심문제로 '구상력의 유희(遊戲)'를 들어, 구상력의 현재화기능과 구상력의 형태화에 대해 문제를 제기했다. 그는 칸트가 『판단력비판』에서 '아마도'라는 말을 사용하면서, 구상력이 오성의 한 기능에 속한 것처럼 암시하는 것에 대해 의문을 제기하는 한편, '유희(Spiel)'에 관해서도 실러의 유희 개념이나 가다머(H. G. Gadamar)·핑크(Eugen Fink) 등의 견해를 통해 정확하게 의미를 파악하고자 힘썼다(학술원, 1976: 166).

그(1974)는 「칸트에 있어 미적 판단력의 이율배반에 대하여」(『홍대논총 6집』)에서는, 미학에 관한 칸트의 견해가 플라톤적·형이상학적임을 확인하려 했다. 그래서 형이상학적 미학인 '인간성의 초감각적 기체(基體)'와 '자연개념의 감성적 영역' 사이에는 큰 간격이 있다는 칸트의 주장을 지적했다. 그(1977)는 「칸트의 미적 직관」(『홍대논총』 8집)에서는 칸트가 인식이 '어떤 방식'으로 대상에 관계하는지에 관해 '직관'을 내세웠음을 지적했다. 칸트는 순수논리적 직관형식인 선험적(a priori) 원리를 제시한 사람이다. 그의 3대 비판서는 『순수이성비판』, 『실천이성비판』을 거쳐 『판단력비판』에서 마무리된다. 논리적 직관의 최종적인 규정성은 비논리적인 미적 직관에 근거한다는 점에서 『판단력비판』은 예술의 중요성을 함축한다. 그래서 임범재는 칸트철학을 '비판철학'이라기보다는 '미학'이라 규정하기도 했다.

임범재 이외도 칸트의 미학사상에 관한 연구들은 이어져, 서윤택(徐潤澤)(1976)은 「칸트미학의 freies Spiel에 관한 연구」(『관동대 논문집』 4집)에서, 칸트의 미적 인식력에서 자유유희(freies Spiel)의 개념은 무관심성과 합목적성이란 개념과 연결된다고 했다. 여기서 미적 판단의 무관심성이란 일체의 의욕으로부터 자유로움을, 미적 대상의 형식적 합목적성이란 인식력의 자유유희에서 드러나는 조화의 상태를 가리킨다. 이어서 김임수(金壬洙)(1977)는 「칸트에 있어 미학과 목적론의 관계」(『미학』 4집)라는 논문을 통해 칸트는 제3비판서인 『판단력비판』에서 미학을

‘자연의 합목적성의 형식’이라는 개념에 근거해 미적 판단능력의 선험적(아프리오리)인 원리로 정초했다고 했다. 칸트는 미적 판단의 주체로 최고선을 지향하는 인간의 인격성을 내세웠다. 이렇게 해서 그의 선험적 비판철학은 체계적으로 완성되었다. 그의 이런 체계 속에서 미학과 목적론은 관련을 맺는다.

김용민(1980)은 「칸트의 미의 분석론」(『건대 인문과학논총』 13집)에서, 칸트의 미에 관한 분석은 취미판단에 가해지는 성질·분량·관계·양상으로 이어지는데, 성질 면에서 본 취미판단의 제1계기는 미(감)적인 것으로, 그런 판단을 규정하는 만족은 일체의 관심과 무관하다. 분량 면에서 본 제2계기는 미란 보편적 만족의 객체로서 표상되고, 관계 면에서 본 제3계기는 취미판단의 기초가 대상이 지닌 합목적성을 띤 형식이다. 대상들에 관한 만족의 양상에서 본 제4계기는 취미판단에 가해지는 주관적·제한적 필연성이다. 요컨대, 그의 취미판단은 선천적 근거 위에 기초한다.

칸트의 미학사상에 관한 연구들과 더불어 그 사상의 비판적 계승자인 실러의 미학사상에 관한 연구도 있었다. 실러는 18세기 말 독일문학사의 황금기에 괴테와 함께 큰 역할을 했던 인물이다. 고창범(高昌範)(1975)은 『실러의 예술과 사상』(일신사)의 1부에서 실러가 청년기에 겪었던 질곡(桎梏)시대와 자유로운 예술활동기를 다루고, 2부에서 그의 희곡 작품 9편을 크게 질풍노도기(Sturm und Drang)의 문학과 고전주의 문학으로 나누어 살핀 뒤, 3부에서는 예술에 의한 인간 구원을 강조한 그의 미학사상을 다뤘다. 그러면서 3부에서는 미의 근본인 ‘우미(優美)와 존엄’, 이성에서 오는 형식충동과 감성에서 오는 소재충동의 조정자로서의 ‘유희충동(Spieltrieb)’, 이성이나 자유로부터 감성을 보호하거나 감성의 폭압으로부터 인격을 보호하는 ‘미적 교육’을 다뤘다.

실러의 예술관에 관한 연구는 다른 사람들에 의해서도 이어지는데, 정진욱(鄭鎭郁)(1977)은 「실러미학에 있어 미의 개념과 본질」(『인문과학』(공주사대) 6집)에서 실러는 자유와 현상의 조화 속에서 미를 찾으려 했음을 지적했다. 실러는 미를 자유와 규칙이, 도덕과 자연이, 실천이성과 자연인식이 조화된 것으로 간주했다. 그러면서 그는 이런 미가 최고점에 도달할 수 있는 토대로 이상이나 이념을 들었다. 실러의 견지에서는 '아름다운 영혼'이 도덕적인 이상이며, 감성적인 것과 이성적인 것의 조화가 미의 이상적인 경지이자 미의 이념이다.

이정숙(李貞淑)(1979)은 「실러미학에 있어서의 인격」(『미학』 6집)에서, 실러의 미학은 칸트의 『판단력비판』에 근거하되 인간에 관한 접근 방법에서 출발한다고 했다. 실러의 미학은 인간이 지닌 도덕미의 중요성을 강조하면서 '미와 인간의 깊은 관계'를 내세운다. 그는 인간이 누리는 자유의 중요성도 언급했다. 자유는 행위를 통해 드러나며, '자유는 자연작용 그 자체'이므로 구체성을 지닌 신체적인 행위로 나타난 도덕미가 '미적 자유'다. 이정숙은 이처럼 실러미학에서 인간 개념을 알아보고, 인격미의 개념이 어떻게 형성되는지를 밝히려 했다. 그러면서 조화를 통한 자유와 인격미의 관계를 언급했다. 최고의 미적 계획은 조화미로서, 조화로움을 이루는 아름다운 생은 자유로움에 기초한 인격 없이는 불가능하다는 것이다.

(2) 경험론적 미학/프래그머티즘 미학

독일 고전철학과는 다른 측면에서 미학사상을 살핀 논문들도 있다. 경험론적인 미학에 관해 언급한 논문들이 그런 경우이다. 예컨대, 오병남은 1963년에 발표한 「칸트미학의 무관심성과 그 비판」(『문리대학보』 11권 1호)에서, 칸트(1790)가 『판단력비판』에서 주장하는 '미적 무관심성'을 비판적인 시각에서 다뤘다. 그는 칸트가 미적인 쾌(快)의 감정을 질적으로 무관심적인 것이라고 한 것에 대해 이의를 제기했다. 그는 그런 무관심성이 예술현상에서 실제로 가능한지에 의문을 제기하는 반면에, 듀이류의 경험론적인 측면을 중시했다. 이어서 그는 전통적인 미학의 중심개념인 '관조'나 '무관심성'에 대비되는 것으로 '인문주의적 기능(humanistic function)'을 제시하기도 했다.

그는 1969년 2월 『문리대학보』에 발표한 「형이상학적 미학일반에 대한 비판적 시론-헤겔의 〈미학강의〉를 중심으로-」라는 글에서는 '형이상학적 미학'과 '미학의 형이상학'을 구별하면서, 헤겔류의 형이상학적 미학 일반이 지닌 문제점을 지적했다. 그러면서 구체적 경험에 근거해 예술과 관련된 내재적 법칙성의 관점에서 예술과 미의 세계에 접근해야 함을 주장했다.

현대예술에 관한 오병남의 견해는, 그가 1971년 『미학』 1집에 게재한 「현대예술과 미학의 전망-벌리언트(Arnold Berleant) 교수의 시론을 중심으로-」에도 나타나 있다. 그는 이 논문에서 전통미학의 중심개념인 '관조'나 '무관심성'에 대비되는, 현대예술을 설명해 줄 미학의 지도이념으로 '인문주의적 기능'을 지적했다. 그는 1963년에 발표한 「칸트 미학의 무관심성과 그 비판」(『문리대학보』 11권 1호)에서도 제시한 '인문주의적 기능'에는, 미적 지각자와 예술대상의 기계적·유기적·실제적 모습을 결합시킨 능동적 참여의 뜻과 더불어 인간 완성이나 미적 지각이라는 기능이 있다고 했다.

그(1975)는 「크로체(Benedetto Croce)에 있어서의 예술, 곧 표현의 의미와 그 미학적 전제에 대한 연구」(『미학』 3집)에서는 크로체의 소위 '직관=표현=예술'의 의미를 비판적 견지에서 다뤘다. 그는 크로체의 관념론적 견해 대신 듀이가 강조하는 경험의 중요성을 들어, 예술활동도 '하나의 경험'을 통해 이해해야 한다고 했다. 그러면서 미학이론들이 지닌 한계의 극복을 위해 '퍼포먼스(performance)'를 미학의 중심개념 가운데 하나로 제시했다. 이처럼 그가 듀이의 견해나 경험과 퍼포먼스의 중요성을 강조함은 그의 논문들의 맥락에서 보면 연속적인 측면이 있다. 이런 주장은 1977년 『철학연구』 12집에 발표한 「연행(performance)으로서의 예술개념」이라는 논문에서도 이어진다.

박범수(朴凡洙)(1980)는 「예술의 통일성과 도구성-존 듀이의 예술경험론을 중심으로-」(『덕성여대 논문집』 9집)에서, 미나 예술에 관한 담론은 18세기까지는 본질에 관한 관심이 지배적이었으나, 그 뒤로는 심리학의 영향으로 미적 경험이나 태도에 관한 것으로 바뀌었다고 했다. 이런 상황에서 그도 미적 경험에 주목하면서 존 듀이의 '경험으로서의 예술이론'에 관해 언급했다. 듀이에 따르면, 미적 경험은 일상 경험과 분리되지 않는다. 듀이는 '미완성적이고 허술한 일상적인 경험이 질서 있고 조화롭고 통일적인 경험으로 변모될 때, 그 속에 내재하는 가치가 미적인 가치'라고 여기면서, 이런 미적인 가치의 본질적인 성격을 도구성이라 했다. '도구'는 인간의 미적 경험을 더욱 풍부하게 할 뿐만 아니라, 인간의 정서를 보다 고양시킴으로써 사회적인 동력으로 작용하도록 해준다. 그런 점에서 예술의 도구성은 예술을 발전적·창조적 가치로 이어지게 한다. 이런 도구성은 듀이 사상의 진보성을 드러내는 핵심개념들 가운데 하나이다. 박범수는 이런 듀이의 예술경험론에 인간문화에 관한 보다 긍정적·적극적 의미가 깃들어 있다고도 했다.

이상에서 알 수 있듯이 오병남이나 박범수의 경험론적 미학이나 프래그머티즘 미학에서는 듀이의 예술관이 특히 강조되고 있다. 듀이는 예술이란 인간의 일상생활에 그 토대를 둔 것으로, 예술적 경험과 일상적 경험은 본질적으로 다를 바가 없다고 하면서 예술철학의 임무는 예술과 일상생활과의 관계를 회복시키는 데 있다고 했다. 그들은 이런 듀이의 견해를 적극적으로 수용했다.

(3) 생철학/실존철학적 미학

생철학이나 실존철학, 특히 야스퍼스의 역사철학에 관심을 가져 오던 이상철(李相喆)은 1966년, 「야스퍼스의 예술론」(『숙대 논문집』 6집)에서 예술에 관한 야스퍼스의 견해들을 몇 개로 묶어 정리했다.[26] 그런데 이

26 논문은 1. 예술의 현대적 상황, 2. 유희적·미적 태도, 3. 심볼(Symbol)론, 4. 구상력, 5. 암호문자해독의 언어로서의 예술로 이루어져 있다.

시대는 실존철학자들이 하이데거를 활발히 연구하던 때라, 미학 분야에서도 그와 관련된 논문들이 많이 등장했다. 특히 미학과 시를 관련시키면서 그랬다. 예컨대, 조요한(1971)은 「하이데거와 예술작품의 본질」(『미학』 1집)에서 시와 철학을 동일한 작업으로 간주한 하이데거의 예술론과 진리론에 관해 다뤘다. 하이데거는 '예술의 본질은 시이고 시의 본질은 진리의 정립'이라면서 예술작품의 역사성을 밝혀나갔다. 이어서 하이데거는 '예술을 역사적 인간존재의 기원(起源)'이라면서 하나의 '고양된 가슴'이라는 데에 그 의미를 두었다.

다른 연구자들도 예술에서 시를 눈여겨보며 언급했다. 안상진(安相鎭)(1976)은 『철학논구』(서울대) 5집의 「하이데거의 예술론」에서, 하이데거는 예술의 본질을 시작(詩作)으로 파악했으며, 시작이 진리를 증여(贈與)하고 기초 짓고 개시한다는 3가지 의미에서 진리를 만들어 세운다고 했음을 상기시켰다. 예술은 그런 시작으로 환원되어야 한다는 것이다. 이어서 그(1978)는 「하이데거의 시론」(『철학논구』 6집)에서는 시작·사유·진리의 관계에 관해 언급했다. 사유는 진리를 시작하는 것이고, 시작의 본질은 진리의 언어적 건설이라면서, '사유하는 자'와 '시작하는 자'는 언어라는 존재의 집을 지키는 목지이기도 하다는 다소 비유적이면서 난해한 표현을 사용하면서 말이다.

박정기(朴廷基)(1979)는 「하이데거 예술론의 의의 – '예술작품의 근원'을 중심으로 – 」(『미학』 6집)에서, 하이데거가 그의 논문집인 『숲길(*Holzwege*)』(1950)의 권두 논문으로 발표한 「예술작품의 근원」에 관해 언급했다. 그는 하이데거 예술론의 주된 개념들—존재·진리·대지·사물·세계·언어·시·비은폐성 등—과 명제들이 뜻하는 바를 살피면서, 존재와 진리를 서로 연관된 것으로 보고, 진리의 근본적인 현현은 언어에서 일어나고 언어의 기원은 시이므로, '예술의 본질은 시이고 시의 본질은 진리의 정립'이라는 하이데거 예술론의 골격을 강조했다. 하이데거는 전통적인 미학이나 예술론의 개념 도식인 '형식과 소재'에 대응하는 것으로 '세계와 대지'라는 개념을 제기하면서, 인간의 근원적 삶과 예술을 연결 지었음도 지적했다.

이영춘(李永春)(1980)은 「하이데거의 시작(詩作)적 사고」(『제주대 논문집』 12집)에서, 하이데거철학의 핵심은 존재 문제로, 시인의 시작(詩作)적인 면과 철학자의 사고적인 면이 섞이는 곳에 시작적인 사고로서의 존재의 진리가 열린다고 했다. 그래서 하이데거의 철학을 시와 철학이 결합된 '시적 존재론'이나 '존재론적 시학'이라고도 한다. 하이데거에 따르면, 존재에 관한 사고야말로 시작의 근본태도이며, 사고는 원시작(原詩作)이다. 존재에 관한 사고는 철학자가, 본질에 관한 응답은 시인이 각각 하는 일이다. 시작적인 면과 사고적인 면이 교차하는 데서 등장하는 것이 신(神)이며, 시인은 인간과 신의 중간에서 신의 뜻을 전하는 역할을 한다.

이처럼, 안상진·박정기·이영춘의 하이데거 관련 예술 논문들에는 시작(詩作)·사유·진리·존재가 중요시된다. 이런 상황에서 생철학자의 예술관에 관한 논문도 등장했는데, 이장범(李章範)(1980/1982)은 「니체의 예술관 소고(小考) I, II」(『독일문학』 26집/28집)에서 니체의 예술관이 전개되는 단계를 3기(단계)로 나눠 살폈다. 제1기는 형이상학적 믿음으로 디오니소스(Dionysos)적 시기인데, 쇼펜하우어와 바그너(W. R. Wagner)로부터 영향을 받았다. 제2기는 실증적·비평적 시기로 아폴로(Apollon)적인데, 절제와 우아함이 최고의 원리가 된다. 제3기는 군주미학·힘의 미학·생리적 미학이 자리 잡는 시기로, 차라투스트라(Zarathustra)적인 신앙 속에서 이루어졌다. 그러나 이장범은 니체의 경우 생의 예술·힘의 예술을 예찬하고는 있지만 그의 내부에 있는 갈등들을 이겨낸 것 같지는 않다면서, 예술과 관련된 개성의지라는 관점에서 접근해야 한다고 했다.

(4) 현상학적 미학/구조주의 미학

현상학에서의 미학은 로만 잉가르덴(Roman Ingarden, 1893~1970)의 견해와 관련된 논문들이, 구조주의 미학에서는 루카치(Georg Lukacs, 1885~1971)나 무카로브스키(Jan Mukarovsky)와 관련된 논문들이 있었다. 박상규(朴相圭)는 1977년에 발표한 「현상학적 미학에 있어서의 예술의 의미」(『홍대논총』 8집)에서 현상학적 미학의 세계를 로만 잉가르덴·사르트르(J. P. Sartre)·메를로퐁티·뒤프렌(Mikel Dufrenne) 4인의 견해를 들어 언급하면서, 이들 견해가 지닌 적극적·소극적인 측면들을 지적했다. 아울러 현상학적 미학이 지닌 의의와 한계도 살폈다.

현상학적 미학은 후설이 지시한 '주관성'과 '자각 그 자체'에 충실함으로 미적 경험의 본질과 예술의 의미를 새롭게 정립하는 데는 기여했지만, '노에시스-노에마(noesis-noema)'의 구조에서처럼 구조적 도식 자체가 지닌 문제점도 있다고 했다. 후설의 현상학에서 의식은 항상 대상을 향하는 지향성을 지니며 여기에는 작용과 대상이 있다. 이때 노에시스는 의식 작용을, 노에마는 의식 대상을 각각 가리킨다. 그런데 노에시스-노에마의 구조처럼 미적 지각과 미적 대상의 관계를 구조적으로 이해하려는 이른바 구조주의를 통해, 창발적이고 생성적인 세계를 이해하거나 해명하는 데는 한계가 있다. 특히, 뒤프렌 미학에 있는 그런 구조적 도식을 통해 반(反)예술을 표방하는 현대예술을 이해하거나 해명하려 할 때는 더욱 그렇다고 했다.

박상규(1977)는 「로만 잉가르덴의 미학사상」(『현상과 인식』 봄호)에서 예로부터 미학과 관련된 탐구는 크게 주관론과 객관론으로 나뉘는데 전자는 예술작품을 산출하는 창조적인 경험과 활동, 그리고 수용적인 경험 및 행위에, 후자는 자연현상이나 예술작품에 각각 그 초점이 있다고 했다. 잉가르덴은 이런 두 가지 대립을 이루는 부류의 탐구에 이의를 제기하며 현상학의 맥락에서 예술을 탐구하려 했다. 그의 예술철학에는 '예술작품은 하나의 지향적 대상'이며, '예술작품은 몇 개의 조직층으로 구분'되고, '지향적 대상으로서의 예술작품을 물적 대상과 관련시키기 위해 독자는 구체화를 수행해야 함'이라는 3가지의 기본전제가 있다. 예술작품은 한편으로는 여러 개의 조직층 사이에 나타나는 상호관계로부터, 다른 한편으로는 독자나 관람자에 의한 특수한 구체화로부터 그 생명을 이끌어 내는 유기적인 통일체다. 이런 점에서 잉가르덴은 '위로부터의 관념론적인 미학'과 '아래로부터의 경험론적인 미학'을 지양(止揚)한, 그러면서 '작품과 향수자와의 변증법적인 통일'을 시도한 면이 강하다는 것이다.

김인관(金麟寬)(1980)은 「로만 잉가르덴 연구－문예작품의 인식과 가치평가－」(『독일문학』 24집)에서, 현상학적 문예미학자인 잉가르덴의 문학적·미적 체험의 과정과 작품의 구체화를 통한 가치 조우(遭遇)의 문제를 다뤘다. 잉가르덴은 문예작품을 4개의 층 구조(層構造)(음성층·의미층·대상층·도식화된 관점층)로 구성된 지향성을 지닌 대상으로 보았는데, 문학에서의 미적 체험은 음성층에서의 질(質)의 활성화와 의미층에 관한 지적 이해를 통해 완성되며, 작품은 구체화를 통해 미적 대상으로 바뀌고, 작품의 미적 가치는 관조에 근거한 인식을 통해 평가된다고 했다. 이처럼 현상학적 미학사상에서는 로만 잉가르덴의 미학사상이 많은 주목을 받았다.

한편, 이정복(1978)은 「구조주의에 있어서 미적 의식과 자유」(『보운』 8집)라는 글에서, 루카치·골드만(Lucien Goldmann, 1913~1970)·롬바흐(Heinrich Rombach)의 구조주의가 현대 사상에서 새로운 장을 열고 있다면서, 그들의 사상을 미적 의식·동질화·자유라는 개념을 중심으로 비교·검토했다.

이런 학문적 분위기에서, 차봉희(車鳳禧)(1979)는 「구조주의와 무카로브스키의 미학」(『문학사상』 83호)에서 체코의 구조주의와 그 이론의 바탕을 이루는 무카로브스키의 수용미학(受容美學)적인 구조미학이론을 소개했다. 이어서 그의 미학이론에서 핵심 개념인 '심미적인 것(das Ästhetishe)'을 심미기능·심미규범·심미가치로 나누어 살피는 한편, 예술작품은 관찰자와 심미대상의 긴장관계 가운데 탄생하므로 예술작품의 수용과 평가에서 관찰자(수용자)의 역할이 크다고 했다. 그러면서 예술작품은 전(全) 집단의식의 심미대상으로 존재한다는 무카로브스키의 견해를 강조했다.

(5) 프랑크푸르트학파의 사회철학적 미학

프랑크푸르트(Frankfurt) 사회조사연구소와 관련된 학자들 가운데 어떤 학자들은 변증법적인 측면에서 예술에 관해서도 언급했는데, 차봉희는 그런 사람들의 예술이론을 찾아내어 소개하는 데 힘썼다. 차봉희(1978)는 「아도르노의 사회학적 예술이론」(『문학사상』 75호)을 통해 아도르노(T. W. Adorno, 1903~1969)의 예술이론을 3개의 장으로 나누어 소개했다. 1장에서는 '문학과 사회'라는 제목으로 아도르노의 문학이나 예술과 사회의 관계에 관해, 2장에서는 '부정의 변증법과 예술'이라는 제목으로 그의 예술관의 토대를 이루는 철학적 방법론과 그에 상응하는 예술의 의미를 소개했다. 3장 '아도르노의 사회학적 미학이론'에서는 변증법적 접근 방법이 드러나 있는데, '예술은 사회의 도구라는 견해'와, '예술은 사회와는 독립된 자율적인 존재라는 견해'의 변증법적 종합을 지향한다는 것이 주된 내용이다. 이어서 그는 현대사회의 이른바 문화산업과 같은 예술 적대적인 풍조에 반대하면서, 진정한 예술은 사회비평으로 이어지게 된다는 아도르노의 사회학적 미학이론에 주목했다.

이어서 차봉희(1979)는 「발터 벤야민의 예술이론」(『문학과 지성』 36호)이란 글에서는 벤야민(Walter Benjamin, 1892~1940)의 이른바 '수용(受容)'의 진상은 무엇이며, 그의 세계는 어떤 것인지를 포착하려 했다. 이 글도 3개의 장으로 이루어져 있는데, 1장 '벤야민의 수용'에선 그가 내세운 수용의 여러 양식과 그의 사고를 형성했던 정신적인 배경 등을 다뤘다. 아울러 1920~1930년대 격동기에 그가 지녔던 문제의식과 문제해결방식(유대신학적 방법, 마르크스주의 방법 등)이 1960년대 독일학생운동 당시 주목받은 까닭을 밝혔다. 2장 '벤야민의 사고상(思考像)'에선, 그의 사고가 지닌 특성과 사고의 중심을 이루는 몇몇 주요 개념을 다뤘다. 그러면서 그의 사고는 개념보다는 구체적이고, '정지상태의 변증법'이라는 독특한 방법을 통해 형성되었음을 지적했다. 3장 '벤야민의 예술비평이론'에선 그의 정신세계가 '자세의 미학(Haltungsästhetik)'이란 특성을 지녔다면서 그의 비평 자세를 다뤘다.

4) 그 외 학자들의 미학사상

신일철은 화이트헤드에 관한 일련의 논문들[27]을 발표하는 과정에서 1965년에는 「화이트헤드(A. N. Whitehead)의 미학」을 『철학연구』(고려대) 4집에 게재했다. 그는 이 논문에서 화이트헤드가 철학사상을 형성하는 데 있어 '시인적인 직관'과 '미적인 경험'이 중요한 요인이었음을 지적했다. 이어서 화이트헤드가 중요시하는 유기적 자연은 아름다운 통일을 이루는 미적 조화의 세계라고 했다.

오병남(1968)은 「예술의 본질」(『사상계』 12월호)이란 글에서 콜링우드(R. G. Collingwood)의 예술에 관한 정의를 소개했다. 콜링우드는 인간의 경험을 감정경험(감각)과 사유경험(지성)으로 구분하고, 이 가운데 감정경험의 세계는 감각자료의 소지와 정서의 소지가 함께 융화된 상태로서, 예술은 상상력을 통해 그런 경험 내용으로부터 정서를 표현하는 활동이라 했다. 그러면서 콜링우드는 정서가 결코 주관적이 아니라 했다.

이런 콜링우드의 견해는 그의 역사관과 관련지으면서 생각해 보면 의문이 제기되기도 한다. 그는 역사관에서 '이성의 요청에 따르는 인간의 행위'를 강조한 인물이다. 그는 역사에서의 연구대상을 인간 행위의 외면(outside)과 내면(inside)의 두 측면으로 나누고 후자에 무게의 중심을 두었다. 인간 행위의 내면을 이해하기 위해서는 '재사고(再思考, rethink)'가 필요한데, 여기서 내면이란 인간의 사고면(思考面, thoughtside)

---

27 신일철은 1956년 「화이트헤드의 유기체의 철학」으로 석사학위(고려대)를 받았고, 1955년에는 「화이트헤드의 사건개념」(『철학연구』(고려대) 1집)을 발표했다. 1958년에는 「화이트헤드의 자연관」을, 1965년에는 「화이트헤드의 미학」을 같은 학술지 2집과 4집에 각각 게재했다.

과 관련된 이유(reason)를 찾는 일이다. 그래서 콜링우드는 역사를 일종의 '이유에 의한 설명', '합리적 설명'으로 여겼다(안건훈, 2007: 54). 하지만 이런 그의 견해는 역사가 결국 행위자의 사상에 의한 설명으로 이어진다는 점에서 주관적인 것으로 여겨진다. 이런 측면에서 보면, 정서는 결코 주관적이 아니라고 한 그의 언급은 역사에서의 '합리적 설명'처럼 모호한 맥락 속에서나 이해해야 할 듯싶다.

조요한(1970)은 「아리스토텔레스의 비극론에 있어서의 카타르시스에 대한 해석」(『숭실대 논문집』 2집)에서 아리스토텔레스는 '비극은 카타르시스(Katharsis)라는 기능을 통해 설계되는 예술형식'이라고 했음과, 그동안 카타르시스라는 용어의 해석에는 다양한 견해가 있었음을 지적했다. 조요한은 이런 다양한 학설을 살핀 뒤, 그 가운데 종교적 의미로서의 '깨끗게 함(iustratio)'이나 '속죄(expiatio)'와, 의학적 의미로서의 '배설(purgatio)'을 변증법적으로 지양하고 종합한 개념으로서의 카타르시스 개념을 정립했다. 그가 1973년 법문사에서 펴낸 『예술철학』에도 이런 견해가 담겨 있다.

조요한(1973. 2/1973. 4)은 「오브제(objet)미술의 향방 – 현대미술의 실험성에 대하여 –」(『홍익미술』 2호; 『예술철학』)에서는 유럽의 상황에서 나타난 오브제 미술의 문제점을 우리의 상황에서 경계했다. 그는 오브제 미술은 현대기술의 산물이라면서 그런 회화도 조각도 아닌 새로운 조형 개념을 탄생시켜 우리가 이제까지 체험하지 못했던 어떤 연상작용이나 기묘한 효과를 얻을 수 있게 하지만, 우리의 전통적인 의식구조와는 다르다고 했다. 조요한은 오브제와 같은 실험예술이 너무 오래 지속되면, 자연과 인간문화뿐만 아니라 인간 존재의 존엄성마저도 해체될 수 있음을 경계했다. 그러면서 전위예술가들도 '예술의 한계 내에서 추상'을 시도해야 함을 강조했다. 그는 1972년의 논문인 「현대미술에 있어서의 추상의 문제」(『홍익미술』 창간호)에서도 '예술의 한계 내에서의 추상'을 언급하면서, 전위예술가들이 수행하는 역할의 한계를 지적한 바 있다.

장미진(張美鎭)(1977)은 「현대추상미술에 있어서의 보링거적 추상론의 의의」(『미학』 4집)에서, 현대추상미술의 이론 토대를 정립한 보링거(Wilhelm Worringer, 1881~1965)의 추상 개념이 추상미술의 이해에 어떤 시사점을 주는지 다뤘다. 보링거는 예술의욕을 '추상충동'과 '감정이입충동'으로 보고, 예술사를 그런 두 가지 충동의 대결 과정으로 파악했다. 이에 대해 장미진은 보링거의 입장에 단순화의 위험이 내재되어 있으며, 그가 추상화 경향을 충동이라는 심리요인에 너무 치우쳐 언급했다고 보았다. 보링거 추상론의 출발점인 '자연과 인간의 이원적인 대립'이라는 개념도 인간과 자연에 관한 올바른 태도로 보기 힘들다면서, 그의 '예술에 있어서의 초월성'에 관한 강조도 복합요인들을 통해 보완되어야 한다고 했다. 이처럼 이 논문에서는 주로 비판적인 견지에서 보링거의 추상론을 다뤘다.

한편, 이원복(李援馥)(1972)은 「브레히트(B. Brecht)의 후기 작품에 나타난 인간과 사회에서의 '선'개념」(『미학』 2집)에서, 인간은 본래 선하고 서로 사랑하고 정직하지만, 완전치 않은 사회에서 그렇게 살 수가 없으므로, 자기를 전적으로 희생하지 않는 범위 내에서 자기의 선을 발휘할 수 밖에 없음을 브레히트의 작품을 통해 찾아 보려 했다.

한편, 임범재는 미와 예술에 관한 탐구를 형이상학적(존재론적)·인식론적 측면에서 접근했다. 그(1972)는 「미학에 관한 헤겔 정신현상학에서의 근본적 의미」(『미학』 2집)에서 정신현상학의 핵심인 '전체정신'은 희랍인들이 누렸던 신현(神顯)적 미와 예술에서 탄생된 것이라 했다. 헤겔은 희랍에서 미와 예술이 완성되었다고 했기 때문이다. 그러면서 임범재는 헤겔연구를 위해서는 전체정신에 관한 사색처럼 미와 예술에 관한 사색이 필요하다고 했다.

반면에 귀납법이나 과학적 관찰을 중시하면서 미학에 관한 글을 발표한 학자들도 나타났다. 예컨대, 곽광수(郭光秀)(1974)는 「바슐라르(Bachelard)와 상상력의 미학」(『문학과 지성』 15호)이란 글에서, 그는 바슐라르의 상상력은 귀납법으로부터 도출된 관념론이란 점을 지적하면서 상상력의 내용 및 활동에 관해 서술했다. 이어서 바슐라르의 미학을 '존재론으로서의 미학', '사랑으로서의 미학'이라 규정했다.

임영방(1976)의 경우는 『예술논문집』(대한민국예술원) 15호에 게재한 「후기 르네상스 미술과 바사리(Vasari)의 위치」에서 바사리의 미학·인체론·마니에리즘(manièrisme)에 관해 언급했다. 바사리는 미술에서 과학적 관찰이라는 방법상의 확실성을 중시하면서, 초상을 제작할 경우도 사람과 초상이 같게 연구되어야 한다고 했다. 기법론에서는 과학적 방법으로 자연대상을 묘사할 때는 유사가 이루어지지만, 미는 모방의 대상선택 과정에서 판단력에 의해 가능하다고 했다. 그러면서 마니에리즘의 원천은 실천적인 것과 미학 모두에 관계된다면서 두 양상을 받아들였다.

여기서 마니에리즘은 매너리즘(mannerism)이라고도 하는데, 이런 예술양식이 나타난 시기는 르네상스에 완성된 고전주의 미술에서 바로크 미술로 나아가는 사이다. 1520년경부터 17세기 초에 걸쳐, 특히 회화를 중심으로 나타나 유럽 전역으로 퍼져 나갔다. 표현 수단이 고정되고 습관상 평범한 경향으로 흐르는 면이 있어, 일부 연구자들이 이런 양식에 대해 퇴보적 전통주의란 비판을 가하는 경우도 있다. 하지만 늘어진 인체를 나타내는 표현 기법이 또 다른 예술적(회화적)인 아름다움을 자아낸다면서 적극적인 측면에서 접근하는 경우도 있다.

박상규(1978)는 「베네데토 크로체(Benedetto Croce)의 예술철학」(『현상과 인식』 겨울호)이란 글을 통해, 크로체 미학사상의 발전과정에 관해 서술했다. 그는 크로체의 사상을 4단계[28](1902년, 1908년, 1918년, 1936년)로

28 첫 단계는 1902년에 『미학』에 나타난 직관설을 주장하는 시기이다. 이 직관설은 모든 예술이 한 이미지의 산출에 있다는 것인데, 크로체는 이미지를 직관적 지식과 동일시했다. 둘째 단계는 1908년에 천명된 서정적 직관설을 주장하는 시기, 셋째 단계는 1918년에 '예술적 표현과 전체성'이라는 글을 통해 우주적 직관설이 나온 시기로, 예술의 우주적·보편적 성격이 드러난다. 넷째 단계는 1936년에 '비평·시사(詩史) 및 문학서설'이라는 부제가 붙은 『시론』을 통해 문학이론을 주장하던 시기이다.

나누어 살피면서, 크로체가 모든 비평의 근거를 4단계에 두며 예술의 자율성과 순수성을 주장했음을 지적했다.

5) 중국예술

미학분야에서 특히 중국회화에 관심을 두면서 논문들을 발표한 사람으론 권덕주를 들 수 있다. 그는 1972년 「동양예술상 기운(氣韻)의 문제」(『미학』 2집)에서, 중국회화를 언급할 때 종종 등장하는 표현인 '기운'—문장이나 서화의 아담한 멋—에 관해 다뤘다. 권덕주는 기운이란 표현은 중국 육조 시대 사람인 사혁(謝赫)[29]이 화육법(畵六法)의 하나로 기운생동(氣韻生動)이란 말을 사용한 데서 유래한다고 했다. 이어서 그는 기운이 무엇인지를 밝히고자 각 시대의 예술사조와 관련짓는 한편, 그것이 사혁 자신이 뜻하는 바와는 어떻게 다른지도 살폈다.

그(1977)는 「장자(莊子)의 예술정신」(『미학』 4집)에선 장자의 이상은 '(1) 현실 인생을 예술화하는 데', '(2) 우주와 인생을 꿰뚫는 순수한 생명의 추구와 함께, 상식적인 가치의 세계를 초월한 만상(萬象)의 근원을 파악하는 데' 있다고 했다. 장자는 도(道)를 현실 생활에서 찾으려 했으며, 도와 기(技)의 관계를 언급하면서 결국 도는 기(技) 속에서 발견되는 것이기에 예술도 일차적으로는 기에 의존해야 한다고 했다. 기가 단지 기술로 머무르느냐, 예술로 승화하느냐 하는 문제는 기의 효용성이 물질적인 향수(享受)냐, 예술성의 향수냐에 있다. 그러면서 장자의 경우는 기 속에서 정신적인 자유를 성취하는 예술이라면, 이는 도에 이른 것으로 여겼다고 했다.

그(1979)는 「종병(宗炳)의 『화산수서(畵山水書)』 고석(考釋)」(『숙대 논문

29 사혁은 중국 육조 시대 남재(南齊)의 화론가(畫論家)이며 인물화로 뛰어났던 인물로서, 그는 화가품평(畫家品評)인 『고화품록(古畫品錄)』이란 책의 서문에서 회화를 비평하는 여섯 가지 기준(화육법)으로 기운생동(氣韻生動)·골법용필(骨法用筆)·응물상형(應物象形)·수류부채(隨類賻彩)·경영위치(經營位置)·전이모사(轉移模寫)를 제시했다.

집』 19집)에선 종병(375~443)의 『화산수서』를 연구했다. 이 책은 왕미(王微)의 『서화(敍畵)』와 함께 중국 최초의 산수화론으로, 산수화란 무엇인지와 산수화를 그린 이유에 관해 서술한 책이었다. 산수화는 송대(宋代) 중국회화의 중심이었다. 종병의 경우, 산수자연은 도(道)의 구현이며, 인간은 그 정회(情懷)를 정결히 해 산수가 드러내는 도의 상(像)을 완미(玩味)하는 것으로 보았다. 여기서 정결한 정회란 장자의 말을 빌리면 '허정지심(虛靜之心)'으로, 이런 상태에서 사람들은 정신상의 자유를 느끼는 '소요유(逍遙遊)'의 세계에 이른다. 하지만 종병은 장자와 달리 아름다운 경치를 화폭에 담는 데 적극적·구체적이었다. 이런 점에서 종병의 『화산수서』에 나타난 산수화는 장자 소요유의 현실적 표현이면서, 장자사상의 예술적 결실이 된다.

그(1974)는 「중국 산수화의 선(禪)적 의미」(『숙대학보』 14집)에선 중국 산수화에 정신성을 부여하는 데는 선의 영향이 컸다고 하면서, 강남이 선교(禪敎)의 중심이었던 것과 연관이 있다고 했다. 당송(唐宋)의 선승(禪僧) 가운데 산수화가가 많은 것도 우연의 일치는 아니다. 선이 각(覺)의 경지를 중시하는 것처럼 수묵화(水墨畵)도 정신성을 추구하기 때문이다. 그는 같은 해에 발표한 「당대(唐代) 수묵화의 전개」(『숙대논문집』 14집)에선, 수묵화는 당대 초기에 시작되어 중기에 크게 발전했다고 하면서, 종래의 미술이 선을 중심으로 한 채색화인데 반해 수묵화는 색을 칠하는 것[賦彩]에 소극적이었음을 지적했다. 전자가 '선(線)의 미술'이라면, 후자는 '면(面)의 미술'이며, 전자가 전형(典型)과 객관적 사실을 중시하며 전통적·귀족적이라면, 후자는 방일(放逸)과 주관적 예술 형식으로 신흥적·평민적이라고도 했다.

그(1975)는 「소동파의 화론」(『숙대 논문집』 15집)에선 회화(繪畵)에서 정신미를 내세운 사람으로 소동파(蘇東坡, 1037~1101)를 들면서, 장자의 사상이 문인화의 시조로 추앙받는 소동파에게 큰 영향을 주었다고 했다. 이어서 그(1977)는 「동기창의 예술사상」(『숙대 논문집』 17집)에선 명나라 동기창(董其昌, 1555~1636)을 남화(南畵)의 정통성을 실증한 동시에 수

법(樹法)·석법(石法) 등에서 그 전형을 제시한 인물로 간주했다. 동파와 비교하면, 동파는 노장(老莊)이 주이고 유불(儒佛)이 부차적인데, 동기창은 선리(禪理)가 주이고 유학과 장학(莊學)이 부차적이다. 아울러 평담(平淡, 마음이 고요하고 욕심이 없음)·질박(質朴)·천진(天眞, 자연 그대로의 참됨)·자연을 요지로 하는 동기창의 예술사상은 동파로부터 연유했음도 지적했다.

한편, 김경자(金敬子)(1975)는 「왕유와 남종화(南宗畵)의 재고론(再考論)」(『미학』 3집)에서 왕유(王維)를 남종화의 창시자로 보는 것은 적절치 못하다고 했다. 그의 사상은 유불도 바탕 위에 이루어졌고, 그의 작풍은 수묵(水墨)뿐만 아니라 청록산수(青綠山水)도 사용하므로 그렇다는 것이다. 김경자(1978)는 「동양화론 이해에 대한 소고(小考)」(『미학』 5집)에서는 고대 화육법 가운데 제2항인 '골법용필(骨法用筆)'에서 그 원칙적 골법과 현실적 사생(寫生)의 관계를 살폈다. 여기서 골법이란 기운(氣韻)을 전개하는 기능으로 화면 형태에서의 순수성을 가리키며, 사유에 의해 구명되는 감성적인 형체와 연관된다. 사생이란 원래 고대 중국에서는 화조화(花鳥畵)를 가리키는 것으로 생태(生態)를 그린다는 의미였으나, 근대에 이르러는 그림의 대상성(對象性)을 뜻한다. 사생이 대상에 관한 구성을 지향한다면 그것은 사실(寫實)과 사의(寫意)를 동시에 구현해야 한다고도 했다. 사실과 사의의 구별은 골법적인 근원형(根源形)의 드러냄 여부와 연관되어 있을 뿐이기에 그렇다는 것이다.

권덕용(權德用)(1978)은 「석도(石濤)의 그림과 화론(畵論)」(『숙대 논문집』 18집)에서 명말청초(明末淸初)의 선승(禪僧)이자 화가인 석도의 예술이 장자처럼 '무법의 법'을 강조함을 지적하고 이것이 사상과 수행을 통한 그의 체험에서 비롯된다고 했다. 석도의 예술은 여러 왕조를 거치면서 동파와 산곡(山谷)을 비롯한 일단의 문인이나 화가들에 의해 형성된 회화의 문학화현상·권위주의·모방주의에 대한 비판에서 출발했다. 권덕용은 석도의 예술정신에는 노장의 신비사상이 주류를 이루며, 옛사람[古人]의 법·성인의 법을 거부한 그의 예술에는 자유정신에 근거한 창조성이 보인다고 했다.

조선미(趙善美)(1978)는 「중국전신론(傳神論) 소고(小考)」(『미학』 5집)에서, '전신'이란 '전신사조(傳神寫照)'의 줄임말로, '전신은 대상 속에 숨은 정신을 그리는 것'이고, '사조는 작가가 관조한 대상의 형상을 묘사하는 것'이라 했다. 중국전신론에 관한 『다단학화편(茶丹學畫篇)』 전신총론(傳神總論)을 보면, 전신사조가 화법(畫法)들 가운데 가장 오래된 것으로, 그것에 의해 고성선현(古聖先賢)의 정신이 후세에 전해질 수 있었다. 북송시대의 소동파는 『전신기(傳神記)』라는 책에 '전신여상일도(傳神與相一道)'라는 구절을 넣어, 자연에도 정신이 있다고 했다. 그런데 이런 전신을 위한 취신(取神)의 자세는 소동파 이전과 이후에 차이가 있다. 이전에는 올바른 고증을 강조한 반면, 1078년경에 간행된 소동파의 『전신기(傳神記)』에서는 화가는 사(史)적으로 정확한 고증보다는 '대상인물의 정신이 올바를 때 포착해야 한다는 것'을 더 중요시했기 때문이다.

책의 경우를 보면, 김종태(金種太)는 1978년에 펴낸 『동양화론』(일지사)에서, 공자의 유교 회화사상은 '후소(後素)'를 중요시한 데 비해, 노장의 도교 회화사상은 자연 속에 숨은 '정신'을 중요시한다고 하나, 그 참뜻에서는 후소와 정신이 같은 의미를 지닌다고 했다. 송(宋)대 문인화가들이 이상미(理想美)를 추구한 것은 성리학에 내재하는 선미학(禪美學) 때문이다. 그래서 송대의 문인화가인 소동파는 상형(常形)이 아닌 상리(常理)를 중시했다. 남북조시대 화가들은 두 가지 요소를 중요시했는데, 기법면에서 '육법겸선(六法兼善)'이고, 사상면에서 '궁리진성(窮理盡性)'이었다. 반면 당(唐)대의 화가들은 자연에 관심을 가졌고 자연을 더 중요시했다. 김종태는 그의 책에서 회화 분류논법에 관해서도 언급했다.[30]

---

30 김종태는 회화 분류논법에서는 우선, 송(宋)대에 휘종(徽宗)의 명령에 따라 작성된 『선화화보(宣和畫譜)』를 들었다. 여기서의 회화십문은 도석(道釋)·인물·궁실(宮室)·번족(番族)·용어(龍魚)·산수·축수(畜獸)·화조(花鳥)·묵죽(墨竹)·소과(蔬果)를 가리키는 것으로 이 분류법은 청대까지 이어져 왔다. 근대에 이르러서는, 예컨대 1925년에 출판

한편, 권영필(權寧弼)(1977)은 「중앙아시아 벽화고(壁畫考) – 국립중앙박물관소장벽화와 관련하여 –」(『미술자료』 20집)에서, 국립중앙박물관에 소장된 중앙아시아 벽화에 관한 연구가 아직 없음을 안타까이 여기면서, 우선 그 외적 상황에 관해서만 소개했다.[31] 그에 의하면 이 벽화는 주로 투르판 지방에서 출토된 것으로, 미술사적 견지에서 매우 중요한 자료였다.

앞에서 보았듯이 이 시기 미학계의 주된 관심은 예술 가운데서도 미술과 관련된 논문이나 저서다. 그런데 김정록(金正祿)(1977)은 「중국시가·음악론 재고 기일(其一)」(『미학』 4집)에서 시가와 음악의 기원 및 여러 가지 학설을 분석·정리해 이채롭다. 예술 가운데 음악과 관련한 글들이 비교적 드물기에 더욱 그렇다. 그는 시(詩)나 악(樂) 모두가 마음속에 있는 감정을 발산하기 위해 생성되었으며, 표현형식은 정리되고 규칙적인 절주(節奏, regular rhythm) 속에서 이루어져 왔다고 했다. 시가와 음악을 기원적인 측면에서 보면, 시가의 기원이 음악의 기원이 되고 음악의 기원이 시가의 기원이 되므로 뚜렷하게 구분 짓기 힘들다는 점을 지적했다. 논문의 후반부에서는 시가와 음악의 경정화(經典化)에서 나타난 시경주석(詩經註釋)의 왜곡을 신비적 경향과 경술(經術, 유가의 경서에 관한 학문)적 경향으로 나누어 정리했다.

철학일반에 폭넓게 관심을 가지면서 탐구한 정종은 1978년에 「인간 공자의 예술세계」를 『철학연구』(철학연구회) 13집에 게재했는데, 이 글

된 『삼희당화보(三希堂畵寶)』에 따르면 산수·인물·영모화훼(翎毛花卉)·초충화훼(草蟲花卉)·석(石)·매(梅)·난(蘭)·국(菊)·죽(竹)으로 분류된다.

31 19세기 후기에서 20세기 초에 걸쳐 서구인들은 중앙아시아 지역 탐사에 관심이 깊었다. 일본에서도 이런 탐사에 자극을 받아, 1902년부터 교토(京都) 서본원사(西本願寺)의 주지(住持)인 오타니(大谷光瑞)를 비롯한 8명의 젊은 승려들이 12년 동안 3회에 걸쳐 탐사에 나섰다. 이때의 발굴에서 수습된 유물들은 오타니의 별장(二樂莊)에 소장되었다가, 일부는 교토박물관으로, 일부는 1916년에 구하라(久原房之助)에 의해 조선총독부박물관에 기증되어 오늘에 이르렀다. 현재 중앙박물관이 소장한 중앙아시아유물은 310여 건 2,000여 점에 이르며, 벽화도 60여 점에 달한다.

에서 그는 공자를 시인으로 나아가서는 악인(樂人)으로 바라보면서, 공자가 '치(治)'의 세계와 시와 악의 세계를 하나로 여겼음을 지적했다. 이어서 이런 양자의 조화로운 통일과 아름다움이 그의 인격을 통해 구체화되고 구현되었다고 했다. 그러면서 우리의 경우도 그런 모습 속에서 한국적인 표현형태로서의 '멋'을 찾고, 그런 '멋' 속에서 동양적인 인간의 이상상(理想像)도 이끌어 내자고 했다.

6) 한국예술

김윤수는 1971년 『미학보』(서울대 미학과) 1권 1호에 발표한 「현대에 있어서의 미학의 추세」에서, 단토(A. C. Danto)의 '미학은 미적인 관점에서 발생하는 문제 일반을 다루는 학문'이라는 미학에 관한 단토의 정의가 유효하다고 보면서, 현대미학의 추세는 예술을 경험과학적으로 연구하되 인간과 관련지으면서 실천 측면을 추구하는 것이라 했다. 이어서 이런 현대미학에서 얻은 성과가 한국인의 미의식 구조 및 예술현상을 해명하는 데 어떻게 수용되고, 아울러 한국미학이 어떻게 정립되어야 할지에 관해 문제제기와 더불어 그 해결도 시도했다.

그해 장문호(張文戶)(1971)는 「고려시대 예술의 특성에 대하여 – 선(禪)사상적 회화관(繪畵觀)을 중심으로 – 」(『미학』 1집)에서, 고려예술의 특징으로 시화일치(詩畵一致)의 주관적·비사실(非寫實)적·은둔(隱遁)적·고답(高踏)적 경향을 지적하고, 예술사회사라는 측면에서 고려예술의 성립 근거와 자율성에 관해 언급했다.

백기수는 1974년에 「미학의 의의와 한국미학의 과제」(『홍익미술』 3집)에서 미학의 2가지 측면으로 '미적인 것에 관한 학문'과 '예술가 나름대로 지니는 예술관'을 들면서, 예술관으로서의 미학도 순수학문으로서의 미학을 기반으로 형성되어야 한다고 했다. 그(1975)는 「미적 체험에 있어서의 시공간적 계기」(『미학』 3집)에서는, 각 예술작품은 독자 나름의 시공간을 지닌 하나의 우주로 존재한다고 했다. 그러면서 동양

산수풍경화의 경우를 들어 관조적 시공간과 함께, 소우주적·미적 구성 속에 내재한 시공간의 문제를 탐색했다.

조요한(1974)은 「예술철학과 한국사상」을 『철학사상의 한국적 조명』(일지사)이라는 책에 담았는데, 그는 자연의 뜻에 따라 사는 것을 인륜의 기본으로 보는 동양에서는 예술을 자연의 이법(理法)과 인생의 도리를 가르치는 인격 완성의 길잡이로 간주한다고 했다. 그러면서 한국의 미는 중국이나 일본과 다르게 인위를 거부한다는 점에 있으며, 특히 한국의 소박미는 이른바 의지결여성(Willenlosigkeit)이나 '무기교의 기교'라는 말로 표현할 수 있다고 했다. 끝으로 한국 조형미의 사상적 배경은 불교와 도교의 융합적 사유에 있음을 지적했다.

역사상의 개별적인 인물들에 관한 연구를 보면, 김기주(金基珠)(1975)는 「단원 회화의 화론(畵論)적 접근」(『미학』 3집)에서, 단원(檀園) 회화(繪畵)에는 조선인의 자각의식이 들어 있다고 했다. 이어서 그의 회화의 특징인 풍속화에 있는 의미배경과 개념정립을 언급하면서, 풍속화를 속화(俗畫)와 혼동해서는 안된다고 했다.

이영구(李榮九)(1972)는 현대인물 탐구인 「파초(芭蕉)예술에 있어서의 초심(初心)의 문제 – 배구(俳句)해석과 감상의 입장에서 – 」(『미학』 2집)에서, 파초의 예술이념은 주관을 배제한 순수한 초심에 근거해 물아일체의 통일성에 있음을 지적하면서, 파초의 예술관과 미(美)이념의 근간을 여러 측면에서 살폈다.

한편, 민화(民畵)·가면극·탈춤처럼 서민의 삶과 관련된 예술을 다룬 논문이나 책 들도 나타나 눈길을 끈다. 산업화와 도시화의 물결 속에서 민초적·전통적인 것에 관한 관심도 커져 갔다. 임영방(1980)은 「한국 고미술을 통해 본 미의식과 전통」(『예술논문집』(대한민국예술원) 19집)에서, 조선의 시서화(詩書畵)는 가치세계의 숭고한 표상이나 작품들로 제한된 공동체의 미의식의 표출인데 비해, 민화는 서민의 정서를 반영하고 격을 중요시하지 않는 그림으로 시서화와 대조된다고 했다. 그래서 조선시대 회화미술에서의 미의식과 특질은, 특수계급의 가치관을 부각시킨 시서화와 그런 점들이 배제된 민화의 견지에서 각각 고찰되어야 한다고 했다.

채희완(蔡熙完)(1978)은 「가면극의 미의식 연구대상으로서의 의의」(『미학』 5집)에서, 가면극을 비롯한 민속연희(民俗演戲)를 전통문화로 여기면서 기층문화권의 전승담당층이라는 면을 부각시켰다. 그는 가면극과 같은 민속연희를 '집단연희(集團演戲)'와 '민중'이라는 개념과 관련지으면서 한국적 미의식 연구에서 민속연희의 중요성에 관해 언급했다. 여기서 '집단연희'는 공동체적 동질성을 뚜렷하게 보여 주며, '연희'는 예술에서 원초적 모습으로서의 '놀이'와 발전된 모습으로서의 '연극'이 복합적으로 내포되어 있다고 보았다. 이어서 그는 가면극에서의 미의식은 '민중적인 미의식'으로, 문화창조의 원동력은 민중임과 더불어 이런 미의식은 현실적·민주적인 예술관으로 나아가게 해주는 전환점이 된다고 했다.

이어서 채희완(1979)은 「공동체의식의 분화와 탈춤구조」(『미학』 6집)에서 두레의 변천사에 따른 공동체의식의 분화과정이 탈춤에 어떤 영향을 주었는지를 사회경제사 측면에서 살폈다. 두레는 농번기에 농사꾼들의 협력 모임으로 부락공동체이자 생산공동체·연희(演戲)공동체이며, 탈춤은 두레와 같은 마을 단위 축제 때 얼굴에 탈을 쓰고 추는 가면무(假面舞)이다. 18세기 이후 도시가 형성됨과 더불어 탈춤은 2가지 방향, 곧 농촌 중심의 폐쇄성을 지닌 집단구조의 탈춤과 도시 중심의 개방성을 지닌 집단구조의 탈춤으로 변모되었다. 세월이 지남에 따라 폐쇄성·보수성을 지닌 탈춤은 쇠퇴하고, 도시의 탈춤은 전문성·상업성을 띠었다. 그런 가운데 탈춤의 대상도 점차 폐쇄성을 지닌 민중층에서 개방성을 지닌 민중 층으로 확대되었다. 이런 상황에서 나타난 탈춤의 분업화·전문화는 동일한 목적과 관점하에서 공동참여로서의 기능적인 측면이 강한데, 그는 이런 모습을 '통일적인 것의 다양화'라는 말로 개념화했다(학술원, 1987: 218)

이우환(李禹煥)(1977)은 『이조(李朝)의 민화』(열화당)라는 책에서, 조선 시대 민화가들은 자연스런 삶에 흡족한 사람들로, 사대부층의 정통화(正統畵)에 대해 서민의 삶과 관련된 민화의 가치를 재평가하는 일이 필요하다고 했다. 그러면서 그는 조선 시대 민화의 특징 및 지금의 과제들에 관해 언급했다. 민화가들은 구체적인 소재로도 점과 선을 마음 내키는 대로 나타내어 직절적(直截的)인 표현·천진스런 묘법(描法)을 구사했으며, 서민 생활현장과의 직접적 관계 속에서 독자적 회화세계를 가꾸어 나갔다는 것이다. 그들의 작품은 실용화나 생활화로, 주제는 화조화(花鳥畵)·산수화·어류화·풍속화·수렵도·문자화·문방도(文房圖)·사신수도(四神獸圖)·작호도(鵲虎圖)·신상도(神像圖)·샤머니즘화(畵)·십장생도·지도화(地圖畵) 등이다. 민화의 화관(畵觀)과 방법은 소박·소탈하고 치기(稚氣) 어린 반면 구도는 성글며 엉성함을 보이는데, 이는 민화가들의 자연주의적 태도 때문이라 했다.

문명대(文明大)(1978)는 『한국미술사학의 이론과 방법』(열화당)이란 책에서 한국미술사학이 가야 할 방향을 제시했다. 그에 의하면 미술사학은 역사학의 한 분야로, 그 목적은 인간이 어떤 양식을 왜 창조해 냈고 누가 그것을 향수했는지를 해석하는 일로, 시대별로 다양한 양식의 미술이 계기(繼起)적으로 일어났음을 체계적으로 파악해야 함을 강조했다. 아울러 한국미술사는 현대 한국미술과 관련지어 파악해야 하는데, 이는 과거의 미술과 현대미술이 서로 밀접한 관련 속에 있기 때문이다. 그는 한국미술의 특수성과 보편성의 관계에 관해서도 언급했는데, 특수성은 보편성의 연장선에서 존재한다는 견해를 나타냈다(II부 11장 '학문의 보편성과 특수성' 참조).

분과철학

이곳에서는 철학의 분과들 가운데 개별 학문들과의 관련 속에서 특수화된 분야들을 다룬다. 1945년에서 1980년까지를 다룬 『한국현대철학사』 제II부에서 비교적 주목을 끈 특수화된 분야들이다. 이곳에서 다루는 분야는 과학철학·교육철학·법철학·사회철학·수리철학·심리철학·언어/분석철학·역사철학·정치철학처럼 개별과학과 연관된 분야도 있고, 기독교철학·노장철학·불교철학(불학)·유학·종교철학처럼 종교나 종교적인 색채가 있는 영역과 관련된 분야도 있으며, 비교철학·생철학/실존철학·실학·철학적 인간학·해석학·현상학처럼 방법론, 형이상학, 인식론, 가치론 가운데 어느 한 곳에 귀속시켜 서술하기 어려운 분야도 있다.

1. 과학철학/자연철학

우리나라에서 과학철학과 관련된 최초의 단행본은, 박익수(朴益洙)가 1955년 백영사에서 펴낸 『과학의 철학－문제의 두 방향－』이다. 이 책은 46배판 230면으로 되어 있는데, 그는 이 책에서 자연에 관한 인식의 역사적인 변천으로 '희랍적인 자연개념과 자연인식', '스콜라적 자연개념과 자연인식', '갈릴레오/뉴턴적 자연개념과 자연인식', '상대성론적 자연개념과 자연인식', '양자론적 자연개념과 자연인식'을 다루었다. 현대과학에서의 철학적인 문제로는 (1) 자연기술의 근본범주로 실증성·시공성·불확정성, (2) 과학적 인식의 새로운 배경, (3) 과학의 조작주의, (4) 장의 개념과 그 인식, (5) 과학의 실재인식, (6) 물질과 생명, (7) 물질과 정신, (8) 과학과 휴머니티의 문제를 제기했다.

이 시기에 과학철학분야를 개척하는 데 많은 힘을 기울인 철학자로는 김준섭[1]을 들 수 있다. 그래서인지 한국철학회에서는 1956년에 대동당에서 『교양과 철학』을 펴냈는데, 김준섭은 이 책에서 「과학철학」 부분의 집필을 담당했다. 그 후 그(1963)는 『과학철학서설』(정음사)을 펴냈는데, 책의 서설에서는 공간·시간·물질·자연의 제 법칙·지식 등의 기본개념을 다루고, 결론으로 철학의 장래에 관해 서술했다. 부록에는 가치관 수립의 기준, 철학의 기능, 존 듀이론, 화이트헤드의 생애와 사상 등 7편의 논문이 포함되어 있다. 그 책은 아래와 같은 순서로 이루어져 있다.

1장 논리적 경험론
2장 아인슈타인의 상대성이론과 그 철학적 의미
3장 양자역학의 철학적 기초
4장 확률의 문제
5장 함축의 의미분석
6장 기호논리학
7장 다치논리학

---

1 김준섭은 동북제대 철학과를 졸업 후 1947년부터 중앙대·고려대 교수로 재직하다가 1948년에 미국 컬럼비아대학으로 유학을 갔다. 그곳에서 헤겔·마르크스의 변증법, 일본의 다나베 하지메의 변증법 등을 과학적 입장에서 비판해 과학적 변증법을 수립하는 일에 힘을 기울였다. 1952년 같은 대학에서 박사(논문 제목: "Dialectical method")학위를 취득했다. 1954년부터는 서울대 문리대 교수로 재직했다. 『철학개론』·『논리학』·『과학철학서설』·『철학과 논리의 연구』·『철학과 행동의 연구』·『서양철학사』 등의 저서가 있다. 그는 관심의 폭이 넓어 철학사, 실존철학 등에 관한 저서도 있다.

그(1968)는 「확률성과 귀납법의 연구」(『서울대 논문집(인문사회과학)』 14집)에서는 확률성이란 개념을 토대로 귀납법에 관해 탐구하기도 했다. 그는 귀납법은 완성된 것이 아니라 과학의 연구방법으로 계속 발전되고 있으므로, 이 방면에 관한 지속적인 연구는 경험과학의 발전에 크게 이바지한다고 했다.[2] 이처럼 그는 우리나라에서 논리학, 과학철학 분야를 개척하고 보급시키는 데 힘썼다.

1960년대에 들어서면 과학철학 분야의 석사논문들도 나타나기 시작한다. 이초식[3](1960)은 「과학적 추리에 있어서 확률의 논리적 근거」를 석사논문(서울대)으로 제출했다. 그는 우선 인과율을 분석해 그것이 확률의 문제로 변천하는 과정을 다뤘다. 이어서 확률과 관련된 여러 개념들을 분류하면서 특히 라이헨바흐와 러셀의 지식이론에서 확률의 역할에 관해 언급하고, 이들의 주장을 카르납의 논리적 확률론과 비교·검토했다. 그런 다음에는 확증도와 추정의 제 문제를 논리적으로 분석하면서 확률의 논리적인 근거를 검토하고, 끝으로 확률과 행동 및 진리와의 관계를 탐색했다(학술원, 1976: 99).

60년대 중반의 상황을 보면 송상용(宋相庸)[4](1966)은 「Darwinism과 목적론」을 석사논문(서울대)으로 제출했다. 이 논문은 '서론', '목적론적 사고', '자연도태설', '진화론(Darwinism)과 목적론', '결론'으로 이루어져

---

2 논문의 구성은 머리말, 1. 귀납법의 의미, 2. 확률성의 개념, 3. 확률성의 해명, 4. 귀납법의 제 분류, 5. 귀납법의 근거, 6. 귀납법의 제체계, 7. 확률성과 귀납법, 맺는말로 되어 있다.

3 이초식은 평양에서 태어나, 서울대 철학과(학사/석사)를 거쳐 오스트리아 잘츠부르크대학에서 박사학위를 취득했다. 서울교대·건국대·고려대 교수를 역임했고, 논문으로 「귀납의 부정론과 긍정론」·「의사결정의 논리」·「통계적 추정의 철학적 분석」·「과학적 인식에 있어서 발견과 정당화의 맥락에 관한 고찰」 등이, 저서로 『집합과 논리』(공저), 『인공지능의 철학』 등이 있다.

4 송상용은 서울에서 태어나, 서울대 화학과(1959)와 철학과(1962)를 졸업한 뒤, 같은 대학 철학과 대학원(석사, 1967)을 거쳐 미국 인디애나대학에서 과학사·과학철학(MA, 1970)을 공부했다. 과학사, 과학철학, 생명윤리에 관심을 두면서 관련 분야들을 개척하는 데 힘썼다. 성균관대·한림대 교수를 역임했으며, 펴낸 책으로 『생명에 대한 예의』, 『과학자들: 피타고라스부터 이태규까지』 등이 있다.

있는데, 그는 진화론의 과학적 성과를 토대로 중요한 문제들에 기여하는 길을 모색해야 한다고 했다.

1970년대에 접어들어 송상용(1971)은 『서울대 교양과정부』 3집에 「L'Homme machine의 분석」을 게재해 관심을 끌기도 했다. 그는 논문에서 프랑스의 대표적인 기계적 유물론자인 라메트리(J. O. de La Mettrie, 1709~1751)의 영혼·생명·종교·자연에 관한 견해를 다뤘다. 라메트리의 저서인 『인간기계론』을 통해서 말이다. 그러면서 라메트리를 아리스토텔레스·브루노·스피노자·괴테·다윈을 거쳐 듀이·아인슈타인·헉슬리에 이르는 일원론적 자연주의 계보에 포함했다. 그에 따르면 이 계보는 이른바 '예의 바른 유물론'이라 일컬어진다.

과학철학에 관한 관심이 점차 높아지면서 1972년에 이르러서는 김준섭의 제안에 따라 이한조·선우남·이초식·송상용이 과학철학 세미나를 열기도 했다. 이 모임은 2년 동안 이어졌다. 한편, 김용정과 송현주는 대학의 교육현장에서 과학철학 교육에 힘쓰기도 했다(한국철학회 편집위원회, 2010: 215).

송상용(1976)은 「헥켈의 일원론적 자연철학」을 『철학연구』(철학연구회) 11집에 발표했는데, 그는 논문에서 헤켈(E. H. Haeckel, 1834~1919)이 다윈주의에서 더 나아가 생태학을 제시하면서 그의 관심을 물리학에서 생물학으로 옮기고, 물질은 죽은 것이 아니라 힘의 결집체로서 영속적으로 영혼을 보유한다는 물활론(物活論, hylozoism)을 주장했음을 지적했다. 헤켈에 따르면, 자연도태의 법칙은 창조와 그 기원을 둘러싼 신비로움을 해소하는 도구였다. 그는 비유기적 물질에서 유기적인 생명이 기원했다는 가설을 수용하면서, 생물의 자연발생설을 그 발생 초기에서만 인정했다. 이어서 송상용은 헤켈이 자연론에 근거한 물질일원론으로 이른바 독단론을 공격하는 데도 힘썼음을 지적했다.

해외에서 활동한 우리나라 학자의 경우를 보면, 김재권은 1971년에는 「원인과 사건 – Mackie의 인과성에 관해 – (Causes and events – Mackie on causation –)」(*The Journal of Philosophy,* 68)을, 1973년에는 「인과성, 통상

적 포섭, 사건개념(Causation, nomic subsumption, and the concept of event)」(*The Journal of Philosophy*, 70(8))과 「인과성과 반사실조건언(Causation and counterfactuals)」(*The Journal of Philosophy*, 70)을, 1974년에는 「비인과결합(Noncausal connections)」(*Noûs*, 8)을 발표했다. 이 무렵에 발표한 논문들은 주로 인과성과 관련된 논문들이었다. 이런 논문들을 통해 그는 국제적인 학자로 입지를 굳혔다.

한편, 1974년 이초식과 소흥렬(1937~2019)[5]은 인간행위에 관한 과학적인 탐구와 관련된 학위논문을 제출하여 각각 박사학위를 취득했다. 이초식은 7월, 오스트리아 잘츠부르크대학에 「확률과 결단 – 규범적 결단론의 메타이론적 탐구 – (Wahrscheinlichkeit und Entscheidung – Eine Metatheoretische Untersuchung zur normativen Entscheidungstheorie –)」을 학위논문으로 제출했다. 그는 이 논문을 통해 주관적 확률과 귀납적 확률이론들을 체계적으로 분석함으로써 결단 시 인간이 의거해야 할 규범을 근거 지으려 했다. 이를 위해 카르납·제프리·피네티(Bruno de Finetti)·새비지(L. J. Savage)·키버그(H. E. Kyburg)·스테그뮐러(Wolfgang Stegmüller) 등의 견해를 비판적으로 검토했다. 그는 특히 결단 문제에 관련된 여러 확률이론들이 대립을 해소하기 위해 합리성을 기준으로서 그 차원들을 구별할 것을 제의했다. 확률성을 근거 짓기 위한 합리성과 그러한 합리성을 다시 근거 지으려는 합리성은 구별되어야 하며, 기술적 확률을 근거 짓는 합리성과 규범적 확률도 구별되어야 한다고 하면서 말이다(학술원, 1976: 138).

한편, 소흥렬은 같은 해에 미국 미시간대에 「인간행위에 관한 인과설명(Causal explanation of human action)」을 제출했다. 논문에서 그는 물

5 소흥렬은 미국 미시간주에 있는 알마대학 철학과를 졸업하고 미시간대 철학과에서 석사 및 박사학위를 취득했다. 계명대·연세대·이화여대·포항공대 교수를 역임했으며, 지은 책으로는 『논리와 사고』(이화여대출판부, 1979), 『과학과 사고』(경문사, 1983), 『윤리와 사고』(이화여대출판부, 1985), 『문화와 사상』(편저, 이화여대출판부, 1985), 『자연주의적 유신론』(서광사, 1992)이 있다.

리주의적 입장에서 인간의 사유과정, 곧 추리과정이 개입되는 인간행위에서도 그것을 가능하게 하는 두뇌의 인과기능에 근거한 설명이 원칙적으로 가능하다는 주장을 폈다. 환원주의처럼 강한 물리주의를 부정하지 않으면서도 인간행위를 물리과학의 방법으로 설명할 수 있으리라는 가능성을 열어 두고자 하는 논지였다. 이것은 인지과학의 문제로서, 인지과학을 통해 발전적으로 전개되는 논리였다(한국학술진흥재단, 1993; 이 책 II부 10장 '13. 심리철학' 참조).

이정민(1976)은 「쿤의 과학사관」(『서울대』 창간호)에서 쿤(T. S. Kuhn)이 제시한 패러다임의 뜻, 과학혁명, 과학공동체 등에 관해 소개했다. 패러다임이란 '주어진 과학공동체의 구성원들이 공유하는 신념·가치·기술 등의 전체적인 집합체로서, 어떤 특수분야나 전문영역 종사자들에게 공통되는 개념·가정·기본법칙·이론·증명된 방법·응용 및 그 밖의 고양체계로 이루어지는 학문분야별 행렬(matrix)'이라는 것이다. 패러다임은 정상과학에서 나타나는 문제들을 푸는 길잡이 역할을 한다. 그런데 지난 패러다임과 새로운 패러다임 사이에는 양립하기 힘든 비통약성(非通約性, 불가공약성, incommensurability)이 존재하는데, 이것을 해소할 수 있는 객관적인 관찰언어는 없다고 했다. 쿤의 패러다임을 이해하는 데 도움을 주는 논문이다.

1960년대에 이어 1970년대에도 과학철학 분야로 석사학위를 취득한 사람들은 이어졌다. 조원석(1972)은 「러셀의 인과율과 확률의 사상」을 제출해 석사학위(서울대)를 취득했다. 그 내용으로는 '인과의 개념', '원인과 결과의 관계', '인과율의 제일성', '인과와 귀납', '수학적 확률', '신빙도' 등을 다뤘다. 아울러 과학적 법칙으로서의 인과법칙이 아직도 유효한지를 살폈다.

안건훈(安健勳)(1979)은 「과학에서의 설명 – 헴펠(C. G. Hempel)의 견해를 중심으로 –」을 석사논문(고려대)으로 제출했다. 헴펠의 D-N형 설명(deductive-nomological explanation), D-S형 설명(deductive-statistical explanation), I-S형 설명(inductive-statistical explanation)에 관해 그 적극적

인 측면과 소극적인 측면 들을 각각 살폈다(이 책 II부 11장 '기술/설명' 부문 참조).

2. 교육철학

광복과 더불어 교육계에는 민주주의와 아동존중 사상을 근간으로 하는 새 교육운동이 추진되었다. 듀이의 저서인 『민주주의와 교육(*Democracy and education*)』, 『경험과 교육(*Experience and education*)』 등이 그 운동을 떠받드는 이론을 이루는 가운데, 새 교육운동은 교육계 곳곳으로 퍼져 나갔다. 이처럼 프래그머티즘의 영향 속에서 미국에서 싹튼 진보주의 교육철학이 우세한 가운데 본질주의·항존주의·문화재건주의도 학자들에 의해 소개되었으며, 다른 한편으로는 유럽에서 싹튼 실존주의 교육철학도 소개되었다. 1970년대에 접어들어서는 영국의 교육철학자인 피터스(R. S. Peters)의 '입문식으로서의 교육(education as initiation)'도 교육철학계에서 중요한 담론의 장을 형성해 나갔다. 그가 1966년에 펴낸 『윤리학과 교육(*Ethics and education*)』은 70년대 중반에 우리나라 대학원 과정에서도 주목을 끄는 읽을거리가 되기도 했다. 콜버그(Lawrence Kohlberg)의 도덕성 발달이론도 그랬다.

교육철학자들의 구체적인 상황을 보면, 해방 후에는 오천석[6]의 역할

6 오천석은 노스웨스턴대(1927), 컬럼비아대(1931)에서 각각 석사, 박사학위를 취득했다. 광복과 더불어 상해에서 귀국 후 교육위원회를 조직해 홍익인간의 교육목적 설정, 6·3·3·4제의 기간학제 제정, 국립서울대학교 창설 등을 주도했다. 대한교육연합회장(1950), 문교부장관(1960~1961)을 역임했다. 이때 교육대학 신설, 향토학교운동, 교과서 개편 등을 통해 교육민주화를 추진했다. 저서로 『민주주의 교육의 건설』·『민족중흥과 교육』·『발전한국의 교육이념』·『스승』·『한국신교육사』·『교육철학신강』등이 있으며, 훗날 『오천석 교육사상문집』이 간행되었다. 그 가운데 『스승』은 베스트셀러를 기록하기도 했다. 1987년 "나는 내 조국의 민주교육을 위하여 살고 일하다 가노라."라는 말을 남기고 세상을 떠났다.

이 돋보인다. 그는 1932년부터 4년간 보성전문 교수로 재직하면서 영어와 철학개론을 가르치는 한편, 강의·강연·논문 발표 등으로 민족의 교육발전을 위해 힘썼으나 일제의 탄압으로 중국 상해로 피신했다. 그는 광복과 함께 귀국해 교육활동을 재개, 미군정청의 문교부 차장과 부장(1945~1948)을 역임하면서 우리나라 교육을 민주주의의 초석 위에 재정립하는 일에 큰 역할을 했다. 그는 1947년에는 서울의 국제문화사에서 『민주주의 교육의 건설』이라는 57쪽으로 된 소책자를 출판했는데, 다음과 같이 모두 7장으로 이루어져 있다.

I. 신국가건설과 교육의 임무
II. 일본적 잔재의 청소
III. 민주주의의 기본이념
IV. 민주주의 교육의 목표
V. 교유제도의 민주화
VI. 교육내용과 방법의 민주화
VII. 신교육건설과 교육자의 사명

그는 1972년에는 『교육철학신강』(교학사)을 펴냈는데, 그간 대학에서 강의한 것을 바탕으로 펴낸 교육철학 입문서다. 그는 머리글에서 교육철학 입문서에는 3가지 유형이 있음을 지적했다. 하나는 교육의 기본이념과 목적, 교육의 과정, 교육과 사회와의 관계, 흥미와 훈련, 정치와 교육 및 도의 교육과 같은 문제를 주제(thema) 중심으로 다루는 방식이다. 그 특징은 이런 문제들에 관한 여러 견해를 가능한 객관적으로 소개한다는 데 있다. 다른 하나는 철학의 여러 학설을 교육과 관련시키면서 서술하는 방식이며, 또 다른 하나는 저자 자신의 특수한 교육철학의 이론을 전개시키는 방식이다(오천석, 1972: 머리글).[7] 이어서 그

7 첫째 경우에는 브루바커(J. S. Brubacher)의 『현대교육철학(*Modern Philosophies of*

는 이 책의 특징에 관해 머리글에서 아래와 같이 서술했다.

> 『교육철학신강』은 교육철학에 대한 이해를 좀 더 넓히기 위하여, 먼저 교육의 근저가 되는 몇 가지 철학이론을 소개하여 그 근본을 확실히 하고, 다음에 현재 교육에 직접적인 영향을 미치고 있는 주되는 학설을 서술하여 교육의 근본문제에 대한 이해를 넓히며, 마지막으로 위에서 충분히 다루어지지 않은 문제, 특히 교육학도의 관심거리가 되는 주요 문제 몇을 선택하여 객관적·주관적 견해를 섞어 다루었다. 특히 본서는 철학에 대한 기본 소양이 많지 않은 학도를 위하여 본서 서론에서 철학과 교육과의 밀접한 관계에 대하여 적지 않은 지면을 할애하였다.

이어서 주요 철학자들의 교육관을 연구하거나 비교하는 논문들도 나타나기 시작했다. 이돈희(李敦熙)(1964)는 「플라톤 교육철학과 듀이 교육철학의 비교연구」를 『교육학연구』 2호에 게재했다. 플라톤의 교육은 평화로운 사회, 신(神)의 의지가 성취된 사회의 계획이지만, 듀이의 교육은 변화하고 개조되는 무한한 발전의 사회를 구상한 계획이나. 후자의 사상은 신대륙 미국처럼 물질적·정신적으로 많은 여백을 지닌 사회에서 요청되는 철학이다. 말하자면 '광야의 철학'이라는 것이다.

다음 해인 1965년, 김영우(金英宇)는 「문화재건주의의 교육철학 - 브라멜드(T. Brameld)와 그의 문화재건주의 - 」을 『교육학회지』 3호에 게재했다. 문화재건주의(Reconstructionism)는 역동적이고 혁명적인 교육사

Education)』, 피닉스(P. H. Phenix)의 『교육철학(*Philosophy of Education*)』 등이 속한다. 둘째 경우는 브라멜드(Theodore Brameld)의 『문화적인 견지에서의 교육철학(*Philosophies of Education in Cultural Perspectives*)』과 웨버(C. O. Weber)의 『기초적인 교육철학(*Basic Philosophies of Education*)』이 그 예들이다, 셋째 경우는 듀이의 『민주주의와 교육(*Democracy and Education*)』, 킬패트릭(W. H. Kilpatrick)의 『교육철학(*Philosophy of Education*)』이 대표적인 저서들이다.

상으로, 종래의 교육에서처럼 변천하는 사회와 문화의 뒤만 따르는 소극적인 태도에서 벗어나 현대문화의 인도자가 되어야 함을 강조하는 교육철학이다. 교육의 힘으로 위기에 직면한 현대문화를 구출해, 인류로 하여금 보다 행복한 삶을 누릴 수 있도록 해야 한다는 시대적인 요청을 내세운 교육철학이기도 하다.

우리나라 역사에서 찾아볼 수 있는 교육가나 교육철학과 관련된 연구도 활발했다. 예컨대, 정용두(鄭鏞斗)는 1969년 「율곡사상의 교육철학적인 고찰」을 『철학연구』(철학연구회) 4집에 게재했다. 그는 교육철학적인 사상을 교육의 본질·목적·방법으로 나누어 언급했다. 그러면서 결론으로 율곡 교육사상의 핵심은 입지(立志)이며, 목적은 성인(聖人)이 되는 일이고, 방법은 윤리적 실천에 있다고 했다.

정순목(丁淳睦)(1972)은 「퇴계학에 있어서 인간형성의 논리(I)」를 『한국철학연구』(해동철학회) 2집에 게재했다. 그는 퇴계의 인간관과 인간형성론을 중심으로 퇴계가 교육의 관점에서 인간의 형성과정을 어떻게 제시했는지를 살폈다. 퇴계의 인간관은 인간의 자질은 고정불변한 것이 아니라 잠재가능성의 개발에 의해 향상·발전할 수 있다는 것에 근거한다. 인성과 천리는 리의 측면에서 보면 동일한데, 이성에 있어 청탁수박(淸濁粹駁)이 있는 것은 기의 정편(正偏)에 의해서이며, 인성은 원래 선한 것으로 거경궁리(居敬窮理)와 역행(力行)으로 도달할 수 있으므로, 퇴계 인간학은 지식학으로서의 성리학이 아니라 실천학으로서 이해되어야 한다는 논자의 논지다. 퇴계의 경우, 이(理)의 해석에 있어서는 이의 용(用)은 능발능생(能發能生)하는 것이라 보아 이의 소이연(所以然, sein)보다 이의 소당연(所當然, sollen) 쪽을 더욱 강조했다. 사람의 존재보다 사람됨의 당위론에 더욱 주목했다는 것이다. 그러면서 퇴계의 인간형성론에 흐르는 근본이념은 구인성덕(求仁成德)이고 방법은 경(敬)이며, 전체적으로 보아 종교적·윤리적인 태도를 요구한 것이라고 했다(학술원, 1976: 30).

이런 상황에서 교육철학 관련 책이나 학회의 학술지 창간도 이어졌다. 예를 들면, 김정환(金丁煥)(1974)은 『교육의 철학과 과제』(박영사)를 펴냈다. 이 책은 모두 7장으로 이루어져 있는데 교육의 철학적 탐구, 교육의 본질의 탐구, 전통적 철학과 교육, 현대의 교육철학, 실존주의와 교육, 도덕·종교와 교육, 미래와 교육적 과제가 각각 그것이다. 현대의 교육철학에서는 진보주의, 본질주의, 항존주의, 재건주의에 관해 각각 언급했다.

같은 해 교육학계에서는 『임한영박사 화갑기념논총』이 발간되어 안인희(安仁熙)는 「교육에 대한 실존주의적 모색」이란 글을 게재했다. 데카르트는 "나는 생각한다, 고로 나는 존재한다(I think, therefore I am)."라는 명제를 내세우면서 인간의 이성이 그 존재를 규정하지만, 실존주의에서는 "나는 자유다, 고로 나는 형성한다(I am free, therefore I become)."라는 명제를 내건다고 했다. 인간의 존재가 이성에 우선하고, 정적인 존재(am)가 아니라 생성변화(become)를, 분석보다는 의식을, 만족보다는 고뇌를, 지식보다는 예지를, 그리고 객관적 현상보다는 인간 자체를 문제로 삼는 것이 실존주의 교육철학의 특징이라 했다.

이규호는 위의 기념논총에 게재한 「철학과 교육」이란 글에서, 산업사회에서 필요한 교육의 목표와 관련지어 '인간자본의 개념'과 '인간해방의 개념'에 관해 언급했다. 전자에서는 산업사회를 지향하는 것이, 후자에서는 산업사회를 초탈하는 것이 각각 사회의 교육 목표다. 전자에서는 인간을 경제 발전을 위한 자본으로 여기면서 산업이 요청하는 인력을 공급하기 위해 '기능과 능률을 위한 교육'을, 후자에서는 인간이 자율적인 삶을 통해 '자아를 실현할 수 있는 인간해방의 교육'이 각각 그 목표가 된다. 물론, 이 두 개념은 인간교육에서는 상호 반대개념도, 전후 서열적인 개념도 아니다. 인간은 사회 여건 아래서 효율적으로 사회발전에 이바지해야 하면서, 자아를 실현할 책임이 있다. 그런데 그의 글은 교육의 목표보다는 교육의 목적에 더 가까운 견해처럼 여겨진다.

한기언(韓基彦)은 위의 논총에 「'기초'개념의 교육철학적 신역」이란 글을 게재했다. 그는 '참된 교육의 이론 정립'을 위한 노력의 일환으로 기초주의를 내세우면서, '기초주의'에서 '기초' 개념의 논거로 사전의 풀이를 상기시키는 한편, 그것 이상으로 새로운 개념 설정도 시도했다. 이를 위해 체험을 통한 의미를 비롯해 학문영역에서의 본질 구명 사례, 그 밖에 우리 주변에서 일어난 구체적인 사례를 통해 입증해 보려 했다. 그러면서 기초주의에 있어서 '기초'라는 개념의 의미는 양적 증대와 질적 향상을 함께 이룩해 보려는 데 있다고 했다.

이돈희(1976)는 4부 13장으로 구성된 『교육의 철학적 기초』(서울대출판부)를 출판했다. 그는 이 책의 서부(序部)인 '교육철학의 과제'에서 교육철학의 기능, 교육철학의 탐구대상을 다룬 뒤 (1) 교육의 개념, (2) 교육적 가치, (3) 교육적 지식론, (4) 현대교육의 제 문제 순으로 서술했다. 이어서 (1)에서는 교육의 정의, 교육의 규범적 이해, 교육적 변화의 설명원리를, (2)에서는 가치체제로서의 교육, 습관과 지력(교육의 내포적 가치), 이론과 실천(교육의 외연적 가치)을, (3)에서는 지식의 조건과 교육, 지식의 구조와 교육, 지식의 탐구와 교육을, (4)에서는 교육의 과학화의 문제, 민주주의와 한국교육을 각각 다루었다. 비교적 새로운 접근 방법에 근거해 펴낸 책이다.

1977년 11월에는 한국 교육사교육철학연구회에서 학술지로서 『교육사교육철학』 창간호를 간행했다. 김계숙(1977)은 그 창간호에 게재한 「한국교육철학의 과제와 전망 – 한국교육이념의 정립을 중심으로 –」에서, 우리의 특수한 전통에서 보편적인 것을 발굴함으로써 우리의 특수성을 보편성에 의해 고양시키는 창조활동이 중요하다고 했다. 우리는 우리 자신을 지나치게 과소평가해서도 무모하게 과대평가해서도 안 된다. 우리는 우리 한국의 교육문제를 다 같이 걱정하는 동시에 또한 세계인으로서 세계인과 함께 세계의 교육문제를 올바르게 해결하도록 노력할 때에 우리의 교육문제도 올바르게 될 가능성이 짙어진다고 했다(18).

안건훈(1978)은 「공자의 교육철학과 듀이 교육철학의 비교」를 『교육사교육철학』 2호에 게재했다. 이 연구는 시간적·공간적으로 상이한 상황에서 생활하며 사상을 정립했던 공자와 듀이를 교육철학이라는 측면에서 비교한 것이다. 고대와 현대, 동양과 서양이라는 서로 다른 상황에서 형성된 교육철학이지만, 특수성이나 차이성과 더불어 시공을 꿰뚫는 보편성 내지는 유사성도 있지 않을까하는 호기심이 연구자의 주된 관심사였다. 교육철학이 지니는 여러 기능들 가운데 탐구행위로서의 통합기능에 유념하면서 교육의 개념·목표·내용·방법의 측면에서 그 기저의 흐름을 살폈다(68).

3. 기독교철학

김기석(1955)은 『철학』 1집에 게재한 「칸트와 바울 – 칸트철학의 일(一) 통로 – 」을 통해, 칸트의 '선의지' 찬가(讚歌)를 칸트 실천철학의 기점으로 여겼다. 칸트는 이것을 기점으로 해서 의무·정언명법·자유·존경감정·인격·최고선·실천이성의 요청 등의 개념으로 그의 실천철학 체계를 세웠다. 칸트의 철학과 바울의 신앙은 같은 내면적인 심정에서 출발해 거의 동일한 구비 같은 봉우리를 넘었지만 서로 같지 않은 경관을 나타냈음을 보여 줬다고 하면서, 칸트철학에 의한 바울에의 통로를 제시하려 했다.

김석목(金錫穆)은 1955년, 같은 철학지에 「휴맨의 죄악성」을 게재했다. 그는 그의 논문을 통해 인간의 죄악성을 기독교사상에 입각해 언급했으며, 섭리의 입안자로서 먼저인 '영원자'와 유한한 피조물로서 다음인 '나'와의 관계가 사랑이자 경신(更新)인 것과 같이, 사람과 사람(너와 나) 사이도 서로 이렇게 싸우고 발전함이 있을 때에야 인간의 문화·역사·사회에도 진보가 있다고 했다. 김석목은 그의 논문에서 인간성을 이성과 감성, 곧 정신성(spirituality)과 자연성(sensual nature)으로 나누고, 정신 면에서 사람의 이성과 예지를, 자연 면에서 사람의 충동성을 니버(K. P. R. Niebuhr)의 견해인 자연적 충동·개인적 충동·집단적 충동이라는 세 가지 충동을 들어 살폈다. 니버는 인간의 비합리적인 투쟁과 불화의 원인을 육체적인 자연충동에만 돌리지 않고, 그 속에 자유로운 정신이 깃들어 있는 인간충동성에 주목했는데 김석목이 언급한 내용은 다음과 같다.

첫째, 동물의 충동은 자연의 한계를 넘지 못하는 생존 충동으로 자기 생명을 유지하기 위해 다른 생명을 파열(破裂)하는 충동이다. 그러나 인간은 여기에서 만족하는 것이 아니라 욕망이 확대되어 자연의 한계를 파괴하고 넘어선다. 인간의 충동은 동물의 충동에 비해 의도적·침략적·지속적이다. 둘째, 인간의 충동은 정신적인 이성에 물들어 있기에 순수한 이성과는 다르다. 이런 인간충동은 개인욕망의 한계 내에 국한된 것이 아니라, 스스로 집단성격을 띠고 번져 나간다. 이성과 도덕적 양심으로 극복하기가 힘든 것이기도 하다. 셋째, 인간의 충동이 집단 간의 관계에서는 개인 간의 관계보다 더 높은 단계에서 행사되므로, 훨씬 광범위하고 무책임하고 횡포한 것이 된다(104-106). 그래서 자연충동에서 인간충동으로 변질되는 데서 두드러지는 죄의 책임은 인간성의 한 부분이 아닌, 전인으로서의 한 사람의 행동, 한 사람의 전 행동이 죄를 범한 것에 대한 책임이다. 그래서 섭리의 주재자와 나와의 관계가 해결되기 위해서는, 내가 죄인인 것을 고백해 인간성이 정화될 때, 진화(眞化)에로 진화(進化)되는 인간의 진보(進步)가 있다(124).

이런 상황에서 개별 학자들에 관한 연구도 이어져, 남정길(南正吉)(1975)은 『철학연구』(한국철학연구회) 20집에 「마아틴 부버(Martin Buber)와 기독교」를 게재했다. 그는 이 논문에서 부버의 기독교와 유대교에 대한 비판성을 띤 분석은, 부버가 재창조 활동으로 다듬었던 하시디즘(Hasidism)[8]이라는 신앙운동을 의중에 두고서 그것에 근거해 이루어진

8 유대교에서 율법의 내면성을 중시하는 경건주의 운동을 가리키며, 좁은 의미로는 18세기 폴란드나 우크라이나의 유대교도 사이에서 일어난 신비주의적 경향의 신앙부흥운

것이라 했다.

김영한(金英漢)(1980)은 「어거스틴의 내적 경험의 신학」(『철학』 14집)에서 아우구스티누스(Aurelius Augustinus, 354~430)의 신학이 기독교사상사에서 지니는 의의를 세 가지로 정리해 언급했다. 첫째, 이성과 신앙의 대립이 아닌 조화를 통해 이성적인 사유와 활동을 강조하므로, 기독교신학과 희랍철학의 대화가 가능케 되어 기독교신학의 학문성이 정립된 데 있다. 둘째, 신 인식(神認識)에 있어, 신을 직관을 통해 직접 파악하고자 시도해 인격적인 인식을 체계화시킨 점이다. 그는 자아의 내면적 직관에서 현재화되는 신의 인격적 존재를 최초로 문제시했다. 셋째, 그의 내적 경험의 인식론은 현대에 이르러서는 에드문트 후설에서 체계화된 현상학의 선구자가 된 점이다. 아우구스티누스는 인식의 눈길을 아리스토텔레스 모사설에서 인간 내면으로 돌리게 하는 한편, 인식주체로서 자아의식의 기억(Gedächtins) · 자기확실성(Selbstgewißheit) · 시간(Zeit)의 문제를 최초로 주요 탐구대상으로 삼았다(141-142).

이렇듯 김영한은 아우구스티누스의 내적 경험의 신학은 사변이 아니라 내적인 의식 속에 주어지는 실재성에 관한 기술이므로 현상학적인 성격을 지닌다고 했다. 이어서 그 주요한 사색의 테마로 기억·자기확신·시간을 통해 살폈다. 아우구스티누스는 이 세 가지 문제를 내적 경험 속에서 현재화(現在化)되는 대상으로 다루었다. 이 가운데 기억은 물체나 대상을 눈앞에서 보지 않고 현재화하는 정신 행위를 가리킨다. 현재화하는 행위를 통해 사색하는 자기존재의 확실성이 드러낸다. 내면의 자기 존재의 확실성 속에서 자아를 현재적으로 체험할 때, 이 자아의 현재성은 '지금 현재적인 것(das jeden Augenblick Gegenwärtige)'으로 주어지므로 시간 속에 주어진 것이 된다(131-135). 이어서 김영한은 논문 말미에 아래와 같이 서술하면서 아우구스티누스의 기독교적 변증학과 종교철학에서 그의 위치를 말했다(142).

동이다.

특히 그의 자기확실성의 명제—나는 회의한다, 고로 나는 존재한다—라는 명제는 근대사상의 선각자 데카르트의 방법론적 회의, 그리고 근대 선험인식론을 체계화한 칸트의 코페르니쿠스적 전환(die Kopernikanische Wendung)을 이미 5세기경에 시도했으며, 주요한 인간 자아 발견의 동기를 부여하는 것이다. 이러한 인간 자아의 확실성은 철학적 명증성을 소유하고 있으나, 동시에 신의 존재의 명증성에 의해 그 진리성을 보장받고 있는 점에서, 기독교적 변증학과 종교철학의 기반이 된다.

4. 노장철학

안진오(安晋吾)는 1970년 11월, 「장자의 사생관(死生觀)」(『철학연구』(한국철학연구회) 11집)을 통해 노장의 인생관에 관해 언급했다. 그는 장자가 생과 사를 동상일체(同狀一體)로 보면서 인간 본연의 삶을 적극적으로 개화시켰음을 지적하는 한편, "인생은 사생일체의 자각으로부터 출발하여 사생을 넘어선 삶에서 끝난다."라는 장자의 견해를 소개하면서 논문을 매듭지었다.

김길환(金吉煥)(1976)은 「율곡의 노자관(老子觀)」(『한국학보』 5집)에서 유가사상과 노자사상의 근본명제에서 근원적 일치점을 찾아보려 했다. 율곡이 노자의 5,000여 말[言] 가운데 선택해 주해한 것은 유가의 처지에서 시도된 것이긴 하지만, 그 가운데 가장 근본이 되는 명제들에 관한 주해(注解)는 양가(兩家, 노자와 유가) 근본사상의 일치와 관련되어 있기 때문이라 했다. 그 내용 면에서 보면 화해와 동화의 측면이 있음은 물론, 본질 면에서 추구하더라도 동질성이 발견된다. 우리나라의 경우 유불도 삼교의 문화가 서로 쉽게 동화되면서 이어져 온 것도 서로 간에 본질적으로 일치될 수 있는 가능적인 지평이 열려있기 때문이라고 그는 논문에서 지적했다(학술원, 1987: 53-54).

김충렬[9]은 1977년 『중국철학산고』(범학도서)를 펴냈는데, 그 책에는 「노자 42장 고석(古釋)의 검토」와 「장자 해제」라는 두 편의 글이 실려 있다.[10] 그는 노자가 실체로서의 도에 관해 도본(道本)·도상(道相)·도용(道用)이라는 세 측면에서 언급했음을 지적했다. 도본은 '도' 자체는 일체의 근원이 되고, 오래오래 변함이 없으며[永恒], 무소부재(無所不在)고, 시공을 초월하며, 또 공허무상한 것임을 뜻한다. 도상은 일체를 포괄하는 총상(總相)으로 그 무엇으로도 지칭될 수 없으며 인식되지 않는 형상[無狀之狀]이요 무물지상(無物之象)이다. 도용은 무작용의 작용이다. 아무것도 작용하지 않기 때문에 작용하는 모든 것들에게 유용하다. 도는 빈방과 같다. 만일 방이 무엇으로 꽉 차 있다면 그 방은 방으로서 행세할 수 없다. 방은 공간이 있으므로 유용한 것이다(146-147).

이런 도본·도상·도용을 종합해 볼 때, 도는 만물 쪽에서 보면 공허·무위·자연한 것이다. 그래서 쉽게 말하면 도는 '아무것도 아니다'여야 한다. 이 아무것도 아닌 것이 만물에 꼭 필요하다. '무엇이다'라는 것이 무엇으로 될 수 있는 소이(所以)는 이 '아무것도 아닌 것'에서 비롯되기 때문이다. 내가 여기 만년필로 원고지에 글을 쓰고 있을 때, 만년필과 원고지는 서로 구별된다. 그런데 그런 글을 쓸 수 있도록 하는 것은, 만년필과 원고지 양자 주위에 '아무것도 아닌 것'이 있기 때문이다. 그래서 공허가 곧 광명이고, 유를 성취시키는 무인 것이며, 이것이 '도'의 '도'됨이라 했다(147-148).

---

9 김충렬(1931~2008)은 강원도 원주에서 태어나, 1961년 대만대학 철학과를 졸업한 뒤, 1963년 같은 대학에서 「왕필연구(王弼研究)」로 석사학위를, 1974년 중국문화대학에서 「천인화해론(天人和諧論)」으로 중국 국가박사학위를 각각 취득했다. 중국문화대·경북대·계명대·고려대에서 교수로 있었다. 고려대의 경우, 1970년 철학과에 부임하여 1996년 퇴임했다. 1980년 이전 저서로는 『時空與人生』(臺北: 華岡書國, 民國 59), 『유가의 윤리』(배영사, 1975), 『중국철학산고』(범학도서, 1977) 등이 있다.

10 5장 「노자 42장 고석(古釋)의 검토」는 1968년 『철학연구』(한국철학연구회) 4집에 게재되었던 논문이고, 6장 「장자 해제」는 1976년 고려대출판부에서 펴낸 『교양명저 60선』에 들어 있는 글이다.

한편, 김충렬은 「장자 해제」에서, 당시 중국 철학계가 현실적·구체적 문제에 집착해 자기 학설만 고집하면서 남의 학설을 공박하는 일에 치중했던 것에 대해, 장자철학은 계파 간의 대립을 해소하고 그 한계를 극복하는 데 기여했다고 보았다. 나아가서 장자철학은 불우에 처한 인간의 고뇌를 씻고 안위를 주는 종교적인 귀의(歸依)가 되었으며, 그의 심미적인 자연관은 각박하고 단조로운 인간세(人間世)를 예술영역으로 승화하고, 생활의 예술화와 정신 세계에서의 소요를 가능하게 하는 청량제 역할을 하기도 했다. 중국 사람들이 대체로 현실에 집착하는 경향이 있는데도 그것을 넘어서 보다 넓고 긴 안목으로 여유 있고 유연한 삶을 살아갈 수 있는 것은 도가사상, 특히 장자철학이 문화의 저변에 흐르기 때문이라는 것이다(151).

김충렬은 『장자』를 읽기 위해서는 세 가지 방면의 소양을 가져야 한다고 언급했는데 그 첫째는 장자는 중국철학사상 최초의 비평철학가라는 점을 아는 것이다. 둘째는 논리적인 훈련이 필요하다. 당시 명가(名家)의 분석논리, 노자의 보편논리, 인도의 인명학(因明學), 불교 삼론종(三論宗)의 '합명중도의(合明中道義)' 등이 그것이다. 셋째 장자의 독특한 화술을 받아들일 줄 알아야 한다. 『장자』는 우언(寓言)으로 이루어져 있는 경우가 많은데, 우언은 비유법·상징법 등 간접적인 방법을 써서 상대방으로 하여금 사용하는 언어 너머에 있는 진의(眞意)를 알아차리도록 하는 화술이다. 요컨대, 우언은 다른 사물에 비겨 의견이나 교훈을 은연중에 나타내는 말이다. 『장자』의 구성을 보면, 「우언」에서 「소요유(逍遙遊)」까지는 부정적인 면으로 그것을 초월하는 과정이, 「덕충부(德充符)」에서 「산목(山木)」까지는 긍정적인 면으로 실현에로 환원하는 과정이, 「양생주(養生主)」에서 「열어구(列禦寇)」까지는 현실의 지혜로운 삶에 관해 각각 서술되어 있다(155).

이어서 그는 장자의 인생관을 '자연대로 살라[全性]', '자기를 항상 개방하라[保眞]', '이것과 저것[彼此]을 초월해서 시비(是非)를 보라[道樞]', '유용과 무용 사이에 처신하라[虛己]', 이렇게 네 가지로 집약했다. 이 가운데 전성(全性)은 '타고난 그대로 살라'는 뜻이다. 오리발이 짧다고 잡아 늘이고, 학의 목이 길다고 짧게 줄이면 오히려 제구실을 못한다. "아무 감관도 없는 혼돈(混沌)에게 억지로 일곱 구멍을 파 놓으니 그 혼돈은 죽었다."라고 「응제왕(應帝王)」 편에서 장자가 비유한 것처럼, 있는 것을 다르게 개조하거나 없는 것을 만들어 내면 자연의 평형이 깨지고 만물의 생성이 중지된다는 것이다. 다음, 보진(保眞)은 '욕심을 버리고 개방하라'는 뜻이다. "배를 산속에 감추고 산을 또 못 속에 감추었는데 도적이 한밤중에 와서 훔쳐 갔다. 그러니 천하를 천하에 내놓지 않은 이상 그런 것은 지켜지지 않는다(「대종사(大宗師)」)."는 것이다. 도추(道樞) 또는 양행(兩行)은 세간의 혼란은 피아의 시비에서 비롯함을 경계한 말이다. "하루살이가 밤과 낮을 알 리 없고, 여름 벌레가 겨울을 경험했을 리 없다(「소요유」)."면서 편협된 앎은 전체를 알 수 없음을 지적했다. 모든 시비는 피차의 처지를 고수하는 데서 생기므로 그 처지를 바꾸어 보면서 피아를 초월해야 함을 일깨운 말이다. 끝으로, 자연과 마찰없이 사는 것이 최대의 양생법임을 내세웠다. 장자는 허기(虛己), 곧 "유용과 무용 사이에 처하라(「산목」)."고 하면서, 그런 중간이 바로 자기를 허(虛)하게 하고 노출시키지 않는 대아(大我)적인 삶인을 일깨웠다. 이 세상에는 쓸데없어서 꺾이는 것도 있고, 반대로 쓸모 있어서 베이는 수도 있기에 그렇다(156-157).

한편, 차주환(車柱環)(1978)은 그가 지은 『한국도교사상연구』(서울대출판부)라는 책에서 우리나라의 도교사상에는 다음과 같은 몇 가지 특징이 있음을 지적했다. 첫째, 도교 이전, 주로 단군설화를 본원으로 해 전개된 선가설(仙家說)에서 유래하는 특이성이다. 여기서는 한(漢)문화와의 동화를 경계하면서 자주적인 문화건설을 모색하려는 주체성을 띤 사관이 두드러지게 나타나 있다. 나아가서 우리 겨레가 세계를 영도하는 지위에 오른다는 영광된 장래도 드러나 있다. 둘째, 국가의 기복을 위한 제사의식과 관련된 특징이 있다. 예컨대, 고구려 시대 제천(祭天) 행사에서 그 모습을 볼 수 있다. 셋째, 수련적인 특징이 있다. 단학(丹

學)으로도 일컫는 이 수련은 공행(功行)을 쌓아 득도선화(得道仙化, 도를 깨달아 신선이 됨)한다는 내단(內丹)을 중요시한다. 이처럼 도교는 수련을 통한 건강관리법을 체계화시키기도 한다.

5. 문화철학

해방 후 국내에서 문화철학과 관련해 자기의 견해를 글을 발표한 학자로는 우암 김경탁을 들 수 있다. 그는 문화를 크게 3단계로 나누어 살폈는데 이채롭다. 그는 어떤 문화든지 물질·정치·정신이라는 3단계의 문화로 응결되어 나타난다고 했다. 제1단계인 물질문화는 경제 방면에 속하는 것으로 이것이 없으면 인생도 문화도 없다. 제2단계인 정치문화는 물질문화가 발전해 나타나는 것으로, 이 단계에 이르면 법률과 풍속이 모여 여러 규정과 관습이 형성된다. 제3단계는 정신문화로 이 단계는 종교·철학·문학·예술 등을 포괄한다(정인재, 2007: 85).

이어서 김경탁은 세계성을 지닌 새로운 문화의 탄생을 위해서는, 앞서 말한 제1단계, 제2단계의 문화에 기반을 두되 이를 포함하면서 초월해 나가야 한다고 했다. 물질적인 속박에서 초월해야 하고, 집단적 예속생활의 속박에서 초월해 세계성을 지닌 철학과 종교, 세계문화로 나아가야 한다는 것이다. 그러면서 그는 유가적인 대동세계 세계문화를 시사하면서 한국인의 새로운 인생관을 아래와 같이 제시하기도 했다(김경탁, 「한국인의 신인생관」, 『고대신문』 1962년 9월 1일 자; 정인재, 2007: 90).

> 한국인으로서의 인생관은 개성과 민족성과 세계성을 띤 것이어야 한다. … 개인이 살되 민족과 같이 살고, 민족이 살되 세계인과 같이 살아야 한다는 전제하에서 '아이디어', '에네르기', '시간' 및 '공간'의 4대 요소를 구비하고서 (1) 생각할 줄 알고, (2) 만들 줄 알고, (3) 역사를 지속할 줄 알고, (4) 사회를 확충할 줄 아는 인간의 인생관을 논하고

자 한다.

한편, 해방 후 해외에서 활동하던 한국 철학자들[11]가운데 문화철학 분야에서 새로운 견해를 표출한 철학자로는 승계호(承啓浩, 1930~2022)가 있다.[12] 그는 해석학 관련 저술을 통해 문헌에서 문화적 주제의 모체와 더불어 문화적 맥락에서 작동하는 주제들을 중요시하면서, '문화주제학적 방법'을 내세웠다. 그는 문학작품들은 일관성 있는 문화적·주제적 맥락에 놓여 있을 때만 완벽해질 수 있다면서, 이런 방법을 통해 예컨대 스피노자의 범신론에서 괴테의 『파우스트』, 니체의 『차라투스트라는 이렇게 말했다』, 바그너의 『니벨룽의 반지』로 이어지는 자연주의 철학을 다루기도 했다.

그는 문화철학자, 정치철학자로 플라톤·칸트·괴테·니체 등에 관해 독특한 해석을 제시하면서 해외 학계에 파문을 일으켰다. 그는 철학을 시와 과학의 중간쯤에 있다고 이해하면서 철학에 관해 독창적인 견해를 펼치기도 했다. 근대 과학과 더불어 철학이 과학적으로 기울어진 것에 이의를 제기하면서 철학을 좀 더 시적(詩的)인 방향으로 이끌어 보려 했다. 1960~1970년대에 승계호가 펴낸 대표 저서로는 『시빌레의 연약한 잎사귀(*The fragile leaves of the Sibyl*)』(1962), 『칸트의 선험논리(*Kant's transcendental logic*)』(1969), 『문화주제론(*Cultural thematics*)』(1976)이 있다. 1970년대에 인접한 1982년에 그가 펴낸 저서들로는 『구조주의와 해석학(*Structuralism and hermeneutics*)』, 『해석학에서 기호학과 주제학(*Semiotics*

---

11 해외에서 생활하던 한국 학자들로는 예컨대, 김재권(심리철학, 코넬대 및 미시간대), 김진태(심리철학, 케이스웨스턴리저브대), 김하태(비교철학, 북오하이오대), 박이문(철학과 문학, 시몬스대), 승계호(문화철학, 텍사스대), 이광세(비교철학, 켄트주립대), 정화열(정치철학, 모라비언대), 조가경(현상학/실존철학, 뉴욕주립대) 등이 있다.

12 승계호는 평안북도 정주에서 태어나 서울고를 졸업한 뒤 연세대를 거쳐, 1954년 장학금을 받고 예일대로 유학을 떠나 법학과 철학을 공부했다. 1965년에 칸트에 관한 논문으로 철학박사학위 취득 후 1966년부터 포트햄대, 텍사스대 오스틴 등에서 학생들을 가르쳤는데, 주로 텍사스대 오스틴에 재직했다.

and thematics in hermeneutics)』이 있다.

이처럼 철학을 시적인 것과 관련지어 언급하는 사례가 철학자들 가운데는 종종 나타난다. 예컨대, 최명관(1963)의 「씸볼·씸볼리즘 – 의미의 세계」(『박종홍박사 환력기념논문집』), 신일철(1965)의 「화이트헤드의 미학」(『철학연구』(고려대) 4집), 이영춘의 「하이데거에 있어서의 존재와 시와 신」(『철학연구』 1집), 이영춘(1980)의 「하이데거의 시작(詩作)적 사고」, 안상진(1976)의 「하이데거의 예술론」(『철학논구』(서울대) 5집), 박정기(1979)의 「하이데거 예술론의 의의 – '예술작품의 근원'을 중심으로 – 」(『미학』 6집)에서 볼 수 있듯이 말이다. 특히 하이데거와 관련된 글들에서 자주 나타난다. 신일철은 그의 논문에서 시인적인 직관과 '미적인 직관'을 관련지으면서 화이트헤드의 미학에 관해 언급했고, 안상진의 경우는 하이데거가 예술의 본질을 시작(詩作)으로 파악했음을 지적했다.

6. 법철학

1950년에 형사법학자인 황산덕(黃山德, 1917~1989)은 『법철학』(조문사)을 출판해 법철학을 소개하는 데 기여했다. 그의 법사상은 서양의 법철학을 불교사상으로 소화해 법실증주의와 자연법론을 극복함으로써 법도구론을 정립하는 데 있었다. 그는 20여 년 뒤인 1971년에는 증보판으로 『법철학강의』(박영사)를 출판해 『법철학』을 보완했다. 그는 이 책에서 법철학자인 이항녕의 풍토적 법사상을 비판적으로 검토하기도 했다. 여기서 풍토적 법사상은 사회현상을 풍토적으로 고찰하는 풍토학설과 관련되어 있다.

이항녕(李恒寧, 1915~2008)의 경우는 1955년에 『법철학개론』(수도문화사)을 출판해 이 분야를 적극적으로 개척하는 데 힘썼다. 그는 1965년에는 개정판 『법철학개론』(고려대출판부)을, 1974년에는 재개정판을 박영사에서 각각 출판했다. 그는 책의 1편에선 법철학 방법론을, 2편에선 세계사의 법철학적 구조를, 3편에선 법철학의 현대적 과제를 각각 다뤘다.[13] 그는 책에서 법의 풍토적 유형성을 계절풍적 풍토유형, 대륙성적 풍토유형, 해양성적 풍토유형이라는 세 가지 유형으로 나누기도 했다. 세계사의 유형성은 보편적 법칙과 특수적 가치를 종합해 하나의 경향성을 지닌다고 하면서 말이다.

계절풍적 풍토유형에는 냉기가 계절에 따라 달라져 농경이 생활 기반인 중국·인도·한국·일본 등이, 대륙성적 풍토유형에는 건조성이 있어 유목이 생활 기반인 몽골·이란·아라비아·아프리카 대륙의 북부 등이, 해양성적 풍토유형에는 온화성(溫和性)이 있어 상역(商易)이 생활 기반인 그리스·로마·스페인·프랑스·독일·영국 등이 이에 속한다. 그는 이처럼 동양과 서양이란 이분법이 아닌, 동방·중방·서방으로 풍토적 다원화를 시도하면서 유형적으로 법을 살필 것을 주장했다. 이 가운데 계절풍적 풍토지대를 동방, 대륙성적 풍토지대를 중방, 해양성적 풍토지대를 서방이라 했다(67). 그러면서 법은 시간과 공간을 초월한 자연법과, 시간과 공간에 제약되는 실정법을 종합한 형태로 진화해야 한다고 보았다. 아울러 그는 다원적 문명의 조화를 통해 세계평화를 실현할 길을 모색했다.

이런 상황에서 최재희(1965)는 「헤겔 『법철학강요』 비판」을 박사학위논문(서울대)으로 제출했다. 이 논문은 1965년 그가 펴낸 책인 『헤겔의 철학사상』(정음사)에 수록되어 있는 논문이기도 하다. 그는 논문을 통해 헤겔 『법철학강요』의 3대 부문인 '추상적 법'·'도덕성'·'인륜적 생활'을 각각 비판하고, 헤겔이 주장하는 '이성적=현실적', '현실적=이성적'이라는 역사철학에서의 명제에 관해서도 여러 측면에서 다시 검토

13 1편 법철학 방법론은 1장 법철학의 의의, 2장 법학의 연구방법, 2장 법철학의 세계사적 방법, 4장 법철학의 풍토적 방법으로, 2편 세계사의 법철학적 구조는 1장 세계사의 구성, 2장 고대세계의 구조, 3장 중세세계의 구조, 4장 근대세계의 구조, 5장 현대세계의 구조로, 3편 법철학의 현대적 과제는 1장 법존재론, 2장 법가치론, 3장 법효력론으로 각각 이루어져 있다.

했다.

7. 불교철학(불학)

사회학자인 이상백(李相佰, 1903~1965)은 1947년 8월 「유불양교 교대의 기연에 대한 일연구」를 을유문화사에서 간행된 『조선문화사연구논고』(조선문화총서 2)에 실었다. 그는 이 글에서 삼국시대, 신라, 고려를 통해 여러 분야에서 큰 영향을 미치면서 이어져 오던 불교가 조선이 건국되면서 유교에 의해 대치되게 된 것에 관해 언급했다. 그러면서 조선 시대의 척불운동은 정치적인 압력에 따른 사상 배척이었을 뿐 민간신앙을 혼합한 불교적인 습속은 일상인들의 생활에서 여전히 지켜져 내려왔다고 했다. 왕실 궁정의 내부에서도 불사를 단절한 때는 없었음을 밝히면서, 조선의 척불운동은 송유(宋儒)를 답습·채용했을 뿐 이론적 근거는 지니지 못했다고 했다(학술원, 1976: 56).

1950~1960년대의 불교철학 관련 책 출판을 보면, 서경보(徐京保)가 1959년 11월 『불교철학개론』을 명문당(明文堂)에서 출판한 것을 들 수 있다. 그는 책 가운데 '불교의 인생관'에서는 생사문제와 미혹[迷]과 깨달음[悟]의 관계를 규명하고, 불교의 우주관을 시간과 공간적으로 살피며, 불교심리학적인 이론을 전개하고, 천태철학과 화엄철학의 진리를 밝히는 데 힘썼다. '선(禪)의 개관'에서는 불교의 해탈관을 밝히고, 왕생사상계율론(往生思想戒律論), 불도수행(佛道修行)의 요체(要諦) 등에 관해 살폈다. 이어서 불교의 사적·지역적 특색까지 논했으며, 불교의 세계 건립설에 관해서도 언급했다(학술원, 1976: 46).

조명기(趙明基)는 1962년 9월 『신라불교의 이념과 역사』(신태양사)를 펴냈는데, 그는 책에서 불교가 유입되면서 미술·공예·천문·역수(歷數)·음악·의약 등에 공헌한 점이 많음을 지적했다. 아울러 한국사상 형성에 기여했음을 원효의 화쟁사상, 의상의 화엄사상, 원측(圓測)의 유식(唯識)사상, 대현(大賢)의 법상(法相), 경흥(憬興)의 불교사상 등을 들어 언급했다. 이어서 원효의 십문화쟁(十門和諍)을 들어 현대불교도 화쟁으로써 총화불교로 나아가야 한다고 했다(학술원, 1976: 58).

70년대에 접어들어 김동화(1973)는 『유식철학(唯識哲學)』을 보련각(寶蓮閣)에서 출판했다. 대승불교의 심식철학은 유식(唯識)이며, 유식철학은 자아철학인데, 자아의 핵심은 심식(心識)이다. 그는 책의 서론에서 인도 유식사상의 흥기와 발달, 유식사상의 중국 전래, 법상종의 성립, 중국 주재 신라계의 유식학파, 유식사상의 일본 전래 등과 소의경전(所依經典), 법상종의 교판론(敎判論) 등을 언급했다. 본론 편에서는 (1) 제법(諸法)의 분류론, (2) 유식연기론(唯識緣起論), (3) 유정(有情)의 생사유전론(生死流轉論), (4) 실천수행론 등으로 나눠 유식철학의 발달과 분류 사상을 상세하게 체계화했다. 그러면서 유식철학의 견지에서 보면 객관의 모든 존재는 주관적인 일심(구체적으로는 팔식)에서 바뀌어 달라진다[轉變]는 것을 구체적으로 서술했다. 이어서 그는 같은 해 11월에는 『원시불교사상』(보련각 불교사상대전 2)을, 1974년 2월에는 『대승불교사상』(보련각 불교사상대전 3)을 각각 펴냈다.

한편 불교철학이나 사상과 관련된 논문들을 살펴보면, 김동화(金東華)는 1956년 4월 「연기설(緣起說)에 대한 관견(管見)」을 『서울대 논문집』 1집에 게재했다. 여기서 연기란 사전적인 정의로 보면 인연생기(因緣生起)의 줄임말로, 우주 만유가 서로 인연이 되어 생긴다는 불교에서 사용하는 개념이다. 김동화는 연기설에 관한 근대의 여러 종류의 견해와 십이인연설을 해석함에 있어, 심리적 견해·전통적 견해·논리적 견해로 구분해 다뤘다. 아울러 연기설에서 연기의 정의를 전거(典據)에 의해 밝히고, 연기설 외에 원시경전상에 나타난 사제(四諦)·팔정도(八正道)·삼법인(三法印)·중도설(中道說) 등 여러 종류의 교리와 연기설의 관련성도 언급했다. 이어서 대승불교 교리와 연기설과의 연관성을 밝혀, 불타가 성도 시(成道時)에 깨달아 얻은 연기의 원리가 불타철학 사상의 본바탕인 동시에 대승불교의 중심사상이라 하기도 했다(학술원, 1976: 46).

불교사상을 내용으로 한 학위논문을 제출하는 경우들도 나타났다. 1958년 9월 한기두(韓己斗)는 「원시불교의 기본사상연구 – 특히 불타 사고방식의 전환을 중심으로 –」로 고려대에서 석사학위를, 1960년 3월에는 송천은(宋天恩)이 「불타의 중도사상연구」로 같은 대학에서 석사학위를 각각 취득했다.

1960년대 중반의 경우를 보면, 김동화(1964)는 『삼국시대 불교사상』(고려대 아세아문제연구소)에서 삼국통일 이전과 이후로 나누어 불교사상이 어떠했는지를 살폈다. 1960년대 후반에는 안진오(安晋吾)(1968)가 「역사적으로 본 한국불교」(『전남대 논문집』 14집)를 통해, 불교전래 이후 1,600여 년 간에 걸친 한국불교의 역사를 전반적으로 다뤘다.

1973년 9월의 경우는 김동화·목정배(睦楨培)·고익진(高翊晋)·김영태(金煐泰)가 함께 연구한 논문인 「불교사상이 신라의 삼국통일에 미친 영향」이 『동국대 논문집』 12집에 게재되었다. 신라가 통일대업을 성취할 수 있었던 원동력은 현실이익의 불국토사상·미륵사상 등에 기초한 불교사상이념과 국민정신의 총화 때문이었다고 했다. 이를 위해 먼저 그 당시 불교 일반적인 호국사상과 호국의 원리 및 그 실제를 구명한 뒤, 승려들이 국가사상과 삼국통일에 직접 또는 간접으로 기여한 것들, 국왕이나 장상(將相)들의 불교 관련 일들을 살펴보면서 이런 일들이 통일 완수로 어떻게 이어졌는지를 다뤘다.

이 무렵, 최민홍(崔旼洪)(1972)은 「원효의 불교철학연구」(『한국철학연구』 2집)에서 원효의 불교철학을 다른 나라의 불교와는 다른 독자적인 것으로 보면서, 종래의 종교사상에서 벗어나려는 원효의 불교철학을 밝히는 데 힘썼다. 이어서 그 뒷받침을 이루는 것으로 '마음의 사상', 심학(心學)을 들어 존재의 문제·인식의 문제·가치의 문제로 나누어 살폈다(학술원, 1976: 63).

같은 해 9월 박종홍은 『한국사상사 〈불교사상편〉』을 서문당의 서문문고 11권으로 출판했다. 그는 이 책에서 (1) 고구려 승랑(僧朗)의 인식방법론과 본체론, (2) 원측의 유식철학, (3) 원효의 철학사상, (4) 신라

말·고려 초의 정신적 추세, (5) 의천의 교관병수와 주체적인 전통, (6) 지눌의 사상 등을 언급했다.

이런 연구 분위기에서 불교사상가들에 관한 연구들도 나타났다. 고구려 승랑의 불교사상에 관한 연구를 보면, 유병덕(柳炳德)(1975)은 「승랑과 삼론사상」을 집중적으로 다뤄 『한국불교사상사』(원광대출판부)에 실었다. 그는 이 글에서 승랑이 전개한 세제(世諦)와 진제(眞諦)를 합명하는 방법인 이제합명중도(二諦合明中道)의 논리는 제1방언 부정성, 제2방언 조명성, 제3방언 개현성(開顯性)을 그 특징으로 한다고 했다. 이어서 승랑의 경우, 삼론의 이제설과 체·용의 관점, 비연비관(非緣非觀)의 중도관으로 불법에 뛰어난 논리학자인 동시에 실천수행자라고 했다(학술원, 1976: 70).

김하우(金夏雨)(1980)는 『철학연구』(고려대) 6집에 게재한 「중관(中觀)의 전오방식(轉悟方式)에 있어서 불가득의(不可得義)」에서 승랑이 중국의 중관학파, 곧 삼론종의 개조임을 언급한 뒤, 중관논서(中觀論書)에 나오는 부득(不得) 또는 불가득(不可得)이란 개념의 뜻을 설명했다. 그는 부득이나 불가득이 애매하면서도 숨겨진 뜻이 있음을 언급하면서, 그 뜻을 파악하고자 '양공(兩空)의 불가득의', '팔불(八不)의 불가득의', '언설(言說)과 성묵(聖黙)의 불가득의'로 나누어 접근했다.[14]

해방 후에서 1980년까지 시기에 있었던 삼국시대 불교사상이나 철학에 관한 연구 경향을 보면 신라의 원효와 관련된 것이 특히 많다. 원효에 관한 연구를 보면, 예컨대 1967년 이기영(李箕永)은 홍법원(弘法院)에서 『원효사상 I』이라는 단행본을 펴냈다. 그는 책에서 원효의 『대승기신론소(大乘起信論疏)』를 통해 원효의 세계관과 인생관의 근본 토대에

14 양공(兩空)의 불가득의는 '자성공(自性空)의 불가득의'와 '희론공(戲論空)의 불가득의'를, 팔불(八不)의 불가득의에서 팔불은 불멸·불생(不生)·부단(不斷)·불상(不常)·불상(不常)·불일(不一)·불이(不異)·불래(不來)·불거(不去)를 가리킨다. 팔불은 서로 대립하는 여덟 가지 그릇된 개념인데, 팔불의 불가득의는 이를 연기법으로 타파해 분별과 집착이 소멸된 공(空)의 지혜를 터득하자는 것과 연관되어 있다.

관해 언급했다(II부 11장 '대승기신론' 참조). 같은 해 이기영은 「원효의 보살계관(菩薩戒觀)」(『동대논문집』 3/4합집)에서 원효가 보살계본(菩薩戒本) 가운데 특히 원본으로 삼은 것은 달마계본(達摩戒本)이라면서, 원효는 겉으로 나타나는 행위보다도 마음가짐을 중요시했음을 지적했다. 이어서 원효는 계율을 해와 달과 땅에 비유하면서, 삼취정계(三聚淨戒)에 관해 언급했다. 섭중생계(攝衆生戒)가 있을지라도 섭률의계(攝律儀戒)와 섭선법계(攝善法戒)가 없으면, 오직 이타행(利他行)만 있고 자리행(自利行)이 없게 되어, 보리(菩提)의 싹을 돋아나게 할 수 없다고 했다. 그러면서 원효는 자리행과 이타행이 결코 분리되지 않는 그런 육바라밀(六波羅密)—보시(布施)·지계(持戒)·인욕(忍辱)·정진(精進)·선정(禪定)·반야바라밀(般若波羅蜜)—의 정신을 천명하되, 원시불교의 모든 교훈을 근본정신으로 종합하면서 이해하는 자세를 취했다는 것이다(학술원, 1976: 61).

이영무(李英茂)(1969)는 「원효의 인물과 사상」(『학술지』(건국대학술원) 10집)에서, 원효의 통(通)불교사상은 교단(教團)으로 보아서는 화쟁(和諍)[15]으로, 불교의 근본사상으로 귀일하려는 운동이었고, 국가로 보아서는 삼국통일의 대업을 수행함에 즈음하여, 국민에게 정신계발과 문화창성으로서 대아적(大我的)인 큰 이상을 북돋아 주었음을 지적했다. 아울러 이를 밝히기 위해, 원효 이전의 신라의 문화와 사상, 원효의 수학(修學)과 오도(悟道), 원효의 저술과 통불교사상, 원효의 제세행업(濟世行業) 등에 관해 언급했다(학술원, 1976: 62).

한편, 서경수(徐景洙)(1980)는 『한국사상과 윤리』(한국정신문화연구원)에

15 화쟁은 원효의 사상을 집약한 중심개념으로 '和百家之異諍 合二門之同歸'라는 글귀에서 유래한다. 원효는 대승(大乘)의 종지(宗旨)인 원융화쟁(圓融和諍)의 새로운 길을 제시했다. 불교의 여러 견해 밑에 흐르는 진리를 선종과 교종이라는 이문(二門)으로, 그리고 다시 선교를 일원화해서 근본에 귀일하게 했다. 원효는 여러 가지 이설(異說)들을 10편의 글로 모아 정리하고 이에 대한 답변으로 『십문화쟁론(十門和諍論)』을 저술했다. 그후 화쟁은 우리나라 불교의 특징을 이루는 사상이 되어 고려 시대, 조선 시대로 이어졌다.

실린 「불교문화가 한국인의 윤리관에 미친 영향」이란 글에서 불교가 세련된 윤리의식을 고취한 것을 들어 한국문화에 미친 영향을 높이 평가하면서도, 다른 한편으로는 호국불교의 경우 그 부정적인 면도 있음을 지적했다. 특정 왕족 때문에 불교 본연의 자세가 변용된 점을 비판하고 나선 것이다. 불법과 왕법을 동일시하면서 왕권의 현세에서의 안정을 위한 호왕불교(護王佛敎)나 호국불교는 불교 본연의 자세가 아님을 지적했다.

이종익(李鍾益)(1972)은 「보조국사의 선교관(禪敎觀)」(『불교학보』(동국대) 9호)에서 고려 시대 보조국사(普照國師) 지눌(知訥, 1158~1210)은 선(禪)과 교(敎)의 대립에 이의를 제기하고, 불(佛)의 마음[心]과 입[口]이 이원(二元)이 아니라는 '선교일원(禪敎一元)의 원리에 근거해 삼학일심(三學一心, 불교에서 깨우침을 이루기 위해 수행하는 3가지 방법인 계/계율, 정/선정, 혜/지혜를 일컫는데 이들은 모두 하나의 마음에서 일어남)·정혜쌍수(定慧雙修)의 성적등지문(惺寂等持門, 선을 공부할 때는 마음이 성성하고 적적해야 함)을 설정했음을 중요시했다. 그러면서 일념미오(一念迷悟)·생불이명(生佛異名)의 원리에서 선과 교가 근원에 있어 다르지 않음을 주장하기 위해 『원돈성불문(圓頓成佛門)』이란 책[16]을 썼다. 이종익은 이런 지눌의 선교일원관에 근거한 지도 이념이 그 후 한국불교의 주류를 형성했음도 지적했다.

조선 시대와 관련된 글들을 보면, 송천은(宋天恩)과 서윤길(徐閏吉)은 1975년에 『한국불교사상사』(원광대출판부)에 「휴정(休靜)의 사상」과 「보우(普雨)대사의 사상」을 각각 게재했다. 전자는 서산(西山)의 선교관을 중심으로 그의 사상체계에 관해 언급했다. 서산대사는 선은 불심(佛心)이요, 교는 불어(佛語)로서 양문(兩門)은 한 근원에 통일되며, 선은 견성법(見性法, 모든 망혹을 버리고 자기 본연의 천성을 깨달음)을 전하고, 교는 일

---

16 원돈(圓頓)은 성불(成佛)의 도리를 해설한 성불론에서 사용되는 개념으로, 원(圓)은, 곧 돈(頓)이라는 『화엄경』의 교리에 의거한다. 지눌은 화엄의 대의(大義)를 밝히면서 선종에 대한 교종의 오해를 해명하기 위해 『원돈성불문』을 서술했고, 그의 제자인 혜심(慧諶)이 지눌 사망 후인 1215년에 간행했다.

심법(一心法)을 전한다는 등 서산의 선교회통론(禪敎會通論)에 관해 언급했다. 한편, 서윤길은 보우가 선교를 원리적인 근본 불지(佛旨)에 근거하여 '선교일체'의 설을 설파했음을 언급하면서, 보우는 선교일체에 유교의 근본사상 가운데 하나인 이기설을 융섭(融攝)시켜 불유사상의 일원(一源)적 논리를 전개했음을 들어 그의 독특한 면을 지적했다.

이처럼 1945년 이후 1980년까지 발표된 글들 가운데 상당수는 원효대사(서당/신당)·보조국사(지눌)·서산대사(휴정)·보우대사(허응당/나암)와 관련되어 있다. 이들의 견해는 불교사상에서 나타나는 여러 가지 견해를 하나로 통일시켜 융합하려는 특징이 있다. 이런 점은 지금도 우리나라 각 분야에서 찾아볼 수 있는 대립이나 문제점 들을 앞으로 풀어나가는 데 시사하는 바가 크다.

8. 비교철학

비교철학은 비교하는 관점에 따라 다양하게 서술되게 마련이다. 지역, 역사, 연구대상 등에 따라서 말이다. 더욱이, 비교하려는 것들에 관한 전반적 연구가 선행되어야 하기에 어려움도 있고, 어느 한쪽에만 초점을 맞추어 연구하는 것에 비해 집중력이 분산된다는 소극적인 측면도 있다. 하지만 그런 어려운 측면이 있음에도, 학문의 발전을 위해 그리고 관련된 연구가 한 단계 더 나아가기 위해서는 요청되는 분야이다.

비교철학분야에서는 먼저 거시적·포괄적으로 비교하는 경우를 들어 살펴보기로 한다. 김용배는 시간과 공간이라는 관점에서 비교를 시도하여, 1956년 『사상계』 4권 2호(통권 31호)에 게재한 「동양적 인생관과 서양적 인생관」에서 노자와 장자의 도가사상에서 동양사상의 지혜를 찾으려 했다. 노자가 말하는 세계본체론으로서의 음기·양기·충기(沖氣)의 개념을 현대 물리학의 원자구조인 전자·양자·중간자와, 노장의 상대적 자연관을 아인슈타인의 상대성이론과 각각 관련짓는 한편,

무위자연주의(無爲自然主義) 내지 부쟁겸양론(不爭謙讓論)에 의해 다윈의 생존경쟁설이나 니체의 권력의지의 비극적 결과를 치유할 수 있는 것으로 봤다. 이어서 허정주의(虛靜主義) 철학은 실존철학의 불안 개념을 극복하는 길이며, 생사일여관(生死一如觀)은 죽음에 관한 실존철학의 과도한 반응을 넘어설 수 있는 길임을 주장했다(학술원, 1976: 73).

이듬해에 조가경(1957)은 「고대중국의 자연고(考) - 정신과 자연의 일치의 양상을 희랍적 세계와 비교하여 논함 - 」(『철학』 2집)을 통해, 서양에서는 자연(Natur)에 대치되는 것이 문화(Kultur)임을 언급하면서, 서양의 인격 개념은 자연적인 것에 비해 우위를 전제하고 있다고 했다. 반면에 중국철학은 자연적으로 정초된 도덕철학이라 했다. 자연은 도덕을 그의 존립에 있어 기초 짓는 동시에 자연계의 질서를 확립시켜주는 것이므로, 인간계의 것과 자연계의 것, 윤리적인 것과 물리적인 것, 더 극단적으로 파악하면 정신과 자연은 모두 동일 분모로 공약되어 있다(18). 중국적인 세계는 천지와 분리할 수 없는 것이어서, 서양의 인격 개념이 자연적인 것에 대한 우위를 전제함에 비해, 중국의 유아독존은 대인간적 존대(尊大)인 표면(表面)과 자연융합적인 이면(裏面)[17]을 엿보게 한다(19).

박종홍(1958)의 경우는 「실존철학과 동양사상 - 특히 유학사상과의 비교 - 」(『사상계』 6권 8호, 통권 61호)을 통해, 실존철학이 그 핵심적인 면에서 유학사상과 서로 통함을 지적했다. 실존철학이 성실성을 강조하듯, 공자의 '주충신(主忠信)'에서 충(忠)의 개념이나 중용의 성(誠) 개념에서도 성실성이 강조됨을 그 예로 들었다. 또한 실존철학은 인간 사이의 교섭 내지 연대의식을 중요시하는데, 이러한 인간의 사회성은 인(仁)이나 유교 전반에 흐르는 특성에서도 드러난다는 점이다. 나아가

17 중국철학자나 사상가들이 자연세계와 인간의 윤리나 도덕세계를 연결시키려는 것은 중국인들이 상당히 현실적이고 인간중심적이어서 그에 따른 문제점들을 파악하고 그것을 극복해 보려는 데서 움튼 것이다. 어려움이나 문제점이 있는 곳에 그것을 극복하려는 철학이나 사상이 나타남을 보여 준다.

실존철학이나 유교사상이 모두 인도주의를 그 기초로 한다는 점에서 동서의 두 사상이 시공을 넘어서 공통성을 지닌다고 보았다.

같은 해 주재용(朱在用)은 『선유(先儒)의 천주사상과 제사문제』(경향잡지사)라는 책에서 유교의 상제 관념과 가톨릭의 천주 관념을 비교하면서, 유교 제사의식의 종교성을 기독교 신앙과 관련지었다. 그는 고대 중국인들이 일신교(一神敎)를 주로 신봉하면서 천(天)이 지닌 여러 주재적(主宰的)인 특성에 관심이 깊었음을 유교의 경전을 통해 밝혔다. 또한 천자의 제사장(祭司長)으로서의 기능과 고대 중국인들의 신앙과 관련된 사상을 해명하면서 가톨릭의 견해와 비교했다. 그러던 것이 도교, 불교 전래 이후 변모되기 시작했으며, 유교의 경우는 주자학에 이르러 유교의 그런 신앙이 파괴되었다고 했다(학술원, 1976: 74).

박종홍은 1964년 7월 「지중해로 흐르는 황하 – 동양사상이 서구에 미친 영향 – 」(『세대』 통권 14호)이란 글에서 서양사상 속에 받아들여진 동양사상을 역사를 통해 밝혔다. 고대희랍철학이 이오니아의 식민지가 있는 소아시아 지역에서 발생한 자연철학의 영향 속에서 싹이 텄다거나, 신플라톤학파 플로티노스(Plotinos)의 견해가 인도사상과 서로 통한다거나, 명청대(明清代)에도 중국사상이 서양에 전파되어 라이프니츠는 자신이 창안한 보편수학의 체계가 주역의 체계와 일치함을 인정했다는 사실을 들면서 말이다.

현대의 경우는 쇼펜하우어가 불교사상에 깊이 빠진 흔적[18]에서, 야스퍼스가 불타와 용수(龍樹)의 사상에서 변증법의 높은 경지를 이해했다거나 공자의 이성적 정신이 지니는 의의를 높이 평가했던 것에서, 야스퍼스나 하이데거가 노자의 도(道) 개념 속에 있는 존재의 의미를 통해 그들의 겪는 난제를 풀어보려 했던 것을 지적했다. 토인비(A.

18 그는 세계의 본질은 비합리적인 의지라고 보면서, '생에의 맹목적인 의지'라는 끝없는 욕구는 고(苦)로 이어지므로, 이 의지 자체를 부정하기 위해서는 중세의 수도승이나 인도의 고행승(苦行僧)처럼 금욕을 철저하게 실천해야 한다고 했다.

J. Toynbee, 1889~1975)에 있어 역사철학이론과 음양론의 관계 등도 그렇다. 이처럼 박종홍은 동양사상이 과거에도 현재에도 서양사상에 영향을 주고 있다고 했다. 박종홍의 이런 글들은 동양사상이 서양사상에 영향을 준 경우들을 알려줄 뿐만 아니라 철학이나 사상은 인류가 공유하려는 보편성 추구에 그 초점이 있음을 시사하기도 한다.

홍순우(洪淳禹)(1967)는 「중국의 천(天)사상과 기독교의 신관(神觀)과의 비교」(『계명철학』 2집)에서 천(天)과 신(神)의 개념을 유사성과 특이성을 들어 대조했다. 그 가운데서도 특히 중국의 『시경』과 『서경』에 있는 천제(天帝) 관념을 들어 일신론적인 천제가 도덕의 원천이며 상벌의 주재자일 뿐만 아니라, 전지(全知)·전능(全能)·편재성(遍在性)에 있어 기독교 『구약전서』에 서술되어 있는 신(神, God) 관념과 공통성이 있음을 지적했다. 이어서 천제를 대신한 천자(天子)의 구민권(救民權, 백성들을 구제하는 힘) 행위에 관한 중국의 정치사상과, 성자로서의 예수의 왕권에 관한 의식 사이에서 찾아볼 수 있는 유사성에 관해 언급했다. 또한 세속질서를 위해 천제를 계승하는 천자를 내세우는 중국적인 특성과, 역사에서의 시간을 초월하는 예수의 영원성에 무게의 중심을 두는 기독교 특성을 비교하였다. 아울러 송대의 성리학은 무신론적인 견지에서 중국 고대의 천제관에 소극적이었음을, 생철학자인 니체가 신의 죽음을 말한 것에 유비(類比)하면서 서술하기도 했다(학술원, 1976: 76-77).

한편, 윤성범(尹聖範)(1972)은 「기독교윤리에서 본 유교윤리의 특이성」을 『유교학논총』(민태식박사 고희기념회)에 게재했다. 이 논문은 칼 바르트(Karl Barth, 1886~1968) 사상인 '윤리는 복음의 형태'라는 것과 유교의 윤리정신을 비교한 것인데, 유교윤리는 주로 『율곡전서』를 그 자료로 택했다. 그는 유교윤리는 단순한 윤리강령이 아니고 상황윤리라고 하면서, 유교에서 말하는 '성(誠)'의 경지를 대화의 근거로서, 화해와 평화의 근거로서, 복락(福樂)의 근거로서, 안식의 근거로서 파악했다. 그러면서 결론에서 유교의 윤리는 분석적이 아닌 종합적인 윤리로 인의(仁義)의 조화, 체용(體用)의 합일을 추구하는 '은혜와 평강'의 경지가 그 바탕에 깔린 '성(誠)의 윤리' 곧, '하느님 말씀의 윤리'라 했다(학술원, 1976: 81).

정태혁(鄭泰爀)(1973)은 『불교와 기독교』(보련각 불교사상대전 6)를 펴냈다. 그는 이 책에서 불교와 기독교는 동과 서의 정신사를 대표하며, 인간의 참된 모습을 나타낸다고 했다. 이어서 이 두 종교의 비교를 통해 찾을 수 있는 같은 점과 다른 점은 인간의 본질적인 면과 개성적인 면의 표현으로 이는 당연히 있을 수 있는 일이며 인간 자체를 아는 길이 된다고도 했다. 그러면서 '인간은 무엇을 믿으며 어떻게 할 것인가'라는 물음에 따라 1편 인간관(인간), 2편 인생론(왜), 3편 신앙론(무엇을), 4편 종교생활론(어떻게)으로 분류하여, 두 종교가 지닌 유사점과 차이점에 관해 각각 살폈다.

이제까지 언급한 글들이 포괄적이고 거시적인 담론인데 비해 구체적이고 미시적인 것을 들어 살핀 논문들도 있어 관심을 끈다. 예컨대, 김용정은 1969년 11월 「라이프니츠의 보편기호법사상과 역의 논리」를 『철학』 3집에 발표했다. 라이프니츠는 보편학(mathesis universalis)에 관심을 지녔는데, 보편학의 이념은 민족·종교·개별 사상을 초월한 세계의 학을 추구하는 일이었다. 그는 보편기호법(characteristica universalis)이 그가 말하는 보편학의 이념을 발견하는 기초 작업이 됨을 언급하고, 그의 보편기호법사상과 역(易)의 음양사상의 관계에 관해 문헌연구를 통해 비교했다. 이처럼 라이프니츠가 역에 관해 관심을 가진 것[19]은 그가 탐구하는 세계의 학을 수립하려는 보편학에 관한 애지활동에서였다.

라이프니츠가 사용한 기호와 역의 기호를 비교해 보면 기초 원리는

19 라이프니츠가 역(易)에 관해 관심을 지니게 된 계기는, 1698년에서 1703년경에 걸쳐 그 당시 중국에 파송되어 있던 부베(Joachim Bouvet), 그리말디(F. M. Grimaldi) 등 선교사들이 그에게 보낸 서신 속에서 역의 육십사괘(卦)를 발견하면서였다. 라이프니츠는 역을 발견하기 이전인 1679년에 육십사괘와 똑같은 이진법 산술표를 발견했는데, 그는 역이 이미 4,000년 전에 이루어져 있었다는 것을 알고, 그가 구상하던 기호언어, 곧 인류언어가 그토록 먼 옛날에 중국에서 발명되었다는 것에 놀랐다(김용정, 1969: 82).

같다. 전자의 기호는 0과 1로써 표시되고, 후자의 기호는 음(--)과 양(-)으로 표현된 것[20]이 다를 뿐이다. 라이프니츠는 이진법 산술을 발견했기 때문에 이런 역의 논리를 쉽게 해득할 수 있었다. 아울러 그는 이진법 산술을 『구약성경』의 「창세기」에 나오는 신의 우주창조설과 결부해 1을 하늘[천, 天]로, 0을 땅[지, 地]으로 보려 했는데, 이것은 역에 있어서도 순양(純陽)으로 된 건괘(乾卦)를 천(天)으로 보고, 순음(純陰)으로 된 곤괘(坤卦)를 지(地)로 보는 것과 같다. 또한 우주를 완성한 제7일이라는 수는 음양오행(화수목금토)에서의 '5수2실(五殊二實)'의 7이라는 수와 일치함을 지적했다(101).

이선숙(李善琡)(1971)의 경우는 「야스퍼스에 있어서의 공자의 근본지」를 『철학사상』(동국대) 2집에 게재했다. 야스퍼스가 공자의 사상을 해석하는 과정에서, 그 핵심으로 근본지(根本知)의 개념을 강조한 것에 그 초점을 맞췄다. 논문에 따르면, 공자가 "아는 것을 안다고 하고 모르는 것을 모른다고 하는 것, 이것이 아는 것이다[知之爲知之, 不知爲不知 是知也]"라고 지(知)를 구명한 것은 부지(不知)의 공간이 열리는 한계의식에 도달된 근본지에서다. 공자가 한계의식에서 천명을 자각하는 것은 근본지를 통해 드러난다. 공자는 지천명(知天命)을 통해, 그리고 생의 체험에서 실천을 통해 그런 세계가 열려 있음을 일깨웠다는 것이다.

김형효(1972)는 「율곡과 메를로퐁티와의 비교연구」를 『유교학논총』(민태식박사고희기념회)에 게재했다. 그는 율곡사상의 특징을 이기불상리(理氣不相離)의 사상과 이무위기무위(理無爲氣無爲)의 우주관을 포괄한 기발이승지설(氣發理乘之說)이라 요약하고, 이것을 메를로퐁티(Maurice Merleau-Ponty, 1908~1961)의 살(la chair) 개념(태극이나 로고스는 자신의 육체로서 음양의 율동과 감각적 현상을 필요로 하는데 이것을 살이라 함) 및 지각의 현

20 역에서는 선(線,-)을 양효(陽爻), 파선(破線, --)을 음효라 하면서, 세 개의 순양효만으로 된 것(☰)을 건(乾), 세 개의 순음효로 된 것(☷)을 곤(坤)이라 한다. 건을 아버지[父], 곤을 어머니[母]로 놓고 양효와 음효의 배열을 통해 팔괘를, 팔괘에서 이진법적인 음양의 교환조합에 따라 다시 육십사괘를 이끌어 낸다.

상학과 비슷하다고 했다. 이어서 율곡의 이통기국설(理通氣局說)은 문화를 겨냥하는 구체적 휴머니즘과 연관되고, 그의 심리학은 형태심리학적 이론과 연관된다고도 했다. 하지만 율곡철학은 궁극적으로 종교적 차원으로 심화되는 데 반해, 퐁티의 구체 철학은 어디까지나 현상학에 머문다고 했다(학술원, 1976: 32).

탐구 대상에 관한 관점의 차이에 기초한 비교도 찾아볼 수 있다. 원승재(元勝載)는 1958년 성균관대학교 대학원에 「성선설과 성악설」이란 논문을 제출해 석사학위를 취득했다. 맹자 사상의 기초가 되는 경천사상에 관해 언급하면서, 성(性)이 선하다고 보는 소종래(所從來)와 선의 개념을 밝힌 다음, 성의 내용으로 인의예지에 관해 살피면서 지선(至善)한 천성을 확충할 것을 주장했다. 한편, 순자가 말한 천은 물리적인 천으로, 인성에는 성선의 요소도 있다고 했다. 그러면서 그가 성악설을 주장한 것은 주로 맹자의 성선설에 대항하고자 한 것이 그 목적인 것 같다고 했다. 인성 자체는 선악 이전의 문제로 선악의 표준은 시간·공간·주체에 따라 다르므로, 알고 있는 선을 행하는 정성이 필요하다면서 그의 논문을 마무리 지었다.

안병주(安炳周)(1961)는 『동양철학』(성균관대) 창간호에 게재한 「자연철학과 처생철학」에서 중국의 선진유학과 선진제자학(특히 도가철학)을 비교했다. 그는 두 사상이 발생한 역사와 사회적인 배경을 검토하면서, 자연철학적인 요소와 처생(處生)철학적인 요소를 대비하였다. 그러면서 흔히 도가철학은 유가철학과 대비되는 것으로 여기는 데 대해, 겉과 속, 곧 표(表)와 리(裏)의 상호보완관계도 지니고 있어, 대립관계에 있는 것만은 아니라 했다.

이동준(李東俊)(1971)의 경우는 『철학』 5집에 「화담과 율곡철학의 이동(異同)에 관한 고찰 - 기론을 중심으로 -」를 발표했다. 그는 논문에서 율곡이 인실성(人實性)과 실재성을 깊이 통찰한 점과 화당이 진리의 관념화를 거부한 것에 관해서는 긍정적으로 여겼지만, 구극자(究極者)를 태허지기(太虛之氣)로 보는 화담과 태극지리(太極之理)로 보는 율곡은 근본적으로 차이가 있다고 했다. 율곡의 경우, 화담이 기 자체(氣自體)를 구극적·보편적 존재로 파악하고, 유기론적 견해를 나타낸 것에 대해서는 이통기국(理通氣局)을 모르는 소치라 하면서 이의를 제기했기 때문이다.

이런 학문적인 분위기에서 채무송(蔡茂松)은 1972년 「퇴율성리학의 비교연구」를 박사학위논문(성균관대)으로 제출했다. 그는 논문에서 퇴계는 주자의 태극이기사상을 이어받으며 이(理)를 만물의 주재자로서 파악해, 이기가 서로 섞이지 않게 이기를 둘로 나누었음을 지적했다. 퇴계에 있어서는 인성이 천리이므로, 진성(盡性)이 곧 진천리(盡天理)다. 사단은 이발(理發)로서 순선(純善)한 것이고, 칠정은 기를 겸하므로 선도 있고 악도 있다[有善有惡]. 퇴계의 인성론은 경을 중하게 여기면서 이(理)의 인도[導理]를 강조하는 데 있었다.

반면에 율곡은 이와 기를 동등하게 보았다. 그래서 기발이승(氣發理乘)·이통기국(理通氣局)이란 두 단어로 표현했다. 사칠론(四七論)에서는 사단을 칠정 안에서 파악해 맹자의 설을 따르는데, 이런 점은 주자나 퇴계와도 다르다. 퇴계는 이도이발(理導理發)을, 율곡은 천도와 인도의 관통을 강조했다. 이론 전개방법을 보면 퇴계는 경(敬)을 주된 것으로 하면서 낮고 쉬운 것을 배워 깊고 어려운 이치를 깨닫게 하는[下學上達] 방법을, 율곡은 성(誠)을 주된 것으로 하면서 기질을 변화시키는 방법을 쓰는 것에 각각 기울어져 있다. 퇴계는 도덕윤리적 사상체계로서 인성의 위대함을 알리려 했고, 율곡은 이통기국으로 주자보다도 앞서 나가면서 새로운 이기론을 전개하려 했다(학술원, 1976: 33).

비교연구가 방법론에서 제기되어 언급된 것으로는 윤명로와 조요한의 경우에서 찾아볼 수 있다. 윤명로(1973)가 「현상학적 방법과 해석학적 방법의 비교연구」(『성곡논총』 4집)를, 조요한(1974)이 「변증법에 대한 플라톤과 아리스토텔레스의 견해 차이」(『숭전대 논문집』 5집; 『최재희박사 환력기념논문집』, 1975)를 각각 발표한 것이 그것이다(그 내용에 관해서는 II부 7장 '방법론' 참조). 1964년 『교육학연구』(한국교육학회) 2호에 게재된 이돈희의 「플라톤 교육철학과 듀이 교육철학의 비교연구」나, 1978년 『교육사교육철학』(한국교육학회 교육사교육철학연구회) 2호에 게재된 안건훈의 「공자의 교육철학과 듀이 교육철학의 비교」도 비교철학에 속한다(II부 10장 '교육철학' 참조).

소흥렬(蘇興烈)(1976)은 「물리적 일원론과 노자의 도」(『한국문화연구원 논총』 28집)에서, 물리적 일원론은 도가사상의 영향을 받지 않았지만 그 경향을 보면 비슷하다고 했다. 도가에서 직관으로 얻은 것을 시적으로 표현한 것도, 물리적 일원론에서는 과학 언어로 나타낼 수 있는 가능성을 보이게 한다면서, 이것이 가능하면 이는 도가사상의 이해를 위한 새로운 길이 되면서 동시에 도가사상의 현대적인 전개의 문을 열어 줄 것이라 했다. 이어서 이런 일이 가능할 때 동서사상의 종합과 지양도 이야기할 수 있을 것이라 전망했다(학술원, 1987: 116).

배종호(1978)는 「조선조 후기 유리론과 유기론의 출현과 그 철학적 비교」(한국철학회 편, 『한국철학연구(하)』)에서 중국 송대의 철학이 한국에 들어와 이퇴계와 이율곡을 필두로 각각 주리파와 주기파로 나뉘어 담론을 펼치다가 그 뒤 보편과 개체의 문제로 더욱 불거졌다고 했다. 18세기에 이르러서는 임록문(任鹿門)이 유기론(唯氣論)으로, 기노사(奇盧沙)가 유리론(唯理論)으로 발전시켜 대비되기도 했지만, 배종호는 이런 견해들에서도 일맥상통하는 점을 찾아 결국에는 합일된다는 견해를 나타냈다.

김항배(金恒培)(1980)는 「노자의 도에 관한 연구」를 『철학』 14집에 게재했다. 그는 논문에서 노자의 천도관의 특징, 형이상학적 근본관념으로서의 도, 도의 양면성과 통일성, 도의 작용, 노자의 도와 스피노자의 '신즉자연(神即自然)'과의 유사성과 그 논리적 문제, 도 또는 '신즉자연'에 대한 비판과 도의 철학적 의의를 다뤘다. 특히 그의 경우, 노자의 도와 스피노자의 '신즉자연'을 비교하면서 논의했다는 데 그 특징이 있다. 그에 따르면 노자의 도와 스피노자의 '신즉자연'은 형이상학적으로는 일원론에 속한다. 노자의 도는 '형상적인 것(유 또는 유명)'과 '무형상적인 원리(무 또는 무명)'는 상호 모순·대립되지 않는다는 것이고, 스피노자의 '신즉자연'은 '신과 세계 또는 실체'와 '현상적 사물' 사이에는 아무런 모순도 개재하지 않는다는 것이다(187).

이어서 김항배는 범신론적인 논리체계가 지니는 근본적인 문제점과 그 한계를 밝히는 데 힘썼다. 그 첫째는 도와 사물을 평면적으로 본다면, 그 가운데 어느 하나를 완전히 알기 전에는 다른 하나도 알 수 없다는 것이다. 다시 말해 도가 모든 사물 속에 내재하는 원리라고 할 때, 우리는 도를 알기 위해서는 모든 사물의 원리를 전체적으로 알아야 한다. 반대로 모든 사물은 도의 표상이므로, 모든 사물을 이해하려면 먼저 도를 알아야 한다. 하지만 그는 이런 논리는 동어반복적인 순환논법이라는 비판을 면하기 어려움도 지적했다(188).

둘째, 도는 모든 사물 속에 내재하지만 사물에 국한된 것이 아닌 통일적 원리 또는 존재라고 한다면, 도의 존재가 어떻게 내재적임과 동시에 초월적일 수 있는가라는 의문이다. 도를 내재적 존재라고 한다면 그 초월성을 이해할 수 없고, 초월적 존재라고 한다면 그 내재성을 이해할 수 없다. 바로 이것이 모든 형이상학, 특히 일원론적 형이상학이 지닌 근본 문제점이다. 그러나 우리의 이성이 비록 이율배반적 한계성을 지니더라도, 우주와 인생을 통일하는 원리나 존재를 끊임없이 요청하고 있음 또한 사실임을 그는 지적했다(188).

그러면서 그는 고대부터 근세에 이르기까지 대부분의 형이상학자들은 도덕적 실천생활과의 관계를 말했음에 주목했다. 그런 점에서 스피노자가 『에티카(*Ethica*)』라는 책을 펴낸 것도 우연적인 일만은 아니라는 것이다. 노자의 도 또한 도덕적인 실천생활과 불가분의 관계가 있다. 노자는 "항상 욕심이 없음으로써 그 묘(妙)를 본다[常無欲以觀其妙]." 라고 했는데 여기서 묘는 주객미분(主客未分)의 존재며, 유와 무가 상통하는 자리다. 또한 노자는 말하기를 "다만 다투지 아니하므로 천하에 아무도 그와 더불어 다툴 수 없다."고도 했다(188-189; 『도덕경』 22장).

노자가 뜻하는 바는 무욕·무위·유약·부쟁(不爭)의 생활이 참된 생명력을 넓히며, 이러한 생활태도가 도를 인식할 수 있게 해 줌과 동시에 도와 일치하는 삶이라는 것이다. 결국, 노자는 인위적 행위와 욕망 때문에 끊임없는 대립과 투쟁을 노출하는 현실에서, 스스로를 극복함으로써 참된 평화와 조화를 이룩하려 한 평화의 철인이었다. 이런 맥락에서 도는 다름 아닌 평화의 원리이기도 하다는 것이 그의 지적이다.

9. 사회철학/정치철학

박치우는 1946년 백양당에서 『사상과 현실』이라는 책을 펴냈는데, 이 책은 그가 일제강점기에 발표한 7편의 글과 해방 후에 발표한 글들을 모은 것이다.[21] 이 책은 그가 남긴 유일한 저서다. 그는 단순한 철학도라기보다는 이론과 실천을 아우르는 사상가로서의 삶을 살았는데 이 책에도 이런 그의 태도가 짙게 나타나 있다. 해방 이후 '새 나라 건설'을 향한 박치우의 의지가 담겨 있는 그 나름의 사회철학적·정치철학적인 저서다.

1950년대에 이르면 이 분야에서 보다 체계적·학술적인 논문들이 나타나게 되는데, 최재희(崔載喜)(1957)의 「헤겔의 국가철학」(『서울대 논문집(인문사회과학)』 6집)이 그런 경우에 속한다. 그는 논문에서 1편 철학적인 국가, 2편 이념적 국가의 주권, 3편 헤겔의 국가입법, 4편 국가와 역사적 이성, 5편 여론(餘論)의 순으로 헤겔의 국가철학사상을 정리했다. 그는 헤겔이 단순히 관념철학자가 아니라는 점, 국가와 시민사회를 구별

21 이 책은 3부로 되어 있는데 제1부는 「철학의 당파성 – 테오리아와 이즘」, 「현대철학과 '인간'문제 – 특히 르네상스와의 관련에서」, 「세대사관 비판」 등 일제강점기 때 작성한 7편의 글로 이루어져 있다. 제2부는 「전체주의와 민주주의 – 신생 조선의 민주주의를 위하야」, 「1대 1과 형식논리」 등 1946년 1월 이후 약 8개월 간에 걸쳐 작성한 7편의 글로 되어 있고, 제3부는 '새 나라 건설을 위하야'라는 표제가 있는데 「상투」, 「민주주의의 진짜와 가짜」, 「좌익과 우익」 등 주로 1946년 봄과 여름에 쓴 15편의 글로 이루어져 있다.

하면서도 욕망의 체계인 시민사회의 자유주의적 이념을 파악하고 있다는 점, 결코 현실의 국가를 찬미한 것이 아니라는 점 등을 지적했다.

1960년대에 접어들어 김건(金健)(1961)은 「자유와 질서에 관한 3장」(『학술지』(건국대학술원) 3집)을 발표했는데, '국민적 실천을 위한 기초이론'이란 부제(副題)가 있다. 그는 개인의 본질적 실천성을 자유라고 하면서, 자유와 질서의 문제를 해명하기 위해서는 먼저 개인과 사회나 국가와의 관계성을 합리적으로 구명해야 하며, 그것이 구명되면 자유와 질서의 관계성도 해명될 수 있다고 했다. 그는 이런 그의 논지를 3개 장으로 나눠 펼쳤다.

헤겔에 관한 연구는 이어져 강돈구(姜敦求)(1965)는 「헤겔에 있어서 노동과 소외」를 석사학위논문(서울대)으로 제출했다. 그는 이 논문에서 『정신현상학』의 자기의식론을 중심으로 '자기의식적 주체의 욕구의 의미', '자기의식의 자기소외로서의 다수의 자아의 생성', '주인과 노예의 승인하는 투쟁에 있어서의 노동의 적극적 의미' 순서로 언급했다. 이어서 역사발전의 주체는 노동하는 인간이며, 노동을 통해 인간은 절대자의 이념을 실현한다고 했다. 헤겔의 사상을 정리하면서 소개한 글이다.

이영재(李永宰)(1974)는 「헤겔의 국가관에 관한 재음미 – 정치철학적 시론 – 」[22]을 『학술원 논문집(인문사회과학)』 13집에 게재했다. 그는 논문에서 헤겔의 국가관을 비판적 견지에서 논술했다. 헤겔의 인간관은 인간을 자기의식으로 다룬 데 문제점이 있으며, 헤겔의 다음과 같은 견해, 곧 사법(私法)을 지양(止揚)한 것이 도덕이고, 도덕을 지양한 것이 가족이며, 가족을 지양한 것이 시민사회이고, 시민사회를 지양한 것이 국가이며, 국가를 지양한 것이 세계사라고 보는 지양론(止揚論)에도 문제가 있다고 했다. 그러면서 헤겔의 관념적인 국가관은 재검토되어야 하며, 이런 그의 정치사상은 현대정치사상에 음영(陰影)과 광명을 함께

---

22 이 논문은 1. 서론, 2. 헤겔의 사회와 국가와의 구별, 3. 헤겔의 국가철학과 종교, 4. 헤겔의 인륜적 이념국가, 5. 결언으로 이루어져 있다.

던져 준다고도 했다.

사학자들 가운데서도 다분히 철학적인 관점에서 논문을 작성한 사례가 있어 관심을 끈다. 예컨대, 차하순(車河淳)은 1969년 「17세기 정치이론상의 형평 개념(The concept of equity in seventeenth century political theory)」이라는 논문으로 브랜다이스대학(Brandeis Univ.) 사학과에서 박사학위를 취득했다. 그는 유럽의 17세기 정치사상가나 이론가 들의 사상을 역사적으로 분석하여 '형평'이 정치적 기본원리임을 입증하려 했다. 그는 유럽 사상사에서 빈번하게 언급되는 개념들로 자유·평등·정의를 지적하면서, 이들을 위해 정치이론상 요청되는 하나의 통합개념으로 '형평'을 내세웠다. 형평은 자유로우면서도 평등한 사회정의와 개인정의를 실현할 수 있게 만드는 기본원리라는 것이다. 평등이 기계적인 평준화가 아니기 위해, 사회 속에서 개인들이 기능을 원활히 수행하기 위해, 형평이라는 기준이 필요하다는 주장이다.

정구복(鄭求福)(1970)은 「반계 유형원의 사회개혁사상」을 『역사학보』 45집에 게재했다. 정구복은 왕도·천리·성왕의 법 등으로 표현되는 유형원(柳馨遠, 1622~1673)의 개혁정신에 관해 언급한 뒤, 유형원은 교육과 관직에서 기회 균등 부여와 더불어 신분세습제 폐지를 주장하고, 각 지역 간의 편중을 시정하고자 했음을 소개했다. 이는 세습형(ascription pattern) 사회에서 성취형(achievement pattern) 사회로의 변혁을 뜻하며, '인욕(人慾)'으로 된 법제를 근본적으로 개혁하여, '천리(天理)'를 구현하는 사회로의 전환을 가리키는 것으로, 이런 그의 사상이 후기 실학에 큰 영향을 주었다고 했다.

조선 시대 실학사상가들과 관련된 논문들을 발표한 학자들도 있어 관심을 끈다. 윤사순(尹絲淳)(1972)은 「박세당의 실천사상 – 일상적 명실관을 중심으로 – 」(『한국철학연구』(해동철학회) 2집)에서 일상적 사고방식에 관한 언급에 이어 대내현실관과 대외현실관으로 나누어 박세당의 실천사상을 살폈다. 박세당은 대내문제에선 허언(虛言)보다 실효(實效)의 중요성을 전제로 문화정책(도덕)보다 복지정책(민생)에, 대외문제에

선 명분보다 실리에 근거한 외교론을 주장했다. 이런 사고방식에는 공(空)·허(虛)·무(無)·문(文)·화(華)보다 실(實)을 중요시한다는 점이 있다. 이런 그의 실천사상의 기저에는 당시 폐정을 개혁하려는 그의 폐정개혁론(弊政改革론)이 스며 있다(II부 10장 '실학' 참조).

1973년 3월 고려대 아세아문제연구소에서 발행된 『아세아연구』 16권 1호(통권 49호)는 기고봉의 철학사상을 집중적으로 다루었는데, 그 가운데 강주진(姜周鎭)은 「기고봉의 정치사상」을 다루었다. 그는 논문의 마지막 문단에서 기고봉의 정치사상을 다음과 같이 요약했다(116).

> ① 군주주의 정치사상을 가졌고, ② 유교정치철학에 입각한 왕도정치를 이상으로 삼았으며, ③ 오늘날 영국이나 일본 등지에서 결실을 거두고 있는 내각책임제 군주주의사상을 가졌다. 군주의 불가침이론과 군주의 무책임정치이론이 이것을 뒷받침해 주고 있다. 이러한 정치철학의 터전에서 ④ 지자(知者)정치와 문화정치를 내세웠으니 마치 희랍시대의 현인정치사상과 같다. ⑤ 그러면서도 시시비비를 가리고 공명정대한 공론의 전개를 전제로 하였으니 이는 민중을 위하여 언론의 자유를 주장하는 여론정치사상이다. ⑥ 물질적으로 유풍(裕豊)한 생활보다는 정신적으로 부유한 생활을 해야 한다고 했으며, ⑦ 부의 균배(均配)를 주장하여 일종 복지사회 경제사상을 갖기도 했다. ⑧ 끝으로 고봉은 위임성책(委任成責)과 더불어 재상의 책임을 다함으로써 군덕(君德)이 성취가 되고, 또 재상의 헌책여하(獻策如何)에 달려 있음으로 해서 직간(直諫)정신 등을 골자로 하는 정치사상을 가졌다.

한우근(韓沽劤)(1980)은 『성호(星湖) 이익(李瀷)연구 – 인간 성호와 그의 정치사상 – 』(서울대출판부)란 그의 책을 통해, 성호의 학문은 '경학(經學)을 그 근본으로 삼아, 치용(致用)을 위한 궁경실학(窮經實學)·수기치인(修己治人)에 있다'고 보면서, 세상을 살아가는 온갖 일과 연관되어 있다고 했다. 그러면서 성호는 유교의 이념이나 윤리를 '체(體)'로 삼되,

서학(西學)의 실증적이고 과학적인 지식에 근거한 기술문명과 그것에 관한 이론을 실용적인 측면에서 받아들여야 한다고 했다. 아울러 과거 중국 중심의 세계관·문화관에서 벗어나, 세계관의 확대와 더불어 자기 나라 역사에 관한 새로운 인식의 필요성을 강조했다.

20세기 우리나라의 시대 상황과 관련된 견해를 보면, 예컨대 안재홍의 신민족주의론을 들 수 있다. 해방 후 안재홍은 우리나라가 내적으로는 민주주의를 성취해 민족을 구성하는 여러 사회계층 사이에 발생하는 대립반목을 해소하고 외적으로는 타민족에 대해 자주적 입장을 견지해야 한다는 이른바 신민주주의의 토대 위에 신민족주의론을 내세웠다(『동아세계대백과사전』 19권, 1988: 627). 안재홍(1997)은 역사와 현실, 전통과 객관, 이 둘은 정치이념수립상의 표리요 본말이어서 서로 뗄 수 없는 것이라고 보면서, 신민주주의의 토대 위에 존재하는 신민족주의가 가장 과학적인 타당성을 지닌다고 했다. 여기서 그가 말하는 신민주주의는 "정치 경제 교화(敎化) 등 권리의 균등과, 근로 협동 등 의무 즉, 봉사의 균등을 그 조건으로 삼는 민주주의를 가리킨다(261)". 이어서 그는 그가 지향하는 신민족주의의 특징을 다음과 정리했다(262).

> 1) 단일 민족으로, 2) 조국 고토(故土)를 지키어, 3) 수천 년 동안 계속하는 대강(大强)한 국제침략에 억척스럽고 처참하도록 반항 투쟁을 거듭하여 온 민족자위의 역사가 진정한 민주주의 민족자주독립국가로서 열국의 틈에 병존호영(竝存互榮)함을 객관적으로 요청한다. 이 점에서 민족의식과 민족정서와 민족자주독립국가 달성의 이념 등으로써 성립되는 조국 고토에서의 민족주의 협동생활체는 하나의 역사적 생성체인 것이요 현실 객관적 요청의 주체인 것이다. 과거에서 그러했던 것 같이 현대에도 그렇고 또 장래에도 그러할 것이다, 민족의 계선(界線)이 해소되고 국경이 전적으로 철폐됨과 같은 인류역사의 신단계가 획기적으로 현전(現前)하는 상당 구원(相當久遠)한 장래까지는 이 진정한 민주주의 민족자주독립국가의 건립이념은 움직일 수 없

고 또 수정되어서는 아니 된다.

이처럼 안재홍은 신채호의 견해를 이어받으면서 우리 민족이 놓여 있는 상황 속에서 자기의 견해를 이론화하는 데 힘썼다.

한편, 20세기 중·후반부터 해외에서 활동한 정치철학자로는 정화열(1932~)[23]의 역할을 눈여겨볼 필요가 있다. 그는 후설과 하이데거의 현상학을 정치학에 도입해 '정치현상학'이라는 분야를 새로 개척한 정치철학자이다. 그는 기존 경험주의 방법에 근거한 정치과학(political science)[24]에 비판을 가하면서 정치의 과학화에 반기를 들 뿐 아니라, 과학 이전에 사상 분야에 관심을 둔 레오 스트라우스(Leo Strauss, 1899~1973)[25]계열의 학문방법에 대해서도 비판을 가했다. 그러면서 그런 행태주의나 본질주의에 대한 대안으로 후설의 '생활세계(Lebeswelt)'라는 개념을 인용하면서 정치현상학을 구축했다. 정화열은 현상학을 정치학에 적용한 정치철학자였다.

정화열은 정치현상학에서 생활세계와 더불어 우리의 몸을 그 중요 개념으로 채택했다. 생활세계는 우리 몸이 직접 부딪치면서 이루어지는 곳이다. 우리가 세계를 지각하고 경험하는 것도 바로 몸을 통해서

23 그는 미국 에머리대(학사, 석사)을 거쳐 플로리다대에서 정치학분야로 박사학위를 취득했다. 모라비언대 명예교수로 있다. 『몸의 정치』, 『정치적 이해의 위기: 정치학 연구에서의 현상학적 관점』 등의 저서로 국제적으로 알려진 학자이다. 자기의 주장을 확립하는데 있어 니체, 하이데거, 메를로퐁티의 저서로부터 영향을 많이 받은 학자이다. 그에 관한 이곳에서의 서술은 『20세기를 움직인 사상가 103인』(민음사, 1996), 『미술평론지 ART』(창간호, 1999), 『몸의 정치』(민음사, 1999)에서 발췌하여 정리한 것이다.

24 1930년대 이래 미국 사회과학계는 경험주의에 근거한 심리학적 방법론이 주목을 끌었다. 이런 경향이 2차 세계대전 이후에는 더욱 심해, 사회과학 방법론의 주류로 자리매김했다. 그러던 것이 정치학계의 경우, 레오 스트라우스를 중심으로 과학 이전에 사상을 중요시하는 주장이 대두되었다. 그래서 1960년대의 정치학계의 상황을 보면, 심리학적 방법론에 기초한 형태주의 학파와 레오 스트라우스 학파로 크게 나뉘어 있었다.

25 독일 태생의 시카고대 정치철학 교수로서 서구 민주주의의 우월성과 반세계화주의를 펼쳤다. 플라톤·마키아벨리·홉스·스피노자 등의 사상을 주로 연구했다. 그의 견해는 미국에서 신보수주의[네오콘]의 기원이 되었다.

다. 그는 객관과 주관, 몸과 마음, 의식과 의식대상 등을 구별하는 데카르트식 이분법을 반대했다. 데카르트가 제시한 "나는 생각한다, 그러므로 나는 존재한다(cogito ergo sum)."라는 유명한 명제는 '나'라는 존재의 본질이 몸이 아니라 의식에 있음을 강조한 것이라 하면서, 이를 비판했다. '나'란 단지 의식에 불과한 것이 아니라 몸으로 존재하는 구체적 삶이며 실존하는 존재라는 것이다.

이어서 철학의 출발점은 관념적인 의식이 아니라 실존하는 몸이라고 하면서, '몸철학'을 바탕으로 '몸의 정치(body politics)'라는 이론을 펼쳤다. 그러면서 몸의 중요성을 지적한 니체를 새롭게 조명했다. 예컨대, 니체가 차라투스트라의 말을 인용하면서 "나는 전적으로 나의 몸이며, 그 밖에 아무것도 아니다."라고 했음을 지적했다. 정화열의 몸철학에 영향을 많이 준 학자로는 메를로퐁티를 지적할 수 있다. 메를로퐁티는 그의 저서인 『지각의 현상학(*Phénoménologie de la perception*)』에서 '몸은 지각의 살아 있는 장(the lived field of perception)'이라면서 지각은 개념이나 의식에 앞선다고 했다. 지각된 세계가 후설이 말하는 '생활세계'이며, 레오 스트라우스가 말하는 '과학 이전의 세계'라는 것이다.

정화열은 우리가 정치적이고 사회적인 존재가 되기 위해서는 몸에 기초한 '주관성'과 더불어 몸과 몸으로 맺어지는 '인간관계'가 중요하다고 했다. 아울러 사회의 윤리 기반은 타자와의 상호관계 속에서 이루어지는 '우리의 몸'이어야 한다고 했다. 예컨대, 목소리나 글자는 성대의 울림과 손, 눈을 통해 각각 나타나기 때문이다. 이처럼 그는 의식보다는 몸, 개인보다는 공동체, 주관성보다는 상호주관성, 권리보다는 책임을 더 중요시하면서 참된 민주주의를 그려보려 했다.

그는 지각하는 주체인 사람과 지각되는 대상의 일체성과 관련해 그의 생태철학도 펼쳤다. 그런 일체성에서 자연은 정복되어야 할 대상이 아니라 우리와 함께하는 공존의 대상이다. 그는 인류는 '자연을 두려워하던 시기(geopiety)'에서 출발하여, '인간만을 중요시하던 시기(homopiety)'를 극복하고, 이제는 '생태존중의 시기(ecopiety)'로 나아가야 한다고 주장했다. 환경문제는 몸과 직접적인 연관성을 지닌 문제이기에 그렇다. 그래서 그는 1970년 제1회 '지구의 날'을 기념해 생태현상학적 관점에서 논문을 발표하기도 했다.

10. 생철학/실존철학

생철학(삶의 철학)과 실존철학의 공통점은 비합리주의적인 경향을 지닌다는 점이다. 헤겔류의 사변철학에 이의를 제기하는 한편, 인간성이 소외되는 현대사회의 상황에서, 특히 두 차례에 걸친 세계대전을 겪으면서 더욱 호소력을 지니게 된 철학들이다. 두 철학의 차이점을 비교해 보면, 먼저 생철학에서 말하는 삶은 생물 전체나 우주 전체를 꿰뚫는 어떤 전체적인 것과 관련되어 있으며, 각 개별적인 삶은 전체적인 것의 부분으로서 의미를 지니되 전체적인 것은 개별적인 삶을 통해 실현된다. 인간의 삶은 역사적·상대적이며, 철학의 방법으로는 체험이나 직관을 중요시한다. 이런 생철학에서의 삶에 비해 실존철학에서의 삶은 현실적·개별적·절대적이다. 인간의 삶은 체험이나 직관에 의해서도 완전히 파악될 수 없다고 보면서, 실존이 이 모든 것에 이미 선행함을 무엇보다 중요시한다. 그래서 실존철학은 생철학의 특징인 비합리주의적인 경향을 더욱 철저화한 면이 있다.

우리나라의 경우, 1950년대에 접어들면서 생철학이나 실존철학과 관련된 논문이나 저서 들이 많이 그 모습을 드러냈다. 국제적으로는 제2차 세계대전이 끝난 지 얼마 되지 않았고, 우리나라는 6·25전쟁이 발발해 또 다시 엄청난 희생을 치렀기에 전쟁의 후유증이 그런 철학들을 더욱 요청하게 하였다. 석사학위논문의 경우를 보더라도 생철학[26]·

---

26 예컨대, 전쟁이 끝난 지 얼마 안되는 1950~1960년대 석사논문들의 경우, 생철학 분야에서 김근수(金根洙)(1959)는 「니체의 Nihilismus」(서울대)를, 박준택(朴俊澤)(1960)

실존철학[27]과 관련된 것들이 많이 보인다. 이 무렵 대학에는 박사학위 과정이 아직 활성화되지 않았으므로 석사학위논문들이 그 당시 대학원 학생들의 학풍을 엿볼 수 있는 귀중한 자료가 된다. 논문에서는 문제 중심 연구보다는 인물들에 관한 연구가 두드러진다. 이곳에서는 먼저 생철학에 관해 살펴본 뒤 실존철학에 관해 언급하기로 한다.

저서의 경우를 보면, 하기락(河岐洛)이 1960년 5월에 『니체』라는 저서를 사상계(思想界)사에서 계획한 현대사상가총서 (3)으로 펴낸 적이 있는데, 그는 이 책에서 니체에 관해 전반적으로 다뤘다. 1960년대에 학술지에 발표된 생(生)철학 분야 논문들을 보면 예컨대, 소광희(蘇光熙)[28]가 1966년 10월 『인문사회』(서울대) 12집에 게재한 「회귀사상에 관한 연구」, 이영호(李永浩)가 1969년 11월에 『철학연구』(철학연구회) 4집에 게재한 「힘에의 의지(Der Wille zur Macht)의 구조적 고찰」을 각각 들 수 있다. 소광희(1966)는 니체의 영구회귀사상에 초점을 두어 시간의 회귀, 존재의 회귀를 존재계기(Seinsmoment)의 측면에서 다뤘다. 존재계기에서 보면 현존재(現存在, Dasein)는 회귀할 수 없고, 상존재(相存在, Sosein)만이 회귀할 수 있다. 현존재까지도 회귀한다면 이는 숙명론이

은 「니체에 있어서의 신과 초인의 관계」(고려대)를, 이영호(1966)는 「니체에 있어서 세계관념」(서울대)을 각각 발표해 석사학위를 취득했다.

27 실존철학의 경우, 최동희(1954)는 「하이데거에 있어서의 인간존재에 시공」을, 박하규(朴河圭)(1960)는 「키르케고르의 주체성의 사상」을, 남정길(南正吉)(1964)은 「야스퍼스의 철학적 신앙과 종교적 신앙」을, 백승균(1965)은 「야스퍼스의 한계상황론」을, 황문수(黃文秀)(1966)는 「야스퍼스 연구 – 철학적 신앙과 포괄자론(包括者論)에 대한 소고 –」를, 김창락(金昌洛)(1969)은 「싸르뜨르의 자유의 공재론(孔在論)적 근거」를 각각 제출해 고려대에서 석사학위를 취득했다. 서울대의 경우를 보면, 안상진(安相鎭)(1960)은 「하이데거의 시간성」을, 김수철(金秀澈)(1962)은 「마르셀의 '존재론적 신비'에 관한 연구」를, 조재두(趙在斗)(1963)는 「야스퍼스에 있어서의 존재탐구」를, 길희성(吉熙星)(1967)은 「하이데거에 있어서 무와 존재에 대한 고찰」을 각각 제출해 석사학위를 취득했다.

28 소광희는 1934년 대진에서 태어나 서울대 철학과에서 공부한 뒤, 같은 대학에서 박사학위를 취득했다. 서울대 교수로 재직했으며, 펴낸 저서로 『시간의 철학적 성찰』·『인간의 사회적 존재의미』 등이, 그리고 문예출판사(2016)에서 출판한 『운정 소광희 저작 선집』이 있다.

며 허무주의(Nihilism)가 된다는 것이다. 이영호(1969)는 그의 논문에서 니체의 '영구회귀(永久回歸)' 사상은 '힘에의 의지'의 본질로부터 나온 산물로서, '회귀사상'과 '힘에의 의지'는 동일한 것의 서로 다른 기능이라 했다. 그러면서 회귀를 '힘에의 의지'가 현실화되는 방식으로 파악했다.

1970년대의 경우를 보면, 1972년 9월 이한구(李漢龜)는 「딜타이의 삶의 해석」을 『철학논구』(서울대) 1집에, 임태묵(林太默)은 「니체 소고(小考)」를 『철학연구』(한국철학연구회) 15집에 각각 게재했다. 이듬해 박범수(朴範洙)(1973)는 「쇼펜하우어의 본체론」을 『철학연구』(철학연구회) 8집에 게재했는데, 그는 논문[29]에서 쇼펜하우어의 본질로서의 세계 자체, 칸트에 있어 물자체(物自體)인 의지의 의미를 밝히면서 쇼펜하우어의 경우, 인간에 있어서는 의지를 일차적인 것으로, 지능을 이차적인 것으로 보면서 의지를 더 중요시 했음을 지적했다. 그러면서 그는 이를 우리나라의 현 교육과도 관련시켜, 반성의 계기로 삼아야 한다고 했다. 이어서 이상철(1975)은 「딜타이(Dilthey)에 있어서의 이해의 문제 - 역사인식론을 중심으로 -」를 『최재희박사 환력기념논문집』에 게재했고(이한구, 이상철의 논문은 II부 11장 '이해' 참조), 최명관(崔明官)(1978)은 「베르그송의 직관이론」(『철학』 12집)을 발표했다(II부 7장 '직각(관)론적인 방법' 참조). 이처럼 생철학의 경우는 인물들에 관한 연구가 주류를 이루는데, 특히 니체에 관한 연구가 많다.

한편, 실존철학 관련 저서나 학술지에 발표된 논문을 시대순으로 보면 저서들의 경우, 김준섭은 1958년 4월 정음사에서 『실존철학』(46판 241면)을 펴냈는데, 책의 1부에서는 실존의 구조·유한성·자유의지 등을 다루었다. 2부에서는 키르케고르·하이데거·야스퍼스·사르트르의

29 목차는 I. 의지의 무근거성, II. 의지의 개념확장, III. 의지와 자연력, IV. 의지와 동물적 육체, V. 인식능력이 없는 사물에 있어서의 의지, VI. 의지력의 우위성, VII. 자료 결어로 되어 있다.

사상을 해설한 뒤 논평했다. 이 책은 우리나라에서 실존철학을 다룬 초기의 책으로 여겨진다. 논리학·과학철학에 특히 관심을 두면서 연구하던 그가 이처럼 실존철학 분야에서도 책을 펴낼 수 있었던 것은, 그 당시 실존철학에 관한 철학도나 일반인 들의 관심이 매우 컸다는 것에 더해 그 무렵 철학자들이 이처럼 폭넓게 연구하는 경향이 있었다는 것을 보여 준다. 어떤 점에서는 지금의 철학자에게도 요청되는 그런 모습이기도 하다.

김준섭에 이어, 1959년 안병욱(安秉煜)은 사상계사에서 『키르케고르(Sören Kierkegaard)』(사상계사 현대사상가총서 2)을, 조가경(曺街京)은 1961년 4월 『실존철학』(박영사)[30]을, 박상현(朴相鉉)은 1963년 3월 『인간과 실존』(창신문화사)을, 전두하(全斗河)는 1967년 1월 『존재와 이기 – 하이데거와 율곡의 비교연구 –』(선명문화사)를 각각 펴냈다. 이 가운데 안병욱이 펴낸 『키르케고르』은 모두 6장[31]으로 이루어져 있으며, 키르케고르에 관한 문헌도 끝장에 소개되어 있다. 이 책의 2장에서는 실존적 사고(2절), 주체적 진리(3절) 등에 관해, 4장에서는 미적 실존(2절), 윤리적 실존(3절), 종교적 실존(4절) 등에 관해 언급하고 있다. 그는 우리를 향한 엄숙한 외침이기도 한 "단독자로서 홀로 신(神) 앞에 서라."라는 키르케고르의 의미 있는 말로 책을 마무리했다. 조가경이 펴낸 『실존철학』은 6부로 이루어져 있는데, 이제까지 그가 실존철학과 관련해 얻은 지식을 종합적으로 정리한 것이라 했다. 그 구성은 현대와 실존철학적 상황(서론), 실존사상의 발전적 개관(1부), 실존철학의 대상과 방법(2부),

---

30 조가경이 펴낸 『실존철학』은 1부 실존사상의 발전적 개관, 2부 실존철학의 대상과 방법, 3부 실존철학의 근본문제, 4부 실존철학의 학문이론, 5부 현대실존철학의 개별적 특징, 6부 실존철학의 비판으로 이루어져 있다.

31 이 저서는 서문에 이어, 1장 고독한 예외자, 2장 실존주의와 키르케고르(1절 실존의 발견자, 2절 실존적 사고, 3절 주체적 진리, 4절 실존주의의 성격, 5절 실존주의의 방향), 3장 키르케고르의 인간과 생애(1절 우수의 아들, 2절 사랑의 비극, 3절 단독자의 길), 4장 키르케고르의 사상(1절 그노티세아우톤, 2절 미적 실존, 3절 윤리적 실존, 4절 종교적 실존, 5절 실존변증법, 5장 결론, 6장 키르케고르 관한 문헌소개로 되어 있다.

실존철학의 근본문제(3부), 실존철학의 학문이론(4부), 현대실존철학의 개별적 특징(5부), 실존철학의 비판(6부)으로 되어 있다.

논문들의 경우, 하이데거와 관련된 논문들이 특히 많이 등장한다. 이런 경향은 일제강점기에도, 해방 후에도 그랬다. 1960년대의 경우를 보면, 이영춘(李永春)(1966)은 『철학연구』(철학연구회) 창간호에 「하이데거에 있어서의 존재와 시와 신」을 게재했는데, 그는 존재와 신의 관계는 미묘하다고 하면서, 신은 시인을 통해 인간과 접한다고 했다. 그래서 시인은 지시자(指示者)로서 인간과 신들의 중간에 있다. 존재 자신이 진리의 빛으로 비추어질 때 성스러운 것이 열리며, 성스러운 것이 열릴 때 거기에서 신성의 본질이 우리에게 도래한다. 존재는 신이 아니지만, 존재는 그 속에 신의 기대와 대망을 숨겨서 소중히 간직한다.

신오현(申午鉉)(1968)은 『철학연구』(철학연구회) 3집에 게재한 「하이데거에 있어서 행(行)의 개념」에서 근원적인 행의 문제, 현실과 현실파악, 현실과 역사, 행의 본질과 의미의 순서로 행의 개념을 전개하면서, 존재의 사유는 곧 존재의 진리를 사유함이요, 존재의 진리를 사유함은 인간적 인간의 인간성을 사유함을 뜻한다고 했다. 그래서 존재사유로 규정된 행의 본질은 인간에게 진정한 희망을 개시(開示)하는 새롭고도 근원적인 의미에서 휴머니즘이라 했다(학술원, 1976: 115). 물론, 이제까지 언급한 이들 이외에도 하이데거와 관련된 논문들은 이어져 실존철학에서 상당한 부분을 차지한다.[32] 아쉬운 것은 하이데거의 학문뿐만 아니

32 예컨대, 이영춘(1962)은 「유신론적 입장에서 본 하이데거의 존재문제」(『서울대 교수연구실 연구보고서 논문집』)를, 한명수(1965)는 「하이데거에 있어서의 역사성과 존재역사의 문제」(『철학연구』(한국칸트학회) 2집)를 발표했다. 이어서 소광희(1969)는 「하이데거의 세계개념」(『서울대 논문집(인문사회과학)』 15집』)과 「하이데거 철학의 형성과정(I)(『철학연구』(철학연구회) 4집)을, 서해길(徐海吉)(1969)은 「하이데거의 존재사유에 대한 연구」(『철학연구』(한국철학연구회) 9집)를 발표했다. 1970년대에 접어들어서도 안상진(1970)은 「하이데거의 진리문제」(『성곡논총』 1집)를, 정명오(1973)는 「하이데거 시론(詩論)의 연구」(『철학연구』(철학연구회) 8집)를, 안상진(1974)은 『철학논구』 3집에 「하이데거의 기본존재론」을 게재했다.

라 그의 구체적인 삶에서 있었던 행위나 모습도 진솔하게 다뤘더라면 하는 점이다. 나치에 협력한 석연치 않은 모습을 포함해서 말이다.

이들 이외에도 1950~1960년대에 있었던 실존철학 관련 논문들로는, 예컨대 박상현(朴相鉉)의 「실존의 자유」(『철학』 2집), 이상철(李相喆)의 「야스퍼스의 예술론」(『숙대 논문집』 6집), 이규호의 「실존에서 삶으로 - 전환 - 」(『인문과학』 14/15합집)(연세대 인문과학연구소)이 있다(「실존의 자유」는 이 책 II부 '11. 14 자유/자유의지' 부문을, 「야스퍼스의 예술론」은 '9. 3 미학'을 각각 참조).

이 가운데 이규호(1966)는 '(가) 실존의 좁은 틀', '(나) 실존에서 삶으로', '(다) 삶의 모습'의 순으로 그의 글을 엮었다. 그의 글들을 보면 우리에게 낯익은 토박이말들을 많이 사용함으로써 다른 사람들과는 다른 글솜씨를 보여 줘 새로운 맛을 더한다. 그는 그의 글에서 삶은 우리가 추구하고 다시 추구해도 그 마지막 가림을 완전히 벗길 수 없는 비밀이라 했다. 그러면서 철학이란 바로 이러한 삶을 맴돌면서 그 비밀을 밝히기 위해 새로이 시도되는 끊임없는 작업이라 했다.

1970년대에는 실존철학과 관련된 논문들이 학술지에 더욱 많이 나타났다. 1970년 5월에 박정옥(朴正玉)은 「사르트르 철학에 있어서의 존재문제(1), (2)」(『철학연구』(한국철학연구회) 10집)를, 안상진(安相鎭)은 「하이데거의 진리문제」(『성곡논총』 1집)(II부 11장 '진리' 참조)를, 정명오(鄭明五)는 1972년과 1973년에 철학연구회 간행 『철학연구』 7집과 8집에 「진리의 본질에 대한 존재론적 구명」(II부 11장 '진리' 참조)과, 「시의 본질에 대한 존재론적·실존론적 연구」를 각각 발표했다. 1972년 3월 이상철은 「실존조명적 역사철학 - 야스퍼스 역사철학 연구 - 」를 『연구논총 II』(서울사대) 2집에(II부 10장 '역사철학/역사관' 참조), 같은 해 9월 김병우는 「야스퍼스에 있어서의 형이상학의 정초」를 『철학연구』(철학연구회) 7집에(II부 8장 '형이상학과 인식론' 참조), 같은 해 12월 남정길(南正吉)은 「마아틴 부버의 '대화'에 관한 연구」를 『철학연구』(한국철학연구회) 15집에, 1973년 11월 기종석(奇宗錫)은 『철학논구』(서울대) 2집에 「야스퍼스의 실존철학」을 각각 발표했다.

이 가운데 남정길은 그의 논문에서 부버(Martin Buber)의 전 사상은 '관계', 곧 '대화'를 근본원리의 근거로 하며, 종교·윤리·교육의 이론 및 사회학설 모두가 거기에 근거한다고 했다. 대화를 실존주의를 이해하는 시도이자 과학과 물질문명을 극복하는 태도로 간주하면서 말이다. 기종석의 경우는 그의 논문에서 야스퍼스가 보여 준 인간존재 해명과 그 전개를 살폈는데, 논문은 존재 해명·진리의 문제·현실성·결론(비판적 요약) 순으로 이루어져 있다.

이 무렵 김형효(金炯孝)는 「가브리엘 마르셀 철학에 있어서 존재와 감각(Le Sensible et L'Ontologique dans la Philosophie de Gabriel Marcel)」이란 논문으로 벨기에 뢰번가톨릭대(Katholieke Univ. Leuven)에서 박사학위를 취득했다. 마르셀의 철학을 구조적 양식—감각적 실존, 오성적 사유, 존재론적 믿음의 지평—을 통해 분류하면서 그 해석을 시도한 논문이다. 그는 '코기토(Cogito)'의 생리를 현상학적으로 규명하면서 그 근거가 감각적 실존과 존재론적 실재에 관한 믿음에 있음을 밝히는 데 힘썼다. 아울러 그는 마르셀의 철학이 인간의 사유가 과학적 객관성에만 침잠되어, 생기발랄한 원초적 실존의 의미를 망각해 가는 현대의 병리 현상을 치유하는 데 있음을 지적했다.

특히 1975년에는 실존철학과 관련된 학술지 게재 논문이 많이 눈에 띄는데, 이영춘은 「하이데거의 후기 '존재'」(『최재희박사 환력기념논문집』)를, 정명오는 「실존과 윤리」(『인문과학연구소 논문집』(인하대) 1집)와 「무의 형이상학」(『철학연구』(철학연구회) 10집)을, 남정길은 「마아틴 부버와 기독교」(『철학연구』(한국철학연구회) 20집)를, 안상진과 표재명(表在明)은 철학연구회에서 발행하는 『철학연구』 10집에 「하이데거에 있어서 '형이상학'」과 「키르케고르의 역설의 개념」을 각각 발표했다. 소광희의 경우는 「실존주의와 한국사상」을 『철학사상의 한국적 조명』(일지사)에 담았다.

이 가운데 표재명(1975)은 「키르케고르의 역설의 개념」(『철학연구』 10집)에서, 그의 역설의 개념이 (1) 사고의 본질적 성격으로서의 역설로부터, (2) 인간의 오성적 사고가 더 이상 나아갈 수 없는 한계를 이루는 절대적인 상이성(相異性)으로서의 역설을 거쳐, (3) 시간 안에 들어온 영원자라고 하는 절대적 역설, 곧 사람이 된 하나님이라고 하는 그리스도교에 있어서 신의 계시 성격으로서의 존재 개념이 되어 나타남을 살폈다. 아울러 이런 절대적 역설에 대한 인간의 태도로서 분노와 신앙에 관해 언급했다(학술원, 1976: 146).

1970년대 중후반의 상황을 보면, 생철학자들인 니체, 베르그송 관련 논문 및 실존철학자인 하이데거와 관련된 연구논문들이 많이 등장하는데, 그 가운데서도 하이데거에 관한 것들이 두드러지게 나타난다.[33] 이처럼 하이데거와 관련된 우리나라 철학자들의 연구는 1930년대 이후 많은 사람들에 의해 수십 년간에 걸쳐 이어진다. 한편, 베르그송과 관련된 논문들로는 『철학』 12집에 게재한 최명관(1978)의 「베르그송의 직관이론」(II부 7장 '직관(각)론적인 방법' 참조), 김진성(1980)이 한국철학회 고전분과위원회에서 펴낸 『문제를 찾아서』에 게재한 「베르그송과 비합리주의」(70-95), 「베르그송에 있어서 자유의 문제」(169-198) 등이 있다. 니체 관련 논문들은 '회귀사상', '힘(권력)에의 의지' 등을 중심으로 그 연구가 이루어지는 경향이 짙었다.

33 김규영(1978)은 그리스도교 철학연구소에서 펴낸 『하이데거의 철학사상』(서광사)에 「하이데거의 시간론의 한계」를, 정의채(鄭義采)는 「하이데거철학에 있어서의 존재와 신(神)문제」를, 김병우(金炳宇)는 「하이데거의 존재사유의 경험」을 각각 게재했다. 안상진(1978/1979)은 「하이데거의 시론(詩論)」(『철학논구』 6집)과 「하이데거에 있어서의 존재의 진리」(『철학논구』 7집)를 발표했다. 이들 이외도 이영춘(1979)은 「하이데거에 있어서 *ψύσις* 의 문제」(『철학연구』(철학연구회) 14집)를, 이상대(李相大)(1980)는 「하이데거와 존재의 해석학적 기초」(『철학』 14집)를, 김영근(金永根)(1980)은 「하이데거의 실존철학에 있어서 인간의 문제」(『철학연구』(철학연구회) 15집)을 각각 발표했다.

11. 수리철학

수(數)와 관련된 철학적 탐구는 예로부터 세계 이곳저곳에서 싹텄으며 이어져 왔다. 해방 후 우리나라에도 그런 탐구에 관심을 둔 학자들이 있었음은 물론이다. 윤영수(尹英洙)(1969)는 「역학(易學)의 수리적 고찰–『계사상전(繫辭上傳)』 제9장을 중심으로–」을 『충북대 논문집』 3집에 게재했다. 그는 이 논문에서 고도의 수리이론이 『주역』의 역학에 있다고 하면서 이를 만물지수(萬物之數)와 진수(進數)에 의한 괘 표시(卦表示)를 통해 살폈다. 그러면서도 『주역』에서 만물지수를 이편지책(二篇之策)으로 파악한 것에 대해서는 이의를 제기하면서, 만물지수는 이보다 더 많다고도 했다(역학과 관련된 다른 학자들의 언급들은 II부 9장 '논리학' 및 10장 '비교철학' 참조).

이듬해 이초식(1970)은 「러셀의 수리철학」[34](『철학』 4집)에서 러셀(Bertrand Russell, 1872~1970)을 현대 수리논리학의 개척자이자 철학을 과학화하려 힘쓴 분석철학의 선구자로 보면서, 그가 초기에 취했던 실재론의 견지에서 수(數)를 어떻게 여겼는지, 그 후 논리주의에서 어떤 방향으로 전개시켰는지를 다뤘다. 그런 뒤 그가 초기에 취했던 방식의 실재론을 거부하고, 고유명(固有名, proper name)이나 기술(記述, description)과 관련된 기술이론(theory of description)을 발전시켜 언어분석의 방법으로 나아간 점도 다뤘다. 이어서 이초식은 러셀 논리학의 특색 가운데, '역리(逆理)의 해결'과 '계형이론(階型理論, theory of types)'을 들어 그 의의에 관해 언급했다. 이런 논지를 좀 더 구체적으로 살펴보

34 「러셀의 수리철학」은 I. 서언, II. 실재론적 수(數)론(1. 보편논쟁과의 유사성 2. 실재론적 수(數)론), III. 논리주의(1. 논리주의의 기본명제, 2. 수리철학의 현황, 3. 수의 정의), IV. 기술이론(1. 실재론의 모순, 2. 고유명과 기술, 3. 기술(記述)의 철학적 의미), V. 수리논리(1. 러셀논리의 특성, 2. 실질적 함의와 형식적 함의), VI. 역리의 문제(1. 러셀의 역리, 2. 역리해결에의 모색), VII. 계형이론(1. 계형이론의 기본사상, 2. 의미론적 역리 해결의 최근동향, 3. 계형이론의 문제점), VIII. 결언으로 이루어져 있다.

면 다음과 같다.

이초식(1970)은 현대수리철학의 동향을 크게 논리주의(Logicism), 직관주의(Intuitionism), 형식주의(Formalism)로 나누고, 이 가운데 논리주의의 기본사상으로는 '수의 수학법칙들이 모두 논리법칙들로부터 도출될 수 있으며, 논리법칙에로 환원가능(reducible)하다는 신조가 바로 논리주의의 기본명제이다'(41)라는 언급을 지적했다. 이 사상은 프레게(Gottlob Frege, 1848~1925)가 처음으로 제시하고, 러셀과 화이트헤드(A. N. Whitehead, 1861~1947)의 공저인 『수학원리(*Principia mathematica*)』(vols. I~III)에서 체계적으로 전개되었다. 그런데 프레게가 수의 법칙들만이 논리에 환원될 수 있다고 한 것에 비해, 러셀은 모든 수학이 논리학으로 환원가능하다고 해서 그들 간에는 차이가 있다. 러셀은 모든 순수수학이 형식논리에 환원됨을 밝히기 위해 첫째, 수학의 중요한 개념들을 몇몇 기본적인 논리 개념들에 의해 정의하려 했고, 둘째, 몇몇 논리적 공리에 의해 수학의 모든 공리를 입증하려 했다(41). 러셀이 수의 법칙들이 분석적이라고 했을 때, '분석적'이란 말은 '법칙들이 논리법칙으로 환원가능함'을 뜻한다.

'집합'과 '순서 짝(ordered pair)' 등의 술어와 그것들을 지배하는 법칙은 수학에 속한다기보다는 논리학에 속한다. 러셀은 속성(properties)과 관계(relation)의 개념을 이용해 이를 설명했다. 러셀은 수리에서 기본적인 비논리적인 기호인 '0', '선행수(predecessor)', '후속수(successor)', '자연수(natural number)', '덧셈(+)', '곱셈(×)' 등을 정의했다. 그는 자연수를 집합의 일종으로 정의하고 '영(0)'을 모든 공집합(空集合, null set)의 집합으로 정의했다. '1'은 모든 비공집합들의 집합으로 정의되며, 그 개개의 집합에 속하는 모든 사물은 동일(identical)한 것으로 보았다(42). 이런 식으로 그는 2를 1의 직접 후속수(immediate successor)라고 하는 등, 대수의 추상형(抽象型)들이 관계논리로부터 도출가능한 것으로 보았다. 그는 자연수의 개념을 상이한 집합들의 집합으로 정의했다. 이어서 그는 관계논리의 개념들을 통해, '상사성(相似性)'을 정의하기도 했는데,

이는 2개의 집합 사이에 그 하나를 영역(domain), 다른 하나를 역영역(converse domain)으로 하는 일대일 대응관계에 있을 때, 그 집합들을 가리킨다(45). 이어서 이초식은 이런 러셀의 수에 관한 정의가 수의 성질에 따라 수를 정의한 것이므로 내포적 정의이지 외연적 정의가 아니라고 했다. 수 전체는 무한집합을 이루므로, 그 전체의 요소를 세어서 정의하는 수의 외연적 정의는 불가능하다는 것이다(45). 러셀은 초기에는 실재론자였다. 그는 '둥근 사각형의 비실재성'과 '둥근 사각형은 존재하지 않는다(The round square does not exist).'라는 명제의 유의미성을 들어 실재론이 모순적임을 지적하고, 고유명과 기술이론[35]을 들어 과학의 많은 개념들이 기술(記述)에 속함을 밝혔다. 이어서 기술지(記述知)를 구성하는 논리적 방법의 연구에 힘쓰면서 명제함수함의론·관계논리 등을 통해 사고의 영역을 넓혔다.

이초식의 서술에 따르면, 러셀이 제시한 역리들은 모순(contradiction)이란 이름으로 1903년에 발행된 『수학원리(*The principles of mathematics*)』의 10장에서 다루어졌고, 이어서 1908년의 논문인 「계형이론에 기초한 수리논리(Mathematical logic based on the theory of types)」에서는 일곱 종류의 모순을 열기하면서 그 해결을 시도했다. 훗날 램시(F. P. Ramsey, 1903-1930)(1925)는 이들 모순을 두 종류로 대별하여 '집합에 관한 역리'와 '에피메니데스(Epimenides) 역리'로 정리하기도 했다. 전자는 구문론과 후자는 의미론과 각각 관련된 역리라는 것이다.[36]

한편, 러셀은 이런 역설들을 해결하기 위해 악순환의 원리(Vicious

35 고유명은 다른 말들과 관계없이 독자적으로 의미를 지니는 것으로 개체는 그 기호의 의미가 된다. 반면에 기술은 '『웨이벌리』의 저자(*the author of Waverly*)'에서처럼 불완전기호이다. 그것의 지시체가 완전치 못하기 때문이다. 익명으로 출판되었기에 저자가 한명인지 몇명인지 불완전하다.

36 집합의 역설은 'Z를 자기 자신을 요소로 포함하지 않는 모든 집합의 집합이라 한다면, Z는 자기 자신에게 속하는가, 속하지 않는가?' 하는 것이고, 에피메니데스 역설은 크레타 사람 에페메니데스가 "모든 크레타 사람은 거짓말쟁이다."라고 했을 때, '그의 말은 참말인가, 아닌가?' 하는 데서 오는 문제다(이초식, 1970: 51-52).

Circle Principle, 어느 한 집합의 모든 것을 포함하는 것은 무엇이든지 간에 그 집합의 한 요소가 되어서는 안된다)를 내세웠는데, 이 원리를 엄밀하게 기술적으로 정식화해 역리를 배제하는 절차를 제시한 것이 계형이론이다.[37] 집합론에서 지적되는 존재들을 '집합', '집합의 집합', '집합의 집합의 집합'으로 나누고, 개개의 존재는 오직 하나의 한정된 계형에만 속하는 것으로 파악한다.

이초식은 이 가운데 의미론적 역리의 경우는 비논리적 개념들이 애매하거나 모호하기 때문에 나타나므로, 의미론적 역리를 해결하는 러셀의 방법에 이의를 제기하고 타르스키(Alfred Tarski)의 해결방법이 더 큰 호응을 얻고 있다고 했다. 타르스키는 언어와 메타언어(metalanguage)의 구분을 통해, '참[眞]'이라는 술어는 항상 특정한 언어와 관련된 것으로서 이해되어야 한다고 했다. 이어서 이초식은 '자연수의 무한성문제', '수와 관련된 집합론에서 나타난 문제', '전체집합·공집합·여집합 등에 관한 계형이론의 적용 부적절성'을 들어 러셀의 계형이론이 지닌 문제점들을 지적하기도 했다. 그러면서도 그는 러셀이 논리학의 발전과 분석철학 발단의 계기를 마련했음을 상기시켰다.

12. 실학

사학자인 전해종(全海宗)은 1963년 「청대 학술과 완당(阮堂)」(『대동문화연구』 1집)에서 완당(阮堂, 秋史) 김정희(金正喜, 1786~1856)가 살던 시대 청나라의 학술에 관해 살피면서, 완당이 중국에 갔을 때 청 유학자들과의 교섭과 영향에 관해 언급했다. 옹방강(翁方綱)·완원(阮元)과 더불어, 대

37 앞에서 소개한 두 종류의 역리 가운데 제1종의 역리는 구문론적·수학적 개념만을 지니며, 에페메니데스 역리와 같은 제2종의 정식은 '진리', '정의가능성', '언어'와 같은 개념들을 요구해, 제1종의 것들은 구문론적 역리(syntactic paradox), 제2종의 것들은 의미론적 역리(semantic paradox)라 한다.

진(戴震)·릉정(凌廷)이 완당에게 많은 영향을 주었음을 밝히면서, 완당의 경학을 부문별로 나누어 살폈다. 특히, 그의 실사구시설과 사폐변(私蔽辨)에서는 완당이 청나라의 학문을 깊이 알고 있음은 물론, 한나라와 송나라의 학문도 알고 있었음을 지적했다(학술원, 1976: 25).

한국현대철학사에서 실학에 관한 학자들의 연구 경향을 보면, 실학자들 가운데서도 다산(茶山) 정약용(丁若鏞, 1762~1836)에 관한 연구가 특히 많다. 정약용은 상당한 양의 저서를 남기고 영향력도 있어, 근세 한국사에서 돋보이는 실학자이자 개혁가로 간주되기도 한다. 이런 그의 영향에 힘입어 많은 학자가 그의 사상에 관심을 가졌는데, 1960년대에는 이을호의 글들에서 특히 두드러지게 나타난다. 실천을 강조한 다산의 학풍을 강조하면서 말이다.

이을호(李乙浩)[38](1964)는 「정다산의 수사학(洙泗學)적 인간상의 문제」(『김두헌박사 화갑기념논총』)에서 다산 경학이 수사학적 성격을 지니는 인간학임을 밝혔다. 아울러 다산학의 시대상황에 관해서도 언급하면서 다산학은 공자학의 참모습을 나타낸 것으로 그의 인간학은 실천적이라 했다. 그(1965)는 「다산 실학의 수사학적(洙泗學的) 구조」(『아세아연구』 2권 2호)란 논문에서도 다산학은 실학이면서 수사학적인 구조로 이루어져 있음을 강조했다. 이어서 그(1966)는 『다산경학사상연구』(을유문화사)라는 책에서는 다산학은 수사학적인 실천유학으로, 곧 실학임을 지적했다.

그(1968)는 「실학개념 구성의 제요인」(『연세실학강좌』 2권 2호)이란 논문에서는 조선조 후기 실학에 관해 지금까지 논의된 여러 사람들의 견해를 소개하면서, 공자학에서 가장 본질적이고 근본적인 면이 '수기치인

38 현암(玄庵) 이을호(1910~1998)는 영광에서 출생해 경성약학전문을 마쳤다. 일제 때는 2년 동안 옥고를 치뤘다. 영광중학 교장·광주의대 약국장·전남대 철학과 교수·광주박물관장을 역임했으며, 「다산경학사상연구」로 박사학위(서울대)를 취득했다. 중앙고보 때 동무(東武) 이제마(李濟馬)의 제자로부터 사상의학(四象醫學)을 배웠다. 실학연구에 힘썼으며 저서로 『사상의학원론』, 역서로 『목민심서』·『한글논어』 등이 있다.

의 실천을 말하는 인간학'임을 밝히면서, 이 점이 실학 개념 구성에서 중요한 위치를 차지해야 할 것이라 했다. 아울러 이런 개념 구성을 위해 실천윤리·무실역행·실심사천(實心事天) 등에 관해서도 언급하면서 이런 것들이 모두 인간학이라 했다(학술원, 1976: 17). 그는 1975년에는 『실학논총』에 「한국실학의 발전사적 연구」를 발표했는데, 이 글에서는 실학개념을 일반적·역사적·철학적 입장으로 나누어 검토하는 한편, 실학자들 개개인의 경향에 관해서도 언급했다.

다산 이외의 조선 시대 실학자들에 관한 연구도 이어지는데, 김길환(金吉煥)과 윤사순(尹絲淳)은 1972년 6월, 『아세아연구』(고려대 아세아문제연구소) 15권 2호에 「율곡성리학에 있어서 실학개념과 체제」, 「박세당(朴世堂)의 실학사상에 관한 연구」를 각각 게재했다. 김길환은 그의 논문에서 우리나라의 실학사상을 16세기의 성리학적 실학과 18세기의 고증적 실학으로 나누고, 전자는 의리학(義理學)을 중심으로 경세치용을 추구했고 후자는 궁리학(窮理學)을 중심으로 이용후생을 추구했는데 둘 다 경학(經學) 사상에 바탕을 둔다는 점에서는 일치함을 지적했다. 율곡의 경우는 성리 구현의 현실화에 역점을 두고, 형이상학과 인간학에서 탐구된 '실리(實理)'와 '실심(實心)'의 현실적 구현을 성실한 지적 탐구와 실천적 행위에서 추구했다. 그래서 율곡의 실학은 실리·실심·실사로 요약되고, 그 방법과 논리는 '체용일원(體用一源)'에 있다. 그런 측면에서 보아 초기 실학사상을 집성한 율곡이 조선 실학사상의 선구자이다. 조선 후기의 실학도 그 방법상 고증적 방법을 강조하나 성리학과 경학 사상에 그 근거를 둠으로써 전기의 성리학적인 실학사상의 영향 속에서 전개되었다(97-126).

윤사순은 박세당의 의리지설(義理之說)을 살피는데 치중했는데, 그의 사상은 명(名)보다는 실(實)을 중시하면서, 내용 면으로 보면 성리학에 비해 경험사상·실리사상·개인사상·민본사상 등과 관련된 싹이 보인다고 했다. 하지만 그의 실학사상은 경세치용에 머물 뿐 구체적인 제도의 개혁이나 과학기술 발명에 관해서는 언급이 없다며 그 한계를 지적했다(학술원, 1976: 31).

윤사순은 이미 같은 해 5월에는 박세당과 관련된 논문으로 「박세당의 실천사상－일상적 명실관을 중심으로－」를 『한국철학연구』(해동철학회) 2집에 게재하기도 했다. 그는 이 논문을 통해 박세당의 '일정한 현실관' 곧, '실생활에서 가지게 되었던 문제의식 및 그 문제해결에 적용했던 사고방식'을 살폈다. 그에 따르면, 박세당은 명분·형식·명칭보다는 사실·실질·내실을 중요시했고, 대내문제에 있어서는 허언(虛言)보다 실효가 중요함을 전제로 문화정책(도덕)보다는 복지정책(민생)에 그 역점을 두었으며, 대외문제에서는 명분보다는 실리에 입각한 외교론을 주장했음을 지적했다. 이어서 그는 박세당의 유명론적인 명실관이 주자적인 실존론을 극복하는 이론의 기초가 될 것이라 하면서, '명실관'이 실학에 있어 실천사상과 근본사상을 한 맥락으로 연결시켜 줄 기본관점 내지 기본형식으로 여겨진다고도 했다. 박세당의 반주자학적인 경학사상을 실학의 근본사상을 대변하는 것으로 보면서 말이다(윤사순, 1972: 89-124; 학술원, 1976: 30).

윤사순은 1973년 6월에는 『아세아연구』 16권 2호에 「이규경실학에 있어서의 전통사상－그의 도불관(道佛觀)을 중심으로－」을 발표했다. 윤사순은 오주(五洲) 이규경(李圭景, 1788~1856)의 『오주연문장전산고(五洲衍文長箋散稿)』를 중심으로, 이규경의 박학(博學)과 백과전서식 학풍과 함께 성리학관·도불관(道佛觀)·서학관(西學觀)을 알아보려 했다. 그러면서 그는 오주가 주자학과 양명학을 절충하고, 도불사상까지 포섭하면서 전통사상을 일원화하려는 그 나름의 '독자적인 견해'를 펼쳤다고 했다. 이런 오주의 주체의식은 서학이나 서학문명에 대립한 시대의식에서 비롯되었으므로, '대서구적(對西歐的)인 것'이라는 특색을 지니는 동시에 그로 인한 한계도 있다고 했다(213-239; 학술원, 1976: 35-36).

사학자인 이현희(李炫熙)(1972)는 「한국실학의 본질과 발전의 추이 연구－실학서적의 전래와 연구를 중심으로－」(『국회도서관보』 9호)라는 글에서, 실학서적의 출간 성격, 발전에 영향을 준 학자들의 연구업적 계보, 학파 형성 등을 들면서 한국실학을 발전사적으로 살펴, 일반 독자들로 하여금 실학을 개괄적·전체적으로 이해하는 데 도움을 주었다. 그는 실학은 개념 규정이 문제임을 지적하면서 먼저 중국 및 한국에서 '실사구시'와 '경세치용'의 학으로서 대두하게 된 역사적인 사례들을 살폈다. 그런 뒤 논문을 전개함에 있어서는 첫째, 한국실학발생의 사회적·문화적 요인 분석으로 (1) 봉건제도의 병폐 및 재정 파탄과 관련한 내적 요인을 사회적·경제적 그리고 생산유통관계에 근거해 살폈고, (2) 삼정의 문란과 농업 경제의 위축을 재야 층의 실학서적연구, 양명학의 동래(東來) 및 청조(淸朝)학술의 전래와 관련해 논했다. 둘째, 그는 한국실학의 발전사적 추이를 보기 위해 (1) 발생기의 실학과 서적의 연구 상황, (2) 발전기의 실학과 학파의 형성, (3) 극성기의 실학 연구와 관계 서적의 출간 및 용처(用處), 그리고 (4) 쇠잔기(衰殘期)의 실학 경향과 문화사적 동태로 나누어 각각 언급했다(학술원, 1976: 31-32).

13. 심리철학

심리철학분야에선 단연 김재권의 연구가 시선을 끈다. 그는 지금도 이 분야에선 세계적 학자로 여겨진다. 그는 서울대 불어불문학과 재학 중 한미장학위원회의 장학생으로 선발되어 다트머스대학(Dartmouth Univ.)을 거쳐, 프린스턴대학 대학원에서 공부했다. 그는 헴펠 교수 지도로 박사학위—논문 제목은 「사회과학과 역사과학에서의 설명(Explanation in Social and Historical Sciences)」—를 취득했는데, 헴펠은 과학적인 설명에서 'D-N형 설명'을 제시한 과학철학자로 유명하다. 그 후 그는 스와츠모어대·코넬대·존스홉킨스대·미시간대·브라운대에서 철학 교수를 역임했다. 동양인으로는 최초로 미국철학회(중부지구) 회장을 역임했고, 미국학술원 정회원으로 선출되었다. 그는 과학철학에서 출발해 형이상학과 심리철학으로 그의 관심을 펼쳐 나갔는데, 70여 편의 논문을 발표했다. 그 가운데 국제적으로 주목을 끌었던 1960~1970년대 심리철학 관련 논문 몇 편을 소개하면 아래와 같다.

- 「심신동일론(On the psycho-physical identity theory)」(*American Philosophical Quarterly*, 3(3), 1966)
- 「동일론 논리(The logic of the identity theory)」(*The Journal of Philosophy*, 64(17), 1967)
- 「마음에 관한 심신법칙과 이론(Psychophysical laws and theories of mind)」(*A Swedish Journal of Philosophy and Psychology*, 1968)
- 「환원, 대응, 동일성(Reduction, correspondence, and identity)」(*The Monist*, 52(3), 1968)
- 「자연속성, 심리법칙, 동일론(Phenomenal properties, psychological laws, and the identity theory)」(*The Monist*, 56(2), 1972)

저서로 펴낸 것으로는 『수반과 마음(*Supervenience and mind*)』(Cambridge: Cambridge University Press, 1993), 『심리철학(*Philosophy of mind*)』(Boulder, Colorado: Westview Press, Inc. 1996)이 있으며, 소사(Ernest Sosa)와 함께 편집한 책으로 『형이상학과 동행하면서(*A companion to metaphysics*)』(Oxford: Blackwell, 1995)가 있다. 그는 논문 쓰기에 힘쓴 학자로 논문에 비해 저서는 적은 편이다. 국내에서 번역·출판된 책으로는 『심리철학』(1997)이 있고, 그의 주요 논문들을 편집하여 옮긴 것으로 『수반과 심리철학』(1994), 『수반의 형이상학』(1994)이 있다. 모두 철학과현실사에서 출판되었다.

김재권은 특히 수반(supervenience) 개념을 도입해 심신관계를 정리한 세계적인 학자이다. 수반은 윤리학과 같은 가치론과 밀접히 연관되어 온 개념으로, 도덕에서의 특성들은 사실과 관련된 성질들에 의존함을 강하게 암시하기도 한다. 그의 심물수반론은 1970년대 후반의 논문들에서 나타나기 시작해[39] 1980년대에 더욱 진척을 보인다. 그(1978)에

의하면 수반은 일정한 조건에서만 환원가능성과 정의가능성을 보장한다. M이 N에 수반될지라도 M-특성과 N-특성을 연결하는 연결법칙들이 도출될 정도는 아니므로, 환원이나 정의를 정식화할 처지에 있지는 않다고 했다.

수반은 비환원적 물리주의와 유사한 면이 있다. 물리주의와 비환원주의는 둘 다 비환원적인 의존관계를 인정한다. 유기체의 심성이 물리적인 성질에 수반한다는 주장은 심적인 것은 물리적인 속성들에 의존하거나 그것에 의해 결정된다는 물리주의자의 요구와, 이런 의존성은 환원에 이르지 않는다는 비환원주의자 주장 둘 다를 확보한다. 수반은 환원도 환원불가능성도 함축하지 않는다(김재권, 1999: 377-378). 그러면서도 그의 주장은 '마음은 자연현상이며, 자연현상은 시공간계의 사건·인과관계·법칙 같은 것을 통해 자연계 내에서 설명되어야 한다'는 것에 상당히 의존하고 있다. 다시 말해 그의 논지를 보면 수반은 환원가능성이나 환원불가능성을 함축하진 않지만 모두와 무모순적임을 시사한다.

우리나라에서 발표된 심리철학 관련 글들 가운데, 현대의 관점에서 몸과 마음의 문제를 개략적으로 소개한 것으로는 김진태 케이스웨스턴리저브대 교수의 글을 들 수 있다. 김진태(1973)는 「심리철학의 현황」(『철학』 7집)에서 심리철학의 현황을 밝히고, 심리철학에서 물의를 일으킨 물질주의적 의식론을 둘러싼 논의 영역을 정리함과 더불어 심리철학의 형이상학적인 성격을 밝혔다. 그는 오늘날 심리철학의 동향은 '지식의 객관화', '지식의 체계적 통일', '존재론의 단순성 지향'이 그 주동력을 이룬다고 했다. 언어에 관한 철학적 연구의 고답화(高踏化)가 현대 심리철학의 환원주의적 추세를 어느 정도 견제하지만 환원주의

39 예를 들면, 1978년에 발표한 "Supervenience and nomological incommensurables" (*American Philosophical Quarterly*, 15: 149-156), 1979년의 "Causality, identity and supervenience in the mind-body problem"(*Midwest Studies in Philosophy*, 4: 31-49) 등이 그것이다.

는 언어철학적 기구를 이용할 수 있을 만큼 숙련되었다고도 했다.

한편, 그 무렵 소흥렬(1974)은 미국 미시간대에 「인간행위에 관한 인과설명(Causal explanation of human action)」을 박사학위논문으로 제출했다. 그는 이 논문에서 논리주의자들의 주장인 '행위의 설명에는 논리적 관계가 개입되므로 인과설명이 될 수 없음'을 비판했다. 그러면서 행위를 일어나게 하는 인과연쇄과정을 설명했다. 이런 설명에서 문제가 되는 것은 행위의 선택에 개입되는 사유작용을 인과과정으로 설명해야 하는 문제다. 그런데 사유의 과정에는 논리의 법칙이 적용된다. 논리법칙을 따르는 과정이므로 그것은 인과과정이 아니다. 그러나 인간의 두뇌가 인과적으로 기능하지 않는다면 논리의 사유작용도 일어날 수 없다. 이것은 물리주의가 주장하고자 하는 바 최소한에 해당하는 그런 것이다(한국학술진흥재단, 『외국박사학위 논문초록집』, 1993: 18; 이 책의 II부 10장 '과학철학' 참조).

그의 논문에서 석연치 않은 것은 '논리법칙'과 '인과과정'의 관계이다. '논리법칙을 따르는 과정이므로 그것은 인과과정이 아니다'라는 표현을 '논리법칙을 따르면 그것은 인과과정이 아니다'라는 표현으로 다시 다듬어 본다면, 이 말은 대우명제인 '인과과정이면 논리법칙을 따르는 과정이 아니다'와 동치인 것이 된다. 하지만 인과적 함축, 인과적 필요조건, 인과적 충분조건이란 개념들에서도 드러나듯이 논리성과 인과성이 그렇게 대비되는 것만은 아니다. 인과성과 논리성은 서로 도움을 주고받는 관계이다. 그의 논문에서 그가 말하듯, '인간의 두뇌가 인과적으로 기능하지 않는다면 논리의 사유작용도 일어날 수 없다'는 표현과 관련짓기 위해서라도 그렇다.

이명현(1974)은 한국철학회에서 「인간: 그 현대적 이해와 문제성 - 스키너(B. F. Skinner)의 행동주의를 중심으로 -」를 발표해 담론의 단초를 마련했고, 1975년 조승옥은 「동일론에 입각한 심신문제」(『철학논구』(서울대) 4집)에서 몸과 마음의 문제를 본격적으로 다뤘다. 이어서 그(1975)는 「파이글(Herbert Feigl)의 동일론에 있어서 주관성과 동일성의 문제」

를 석사논문(서울대)으로 제출했다. 이 논문은 파이글의 동일론 문제를 다룬 것으로, 'I. 심-신동일론의 두 가지 난제: 심적 사상의 주관성과 심-신동일성', 'II. 심적 사상은 과연 사적인가?', 'III. 심-신동일성', 'IV. 몇 가지 비판적 견해들'로 이루어져 있다.

해외에서는 신오현이 같은 해에 「사르트르의 자아개념(Sartre's concept of the Self)」이란 논문으로 미시간대에서 박사학위를 취득했다. 그는 이 논문에서 『존재와 무(*L'Être et le néant*)』를 중심으로 한 사르트르의 저서들에서 제시된 의식이론을 분석함으로써 그의 자아 개념을 해명하려 했다. 의식의 존재, 의식과 대상, 의식과 타자의식, 의식과 자아, 존재와 의식 등이 논문을 이루는 주요 주제들이다. 이렇게 그는 사르트르의 논저를 통해 심리철학적 담론에 접근했다.

한편, 1977년 한국철학회 분석철학분과연구회에서 주요 외국 논문들을 편집해 발간한 영문선문집으로 *Readings in the Analytic Philosophy*가 있는데, 이 책의 제IV부는 심리철학과 관련된 것들이다. 그 당시 수준에서 권장되는, 심리철학을 공부하려는 사람들이 읽어야 할 논문들을 엮은 것이다.

이런 상황 속에서 1979년 12월 8일에는 철학연구회의 '1979년도 추계연구발표회'가 이화여대 국제관(International House)에서 있었는데 주제는 '심리철학의 문제'였다. 이 발표회에서 소흥렬은 '심신동일론'을, 신오현은 '자아동일론'을 각각 발표했으며, 조승옥과 김여수가 전자에 관해, 신구현과 이명현이 후자에 관해 각각 논평했다. 심리철학분야에서 매우 의의 있는 학술발표회였다(II부 11장 '심신동일론' 및 '자아동일론' 참조).

심신관계를 창발론과 관련지어 언급한 학자로는 재미 한국계 철학자인 승계호를 들 수 있다. 그는 심신관계에 관한 담론에서는 김재권의 유물론적인 수반이론보다는 창발론에 기울어져 있다. 창발은 결합된 물질에서 발생하는 신비한 힘으로, 결합이 이루어내는 새로운 성질이다. 예컨대, 원자들이 결합해 집단적 존재인 고체가 되면 단단해지는데, 이런 변화는 원자의 결합이 이루어 내는 새로운 성질이다. 아름다운 그림이나 음악의 경우도 부분들의 단순한 결합이 아니다. 개별적·부분적인 것에서 발견할 수 없는 새로운 속성이다. 창발은 환원론을 바탕으로 하지만 환원과는 그 방향이 반대이다. 환원은 '분해의 방법'을, 창발은 '합성의 방법'을 각각 그 기초로 한다. 그는 심신관계도 이런 식으로 설명했다.

14. 언어/분석철학

우리나라에서 언어/분석철학 분야에 관한 대학에서의 첫 강의는 김하태가 한 것으로 알려져 있다. 연세대 교수였던 박영식[40]의 회고에 의하면 김하태는 1950년대 중반에 귀국 후, 대학에서 에이어(A. J. Ayer)의 저서인 『언어, 진리, 논리(*Language, Truth and Logic*)』(1936)를 그의 강의에서 다뤘다. 한편, 박희성이 해방 후 러셀이 1945년에 펴낸 『서양철학사(*A History of Western Philosophy*)』를 고려대에서 강의 교재로 사용하면서, 교재 내용 가운데 중요한 부분을 읽으면서 그 내용을 설명했다는 것을 보면, 그도 언어/분석철학 분야를 다루었을 것으로 여겨진다.

그러던 것이 1960~1970년대에 접어들어 젊은 학자들을 중심으로 분석철학이 더욱 활발히 연구된다. 이런 분위기에서 1976년 12월 11일에는 한국분석철학회가 서울에 있는 종로서적 5층에서 창립모임을 가졌다. 분석철학회는 그 후 19차례에 걸쳐 세미나를 개최하다가, 1979년 6월 5일 20회 모임부터는 논문발표회로 바꿔 진행했다. 아울러 특정 주제에 관한 집중적인 담론의 장을 마련하기 위해 합숙세미나를 갖기도 했고, 해외학자들을 초청해 논문발표회나 강연회를 열기도 했다.

40 박영식(1934~2013)은 경남 김해에서 태어났으며, 연세대(학사, 석사)를 거쳐 1975년 미국 에머리대에서 박사학위를 취득했다. 연세대 교수와 총장, 대한민국 학술원 회장 등을 역임했다. 논문으로 「검증원리의 문제」(1968), 「Aristoteles에 있어서의 자연의 개념」(1975), 「비트겐슈타인의 〈논고〉에 있어서의 도시와 밀림」(1978) 등이 있다.

이제부터는 해방 후에서 1980년까지 우리나라에서 있었던 분석철학이나 언어철학연구에 관해, 먼저 일반적·전체적으로 다룬 글들을 살펴보겠다. 이어서 검증가능성이론·기술이론·환원적 분석·상징 등 분석철학이나 언어철학에서 중요시되는 담론들에 관한 논문들을 다루겠다. 아울러 철학자들 가운데 비트겐슈타인의 견해와 관련된 논문들을 살펴보겠다. 이 당시는 이 분야에서 비트겐슈타인에 관한 논문이 특히 많이 발표되었기 때문이다.

우선, 분석철학이나 언어철학을 소개하는 논문들은 1950년대 후반부터 나타나는데, 손명현(1958)이 『철학연구』(고려대) 2집에 「논리실증주의」란 글을 발표한 것이 그 경우에 해당한다. 한편, 이규호는 1968년 10월 언어철학이라는 부제가 붙은 『말의 힘』(제일출판사)을 출판했다. 한문 투의 용어가 아니라 가능한 순수한 우리말을 사용해 글을 작성하려 했다는 점에서 돋보인다. 책의 내용은 1. 문제의 성격, 2. 다루는 방법, 3. 이야기의 현상, 4. 말의 의미, 5. 말과 기호, 6. 말의 심리현상, 7. 말과 생각, 8. 말과 얼, 9. 우리말의 논리, 10. 말과 삶, 11. 말과 사람됨, 12. 말의 변질, 13. 말과 교육, 14. 말과 철학의 순으로 이루어져 있다.

이 분야와 관련된 논리적 분석방법을 탐구한 논문들도 등장했는데, 예컨대 서철원(徐哲源)(1969)은 '논리적 분석방법의 고찰'이라는 부제가 있는, 「철학에 있어서의 과학적 방법」이라는 석사학위논문(서울대)을 제출했다. 그는 이 논문에서 러셀의 논리적 원자주의, 비트겐슈타인의 트락타투스(Tractatus), 카르납의 논리적 구문을 통해 이 3인의 분석방법을 살피면서 논리적 분석운동의 개요에 관해 언급함과 더불어 이런 방법들도 경우에 따라 변함을 시사했다.

그 후 1970년대에 이명현(1976)은 「논리분석과 철학」(『문학과 지성』 가을호)이란 글에서, 분석철학은 논리적 분석의 방법으로 언어의 의미를 명료화하는 작업이라 여기는 철학관으로, 실천과 관련된 개인의 결단이나 태도와 관련된 문제를 학문의 문제로 논의하려는 것에 관해서는 소극적이라 했다. 이어서 그(1977)는 『현대사조론』(서울대출판부)에 게재한 「분석철학의 정신」이란 글에서 분석철학을 '객관적으로 그 진위를 가려낼 수 있는 이론만을 문제시하는 하나의 학문'으로 규정했다. 그러면서 그런 이론적인 작업으로 철학이 할 수 있는 것은 논리적인 작업이라고 덧붙였다. 사실세계를 직접 연구하는 대신에, 사실세계에 관해 언급하는 여러 분과학문의 이론 및 일상어를 분석·검토하는 논리적인 작업에 치중하는 그런 지적인 활동을 철학으로 간주하는 하나의 철학관이라 했다(학술원, 1987: 117).

소흥렬은 1978년 서강대에서 있었던 '한국철학회 추계학술연구 발표회'에서, 「언어와 철학－분석철학의 견지에서－」이란 글을 발표했다. 그는 발표문에서 철학적 분석의 기본이 되는 것은 언어철학에 대한 이해와 논리학에 대한 이해라고 하면서, 철학적 분석은 하나의 방법일 뿐이므로 그런 방법에 관한 이해만으로는 충분치 않다고 했다. 분석철학의 과제는 언어를 더 정확하게, 더 분명하게, 그리고 더 논리적으로 사용하는 것을 알게 하는 데 있다고 했다(학술원, 1987: 118).

같은 해, 정대현(丁大鉉)(1978)은 「일상언어분석」을 『철학연구』(철학연구회) 13집에 게재했는데, 그는 이 논문에서 일상언어분석에 있어서 유일한 요령이 없는 것은, 게임마다 그 게임의 규칙이 다르듯이 표현마다 그 표현의 논리가 다르기 때문이라 했다. 두 표현들의 논리가 동일하다면 그 표현들은 두 개의 서로 다른 표현들이 아니라 하나의 표현이다. 서로 대치될 수 있는 동의어는 있을 수 없으므로, 일상언어문장에 관한 분석이나 일상언어표현에 관한 분석에서 도식적인 요령은 없다는 것이 그의 주장이다. 이어서 그(1980)는 「지식개념의 일상언어적 분석－그 역사적 발전과정을 중심으로－」(『철학연구』(고려대) 6집)에서, 지식개념이 일원적 논리가 아니라 다원적 논리를 가진다는 것을 보이고자 했다. 물리주의적 인공언어는 특별히 선정된 목적을 위해서는 훌륭한 언어일 수 있지만 모든 철학적 작업을 위해 사용되어야 하는 언어는 아니다. 1950년대 후반에 손명현(1958)이 『철학연구』(고려대) 2집에 발표한 「논리실증주의」와 함께 읽으면 도움이 되는 논문이다. 분석철학분야에서 논리실증주의와 일상어의 철학은 여러 면에서 비교될 수 있기에 그렇다.

다음으로 언어/분석철학에서 중요시되는 검증가능성 이론, 기술이론, 환원적 분석, 상징 등과 관련된 논문들에 관해 살펴보기로 한다. 1960년대에 접어들어, 조병일(趙炳一)은 1961년 3월 「의미의 검증가능성 이론」이란 논문으로 석사학위(고려대)를 취득했고, 박영식은 1968년 6월 「검증원리의 문제」를 『인문과학』(연세대) 19집에 발표했다. 후자의 논문에서는 검증원리란 무엇이며, 어떻게 전개되어 왔고, 어떤 비판들이 제기되었는지를 다뤘다. 이를 위해 가능성의 종류, 의미의 검증성이론, 의미의 확인성이론, 의미의 개연성이론, 의미의 변형성이론, 검증원리의 검증가능성 등에 관해 언급했다. 이어서 검증원리는 그 자체에 대한 논의보다 그 응용에 더 큰 의의가 있다고 했다. 여운을 남기는 말이다.

이 무렵에는 환원적 분석과 관련해 기술이론(記述理論, descriptive theory)에 관한 관심도 싹텄다. 곽노진(郭魯鎭)(1964)이 「러셀의 기술이론」을 석사학위논문(서울대)으로 제출한 것이 그 초기에 해당한다. 이 논문의 본문에서는 '기술이론의 발생계기', '불완전기호로서의 기술', '마이농의 명제의 해결', '공(空)의 기술을 포함하는 명제의 부정개념'을 다루었다. 러셀의 기술이론은 지금도 주목을 많이 받는 분석이론으로 그 당시에는 학계에 더욱 신선한 분위기를 제공했으리라 본다.

소흥렬(1969)은 「'하나님'과 '존재'」(『계명대학 용산기념논문집』)라는 논문에서 분석철학적인 방법인 개념분석이나 언어의 논리적 분석을 통해 '하나님'과 '존재'에 관해 새롭게 접근했다. 특히 러셀의 '기술이론'을 중심으로 해서 말이다. 그는 '하나님'이란 말과 '존재'라는 말의 논리적 의미를 분석하면서, 하나님의 존재 문제에 관한 새로운 방법을 찾아보려 했다.

그 후 기술이론과 관련된 논문은 김여수의 논문에서도 찾아볼 수 있다. 그는 1979년 『철학』 13집에 「환원적 분석」이란 논문을 게재했는데, 그는 이 논문에서 "언어의 기능이 세계를 묘사하는 데 있다고 전제했을 때, 언어는 세계와의 관계, 또는 세계에 대한 우리 경험과의 관계를 규정하는 일련의 규칙 즉, 의미론적인 규칙이 없이는 가능할 수 없다는 것은 자명하다."라고 했다(56-57). 의미론적인 규칙이 없다면 구문법적 형식 외에는 없는데, 이런 구문법적인 기준만으로는 세계가 올바로 묘사되었는지 아닌지를 결정할 수 있는 객관적인 근거가 없으므로, 언어에 대한 논리적인 분석은 결국 의미론의 토대 위에 서지 않으면 안 된다. 그래서 언어는 감각적인 경험과의 관계를 둘러싼 환원의 문제로 귀결된다(II부 11장 '기술/설명' 참조). 하지만 이런 기술언어에 근거한 환원적인 분석에 관한 논문에서 나타나는 아쉬움은 그가 환원적 분석이 분석철학에서 사용하는 다른 방법(치료적 분석 등)에 비해 어떤 차이성이나 우월성 내지 문제점을 지녔는지에 관해서도 언급했더라면 하는 점이다.

언어철학에서 중요시되는 상징을 주제로 한 논문들도 나타났다. 1963년 10월 최명관이 발표한 「씸볼·씸볼리즘 - 의미의 세계 -」(『박종홍박사 환력기념논문집』)가 그 전형적인 경우이다. 그는 이 논문에서 심볼(symbol)의 뜻을 살펴보고, 사인(sign, 신호 내지 징조)과 심볼의 차이점을 랭어(S. K. Langer), 뒤카스(C. J. Ducasse) 등의 주장에 따라 검토한 뒤, 이어서 문학과 철학에서의 심볼리즘에 관해 언급했다. 문학에서는 보들레르(C. P. Baudelaire), 말라르메(Stéphane Mallarmé), 발레리(Paul Valéry) 등에게서 찾아볼 수 있는 상징주의 시의 의미를 살폈다. 철학에서는 카시러(Ernst Cassirer, 1874~1945)의 『상징형식의 철학(*Philosophie der symbolishen Formen*)』을 통해 살폈다. 그 후 그는 1975년 「카시러의 언어철학」[41]을 『철학연구』(철학연구회) 10집에 발표해 카시러의 견해를 집중

41 그 구성은 1. 서언, 2. 카시러의 철학적 입장, 3. 카시러의 문제와 방법, 4. 언어철학에 대한 역사적 고찰, 5. 훔볼트(Humboldt)의 언어철학적 사상, 6. 언어의 여러 층, 7. 결어로 이루어져 있다.

적으로 논구했다. 그는 『상징형식의 철학』 제1권의 「언어」와 「인간론」을 중심으로, 카시러의 언어철학에 관해 언급했다. 그는 논문 내용 가운데 '언어의 여러 층'에서는 언어를 '감각적 표현의 단계에 있는 언어', '직관적 표현의 단계에 있는 언어', '개념적 사고의 표현으로서의 언어', '논리적 관계의 표현으로서의 언어'로 나누어 살피기도 했다.

김현옥(金顯玉)(1964)은 「상징의 현시(顯示)적 형식에 관한 논고」를 석사학위논문(서울대)으로 제출했다. 랭어의 견해를 중심으로 살핀 글로 서론, 상징개념의 분석적 고찰, 심볼의 현시성, 현시적 심볼의 제 체계(諸體系)와 계제성(階梯性)의 문제, 결론으로 이뤄져 있다. 그는 논문에서 심볼은 의미를 담는 기능적인 것으로 인간의 문화적 소산이나 여러 패턴(pattern)을 심볼의 여러 체계 속에서 다룰 수 있다고 했다.

이런 지적인 풍토 속에서 윤노빈(尹老彬)은 1972년 5월에 「IR법칙과 언어적 가상」을 『철학연구』(한국철학연구회) 14집에, 9월에는 「언어·의사전달·실재」를 『하기락박사 회갑기념논문집』에 각각 발표했는데, 전자에서는 사실의 세계 속에서 암시(suggestion)를 통한 가상(거짓말)이 어떻게 감행되었는지를 규명하려 했고, 후자에서는 언어의 사회적 기능에 주목해 역사적·사회적 실재의 세계를 무시하는 언어철학을 비판했다. 이어서 그(1973)는 '언어상대성이론에 대한 비판적 고찰'이라는 부제(副題)가 붙은 「언어와 사상」을 『철학연구』(철학연구회) 8집에[42] 발표했는데, 한국사상을 탐구하는 데 제기되어 온 '한국어와 한국사상의 관계'에 관한 문제해결의 과업에 조금이라도 기여하려는 취지에서라고 했다.

같은 해 같은 학술지에 김봉수(金鳳壽)는 「의미론의 제 학설에 대한 검토」라는 논문에서 의미론의 유형에 관해 언급한 뒤 '상황과 반응의

42 이 논문은 (가) 한국사상과 한국어, (나) 월후의 언어상대성원리, (다) 훔볼트의 민족언어학, (라) 카시러의 상징적 언어관, (마) 하이데거의 언어이해의 순으로 이루어져 있다.

함수로서의 의미', '행위기질의 함수로서의 의미' 등을 언급했다. 언어의 의미 있는 사용은 '세계'에 관해 언급하는 것과도 관계되고, 우리의 사유를 표현하는 것과도 관계되지만 여러 가지 행위와도 관계된다. 아울러 행동이론은 낱말이나 문장의 의미를 자극-반응과 관련된 것으로 보는데, 그것은 언어행위를 너무 단순하게 생각한 것 같다고도 했다.

이 시기에는 무엇보다도 우리나라에서 비트겐슈타인의 철학관과 관련된 연구가 본격적으로 시작된 때이기도 하다. 그 구체적인 경우를 살펴보면, 이명현은 1966년 「트락타투스(Tractatus)의 중심사상」[43]을 『철학연구』 창간호(철학연구회)에 발표했다. 비트겐슈타인의 전기사상을 대표하는 책인 『논리-철학논고(*Tractatus Logico-Philophicus*)』에 관한 전체적인 내용 소개라 하겠다. 그는 1974년에는 『철학연구』 9집에 「콰인(W. v. O. Quine)의 원초적 번역의 불확정성론: 그 비판적 검토」란 논문을 게재해, 콰인의 저서 『언어와 대상(*Word and object*)』에 나타난 원초적 번역의 불확정성론을 비판했다. 콰인의 경우, 관례(규약, conventionalism)를 번역영역에서 타당한 것으로 믿으나, 그는 이론구성 차원에서 관례가 타당하다 할지라도 언어사용의 차원에서는 그렇지 않음을 들어 콰인의 견해를 비판했다. 또한 '번역의 불확정성론'과 '번역의 곤란성'은 서로 다른 성격인데, 콰인은 그것을 혼동하는 오류를 범했음도 지적했다. 하지만 그의 논문에서 아쉬운 점은 타당이란 용어의 사용이다. 상당히 넓고 느슨한 뜻으로 사용했기에 차라리 다른 용어로 대체하면 더 나을 성싶다. 타당이란 용어는 '항상 참'이라는 뜻이 강하므로, 여기서는 설득력이라는 용어로 대체하는 것이 낫다.

이규호는 1971년 5월에 「비트겐슈타인의 언어철학」[44](『인문과학』(연세

---

43 이 논문은 서언에 이어 1. 사실의 총체로서의 세계, 2. 세계의 사상(寫像)으로서의 언어, 3. 언표(言表)가능성의 문제로 이루어져 있다.

44 이 논문은 1. 머리말, 2. 『논리철학논고』와 『철학적 탐구』, 3. 철학적 탐구의 다면성, 4. 말놀이의 이념, 5. 삶의 형식으로서의 말놀이, 6. 철학적 문제들의 지양, 7. 이름과 말놀이, 8. 말놀이의 이념의 문제성으로 이루어져 있다.

대) 24/25합집)을 발표했는데, 이 논문에는 '말놀이(language game)의 이념에 대하여'라는 부제가 붙어 있다. 순수한 우리말로 글쓰기에 힘을 쏟은 모습이 보이는 논문이기도 하다.

비트겐슈타인의 언어철학에 관한 학자들의 논문 발표는 이어져, 이정호(李正浩)(1968)는 「철학에의 언어학적 모색」(『철학연구』(한국철학연구회, 7집)에서 비트겐슈타인의 후기 사상을 다뤘다. 그는 비트겐슈타인이 철학자들로 하여금 언어 연구에 관심을 쏟게 하고, 언어의 정확한 이해를 통해 철학과 관련된 문제들을 다루게 하는 데 기여했음을 지적했다. 그러면서 그는 언어 분석철학의 단점과 한계를 찾아 수정될 수 있는 방향을 모색했다. 아울러, 언어 연구를 통한 철학으로의 접근은 희망적이며, 개척의 여지가 많이 남아 있다고도 했다.

김여수(1970)는 「비트겐슈타인과 본질철학의 종언(終焉)」(『철학연구』(철학연구회, 5집)이란 논문을 비트겐슈타인의 초기 저서인 『논리-철학 논고』를 들어 언급했다. 그는 비트겐슈타인이 마지막 의미요소로서의 원자적인 대상의 구조와 이에 일치하는 우리 언어의 부호단위의 구조 간에 직시적이고 모사적인 관계를 설정함으로써, 본질철학의 재정언(再定言)을 시도했음을 지적했다. 아울러, 비트겐슈타인은 그의 후기 철학을 대표하는 『철학적 탐구(*Philosohical investigations*)』에서 다의적이고 상관적인 관점에서 반본질주의적·반플라톤적·반철학적인 의미론을 제시했음도 지적했다. 철학에서 나타나는 문제는 언어의 논리에 관한 오해에 그 근원을 두고 있으므로, 철학의 과제는 언어학적인 분석을 도구로 해 언어의 기능을 밝히는 데 있다. 비트겐슈타인의 전후기 철학사상을 요약해서 정리한 글이다.

송현주(1974)는 『철학연구』(철학연구회) 9집에 게재한 「비트겐슈타인의 *Philosophical Investigations* 연구」라는 논문에서 비트겐슈타인의 저서인 『철학적 탐구』에 근거해 그의 후기 사상을 다뤘다. 의미론적인 논의, 언어유희론, 철학의 문제, 인식적인 견해 순으로 서술하면서, '감각이나 심리상태를 타인에게 환원하는 문제, 동일성, 부정, 자연의 불변성'에 관한 것들을 다뤘다. 그러면서 그의 저서에서 나타나는 까다로운 표현과 암시적인 비유들은 그의 견해를 해석하는 데 어려움을 주지만 그런 점이 그의 지적인 통찰을 흐리지는 않는다고도 했다.

1970년대 중후반의 경우를 보면, 이영철(李榮哲)(1977)은 『철학논구』(서울대) 5집에 게재한 「대상과 트락타투스(Tractatus)」라는 논문에서, 명목론자와 실재론자들의 공통된 전제는 트락타투스의 대상들이 객관적으로 외계에 존재하는 것에 이름을 지닌다는 것이라 했다. 대상은 세계 내에 실재하는 실체이며, 개체이거나 보편자다. 그런데 트락타투스의 세계는 나의 세계이므로, 그런 세계는 내가 죽으면 종말에 이르는 세계이기도 하다. 세계의 한계는 곧 나의 언어의 한계이기도 하다. 그래서 트락타투스의 세계는 객관적 실재의 외계라기보다는 의미(sense)의 총체로서의 세계라는 주장이다.

이건원(1978)은 그의 논문인 「형식언어의 의미론」(『철학논구』 6집)에서, 수리논리(數理論理)로부터 발전된 모형이론(Model Theory)의 근간을 이루는 프레게, 타르스키 등의 의미론을 다뤘다. 그러면서 그는 무엇이 참인지를 체계적으로 살피는 데는 비트겐슈타인의 저서인 『논리-철학 논고』가 특히 돋보인다고 했다. 그는 그 책을 통해 '참'을 언어상의 문제로 보면서, 명제가 사실을 나타낼 때 참이고 그렇지 않을 때는 거짓이라고 했기 때문이다.

이런 학계의 분위기에서 박영식(1978)은 「비트겐슈타인의 『논고』에 있어서의 도시와 밀림」(『연세논총』 15집)이라는 흥미로우면서도 관심을 끄는 논문을 발표했다. 그는 논문에서 비트겐슈타인의 『논고』에는 두 세계가 있는데, 하나는 경험할 수 있고 검증될 수 있고 말할 수 있는 세계이고, 다른 하나는 경험도 검증도 언어로도 나타낼 수 없는 세계라고 했다. 그는 상징적인 표현으로 전자를 도시, 후자를 밀림이라 각각 일컫고, 『논고』 속에는 도시도 밀림도 모두 있다고 했다. 비트겐슈타인은 밀림의 존재를 부인치 않으며, 단지 그것이 언어의 한계를 넘어서 있으므로 그것에 관한 언급은 무의미한 일이라 했다. 이에 비트겐슈타인과 논리실증주의자들 사이에 뚜렷한 차이를 발견하는데, 논리실증주의자들은 밀림의 존재를 강력하게 부인한다는 것이다. 그들은 밀림에 관한 언급은 '없는 것'에 관한 언급이므로 '헛소리'일 수밖에 없다고 했다. 비트겐슈타인의 언어철학을 적절한 비유를 통해 알기 쉽게 해명한 흥미로운 논문이다.

앞에서 살폈듯이 1960년대 후반부터 1970년대에 걸쳐 분석철학이나 언어철학에서는 비트겐슈타인의 견해와 관련된 논문들이 많이 등장한다. 주로 그의 전기 사상과 후기 사상을 각각 대표하는 '그림이론(picture theory)'과 '놀이이론(game theory)'을 중심으로 해서 말이다. 전자는 진리함수이론(truth functional theory), 후자는 가족유사성(family resemblance)을 중심으로 전개된다. 발표된 논문들은 그의 언어이론을 소개하는 데 치중한 측면도 있었지만, 철학의 방법론에서 새로운 분위기를 조성하는 데 큰 역할을 했다. 하지만 좀 더 구체적으로 우리말들의 경우를 예로 들면서 분석하는 모습까지도 보여 주었으면 하는 아쉬움도 있다.

15. 역사철학/역사관

1) 역사철학연구의 흐름

최두성은 1947년 『역사철학 〈헤겔철학해설총서 제5부〉』(서울 신학사)를 펴냈는데, 그 내용은 서설, 1장 역사의 철학적 고찰, 제2장 역사의 이념과 그 실현, 3장 역사적 발전의 원리로 이루어져 있다.[45] 이어서 이듬해인 1948년에는 신남철이 국판 228면의 『역사철학』[46]을 서울출판

45 이 가운데 1장은 역사의 사실과 기술, 역사기술의 제 방법, 이성사관으로, 2장은 '역사의 이념: 그 궁극목적', '실현의 수단: 역사적 인물', '실현의 재료 혹은 형태: 국가'로, 3장은 발전의 원리, 역사의 단초, 역사적 발전의 행정으로 각각 구성되어 있다.

46 목차는 1장 역사철학의 기초론: 인식과 신체(1937년 『신흥』), 2장 역사의 발전과 개인

사에서 출판했다. 이 책에는 그가 1931년에서 1947년에 걸쳐 발표했던 7편의 논문이 수록되었고, 1933년 철학연구회의 『철학』지에 실렸던 「헤라클레이토스의 단편어」도 부록의 형식으로 포함되어 있다. 이 책은 우리나라에서 역사철학이란 제목으로 발행된 최초의 책이다. 이 책의 구성은 아래와 같다. 각 장의 ( )안에는 그가 원래 투고한 학술지명이 표기되어 있다.

1장 역사철학의 기초론 – 인식과 신체 –
2장 역사의 발전과 개인의 실천(『학술』(조선철학회) 1집, 1945)
3장 희랍인의 세계관 투쟁과 소크라테스(『민족문화』 1집, 1946)
4장 르네상스와 휴머니즘(『인문과학 강좌』, 1947)
5장 헤겔 백년제와 헤겔부흥(『신흥』, 1931)
6장 신헤겔주의와 그 비판(『신흥』, 1931)
7장 실존철학의 역사적 의의(『철학』, 1933)
부록: 헤라클레이토스의 단편어(『철학』, 1933)

김용배는 1955년에 한국철학회에서 창간한 『철학』 1집에 「정치력사관의 제창」을 게재했다. 그는 이 논문을 통해 사관의 중요성을 논하고, 종래의 사관으로 (1) 관념론적 사관, 곧 유심사관, (2) 마르크스·엥겔스의 유물사관, (3) 뒤링(E. K. Dühring)의 정치력사관을 들어 첫째는 논외로 하고 유물사관과 정치력사관의 진리성을 검토했다. 그는 동서양 역사의 모든 큰 사실들이 정치력과 관련된 원인에 귀착됨을 언급하면서, 문화일반의 최후결정자 내지는 경제·법률 및 기타 수많은 사회력의 최후결정자를 정치력이라고 보는 정치력사관이 옳다고 한 반면에,

---

의 실천(1945년 『학술』 1집), 3장 희랍인의 세계관 투쟁과 소크라테스(1946년 『민족문화』 1집), 4장 르네상스와 휴머니즘(1947년 『인문과학강좌』), 5장 헤겔 백년제와 헤겔부흥(1931년 『신흥』), 6장 신헤겔주의와 그 비판(1931년 『신흥』), 7장 실존철학의 역사적 의의(1933년 『철학』)로 이루어져 있다.

경제로 보는 유물사관이나 다른 어떠한 사관도 불가함을 지적했다.

1960년대에 접어들면서 역사철학 관련 논문들은 더 활발하게 그 모습을 드러냈다. 홍순창(洪淳昶)(1960)은 『대구대 논문집』 2집에 「춘추해석법에 대한 제문제」를 게재했다. 그는 그 논문에서 『춘추』를 해석함에 있어서는 대의명분과 같은 역사적 교훈에 치중하기보다는 그것이 역사에서의 사건인지의 여부를 밝혀야 한다고 했다. 그러면서 『춘추』 경문(經文) 그 자체의 역사적 사건을 밝히는 것이 최선의 길이라고 강조했다. 사건들의 관련성을 통해 사적(史籍)으로서 『춘추』의 본래 의미[原意]를 밝히려 했다(학술원, 1976: 14). 이어서 그는 1967년에 발표한 「좌씨춘추지명고(속)」(『철학연구』(한국철학연구회) 5집)에서 『좌씨춘추』에 나오는 지명들이 지금의 어느 지명에 해당하는지 구체적인 추정을 시도하기도 했다.

한상련(韓相璉)(1963)은 「불교 역사철학」(『동국사상(2)』)에서, 불교 역사철학을 구성하는 데 있어 중요한 점을 업(業)·계율·해탈방법의 3가지로 분류한 뒤, 불교철학을 역사이론에 적용하면서 그의 주장을 펼쳤다. 같은 해, 이인옥(李仁玉)(1963)은 「역사적 현재」(『부산대 문리대학보』 6집)라는 논문에서, 역사적 현재에 대해 비역사적 혹은 초역사적 현재가 있을 수 있음을 지적했다. 이를 위해 1장에서는 역사적 현재가 시간의 인간화 내지 인간적 파악에 근거한다고 했다. 2장에서는 현재라는 개념이 역사와 어떤 관계에 있는지를, 3장에서는 역사적 현재는 인간의 실천이 바탕하는 시간임을 각각 언급했다(학술원, 1976: 102). 이어서 그(1966)는 「사관의 연구(I) – 역사인식을 중심으로 한 사관의 구조와 본질 –」(『부산대 20주년 기념논문집』)의 말미에서 사관의 본질은 인간의 존재방식의 본질, 곧 역사적 존재의 존재본질에 의거해 파악된다고 했다.

한편, 정석해(1966)는 「인식으로서의 역사」를 『인문과학』(연세대) 16집에 게재했다. 그는 이 논문에서 '역사'라는 말은 이중의 뜻으로 쓰이는데, 하나는 '현실로서의 역사', 다시 말해 '인간과 인간행위의 역사'이고, 다른 하나는 '인식으로서의 역사', 곧 '사학'을 가리킨다고 했다.

그러면서 역사과정에서 창조된 이상과 가치는 그 시기에 정당화될 수 있다고 했다.

이런 학문적 분위기에서 최재희와 신일철의 글이나 논문들이 특히 주목을 받았다. 이 가운데 최재희(1968)는 「역사철학의 과제와 역사」[47]를 『인문사회과학』(서울대) 14집에 게재했는데, 역사철학의 흐름을 전체적으로 파악하는데 도움을 주는 글이다. 그는 역사철학의 과제 내용을 역사의 형이상학인 '내용적 역사철학', 역사의 인식론인 '형식적 역사철학', 역사주의와 그것의 과제에 관해 언급한 '역사적 상대주의(역사주의)', 각 민족의 문화정책인 '응용적 역사철학'으로 나누어 살폈다. 이 가운데 내용적 역사철학은 '일어난 일로서의 역사' 개념과 관계가 깊고, 형식적 역사철학은 '기술(記述)로서의 역사' 내지는 '탐구로서의 역사'와 깊은 관계가 있으며, 역사주의와 그것의 과제를 다룬 역사적 상대주의와 각 민족의 문화정책을 다룬 응용적 역사철학은 '현재의 생(生)으로서의 역사'와 밀접한 관계가 있다고 했다.

이어서 역사철학의 역사를 등산에 비유해 고대희랍에서 볼 수 있는 수면(준비)기, 기독교도 아우구스티누스에 의한 각성기, 비코를 시원(始原)으로 한 인간적인 분투기(15세기에서 18세기까지), 독일 고전철학에서 볼 수 있는 달성기, 19세기 후반에서 20세기로 들어오면서 나타나는 자유해산기로 구분해 언급했다. 자유로 해산하는 시기로 접어든 역사철학은 여러 갈래의 사조가 나타나는 시기이다(『최재희전집 IV』, 1985: 59). 읽는 사람들의 관심을 끌면서도 이해를 돕는 비유라 여겨진다.

이어서 각 시기에 나타나는 특징들에 관해 언급했는데, '수면기의 순환사관'에서는 고대희랍을 예로 들어 역사철학에 관한 의식이 아

---

47 이 논문은 크게 1장 역사철학의 과제, 2장 역사철학의 역사로 되어 있다. 1장은 1절 역사철학의 기본특질, 2절 J. Maritain의 역사철학, 3절 과제사색의 객관적 동기, 4절 네 가지 과제 내용으로 이루어져 있고, 2장은 1절 수면기, 2절 각성기, 3절 분투기, 4절 달성기, 5절 해산기로 각각 이루어져 있다. 이어서 결론, 현대역사철학의 네 조류의 순으로 되어 있다. 그런 다음, 현대에 이르는 역사철학의 계보를 큰 골격에 따라 도시했다.

직 각성되지 못하고 수면상태에 있었음을 지적했다. 자연현상에서 유추해 인간의 역사도 단순히 순환과정으로 파악하던 시기이다. '각성기의 직선사관'에서는 기독교의 역사의식을 들어 희랍인들의 순환사관에 대비되는 종말론적인 목적사관을 지적하면서, 이런 기독교의 역사철학은 아우구스티누스에 의해 체계화되었다고 했다. 아우구스티누스는 현실의 역사에서 천계(天界, civitas coelestia)와 속계(俗界, civitas terrena), 또는 신국(神國)과 마국(魔國)의 대립을 보았고, 최후의 심판에 이르러 천국이나 신국이 이김으로써 역사의 막이 내린다고 했다(62).[48]

산행에 비유하면 '분투기(奮鬪期)의 인본사관'은 산에 오르는 시기인데, 다음과 같은 철학자들과 관련지으면서 언급했다. 우선, 그는 비코의 우마니타(umanitá, 인류를 뜻하는 동시에 각 민족에 공통된 인간의 본질을 뜻함)와 비코의 영향을 받은 크로체의 역사철학을 다뤘다. 비코는 인간본성의 발전은 '제신(諸神)의 시기', '영웅적·야만적 시기', '개화된 문명의 시기'로 발전한다고 하면서, 민족마다 인간 본성에 내재하는 이런 발전단계를 경과하되, 어떤 한 민족의 무한한 발전은 없다고 했다(66). 그는 '헤르더(J. G. Herder, 1744~1803)의 식물다운 문화'에 관해 언급하기도 했는데, 인류의 역사생활은 식물처럼 발전한다는 것이다. 아울러 유년시대, 소년시대, 청년시대, 장년시대, 노년시대로 규정하면서 주장을 펼쳤다(69). 볼테르(Voltaire, 1694~1778)의 비교문화론에선 '역사를 일관하는 이법을, 인간이성에 의한 합리적 사회의 전개에 이르는 진보(이런

48 아우구스티누스는 『하나님의 나라[신국]』에서 역사의 막들을 아래와 같이 나누어 서술했다(63).

- 말을 할 수 없는 유아기: 아담에서 노아의 홍수(죄악 징계의 뜻)까지의 시기
- 말을 시작하는 소년기: 노아의 홍수에서 아브라함(Abraham, 신앙의 조상)에 이르는 시기
- 계명을 이해·준수하게 되는 청년기: 아브라함에서 다윗(David)에 이르는 시기
- 장년기: 다윗에서 바빌론(Babylon)으로 사로잡혀 갈 때까지
- 고년기(高年期): 바빌론 유수에서 예수탄생에 이르는 시기
- 노성기(老成期): 메시아(Messiah)로서의 예수에서 최후의 심판에 이르는 시기
- 하나님에서 영원히 안식하는 시기

의미에서 인간성의 발휘)'라고 했다(70). 그는 17~18세기에 있었던 '계몽사상가들의 역사에 대한 견해'에서 그들이 진보에 대한 신앙, 보편성을 띤 이성의 힘에 대한 신앙, 이런 신앙에 기인한 인류의 연대감들을 추구했다고 했다(71).

이어서 '달성기의 변증사관'에서는 독일 관념론의 역사철학을 아래와 같은 4인을 들어 서술했다(72).

1. 역사의 목표를 각 민족이 마음먹은 도덕법 실현에 두었던 칸트
2. 표준민족을 인정하여 칸트의 입장을 다시 더 전진시킨 피히테
3. 역사과정을 예술적·종교적으로 파악한 셸링
4. 역사과정을 변증법적으로 파악한 헤겔, 그에 의해 역사철학사상의 발전은 일단 정점에 도달했다.

그러면서 그는 정점인 달성기를 지나서 헤겔을 극복하려 한 랑케(L. v. Ranke)의 사관에 주목해야 함도 지적했다. 이어서 최재희는 1971년에는 『역사철학』(청림사)를 펴냈는데, 1968년에 발표했던 「역사철학의 과제와 역사」를 비롯해 그동안 학술지에 게재했던 역사철학 논문들을 함께 모아 단행본으로 엮은 것이다. 1948년에 신남철이 그동안 그가 발표했던 논문들을 모아 『역사철학』이라는 단행본으로 출판했듯이 말이다.

한편, 신일철(1969)[49]은 「역사적 이해의 기준문제」를 고려대 논문집인 『인문·사회과학편』 15집에 발표하여, 역사철학 탐구에 새로운 길을 텄다. 최재희의 논문이 역사철학의 흐름을 사적으로 파악하는 데 도움

---

49 신일철(1931~2006)은 중국 상하이에서 신언준(申彦俊, 독립운동가이자 동아일보 상하이·난징특파원)의 아들로 태어났다. 고려대 철학과 졸업 후 같은 대학에서 박사학위(논문 제목: 「신채호의 역사사상연구 – 양계초를 통한 서구사상수용을 중심으로 – 」)를 취득했다. 사상계 편집국장, 고려대 교수를 역임했다. 지은 책으로 『현대철학사상의 흐름』·『포퍼』·『현대사회철학과 한국사상』등이, 옮긴 책으로 『인간성과 행위』(J. 듀이 지음)·『러셀』(A. J. 에어 지음) 등이 있다.

이 된다면, 신일철의 논문은 현대적인 관점에서, 특히 분석철학자들의 견해를 파악하는 데 도움이 된다. 최재희와 신일철이 역사철학분야에 기여한 바는 사뭇 크다. 전자는 헤겔을 비롯한 서구철학자들의 역사철학탐구에 주력했다면, 후자는 신채호와 같은 국내 역사철학자들의 관점을 발굴하는 데도 힘을 기울였다.

신일철이 현대적인 관점에서 「역사적 이해의 기준문제」[50]를 작성한 의도는 역사적 이해의 기준을 해명 내지는 명료화하는 데 있었다. 그는 이 논문을 통해 헴펠의 '포괄법칙에의 포섭에 의한 설명'과, 오크숏(M. J. Oakshott)·콜링우드 등의 '이유에 의한 설명'이라는 서로 다른 두 가지 접근방식을 들어 역사 이해의 기준을 구명해 보려 했다. 이어서 카(E. H. Carr)와 드레이(W. H. Dray)의 관점에서 제3의 종합에 도달하는 과정을 밟아 역사 탐구의 고유한 논리를 찾아보려 했다. 그러면서 역사에서 나타나는 행위나 사건들과 관련해서는 그것이 실제로 '무엇이었는가?'에 관한 끊임없는 탐구가 그런 이해를 위한 근본적인 기준이 된다고 했다.

「역사적 이해의 기준문제」를 발표한 지 10년이 지나, 그(1979)는 관련된 논문으로 「역사의 과학성 문제」를 『철학연구』(철학연구회) 14집에 게재했다. 그는 이 논문에서는, 20세기 초 '역사의 과학성문제'를 놓고 벌어진 담론에서, 베리(J. B. Bury)가 "역사는 과학 그 이상도 그 이하도 아니다."라고 말한 것이나, 헴펠 등 실증주의자들의 과학적 설명형을 기준으로 한 역사 설명에 관해 언급했다. 실증주의자들은 역사의 설명형에서도 준과학적인 설명형을 받아들인다. 헴펠파의 경우, 역사가도 사실이나 사건을 서술할 뿐만 아니라 그것을 설명해야 한다는 데 역점을 두고 있다. 과학적 지식이 그 구조상 인과적인 설명을 그 기준으로

50 논문구성은 1. 서언, 2. 역사의 두 가지 어의(語義)와 두 가지 역사철학, 3. 역사서술에 있어서의 설명, 4. 역사에 있어서의 재사고와 상상적 이해, 5. 일상언어분석에 있어서의 이유에 의한 설명, 6. 결론으로 되어 있다.

삼고 있음을 볼 때, 역사와 과학의 관계는 대립관계가 아니라 경험적인 일반화에 있어 단지 정도의 차이로 나타내진다. 배그비(Philip Bagby)의 말을 빌리면 '역사는 아직 철학에서 완전히 독립하지 못한 채 있는 준합리적인 활동(semirational activity)'이다.

하지만 신일철은 여러 학자들이 이런 헴펠파의 실증주의적인 역사관에 반대하면서 역사 고유의 학문적인 영역을 확보하기 위해 이의를 제기했음도 지적했다. 역사관념론자인 오크숏은 '일회적이고 비반복적인 사건에 관한 역사가의 관심'을 들어 역사의 독자성을 주장했다. 예컨대, 프랑스혁명을 다룰 때 사회과학에서는 혁명 일반을 문제삼는 반면에 역사가는 프랑스혁명에서 찾아볼 수 있는 고유성(uniqueness)에 더 관심을 지닌다는 것이다. 그러면서 역사가는 역사해석의 한 기준으로 '연속성'의 개념을 제시했는데, 그가 내세우는 역사이해의 모델은 소위 연속계열형 설명(continuous series model of explanation)이다. 이 연속계열형은 이야기에서 흔히 볼 수 있는 연결이 이루어지는 서술이다. 역사가는 과학자보다는 소설가처럼 구성가(plot teller)이거나 이야기꾼(story teller)에 가깝다. 이야기를 이해가능하도록 연결시키면 된다. 또 다른 역사관념론자인 콜링우드는 역사가의 연구대상을 인간행위의 외면(outside)과 내면(inside)이라는 두 측면으로 나누고, 인간행위의 내면을 이해하기 위해서는 '재사고(再思考, rethink)'가 필요하다고 했다. 그런데 이 내면이란 인간의 사고 면(thoughtside)인 이유(reason)와 관련된 것이므로 인간행위를 '이유에 의해 이해'하는 것이 된다.

월시(W. H. Walsh)와 드레이의 견해도 오크숏과 유사하다. 월쉬는 역사가에게서 찾아볼 수 있는 '평가기능'을 중시했다. 그는 역사는 서술인 동시에 평가라고 하면서 과거의 사건들을 평가하며 그런 사건들에 관련된 어떤 특성을 부여하려 했다. 드레이도 역사가에게는 부분들을 '전체상적 역사개념'을 통해 종합하는 통찰 능력이 있어야 함을 중시하면서 무엇(What question)이 발생했는지에 관심을 둔다고 했다. 르네상스나 프랑스혁명이란 전체상(全體像)적인 역사 개념은 역사가로부터 나온 통찰의 산물이다.

그러면서 신일철은 역사가 사실의 확정과 그 설명에 있어 과학적 지식을 표방한다는 주장과 역사의 본래 과제는 서로 상극되는 것만은 아니라고 하면서 조화될 수 있음도 내비쳤다. 단지 우려되는 것은 과학적 역사학을 옹호하는 역사 연구가들이 사실의 확정 과정에만 힘쓴 나머지 과거부터 형성되어 온 위대한 역사서술의 전통을 망각하는 일이다. 그러면서 "과학적 역사학을 표방하는 전문성을 띤 연구가 보다 높은 일반사 서술의 자료가 되고 그 자료 위에서 다시 역사가의 통찰에 따른 역사해석이 산출되고 그 해석이 다시 사실의 확정을 위한 선택작용과 평가작용에 도움을 줄 때 역사는 보다 높은 고지로 발전할 수 있을 것"이라 했다.

특정 인물을 집중적으로 탐구하는 학자도 있는데, 이상철의 경우가 이에 속한다. 그는 그동안 야스퍼스에 각별한 관심을 갖고 있었는데 그 결실의 하나로 그(1969)는 「야스퍼스 역사철학의 기초문제」를 『서양사논총』(김성근박사 환력기념)에 게재했다. 이 논문에서 그는 우선 야스퍼스의 역사철학이 성장한 배경과 함께 그의 역사철학이 현대의 역사철학에서 차지하는 위치에 관해 살폈다. 다음으로 그의 철학과 관련지으면서 세계정위(定位)적 역사철학의 의의에 관해 논했다. 끝으로, 역사철학에서 이해(理解)적 방법의 의의와 한계를 실존의 문제와 대비하면서 언급했다.

그 후 이상철(1972)은 「실존조명적 역사철학 – 야스퍼스 역사철학연구 – 」를 『연구논총』(서울사대) 2집에 발표했는데, 그는 그 논문에서 야스퍼스가 내세우는 역사철학의 3단계인 세계정위(定位)적 단계·실존조명적 단계·형이상학적 단계 가운데 제2단계를 중점적으로 해명했다. 그는 실존조명적 역사철학의 사상적 유래와 그 과제를 해명하기 위해, 우선 키르케고르와 니체를 중심으로 역사철학의 생성과정을 살폈다. 그런 다음, 사학적 의식(historisches Bewuβtsein)에 대한 역사적 의식(geschichtiches Bewuβtsein)의 구명과 더불어, 역사성을 둘러싼 철학에서의 여러 문제를 언급했다.

이런 과정에 김형석(1971)은 「역사에 있어서의 이념의 문제」를 『인문과학』(연세대) 24집에 발표했는데, 이 논문에는 '헤겔의 경우'라는 부제가 있다. 김형석은 헤겔의 철학과 역사를 살핌에 있어 두루 나타나는 문제는 정신 및 이성의 내용이라 보고, 역사에서 이념의 문제를 이성과 자유의 과제와 더불어 살피면서 헤겔의 견해를 높이 평가함과 더불어 비판도 가했다. 그러면서 그는 오늘날 우리의 처지에서 보았을 때 받아들일 수 있는 역사의 이념은 휴매니티의 완성과 그에 따르는 세계 및 인류의 통일이라 했다.

같은 해 김형석은 「기독교사관의 철학적 이해 – 아우구스티누스의 경우 – 」(『연세논총』 8집)도 발표했다. 그는 이 논문을 통해, 초대교회의 교부철학자인 아우구스티누스의 『신국론』을 중심으로 그의 역사관을 살폈다. 기독교가 지닌 역사관의 철학적 의미와 내용은 그를 통해 비교적 상세히 밝혀졌다고 하면서 그 사상을 소개한 시론이다. 이어서 인간의 자유를 신의 사랑에 일치시키면 그것이 바로 역사에 주어진 우리들의 과제라 했다. 이처럼 김형석은 두 논문 모두에서 인간의 자유에 무게의 중심을 두면서 언급했다.

이인옥(1973)은 「역사적 지식에 대한 연구」를 『부산대 논문집(인문사회과학편)』 15집에 게재했는데, 그는 이 논문에서 역사과학이 다른 과학처럼 하나의 객관성을 띤 경험과학인지를 파악하려 했다. 이어서 역사인식은 대상을 직접 접하지 못하고 사료(史料)를 통해 인식한다는 점에서 다른 과학과 다르다고 했다. 또한 역사는 과거의 인간 행적이자 기록이기에 역사인식은 인간이 과거의 자기를 보살피는 영위(營爲)이며, 인식주체도 그런 존재이므로 역사로부터의 제약을 벗어날 수 없다. 여기에 사관의 문제가 나타난다면서 철학적 인식과의 관계를 살폈다. 그러면서 진정한 역사는 철학적 인식에 근거되어야 한다고 보았다.

한철하(韓哲河)(1973)의 경우는 「역사와 종말론」[51]을 『철학연구』(철학연구회) 8집에 게재했는데, 그는 다음과 같은 점들을 들어 그의 언급들을 정리했다(17-18). 역사의 의미가 종말론적으로 이해되어야 한다면, 종말 이전에는 역사가 추구하는 의미가 나타날 수 없다. 어떠한 주장이라도 그것은 종말에 이르는 잠정적인 것에 불과하다. 인간은 역사의 의미를 해석하는 주체이며, 한 사람의 순례자다. 인간이 말하는 자유는 상대적 자유에 불과하며, 역사 속에서 규정된 자유다. 종말론적 사건이란 옛 역사와 옛 인간의 총체적 종결과 더불어 새 역사와 새 인간의 출현을 의미한다. 그런데 이런 사건은 현실적으로는 인간의 심성 속에 경험될 뿐이고, 역사적으로는 종말론적으로 예시나 상징으로 나타난다. 역사의 의미를 종말론적으로 파악한다는 것은 오늘의 역사적 현실에서 탈출해 종말을 향해 나감을 뜻한다. 역사와 종말론과의 관계에서 가장 중요한 것은 종말 아닌 것이 앞질러서 역사 속에 종말을 가장하고 등장하는 일이다. 이 경우에 역사철학은 가짜 종말을 위한 제의(祭儀)를 꾸며내는 제관(祭官)에 불과하다.

역사철학에 관한 이런 일련의 학문적 분위기 속에서, 신일철은 1975년 9월, 「신채호의 역사사상연구-양계초를 통한 서구사상 수용을 중심으로-」로 고려대에서 박사학위를 취득했다. 양계초는 루소의 사회계약설에 근거한 공화주의보다 블룬칠리(Blunchelli)의 국가유기체설에 근거한 국가학(Staatslehre)을 옹호했다. 양계초는 중국을 다시 일으킬 수 있는 길은 '일군만민(一群萬民)'의 가산(家産)관료제를 확립하기 위한 유기적인 통일, 유기적인 질서 확립이라는 견해를 지니고 있었다. 이런 양계초의 신민설(新民說)이 신채호의 자강주의 형성에 큰 영향을 주었다. 신채호에게 역사전개의 주체는 국가를 단위로 하는 국가아이며, 자강의 주체로서의 아(我)이다. 그래서 그는 역사를 '아(我)와 비아(非我)의 투쟁'으로 보았다.

한편, 이동준은 1975년 「16세기 한국성리학파의 역사의식에 관한

51 논문 구성은 1. 역사철학의 딜레마, 2. 역사철학에 대한 몰트만의 비판, 3. 역사와 자서전, 4. 역사와 종말론으로 되어 있다.

연구」로 박사학위(성균관대)를 취득했다. 그는 논문에서 16세기 한국성리학의 주류를 이루는 조광조·이황·이이·조헌을 중심으로 그들의 역사의식을 구명했다. 먼저 유학의 역사철학적 성격과 성리학파의 역사인식, 한국성리학파 형성의 역사적 배경과 사회적 기능에 관해 다루었다. 이어서 조광조의 도학과 지치(至治)를 '정(正)'으로, 이황의 이존설(理尊說)과 팔도주의(八道主義)를 '반(反)'으로, 이이의 이기지묘(理氣之妙)와 경세론(經世論)을 '합(合)'으로 전개시킨 다음, 조헌의 역사의식과 국난 대책을 그 구체성을 띤 행위를 들어 언급했다. 그런 뒤 그는 이들 정통 성리학파가 시대 상황과 추이에 따라 국내외의 도전에 능동적으로 대처했는데, 이런 사상이 그 시대에 그치지 않는 보편적 의의를 지니는 것이라 했다(학술원, 1976: 39)

이 무렵 이한구(1976)는 「칼 포퍼의 역사주의 비판」을 『철학연구』(철학연구회) 11집에 발표해 관심을 자아냈다. 그는 그의 논문에서 포퍼가 역사주의에는 자연과학에서의 방법론 외에 독자적인 방법인 반자유주의적 측면, 사회과학이 자연과학을 모방하는 의자연주의적 측면이 공존한다고 비판하면서, 이에 대한 대안으로 점진적인 접근법(piecemeal tcchnology)을 제시했음을 지적했다. 또한 포퍼는 역사주의와 전체주의를 동일시하는 잘못을 범했고, 공학적인 접근법을 과시하는 경향이 있는데 이것도 문제라고 했다. 포퍼는 유토피아주의와 더불어 역사주의를 개방사회의 적으로 비판하면서도, 과학의 객관성과 실증성을 강조하는 폐쇄성과 보수성을 드러냈다. 그런 가운데 삶의 실천 측면을 도외시하는 문제점도 드러냈다. 그러면서 이한구는 해석학에 기초한 역사이해의 방법을 그 대안으로 시사했다.

2) 민족사관의 흐름

여기서는 우리나라에서 있었던 역사관들 가운데 조선 말기를 거쳐 일제강점기에 박은식·신채호 등이 주도해 형성된 민족사관이 해방 후에는 어떻게 이어지는지 살펴보려 한다. 민족주의 사학의 뿌리는 조선 말기로 거슬러 올라가지만, 1920~1930년대에 특히 활발했다. 민족사관은 일제 관학자들이 펼치는 식민사관에 대항해서, 우리 민족이나 민족사의 기원을 밝히는 데 힘쓰면서 민족의 자발적·주체적인 발전을 강조하는 가운데 이루어졌다. 이런 민족주의 사학은 일제로부터 독립운동을 펼친 박은식·신채호 등에 의해 제기되어, 일제강점기에는 그들과 더불어 정인보·안재홍·문일평에 의해 이어졌고, 해방 후에는 홍이섭과 이기백(李基白)의 글이나 책 속에 나타났다.

홍이섭과 이기백이 활동하던 시기는 주로 해방 이후로, 자유로이 학문활동을 할 수 있었던 시기다. 이 가운데 홍이섭은 학술지를 통해서라기보다는 이곳저곳에 기고한 논설문류의 글들에서 민족사관을 옹호해왔다. 그는 우리나라의 역사를 한반도에 국한하려는 반도사관(半島史觀)이나, 우리나라의 고대사를 외족침략에 의한 식민지사(植民地史)로 보려는 시각이나, 근대사를 주로 사화(士禍)·당쟁(黨爭)·임진왜란(壬辰倭亂)·병자호란(丙子胡亂) 등으로 서술하려는 태도를 식민사관에 의한 한국사 인식으로 여겼다. 홍이섭의 이런 역사인식은 한국에 대한 일본 어용학자들의 태도나 우리나라의 역사를 스스로 폄하하는 일부 학자들의 소극적·수동적인 태도에 강한 반론을 제기하는 것이다. 한편, 이기백은 민족주의 사학에 우호적이면서도 가능한 객관성을 유지하는 데 힘을 쏟으면서, 실증성에 근거한 역사서술에 힘을 쓴 면이 엿보인다.

16. 유학

1) 유학 일반

이상은은 1972년 12월, 『유교학논총』에 「유학의 본질과 시대적응 – 인의예지의 역사적 의의 –」란 글을 게재했다. 그는 이 글에서 유학의 근본사상인 인의예지(仁義禮智)는 선진(先秦)시대 이전의 정치·사회적 생활과 밀접한 관계가 있고, 차례의 순서[次序]도 일정한 바가 있어 그 개념들이 시대발전적인 의의를 지닌다면서 그 형성과 성격을 논했다. 공자의 인, 맹자의 의, 순자의 예, 한비의 지와 법의 순으로 시대 추이에 따라 특정 인물의 학설과 시대배경과의 상호관계에서 살펴보니, 인에서 의, 의에서 예, 예에서 법(지)으로의 사상 변천은 개인도덕에서 사회도덕으로, 주관윤리에서 객관윤리로의 추세라고 규정하고, 그 배후에는 혈연의 씨족사회로부터 도시시민사회로, 폐쇄적인 농경사회로부터 상공의 개방사회로, 가(家) 본위의 정치형태에서 국(國)본위의 정치형태로, 다시 통일천하의 정치형태로 변천한 춘추전국 500년의 역사적인 발전 경로가 있다고 했다(학술원, 1976: 20).

유승국(1974)은 『이성과 현실』(박영사)에 「춘추정신과 주체성」이란 글을 게재했는데, 그는 『춘추』를 역사의 측면과 경학의 측면에서 언급했다. 『춘추』는 개인뿐 아니라 제왕의 학으로 정치학이면서 철학이라 했다. 『춘추』는 인권과 주체를 강조하므로 지배와 아부를 용납하지 않는다. 춘추정신은 대일통(大一統)사상이기도 해서 세계의 안정과 평화를 기하려는 데 있다. 그는 이런 춘추사상이 중국, 한국, 일본의 역사에서 그동안 악용되기도 하고 선용되기도 했음을 지적했다. 『춘추』의 대일통사상이 타락해 억압과 전제주의 사상으로 오용되기도 했고, 불의나 부정에 대해 반발하는 정신이 지나쳐 배타, 국수주의로 오도되기도 했다. 하지만 그는 『춘추』의 의리사상은 동양사회에 있어 국제질서와 안정을 기하는 원리원칙으로 세계법다운 특성을 지닌 사상이라 평했다(61-66; 학술원, 1976: 21-22).

이어서 그(1974)는 같은 책에 게재한 「한국문화 속의 동양문화」에선 우리나라에서 전개된 중국사상으론 유가와 도가를, 그리고 동양사상으로 유가사상·도가사상·불교사상의 영향이 특히 크다고 했다. 그러면서 한국문화 속에 작용한 동양문화사상을 한국문화사상의 일환으로 파악했다(8-9).

유가철학에서 도덕을 부각시키면서 그 관련성을 탐구하는 논문도 있었는데, 김충렬(1977)의 『중국철학산고』(범학도서) 가운데 「유가철학에 있어서 도덕내원(道德來源)과 그 전개」가 그런 경우다. 그는 이 글에서 중국철학의 원초적인 문제는 (1) 우리가 삶을 기탁하고 있는 이 세상[자연계]은 어떻게 있으며, (2) 그렇게 있는 세상에서 우리[인간]는 어떻게 삶을 영위해야 하나 하는 두 가지 물음에 집약된다고 했다(60). 그는 유가의 자연관은 순수지식을 얻는 데 있기보다 인간 나름의 세계를 영위해 나가는 데 유리하도록 응용하는 데 있음을 지적했다. 유가의 자연관은 생기적(生機的)이며 여기에서 부부의 대의와 오륜의 윤리적 근거도 마련되었다. 사회윤리는 가정윤리의 연장으로, 붕우군장(朋友君長) 등 사회의 상하·붕우관계도 가정의 부자·형제처럼 쉽게 나뉘어질 수 없다. 그는 이런 점들을 유가윤리·도덕의 극치로 보면서, 효를 모든 행위의 원천으로 여김은 이러한 효의 사회적인 의의 때문이라 했다.

이어서 그는 성(誠)이란 개념은 대자연[天地]의 생기체·운동력·조화상(調和相)·영구성 등을 담고 있는 것으로 파악하면서, 천지가 천지인 까닭은 성(誠)이기 때문이라 했다. 중용에서는 성을 천도에 적용시킬 때와 인도에 적용시킬 때를 다르게 구분하면서, 천도(天道)는 그냥 성이라하고, 인도(人道)는 성지(誠之)라 했다. 천도는 이미 성하여 성물(成物)하고 있다는 것이고, 인도는 아직 성하지 못하기에 성되어 가는 것임을 가리킨다. 이처럼 성은 인간의 신명(神明)이 우주의 비밀을 직감해서 그 주인이 될 수 있게 하는 자기초월적인 의미를 지닌다. 그래서 유가철학에서는 성을 자각함에 이르러서야 비로소 그 심대하고 고원한 체계가 완성된다는 것이다(77-79).

한국유학 관련 저서의 출판도 있어, 배종호[52]는 1974년 10월에 『한

52 배종호(1919~1990)의 호는 지산(智山)이며, 경남 산청에서 태어났다. 1943년 경성제대 철학과를 졸업한 뒤, 해방 후 함양중학·함양농고에서 교편 생활을 했다. 1960년부터는 연세대에서, 1984년부터는 원광대에서 각각 철학과 교수로 재직했다. 저서로 『한국유학사』·『한국유학자료집성』·『한국유학의 철학적 전개』 등이 있다.

국유학사』(연세대출판부)를 출판했는데, 한국 성리학의 전개과정을 정리한 책이다. 그는 그 '서문'에서 아래와 같이 말했는데 큰 테두리를 이해하는 데 도움이 된다.

> 한국의 성리학은 조선조의 억불숭유정책으로 말미암아 인간의 심성문제의 탐구에 있어 불학을 대신할 운명에 처했으므로, 오히려 중국의 성리학보다 더 깊이 인간의 심성을 다루게 되어 이른바 '사단칠정론', '인심도심설'이 그 주요 과제로 대두되었다. 그런데, 그 형이상학적인 근거는 결국 이기(理氣)의 문제에 직결되므로, 여기서 주리(主理)와 주기(主氣), 또 그 절충의 이론이 백화쟁염(百花爭艶)하다가 다음은 보편과 개체의 문제를 가지고 논쟁을 벌였던 끝에 유리(唯理)와 유기(唯氣)의 문제로 이행하게 되어, 한국의 성리학은 여기서 일단 매듭을 짓게 되었다.

사학자인 이태진(李泰鎭)(1974)은 「조선성리학의 역사적 기능 - 그 재평가를 위한 하나의 시론 - 」(『창작과 비평』 3(9))에서, 조선조에서 큰 역할을 했던 성리학에 대한 종래 부정적인 인식을 반성하면서 긍정적인 평가도 시도했다. 그는 조선사회의 지배사상인 성리학이 지닌 그 나름대로 시대상황에서의 합당성과 중세사회실현에 기여한 바를 밝혀야 한다고 했다. 그는 이른바 당쟁도 상호비판과 견제를 근본원리로 하는 것으로 세도정치와는 다른 정치형태라 했다. 성리학을 배경으로 해, 사화를 당하면서도 대귀족이나 훈척세력(勳戚勢力)의 권귀적(權貴的) 정치성향을 배제할 수 있었다는 것이다(학술원, 1976: 37).

특히, 이태진은 조선 초기의 성리학 정착의 사회적 배경으로 성리학파가 비판세력으로 성장하면서 주창·전개했던 사회향약 등의 정치적·사회적·교육적 관점을 분석했다. 나아가 그는 성리학에서 이기철학(理氣哲學)의 정치적·사회적 의의에 관해 논했다. 그는 성리학이 기묘사화 후에도 철학에서 크게 전개되었던 사실을 단순히 학문상의 발전

뿐만이 아니라 훈척정치의 비리와 권귀적 정치성향에 대한 비판의 연장으로 보려 했다. 그는 그 특징을 재야에 있던 퇴계의 경우를 들어 지적하고, 다시 성리학파의 집권 이후의 관심을 연관시켰다. 끝으로 그는 예송 문제(禮訟問題)에 관해서도 언급하면서, 예(禮)란 의(義)의 궁극적인 표현방식이라고도 할 수 있는 만큼 예송 논쟁은 사회정의에 대한 강한 추구열을 상징한다고 했다(37-38). 예송 문제에 관한 이제까지의 주된 견해와는 다른 그의 독특한 관점을 드러낸 글이다.

이런 분위기에서 각 유학자들의 철학사상에 관한 연구도 활발했는데, 그 가운데서도 퇴계 이황과 율곡 이이, 고봉 기대승에 관한 것이 두드러진다. 학위논문에서도 그런 면들을 찾아볼 수 있다. 물론, 다산 정약용을 비롯한 실학자들에 관한 연구도 활발했다(II부 10장 '실학' 참조).

개별 유학자들에 관한 연구를 보면 예컨대, 윤사순은 1964년 2월에는 「퇴계(이황)의 이기론-그의 사칠이기해석을 중심으로-」로 석사학위(고려대)를, 1975년 9월에는 「퇴계의 가치관에 관한 연구」로 같은 대학에서 박사학위를 취득했다. 퇴계, 율곡뿐만 아니라 이들의 학통을 잇는 후학들에 관한 연구들도 활발했다. 특히 이기이원론, 기일원론과 관련된 담론이 활발했는데 이는 학파의 형성과 발전에 도움이 되는 측면이 있다. 퇴계와 율곡의 학문에 관한 연구는 철학에서뿐만 아니라 교육학에서도 여러 학자들이 관련된 연구논문들을 발표했다.

이완재(李完栽)의 경우는 1972년 5월, 「퇴계선생의 학문적 방법」을 『퇴계학연구』(퇴계선생 400주기 기념사업회)에 게재했다. 그는 퇴계의 학문방법에 앞서 유가의 학문성격을 서양의 그것과 비교해, 유가의 학은 '성인을 본받고 성인이 되고자 하는 실천과 체득의 학'이라 규정하고, 그 방법도 지행겸행의 방법 곧, '거경궁리(居敬窮理)'에 의거한다고 했다. 그리하여 학문방법으로 '거경'과 '궁리'를 들면서, 특히 궁리의 방법에서는 종합과 분석의 겸행인 '주실적 방법(周悉的方法)'과, 주관과 객관의 양분이 없는 소위 '즉물이궁기리(即物而窮其理)'하는 '즉물적 방법(即物的方法)'을 지적했다. 끝으로 거경의 구체적인 방법으로 정제엄숙(整

齊嚴肅)·주일무통(主一無通)·물망물조(勿忘勿助)를 들어 서술했다(학술원, 1976: 30).

유정동(柳正東)은 1975년 「퇴계의 철학사상 – 궁리와 거경을 중심으로 –」으로 박사학위(성균관대)를 취득했다. 그는 논문에서 퇴계의 사상에는 (1) 극존무대(極尊無對)로서의 이(理), (2) 이것을 인식할 수 있는 진지(眞知), (3) 진지를 위한 궁리와 거경, (4) 이상 3자가 녹아 있는 의리생활로 요약했다. 그러면서 순선(純善)의 신성성(神聖性)은 이발설(理發說)을 굳게 지킴으로써, 진지는 그런 이학(理學)의 알기 어려움을 극복하는 데서, 그 극복은 궁리와 거경에 힘입어 가능하다고 했다.

이어서 그는 이기(理氣)의 주체를 태극이라 한다면 태극은 이기의 묘(妙)라 할 수 있으며, 이 묘에서 볼 때는 이발(理發)이라 해도, 기발(氣發)이라 해도 된다고 했다. 그가 이발이라고 할 때는 순리가 형이하(形而下)이면서 비초월적인 것에 의해 오염될 우려 때문이지, 기고봉이 반박하는 취지를 몰라서가 아니라는 점이다. 퇴계의 주장은 윤리적·주체적인 데서, 고봉은 지식적·합리적인 데서 각각 그 장점이 있다. 퇴계의 이러한 태도는 만년에 이르러 이도설(理到說)이라는 주체에 좀 더 중점을 둔 격물치지론에 압축되어 있다는 것이다(학술원, 1976: 40).

고봉 기대승에 관한 연구도 활발했다. 예컨대, 1973년 3월 고려대 아세아문제연구소에서 발행된 『아세아연구』 16권 1호(통권 49호)는 기고봉의 철학사상을 집중적으로 다루고 있어 눈길을 끈다. 이상은의 「사칠논변과 대설(對說)·인설(因說)의 의의」, 최동희의 「고봉의 인생관」, 윤사순의 「고봉 심성설의 이기론적 특색」, 배종호의 「성리학과 기고봉」, 이을호의 「고봉사상 연원소고(淵源小考)」, 전두하의 「퇴계와 관련시켜 본 고봉의 인성론」, 강주진의 「기고봉의 정치사상」, 채무송의 「고봉성리학연구」(중국어)란 글이 각각 그것이다(II부 11장 '이기론/사단칠정론' 참조).

이들 이외에 양촌 권근, 서계(西溪) 박세당, 화담 서경덕, 우암(尤庵)

송시열(宋詩烈)의 견해에 관한 연구도 눈에 많이 띈다. 실학의 경우는 정약용의 사상에 관한 연구가 특히 많다.

한국유학에 관한 문제점이나 한국에서 유교가 지닌 특성을 폭넓게 다룬 글들도 나타나는데 예컨대, 윤사순(1977)은 「한국유학의 제문제」(『한국학보』 6집)라는 글에서 한국유학에 대한 잘못된 이해를 지적하고 나섰다. 고착성이나 종속성을 한국유학의 근본 전제로 삼으면서, 한국유학의 부재를 도출해 자율불능 곧, 타율성을 띤 한국인 상을 조작해 내는 방법에 대해 경계했다.

금장태(1980)는 『유교와 한국사상』(성균관대출판부)에서 유교가 우리 민족의 전통문화에서 단순히 이념체계로 제시된 것이 아니라 역사와 사회의 복합작용을 통해 자신을 구현해 왔다고 했다. 그는 우리 민족의 생활 속에 유교가 어떻게 구현되었는지에 관심을 두면서 1부와 2부로 나누어 책을 서술했다.

2) 유학에서의 덕목들: 효(孝), 인(仁), 예(禮), 중용(中庸)

1960년대와 1970년대에는 효, 인, 예, 중용처럼 사람들이 마땅히 갖추어야 할 덕목들에 관한 연구가 학위논문(석사학위)에서 많이 다루어짐이 이채롭다. 예부터 오랫동안 우리의 일상적인 삶에서 중요시된 덕목들인 만큼 관심이 깊었던 것 같다. 그래서 이곳에서는 학위논문에서 다루어진 논제과 내용 들을 대한민국학술원에서 1976년에 발간한 『학술총람』 11집 〈철학편〉에 실린 내용들을 중심으로 정리해 보겠다.

이와 관련된 논문들에서 우선, 효(孝)에 관한 것을 보면 이경식(李京植)은 1962년 「효의 연구」라는 그의 석사학위논문(성균관대)에서, 효의 내용을 봉양·경애·양지(養志)·복종·상제(喪祭) 등을 들어 언급함과 동시에 효사상과 가족주의에 관해 살폈다. 이를 위해 효의 이념과 사상에서는 천륜적인 효, 정치 원동력인 효, 인륜의 근본일 뿐만 아니라 우주 원리로서의 효에 관해 각각 다뤘다. 이어서 효의 의의가 도덕의 기본덕목, 정치의 원동력, 우주원리에 기원함을 들어, 이런 효를 완성하면 우리 실제생활 위에 인생의 지상천국을 건설할 수 있다고도 했다.

인(仁)에 관한 연구논문도 곳곳에서 발견된다. 특히 인은 『논어』의 중심개념이며, 공자가 특히 강조하는 덕목이기에 그렇다. 예컨대, 서의필(徐義必)(1962)은 그의 석사학위논문(성균관대)인 「인(仁)에 대한 소고」에서 우선, 인과 개인과의 관계를 언급하면서 인을 통해 참된 자기를 이해하려 했다. 인은 사람의 마음에서 생긴다고 하면서 극기(克己)가 인을 실현하는 방법임을 말했다. 이어서 인을 통해 사람들의 유대관계가 가능하다고 보면서, 인과 인류의 관계를 탐구했다. 그래서 인과 교육의 관계에 관한 언급에서는, 교육의 본질이 인에 뿌리박고 있음을 지적했다. 인과 천명의 관계에 관해서는, 공자의 인사상은 천명과 불가분의 관계를 지니는데 공자의 경우, 천(天)의 개념에 관한 서술은 미흡하다고 하면서 아쉬움을 나타냈다.

권근성(權根成)(1965)은 「논어에 있어서의 인의 연구」라는 그의 석사학위논문(성균관대)에서 공동사회에 있어서 실천적 자아의 본질을 문제삼으면서 논어에서는 '미래적인 자아'를 어떻게 보았는지를 밝히려 했다. 그러면서 이기적인 행위로 인한 부도덕성에서 벗어나 본래적인 자아로의 환원을 위한 사회규범으로 예(禮)를 들었다. 극기복례를 통해 본래적·도덕적 심정 곧, 순수한 의지성(意志性)인 인으로 환원될 수 있다고 보면서, 인을 도덕적 행위의 근원으로 보았다. 이런 인은 물아관계(物我關係)에서는 충(忠)·서(恕)로 나타난다. 그는 이런 인의 실현을 자아에 부여된 명(命)이라 했다. 인의 특성을 요약한 논문이라 하겠다.

유시형(劉時亨)(1970)은 「인에 대한 연구 – 논어를 중심으로 –」라는 그의 석사학위논문(성균관대)에서 『논어』의 원문을 통해 당대 인의 의미와 사회적인 표현, 그리고 공자의 인이 나오게 된 근거로 공자 이전 여러 경전[諸經]에 나타난 인의 뜻을 밝히고, 공자 이후 시대의 변천에 따라 인의 사상이 사회에 어떻게 응용되고 부각되었는지를 역사에서 다루었다. 이처럼 학위논문들에서 인에 관한 연구가 이어짐을 볼 수 있다. 물론, 학위논문이 아닌 논문들에서도 이런 덕목들과 관련된 연구는 이어진다.

한편, 예(禮)의 경우를 보면 이을호(1967)는 「예(禮)개념의 변천과정」(『대동문화연구』 제4집)에서 예의 개념이 시대적으로 변천해 왔음을 공자 이전의 고례공자(古禮孔子)의 예, 한대(漢代)의 예사상, 그리고 주자가례에 이르기까지 예 개념의 변천 과정을 검토한 뒤, 다산예학의 특성을 통해 밝혔다. 그러면서 다산예학은 수사학적 공자교(洙泗學的孔子敎)[53]의 진원을 구현했다고 했다. 아울러, 다산 예학사상의 시대 배경과 주자가례의 예학사적(禮學史的) 위치에 관해서도 다뤘다.

논문들 가운데는 중용(中庸)에 관한 연구도 많이 등장한다. 해방 후 격동의 시기를 거치면서 이 시대에는 개인이나 사회에서 중용의 덕목이 특히 중요시되었음을 간접적으로나마 엿볼 수 있다. 중용에 초점을 둔 논문은 예컨대 김경탁(1955)의 「중용의 연구」(『고대 문리대논문집』 1집)를 들 수 있다. 그는 이 논문에서 먼저 중용의 구성과 편차(編次)에 관해 사서비지(四書備旨)의 작자인 등림(鄧林), 풍우란(馮友蘭), 그리고 일본의 무내의웅(武內義雄)의 견해를 소개했다. 그런 다음, 나름의 체계를 세워 중용을 논했다. 그의 논문은 총론·중론·화론·성론(誠論)·결론으로 이루어져 있고, 중용을 원문·역문(譯文)·어의(語義)·비교연구·해석의 순서로 서술했다. 서술의 정확성과 치밀함이 돋보이는 논문이다.

이을호(1960)는 「중용사상전개의 방향」(『전남대 논문집』 5집)에서 『중용』에 근거하여 시중사상(時中思想)으로서의 중(中)을 살피는 한편, 중용사상을 다산학(茶山學)의 견지에서도 검토했다. 그는 중용이 성(誠)으로 발전했음을 말하면서, 『중용』과 『대학』이 모두 성(誠)을 중시하는 학문이라 했다. 아울러 성중(誠中)의 학은 실천윤리의 학으로 성리학과

---

53 중국 노(魯)나라에 있던 수수(洙水)와 사수(泗水)를 아울러 이르는 말로 공자의 고향을 가리키기도 한다. 공자가 그곳에서 제자를 가르쳤다는 데서 온 말로 공자의 학문을 가리킨다.

는 다른 다산의 독특한 견해였음도 지적했다.

송긍섭(宋兢燮)은 1967년, 『철학연구』(한국철학연구회) 5집에 「중용의 제례(制禮)원리」를 발표했다. 그는 이 논문을 통해 '성실한 것은 하늘의 도이고 성실하려는 것은 인간의 도'인데, 이 성실한 성정(性情)이 밖으로 드러나거나 나타남은 자연히 예에 맞게 된다고 했다. 군자는 이런 경지에 도달한 사람으로 제례(예법을 제정함)할 수 있고, 이 제례된 바에 의해 '시중(時中)'이 가능하다고 했다. 하지만, 유가의 종국적 이상은 예로 다스려지는 사회가 아니라, 예를 필요로 하지 않는 대동(大同)사회라고도 했다.

학위논문의 경우를 보면, 강정희(姜正熙)(1959)는 「중용에서 본 천인관계」로 성균관대 대학원에서 석사학위를 취득했다. 그는 이 논문을 통해 형이상학·인식론·가치론 등이 중용에 발현되어 있다고 했다. 그는 천명지성(天命之性)·치중화(致中和) 등을 들어 천도(天道)에 관해 언급했고, 군자지도·성지지도(誠之之道) 등을 들어 인도(人道)를 연구했다. 아울러 천인합일의 이념 실현에 관해 서술했다. 나아가서 『중용』 이전의 천(天)의 사상과 제자백가의 천인(天人)에 관한 학설이 『중용』에 끼친 영향도 살폈다.

심우섭(沈佑燮)(1970)은 「중용에 대한 연구 – 비은장(費隱章)을 중심으로 –」라는 석사학위논문(성균관대)에서 '군자지도비이은(君子之道費而隱)'은 중용의 원리를 집약한 것이라하여 형이상학적인 면에서 고찰했다. 그가 「비은장」을 중심으로 한 것은 율곡이 지적하였듯이 「비은장」은 체와 용을 총거(總擧)한 것이요, 성리학의 소이연(所以然)과 소당연(所當然)의 요점이 이곳에 있다고 여긴 데서 기인한다. 그는 「비은장」을 통해 유가사상의 방향을 내다보는 한편, 더 나아가 현대철학에서 나타나는 여러 가지 모순·대립들도 해결하려 했다.

17. 종교철학

민경석(閔庚錫)은 1969년 11월 「화이트헤드의 삼성론적 유한신관(三性論的有限神觀)과 그 문제점」(『철학』 3집)을 통해, 신관사(神觀史)에 있어 '유한화운동(有限化運動)'과 화이트헤드의 위치에 관해 살피고, 신신학(新神學)의 정립으로 삼성론적 유한신(三性論的有限神)에 관해 언급함과 더불어 그의 신관에서 나타나는 문제점을 지적했다. 화이트헤드의 신신학은 과정의 원리(principle of process)·상대성의 원리(principle of relativity)·존재론적 원리(ontological principle)라는 세 가지 형이상학적 원리를 기초로 수립된다. 여기서 과정의 원리가 존재는 곧 '생성'임을, 상대성 원리가 '모든 존재는 상호작용에 의해 결속되어 있음'을 각각 뜻하는 것이라면, 존재론적 원리는 '현실적 존재물이 이런 작용인(作用因)·목적인(目的因)의 유일한 원천'이 된다(66-67).

유기적 세계는 이런 세 가지 원리에 의해 지배되고, 부단한 창조적 진보를 본질로 하며, 그 세계의 구성요소는 창조력(creativity)·영원한 객체(eternal objects)·현실적 존재물(actual entities)이다. 여기서 '창조력'은 모든 개별적 존재가 공유하는 가장 보편적인 형이상학적 속성 곧, 창조적 진화로서 이성적 합리화의 한계를 초극한다. '영원한 객체'는 플라톤의 이데아(Idea)에 해당하는 순수형상으로 가치와 질서를 부여한다. 창조력이 추상적이요 무규정적이라면, '현실적 존재물'은 창조력의 규정적·구체적 표현이다. 현실적 존재물은 생성을 본질로 하고 소정의 시간과 공간을 통해 발생·전개·소멸하는 사건(epochal event)으로 유기적 세계에서 존재의 궁극적인 단위이다. 현실적 존재물은 물극(物極, physical pole)을 통해 다른 현실적 존재물을 포착(捕捉, prehend, feel)하고, 심극(心極, mental pole)을 통해 영원한 객체를 포착함으로써 자체의 생성과정을 주체적 목표의식(subjective aim)에 따라 스스로 지배하는 목적론적 자기창조자(teleological self creator)이다(67-68).

현실적 존재물이 이처럼 양극적(dipolar)인 존재라면, 신(神)도 양극성을 지닌다. 신도 심극과 물극을 소유하며, 전자를 신의 원시적 본성(primordial nature of God, PNG)이라면, 후자는 신의 후험적 본성(consequent nature of God, CNG)이다(71). 이런 본성을 지니는 신은 진·선·미의 이상을 제시하면서 세계의 창조적인 진보를 유도하고, 혼돈의 와중에 질서와 가치를 구제(救濟)해 나간다(72). 이어서 민경석은 종교에 관한 인식을 새롭게 하려는 화이트헤드의 의도는 좋았으나, 방법의 허술함과 고전신관(古典神觀)에 대한 편견과 오해를 그 문제점으로 지적했다. 화이트헤드의 지나친 플라톤적인 형상주의도 형상주의 일반을 이해하는 데 걸림돌이 된다. 그러면서 화이트헤드의 신신학은 현대인들에게 여러 시사점을 주기는 하나, 그의 견해는 결국 실패로 끝났다고 평가했다.

서광선(1970)은 「종교적 발언의 이성문제」(『이헌구선생 송수기념논총』)에서 우선 1950, 1960년대에 걸쳐 언어분석철학이 종교철학에 미친 영향을 다뤘다. 종교적인 언어는 실증적인 분석에 따르면 경험적으로 검증할 수도 반증할 수도 없는 것이어서 사실상 무의미하다는 점을 검토한 뒤, 이에 따른 종교적 언어의 의미론이 어떻게 발전했는지를 살폈다. 그런 뒤 후기 비트겐슈타인 사상에 근거해 종교적 언어의 '용법(use)'에서 그 의미를 찾으려는 일단의 시도들을 분석했다. 예컨대, 일상언어학파에 속하는 오스틴(John Austin)의 '수행(遂行)적 언어이론'을 토대로, '종교적 언어가 어떤 일을 수행한다고 할 때, 그 언어가 어떤 의미를 지니려면 어떤 객관적 여건이 충족되어야 하는지'를 살폈다. 이어서 그 객관적 여건의 하나가 신(神)의 존재임을 언급하고, 그런 시도를 소개하면서 변호했다.

손봉호(孫鳳鎬)(1980)는 「철학과 종교」(『현대와 종교』 4집)라는 글에서 희랍사상과 기독교신앙의 갈등에서 철학과 종교의 긴장관계가 비롯되었다고 하면서, 그 긴장관계는 양자 모두 너무 전체적인 것, 궁극적인 것에 치중하기 때문이라 했다. 그러면서 그로부터 야기되는 문제점 해소를 위해, 그리고 방법론[personal commitment]적인 차이의 극복을 위해 종교는 논리적·경험적 약점을 극복하고, 철학은 이데올로기화를 예방하기 위해 서로 보완해야 한다고 했다(학술원, 1987: 271).

한편, 안호상과 금장태는 각각 단군과 유교를 들어 그 종교성에 관해 언급해 관심을 자아냈다. 안호상(1972)은 「단군의 종교와 철학」(『철학』 6집)이란 글을 통해 단군 한배검의 종교와 철학이 가르치는 배달사람의 이념과 목적은 참사람과 참나라를 만드는 데 있다고 했다. 여기서 참사람은 '크게 사람을 유익하게 함[홍익인간]'의 얼을 실현하기 위해 덕과 슬기의 힘이 있는 사람인 '한얼 사람'을, 참나라는 만 가지 덕으로 된 문이 있는 '한얼집[檀宮]'과 같은 나라인 '하늘나라[천국, 검벌, 神市]'를 각각 뜻한다. 한얼 사람인 단군 한배검이 한얼 사람과 하늘나라를 만드는 길과 법을 각각 가르쳐 주었으니, 이 길이 배달길[배달도, 풍월도, 풍류도, 檀道, 朴達道]이고, 그 가르침이 한배교[한얼 사람 가르침, 대종교]라는 것이다(21).

금장태(1972)는 『유학연구』(성균관대) 5집에 「유교의 종교적 구조와 기능」을 발표했는데 그는 종교라는 용어에 비추어 유교가 지니는 성격을 밝히려 했다. 그는 유교와 종교의 관계를 밝히는 과정에서 먼저 유교의 근본개념으로 천(天)·상제(上帝)·명(命)의 초월적 궁극성을 살폈다. 유교의 이런 초월적 존재가 상고대(上古代)에서는 인격적 주재자의 성격을 띠고, 주대(周代) 이후에는 합리적 내재성을 띠는 형태로 발전해 나갔음을 지적했다. 다음, 유교적 사회조직 속에 내포된 가족윤리와 조상숭배의식이 지니는 구조를 해명하면서, 제례를 비롯한 유교의례의 종교적 기능도 구명했다. 끝으로, 타 종교에 대한 유교의 배척을 통해, 유교가 종교적 자기확신을 드러내고 있음을 지적했다. 아울러 유교와 종교개념 사이의 간격은 앞으로도 좁혀 가야 함을 과제로 남겨 놓았다(학술원, 1976: 19).

18. 철학적 인간학

인간학이나 철학적 인간학을 탐구한 논문들은 1960년대, 1970년대에 특히 두드러진다. 여기서는 1966년에 철학적 인간학의 문제를 제기한 이규호에 이어, 1970년대에 접어들면서 적극적으로 그 역사적인 유래나 의미를 밝히려 노력한 김두헌·최재희·진교훈의 논문들을 통해, 그리고 종교와 관련된 철학적 인간학의 문제를 언급한 이기영의 논문을 들어 살펴보기로 한다.

우선, 이규호(1966)는 「사람됨의 뜻 – 철학적 인간학 –」이란 글을 『연세논총』 4집에 실었는데, 그는 이 글에서 현상학적 해석학의 방법으로 사람의 본질을 이해하고자 했다. 사람의 이성, 이성의 몰락, 이성의 회복, 생물학적 특징, 사람됨의 자유, 얼과 사람됨, 동일성과 믿음성으로 이루어져 있는 글을 마무리 지으면서, 그는 '사람이 무엇이냐'라는 문제는 '내가 어떻게 살 것이냐'는 문제로 넘어간다고 했다. 그는 사람의 영원한 본질은 숨어 있는 것이 아니고 우리가 창조해야 하는 것임을 주장했다. 아울러 그는 나의 초시간적인 동일성 그것은 믿음성을 통해 이룩되는 것이라는 말로 그의 글을 맺었다.

윤리학자인 김두헌(1970)은 「인간학의 문제」(『건국학술연구원 학술지』 11집)에서, 이를 인간학의 발단, 인간의 3면관(三面觀), 역사적 인간관, 생의 철학, 인간존재의 성층적 구조(成層的構造), 인간존재와 세계정립의 순으로 다루었다. 그는 정신을 최고의 존재 층으로 여기면서, 종교·철학·도덕·문학·예술 등 여러 분야의 고귀한 작품들을 통해 관련된 문화가치의 내용들을 알아차릴 수 있다고 했다. 아울러 이를 통해 인간정신이 지니는 본질적인 특징도 더듬어 찾아낼 수 있다고 했다.

이어서 그(1971)는 「신인(神人)과 인신(人神)」(『철학』 5집)에서 인간학을 다룬 대표적인 철학자로서 칸트를 내세우면서 칸트는 모든 철학문제의 마지막으로 '인간이란 무엇인가?'를 내세우고 '인간지(知)의 학(eine Lehre von der Kenntnis der Menschen)'으로서의 인간학을 이루어 냈다고 했다. 칸트는 인간지를 생리학적(physiologisch) 견지와 실제적(pragmatisch) 견지로 나누고, 특히 후자를 예지적 성격의 인격과 관련지었다.

칸트의 뒤를 이어 철학적 인간학(Philosophische Anthropologie)이라는 용어를 마련한 프리스(Jakob Fries)는 인간학을 철학으로 다루면서도 과학적인 접근도 도외시하지 않았음을 지적했다. 현대에 와서는 셸러(Max Scheler)의 철학적 인간학을 들어 셸러가 인간을 한갓 심신(心身)으로만 간주하지 않고, '신체·생명·의식·정신'으로 나누어 성층적 구조로서 파악하고, 인간을 신도 짐승도 아닌 중간자(Mitglieder)로 규정하는 동시에 전인(全人, Allmensch)으로 파악했음을 중요시했다. 그러면서 김두헌은 이 점이 인간존재의 성층적 구조와 더불어 그가 가장 관심을 둔 문제라고 했다(17-18). 나아가서 그는 중국의 '중용의 도리'나 아리스토텔레스의 '중도론'을 들어 가치론적 견지에서 그 중요성을 인정하면서, 인간학의 문제도 여기에 근거하면서 풀어 나가야 할 것으로 보았다.

최재희는 1975년 2월, 철학적 인간학에 관한 명저인 막스 셸러의 『우주에서 인간의 지위(*Die Stellung des Menschen im Kosmos*)』의 내용을 음미하고, 하르트만과 하이데거의 비평을 인용하면서, 「셸러, 인간의 지위론 연구」를 『용용구박사 화갑기념논총』에 기고했다. 최재희는 『현대사상강좌』에 실린 그의 글 「쉘러의 인간연구와 가치이론」 가운데 'II. 철학적 인간학'에서는 인간의 고유한 정신을 아래와 같이 소개하기도 했다(『최재희전집 V』, 1985: 525-526).

① 인간은 정신에 의해 실재를 대상화할 수 있기에 자기자신의 심의(心意)도 반성할 수 있다.

② 인간만이 통일적인 사물범주와 실체범주를 가진다.

③ 동물은 환경적 공간을 지니나 인간은 세계적 공간(Weltraum)[54]을

54 동물은 그의 생리적 구조에 적합한 외계를 환경세계(Umwelt)로 갖는다. 반면에, 인간

가질 수 있다.

④ 인간의 정신만은 만유(萬有) 중에서 대상화되지 않는 유일한 존재이다.

⑤ 정신적 존재는 본질(이념)직관의 작용(Akt der Ideierung)을 할 수 있는 존재이다. … 후설(E. Husserl)식으로 말해, '현상학적 환원의 작용'을 할 수 있는 것이 인간의 정신이다.

철학적 인간학에 관해 관심이 많으면서 생명윤리학자이기도 진교훈은 1975년 「철학적 인간학 논고 I」(『경희대 대학원 논문집』 창간호)을 발표했다. 그 내용을 보면, (1)에서 철학적 인간학의 유래와 그 의미를 살폈고, (2)에서 인간의 개방성(Offenheit)을 인간의 본질로 보았고, (3)에서 철학 이전의 인간의 이해를 사회학 및 역사적 관점에서 살펴보면서, 민족중심주의(ethnocentrism)와 의인법(擬人法, anthropomorphism)을 문제 삼았다. (4)에선 현대에서 인간학이 대두될 수밖에 없었던 원인과 계기 들을 살펴보았고, (5)에선 현대의 철학적 인간학의 방법론을 살폈다(학술원, 1976: 141-142). 이처럼 이 논문은 철학적 인간학에 관한 기초를 탐구하는 데 그 초점을 두었다.

이에 비해 그 이듬해에 발표한 진교훈(1976)의 「플레쓰너(Helmuth Plessner)의 철학적 인간학에 관한 소고」(『철학』 10집)란 글은 구체적인 관련 학자를 들어 철학적 인간학에 관해 다뤘다. 그는 프레쓰너가 인간이 지니는 권위의 위기를 종교적 구속(拘束)의 상실에서 찾았다고 했다. 오랫동안 인간의 특수한 위치를 보장해 준 신학적 세계관이 파괴되어 버린 오늘날, 인간은 절대자 일반에로의 지적인 접근을 상실했다는 것이다. 플레쓰너는 인간의 구속성이 다시 이루어져야 한다고 보

은 정신(이성)을 갖는 존재이다. 이런 존재이기에 인간은 환경세계에만 살 수가 없고 세계(Welt)에 살고자 한다. 전자는 동물이 사는 지반(地盤)이요, 후자는 정신적인 인간이 사는 경지(境地)이다(『최재희전집 V』, 1985: 524).

면서 새로운 구속의 원리로서, 인간의 자기창조적이며 가능성이 개방되어 있는 불가측성(不可測性, Unergründlichkeit)를 내세웠다. 인간의 미완성, 불가해성(不可解性)과 연관지으면서 말이다(112-113). 이어서 그(1977)는 「철학적 인간학의 방법론 연구」(『가톨릭대학 논문집 3집』)에서 철학적 인간학은 인간의 아프리오리(a priori)한 측면과 아포스테리오리(a posteriori)한 측면의 융합을 꾀하면서 삶을 파악하는 한편, 삶을 자유롭게 하여 삶이 개방성 속에서 이루어지도록 돕는다고 했다.

한편, 불교철학자인 이기영(1978)은 「불교의 인간학적 기여」(『한국철학연구』 하권)라는 글에서 인간 그 자체를 어떤 존재로 보아야 하는가에 관해 불교적인 측면에서 다뤘다. 그는 1장의 (1)에서 인간을 지칭하는 인도의 말들, 불교의 술어들에서 인간을 정의할 수 있는 의미가 추출될 수 있는지를 살폈다. 그러면서 인간을 가리키는 인도의 말들에는 인간의 특성을 '생각'과 '생명'의 두 가지로 보고 있고, 생각 또는 생각하는 기능인 마음이 생명과 불가분의 관계를 지닌다는 점을 지적했다. 그러면서 불교는 인간을 중생 중의 하나로 보며, 인간의 긍정적인 모습은 보살(菩薩)과 불(佛)이라는 명칭 아래 잘 나타나 있다고 했다. (2)에서는 오온(五蘊)[55]의 의미를 새로 해석하면서 그것을 통해 우리 인간이 어떤 존재인가를 알아 시정하는 데 힘써야 함을 지적했다(학술원, 1987: 36).

55 한글학회 편 『우리말큰사전』(어문각, 1997)에 따르면, 생성·변화하는 모든 것을 종류대로 나눈 5가지로 색온(色蘊)·수온(受蘊)·상온(想蘊)·행온(行蘊)·식온(識蘊)을 가리킨다. 오중(五衆)·오음(五陰)이라고도 일컫는다. 민중서림 편 『국어사전』(2004)에는 색(色)은 물질·육체, 수(受)는 감각·지각, 상(想)은 개념구성, 행(行)은 의지·기억, 식(識)은 순수의식인데, 지상의 모든 중생은 심신의 작용인 이 오온으로 이루어진다.

19. 해석학

박순영(1978)은 「하버마스의 해석학」(『철학』 12집)이란 논문에서, 딜타이에서 체계를 이룬 해석학(Hermeneutik)은 가다머(H. G. Gadamer, 1900~2002)를 통해 철학적 의식의 해석학으로 발전되었는데, 그런 해석학이 오늘날 사회과학에서 큰 의미를 지니게 된 것은 특히 하버마스(Jurgen Habermas, 1929~)에 의해서라고 했다. 하버마스는 딜타이와 가다머로부터 전승된 해석학을 수용하고 이해이론과 의사전달이론을 중요한 사회적 실천의 기초로 삼았다. 박순영은 하버머스의 사회이론의 출발점이 마르크스에 있는 한, 그의 철학적인 이론의 핵심은 해석학과 마르크스주의 교차점에 서 있다고 했다(97).

이어서 박순영은 하버마스의 해석학을 소개하면서, 하버마스가 프로이트 정신분석학에서 다루는 임상에서 관찰되는 정신병을 '사회체제의 병리학(Pathologie)'에 비교했음을 지적했다. 사회체제의 병리학이란 왜곡된 의사전달과 이데올로기적인 억압을 뜻한다. 정신분석학자는 환자의 심층에 있는 무의식의 상태를 재구성함으로써 증상의 원인을 밝히고, 이것을 환자가 '이해하도록' 한다. 환자는 이런 과정을 통해 자기가 '아직 이해하지 못했던(Dasnochnichtverstandenhaben)' 전이해(Vorverständnis)를 바르게 알게 되고, 그렇게 되면 정상적인 상태로 회복될 수 있다. 그런 의미에서 정신분석학은 해석학과 연관되어 있다(116-117).

이런 정신분석학의 모델에 따라 전체로서의 사회도 비판적 치료에 의해, 사회를 억누르는 이데올로기적인 폭력으로부터 해방된다. 사회는 이런 방식으로 계몽을 통해 해방되어야 한다. 그런 사회만이 개방사회가 될 수 있다. 개방사회는 자유·성숙(Mündigkeit)·주체임(Subjektsein)을 그 전제 조건으로 한다. 어떤 요소들에 의해서든 지배받고 있는 사회 상황은 해석학과 정신분석적 방법을 토대로 한 사회과학에 의해 제대로 파악될 수 있고, 치유될 수도 있다(117).

심상태(沈相泰)(1978)는 『하이데거의 철학사상』(서광사)에 실린 글인 「해석학사(史)에서의 하이데거」에서, 신학과 철학을 포함한 정신과학 일반에서뿐만 아니라 인간존재와 삶 자체에서 해석학이 큰 비중을 차지한다고 했다. 해석학은 표면상으로는 '주석술(註釋術)'이나 '해석술(解釋術)'을 뜻한다. 예컨대, 신학에서 해석학은 올바른 성경주석술을 지칭한다. 해석학에 관한 이런 통념들이 하이데거에 의해 큰 전환을 이루게 되는데, 그는 해석학을 '인간과 세계', '존재이해' 등 인간 삶의 근본을 이루는 문제를 가장 포괄적으로 깊이 연구하여 밝히는, 본바탕이 되는 줄기라고 주장했다. 이런 점에서 그는 해석학사에서 기념비적 위치를 차지한다(학술원, 1987: 85-86).

한편, 이정복(1980)은 「가다머에 있어서 해석학적 방법과 이해의 문제」를 『철학연구』(철학연구회) 15집에 발표했는데, 그는 가다머가 철학적 사변을 통해 세계역사를 언급하는 헤겔류의 학문태도를 비판했음을 지적했다. 헤겔의 시도에는 경험의 완성, 변증법적 운동은 있으나 무한한 경험을 위해 열려 있는 긍정적·해석학적 의식은 없다는 것이다. 헤겔은 인간경험의 유한성과 모순을 모르는데, 가다머의 표현을 빌리면, 그런 점은 작용역사의 해석(eine wirkungsgeschtliche Interpretation)에서 파악되어야 한다.

20. 현상학

1960년대, 1970년대에 걸쳐 현상학 연구에서 두드러지게 힘쓴 사람은 한전숙(韓筌淑, 1927~2010)[56]이다. 그는 현상학이 어떤 학문인지를 우리

---

56 한전숙은 함경남도 함흥에서 태어나, 1949년 서울대 철학과를 졸업하고, 독일 하이델베르크대학에서 수학했다. 1975년 서울대에서 박사학위를 취득했다. 전북대와 서울대 교수를 역임했으며, 저서로 『현상학의 이해』·『현상학』 등이, 논문으로 「훗설에 있어서의 객관성」·「훗설의 데카르트적 길」·「훗설의 현상학은 현상론이 아니냐?」 등이 있다.

나라에 소개하는 데 큰 역할을 했다. 철학사에서 학자들 가운데 한전숙처럼 어떤 한 철학이나 철학자의 견해를 집중적으로 연구하는 데 힘을 기울인 사람도 드물다. 그런 점에서 그는 박종홍·최재희·김준섭·최동희·신일철·소광희·소흥렬 등에서 찾아볼 수 있는 철학의 여러 분야에 관해 관심을 두면서 연구한 학자들과는 다르다.

한전숙은 1963년 10월 「후설에 있어서의 객관성」(『박종홍박사 환력기념논문집』)을 기고했는데, 그는 이 논문에서 현상(現象, Phänomena)에 관한 객관적 기술이 어떻게 보장받을 수 있는지를 다뤘다. 그러면서 기술의 객관성은 그 주체인 자아와 그 대상인 의식작용 및 그 형성체가 동일한 구조를 지니는 데서 보장될 수 있다고 했다. 대상형성작용은 순수의식 속에 주어져 있는 자료를 소재로 해서만 가능하다. 이 소재는 지각을 통해서만 성립한다. 그래서 술어적 판단의 최후의 근거는 개별자의 경험에서 발견된다. 그러나 이 소재는 칸트의 견해처럼 잡다한 것이 아니라 그 자체의 아프리오리를 지닌다. 소위 규격(規格)이란 바로 이 질료적 아프리오리의 현현(顯現)을 뜻한다. 이런 점에서 후설의 질료학이 새롭게 주목받아야 한다고 했다(학술원, 1976: 103-104).

현상학을 소개하는 그의 노력은 계속 이어진다. 그는 1970년 4월에는 「후설의 현상학 I」을 『서울대 교양과정부』 2집에 게재했는데 그는 논문에서 후설에 있어서의 현상학은 궁극적인 참된 철학이라 했다. 현상학은 '궁극적 정초로부터의 철학', 그 정당성의 근거를 다른 아무것에도 귀속시킬 필요가 없는, 이른바 '제1철학'을 이념으로 삼는다. 그러면서 현상학은 모든 인식 및 존재의 궁극적 원천을 의식의 명증(明證)을 통해 찾는다. 그런 추구는 (1) '형상적인 환원'과 (2) '판단중지 및 선험적 환원'이라는 '현상학적 환원'의 두 단계를 통해 수행된다. 그 결과 도달되는 순수의식에서의 체험은 절대적 명증의 영역에 속하므로, 현상학은 필연적으로 선험적·절대적 관념론의 형태를 갖춘다. 이처럼 후설은 주관의 대상규정작용(對象規整作用)의 소재인 질료에, 주관적으로는 되지 않는 어떤 것이 있음에 주목했다.

한전숙은 1972년 4월에는 「후설의 데카르트적 길(후설의 현상학 II)」을 같은 학술지 4집에 발표했다. 그는 논문에서, 후설은 자기의 현상학적 방법을 '데카르트적 길'이라고 일컬으면서, 현상학의 성장은 데카르트의 『성찰』에 힘입었다고 했음에 주목했다. 그러면서 후설의 '데카르트적 길'이 '데카르트의 길'은 아님을 이념, 방법 및 도달점이라는 세 가지 관점에서 비교해 나갔다. 우선, 절대적으로 정초된 학으로서의 제1철학이라는 이념은 양자에서 같다. 하지만 이 이념을 추구하는 방법은 '보편적 회의', '현상학적 환원'으로 서로 다르며, 이 차이가 각각 cogito와 순수의식이라는 서로 다른 도달점에 이르게 한다. 순수의식은 선험적 의식인데, 여기서 선험적이란 '모든 인식형성의 궁극적 원천으로 되돌아가려는 동기'와 관련되어 있다. 후설에 의하면 데카르트도 이런 의미에서 선험철학에 시동을 걸었지만 순수자아를 심리주의적으로 왜곡했다. 이어서 그는 후설의 데카르트적 길을 (1) 제1철학을 이념으로 해, (2) 이 이념의 추구를 위해 선험적 환원의 형태를 취한 현상학적 환원의 방법을 사용하면서, (3) 모든 인식의 궁극적 규정 근거로서의 선험적 내지 절대적 주관에 이르는 길이라 했다(학술원: 126-127).

한전숙이 국내에서 현상학을 집중적으로 연구했다면, 이선관(李善寬)은 1972년 2월 「후설 현상학연구」로 석사학위(고려대)를 취득한 뒤, 독일 마인츠대학으로 유학길에 올라 그곳에서 오랫동안 후설을 연구했다.

한전숙은 1973년 9월에는 「후설의 현상학은 현상론이 아니냐?」를 『철학연구』(철학연구회) 8집에 발표했다. 그는 현상학이 선험적 내지 절대적 관념론으로 체계화되면 존재하는 것은 오직 노에마(noema) 곧, 주관의 규정체뿐임에 주목했다. 그러나 후설은 의식의 특징을 지향성에서 찾는다. 지향성이란 시간적·심리적 사건으로서의 노에시스(noesis)와 관념적·비시간적 존재로서의 노에마와의 대응을 가리킨다(25). 노에마는 의식작용 자체와는 다른 어떤 것, 심리적 상태와는 다른 상태를 지닌 어떤 것이지만 의식 형성물인 노에시스에 의해 규정된다(25). 의식이 있다는 것은 '의식외적인 어떤 것'과 관계하고 있음을 말한다.

가령 책상의 의식(Bewußtsein von Tisch)이란 '책상에 관계하고 있는 의식'이란 뜻이 아니라, '책상-의식(Tisch-Bewußtsein)'이나 '책상의-의식(Bewußtsein-von-Tisch)이다(33). 이처럼 한전숙은 현상론이 아닌 노에마, 노에시스 간에 형성되는 관계나, 구성을 통해 후설의 현상학이 지닌 특징에 관해 언급했다.

한전숙은 현상학 분야에 관한 연구를 계속해, 1974년 11월에는 「현상학적 심리학」을 『철학연구』(철학연구회) 9집에 발표했다. 현상학이 대상 자체를 다루는 것이 아니라 대상을 의식하는 주관의 체험과 대상형성작용으로 환문(還問)하는 한, 현상학은 심리학과 그 연구영역이 같다는 것이다. 우리는 개개의 사물의식과 그 전제로서의 세계지평에 대한 보편적인 판단중지로서의 현상학적·심리학적 환원에 의해서만 순수한 내적 경험의 세계에 접할 수 있다. 나아가서 참된 심리학에 이르기 위해 우리는 순수의식에서 보편적인 것을 찾아내는 선천적 또는 형상적 환원(形相的還元)을 통해 그것의 불변하는 본질적 형태를 파악할 수 있다. 그러나 형상적 환원을 겪은 선천적 심리학도 '세계관련적'이어서 그 소박함을 면치 못한다. 여기에 다시 선험적 환원이 가해져야 한다. 심리학은 이렇게 선험적 심리학이 되어 선험적 현상학이 됨으로써 비로소 참된 심리학이 된다.

윤명로는 1975년에 「후설 현상학의 현대적 의의」(『철학』 9집)를 발표했다. 그는 논문에서 후설은 자신의 현상학을 학문의 위기 및 인간성의 위기 극복이라는 현대적 과제와 결부시켰다고 했다. 후설은 근세 이래 수 세기 동안 유지되어 온 철학 및 과학과 인간의 삶과의 통일이 19세기 말에 이르러 분열, 유리되면서 우리가 현대에 직면하는 위기가 조성되었다고 파악했다. 데카르트가 통일의 바탕으로 확립한 제1철학이 갈릴레이의 수학화적 객관주의로 말미암아 참된 제1철학이 되지 못했고, 19세기 자연과학의 대두도 그 객관주의로 말미암아 인간이 직면하고 생활하는 세계로부터 유리되어 갔음을 그는 지적했다. 이런 위기를 극복하기 위해서는, 객관주의적인 여러 과학을 근원적으로 정초해 줄 진정한 의미의 합리성을 지닌 제1철학을 확립해 객관주의가 지닌 소박성을 극복하고, 과학과 인간의 삶을 제1철학의 기반 위에 다시 통일하여야 한다는 것이다. 현상학은 바로 이런 합리적 제1철학을 표방하며, 이 점에서 현대의 비합리주의적 사조와는 전적으로 경향을 달리한다고 했다.

이길우(李吉雨)는 1975년 2월 「현상학적 판단론 연구 – 선술어(先述語)적 경험을 중심으로 –」로 석사학위(고려대)를 취득한 뒤, 1978년에는 「후설의 현상학적 판단론」[57]을 『철학연구』(고려대) 5집에 발표했다. 그는 그의 논문의 서론에서 "철학을 절대적인 확실성 위에 선 학문으로 개조하는 일은 데카르트의 목표이자 후설의 근본의도이기도 하다."라고 하면서, 그들이 절대적 기초 위에 선 지식의 길을 결국 '보편적인 자기의식의 길'로 보았다고 했다. 그러면서 절대적 확실성 위에 선다는 것은 여하한 전제도 두지 않아야 하며, 모든 것을 처음부터 시작하지 않으면 안 된다고 할 때, 데카르트는 과연 어느 정도까지 철저했는지를 물으면서 후설의 견해를 집중적으로 언급했다. 그러면서 이길우는 현상학적 판단론은 선술어적 경험(先術語的經驗)이 술어판단을 어떻게 그 원천에서 예증해 주는지에 있다고 하면서, 경험에 관해 논지를 폈다. 여기서 후설이 경험이라고 할 때, 그 경험은 넓은 의미를 지닌다. 단순히 개별 존재자의 자체소여(自體所與)만이 아니라 상상이나 환상, 순간적으로 참인 듯이 보이는 것, 실제 경험의 als-ob적('마치 ~처럼' 이라는 가정적) 변양(變樣) 등 상당히 넓은 뜻을 지닌다. 그리고 이러한 경험 속에 주어지는 모든 사물과 사태가 다 대상이다(158).

현상학에 관한 연구를 꾸준히 해 온 한전숙은 1979년에는 『이석희박사 환력기념논총』(민음사)에 「윌리엄 제임스(William James)의 근본적 경

57 이 논문은 서론, 1장. 선술어적 명증의 세계, 2장. 생활세계와 단순한 경험, 3장. 지각대상, 결론 순으로 되어 있다. 1장은 다시 (1) 명증문제, (2) 경험의 지평(地平)구조, 2장은 (1) 생활세계에로의 소급, (2) 단순한 경험으로 이루어져 있다.

험론과 현상학」을 기고했다. 그는 이 글에서 제임스의 순수경험이 메를로퐁티의 지각 개념과 비슷함을 지적했다. 후자는 "지각의 경험이란 사물, 진리, 가치가 구성되는 순간에 우리가 동석해 있다는 뜻이요, 지각이란 발생 중에 있는 로고스로서 그것은 객관성 자체의 참된 조건들을 우리에게 가르쳐 준다."라고 했는데, 이런 언급이 제임스의 순수경험에 관한 언급을 그대로 나타낸 듯하다고 했다. 이어서 이런 점에서 보면 제임스는 현상학의 선구자로서 간주할 수 있다는 것이다.

이영호(李英浩)(1979)는 「선험적 상호주관성과 생활세계 개념의 고찰 – 선험적 독아론의 극복을 중심으로 – 」을 『철학연구』(철학연구회) 14집에 발표했는데, 그는 논문을 통해, 후설의 현상학에서 '선험적 주관'이나 '순수자아'는 본래 상호주관적 세계의 현상까지도 수용하는 그런 자아임을 지적했다. 여기서 순수자아의 경험방식은 구성적인 방식으로, 구성적인 체험은 기술(記述)적 경험과 선험적 경험 모두에 관계한다. 순수자아는 타의식에 대한 의식(상호주관적 의식)의 통일을, 또는 일상의식과 선험의식의 통일을 구성한다. 생활세계는 일상적이고, 주관적·상대적인 경험의 세계이면서 동시에 그런 세계의 근거로서의 선험적 성격도 지닌다. 우리는 우리 자신의 생활세계를 지니면서 또한 우리 모두와 관련된 생활세계를 지닌다. 그래서 생활세계는 주관적·개별적인 세계이면서 동시에 이 개별적 주관의 통일로서 보편성을 띤 지평을 구성하는 그런 세계라는 논지이다.

현상학에 관한 관심이 높아지고 학자층도 두터워짐에 따라, 1976년에 12월 18일에는 한국철학회 산하에 현상학 분과연구회가 창립되었다. 현상학 분과연구회는 그 후 1978년 2월 17에 이르러서는 한국현상학회로 그 이름을 바꾸었다. 한국분석철학회와 더불어 비교적 활발히 활동하는 학회에 속한다. 현대의 사조로 보면, 전자가 주로 영미계통에서 비교적 큰 영향을 미치고 있는 철학이라면, 후자는 독일과 프랑스 등 유럽 대륙에서 그렇다고 하겠다. 국내학자들의 학문적인 경향도 그런 모습과 무관하지 않다.

11장

주요 담론

이곳에서는 이 책의 제II부에 해당하는 시기(1945-1980년)에 나타났던 주요 담론과 관련된 학자들의 글을 학술지에 게재된 논문이나 출간된 저서를 중심으로 살펴본다. 대부분의 논문이나 저서에서 나타나는 경향은 주요 담론을 이루는 주제에 관해 쌓인 지식을 정리하는 데 그치는 면이 있으나, 때로는 필자들의 생각들도 곁들여 있어 관심을 끈다. 물론, 가능한 한 정확하게 정리하는 일도 창의적인 것을 제시하는 일도 학문의 진전을 위해서는 모두 필요하다.

1. 기술(記述)/설명

이 시대에 있었던 기술(description)이나 설명(explanation)과 관련된 담론으로는 시대순으로 보아 우선, 재미철학자인 김재권이 1963년 *The Journal of Science*(Vol.30 No.3)에 게재한 「토론: 연역적 설명의 논리조건(Discussion: On the logical conditions of deductive explanation)」을 들 수 있다. 그의 학문 여정으로 보면 초창기 글에 해당한다. 한편, 기술에 관한 논문으로는 국내의 경우 곽노진(郭魯鎭)(1964)의 석사학위논문(서울대)인 「러셀의 기술이론」을 들 수 있다. 이 논문은 '기술의 이론'을 밝히려는 것으로, 서론에 이어 본론에서는 기술이론의 발생계기, 불완전기호로서의 기술, '마이농(Alexius Meinong)의 명제'의 해결, 공(空)의 기술을 포함하는 명제의 부정개념을 다루고 있다. 관련된 문제를 정리하려는 데 힘을 기울인 논문이다. 그 당시 우리나라의 실정으로 보아서는 새롭고 앞서가는 논문이다.[1]

한편, 김준섭은 1974년 9월 학술원 논문집인 『인문사회과학』 13집에 「기술(記述)과 설명에 관한 연구」를 게재했다. 그는 이 논문에서 기술에 관한 여러 가지 방법과, 과학적 기술에 있어서의 천명(闡明, explication), 환원법, 체계화의 제 방법, 예측 등을 다뤘다. 한편, 설명에서는 모형의 전개와 발전, 확률적 설명, 통계적 확률과 귀납적 확률의 진별(眞別), 목적론적·기능적 설명, 발생적 설명, 집합적 사건의 설명 등에 관해 소개했다. 그는 기술이나 설명은 과학의 방법론을 가리키는 것이라 했다. 더불어 그는 과학방법의 통일성을 지향하면서, 자연과학과 인문과학이라는 이분법의 통일도 시도했다.

기술이론(Theory of Description)과 관련된 언급은 김여수의 논문에서도 찾아볼 수 있다. 그(1979)는 『철학』 13집에 「환원적 분석」이란 논문을 게재했는데, 그는 이 논문을 통해 "언어의 기능이 세계를 묘사하는 데 있다고 전제했을 때, '언어는 세계와의 관계, 또는 세계에 대한 우리 경험과의 관계를 규정하는 일련의 규칙 즉, 의미론적인 규칙이 없이는 가능할 수 없다'는 것은 자명하다."라고 했다(56-57). 그러면서 언어는 세계나 세계에 대한 우리의 경험을 기술하는 언어이기 마련이므로, 이런 기능을 수행하는 언어는 기술적(descriptive)이 될 수밖에 없음을 지적했다. 대상들에 관한 불완전한 표현(incomplete symbols)은 이른바 기술이론을 통해 직접적으로 주어질 수 있는 언어적 표현으로 완전히 번역될 수 있다.

---

1 참고로, 한정기술과 관련된 대표적인 자료들로는 러셀의 논문인 On denoting(1905), 콰인(W. v. Quine)의 논문인 On what there is(1948), 스트로슨(P. F. Strawson)의 논문인 On referring(1950) 등을 들 수 있다.

예컨대, '프랑스의 왕은 대머리이다'라는 하나의 문장으로 이루어진 이 언명은 불완전한 표현이다. 이 언명은 ① '프랑스의 왕이라는 특성을 가진 무엇이 있으며', ② '하나만의 그러한 무엇이 있으며', ③ '그것은 대머리이다'라는 세 명제를 포함한다. '프랑스의 왕은 대머리이다'라는 불완전한 표현은, 'k: 프랑스 왕, Bx: x는 대머리이다, $(\exists x)[kx \cdot (y)(ky \supset y \equiv x) \cdot Bx$'처럼 나타내져야 완전한 표현이 된다. ①, ②, ③의 특성을 모두 지닌 그런 완전한 표현이 된다(50-51). 그러면서 그는 철학적인 방법으로서 환원적 분석이 지닌 설득력을 지적했다.

이처럼 문장 가운데는 일정한 대상이 주어지지 않는 표현도 있고, 홀로는 의미를 지니지 못하는 표현도 있다. 이런 불완전한 표현은 기술이론이라는 환원적 분석방법을 통해 그 대상이 직접 주어지면서 명백해진다. 기술이론에 관해 보충해서 언급하면, 기술이론은 주로 동일성 명제에 나타나는 이런 불완전한 표현을 제거하는 방법이다. '앙드레 말로(Andre Malraux)는 『인간의 조건』이라는 책을 썼다'라고 할 경우, '앙드레 말로'는 실재했던 대상을 지시하는 이름이지만, '『인간의 조건』이라는 책의 저자'의 경우는 대상이 정확하게 주어지지 않는 불완전한 기술어다. 왜냐하면 앙드레 말로 이외의 다른 사람도 『인간의 조건』이라는 책을 저술할 수도 있기 때문이다. 그러므로 만일 '앙드레 말로가 『인간의 조건』이라는 책을 저술한 유일한 사람'이라고 할 경우는, '앙드레 말로는 『인간의 조건』이라는 책을 썼다'라는 표현처럼 불완전한 기술어를 포함하는 문장이 아니라, '오직 한 사람만이 『인간의 조건』을 썼는데, 그 사람이 바로 앙드레 말로다'라고 나타내야 한다.

같은 해, 안건훈은 1979년 6월 「과학에서의 설명」을 석사학위논문(고려대)으로 제출했다. 법칙이나 이론 들의 유용성은 그것들이 어느 정도 설명력을 지니는지에 달렸다고 보면서, 과학에서의 설명은 어떤 개별 사실을 그 사실군(事實群)과 관련된 일정한 특성을 드러내는 어떤 법칙이나 규칙성을 띤 경험적 명제에 포섭시킴으로써 이루어짐을, 과학철학자인 헴펠이 제시한 D-N형 설명, D-S형 설명, I-S형 설명을 살펴보면서 언급했다.

이어서 방법론적 일원론과 다원론과도 관련지으면서 자연현상과 달리 역사현상에는 이런 설명형식을 적용시키는 데 어려움이 있음을 비판론자들의 견해를 소개하면서 점검했다. 그러면서도 그는 방법론적인 일원론/다원론 논쟁에서 전자에 보다 호의적임을 시사했다. 학문의 특성상 보편성을 지닌 특징들을 찾아내어 정립하는 것이 보다 요청되기 때문이다. 이어서 그는 인간이 자율적 존재라고 할 때, 이 말이 결정론과 자유의지의 양립가능성까지도 함축하는지를 앞으로의 과제로 남겼다.

2. 대승기신론(大乘起信論)

이기영은 1967년 홍법원에서 단행본으로 『원효사상 I』을 출판했는데, 그는 그 책에서 원효의 『대승기신론소』를 통해 원효의 세계관과 인생관의 토대를 살펴보았다. 원효의 대승기신론에 관한 관심은 그의 구도자적 성실성과 해박하면서도 요령 있는 이해에 의해 특징지어지는데, 그의 불교이해의 특색은 여러 가지 교설이 하나의 일관된 진리로 수렴된다는 점이다. 이런 그의 대승기신론 논지는 인연분(因緣分, 론(論)을 짓는 까닭을 말하는 부분), 입의분(立義分, 론의 주제를 표시하는 부분), 해석분(주제를 상세히 풀이하는 부분), 수행심신분(修行信心分, 어떻게 믿는 마음을 배양하고 수행할 것인지를 말하는 부분), 권수이익분(勸修利益分, 수행을 권하며 그 이익을 말하는 부분)으로 되어 있다.

은정희(殷貞姬)(1978)는 『철학연구』(고려대) 5집에 게재한 「대승기신론의 진여연기설(眞如緣起說)」을 통해 이 분야에 관한 연구를 심화했다. 은정희는 이 논문의 본론에서 연기설을 전반에 걸쳐 고찰한 뒤 진여연기설에 관해 다루었다. 대승기신론의 핵심은 일심이문(一心二門)으로, 하나의 마음에 진여(眞如, 오염되지 않은 만물이 지닌 '있는 그대로' 모습)와 생멸을 동시에 포섭해, 세간과 출세간을 분별하지 않는다는 점이다. 진여와 생멸을 서로 기대는 연기쌍처럼 파악했다.

한편, 조명기(趙明基)(1980)는 「원효사상의 특질」(『한국사상과 윤리』, 한국정신문화연구원)에서 원효에 따르면 방법은 보는 바에 따라 1도 되고 2도 되나, 궁극적으로는 1이 된다고 하면서, 귀착하는 바가 같은 귀일적(歸一的)인 화쟁론(和諍論)을 폈음을 소개했다. 이어서 원효가 유식(唯識)사상과 기신(起信)사상의 통화(統化)가능성을 논하면서 우주방법의 통화적 현상에 관해 언급했음을 지적했다.

3. '부정(否定)'의 적극적인 면

박종홍은 1959년 5월에는 『서울대 논문집(인문사회과학)』 8집에 84쪽에 달하는 「부정에 관한 연구」를 발표했다. 이 논문은 부정성에 관한 폭넓은 연구이면서 또한 인간의 창조성을 강조하는 접근 방법에 따라 이루어져 관심을 끌었다. 그는 1960년에 박사학위(서울대)를 취득했는데, 그 논제도 「부정에 관한 연구」였다. 그가 중요시하는 철학적 탐구자세를 살필 수 있는 논문이다. 아울러 하나의 담론 주제를 집중적으로 연구해 정리한 논문으로 그 의의가 깊다. 글의 내용은 아래와 같이 이루어져 있다.

제1장 부정의 문제
  1절 부정의 경험
  2절 긍정과 부정
  3절 '물음'과 부정
제2장 부정의 인식론적 근거
  1절 부정과 신념
  2절 부정의 기준

3절 표상 또는 사상자체에 있어서의 부정
제3장 부정의 형식논리적 규정
1절 부정의 형식논리적 정의
2절 부정적 진술의 규정
제4장 부정의 방법론적 의의
1절 부정에 따르는 다의성
2절 소극적인 방법론적 의의
3절 적극적인 방법론적 의의
제5장 '앎'의 근거로서의 인간적 부정
1절 본래적 존재로 인도하는 인간이성의 부정성
2절 인식하는 인간의 자기무대(自己無代)로서의 부정
제6장 부정의 존재론적 근거
1절 부정과 무
2절 무와 존재
3절 부정의 근거로서의 존재자체의 투쟁
4절 부정성
제7장 결론
1절 부정성과 역사적 현실
2절 문제전개의 회고와 남은 과제
3절 부정과 인간의 창조적 참여

그는 논문의 결론에서 '일신우일신(日新又日新)하는 역(易)의 이치'를 언급하면서, 부정성의 자각을 통해 올바른 긍정이 가능하며, 그것이 다름 아닌 자유라고 했다. 부정성을 자각하지 못한, 긍정을 위한 긍정에 사로잡힌 것은 방종이라고 하면서 말이다. 아울러 "'천(天)을 알며 사람을 안다' 함은 그 이치를 앎이니, 이것이 곧 부정성 자체를 앎이다."(『박종홍전집 III』, 1998: 684-685)라고 했다.

이어서 그는 결론의 말미에서는 천인합일이기에 그 부정성으로 인간의 본성을 발휘함으로써만 곧, 궁리진성(窮理盡性)함으로써만 명(命)에 이를 수 있다고 하면서, 부정성을 자각해 이에 창조적인 참여를 함으로써만 인간이 인간 구실을 할 수 있음을 강조했다. 그는 부정성의 자각 위에 서는 한, "천(天)에 앞서되 천이 어기지 않는다."라는 말도 남겼다(686). 하지만 긍정을 방종과 연관시키는 그의 논지는 비약적인 듯 싶다.

유고(遺稿)로는 『변증법적 논리』가 1977년에 출간되었다. 그는 그동안 철학의 방법론이나 주요 분야로서 논리학에 관한 일련의 책들을 펴내 왔는데, 1948년에 백영사에서 출판한 『일반논리학』(1962년 증보판을 펴냄), 1953년 같은 곳에서 출판한 『인식논리학』이 각각의 경우에 해당한다. 이런 책들은 「부정에 관한 연구」와 더불어 논리학을 중시하는 그의 경향을 살필 수 있는 자료들이다.

4. 생명

1955년 박희성은 「생명의 문제」를 『고려대 50주년 기념논문집』에 게재했다. 평소 책을 펴낸다거나, 논문발표를 매우 꺼렸던 그가 평생 동안 발표한 몇 편 안 되는 글들[2] 가운데 하나가 바로 이 논문이다. 이 논문은 1절 생명의 구조와 제 현상, 2절 물리적 변화와 화학적 변화, 3절 생명의 정의로 되어 있다. 1절은 다시 1. 생명의 구조, 2. 생명의 제 현상, 2절은 1. 형식적 관계와 물리적 관계, 2. 물리적 관계, 3절은 생명의 정의, 2. 예상되는 반박으로 각각 이루어져 있다. 그는 생명에 관한 정의를 사실과 경험을 바탕으로 한 객관성을 통해 입증했다. 정의하는

2 그가 남긴 글은 박사논문인 「주관론과 직관(Subjectivism and intuition)」, 학술논문인 「생명의 문제」(1955), 「민족의 문제」, 「현대사회와 전통윤리」(고대 민족문화연구소, 1986), 신문에 게재된 글인 「인문과학의 방법」(1978년 6월 7일자 『고대신문』 812호), 그리고 강연(1982년 10월 30일, 서강대 중강당에서의 철학연구회 특별초청강연) 정도다.

과정이 치밀하므로 자세히 소개하겠다.

그는 1절에서 생명의 구조나 현상을 서술하는 데 편리한 방법으로 생명체의 단위인 세포의 내용물 곧, 원형질(原形質)에 관해 서술했다. 그는 원형질을 이루는 가장 중요한 원소는 12가지—O, C, H, N, P, S, K, Fe, Mg, Ca, Na, Cl—이며, 원형질을 구성하는 화합물은 탄수화물·지방류·단백질·물·염류(鹽類)임을 말하면서, (1) 원형질에서 찾는 모든 원소는 무생물계에서도 찾을 수 있고, (2) 원형질은 이러이러한 화합물로 구성된다는 사실도 생물계와 무생물계의 구별을 분명히 해 주지 않음을 근거로 생물계와 무생물계는 뚜렷이 구별되지 않는다고 했다. 이 양계(兩界)의 구별은 성소(成素)의 차이에서 찾을 것이 아니라 '성소의 결합양상의 차이'에서 찾아야 한다는 것이다.

2절에선 우선 필연성에 근거한 형식적 관계와 개연성에 근거한 물리적 관계에 관해 언급한 후, 실재세계의 모든 변화는 물리적 변화와 화학적 변화로 환원시킬 수 있다고 했다. 그런데 화학적 변화는 위치의 변경을 본질로 하는 물리적 변화와 다를 것이 없다. 그래서 그는 (순수개념세계를 제외한) '우주의 모든 변화는 그 변화에 참여하는 물질의 시공형태의 변화든가 그렇지 않으면 그러한 형태로 번역될 수 있다'는 일반명제로 정리했다. 우주의 모든 변화는 물리적·화학적 변화로 환원될 수 있으므로 생명의 모든 현상도 그런 변화의 한 부분으로서 또한 물리적·화학적이다. 이런 두 명제에서 다음과 같은 생명의 정의를 내릴 수 있다. '생명은 생명체를 구성한 물질이 취하는 시공형태로서 이 형태는 생명현상들—신진대사·성장·감성·종족유지—을 가능하게 하는 종류의 것이다.'

그런데 이런 생명의 정의에 대해 예상되는 반박은 첫째, 너무 유물론적이요, 기계론적이라는 지적이다. 이런 예상되는 반박에 대해 그는 현대의 물성관(物性觀)은 유물론과 유심론이 날카롭게 대립되어 있던 때의 그것과는 거리가 있음을 지적하면서, 오늘날에는 물질이 단순히 피동적이요 죽은 것이 아니라 비상한 속도로 움직이는 행위(activity)

라고도 여겨지며, 심리학과 물리학이 서로 가까워져 가는 도정(道程)에 있음을 그 근거로 들었다. 그는 인간의 위신, 도덕, 모든 고상한 정신 생활들을 우러러보고 왜곡할 수 없는 사실(stubborn facts)로 인정하면서, 이런 사실들을 튼튼한 기반 위에서 설명하기 위해 이런 정의를 내린다고 했다. 초자연적인 가상물에 의거하는 세계관은 인지(人智)가 발달함에 따라, 또 비상한 사태에 직면하면 사상(砂上)의 누각(樓閣)처럼 맥없이 쓰러지는 것을 우리는 잘 알기 때문이라는 것이다.

두 번째 반박으로는 생명이 일종의 시공형태라면 어떤 종류의 시공형태인가하는 의문이 제기될 수 있다. 그는 이에 관해 복잡한 생명체의 구조(시공형태)는 고사하고 어떤 세포 한 개의 구조도 있는 그대로 알지 못하는, 아무리 단순한 생명체라도 그 현상을 가능하게 하는 시공형태의 최종 방정식을 얻지 못하고 있음을 들어 주어진 정의의 한계를 말했다. 그러나 인간의 지식은 늘 발전하는 도정에 있음을 지적하면서 생명에 관한 올바른 정의도 그런 길임을 말했다(박희성 교수의 유고집 『회의와 진리』, 1989: 9-30).

박희성과 같은 해에 태어난 사상가 함석헌(咸錫憲, 1901~1989)도 생명에 깊은 관심을 보였다. 박희성이 1950년대에 생명에 관한 글을 현대철학과 과학의 관점에서 발표했다면, 함석헌은 1960년대 이후에 사회변혁을 외치는 와중에 발표했다.[3] 함석헌의 글은 철학자나 과학자들의 글에서 엿보이는 차분한 글이라기보다는 사상가·종교가·혁명가의 역동적이고 경구가 가득한 문체의 글이다. 그는 1980년 「씨알 혁명의 꿈」에서 자신의 철학을 '씨알철학'으로 명명했다. 각자의 씨알[4]은 위로는

3 함석헌은 1960년대 초반부터 제3공화국의 국가개입에 의한 개발독재에 본격적으로 맞섰다. 그는 생산관계(계급관계)보다도 국가주의와 물질주의에 저항하여, 혁명과 철학이라는 어휘를 빈번히 사용했다. 그의 사상이 현실의 혁신을 위한 새로운 사유방식을 강조하는 것임을 드러내 보이는 글들로는, 「누에의 철학」(1962)·「비폭력혁명」(1965)·「레지스탕스」(1966)·「저항의 철학」(1967)·「혁명의 철학」(1968)·「생활철학」(1967)·「씨알 혁명의 꿈」(1980) 등이 있다(이규성, 2012: 486).

4 그는 민중·인민·서민·대중·민·민초라는 말을 억압을 낳는 집단주의 산물로 보고, 그

하늘을 바라보고 아래로는 지상의 역사와 민중을 보게 하는 생의 본래적 충동인 '생명원리'로 파악된다(이규성, 2012: 487). 그의 말에 따르면 참 혁명이라고 하면 엄정한 의미에서 씨알의 혁명뿐이다. 생명이란 자유를 향하는 노력이기에 반역성을 지니며, 생명의 길은 끊임 없는 반항의 길이다. 진화란 땅 위에 난 생명이 땅을 떠나 하늘로 올라가려는 노력이다.

함석헌이 말하는 씨알철학의 기저에는 사람의 혼과 우주의 근본이 되는 절대정신이 그 바탕에서 하나라는 견해가 스며 있다. 그러면서 씨알을 개인의 독립적 정신의 바탕이며, 모든 인류와 생명체를 형성하는 보편원리로 파악했다. 그는 개인과 우주의 연속성을 강조하면서, 전체(일)주의적 민주주의(holistic democracy)에 호의적이었다(576). 그는 윤회전생을 우주에 걸친 연대성의 관점에서 이해하면서, "궁극에 있어 생명은 한 생명이요, 그 생명이 무한히 진화하는 생명임을 알면, 그것(윤회문제에 대한 종교 간의 이견) 때문에 다툴 필요가 없다."라고 했다(583). 이어서 그는 성실성을 통해 만물과 평등한 연속성을 구현할 것을 촉구했다. 성실성을 사물과의 평등한 연대성을 유지하는 원리로 보면, "생명의 근본이신 하나님께 전부를 온전히 돌리는 것", "'성실하지 않으면 사물은 없다[不誠無物]'는 『중용』의 정신" 등이 우주에서 찾아볼 수 있는 조화인 대공조를 가능하게 하는 기초가 된다는 견해다(583-584).

함석헌은 상아탑에서 관조하면서 사색하는 학자라기보다는 거리에서 외치는 선지자다운 면모가 있다. 그의 말은 분석적·체계적이라기보다는 웅변적이다. 상당수 그의 글들은 철학보다는 사상에 가깝다. 그럼에도 이곳에서 다룬 것은 사상과 철학이 일치하지는 않지만 관련을 맺고 있으며, 그 경계에 모호성도 안고 있기 때문이다. 이런 경우는 이돈화(李敦化, 1884~?), 김정설(金鼎卨, 1897~1966) 등의 견해에서도 그렇듯이

런 말들 대신해 씨알이란 낱말을 즐겨 사용했다. 그는 씨알을 새로운 생명의 잠재적 가능성이 담겨 있는 총체요 그루터기로 보았다(이규성, 2012: 555).

역사에서 종종 발견되곤 한다. 게다가 함석헌의 경우는 생명에 관한 그의 견해가 독특하기에 언급했다.

5. 성(誠)과 경(敬)

1) 성(誠)

채무송은 1972년 「퇴율성리학의 비교연구」를 박사학위논문(성균관대)으로 제출했다. 그는 논문에서 퇴계는 경(敬)을 주된 것으로 하면서 낮고 쉬운 것을 배워 깊고 어려운 이치를 깨닫게 하는[下學上達] 방법을 쓰고, 율곡은 성(誠)을 주된 것으로 하면서 기질변화의 방법을 사용했음을 지적했다(II부 10장 '비교철학' 참조).

유승국(1975)은 「동양사상과 성(誠)」(『동양철학논고』)에서, 성의 개념이 충(忠)·신(信)·덕(德)과 통하는 것이라 할 때, 그것은 천(天)·대(帶)로 그 연원을 소급할 수 있다고 했다. 이는 윤리적·인간적인 차원을 넘어 초월적·종교적인 세계관을 내포한다. 천도(天道)라는 본체론적인 성에 대해, 인간수양론에 와서는 경이 그 방법이 된다. 경은 경(警)과 통해 경외한다는 뜻, 곧 우러러본다는 뜻을 가진다. 성이 없으면 참된 주체를 통한 신의 실재에 관한 파악도 불가능하다. 그래서 율곡이 말하기를 "성이 있어야 신도 있지, 성이 없으면 신도 없다[有其誠則有其神, 無其誠則無其神]."라고 했다. 이처럼 천도와 인도가 하나로 통하는 것이 유교의 근본원리다. 그래서 성은 천도와 인도를 매개·접촉시키는 핵심적인 계기가 된다(학술원, 1976: 21).

2) 경(敬)

김용걸(金容傑)은 1966년 「퇴계의 경 사상에 대한 연구」를 석사학위논문(성균관대)으로 제출했는데, 그는 이 논문에서 당대 주자학의 공리논적인 경향을 실천으로 구현시키는 밑바탕으로 경 사상을 다루었다. 그는 퇴계의 실천면과 시대상황과의 연관에 주력하면서, 퇴계 학문 속에서 경 사상의 위치와 특징을 살핌과 더불어 유학사상 속에서 경 사상이 차지한 위치와 시대에 따른 변천도 소개했다. 이어서 이상의 여러 요소들이 어떻게 관련 부합되어 전개되었는지를 밝혔다(학술원 1976: 26). 훗날 한명수(1972)도 『철학연구』(한국철학연구회) 15집에 「퇴계의 경(敬)에 관한 연구」를 게재했는데, 그는 경은 퇴계학의 처음이자 마지막이라고 할 정도로 퇴계가 경을 중시했다면서, 경의 개념을 지행통일의 원리로 해석했다.

같은 해 이동준(1972)은 『퇴계학연구』(퇴계선생 400주기 기념사업회)에 「퇴계 경사상의 철학적 고찰」이란 논문을 기고했다. 그는 경을 유학의 가장 중요한 개념으로 내세우면서, 경은 송대에 이르러 더욱 깊은 뜻을 지니게 되었다고 했다. 우리나라에서는 이런 경이 퇴계에 이르러 단순히 이론적인 해명에 그치지 않고 인격적으로도 무르녹아 전 생애를 관철하는 기본이념이 되었다는 것이다.

그는 경의 이념을 철학적으로 구명하기 위해, 존재론적·인식론적·가치론적인 접근을 시도했다. 존재론적으로 경은 이(理)가 인간에 임재해 명(命)함에 응(應)함과, 인의예지의 인성을 다하는 것을 아울러 성도(成道)시키며, 경의 극치는 이른바 내외양의(內外兩意)의 경지에 이르게 하는 것이다. 인식론적으로 경은 경험적인 것과 초경험적인 것, 동적인 것과 정적인 것, 그리고 사유와 학습에 일관되어 있다. 가치론적으로 경은 높은 수준의 정신적 가치인 도심(道心)을 확충하고 신체적 욕구인 인심(人心)에 한계를 긋는다(학술원, 1976: 32).

6. 시간과 공간

김형석은 1958년 7월 『인문과학』(연세대) 2집에 「시간의 실천적 구조」를 발표했다. '역사적 시간관을 위한 철학적 시론'이라는 부제를 단 이 논문에서 그는 '칸트·아인슈타인·화이트헤드의 시간', '베르그송의 시간관', '하이데거의 시간구조', '자연적 시간과 의식의 시간', '시간의 실천적 구조와 아우구스티누스·기독교의 시간관', '실천적 시간과 역사성·종말관', '시간과 영원'을 다루었다. 시간관에 관한 여러 학자들의 견해와 기독교의 관점을 정리한 것이다.

시간 일반에 관한 논문으론, 이인옥(李仁玉)(1961)의 「시간에 대한 고찰」(『부산대학교 15주년 기념논문집』)을 들 수 있다. 그는 이 논문에서 시간의 이율배반적인 성격(변화, 불변)과, 시간·인간·역사의 관계에 근거한 시간 파악에 초점을 두면서 서술했다. 이를 위해 '시간의 즉물화(卽物化)인 시간의 객관적 파악', '시간의 의식화인 시간의 내재적 파악', 그리고 '시간의 이데아(Idea)화 또는 인간실천에 의한 초월적 파악'이라는 시간 파악의 세 방향을 살핀 후, 시간의 본질은 역사적 현재에 있으며, 역사적 현재의 본질적 구조는 인간의 실천에 있다고 했다(학술원 1976: 100).

김준섭(1970)은 「시간과 공간개념의 변혁이 사회과학에 미치는 영향」[5]을 『인문사회과학』(서울대) 16집에 게재했다(1975년 그의 『철학과 논리의 연구』에 재수록). 그는 논문에서 시간과 공간이 불가분리성(不可分離性)인 시-공개념으로 변혁된 점, 자연과학의 시-공개념이 사회과학에 미치는 영향을 다뤘다. 그는 논문의 맺는말에서 자연과학의 제개념(諸概念), 특히 변혁된 시간과 공간개념도 사회과학의 연구에 이용되고 있음

---

5 이 논문은 머리말, I. Operationism의 시간과 공간개념, II. 논리적 경험론의 시간과 공간개념, III. 시-공의 문제, IV. 자연과학과 사회과학의 통일성, V. 사회과학의 시-공개념, 맺는말로 이루어져 있다.

을 지적하면서 다음과 같이 주장했다(김준섭, 1975: 87-88).

1) 자연과학의 시간과 공간의 다양성은 그대로 사회과학에 적용된다. 사회과학의 제대상(諸對象) 간의 관계는 공간의 다양성을 발견하게 하며, 제사건(諸事件) 간의 관계는 시간의 다양성을 발견하게 한다.
2) 사회과학에 있어서의 시간과 공간의 다양성은 자연과학의 시간과 공간의 다양성보다 더욱 복잡하다. 그것은 개인과 사회의 심리학적 시간과 공간요소, 그리고 역사적 시간과 공간요소가 자연과학적 시간과 공간요소에 부가되어야 하는 까닭이다. 사회과학의 제대상의 영역의 구분은 자연적 구분같이 일률적으로 될 수 없으며, 제사건의 관계의 구분도 또한 일률적으로 다루어져서는 사태를 원만히 파악할 수 없다.
3) 사회과학의 기술(記述)에 있어서도 시간과 공간개념을 분리시켜서는 의미가 없다. 시간과 공간을 분리시켜 별개의 개념으로 생각할 수는 있으나, 사회과학의 대상을 실제로 관찰하고 조사해서 연구결과를 기술하는 데 있어서는 시간과 공간 중 어느 한 가지의 기술로써는 의미가 없게 된다.
4) 자연과학과 사회과학은 근본적으로 다른 것이 아니라 자연과학의 토대 위에 사회과학이 성립되며, 사회과학은 더욱 복잡한 현상을 다루는 데 불과하므로 동일한 과학적 방법을 사용해서 연구될 수 있다.
5) 사회과학의 연구대상이 자연과학보다 더욱 복잡하고 입체적이요, 다각적이라 해서 비과학적인 방법이 사용되어서는 사태를 바로 이해할 수 없다. 사회과학의 연구과정이나 관찰방법에 있어 난점이 많다고 해도 그 난점을 극복하도록 노력해야 할 것이다.

그러면서 그는 자연과학의 발달은 사회과학의 발달을 가져오며, 자연과학에서 발달된 제개념은 그것에 사회성을 부여해 사회과학에 이용할 수 있다고 했다. 이어서 그는 자연과학의 시간과 공간개념의 변혁이 사회과학에 미친 영향은 크며, 앞으로도 그 영향이 확대될 것으로 내다봤다(88).

다음으로 개별 철학자들의 시간에 관한 견해에 초점을 둔 논문들을 살펴보기로 한다. 편의상 고대, 중세, 현대의 시대 구분을 따라 그 예들을 정리해 본다. 우선, 고대의 견해와 관련해서, 조요한(1972)은 「아리스토텔레스의 시간관」(『숭전대 논문집』 3집)이란 논문을 발표했다. 논문의 구성을 보면, '플라톤의 시간관과의 관계', '운동의 척도로서의 시간', '시간과 이제', '시간과 정신'으로 되어 있다. 그는 논문에서 아리스토텔레스의 경우, 시간은 인간의식에서 완전히 독립된 것도 아니고 예속된 것도 아님을 지적했다. 그의 논문에 따르면, 시간은 운동 자체도 아니고, 순수한 의식형상도 아니다. 시간은 전적으로 객관적인 것도 주관적인 것도 아니다. 운동이 시간이기 위해서는 계량화되어야 하는데, 그런 측정가능성이 운동에 있기 때문에 운동은 바로 시간으로 이어진다. 시간은 구별할 순 없지만 셈할 수는 있다는 점에서 운동에 귀속되는 하나의 가능태이다(학술원, 1976: 126).

중세의 견해와 관련해서, 소광희(1971)는 「어거스틴의 시간론에 대한 존재론적 해석」(『지헌영선생 화갑기념논총』)을 통해, 시간론의 역사에서 아우구스티누스의 견해가 차지하는 비중이 매우 크다고 했다. 그러면서 아우구스티누스가 시간을 의식 속으로 내존화(內存化)시킨 것은 오늘날 후설의 시간의식에 직결되어, 소위 의식내재적 시간론의 근간을 이룬다고 했다. 그는 이 논문에서 먼저 아우구스티누스의 시간관이 형성되기까지의 주변사상(희랍철학, 그리스도교, 그노시스파의 시간관)을 살피면서 아우구스티누스의 시간론을 부각시켜 그 내용을 파악하고, 현대의 기초적 존재론의 관점에서 이를 해석했다(학술원, 1976: 124).

현대의 견해와 관련해서, 김규영(1964)은 「베르쟈예프의 시간론」(『김두헌박사 화갑기념논문집』)에서 시간의 존재 여부를 존재론적으로는 '창조

활동의 결과'로, 인식론적으로는 '시간의식의 사실'로 파악하면서, 시간이란 '영원으로부터의 한 탈락', 곧 '영원의 내부에 있는 것'이라 했다.[6] 논문의 구성은 '머리말', '시간의 이면성(二面性)', '시간과 창조', '시간과 인식', '시간과 결말', '시간과 운명', '맺음말'으로 이루어져 있다.

한편, 이광래(李光來)(1978)는, 「의식시간으로서의 시간의식」을 『철학연구』(고려대) 5집에 게재했는데, 그는 베르그송과 후설의 경우를 들어 전자는 '흐름으로서의 시간(생명을 지닌 유기적 흐름)'을, 후자는 '지향적 생(生)의 내부시간적 의식체험(지향체험)'을 각각 내세웠다고 했다. 그러면서 전자의 의식적·구체적·약동적 시간에는 인격적 자발성이 작용하지 않고 과거는 자동적으로 자력에 의해 보존될 뿐인 반면, 후자의 경우는 과거파지(過去把持)의 주체적 자발성이 지향성으로 나타난다고 했다.

7. 심신동일론

철학연구회의 1979년도 추계연구발표회의 주제는 〈심리철학의 문제〉였다. 이 발표회에서 소흥렬은 '심신동일론'에 관해 발표하고 조승옥과 김여수가 논평을 했다. 소흥렬은 김재권이 주장하는 심신동일론[7]은 존

---

6 김규영은 1956년 이래 발표된 글들을 모아 1968년 12월 『시간과 영원』(동서문화원)을 출판하기도 했다. 책의 내용 가운데 3장인 '인간과 니힐, 죽음과 불안, 시간과 영원'에서 시간과 관련된 것을 다루었다.

7 그가 쓴 논문들 가운데 동일성 문제를 다룬 것은 1966년에 발표한 On the psycho-physical identity theory(*American Philosophical Quarterly*, 3〈3〉: 227-235), 1967년의 Psycho-physical laws and theories of mind(*Theoria*, 198-210), 같은 해 브란트(Richard Brandt)와 함께 연구한 The logic of the identity theory(*The Journal of Philosophy*, LXIV〈17〉: 515-537), 1968년의 Reduction, correspondence, and identity(*The Monist*, 52〈3〉: 424-438), 1971년의 Materialism and the criteria of the mental(*Synthese*, 323-345), 1972년의 Phenomenal properties, psycho-physical laws, and the identity theory(*The Monist*, 177-192) 등이 있다.

재론적 단순성을 추구하는 존재론적 일원론에 기초하지만, 하나의 상태가 물리적 상태로 나타나기도 하고 심리적 상태로 나타나기도 한다는 것은 인식되는 방법에서는 심리적인 것과 물리적인 것이 구별될 수 있음을 뜻하는 인식론적 이원론에 해당한다고 볼 수 있다고 했다(발표논문집: 21). 소흥렬은 심신동일론이 존재론적 일원론에 그친다면 인간도 무생물인 물질에 바탕을 둔 것으로 파악되며, 진화의 산물일 뿐일 것이라고 비판하면서, 이에 대해 가치의 세계를 위한 철학적 근거를 마련하려 했다. 그는 인간의 존재는 인간의 인식을 선행하지만, 가치의 차원에서는 인간의 인식이 그 존재보다 더 중요한 위치를 차지하는 것으로 보았다. 인간은 그저 단순하게 존재하는 것이 아니라 어떤 가치를 체험하고 창조하는 존재다. 소흥렬의 규정에 따르면, 심신동일론은 유물론에 기울어져 있지만 마음의 실재성을 부정하는 것이 아니라 마음과 몸의 관계를 존재론적으로 그리고 인식론적으로 규명함으로써 마음에 관한 새로운 이해를 가능케 해 주는 이론이다(22-23).

조승옥은 위의 발표회에서 「심신동일론에 대한 Review」를 통해, '심신동일론은 현대판 유물론이고, 자연과학의 비약적인 발전에 영향을 받은 이론이다'라는 주장이 동일론의 성격을 잘 지적해 주고 있음을 소개하면서, 유물론에 대한 비판과 더불어 동일론 자체(동일성의 논리적 구조)에 대한 비판을 시도했다. 그에 의하면, 심신동일론은 유물론으로부터 논리적으로 독립해 있다. '감각과 두뇌상태는 동일하다'는 주장과, '동일한 것이 물질적인 것으로 밝혀졌다'는 주장은 별개라는 것이다(조승옥, 1979: 25). 동일론의 사실적(경험적) 내용은 오직 심신(Ψ-Φ) 대응적 상관관계(psycho-physical corresponding correlation)일 뿐이라는 김재권 교수의 주장을 들어, 그는 두 사태(심신사태)가 상관관계에 있다는 주장과 이 두 사태가 동일하다는 주장은 별개임을 내세웠다. 동일론이 자연과학이 이룩한 비약적인 발전의 결과로부터 나왔다는 주장도 과학이 밝힐지도 모를 부정확한 미래를 성급하게 현실화하는 '과학숭배'의 미신을 내포하고 있음을 지적했다(26-27).

김여수는 소흥렬이 다루는 김재권의 심신동일론은 유물론의 긴 역사 가운데 세련되고 강력한 형태의 이론이긴 하지만, 심신동일론이 반드시 유물론적이어야 할 이유는 없음을 지적했다. 동일론은 버클리의 관념론 테두리 속에서도 가능한 이론이라는 것이다(김여수, 1979: 38). 심신동일론은 모든 형태의 유물론이 그렇듯이 자연과학의 업적을 토대로 한다는 점에서는 경험에 바탕을 둔 이론이다. 그러나 그것이 철학 이론이 되려면 논리적인 구성을 갖추어야 함을 지적했다. 그러면서 자연과학에서 경험에 근거한 지식들은 아직 그런 요구를 충족시켜 주지 못하고 있다면서 소흥렬의 발표를 보완했다(39-40).

8. 유교공죄론(功罪論) 논박

발표되는 논문이나 저서 들의 상당수는 다루는 주제에 대해 소개하는 내용에 저자의 견해를 덧붙이는 일에 머무르는 경향이 있는데, 유학의 경우는 조선 시대에 있었던 이른바 주리론/주기론, 사칠논변(四七論辨), 인물성동이론에서 볼 수 있듯이, 대립된 주장을 통해 담론이 활성화되는 모습을 보여 주기도 한다. 학문, 특히 철학처럼 주장이나 신념이 강조되는 분야에서는 설득력이 높으면 정당성이 확보되는 경우가 많으므로, 담론의 활성화는 철학의 발전에 보탬이 된다. 이런 점에서 이상은의 아래와 같은 논문도 나름대로 의의가 있다.

이상은은 1966년 9월에 「한국에 있어서 유교의 공죄론(功罪論) – 현상윤선생의 '유교공죄론에 대한 재평가' –」를 『아세아연구』 9권에 게재했다. 그는 이 논문에서 현상윤이 『조선유학사』 17장에서 언급한 '유학이 조선문화에 남겨 놓은 흔적 및 그 폐단'에서의 공죄들을 조목별로 검토했다. 특히 그는 평가를 할 때는 기준이 있어야 함을 강조하면서, 종교나 사상에 있어서 그 본질적인 면과 시대적·사회적 여건에 따라 응용되는 면을 서로 혼용하지 말아야 한다고 힘주어 말했다. 그러면서 그는 현상윤의 이른바 '군자학의 면려(勉勵)'에 관해서는 대체로 똑바로 지적한 것이라 보고, '인륜도덕의 숭상'에 관해서도 충효열(忠孝烈)이나 오륜과 같은 인륜도덕은 사회질서와 평화를 유지하고 국민 도덕을 향상시키는 데 공헌했다는 점, 그리고 민주주의 시대에도 가정적·사회적 관계를 유지하는 데 필요한 점을 인정했다. 하지만 오륜을 위에서 아래로 강요된 것처럼 비판하는 것은 유교의 본래 정신이 쌍무적이라는 점에서 볼 때, 너무 한쪽에 치우친 단순한 논단이라 지적했다. '청렴절의(清廉節義)의 존중'에 관해서는 수긍했다.

이어서 이상은은 유학의 '죄'에 대한 8개 조목에 관한 현상윤의 논평에서 잘못된 점들을 지적해 나갔다. 그가 지적한 것들은 다음과 같다(이상은, 1966: 4-19).

(1) '모화사상'에 관해 그것은 문화적인 가치를 애호한다는 뜻이므로 정치적인 사대와는 혼용하지 말아야 하며, '사대주의'란 용어도 그런 점에서 부당하다.
(2) '당쟁'에 있어서도 군자와 소인을 엄격히 했기 때문에 당쟁이 생겼다 함은 어불성설이다.
(3) '가족주의의 폐해'라 함도 이것은 유학사상과 무관하다. 오히려 유학은 공과 의를 중시하는 사상이다.
(4) '계급사상'이라 함도 그것은 경제적·사회적 의미가 아니라, 관료체제의 서계(序階)를 뜻하므로 이는 오히려 공(功)이 될 것이다. 또한 관료민비(官僚民卑)사상은 유가의 정신이 아니다.
(5) '문약(文弱)'에 관해서도 유학은 문을 숭상하되 '유문사자 필요무비(有文事者必有武備)'라 하듯이 문약이란 유학 자체에서 오는 것이 아니라 정치인들의 폐단이다. 유교는 무력정치인 패도를 배격하고 평화와 인의를 존중함이 특색일 뿐이다.
(6) '산업능력의 저하'에 관해서도 상공계급의 천시나, 사인(士人)양반계급의 생산 활동 기피 등은 유(儒)와 사(士)의 정신이 아니라 양

반들에게 해당하는 것이다. 유교는 인격과 재물에 대한 본말을 밝히는 데 본뜻이 있을 뿐이다.

(7) '상명주의(尙名主義)'라 함도 오인된 경우에는 그 폐단을 지적할 수 있으나 유교와는 무관하다.

(8) '복고사상'은 보수주의와 구별되어야 한다. 복고란 오히려 행동적·이상주의적 요소가 많다.

그러면서 이상은은 현상윤이 『조선유학사』 서두에 열거한 공죄론은 유교, 특히 송학계통에서 강조된 '중의경화(重義輕和)', '내본외말(內本外末)'이 강조된 까닭에, 앞에서 열거한 여러 것들 가운데 '산업능력의 저하'만이 유학에서 유래된 약점임을 지적했다.

9. 이기론/사단칠정론

1) 이기론(理氣論)

최동희(1973)는 「고봉의 인성관」(『아세아연구』 16권)에서 고봉의 성리론은 근대의 합리론과 비슷하며, 그의 일원론은 플로티노스(Plotinos, 205~270)의 유출적 발상법과 비슷하다고 했다. 그의 인성관은 일원론적이며 이기론은 기일원론적이다. 이와 기는 선악을 따질 수 없는 자연계를 설명하기는 편리하지만 선악이 문제되는 인성을 따질 때는 어려운 문제가 나타난다고도 했다.

한편, 윤사순(1972)은 「퇴계에 있어 기의 존재문제」(『유교학논총』)를 통해, 이기이원론자인 퇴계의 이기관에서 '기의 존재'에 관한 문제를 살피는 데 힘썼다. 그는 퇴계의 기에 관한 관점은 이에 관한 견해와 연관 지어 이해해야 한다고 했다. 그러면서 퇴계는 이를 기의 존재에 선행하는, 기의 소이연자(所以然者), 곧 생성원인으로 파악했음을 지적했다. 그런데 이것은 '재리상착(在理上着)'할 때 그렇고, '재물상착(在物上着)'할 때는 그렇지 않다고 함으로써, 이가 '먼저 동(動)한다'는 식으로 영향을 미칠 수는 없다고 했다. 그래서 '생멸(生滅)'이 있어 '유한한 존재'라는 그의 기존재관(氣存在觀)은 이론적으로 허점을 지니는데, 이런 허점은 배후에 있는 포괄적인 이기론에 관한 이해를 통해 다루어져야 한다고 했다(학술원, 1976: 32-33).

이러한 퇴계의 이해는 그가 이(理)를 가치의 측면에서 중시하면서 펼치는 '이우위론(理優位論)'적 접근 방법 내지 '성선설(性善說)'적인 요청, 성선설의 장점 속에서 찾아볼 수 있다. 그래서 성선설에 바탕을 둔 이상이 사라지지 않는 한, 그의 이론이 지니는 의의 또한 가볍지 않다. 이처럼 그는 어떤 조건이나 요청 속에서 퇴계의 이론이 지니는 의의를 찾으려 했다. 사실과 가치의 관계에서 긍정적으로 그 연속성을 파악하면서도 은연중에 가치를 더 앞세우면서 말이다.

윤사순은 1973년에는 「고봉심성설(高峰心性說)의 이기론적 특색」을 『아세아연구』 16집 1호에 게재했다. 그는 사단칠정에 관한 퇴계와 고봉의 견해를 비교하면서 전자는 의미지향성, 후자는 사실지향성을 지닌 접근 방법이라고 했다. 이어서 고봉은 '이(理)의 본체'를 '기(氣)의 자연발견'이라 하는 주기적(主氣的)인 특색을 보이므로, 그가 말하는 이발(理發)은 실제로 발출(發出)한다는 뜻이 아니라, 논리적인 소종래(所從來)를 가리키는 '이(理)의 발(發)'이므로 '이(理)의 발현'이라 함이 옳다고 했다. 그러나 고봉의 주기적 특색은 유기론(唯氣論)과도 다르다고 보면서, 그의 이론은 '어느 정도는 주리론적인 특색도 배제할 수 없는 주기적 이기이원론'이라 했다.

한편, 의미지향적 해석과 사실지향적 해석이 같지 않은 까닭은, '성발위정(性發爲情)'이라는 성선설에 근거한 사고방식이 지니는 소위 '선(善)이 이(理)'라는 일면성을 띤 가치관 때문이다. 고봉이 주리/주기 양쪽에 걸쳐 있는 듯한 모순은 유교 본래의 목적인 윤리적·실천적 현실 구제정신의 측면에서 이해할 수 있다. 논자는 고봉의 이런 이론은 인성론적인 평등사상의 맹아로 이해될 수 있고, 실학의 특색인 반정통성 속에서 그 사상적 의의가 있다고 했다(34).

이동준은 1973년에 간행된 『유교학논총』에 「율곡에 있어서 이의 궁극성에 대한 고찰」이란 글을 게재했다. 그는 이 논문에서 율곡도 근본적으로는 이우위설(理優位說)을 취해 퇴계와 다를 바 없다고 하면서, 율곡의 학설을 퇴계의 이우위설과 비교해 다뤘다. 이를 위해 그는 화담(花潭)의 학론(學論)에 대한 퇴계와 율곡의 비평을 소개하고, 퇴계와 율곡이 둘 다 이우위설에 있음을 고증했다. 나아가 이의 특성에 관한 언급에서 나타나는 양자의 차이점을 지적하기도 했다(학술원, 1976: 34-35).

배종호는 1976년 「기호학파의 심성론」을 『인문과학』(연세대) 35집에 게재했다. 그는 기호학파는 주기파로도 일컬어지며 이율곡의 주기적 경향을 이은 학파라고 하면서 율곡의 기발이승설에 근거한 심성론을 소개하고, 더불어 이것을 퇴계의 이발호발설에 근거한 심성론과 대비했다. 율곡의 견해와 방법론을 밝힘으로써 퇴계의 견해와의 차이점을 드러내려 한 논문이다(학술원, 1976: 42).

2) 사단칠정론(四端七情論)

이기론과 사단칠정론에 관한 연구는 1973년 아세아문제연구소(고려대)에서 발행한 『아세아연구』 16권 1호(통권 49)에 집중적으로 나타나 있어, 이 학술지에 실린 논문들을 중심으로 살펴본다.

이상은은 「사칠논변과 대설(對說)·인설(因說)의 의의」를 게재했다. 그는 이 논문을 통해 퇴계와 고봉이 벌인 사칠논변에서 고봉이 사용한 대설과 인설이란 두 개념의 뜻을 규명하려 했다. 고봉은 인설을 상하로, 대설을 좌우의 뜻으로 사용하면서, 그(고봉)가 인용한 주자의 "四端是理之發 七情是氣之發"도 인설로 보았다. 그 까닭은 인설로 말하면 이기가 서로 떨어지지 않는 전제에 위반되지 않지만, 대설로 한 말이라면 이발기발이 서로 떨어지기 때문이라 했다. 그러면서 이상은은 고봉이 왕복 서한 마지막에서 퇴계에게 양보한 것은 그의 이론이 옳아서가 아니라, "四端理之發 七情氣之發"이 수양·실천의 필요성에서 의미가 있다고 여겼기 때문이라 했다.

배종호는 같은 학술지에 「성리학과 기고봉」이란 논문을 게재했다. 그는 한국의 성리학이 그동안 몇 갈래로 전개되면서 논쟁과 더불어 발달하는데, 그 논쟁은 고봉의 '칠정포사단(七情包四端)의 논리'와 퇴계의 '칠정대사단(七情對四端)의 견해' 간의 차이에 기인한다고 했다. 그는 이를 분별하면서 앞으로 전개될 한국성리학의 방향을 제시하기도 했다.

전두하는 「퇴계와 관련시켜서 본 고봉의 인성론」이란 논문을 게재했다. 그는 논문에서 이발공발(理氣共發)의 견지에 선 고봉의 경우, 칠정중절(七情中節)의 선과 사단(四端)의 순선(純善)이 같은지 다른지 하는 문제가 생기고, 이기호발의 견지에 선 퇴계의 경우도, '물(物)에 감하지 않고 심중에서 스스로 이가 발하고 이것에 기가 따르게 된다'는 의문을 남긴다고 지적했다. 이어서 이런 문제점이 멀리 주자가 말하는 존재론과 관련된 시원(始源)까지 소급된다고 보았다. '무극이태극(無極而太極)'과 '시원의 기'의 관계가 황사의(黃士毅)·여청덕(黎請德) 계열의 해석처럼 '이선기후(理先氣後)'인지, 황면재(黃勉齋)·엽사룡(葉士龍) 계열의 해석처럼 '이기무선후(理氣無先後)'인지 하는 데까지 소급된다고 하면서, 논자 나름의 해결을 다음과 같이 덧붙였는데 특이하다.

이와 기 가운데서 어느 한쪽을 강조할 의도가 전연 없는 이기공발(理氣共發)이나 기발이승(氣發理乘)에서 이가 압도적으로 강해서 기가 전혀 사용되지 못하는 것이 순선(보편적인 선, 인륜)이며 사단이고, 기가 사용되지만 이가 기보다 강해서 기를 이기면 선이 되며, 기가 이보다 강해서 이를 이기면 악이 될 수도 있는 칠정이 된다고 한 견해가 그것이다. 이어서 전두하는 이런 측면을 서양의 아리스토텔레스·헤겔·하이데거 존재론이 지니는 인설대설(因說對說)과 같은 류의 사고방식으로 파악했다.

채무송도 같은 학술지에 「고봉성리학 연구」를 중국어로 게재했는데, 고봉이 주자학설을 받아 퇴계에게 전해 준 바가 많았음을 지적하면서 고봉의 성리학을 정리했다. 고봉은 이기개념을 소이연/소당연으로 해석하면서 사칠(4·7)을 이발기발로 나누는 것에 동의하지 않았다. 고봉은 주자의 이기심(理氣心)을 받아들여 사단을 칠정 가운데 선한 것으로 파악했다. 고봉과 퇴계가 부합하는 이론은 맹자의 '도덕심 가운데 사단설'이지 주자의 '이기심 가운데 사단설'이 아니다. 그럼에도 그는 고봉의 태극논의나 물격이도(物格理到)에 관한 해석은 주자의 설을 이어 받았음을 지적했다.

10. 이해

이규호[8]는 1972년 4월, 『앎과 삶 – 해석적 지식론 – 』이란 책을 연세대 출판부에서 출판했다. 그는 그 책에서 해석학은 처음에는 자연과학과 대립되는 인간과학을 위한 방법론으로 전개되었다고 했다. 삶의 현상은 자연현상처럼 보편법칙에 의해 객관적으로 설명되는 것이 아니고, 그 의미를 통해 이해되어야 한다는 것이었다. 그런데 그 후 이런 해석학이 딜티이와 하이데거를 통해 단순한 인간과학의 방법론이 아니고, 삶과 실존의 근본구조로서 '이해'를 다루는 것으로 그 위치가 바뀌었다. 이렇게 해서 해석학이 존재론적 인식론으로서 철학의 전면에 드러났다는 것이 그의 지적이다. 하지만 삶의 현상에는 그가 언급하는 이해의 부분도 있지만 설명의 부분도 있기에, 그가 이 점에 소홀했다는 것이 아쉬움을 남긴다. 나아가서 설명과 이해의 관계를 대비적으로 파

8 이규호(1926~2002)의 호는 단계(丹溪)이며, 진주에서 태어났다. 한국신학대를 거쳐 1962년 독일 튀빙겐대학에서 박사학위를 취득했다. 중앙대, 연세대에서 교수를, 그 후 장관, 대사 등도 역임했다. 대중성을 띤 철학서를 여러 권 펴냈으며, 우리말로 글을 쓰는 데 힘썼다. 지은 책으로 『사람됨의 뜻: 철학적 인간학』·『말의 힘』·『앎과 삶』·『인간의 사회화와 사회의 인간화』·『오늘의 문제를 맴도는 까닭은』·『현실의 도전과 철학의 응답』 등이 있다.

악하는 것에 의문을 제기하는 숙고도 함께 있어야 했다.

이한구는 1972년 9월 발표한 「딜타이의 삶의 해석」을 『철학논구』(서울대) 1집에 게재했는데, 딜타이는 삶을 삶 자체로부터 이해한다는 기치를 들었음을 지적하면서, 삶이 그의 철학의 출발점이며 철학의 궁극 목표라 했다. 이런 점에 유념하면서 딜타이가 말하는 삶의 개념, 삶의 범주, 세계관학, 비판적 고찰의 순으로 논술했다. 그러면서 그의 삶의 해석은 결국 삶의 역사성에서 출발해, 삶의 범주들의 발견과 이 범주들을 포괄적으로 해석하는 세계관 이론에서 종결되며, 세계관 이론은 결국 상대주의와 자유로 귀결된다고 했다. 그 후 이한구(1978)는 『철학연구』(철학연구회) 13집의 「딜타이의 이해(Verstehen)의 분석 – 정신과학 방법론을 중심으로 –」에서 딜타이가 사변적 형이상학을 불신하고 경험을 신뢰하지만, 경험의 의미를 보통의 경험주의자들이 주장하는 감각적 지각의 뜻으로 사용하지는 않았음을 지적했다. 딜타이는 경험의 포괄적 의미를 드러내기 위해 '체험'이라는 용어를 도입했는데, 그것은 지·정·의라는 정신능력(精身能力) 전체가 함께 작용하는 전인적 경험을 뜻한다.

이상철도 1975년 1월 「딜타이에 있어서의 이해의 문제 – 역사인식론을 중심으로 –」(『최재희박사 환력기념논문집』)를 기고했다. 이 논문의 과제는 딜타이에 있어서 이해의 문제를 해명하는 일이었다. 이를 위해 그는 우선, 딜타이 철학에서 이해 내지 해석학이 점하는 위치를 논하고, 딜타이의 사상이 발전되어 온 배경도 살폈다. 다음, 자연철학에 대한 정신과학의 특성을 언급하고, 이어서 딜타이가 전개한 체험이론과 이해론을 논했다. 아울러, 이해와 설명의 상호관계 및 딜타이 사상을 둘러싼 비판에 관해서도 언급했다(학술원, 1976: 142). 이처럼 이상철이나 이한구의 논문들은 '이해'라는 주요 담론을 딜타이의 견해를 중심으로 파악하는 데 주력했다.

11. 인과성

윤병대(尹秉大)는 1960년 「러셀(B. Russell)의 인과론과 그 근거」를 석사 논문(서울대)으로 제출했는데, 그는 크게 '물리적 사건의 인과론'과 '정신적 사건의 인과론'으로 나누어 살피면서 인과론의 근거에 관해 언급했다.

김준섭(1966)은 「과학적 인과성의 현대적 의미에 관한 연구」를 『서울대 논문집(인문사회과학)』 12집에 발표했다. 이 논문은 '머리말', '인과의 개념', '인과율', '인과성의 원리', '인과성과 확률성', '맺는말'로 이루어져 있다. 그는 맺는말에서, 인과성의 개념이 고전물리학에서 사용되던 결정론적·필연적 개념으로부터 현대 물리학에서 사용되는 통계적 규칙성의 개념으로 변한 점을 밝혔다. 그러면서 종래의 인과율이 '만일 ……이면, 항상 ……이다'의 관계를 말하는 법칙인데 반해, 현대에는 '만일 ……이면, 어떤 백분율에 있어 ……이다'의 관계의 법칙이 되었다고 지적했다. 인과율의 개념이 달라진 데 따라 인과성의 원리가 불확정성의 원리로 바뀐 점을 짚었으며, 끝으로 인과성과 확률성의 관계를 논해, 인과성의 개념을 확률성의 개념의 한 특수한 경우로 해석하고 정리했다. 이처럼 그는 실제에 있어 확률성의 개념이 모든 경험과학의 기본개념이라는 것을 언급했다. 아울러 통계적 규칙성의 개념으로써 현실을 과학적으로 다루려는 생활의 과학화 방향에 관해서도 언급했다(학술원, 1976: 107). 이런 그의 견해는 과학에서 말하는 인과성이란 개념이 지니는 현대의 의미를 비교적 잘 정리한 것으로 보인다. 그는 1968년 9월에는 오스트리아 빈에서 있었던 국제철학대회(Internationalen Kongresses für Philosophie Wien)에서 「인과성의 의미(The meaning of causality)」를 발표하기도 했다.

한편, 재미철학자인 김재권은 70년대에 국제학술지에 인과성과 관련된 일련의 논문들[9]을 발표해 주목을 끌었다.

이런 학계의 분위기에서 소흥렬은 1974년 미국의 미시간대학에서

「인간행위에 관한 인과설명(Causal explanation of human action)」이란 논문으로 박사학위를 취득했다. 인과성을 인간행위에 적용해 작성한 논문이다(II부 10장 '과학철학', '심리철학' 참조).

1980년 12월, 송병옥은 「인가르덴에 있어서의 인과성문제(Das Kausalitats Problem bei R. Ingarden)」란 논제로 튀빙겐대학에서 박사학위를 취득했다. 논문은 인과법칙성과 사유의 기반 사이에 놓여 있는 대립적인 담론에서 대안을 찾아보려는 의도에서 작성되었다. 그는 이 문제를 형이상학 차원에서뿐만 아니라 시·공간을 점유하는 물질의 본질과 관련지으면서 살폈다. 물질과 공간, 물질의 연속성과 불연속성의 문제를 다루면서, 물질공간에 있는 존재자들의 고립과 통일 문제를 운동과 규정의 문제와 결부했다. 그는 존재자들의 시공에서의 연속성과 통일성을 통해서, 궁극적으로 존재자들의 개체성 문제를 제기하면서 존재자를 규정하는 근거를 문제 삼았다. 그러면서 인과법칙의 문제는 종국적으로는 이런 존재자들의 규정성의 문제를 떠나서는 의미가 없음을 지적했다.

12. 인물성동이론

이병도(李丙燾)는 1969년 3월에 한문으로 작성된 「한국유학사상학설적논쟁 일단 – 특론 '호락시비' – (韓國儒學史上學說的論爭一段 – 特論 '湖洛是非' –)」를 향항동방인문학회편(香港東方人文學會編) 『유학재세계논문집(儒學在世界論文集)』에 게재했다. 그는 한국유학의 특징으로 학설에서 논쟁

---

9 그 당시 김재권이 발표한 대표적인 논문들은 Causes and events: Mackie on causation(*The Journal of Philosophy*, *68*(*14*), 1971), Causation and counterfactuals(*The Journal of Philosophy*, *70*, 1973), Causation, nomic subsumption, and the concept of event(*The Journal of Philosophy*, *70*(*8*), 1973), Noncausal connections(*Noûs 8, 1974*) 등이다.

이 많은 것을 들고, 그 가운데서도 특히 호락시비를 주제로 택해 논쟁의 시발·과정·영향 등을 살폈다. 호락시비의 주제는 인성물성(人性物性)의 본연성이 같으냐 다르냐 하는 문제와, 미발심(未發心)에도 선악이 있느냐 없느냐 등에 관한 문제였다. 인물(人物)의 본연성이 같을 수 없다는 점과 미발심(未發心)에도 선악을 논할 수 있다는 것을 주장하는 파는 호중(湖中) 지방인 충청도의 남당(南塘) 한원진(韓元震, 1682~1751)이 그 대표가 되었고, 이에 반대하는 파도 또한 호중의 외암(巍岩) 이간(李柬, 1677~1727)이었는데, 낙하(洛下)인 경기 지방의 여러 유학자들이 이 외암의 주장을 지지했기 때문에 이것을 낙론(洛論)이라 일컫게 된 것이라 했다(학술원, 1976: 27).

인물성동이론에서 호락시비와 관련된 언급은 배종호의 논문에서도 나타난다. 그는 1975년 7월 「한남당과 이외암의 인물성동이론의 비판」이란 논문을 『연세논총』 12집에 게재했다. 그는 이 논문을 통해 조선 후기 성리학에서 인성과 물성의 같음과 다름[동이(同異)]에 관해 논쟁, 즉 호락(湖洛)논쟁의 중심과제와 논리의 전개를 밝히면서, 그에 따른 주리론과 주기론의 견해 차이와 방법론에 관해 언급했다.

이어서 그는 1978년 9월에는 『한국철학연구(중)』(한국철학회)에 「호락학파(湖洛學派)의 인물성동이론」을 게재했다. 그는 이 글에서 남당과 외암은 처음 인간과 동물 사이의 성(性)의 동이(同異)문제를 둘러싸고 서로 담론을 벌이다가 인간 이외의 모든 물(物)에 대해서도 그 성(性)에 대해 논급하면서, 이것을 인물성동이론이라 일컫게 되었다고 했다. 금수(禽獸)와 오상(五常, 오륜)의 관계, 인간에서 심(心)의 미발(未發)과 기질의 유무를 논하는 것은 성설(性說)에서 본연과 기질, 선과 악의 문제를 다루는 것과 이어지는데, 그는 이것을 '심체본선유선악론(心體本善有善惡論)'이라 했다. 그는 본연과 기질, 선과 악의 문제가 결국 보편과 특수의 관계, 유개념과 종개념의 관계로 정리된다고도 했다. 인물성동이론은 물론이고 심체본선유선악론도 인성의 보편성과 특수성을 다루는 것이므로 일종의 보편논쟁에 속한다는 것이다. 보편과 개체의 관계와 관련지어 인물성동이론을 살펴본 독특한 논문이다(학술원, 1987: 10-11).

13. 자아동일론

1979년 12월, 철학연구회의 추계연구발표회의 주제는 〈심리철학의 문제〉였다. 이 발표회에서 신오현은 「자아동일성: 문제성과 접근모형」을 발표했고, 신구현과 이명현이 그것에 관해 논평을 했다. 신오현은 자아동일성의 문제란 자아의 존재론적인 신분(identity)을 묻는 물음이며, 한 인간을 다른 모든 존재와 구별되는 유일한 존재로 규정할 수 있는 근거를 묻는 물음이라 했다. 그런데 존재론적 신분을 묻는 존재의 개념이 인간(man)·인격(person)·자아(self) 등으로 다양하게 파악되기 때문에 자신이 묻고 있는 물음부터 분명히 하는 일이 필요하다고 했다. 동일성이란 개념도 '확인하다(identify)'는 동사의 명사형인 확인(identification)의 의미를 지니는 동시에, 주체성·신분·정체·본성의 의미도 내포하는 애매한 개념임을 지적했다(신오현, 1979: 46-47). 이어서 자아의 문제를 탐구할 때는 합리론·경험론·관념론·현상학·실존철학 등 다양한 경로로 접근하되, 유형론적 분석(typological analysis)을 통해 자아개념의 최적정모형(paradeigma, paradigm)을 설정할 것을 거시적인 관점에서 주문했다(50-51).

신오현은 자아동일성이론을 (1) 데카르트의 실체론, (2) 로크의 의식존재설, (3) 흄의 현상론, (4) 사르트르-하이데거의 현상학적 존재론, (5) 유식불교(唯識佛敎)의 현상학적 실천론이라는 다섯 가지로 구분했다. 이어서 그는 데카르트·로크·흄의 이론을 데카르트주의로, 사르트르·하이데거·유식불교의 이론을 현상학적 자아론으로 대별한 다음, 현상학적 자아론을 통해 데카르트주의를 극복하고 유식불교의 실천론을 통해 현상학적 자아론을 극복하고자 그 가능성을 모색했다(76).

이런 신오현의 논문에 관해 신구현은 신오현이 실증주의의 견지를 배제하고 현상학적인 접근 방법에도 문제를 제기하면서 새로운 이론 모형을 제시한 점을 들어, 창의성은 있으나 보완이나 재검토가 필요하다고 했다. 신구현은 흄의 자아동일성이론이 심신이원론에서 출발한다는 이유로 데카르트주의에 귀속시킨다면, 그 결과는 실체론과 현상론을 동일한 이론 유형으로 간주하게 되는 난점이 있다고 했다(신구현, 1979: 77). 유식불교의 현상학적 실천론을 자아동일성이론의 최적정모형으로 설정하는 것도 문제가 있는데, 그런 식으로라면 유교의 심성론이나 실천수양론 등도 유식불교와 같은 모형으로 보아야 한다는 것이다. 이론과 실천은 양자 간의 한계성 때문에 충분한 서술이 필요하다. 그렇지 않으면 문제영역의 혼동을 야기한다(78). 자아동일성이론에 관한 모형 설정에 독일관념론의 자아론을 제외한 것에도 아쉬움을 나타냈다(78). 이어서 유식불교의 실천론에서는 동일성이 무엇을 뜻하는지 더 명확한 규정이 필요하다고 했다. 그러면서 유식불교의 실천론이 요청하는 실천 수양의 구체적인 절차의 제시와 설명을 요구했다(80).

이명현은 신오현이 제시한 자아동일성이론의 다섯 가지 패러다임 가운데서도 특히 로크의 견해와 하이데거 및 사르트르의 견해가 자아동일성이론을 위해서 중요하다고 하면서, 자아나 인격의 동일성을 문제 삼을 때 기억을 도외시할 수 없음도 지적했다. 기억이 관여하지 않는 과거란 무의미하며, 예기(豫期)가 관여하지 않는 미래도 마찬가지라 했다. 그러면서 기억을 논외로 하면서 자기의식을 문제 삼고 인간의 자아동일성의 문제를 다루려면 또 다른 별도의 논증이 필요하다고 했다(이명현, 1979: 87). 이런 그의 논지에는 신오현의 글을 다른 각도에서 분석하면서 보완하려는 모습이 보인다.

14. 자유/자유의지

김두헌은 1952년 『윤리학개론』(정음사)을 펴내면서 7장에서 의지자유론을 언급하는 가운데 필연론과 자유론, 도덕적 자유론에 관해 소개했다. 그 책에서는 형이상학에서 다루는 중요한 것 가운데 하나인 필연론이나 자유의지론도 부분적이나마 다루었다. 자유의지와 결정론은 도덕적 책임을 다루는 윤리학과도 밀접하게 연관되어 있으므로, 가치론과 연관된 형이상학적인 문제를 다뤘다는 점에서 나름대로 의의가 있다. 자유의지를 의지자유로 표기한 것이 눈길을 끌지만 뜻에서 차이는 없다. 그 이후 1974년 하영석(河永晳)의 논문인 「하르트만에 있어서 의지자유의 문제」처럼 다른 사람의 논문에서도 의지자유로 표기하는 경우가 있지만, 주류는 자유의지로 표기하는 쪽이다.

손명현(1955)은 『철학』 1집에 「자유의 근거」를 게재했는데, 그는 이 논문에서 자유에 관한 고전적인 정의로 아리스토텔레스의 『니코마코스 윤리학』을 들면서 서술했다. 자유(hekousion)란 부자유(akousion)가 아닌데, 부자유는 '강제'나 '무지'에 의한 것이다. 여기서 '강제적이라는 것'은 그 기원이 외적 현상, 곧 그 기원에 행위자가 관여함이 없이 외부로부터 가해지는 작용이다. 폭풍에 배가 휩쓸려 표류하다 뜻하지 아니한 어떤 곳에 이른다든지, 힘이 센 사람에게 잡혀 버린다든지 하는 경우이다. 한편, '무지'는 그 원인(遠因)이나 근인(近因)을 행위자의 책임에 귀속시킬 수 없는 외적이나 우연적으로 부득이한 것을 가리킨다. 그렇다면 자유 행위는 행위의 기원이 행위자 속에 있는 것이 된다. 그래서 자유로운 행위는 외부의 강제에 의한 행위가 아닌 해방된 행위(frei von etwas)요, 그 기원(원인)이 행위주체 속에 있어 '스스로 말미암은(causa sui Selbstbestimmung) 행위'다. '스스로에 말미암음으로, 그것은 또 무지에 의한 행위가 아니요, 자각적인 행위'다(53-56).

이어서 그는 이 논문에서 물리적·외적·환경적인 것에 대비되는 '자아의 자유'를 논했다. 우선, 그는 중세적인 신의 존재와 자유를 문제로서 제시했다. 이어서 외적·환경적인 것에 대해 자아의 독립적 자유가 확보된다 해도 자아의 내부에 있어서의 필연성을 생각해야 한다고 했다. 자유를 자기원인·자기규정으로 본다면 곧, 내적 자아의 정신성에 대한 독립성이 확보된다면, 정신적 자아의 내부에 있어서의 어떠한 필연성·결정성도 자유를 위태롭게 하지 않는 것으로 보았다. 이런 점에서 그는 자유와 결정성이 서로 양립가능함을 시사했다.

이런 자유의지 일반이나 자유에 관한 고전적인 언급과 더불어, 근세나 현대철학자들의 자유의지론에 관한 탐구도 이어졌다. 근세철학자들로는 칸트와 헤겔의 자유나 자유의지에 관한 연구가, 현대철학자들로는 사르트르와 하르트만의 견해에 관한 연구가 각각 그랬다. 여기서도 이들의 견해를 중심으로 살펴보려 한다.

그 구체적인 사례들을 보면 근세철학자들의 경우, 김계숙은 1959년 5월 「헤겔에 있어서의 자유와 윤리의 문제」를 『인문사회과학』(서울대) 8집에 게재했다. 헤겔에게 자유의 개념은 현실성에 이르러서야 비로소 완전하고 객관적으로 구현된다는 데서 윤리적이다. 이런 점에서 자유와 윤리는 밀접한 관계를 지닌다. 윤리는 새로운 자유를 구현하기 위한 도덕적 규범의 준수인 동시에 윤리적 실체와 전체적인 생의 원리가 지배하는 그런 통일과 관련되어 있다. 헤겔은 '윤리'와 '윤리성'을 구별하면서 그 가운데서도 윤리성을 더 강조하기도 했다. 이어서 그는 자유에 관한 칸트와 헤겔의 견해에서 드러나는 차이, 자유와 미의 관계, 자유의 실현과 윤리의 문제도 다뤘다(학술원, 1976: 97).

정진(鄭鎭)(1969)은 「칸트에 있어서의 자유의 개념」(『서울대 교양과정부』 1집)에서, 칸트에 의하면 인간은 일면에서는 경험법칙에 따르는 감성계의 한 현상으로 파악될 수 있지만 이성의 측면에서 선험적인 자유가 있는 예지적인 존재로 파악될 수 있음을 지적했다. 이런 자유의 이념은 도덕적 행위를 위한 실천영역에서 객관적인 실재성과 더불어 내용적인 의미를 지닐 수 있다는 점을 들면서 칸트의 자유론에 관해 언급했다.

이화춘(李華春)(1973)도 「칸트의 자유에 관한 연구」(『철학』 7집)를 발표했는데, 정진의 논문과 더불어 자유에 관한 칸트의 견해를 파악하는 데 도움이 되는 논문이다. 이화춘은 특히 제1비판에 나타나 있는 '선험적 자유'와 '실천적 자유'의 의미와 내용에 관해 고찰했다. 선험적 자유는 현상을 발생시킨다는 점에서, 다른 원인에 의해 규정되지 않고 현상을 스스로 개시한다는 점에서 절대적 자발성이며, 현상을 초월한 가운데 현상을 제약한다. 그런데 칸트는 이 자유를 인간의 행위에 끌어들여 인간의 주체성에 절대적 자발성을 포함시키려 했다. 칸트에 있어서 인간의 자유는 이러한 의미의 선험적 자유로서 그는 이것을 절대적 자발성이란 말로 설명했다(27-28). 칸트는 이런 자유를 행위의 주체에 행위의 책임을 귀속시킬 수 있는 근거로 삼았다.

실천적 자유는 선험적 자유를 그 근거로 삼는다. 실천적 자유는 현상 가운데 원인을 가지면서도 그것에 의하여 강제되지 않고 현상계열을 스스로 개시하는 능력을 전제한다. 실천적 자유는 순수한 도덕법칙에 의한 의지규정의 경우와, 경험적 제약을 지니는 행복의 원리에 의한 의지규정의 경우(심리학적 자유)를 모두 내포한다. 이때 선험적 자유는 행위의 주체에 행위의 책임을 귀속시키므로 심리학적 자유의 기초를 이룬다.

한편, 정진은 1971년 「헤겔에 있어서의 자유와 필연」(『서울대 논문집』 17집)에서 칸트의 경우 필연은 감성계에, 자유는 예지계에 각각 속하는 것으로 서로 차원을 달리하는 데 반해, 헤겔의 경우는 자유와 필연의 상즉성(相卽性)이 긍정적으로 해명된다는 점을 들면서 글을 이어나갔다. 특히 헤겔의 역사철학에서는 자유와 필연의 상즉성이 구체적·현실적으로 세계사적 개인을 통해, 내적으로는 자유의 실행이 외적으로는 역사적 필연성의 전개로서, 주관적으로는 자유의지의 실현으로, 객관적으로는 필연법칙으로 각각 파악된다고 했다. 그의 논리학에서는 역사과정에서 이런 자유와 필연의 합치가 근거하는 배경으로, 이념의 객관적 필연성이 자기인식을 매개로 주체적 자유로 전화(轉化)하고, 자유는 필연성의 진실태로 드러난다. 이런 절대지의 단계에서의 필연과 자유의 합치는 관조적·관념론적인 색채가 짙지만, 현실 비판적인 실천을 매개로 필연과 자유의 새로운 역사적 종합을 가능하게 하는 근거가 될 수 있다는 것이다(학술원, 1976: 125).

현대철학자들의 견해에 관한 연구를 보면, 최재희는 1956년 4월 한국철학회 11회 연구발표회에서 '하르트만의 자유의지론'을 발표한 데 이어, 같은 해 10월에는 『인문사회과학』(서울대) 4집에 「자유의지론의 한 타입 – 하르트만의 존재론적 방법에 입각한 – 」을 발표했다. 그는 하르트만의 존재론적 방법에 근거해 자유의지론을 전개하면서 그에 대해 비평했다.[10] 그는 선악을 규정하는 도덕적 가치의 세계는 인간의욕 일반에 뿌리박고 있어야 할 것이라는 견해로 논문을 맺었다. 만약 그렇지 못하면 개별 인격의 자주적 결의(決意)는 가치의 객관성을 인정받지 못하는 것은 물론, 자칫하면 단지 자의(恣意, Willkuer)와 가까운 것이 되어 독아론(獨我論, Solipsismus)의 염려가 있다고 했다(『최재희전집』 V, 1985: 505). 물론, 여기서 독아론 또는 유아론(唯我論)은 자기를 최우선으로 하는 주관적 관념론의 일종으로, 자기 마음 밖의 어떠한 것에 관한 지식도 확실하지 않다는 견해다.

한편, 그는 「자유의지론의 한 타입」에서 막스 프랑크와 하르트만의 견해가 지니는 연관성에 관해 다음과 같이 정리하기도 했다(『최재희전집』 V, 1985: 504).

> 프랑크가 자아(自我) 중에 인식자아와 의욕자아를 구별하고, 적어도 미래의 의지행위에 대해서는 순수관조의 입장을 취할 수 없다고 한 말은, 하르트만이 볼 것 같으면, 필경 개별인격의 자주적 결정을 주장한 것이라고 보아질 수도 있겠다. 이렇고 보면, 프랑크가 공개한 자유의지론도, 그 본질에 있어서는 하르트만의 자유의지론에 어긋나지 않는다고 하겠다.

10 총 9절로 구성된 이 논문은 '의지의 자유'와 구별될 자유, 선험적인 자유, 결정론과 비결정론, 당위와 개별인격, 범주적 제법칙, 범주적 법칙들의 적용, 자유의지의 본질, 개인인격의 자유, 일어날 듯한 비평 순으로 전개된다.

최재희는 일찍이 1939년 『인문평론』 창간호에서도 「막스 프랑크, 자유의지론」을 게재한 바 있어 국내에서 자유의지 문제에 관해 연구한 개척자라 할 수 있다(I부 4장 '윤리학' 참조).

박상현(朴相鉉)(1957)은 「실존의 자유－사르트르의 입장을 극복하면서－」(『철학』 2집)에서 사르트르처럼 '존재가 본질에 선행한다'든가 '자기가 자기를 선택창조한다'는 주체적인 리얼리티(Reality)에 철저해야 하는 한, 인간 전체의 영상(影像)을 창조하는 데는 문제가 있음을 지적했다. 이어서 그는 실존의 자유는 언제나 역사형성의 주체적·객체적 행위에서 찾아야 한다고 주장했다. 그는 자기의 행위 내용을 표현하는 실존을 매개로 실존을 포괄하는 공동세계로의 길에 초점을 맞추면서, 실존은 그런 세계를 형성·창조함으로써 자기를 창조해 나갈 수 있다고 했다(38-39).

하영석(1974)은 「하르트만에 있어서 의지자유의 문제」를 『철학연구』(한국철학연구회) 19집에 게재했다. 그는 이 논문에서 하르트만이 지적한 그릇된 자유의 갖가지 개념, 인과율과 자유의 이율배반, 자유개념에 관한 형이상학적 부가물의 제거, 당위와 자유의 이율배반, 자유의 본질에 관한 결론, 인격적 자유의 존재론적 가능성에 관해 언급했다. 이어서 그는 하르트만이 의지자유 문제에 있어 칸트의 인과이율배반의 해결을 받아들이고, 그것에 근거해 다시 제2, 제3의 이율배반을 전개해, 윤리학사상 일찍이 예상조차 어려우리만큼 새로운 영역으로 문제를 확장했다고 했다. 최재희가 1956년 4월에 발표된 「하르트만의 자유의지론」, 10월에 발표된 「자유의지론의 한 타입－하르트만의 존재론적 방법에 입각한－」과 더불어 자유의지와 관련된 하르트만의 견해를 접할 수 있는 논문이다. 하영석도 김두헌(1952)이 『윤리학개론』에서 사용하듯, 자유의지 대신 의지자유란 표현을 사용하는 것이 이채롭다.

자유/자유의지와 관련된 박사논문의 경우는, 1980년 6월 엄정식이 미시간주립대에서 취득한 「자유와 결정론의 양도논법에서 신비스런 자아개념(The mystic notion of the self in the dilemma of freedom and determinism)」을 들 수 있다. 그는 그의 학위논문을 통해, 자유론과 결정론의 문제는 '자유', '인과' 그리고 '책임' 세 개념의 의미와 상호관련성을 규명함으로써 그 실마리를 찾을 수 있다고 했다. 전통적으로 이 문제에는 세 견해가 있어 왔다. 우리가 실제로 자유를 경험하고 있음을 부정할 수 없다는 자유론, 모든 현상은 인과율에 의해 결정되어 있다는 결정론, 그리고 이 두 입장이 동시에 진리일 수 있다는 양립론이 그것이다. 우선 양립론에 의하면 자유는 '행위의 자유'를 의미하며 이러한 자유를 누리기 위해 인과율을 부정할 필요가 없다. 그러나 자유론에 의하면 책임이 요구하는 진정한 의미의 자유는 '의지의 자유'이고 그것은 인과의 연쇄를 거스르는 자아의 존재를 전제로 한다. 또한 결정론에 의하면 그러한 의미의 자유로운 주체로서의 실체는 존재하지 않는다. 따라서 형이상학적 차원에서 이 문제는 자아개념이 개입된 자유와 필연의 문제로 변질된다. 여기서 고려할 수 있는 것은 칸트의 '본체(noumenon)'로서의 자아 혹은 비트겐슈타인의 '기하학적 점(point)'으로서의 자아인데, 그러한 의미의 '신비적 자아'를 도입하는 것은 이 문제에 대한 진정한 해결책이라고 할 수 없다. '책임'은 물론 '자유'와 '인과'도 한낱 환상으로 치부될 수 있기 때문이다.

15. 정의/공정

1974년 최명관은 「정의의 의미」를 『철학』 8집에 게재했다. 그는 이 논문에서 '의미'란 말을 의미(meaning), 의의(significance), 내함(內含, implication)을 포함하는 넓은 뜻으로 사용했다. 그는 우리들의 현실에 유념하면서, 사회적 상황에서 정의와 관련된 철학적 문제들에 관해 살폈다. 이를 위해 이스라엘 예언자들의 정의관, 플라톤의 정의관, 아리스토텔레스의 정의론, 밀의 정의론, 베르그송의 정의론에 관해 각각 언급했다.

그러면서 그는 결론 부분에서 정의의 여러 가지 의미 가운데 인권과 관련된 정의를 가장 중요시하였다. 민주주의에 있어서의 정의와, 복음서에 나타난 정의 가운데 그는 『신약성경』의 「마태복음」[11]에 나타난 정의를 소개하면서 다음과 같이 그의 견해를 드러내 보이면서 결론을 마무리했다(32).

> 이것은 하나님의 나라의 정의라 하겠는데 예수는 하나님의 나라를 포도원에 비유한 바 있다. 포도원 주인이 아침 일찍이, 그리고 한낮에 또 오후 세 시쯤에 시장에 나아가 일꾼을 모으고 포도원에 데려가 일을 시킨다. 저녁에 그 주인은 모든 일꾼에게 똑같은 품삯을 치른다. 아침에 온 자가 불평을 해도 소용이 없다. 그는 이미 품삯을 정하고 일했으니까. 이 비유는 무엇을 의미하는가? 요컨대 모든 사람이 누구나 인간답게 살 권리가 있고, 또 실지로 인간답게 살아야 된다는 것이 아닐까. '인간답게 산다'는 것은 무엇인가? 이것은 쉬운 문제가 아니다. 그러나 간단히 말하면 의식주의 생활에 위협을 느끼지 않고 어느 정도의 여유를 가지고 문화적 활동을 자유로이 할 수 있는 생활이라 하겠다. 그러한 활동과 문화적 창조 속에는 기쁨이 있다. 정의가 있는 곳에서라야 모든 국민이 기쁨을 가지고 생활할 수 있다.

한편, 크리스챤 아카데미(1977)는 『정의의 철학』(대화출판사)이란 책을 펴냈는데, 이 책을 보면 사회정의의 실현이 어려운 것은 사회정의가 무엇인지 몰라서가 아니라 양심이 옳다고 판단하는 바에 따라 실

---

11 『성경전서』의 『신약전서』 「마태복음」 20장에는 하루 종일 일한 뒤 한 데나리온만 받은 품꾼들의 다음과 같은 원망이 있다. "11. 받은 후 집 주인을 원망하여 이르되, 12. 나중 온 이 사람들은 한 시간밖에 일하지 아니하였거늘 종일 수고하며 더위를 견딘 우리와 같게 하였나이다. 13. 주인이 대답하길 네가 나와 한 데나리온의 약속을 하지 않았느냐. 14. 네 것이나 가지고 가라. 나중 온 이 사람에게 너와 같이 주는 것이 내 뜻이니라"(대한성서공회, 2008: 32).

천하는 일이 어렵기 때문이다. 사회정의의 실현을 위해 폭력 행사가 불가피하다는 근거에서 폭력 사용을 시인하는 경우도 있는데, 이것은 듀이에 따르면, 한갓 독단에 불과하다. 그 대신, '해방된 지성(freed intelligence)'이나 '사회적 지성(social intelligence)'을 조직적으로 활용함으로써 사회개조의 길을 방해하는 세력을 점진적으로 극복해야 한다고 했다.

소광희는 『정의의 철학』에 기고한 「정의의 철학」[12]이란 글에서 부정의를 퇴치하기 위한 처방으로, 하나는 정치권력이 강력하게 발동해서 자기 자신을 숙청함과 함께 경제에서의 부정에 엄중하게 작용하는 것을, 다른 하나는 민중이 불공정과 불공평에 대한 불만을 정당하고 자유롭게 표현할 수 있는 장치를 마련하는 것을 제시했다. 원칙론에 바탕을 둔 추상성을 띤 글이다. 독선이 아닌 민주절차에 따라 공감대를 형성하는 방안들도 좀 더 구체적으로 제시했으면 하는 아쉬움이 남는 글이다.

황경식(1978)은 「공리주의적 복지개념의 한계」를 『철학연구』(철학연구회) 13집에 발표했는데, 공리주의에서 내세우는 정의관의 특징은 여러 사회적 가치가 최대의 쾌락 총량만 산출하게끔 분배된다면 옳은(정당한) 분배가 된다는 점에 있음을 지적했다. 그러면서 그는 '모든 사람들은 전체 사회의 복지라는 명목으로도 유린할 수 없는 정의에 입각한 불가침성을 가지며, 정의에 의해 보장된 권리들은 어떠한 정법적(正法的)인 거래나 사회적인 이득의 계산에도 좌우되지 않는다'는 정의에 관한 소박하고도 상식적인 윤리체계 모색이 필요함을 주장했다.

12 그는 크리스찬 아카데미에서 펴낸 『정의의 철학』(1977)에 실린 「정의의 철학」을, 그 후 자신의 저서인 『시간과 인간의 존재』(문음사, 1980)에 다시 담았다.

16. 진리

해방 후인 1946년 서울대학교가 새로이 출범한 지 얼마 되지 않는 상황에서, 1949년에 김용민(金容民)은 「바우흐의 진리론」이란 논문으로 서울대 대학원에서 석사학위를 취득했다. 바우흐(Bruno Bauch, 1877~1942)는 진리는 가치임을 주장했는데, 진리가치는 근본적으로 순수타당전체로서 현실전체를 구성하며, 여타(餘他)의 가치를 포함한다 했다. 그에 의하면 가치는 과제이며, 진리는 삶의 목표이기도 하다(학술원, 1976: 92). 추상적 표현이 많이 담긴 논문이다.

손명현(1969)은 「진리의 문제」를 『철학연구』(철학연구회) 4집에 발표했다. 그는 진리에 관한 학설로서 우선 대응설(correspondence theory)에 관해 살피고, 정합설(coherence theory)의 경우는 브래들리로 대표되는 영국계통의 학설과 과학이론을 기초로 한 카르납의 학설에 관해 언급한 뒤, 대응설과 정합설의 종합이 필요하다고 했다. 이어서 이런 종합의 기도로서 프래그머티즘의 진리관을 내세우면서 그 까닭을 논증하려 했다. 아울러 하이데거의 진리관과 야스퍼스의 진리관에 관해 언급하면서 그들의 진리관은 대응설에 가담시켜도 좋을 것이라는 견해를 덧붙였다.

정명오(1972)는 『철학연구』(철학연구회) 7집에 실린 「진리의 본질에 대한 존재론적 구명」이란 논문을 통해 먼저 전통적 진리 관념의 오류를 지적했다. 이어서 현존재의 분석을 통해 존재론적·실존론적 진리의 본질을 '비은폐성(非隱蔽性, aletheia)'과 '자유의 문제'와 관련지으면서 존재의 역운(歷運)과 실존적 초월의 문제를 아울러 구명하였다. 주로 하이데거의 존재론적 진리관에 초점을 맞춘 논문이다.

하이데거의 진리관에 관한 연구는 안상진(1970)의 논문인 「하이데거의 진리문제」(『성곡논총』 1집)에도 나타나 있다. 안상진은 존재의 진리는 인간의 현존재 없이 나타날 수 없는 것이라면서, 현존재가 존재의 자기개현(自己開現)의 유일한 장소라고 했다. 그러면서 첫째, '진리의 본질은 판단과 대상의 합치에 있다'는 진리의 본질에 관한 이제까지의 주된 해석을 재해석해 존재론 진리에서 그 근거를 찾았다. 둘째, 진리는 현존재의 존재방식과 상관적이므로 인간의 존재구조에서 존재 자체가 어떻게 현현(顯現)하는지가 밝혀진다고 했다. 셋째, 하이데거 사상의 전기와 후기 사이에서 발생하는 소위 전회(轉回)도 존재를 사유하는 하나의 방법으로서 사상의 내적 일관성에 기여한다고 했다(학술원, 1976: 122).

이런 실존철학에서의 진리관은 이제까지 주류를 이루었던 진리관인 대응설, 정합설, 프래그머티즘의 진리관과는 다른 접근 방법이라는 데서 주목을 끈다. 하지만 실존철학의 진리관은 그 추상성이나 주관성 때문에 설득에 어려움이 있는 것도 부인하기 힘들다.

한편, 유정기(柳正基)의 경우는 그(1975)의 논문인 「유학의 진리와 사단칠정설의 문제」(『철학』 9집)에서, 유도(儒道)의 진리는 "격물치지(格物致知)하고 성의정심(誠意正心)하는 데서 인(仁)과 의(義)를 양성하며, 예악(禮樂)으로서는 수신제가(修身齊家)하고 치국평세(治國平世)하는 것이다."(4)라고 했다. 이어서 "인의(仁義)가 종교나 철학의 성격을 지닌 것이라면 예악(禮樂)은 과학기술적인 성격을 지닌 것으로서, 격치성정(格致誠正)이 종교나 철학으로 수행한다면 수제치평(修齊治平)은 과학기술로써 실현하는 것이다."(4)라고 보다 구체적으로 언급했다. 그러면서 그는 "격치성정으로 인의의 진리를 탐구하고 실천하는 것을 유도(儒道)라는 내적인 부분으로, 예악으로 수제치평을 실행하는 것을 왕도(王道)라는 외적인 부분"(4)으로 각각 보았다. 논문의 말미에서는 고대 동아시아 사상은 주로 성선설이 하나의 진리처럼 숭봉(崇奉)되어 왔음을 지적하면서, 그것이 문제점도 드러내고 있으므로 이런 성선설도 이제는 지양(止揚)해야 유도의 진리가 나타난다고도 했다(18).

17. 천(天)과 도(道)

1) 천(天)

하늘에 관해서는 그동안 여러 저서나 논문들에서 부분적으로 언급되어 왔으나, 천(天)만을 주제로한 논문으로는 송정희(宋貞姬), 정인재, 배호길(裵鎬吉)의 경우에서 찾아볼 수 있다.

송정희는 1964년 석사학위논문(성균관대)으로 「공자의 천에 대한 사상-『논어』를 중심으로-」를 제출했다. 이 논문에서는 논어에 근거해 유학의 원류인 천의 사상을 고찰하고, 도덕주체로서의 인간의 지위를 논하고, 유학의 최종 목적인 천인합일론을 논설하면서 천과 인이 합일하는 방법과 순서를 살폈다. 유학에서는 우주와 인생의 문제를 분리해 말할 수 없으므로 천을 논하게 되면 인도 논하게 되는데, 공자의 도덕철학에서 보면 인생의 마지막 귀숙처(歸宿處)는 자연에 순응하는 화평정신이다. 이리하여 공자는 성인의 경지에까지 이르렀는데, 이런 경지는 지어지선(止於至善)으로 천당도 극락도 아닌 인문종교적 세계라는 내용이다(학술원, 1976: 15).

한편, 정인재는 1970년, 「맹자의 천에 대한 고찰」이라는 석사학위논문(고려대)에서, 맹자는 '인간으로서 어찌할 수 없는 것'과 '인간으로 충분히 할 수 있는데 하지 않는 것'을 나누어 전자를 불능자(不能者), 후자를 불위자(不爲者)라 했음을 지적했다. 불능자가 '인간의 능력을 초월한 것을 총칭하는 대명사'라면, 불위자는 '인간의 능력 범위 안에 있어 인간이 자기 능력을 최대한 발휘할 수 있는 측면을 나타내는 대명사'다. 『맹자』에서는 천이 단독으로도, 천작(天爵)·천리(天吏)처럼 합성어로도 쓰인다. 맹자의 천사상은 『시경』, 『서경』의 천명사상을 새로이 해석해 세속화 내지 일반화한 사상이며, 나아가서 내면적 윤리에 내재율로서의 천이다.

맹자의 천은 무력으로 통일을 꾀하려는 전국시대 현실에 대한 비판에서 나온 것이다. 그는 패도정치와 왕도정치를 구분하면서 덕으로 통치하는 후자를 인정(仁政)이라 했다. 인정을 행하면 천하에 적이 없고 천하에 적이 없는 사람이 천리(天吏)다. 맹자에 의하면 천민(天民)은 도를 알아 자율적으로 실천하는 사람인데, 그 도가 바로 인의(人義)로서 이것이 인간의 마음속에 내재하는 도덕률이다. 노자, 장자의 천이 자연적·존재론적인 천이라면 맹자의 천은 윤리적·가치론적인 천이다. 정인재는 이것이 중국철학의 주류를 이루어 사실과 가치가 합일되어 이해되는 결과를 낳았다고 보았다.

배호길은 1971년에 「천(天)의 사상에 대한 사적 고찰」(『신인간』 283)에서, 우리 민족의 기원은 천에서 출발한다는 사실을 단군사상과 천민사상(天民思想)에서 밝히면서, 그것이 동학사상으로 이어져 인내사상(人乃思想)으로 더욱 인간현세중심의 사상으로 응결되었다고 했다. 그리하여 '한울님은 인간으로, 천당은 지상으로 각각 옮겨졌다'는 것이다(학술원, 1976: 80).

2) 도(道)

이상은(1955)은 『철학』 1집에 「인심 도심의 원시해석」을 게재했는데, 그는 이 논문을 통해 성리학에서 '심법(心法)'이라 해 중요시되는 '인심유위(人心惟危) 도심유미(道心惟微) 유정유일(惟精惟一) 윤집궐중(允執厥中)'[13]에 관해, 주자가 「중용장구(中庸章句)」에서 다음과 같이 인심도심이 다름[別]을 언급한 것을 비판하고 나섰다(33).

13 이는 「우서대우모편(虞書大禹謨篇)」에 실린 글로, 채침(蔡沈)은 주자의 견해에 따라 다음과 같이 뜻풀이를 했다(33).
"심(心)이란 사람의 지각으로서 중(中)에서 주(主)되어 외(外)에 응하는 것이다. 그것이 형기(形氣)에서 발(發)한 것을 가리켜 말하면 인심이라 하고, 그것이 의리에서 발한 것을 가리켜 말하면 도심이라 한다. 인심은 사(私)하기 쉽고 공(公)하기 어려움으로 위태하고, 도심은 명(明)하(알)기 어렵고 매(昧)하(므로)기 쉬우므로 미묘하다."

> 심(心)의 허령지각(虛靈知覺)은 하나일 따름이다. 인심과 도심의 다름이 있다고 하는 것은, 그것(心)이 혹(或) 형기(形氣)의 사(私)에서 생(生)하고 혹 성명(性命)의 정(正)에 원(原)하여 써 지각하는 바 같지 아니하므로 써이다.

사람이란 생리와 심리를 겸한 존재로서 전자를 육체, 후자를 정신이란 말로 나타내는데, 성리학에서는 전자를 '형기'·'기질' 또는 간단히 '형(形)'·'기(氣)'라 부르며, 후자를 '성명(性命)' 또는 '성'이라 한다. 주자는 기(氣)로부터 일어난 심리작용과 내용을 '인심(人心)'이라 하고, 이(理)로부터 일어난 심리작용과 내용을 '도심(道心)'이라 해석하면서, 사람은 마땅히 도심을 보존·확대하고, 인심은 극복·제거해야 한다고 했다. 이처럼 인심과 도심을 분리·대립시킨 결과는 인간의 내부생활의 분열을 초래해 성리학권 내외에 논쟁을 야기했으며, 우리나라의 퇴계(退溪)·고봉(高峯)과, 율곡(栗谷)·우계(牛溪) 간에 나타난 '이발(理發)', '기(氣)'의 논쟁도 그 연장선 위에 있다고 했다(33-34).

이상은은 인심도심 16자의 원출처는 『서경(書經)』이 아니라 「순자해폐편(荀子解蔽篇)」이며, 이것은 요순(堯舜)의 사상이라기보다 순자(荀子)의 사상이라 했다(36). 그러면서 그는 순자의 설을 인용해 인심도심의 원초적인 의미를 밝히려 했다. 주자는 인심을 사욕의 의미로 해석하면서 극복해야 하는 것으로 여겼지만, 순자는 인심을 지려(知慮)의 기능으로 해석하고 사욕에 대해서는 폐(蔽)라고 했다. 순자는 폐(蔽)는 제거해야 하는 것이며 또 제거할 수 있는 것이지만, 욕(欲)은 제거할 수 없으며 심(心)의 지려로써 인도될 뿐이다. 그는 '인심유위 도심유미'에서도 위(危)와 미(微)[14]를 도(道)에 도달하는 과정이나 마음[心]의 수양 정도를 드러내는 표현으로 보았다(50).

---

14 위(危)는 위태로, 미(微)는 미묘(微妙)로 해석되어 둘다 인심·도심 그 자체를 평가하는 말이 된다(이상은: 50).

이어서 이상은은 유가에서는 맹자만을 정통으로 인정하고 순자는 성악설 때문에 배제하고 무시했는데, 순자의 학설이 조금이라도 고려되었다면 주자가 극기복례의 '기(己)'를 사욕으로 해석해 그것을 틀어막는 방향으로 도심을 구하려 하지는 않았을 것임을 지적했다. 소위 인간의 욕심을 틀어막거나 가려 막는 것을 천리로 여김은 천리를 사물에서 분리시키는 것이니, 그것은 "장(藏)이 없는 허(虛)이며, 양(兩)이 없는 일(一)이며, 동(動)이 없는 정(靜)이 되고 만다."라는 것이다(52). 그러면서 이상은은 주자의 천리(天理)·인욕(人欲)에 관한 해석을 비현실적·비실재적이라 하면서, 오히려 순자가 인욕 가운데 도심을 인심 속에서 천리를 구하려 했던 점이 더 설득력이 있다고 했다(52).

한편, 이남영(李楠永)은 1972년 「주자(朱子)철학에서의 도의 본질적 함의」를 『철학』 6집에 게재했다. 그는 동양철학은 도(道)의 철학이라 할 만치 도에 관한 사유는 매우 전통적 과제라고 하면서, 주자철학에서의 도는 일원적 세계관을 대변한다고 했다. 이어서 도는 존재론적 원리로서의 '이기(理氣)의 이(理)', 인성론적 원리로서의 '성리(性理)의 이', 도덕적 원리로서의 '윤리의 이'를 포괄하는 전 원리(全原理)의 통일체라고 했다.

유가의 도와 도가의 도를 비교하고 공통성을 찾아냄으로써 도의 특성을 밝히는 글도 나타나, 도가 무엇인지를 파악하는 데 도움을 주기도 했다. 최동희(1971)는 「도의 근본의미」란 짤막한 글을 『신인간』(282/283)에 실었다. 그는 이 글에서 유가의 도와 도가의 도를 비교하면서 도의 특성을 살폈다. 그는 도의 공통 특성으로는 인도(人道)와 천도(天道)의 양면성을 지니면서 근원적 생성작용과 자율적인 자기실현 및 상호간 조화로서의 기능적 성격, 그리고 도의 종합적 성격으로 일체 덕목의 요체임을 분석·검토했다(학술원, 1976: 80).

김승동(1972)의 경우는 「노자의 도의 연구」(『교양학부 논문집』 3호)(부산대)에서 노자의 『도덕경』을 중심으로 도에 관해 언급했는데, 그는 공(孔)·노(老)의 도의 근거와 도의 관념을 살피고 나서, 도의 본체론적 문제와 함께 그 본체에서 현상으로 분화되는 과정, 그리고 그 도의 인식 문제까지도 밝혔다. 그는 이를 위해 '공·노의 도의 근거와 일반적인 도의 관념', '도의 본체', '도의 분화', '도의 인식', '도의 실천' 순서로 논구했다(학술원, 1976: 71).

김항배(1980)도 「노자의 도에 관한 연구」를 『철학』 14집에 게재했다. 그는 관련된 다른 철학자들의 견해와 비교하면서 필자 나름의 견해도 펼쳤다. 그는 노자의 도와 스피노자의 신즉자연(神即自然)은 둘 다 형이상학적으로 일원론에 서 있다고 하면서 노자의 도가 지닌 성격을 구명했다. 노자는 도를 핵심으로 우주와 인생을 설명했는데, 도를 인식할 수 있게 해 주는 생활 태도는 무욕·무위·유약의 생활이라는 것이다. 이어서 김항배는 "노자는 인위적 작위와 욕망 때문에 끊임없는 대립과 투쟁을 노출하는 역사현실 속에서, 스스로를 극복함으로 평화와 조화를 이룩하려 한 평화의 철인이었으며, 도는 다름 아닌 평화의 원리이다."라고 하면서 글을 마무리지었다(190)(II부 10장 '비교철학' 참조).

김승동, 김항배가 노자의 도에 관한 논문을 발표한 반면에, 최염열(崔廉列)(1979)은 「장자의 도와 자연의 문제」를 『철학』 13집에 게재했다. 그는 논문 가운데 '도의 문제'에서는 도의 개념, 무위자연설, 장자사상에 조명된 공자를 다뤘고, '자연의 문제'에서는 자연과 인간, 인간의 위기에 관해 각각 다뤘다. 그에 따르면, 중국철학사상에서 도의 개념은 "1) 공자나 맹자는 '사람이 지켜야 할 인륜규범'이라 했고, 2) 노자와 장자는 우주만물의 근본원리 곧, 절대성을 지닌 개념이며, 3) 종유(宗儒)들은 이를 이(理)라는 개념으로 설명했다"(62). 이처럼 장자의 경우, 도는 모든 변화의 근원인 동시에 일체의 변화를 지배하는 근본원리를 상정한 것으로, "도는 마음으로 느껴 얻을 수는 있어도 감각으로 확인할 수는 없는 그 어떤 것(something)이다"(63). 인간의 원리를 이런 자연의 대법(大法)에 귀의시킨 장자는 도를 자연의 구심점에 두고 진화·발전시켰다(76).

18. 학문의 보편성과 특수성

소흥렬(1976)은 「과학적 설명과 비과학적 설명 – 헴펠의 설명이론을 중심으로 –」(『서울대』 창간호)에서 과학에서 추구하는 방법을 절대시하는 것은 곤란하다고 하면서, 그 방법이 모든 문제해결의 첩경이라고 여기는 것은 과학적인 태도도 아니라고 했다. 나아가서 인간 현상은 고사하고 모든 자연현상이 인과율에 근거한 설명의 대상이 되리라고 확신할 사람도 없을 것이라고 하면서 비판했다(학술원, 1987: 115). 그러나 헴펠도 이런 예상되는 의문점이나 문제점들에 대해 나름대로 고심하면서 이론을 제시하고 있으므로, 헴펠의 글을 통해 그의 관점도 직접 살펴보아야 할 것이다. 헴펠은 인간의 심리현상이나 사회현상을 고려하면서 D-S형 설명이나 I-S형 설명도 제시하고 있기 때문이다.

이초식(1978)은 「루돌프 카르납의 과학적 휴머니즘과 그 비판에 관한 고찰」(『현상과 인식』 2권 3호)에서, 카르납은 과학적 휴머니즘을 제창한 철학자이기도 한데 과학철학·논리실증주의·언어분석철학에서의 그의 명성에 가려 조명되지 못했음을 아쉬워했다. 그러면서 그의 생애와 철학의 전개 과정을 살펴보면서, 오늘날 방법론 논쟁에서 대립하고 있는 '과학주의'와 '인간주의'의 공통분모를 모색하려 했다(학술원, 1987: 118).

이명현(1978)은 「사회과학에 있어서의 특수성과 보편성」(『문학과 지성』 봄호)에서 사회과학에서의 특수성 옹호가 '너는 네 식대로 우리는 우리 식대로'라는 배타주의를 은근히 함축하는 것이라면, 학문의 발전을 저해할 것이라고 경계했다. 그러면서 우리가 걸어가야 할 길은 누구나 인정하는 논리적 엄밀성과 적합성을 지닌 이론의 창출임을 주장했다(학술원, 1987: 137).

이제부터는 보편성과 특수성의 담론이 역사나 예술분야에서는 어떻게 이어지는지를 살펴보겠다. 우선 역사의 경우, 신일철(1979)은 「역사의 과학성 문제」를 『철학연구』(철학연구회) 14집에 발표했는데, 그는 이 논문에서 20세기 초 '역사의 과학성 문제'를 놓고 벌어진 케임브리지대학의 베리(J. B. Bury)와 트리빌리안(G. M. Trevelyan) 간의 논쟁에서 베리가 "역사는 과학 그 이상도 그 이하도 아니다."라고 말한 것[15]이나 헴펠 등 실증주의자들의 과학적 설명형[16]을 기준으로 한 역사설명에 관해 다뤘다.

이어서 신일철은 이런 역사관에 대해 여러 학자가 이의를 제기했음도 언급했다. 오크숏(Michael Oakshott)의 경우는 '일회적이고 비반복적인 사건에 관한 역사가의 관심'을 들면서 역사이해의 모델로서 소위 '연속계열형 설명(continuous series model of explanation)'을, 콜링우드는 연구대상이 되는 인간행위의 내면을 파악하기 위해 '이유에 의한 이해'를 중요시했음을 예로 들면서 말이다. 이어서 월시(W. H. Walsh)는 역사가에서 찾아볼 수 있는 '평가적인 기능'을, 드레이(W. H. Dray)는 '전체상적인 역사개념'을 통해 종합하는 통찰 능력에 보다 무게를 두었음도 각각 상기시켰다.

그러면서 신일철은 이런 주장들이 조화될 수 있음도 내비쳤다. 과학적 역사학을 표방하는 전문성을 띤 연구가 일반사 서술의 자료가 되고, 그 자료 위에서 통찰에 따른 역사해석이 산출되고, 선택작용과 평가작용에 도움을 줄 때, 역사연구는 더 발전될 수 있음을 말이다(II부

---

15 베리는 역사의 과학성을 옹호했다. 그는 현대에 이르러서는 사실을 탐색하고 활용할 수 있는 기술이 크게 발전해 사람들이 과거에 관해 정확하게 설명할 능력이 있다고 보았다. 그러면서 그는 역사도 과학처럼 사실들을 서술할 뿐만 아니라 그것을 설명해야 함을 강조했다. 역사에서의 설명은 문학과 달리, 거기에 주관적 가치 개입이 있어서는 안 됨을 지적한 것이다.

16 예컨대, 헴펠이 제시한 과학적 설명형들로는 연역적·법칙정립적 설명(D-N형 설명), 연역적·통계적 설명(D-S형 설명), 귀납적·통계적 설명(I-S형설명)을 들 수 있다. 이 가운데 D-N형 설명은 설명의 대상이 되는 사건을 그것과 관련된 선행조건을 이루는 문장들과, 자연법칙인 일반법칙들로부터 연역적으로 이끌어 내는 형식을 취한다. 여기서 일반법칙은 피설명문인 사건을 연역적으로 포섭하는 역할을 한다. 그래서 D-N형 설명에는 '설명문인 전제들 속에 적어도 하나의 일반법칙이 포함되어야 한다'는 것과, '설명문이 참이어야 피설명문도 참이 된다'는 두 가지 기본적 요구가 들어 있다(Hempel, 1966: 101; 안건훈, 2007: 41·42).

10장 '역사철학/역사관' 참조).

이인옥은 1974년, 「역사에 있어서의 보편」을 『부산대 논문집(인문사회과학편)』 18집에 발표했는데, 그는 역사개념의 이의성(二義性) – 사건으로서의 역사와 서술된 로고스로서의 역사 – 의 근원을 이루는 '역사적인 것의 본질'을 '인간의 사회적·실천적 현재'로 파악하고, 이것을 역사에서의 보편이라 했다. 역사는 변천·발전하므로 역사에서 보편을 찾음은 모순일지 모르나 '인간의 사회적·실천적 현재'는 이 모순된 두 계기를 자기 속에 지양·종합한다. 그는 이것이 역사에서 보편이며, 이 모순된 두 계기는 내재와 초월의 관계로서 인간의 실천을 통해 지양·종합된다는 논지를 폈다(학술원, 1976: 135).

한편, 임범재는 미(美)에서의 보편성과 특수성에 관해 관심을 두고 1975년 「미의 보편성과 특수성의 문제」(『홍대논총』 VII)라는 논문을 발표했다. 그 무렵에는 여러 학계에서 보편성과 특수성 문제가 화두였던 때이기도 했다. 그는 특수성을 근본적으로 자기규정이라는 본성을 지닌 보편성의 자기표현으로 보고, 보편성의 특수화 현상형식(現象形式)을 '개별화의 원리'로 보면서 이를 자유의식과 관련지었다. 자유의식 속에서 보편성의 자기규정운동에 따른 '부정의 부정'이란 변증법을 통해 보편성과 특수성 문제를 풀어 보려 했는데, 서술방식이 난해해 이해하기 힘든 글이다. 같은 해 12월에 발표한 「미술의 역사상 – 한국미술연구의 방법적인 과제 – 」(『홍익미술』 4호)에서는 한국미술의 전체상을 발견하기 위해, 한국에서 미술연구의 토양을 일구기 위해 근대한국미술사뿐만이 아니라 고대한국미술사 연구가 선행되어야 한다고 했다.

보편성과 특수성에 관한 담론은 이어져, 문명대(1978)가 1978년에 펴낸 『한국미술사학의 이론과 방법』(열화당) 또한 이 문제에 관해 다뤘다. 그는 전체 흐름 속에서 한국미술사를 이해하려면 (1) 정확한 사료선택과 더불어, (2) 사료들을 분류하고 계통지어 양식을 찾아내야 함을 강조했다. 아울러 그는 비교미술사학에서는 영향을 준 쪽과 비교하는 것보다 영향을 받은 쪽과 먼저 비교해야 함을 지적했다. 아울러, (3) 이런 양식은 왜 대두되었을까 하는 것을 파악하는 해석이 뒤따라야 함도 언급했다. 이어서 그는 미술의 특수성은 시대마다 달라지므로 한국미술이 지닌 특수성과 보편성도 상관관계에 근거한 개념이라 했다. 모든 것을 관계성 속에서 상대 개념으로 파악해야 한다는 것이다.

요약 및 시사점:
학풍과 창의적인 모습

이제까지는 우리나라 철학계의 역사적 흐름을 연대순으로, 각 분야별 학자들의 저서나 논문을 중심으로 살펴보았다. 이제부터는 이 시기(해방에서 1980년 교육개혁까지)에 있었던 우리나라 철학계에서의 학문적인 경향성이나 배경이 되는 풍토를 잠시 다룬 뒤에, 그런 상황 속에서도 주목을 끌었던 창의성을 띤 견해나 모습 들에 관해서도 살펴보겠다. 특히 후자의 경우는 지속적인 탐구를 촉발하는 계기가 될 수 있다는 측면에서 그 의의가 깊다.

해방 후에서 1980년에 이르기까지 우리나라 철학계의 대체적인 상황을 보면 전통철학에서 유학의 경우는 특히, 1970년대에 이기론과 사칠논쟁에 관한 연구가 퇴계·율곡·고봉의 접근 방법을 중심으로 활발하게 전개되었음에 주목할 필요가 있다. 실사구시(實事求是)나 이용후생(利用厚生) 등 실학사상에 관한 연구도 눈에 띄게 증가했다. 경험과 실용을 중시하는 세계 조류와도 상통했기 때문이다. 구체적인 것, 현실적인 것을 탐구해 보려는 학계의 경향성이다. 인물성동이론에 관한 논문들도 등장해 유학의 그 폭과 깊이를 더하게 했다.

이 시기에는 헤겔이나 마르크스처럼 변증법에 근거해 주장을 펼친 철학자들에 관한 연구도 이어졌다. 당시 우리나라 철학계는 대체로 인물 중심의 연구가 많다. 그중에서도 헤겔에 관한 연구는 일제강점기,

해방공간을 거쳐 70년대까지도 그 열기가 식지 않았다. 김계숙·임석진 등의 연구가 대표적인 예다. 마르크스에 관한 연구는 6·25 전쟁까지는 신남철·전원배 등의 저술에서 두드러지게 나타난다. 물론, 그 이후에도 그 이전보다는 덜하지만 이어졌다.

일제강점기, 해방 전후, 6·25 전쟁을 겪으면서 생의 철학(생철학)이나 실존철학과 관련된 논문이나 저서 들의 수적인 증가도 눈여겨볼 만하다. 물론 실존철학의 경우는 특히 1, 2차 세계대전을 전후해 나타난 세계적인 경향이기도 하지만, 우리나라의 경우는 6·25 전쟁을 겪으면서 그런 경향이 더욱 강하게 나타났다. 엄청난 희생을 치른 전쟁의 후유증으로 많은 철학도나 철학자 들뿐만 아니라, 일반인들도 생철학·실존철학에 깊은 관심을 지니게 되었다.

그런 상황에서 생철학이나 실존철학과 관련된 많은 글들이 발표되고 학술지에도 게재되었다. 실존철학의 경우는 특히 하이데거와 관련된 연구가 상당히 많다. 우리나라에서는 실존철학이나 현상학에 관심을 지닌 철학도들에 의해, 일제강점기로부터 지금에 이르기까지도, 하이데거 철학에 관한 언급이 철학계나 일반인들의 생활 속에서 담론의 큰 부분을 차지해 오고 있다. 해방 후 1980년까지의 시기는 더욱 그랬다(II부 6장 참조).

해방이 되고 국제적 교류가 활발해짐에 따라, 철학계의 연구풍토에도 조금씩 변화의 바람이 불었다. 논리학에 관한 관심이 증대된 것이 하나의 예다. 논리학이나 방법론에 관한 기초 없이 철학이 탐구되던 시대에서 점차 탈피하는 바람직한 방향이라 여겨진다. 논리학 분야에서는 김준섭의 역할이 돋보인다. 그는 1947년 태백서적공사에서 『논리학』을 출판했고, 1950년대에 이르러서는 기호논리학도 부분적으로 소개했다. 박종홍이 펴낸 일련의 논리학 관련 책들인 『일반논리학』(1948), 『인식논리학』(1953), 『변증법적 논리』(유고집, 1977)도 의의가 깊다. 논리학 연구는 여훈근·소흥렬 등에 의해 이어진다.

이 시기에는 독일이나 프랑스와 같은 대륙 철학자들에 관한 연구뿐만 아니라 영국이나 미국에서 활동한 철학자들에 관한 탐구도 싹텄다. 초기에는 듀이나 러셀과 관련된 논문이나 책 들이 많이 등장했는데, 해가 지날수록 그 연구 범위가 확대되었다. 듀이나 러셀에 관한 연구는 철학에서뿐만 아니라 교육학에서도 많이 탐구되어 왔다. 특히, 듀이는 철학에서는 대표적인 프래그머티스트이지만 교육철학에서는 진보주의 교육철학의 창시자라 할 수 있는 학자이기 때문이다. 1950년대서부터는 화이트헤드와 관련된 논문이나 책 들도 철학자나 신학자 등에 의해 소개되곤 했다.

1970년대에 접어들어서는 분석철학·심리철학이 주로 미국에서 유학하고 귀국한 젊은 학자들에 의해 소개되었다. 분석철학은 철학뿐만 아니라 인접 학문에서도 방법론으로 중요한 몫을 했다. 심리철학의 경우는 심신동일론을 중심으로 담론이 펼쳐지곤 했는데, 이는 그 당시의 국제적인 담론과도 연관되어 있다. 분석철학·심리철학은 대학 확충기, 철학과 창설 급증기라 할 수 있는 1980년대를 거치면서 한국철학계의 담론에서 더욱 큰 역할을 차지하게 되었다.

해방 후 1980년에 이르기까지 상황을 보면, 철학자 층이 넓어지고 관심 분야도 국제적·세계적으로 나아감을 알 수 있다. 이런 상황에서 독창성 짙은 사유를 펼친 철학자들도 나타났으니, 김용배의 '원기(元氣, energeia)론'에 근거한 철학체계, 김경탁의 '생성철학', 박종홍의 '부정에 관한 연구', 이초식의 '결단논리', 이규호의 '우리글로 글쓰기', 김재권의 '심리철학에서의 수반이론', 승계호의 '문화주제학적 방법', 정화열의 '정치현상학' 등이 그런 경우들이다. 고유섭이나 조요한이 예술에 있어 '구수한 큰 맛'이나 '무기교의 기교'를 각각 우리 미술문화의 특색으로 내세운 점도 주목할 만하다. 이제부터는 이런 철학자들의 견해에 관해 좀 더 살펴보기로 한다.

김용배는 만유(萬有)의 근본원인을 원기로 보면서 에네르기 일원론에 근거한 철학체계를 펼쳤다. 그는 1947년에 펴낸 『철학신강(哲學新講)』이란 책을 통해 헤라클레이토스·엠페도클레스·관자(管子)·맹자의 견해에서 에네르기 사상이 나타남을 지적하면서, 물질·생명·정신 모두 결국은 에네르기에 귀착됨을 주장했다. 본질론과 현상론으로 나뉘어 서술된 책에서 전자는 에네르기의 기초구조에 해당하고, 후자인 상부구조에는 지식철학·도덕철학·예술철학뿐만 아니라 각 분야의 학문이 이에 해당한다고 했다.

김경탁은 1958년, 1964년, 1965년에 걸쳐 「생성철학의 구성」, 「생성철학의 재구성(I)」, 「생성철학의 재구성(II)」을 통해 현상계의 참모습을 파악하고자 했다. 그는 기초개념으로 생성(becoming)을 부각시키면서 변화하는 역동 세계의 참모습을 파악해 보려 했다. 이러한 새로운 접근 방법을 통해 형이상학적·인식론적·방법론적인 측면에서 현상계의 참모습을 파악할 수 있다고 보았다. 『김경탁선생의 생성철학』(한울아카데미)에 쓰여 있듯이 그는 철학·언어·문학 등 광범위한 영역을 섭렵한 뒤, 서양철학의 존재론을 동양적인 지혜로써 재해석해 생성철학이라는 학문체계를 세우고 동양적인 우주론을 펼쳤다(II부 7장 '방법론', 8장 '형이상학' 참조).

박종홍은 1959년에 발표한 「부정에 관한 연구」에 이어 1960년에는 같은 제목의 논문으로 박사학위를 취득했다. 그는 논문들에서 '부정'을 소극적 측면에서가 아니라 창조성을 함의하는 적극적·긍정적 측면에서 접근했다. 기존의 변증법과도 모순되지 않는 방법으로서, 변화하면서 진화·발전해 나가는 모습을 해명하는 데 도움을 줄 수 있는 방법으로서 부정을 다룬 것이다. 특히 인간의 사고활동에서 말이다(제II부 11장 "부정'의 적극적인 면' 참조).

이초식의 결단논리는 추상적인 접근이 아니라 구체적인 확률이나 가능성과 결합시킨 기호화를 통해 가치의 세계도 객관화해 보려 했다는 점에서 눈여겨볼 만하다. 비록 제프리와 같은 철학자들의 선행 연구가 있었지만 말이다. 경험을 중요시하면서 구체적 기호를 사용함으로써, 가치와 관련된 언명들도 경험에 근거한 언명들처럼 그곳에서 나타나는 규칙성을 찾아내어 기호화해 보려는 노력이 두드러진다. 그의 이런 연구들은 그의 박사학위로도 이어진다. 과학철학이나 교육학, 심리학, 기타 사회과학에서의 연구와도 관련을 맺을 수 있는 연구라 여겨진다.

이규호는 『말의 힘』과 같은 책이나, 『사람됨의 뜻』, 「실존에서 삶으로」와 같은 논문에서 나타나듯이 되도록이면 순수한 우리말로 철학적인 글쓰기를 시도했다는 점에서 새롭다. 논문의 내용뿐만 아니라 표현방법도 주체성을 지녔다. 안호상도 이런 점에서는 나름대로 힘쓴 사람이다. 자기 나라 글이 있다면 자기 나라 글을 다듬어 자기의 견해를 나타내는 것이 당연한 일인데, 우리나라의 경우는 예로부터 학자들이 그렇지 못해 아쉽다. 우리나라 학자들이 마음에 새겨야 할 글쓰기 자세다. 우리나라 사람들을 위한 저서나 논문은 되도록이면 잘 다듬어진 우리글로 나타내져야 한다.

이 시기는 김재권과 같은 세계적인 심리철학자가 활동한 때이기도 하다. 그는 심신관계를 비환원적 의존관계로 파악하면서 수반(supervenience)적 물리주의를 폈다. 권위 있는 국제학술지에 논문들을 게재하면서 세계 심리철학계를 이끌어 나가는 주요 학자가 되었다. 수반적 물리주의를 주장하는 사람들은 높은 단계의 속성들이 낮은 단계의 속성들에 수반되어 나타남을 강조한다. 이런 점에서 유물론에 근거를 두면서도 이원론적인 측면을 인정하는 경향이 짙다. 김재권은 프린스턴대학에서 헴펠 교수의 지도를 받았으며, 코넬대학·미시간대학·브라운대학 등의 교수로 있으면서 세계 심리철학계에서 큰 역할을 했다(II부 10장 '심리철학' 참조).

김재권 외에도 해외에서 활동하면서 새로운 견해를 내놓은 대표적인 철학자로는 텍사스대학 인문학교수인 승계호를 들 수 있다. 그는 문화철학자·정치철학자로 서양의 플라톤·칸트·괴테 등에 관해 독특한 해석을 제시하면서 해외 학계에 잔잔한 파문을 일으켰다. 그는 철학을 시와 과학의 중간 쯤에 있다고 이해했다. 근대 과학과 더불어 철학이 과학으로 기울어진 것에 이의를 제기하면서 철학을 좀 더 시적(詩

的)인 방향으로 이끌어 보려 했다. 심신관계에 관한 담론에서는 김재권의 유물론적 수반이론보다는 창발론에 기울어진 견해를 펼쳤다(II부 10장 '문화철학' 참조).

해외에서 활동한 정치철학자로는 정화열의 역할도 돋보인다. 그는 정치학에 현상학을 도입해 '정치현상학'이라는 분야를 새로 개척했다. 그는 후설의 '생활세계(Lebenswelt)'라는 개념과 더불어 '몸'을 그 주요 개념으로 채택했다. 그는 '나'란 의식에 불과한 것이 아니라 몸으로 존재하는 구체적 실체이며 실존적인 존재라고 했다. 철학의 출발점은 실존하는 몸이므로, '몸철학'을 바탕으로 '몸의 정치(body politics)'가 요청된다는 것이다. 그는 의식보다는 몸, 개인보다는 공동체, 주관성보다는 상호주관성 등을 더 중요시하면서 민주주의를 그려 나갔다. 그는 지각하는 주체와 지각되는 대상의 일체성을 주축으로 생태철학을 풀어 나가기도 했다(II부 10장 '사회철학/정치철학' 참조).

고유섭은 1940년, 1941년에 각각 발표한 「조선미술문화의 몇 낱 성격」과 「조선고대미술의 특색과 그 계승문제」에서 우리나라 미술문화의 특색으로 '구수한 큰 맛'을 지적한 바 있는데, 이런 지적이 해방 후에 다른 학자들에 의해서도 이어졌다. 이 책의 미학 부분에서 언급한 바 있듯이(II부 4장 '미학(미)' 참조), 예컨대 정종은 1978년의 글에서 한국적인 표현형태로서 '멋'을 내세웠고, 양희석의 경우는 1980년, 1981년의 책들에서 '멋'과 '구수'로 예술의 공준(公準)을 삼자고 제안했던 것이다. 조요한은 1974년의 글에서 한국의 미는 인위를 거부한다는 점에 있으며, 한국의 소박미는 '무기교의 기교'라는 말로 나타낼 수 있다고 했다. 독창적이면서도 인류가 추구해야 할 것을 함축하는 특색들을 지목하였다고 하겠다.

정리 및 맺음말

1.

필자가 이 책을 펴내기 위해 자료를 모으고 서술하는 과정에서 느낀 것은 철학이란 학문이 우리나라에 들어와 그 뿌리를 내리기까지는 다른 많은 현대의 학문 분야들이 그렇듯 그 기간이 짧다는 점이다. 철학이라는 개념의 전래를 통해 보면 그렇다. 물론 현대라는 개념 자체가 짧은 역사임을 이미 함축하지만 말이다. 게다가 철학을 어떻게 정의하느냐에 따라 어떤 견해나 사상 들은 철학에 포함될 수도, 포함되기 어려울 수도 있다. 이런 점에서 어떤 것이 철학적 논문이나 저서인지는 앞으로도 계속 숙고하면서 정리해야 한다.

필자는 이 책을 구상하거나 펴내기 전에 몇 차례 망설였다. 역사서술에는 충분한 자료와 시간과 안목이 있어야 하는데 여러모로 부족함을 느끼곤 했기 때문이다. 이 책의 II부에서는 1945년 광복에서 1980년 '7·30 교육개혁'에 따라 대규모 대학 확충이 실시된 때까지에 발표된 자료들을 분야별로, 연대별로 정리하는 데 힘을 기울였다. 주요 학술지에 실린 논문들, 주목을 끈 저서나 박사학위논문들, 그리고 학술지에 실린 석사학위논문 위주로 택했다.

철학에 관한 자료들이 적은 상태에서, 이 책에서는 학위논문들이 비교적 많이 소개되었다. 1945년까지를 다루는 I부에서는 경성제대 졸업생들의 글이 큰 도움이 되었다. 일제강점기 때 경성제대 철학과 졸업생들이 주축이 되어 창립된 철학연구회에서 간행한 『철학』과, 법문학부 졸업생들이 펴낸 『신흥』에 실린 글들이 많이 다루어졌다. 그런데 I

부에서처럼 II부에서도 광복 후 초기에는 철학적 주제를 깊이 있게 다루는 데는 한계가 있었다. 광복 직후 혼란기와 이어서 닥친 전란기에는 당대 학자들이 연구할 여력이 없었기 때문이다. 그래서 II부에서는 특히 국내 몇몇 대학들에도 철학과가 창설된 뒤에는 석사학위논문들도 많이 다루었다.

II부에서는 한국철학회에서 1955년에 간행하기 시작한 『철학』, 한국칸트학회(훗날 한국철학연구회를 거쳐 대한철학회로 학회 이름이 바뀜)에서 1964년부터 간행한 『철학연구』, 철학연구회에서 1966년부터 간행한 『철학연구』가 주된 자료가 되었다. 이들 학술지는 전국적으로 비교적 많은 철학자들이 접하는 학술지로서, 자료 수집이 비교적 용이하기 때문이었다. 고려대 철학회에서 1955년부터 발행한 『철학연구』, 서울대 철학회에서 1972년부터 발행한 『철학논구』도 도움이 되었다. 그 밖에 각 철학회나 대학에서 간행된 논문들, 신문이나 잡지에 실린 글들은 세세히 접하지 못해 아쉬움이 남는다.

최근 들어 전 세계적으로 활발히 전개되고 있는 환경과 생태계, 응용윤리, 인공지능이나 로봇 등과 관련된 철학적인 담론은 이 책이 다루는 시기의 우리나라에서는 아직 싹트지 않았다. 하지만 지금은 빠르게 활성화되고 있다. 『한국현대철학사』는 갑오개혁기부터 1980년 교육개혁 때까지로 시대를 한정해 그와 같은 자료들은 다루지 못해 아쉬울 따름이다.

공교롭게도 '한국현대철학사'의 초창기와 정착기에 걸친 I부와 II부에 등장하는 상당수의 철학자들은 거의 비슷한 시기에 태어나 한국 철학계에서 활약하다가 세상을 떠났다. 이제까지 한국현대철학사에서 언급되는 제1세대에 속하는 많은 철학자는 약속이나 한 듯 조선왕조가 저무는 시기이면서 새로운 한 세기가 시작되는 20세기 초 무렵에 태어났다. 1894년 이관용, 1897년 백성욱, 1899년 정석해·김법린, 1901년 박희성·한치진, 1902년 안호상, 1903년 김두헌·민태식·박종홍·이종우·전원배, 1905년 고유섭·김계숙·이상은, 1906년 갈홍기·김경탁, 1907년 신남철 등이 그랬다.

2.

『한국현대철학사』를 서술하는 과정에서 느낀 점 몇 가지는 사소해 보이더라도 그대로 지나칠 수 없다. 예컨대, 외국인이나 외국지명을 한글로 표기하는 방법이 학자에 따라 다른 경우들이 있다. 예컨대, Hegel을 헤겔이 아닌 헤-겔이나 헤에겔로, Kierkegaard를 키르케고르가 아닌 키엘케고올이나 키에르케고어나 키에르케고르로, Heidegger를 하이데거가 아닌 하이덱가나 하이데가로, Russell을 러셀이 아닌 럿셀 등등으로 표기하는 경우이다. 지명의 경우는 더욱 심하다. 이에 필자는 가능한 표준 표기법으로 고쳐 사용했다. 앞으로는 논문이나 책에서 사용되는 외국어의 한글표기도 표준 어법을 철저히 지켜야 할 것으로 본다. 외국 용어도 알기 쉬운 우리말로 다듬는 일이 필요하다.

철학을 함에 있어서는 무엇보다도 방법론이 중요하다. 그래서 철학의 역사를 보면 논증방법을 두고 진지한 숙고와 치열한 담론이 이어져 왔다. 이런 가운데서 논리학도 발전하고, 그와 관련지으면서 철학의 여러 분야가 전개되어 왔다. 너무나 당연한 일이다. 그런데 우리의 현대철학을 보면 이런 분야의 연구가 기대에 못 미친다.

1930년대에 들어서 현대적 의미의 철학 논문이나 학술지가 발행되었지만 당시 일제강점기라는 시대상황이나 학문 풍토로 보아 추상적이고 관념론적인 헤겔철학과 같은 내용들이 먼저 자리 잡았다. 이는 우리나라 사람들이 예부터 이런 면들에 보다 익숙해져 있어 철학 가운데서도 그런 분야에 더 쉽게 접근하게 된 듯싶다. 한편, 시대적으로 어려운 처지에 있는 상황에서 정치성·사회성을 띤 실천철학 분야를 강조하는 경향도 짙었다.

그 당시 이념적이거나 사상적인 내용을 담은 담론이나 글들이 학계에서 큰 비중을 차지하고 있음은 부인하기 힘들다. 왜 그런 성향이 강한지는 곰곰이 되짚어 볼 필요가 있다. 예부터 그런 유형의 것들이 우리 겨레의 지식인들에게 친숙했기 때문인지, 시대 상황이 그런 경향을 부채질했는지는 따져 볼 일이다. 친숙한 것이라면 왜 그런지도, 시대 상황에 따른 것이라면 그 시대가 어떠했는지도 좀 더 짚고 넘어갈 일이다. 남의 견해를 차분히 듣거나, 충분한 근거를 바탕으로 곰곰이 생각하기보다는 조급하다시피 어떤 주장을 펴거나 행위로 옮기는 데 익숙해져 있다. 『한국현대철학사』의 II부에서도 I부처럼 헤겔철학이나 실존철학과 관련된 글들이 많이 발견된다. 반면에 일제강점기 때 많았던 마르크스철학과 관련된 글들은 II부에서는 찾아보기 힘들어진다. 신남철과 같은 철학자들이 북녘으로 가고, 게다가 6·25 전쟁이라는 참혹한 전란을 겪으면서 이념 대립의 양상을 띠는 철학은 많이 퇴조되었다. 실존철학의 경우는 전쟁을 겪으면서 인간의 참모습, 참된 삶이 어떤 것이어야 하는지를 탐색하려는 학자들에 의해 그 명맥이 이어졌다.

개별철학자들에 관한 연구로는 헤겔, 하르트만, 하이데거, 후설과 관련된 글들이 특히 많이 보인다. II부에서는 러셀, 화이트헤드, 비트겐슈타인 등의 이름이 자주 등장한다. 듀이는 철학을 포함한 여러 학문에서 언급되는 경향이 있다. 화이트헤드도 그렇다.

우리나라 철학 풍토에서 특히 아쉬운 것은 철학자들 사이에 어떤 문제를 두고 담론을 벌이거나, 나아가서는 논쟁을 펼치는 경우가 드물다는 점이다. 활발한 담론이나 논전을 통해 더욱 설득력 있는 성과물도 나타날 수 있을 터인데 말이다. 공연한 일로 지식사회에 풍파를 일으켜 기존의 학계로부터 도외시될까 우려해 소극적 자세로 자기 몸 사리기에 바빴기 때문일 수도 있고, 어떤 것을 적극적으로 내세울 만한 수준에 이르지 못했기 때문일 수도 있다. 하지만 우리나라의 학문 수준으로 보아 이제는 가능하리라 여겨진다.

이런 점에서 가능하다면, 우리 철학계도 어떤 학단이나 학파가 있었으면 한다. 합리성이 결여된 폐쇄적인 모임이 아니라 학문의 경향성에 따라 모이는 연구 집단이 필요하다. 예컨대, 조선 시대 성리학의 경우를 보면 퇴계와 율곡 사이에, 영남학파와 기호학파 사이에, 인물성동론과 이론 사이에 그랬듯이 말이다. 이는 '보다 확실한 것을 탐구하는 것을 사랑'하는 철학의 뜻에도 어긋나지 않는다. 담론을 펼치다 보면 관련된 것들에 관해, 보다 확실한 것에로 나아갈 수 있다.

한국의 현대철학사를 눈여겨보면 상당수의 철학자들이 어느 한 인물이나 분야에 치중해 해당 인물이나 분야에만 갇혀 버리는 경우가 많다. 이런 연구 방식은 깊게 아는 데는 도움을 줄지라도 특정한 범위 밖에 관해서는 어둡게 할 수 있다. 그런 풍토 속에서도 폭넓게 연구한 철학자들도 있어 큰 도움을 주었다. 박종홍·한치진·이재훈·최재희·김준섭·전두하·최동희·신일철·조가경·소흥렬 등이 이에 해당한다. 또 어떤 철학자들은 철학의 대중화에 크게 기여하기도 했다. 철학이 철학자들의 전유물이 되어 가는 것에 아쉬움을 느꼈기 때문이다. 김태길·김형석·안병욱·박이문 등은 수필을 통해, 그리고 알기 쉬운 표현을 통해 일반인들이 철학에 대해 친근감을 지닐 수 있게 하는 데 이바지했다. 이들의 노력으로 철학은 철학자들만의, 나아가서는 몇몇 사람들만 알 수 있는 전문성의 영역이나 분야에서 벗어날 수 있었다.

3.

『한국현대철학사』는 가능한 많은 자료를 정확한 자료(사료)를 근거로 상당 부분을 편년체 형식으로 서술했다. 앞으로 다룰 내용은 1981년부터 대학 정원이 대폭 늘어나고, 상당수 대학에 철학과가 개설되고, 많은 학자가 국내외에서 철학을 공부한 뒤 대학이나 연구소에 자리 잡고, 각종 철학회가 창립되는 시기와 맞물려 있다. 2008년 서울대에서 열린 제22회 세계철학대회(XXII World Congress of Philosophy, 7월 30일~8월 5일)도 한국철학사에서는 하나의 큰 획을 긋는 일이 될 것이다. 그 대회의 표어는 '오늘의 철학을 다시 생각한다'였다.

이 책은 주로 국내 주요철학 학술지에서 다룬 자료들과 철학자들의 저서들에 근거해 서술되었다. 자료가 확보되어야 그것을 근거로 관련된 책들도 서술될 수 있다. 이런 점에서 한국현대철학사에 관한 책들이 앞으로 계속 출판되었으면 한다. 좀 더 완전한 철학사는 그런 과정을 거쳐 세상에 나올 것이다. 이 책은 보다 완전한 철학사를 기다리는 그런 바람에서 쓰여졌다.

이 책이 과거 우리나라에서 있었던 철학과 관련된 자료들을 소개함으로써 철학에 관심을 지닌 사람들이 공부하는 데 조금이라도 도움이 되었으면 하는 것이 필자의 마음이다. 여기에 정리된 과거의 사실들이 미래의 누군가가 연구분야나 관심분야를 정하는 데 도움이 되길 바란다. 3년 간의 긴 군 복무 후 늦깎이로 대학에 입학해서 철학공부를 시작한 필자가 겪었던 어려움이 있었기에 그렇기도 하다.

아울러, 우리나라에도 철학사를 전공하는 학자층이 있었으면 하는 바람이다. 철학사를 공부하면 보다 폭넓게 철학을 이해하고, 무엇이 중요한 것인가에 보다 관심을 지닐 수 있고, 철학의 흐름을 보다 체계적으로 정리할 수 있기 때문이다. 이것이 필자가 이 책을 펴내면서 지니는 바람이다. 끝으로 『한국현대철학사』의 II부 해방 후의 부분에서 국토분단으로 인해 자료수집에 한계가 있어 북녘의 경우는 다루지 못했다. 앞으로 우리나라 전체를 아우르는 철학사가 출판되는 날이 오기를 기다린다.

연표

1724	신후담이 지은 『서학변(西學辨)』에 '비록소비아(斐錄所費亞)'란 개념 등장
1868	이정직, 북경에 가서 신학문 공부. 후에 『배근학설』, 『강씨철학설대략』 등 저술. 체계적인 철학사 저술. 철학이란 용어가 널리 사용됨.
1879년 이전	최한기, 중국을 통해 서구의 과학적 철학사상 수용
1881. 6.~ 1885.12	유길준, 공리주의적 계몽가인 후쿠자와 유키치(福澤諭吉)와 진화론자인 모스(E. S. Morse, 미국 세일럼시 박물관장)로부터 배움. 더머 아카데미(Dummer Academy)에 잠시 재학
1889	유길준, 『서유견문』에서 '철학'이란 용어의 뜻을 '지혜를 애호해 이치를 통하기 위한 학문'이라고 정확하게 소개.
1895. 4. 25.	『서유견문』 간행.
1896. 4. 7.	서재필, 『독립신문』 창간(주필: 서재필, 조필: 주시경)
1903~1910	이정직, 「칸트철학설 대략」 발표
1906	숭실학당 대학부에서 철학개론·논리학·심리학 강의 시작
1912	• 이인재, 희랍철학을 비판적으로 소개하는 『희랍고대철학고변』 저술. • '비룡소비아(飛龍少飛阿)'의 번역어로 '철학' 언급
1916. 9	이광수 와세다대 철학과 입학(3학년까지 수학).
1917. 11. 16.	최두선, 와세다대 철학과 졸업. 「철학이란 何오」(『청춘』 11호)에서 '철학의 특성' 소개
1918. 4. 16.	최두선, 「근대철학의 선도자 데카르트」(『청춘』 13호) 발표, 데카르트의 생애와 사상을 소개
1920	전병훈, 『정신철학통편』 펴냄
1920	방정환, 3·1 독립운동 참여 일로 보성전문을 못 다니게 되자 일본 도요대 철학과에 입학해, 아동심리학·아동예술 연구
1921	이관용, 「의식의 근본사실로서의 의욕론」으로 박사학위(스위스 취리히대) 취득

1922~1925	최두선, 독일 유학(마르부르크대, 예나대, 베를린대에서 수학)
1925	김중세, 「희랍철학의 비판」이란 논문으로 박사학위(독일 라이프치히대) 취득
1923. 7. 16.	이관용, 「원학인 철학」(『신생명』 창간호). '철학' 대신 '원학(原學)' 사용 주장
1925	백성욱, 「불교의 형이상학」이란 논문으로 박사학위(독일 뷔르츠부르크대) 취득
1925	최현배, 교토제대 철학과 졸업
1926	채필근, 윤태동 도쿄제대 철학과 졸업
1926	경성제대 법학부 철학과 창설
1927	최남선, 「불함(Părkăn)문화론(不咸文化論)」을 『조선과 조선민족(朝鮮及朝鮮民族)』 1집에 게재
1928	안호상 독일에서 「헤르만 롯체의 관계문제를 위한 의미」로 박사학위(예나대) 취득
1928. 4. 1.	한치진, 「철학과 인생」(『조선지광』 77호) 게재
1928. 6.	한치진, 「중국윤리체계비판: 불교, 도교, 그리고 유교(A criticism of Chinese ethical systems: Buddhism, Taoism and Confucianism)」로 박사학위(미국 남가주대) 취득
1926	김법린·이정섭, 파리대 철학과 졸업(학사)
1929	경성제대 철학과 제1회 졸업생 배출
1929	김계숙, 「H. Cohen의 순수논리학에 있어서의 Ursprung에 관하여」(경성제대 졸업논문)
1929	김두헌, 「Benedetto Croce의 실천의 철학」(도쿄제대 졸업논문)
1929. 7. 1.	박동일, 「칸트로부터 흄까지 인과문제의 발전」(『불교』 61호) 발표
1929. 7. 15.	『신흥』 창간호 발행 • 진리와 정확의 구별/ 권세원 등
1929. 12. 7.	『신흥』 2호 발행 • 사색 방법에 대한 서론/ 김계숙 등
1930	정석해, 파리대 철학과 졸업(학사)
1930	『신흥』 3호 발행 • 미학의 사적(史的)개관/ 고유섭 등

1931. 1. 5.	『신흥』 4호 발행 • 철학과 자연성과의 관계/ 김계숙 등
1931	한치진, 『논리학개론』 출판(논리학에 관한 최초의 단행본)
1931. 7. 5.	『신흥』 5호('헤겔 백년제 기념논문') 발행 • 헤겔 백년제와 '헤겔부흥'/ 신남철 등
1931.12. 20.	『신흥』 6호 발행 • 조선 탑파개설/ 고유섭 등
1932. 12.	『신흥』 7호 발행 • 민족이론의 3형태/ 신남철 등
1932. 11. 1.	『신동아』 13호, '스피노자 탄생 3백주년기념 글' 수록
1933	철학담화회, 경성제대 철학과 연구실에서 정기적인 모임
1933	• 고형곤, 「Schelling은 어떻게 Fichte를 넘어섰는가」(경성제대 졸업논문) • 박종홍, 「Heidegger에 있어서의 Sorge에 관하여」(경성제대 졸업논문)
1933. 7. 17.	철학연구회 철학전문학술지 『철학』 창간호 발행(발행 및 편집인: 이재훈) • '철학하는 것'의 출발점에 대한 한[一]의문/ 박종홍 • 외계실재의 근거/ 이종우 등
1934. 3. 3.	안호상, 「헤겔의 철학의 시초와 논리학의 시초」(『보전학회논집』 1집)
1933. 3.	박종홍, 「모순과 실천」(동아일보) 게재
1934. 4. 1.	『철학』 2호 발행 • '철학하는 것'의 실천적 지반/ 박종홍 • 존재·인식/ 이재훈 등
1934	갈홍기 「비교종교학적 입장에서 본 천도교」라는 논문으로 박사학위(미국 시카고대) 취득
1935. 2.	박종홍, 「하이데거에 있어서의 지평의 문제」(일본어)(『이상』) 게재
1935. 5.	『신흥』 8호 발행 • 마하주의에 대한 편상(片想)/ 소철인 등
1935. 6. 20.	『철학』 3호 발행 • 교육원리로서의 개성과 사회와 문화/ 이인기 • 사회학의 논리적 구조 – 한개의 소묘 – / 전원배 등
1935. 6.	이재훈(『철학』 발행 및 편집인) 사상범으로 수감, 『철학』 폐간, 철학연구회 해산
1936	한치진, 『최신철학개론』 출판(철학에 관한 최초의 단행본)

1936. 6. 1.	전원배, 「현대독일철학과 나치스의 세계관」(『사해공론』 2권 6호)에 게재
1937. 1. 18.	『신흥』 9호 발행 • 인식, 신체 급(及) 역사/ 신남철 • 세대사관(世代史觀) 비판(其一)/ 박치우 등
1937. 2.	박희성, 「주관론과 직관(Subjectivism and intuition)」으로 박사학위(미시간대) 취득
1938	김두헌, 『윤리학개론』(일어판)출판
1938	최재희, 「소크라테스에 있어서의 선(善)의 규정」(경성제대 제출논문)
1939	고유섭, 『조선의 청자(朝鮮の青瓷)』(일본 호운샤)를 출간.
1941	안호상, 『헤겔에 있어서의 판단의 문제(독일어)』(『철학연구』(경도제대)) 발표
1942. 6. 1.	안호상, 『철학강론』(동광당서점) 발행.
1943	김준섭, 「Kant의 시간론」(동북제대 제출논문)
1945. 8. 15.	해방
1945년 말	경성대학 철학과 편입생 모집
1945. 9. 3.	조선학술원 규장이 심의를 거쳐 확정
1946. 6. 1.	김준섭, 『철학요론』(웅변구락부 출판부) 펴냄
1946. 8. 15.	고려대학교 설립 인가, 문과대학에 철학과 개설(교수진: 이종우, 박희성, 이상은, 김기석), 9월부터 수업 시작
1946. 8. 22.	국립서울대학교 설치령, 10월 15일 개교(철학과 교수진: 안호상, 김두헌, 박종홍)
1946. 8. 25.	조선학술원 논문집 『학술』 1집 발간
1946	이재훈, 『민족의식과 계급의식 - 조선의 금명일 -』; 김준섭, 『철학개론』(세계서림) 펴냄(『철학요론』 개정증보판)
1947. 1.	김용배, 『철학신강』(금용도서주식회사) 펴냄
1948	신남철, 『역사철학』(서울출판사), 『전환기의 이론』(백양당); 이재훈, 『철학개론』(동국문화사); 안호상, 『논리학』(문화당), 『철학강론』 (박문출판사)(1942년 펴낸 것 증보); 박종홍, 『일반 논리학』(박영사); 한치진, 『미국 실용주의; 이종우, 『철학개론』(을유문화사) 각각 펴냄
1949	현상윤, 『조선유학사』(민중서관); 김준섭, 『서양철학사』(정음사)(국내 첫 서양철학사 책) 펴냄

1949	고유섭의 미술문화 관련 논문 33편을 묶어 『조선미술문화사논총』(서울신문사) 출간
1949	김용민, 「바우흐(Bruno Bauch)의 진리론」으로 석사학위(서울대) 취득
1950	김하태, 「칸트 이후 관념론에서의 의지에 관한 학설이 로이스철학에 미친 영향(The influence of the doctrine of the will in Post-Kantian idealism upon the philosophy of Josiah Royce」으로 박사학위(남가주대) 취득
1952	김두헌, 「한국가족제도연구」로 박사학위(서울대) 취득; 김준섭, 「변증법(Dialectical method)」으로 박사학위(컬럼비아대) 취득
1953. 9. 28.	한국철학회 창립준비위원회 개최(서울대 교무처장실)
1953. 10. 1.	한국철학회 창립총회(서울문리대 철학연구실). 규약통과 및임원선출(회장: 고형곤. 부회장: 박종홍, 이종우. 상임간사: 김기석. 편집위원: 손명현, 최재희, 김경탁, 김기석, 박종홍, 이종우, 고형곤
1953. 10. 24.	한국철학회 제1회 연구발표회(성균관대 연구실) • 역(易)에 대한 연구/ 구본명
1953. 11. 21.	한국철학회 2회 연구발표회(서울문리대 7강의실) • 칸트와 주체성의 입장/ 김기석
1953. 12. 29.	한국철학회 3회 연구발표회(서울문리대 철학연구실) • 자유에 관하여/ 손명현
1954	일어로 된 고유섭의 『조선의 청자』(1939)를 진홍섭이 번역하여 을유문화사에서 출간
1954. 2. 27.	한국철학회 4회 연구발표회(서울문리대 8강의실) • 생명의 정의/ 박희성 • 프래그머티즘의 역사관/ 이정훈
1954. 3. 23.	전국 대학 및 고등학교장에 한국철학회 취지서 발송
1954. 6.13.	한국철학회 5회 연구발표회(서울문리대 8강의실) • 과학철학의 성격/ 김준섭
1954. 10. 23.	한국철학회 6회 연구발표회(서울문리대 8강의실) • 정치력사관제창/ 김용배
1954. 11. 20.	한국철학회 7회 연구발표회(성균관대) • 인성문제의 초기변론/ 이상은
1954. 11.	김준섭, 『논리학』(정음사)에서 국내 최초로 기호논리학에 관해 서술
1955. 1. 25.	한국철학회 9차 평의원회, 학술지 『철학』 사상계사에 출판 위촉

1955. 5. 10.	한국철학회, 『철학』 창간호 간행(대표: 고형곤, 발행인: 장준하, 발행처: 사상계사)
1955. 7. 3.	한국철학회 8회 연구발표회 • 아우구스티누스의 시간론/ 김규영
1955. 9.	고려대 철학회 『철학연구』 창간호 간행
1955. 9. 12.	한국철학회 9회 연구발표회 • 인간성에 관하여/ 김두헌
1955. 10.	김준섭, 『철학개론』(박영사)을 증보해 펴냄
1955. 11. 12.	한국철학회 10회 연구발표회 • 현대의 진리관/ 정석해
1956. 4. 28.	한국철학회 11회 연구발표회 • 하르트만의 자유의지론/ 최재희
1956. 5.	박종홍, 『지성의 방향』(박영사) 펴냄
1957. 7. 20.	한국철학회, 『철학』 2집 발행(발행처: 대동당)
1958. 11. 21.	고려대 철학회, 『철학연구』 2집 발행
1959	김계숙, 『현대철학사조』(일조각) 펴냄
1960	김계숙, 『서양철학사』(일조각) 펴냄
1960	김계숙, 「헤겔연구」로 박사학위(서울대); 박종홍, 「부정에 관한 연구」로 박사학위(서울대) 취득
1961. 7.	임석진, 「헤겔의 노동개념. 『정신현상학』 해설시론(Der Begriff der Arbeit bei Hegel. Versuch einer Interpretation der 'Phänomenologie des Geistes)」으로 박사학위(프랑크푸르트대) 취득
1962	김태길, 「자연주의와 감동주의 – 도덕판단의 제 양상 – (Naturalism and emotivism – Some aspects of moral judgments –)」로 박사학위(존스홉킨스대) 취득
1962	김재권, 「사회과학과 역사과학에서의 설명(Explanation in social and historical sciences」으로 박사학위(프린스턴대) 취득
1963	하기락, 「니코라이 하르트만에 있어서의 존재론의 문제」로 박사학위(경북대) 취득
1963. 8. 19.	철학연구회 창립
1963. 11. 9.	한국칸트학회 창립

1964. 4.	철학연구회 제1차 연구발표회 개최
1964. 4. 20.	한국칸트학회, 『철학연구』 창간호 발행
1964	김태길, 『윤리학』(박영사) 펴냄
1964	한국칸트학회, 학술지 『철학연구』 1집(창간호) 발행.
1964. 12.	김경탁, 「생성철학적 재구성(I)」 게재(『중국학보』 2집)
1965. 6.	김경탁, 「생성철학적 재구성(II)」 게재(『중국학보』 3집)
1965	한국칸트학회, 『철학연구』 2집 발행
1965	최재희, 「헤겔 『법철학강요』비판」으로 박사학위(서울대) 취득
1965	승계호, 「칸트의 선험논리(Kant's transcendental logic)」로 박사학위(예일대) 취득
1966. 5. 20.	철학연구회, 학술지 『철학연구』 1집(창간호) 발행
1966. 5.	한국칸트학회, 『철학연구』 3집 발행
1966. 10. 31.	한국칸트학회를 한국철학연구회로 학회 이름을 바꿈
1966. 6. 15.	최재희, 『헤겔의 철학사상』(정음사) 출판
1966. 9. 30.	울리히 박사의 강연회, 같은 해 12월 3일 볼노브 교수의 초청강연회 개최(철학연구회)
1966. 7.	김재권, 「심신동일론(On the psycho-physical identity theory)」(*American Philosophical Quarterly*, 3(3))에 게재
1966. 12.	한국철학연구회, 『철학연구』 4집 발행
1967. 6. 17.	철학연구회, 『철학연구』 2집 발행
1967. 9.	김재권, 「동일론논리(The logic of the identity theory)」(*The Journal of Philosophy*, *64*(*17*)) 게재
1967. 10.	한국철학연구회, 『철학연구』 5집 발행
1967	이을호, 「다산경학사상연구」로 박사학위(서울대) 취득
1968	김재권, 「심신법칙과 이론(Psychophysical laws and theories of mind)」(*A Swedish Journal of Philosophy and Psychology*) 게재
1968. 6.	김재권, 「환원, 대응, 동일성(Reduction, correspondence and identity)」(*The Monist*, *52*(*3*)) 게재
1968. 11. 5.	철학연구회, 『철학연구』 3집(박종홍교수 정년퇴임기념호) 발행.

1969	승계호, 예일대출판부에서 영문으로 된 『칸트의 선험적 논리(*Kant's transcendental logic*)』 출판
1969. 11. 1.	한국철학회, 『철학』 3집 발행(12년 만에 3집이 속간됨)
1970. 5.	한국철학연구회, 『철학연구』 10집 발행
1970	고형곤, 「선의 존재론적 규명」으로 박사학위(서울대) 취득
1970. 11. 5.	한국철학회, 『철학』 4집 발행
1970. 11. 10.	철학연구회, 『철학연구』 5집 발행
1971. 3. 13.	한국철학회에서 외국 학회 및 대학에 『철학』 4집 26권을 보냄
1971. 4.	한국철학회, 『철학』 5집 발행(영어, 독어, 불어 논문 각 1편 포함)
1971. 6.	한국철학연구회, 『철학연구』 12집 발행
1971. 7.	김재권, 「원인과 사건: Mackie의 인과성에 관해(Causes and events: Mackie on causation」(*The Journal of Philosophy*, *68*) 게재
1971. 11.	철학연구회, 『철학연구』 6집 발행
1971	윤명로, 「독오학파(獨墺學派)의 객관주의에 관한 연구: 후설과 마이농(Meinong)을 통하여 본」이란 논문으로 박사학위(동국대); 박동환, 「가치론과 정책학(Value theory and the policy sciences)」이란 논문으로 박사학위(남일리노이대) 각각 취득
1972. 5. 20.	한국철학회, 『철학』 6집 발행. 안호상, 단군에 관한 논문을 게재.
1972. 9. 10.	서울대 철학회, 『철학논구』 창간호 발행
1972. 9. 30.	철학연구회, 『철학연구』 7집(박종홍박사 고희기념 특집호) 발행
1972	최명관, 「데카르트의 중심사상과 현대적 정신의 형성」이란 논문으로 박사학위(동국대) 취득; 진교훈, 「막스 쉘러에 있어서 인격(人格)과 사랑의 관계에 관하여(Über das Verhältnis von Person und Liebe bei Max Scheler)」란 논문으로 박사학위(빈대학) 취득
1973. 3.	고려대 아세아문제연구소, 『아세아연구』 16권 1호(통권 49호), 기고봉의 철학사상 집중 조명(이상은, 최동희, 윤사순, 배종호, 이을호, 전두하, 강주진, 채무송이 게재)
1973	장욱, 「포이에르바하의 사유지평으로서의 인간(Mensch als Denkhorizont bei L. Feuerbach)」으로 박사학위(뮌헨대) 취득
1973. 4. 26.	김재권, 「인과성, 통상적 포섭, 사건개념(Causation, nomic subsumption, and the concept of event)」(*The Journal of Philosophy*, *70*(*8*)) 게재

1973. 5. 30.	한국철학회, 『철학』 7집 발행. 김진태(케이스웨스턴리저브대학), 「심리철학의 현황」을 게재
1973. 9. 30.	철학연구회 『철학연구』 제8집 발행(김준섭박사 환력기념 특집호)
1973	김재권, 「인과성과 반사실조건언(Causation and counterfactuals)」(*The Journal of Philosophy*, *70*) 게재
1973. 11. 1.	서울대 철학회, 『철학논구』 2집 발행
1974. 5. 25.	한국철학회, 『철학』 8집 발행. • 윤리판단의 근본원리/ 김태길 • 정의의 의미/ 최명관 등 게재
1974	유승국, 「유학사상형성의 연원적(淵源的)탐구: 인방문화(人方文化)와 관련하여 갑골문 (甲骨文)을 중심으로」(성균관대); 김충렬, 「천인화해론(天人和諧論)」(중국문화대); 이초식, 「확률과 결단 – 규범적 결단론의 메타이론적 탐구 – (Wahrscheinlichkeit und Entscheidung – Eine Metatheoretische Untersuchung zur normativen Entsheidungstheorie –)(잘츠부르크대); 소흥렬, 「인간행위에 관한 인과설명(Causal explanation of human action)」(미시간대); 이명현, 「의미, 언어 그리고 삶의 형식에 관한 후기 비트겐슈타인의 성찰(The later Wittgenstein's reflections on meaning, language and forms of life」(브라운대)로 각각 박사학위 취득
1974. 11. 10.	철학연구회, 『철학연구』 9집 발행. • Quine의 원초적 번역의 불확정성론 – 그 비판적 검토 – / 이명현 • Kant에 있어서 과학으로서의 형이상학/ 손봉호 등 게재
1974	김재권, 「비인과결합(Noncausal connections)」(*Noûs 8*, 1974)을 게재
1975. 6. 25.	한국철학회, 『철학』 9집 발행. • Husserl 현상학의 현대적 의의/ 윤명로 • 귀납의 부정론과 긍정론/ 이초식 등 게재
1975. 12. 1.	철학연구회, 『철학연구』 10집(고형곤 박사 고희기념호) 발행. • 근원적 자유의 이념에 관한 연구/ 김준섭·김태길·박홍규 • 한국철학사의 시발점 문제/ 한상련 등 게재
1975	한전숙, 「후설에 있어서의 데카르트적 길과 비(非) 데카르트적 길」(서울대); 김영철, 「도덕적 의무에 관한 연구」(고려대); 신일철, 「신채호의 역사사상연구 – 양계초를 통한 서구사상수용을 중심으로 – 」(고려대); 윤사순, 「퇴계의 가치관에 관한 연구」(고려대); 조요한, 「아리스토텔레스의 철학」(숭전대); 김용정, 「칸트에 있어서의 자연과 자유에 관한 연구: 과학 철학과 연관하여」(동국대); 유정동, 「퇴계의 철학사상 – 궁리와 거경을 중심으로 – 」(성균관대); 이동준, 「16세기 한국성리학파의 역사의식에 관한 연구」(성균관대); 박영식, 「비트겐슈타인의 『논리철학논고』에서의

	검증성의 개념」(에머리대); 백승균, 「역사와 역사성: 야스퍼스의 철학에 있어서 역사적 사유에 대한 연구(Geschichte und Geschichtlichkeit; Eine Untersuchung zum Geschichtsdenken inner Philosophie von K. Jaspers)」(튀빙겐대); 강성위, 「근인애와 원인애 – 하르트만의 비판론 – (Nächstenliebe und Fernstenliebe – Eine kritische Auseinandersetzung mit Nicolai Hartmann –)」(마인츠대)로 각각 박사학위 취득
1976. 6. 3.	한국철학회, 『철학』 10집 발행 • 말할 수 없는 것들을 말하는 것(To say the unsayable)/ 박인희 • 결정불가능성으로부터의 출구(A way out from the undecidability)/ 이건원 등 게재
1976	승계호, 예일대출판부에서 『문화주체론(*Cultural thematics*)』 출판(영문)
1976	최동희, 「신후담/안정복의 서학비판에 관한 연구」로 박사학위(고려대) 취득
1976. 12. 11.	한국철학회 분석철학연구회 창립
1976. 12. 18.	한국철학회 현상학분과 연구회 창립
1977. 6. 22.	한국철학회, 『철학』 11집 발행. • 희랍철학을 통해서 본 만듦의 문제/ 박종현 • 정의적 의미의 기원 – C. L. Stevenson의 의미론 시비 – / 황경식 등 게재. 그 외에 박이문은 논평란에서 「최근 불란서 철학계의 동향 – 이념학을 중심으로 – 」를 소개
1977	소광희, 「시간과 시간의식」(서울대); 정인재, 「맹자심학지연구(孟子心學之硏究)」(중국문화대)로 각각 박사학위 취득
1978. 2. 25.	홍선희, 「헤겔의 모순론 연구」로 박사학위(고려대) 취득
1978. 6. 20.	한국철학회, 『철학』 12집 발행. • 도덕판단의 성립요건 – 도덕적 입장의 제조명 – / 황경식 • 지행합일이란 무엇인가?/ 정대현 등
1979	한국철학회, 『철학』 13집 발행(6.10). • 선험적 구상력의 근원적 특성/ 최재희 • 환원적 분석/ 김여수 • 장자의 도와 자연의 문제/ 최염렬 등 정대현, 「지식개념의 일상언어적 분석 – 그 역사발전과정을 중심으로 – 」로 박사학위(고려대) 취득
1979. 12.	철학연구회 1979년 추계연구발표회(이화여대) • 발표주제: 심리철학의 문제 • 소흥렬이 「심신동일론」, 신오현이 「자아동일론」을 발표하고 전자에 관해 김여수·조승옥이, 후자에 관해 신구현·이명현이 논평

1980. 7. 15.	한국철학회, 『철학』 14집 발행. 특집: 인간과 그의 권리 • 인간사회 – 그 이상과 현실 – / 김태길 • 인권의 형이상학적 근원과 윤리적·정치적 성격 – 미국 혁명사상을 중심으로 – / 서광선
1980	김영진은 「처방주의와 신자연주의: 헤어, 푸트, 그리고 워녹(Prescriptivism and Neo-Naturalism: Hare, Foot and Warnock)」(뉴욕주립대)으로, 엄정식은 「자유와 결정론의 양도논법에서 신비스런 자아개념(The mystic notion of the self in the dilemma of freedom and determinism)」(미시간주립대)으로, 송병옥은 「잉가르덴에 있어서의 인과성의 문제(Das Kausalitats Problem bei R. Ingarden)」(튀빙겐대)란 논제로 각각 박사학위 취득

참고문헌

고범서(1980). 「현대 영미 사회윤리의 사조에 관한 연구」. 『한국사상과 윤리』(pp.161-234). 한국정신문화연구원.

고려대 아세아문제연구소(1965,'66,'69,'72,'73). 『아세아연구』 8,9,12,15,16.

고유섭(1963). 『한국미술사 및 미술논고』. 서울: 통문관.

고유섭(1966). 『한국미술문화사논총』. 서울: 통문관.

구본명(1957). 「동양적 인간관」. 『철학』, 2: 40-62.

권국석(1929). 「현상학의 진리설에 대하여-Husserl의 『논리학연구』를 중심으로-」. 『신흥』, 2: 55-61.

권덕용(1978). 「석도(石濤)의 그림과 화론(畫論)」. 『숙대 논문집』, 18: 11-36.

권덕주(1972). 「동양예술상 기운(氣韻)의 문제」. 『미학』, 2: 215-230.

권덕주(1974). 「당대 수묵화의 전개」. 『숙대논문집』, 14: 9-30.

권덕주(1974). 「중국 산수화의 선적 의미(禪的意味)」. 『숙대학보』, 14: 123-141.

권덕주(1975). 「소동파의 화론」. 『숙대논문집』, 15: 9-27.

권덕주(1977). 「동기창(董其昌)의 예술사상」. 『숙대 논문집』, 17: 9-33.

권덕주(1977). 「장자(莊子)의 예술정신」. 『미학』, 4: 23-41.

권덕주(1979). 「종병(宗炳)의 『화산수서(畵山水書)』 고석(考釋)」. 『숙대 논문집』, 19: 37-52.

권세원(1933). 「철학이란 무엇이냐, 철학의 영원성에 대하여」. 『철학』(철학연구회), 창간호: 17-27.

권영필(1977). 「중앙아시아 벽화고(考)-국립중앙박물관소장 벽화와 관련하여-」. 『미술자료』(국립중앙박물관), 20: 10-23.

금장태(1974). 「유학에 있어서 지(知)의 문제」. 『성균관대 논문집』, 19: 227-246.

금장태(1980). 『유교와 한국사상』. 서울: 성균관대출판부.

김경자(1975). 「왕유와 남종화(南宗畵)의 재고론」. 『미학』, 3: 19-35.

김경자(1978). 「동양화론 이해에 대한 소고(小考)」. 『미학』, 5: 27-37.

김경탁(1958). 「생성철학의 구성」. 『철학연구』(고려대 철학회), 2: 7-17.

김경탁(1964). 「생성철학적 재구성(I)」. 『중국학보』, 2: 1-15(중국어).

김경탁(1965). 「생성철학적 재구성(II)」. 『중국학보』, 3: 83-105(중국어).

김경탁 지음/정인재 교역(2007). 「생성철학의 구성」. 『김경탁 선생의 생성철학』(pp.191-287). 서울: 한울. (1964, 65년에 각각 발표한 「생성철학의 재구성(I)과 「생성철학의 재구성(II)」

을 합해 다시 편집한 것임).

김계숙(1929). 「코엔철학에 관한 단편」. 『신흥』, 창간호: 40-55.

김계숙(1931). 「철학과 자연성과의 관계」. 『신흥』, 4: 60-68.

김계숙(1955). 『근세철학사』. 서울: 한성도서.

김계숙(1959). 「헤겔에 있어서의 자유와 윤리의 문제」. 『서울대 논문집(인문사회과학)』, 8: 159-237.

김계숙(1959). 『현대철학사조』. 서울: 일조각.

김계숙(1960). 『서양철학사』. 서울: 일조각.

김계숙(1968). 『듀이의 철학』. 서울: 심리교육논총.

김계숙(1970). 「헤겔에 있어서의 〈생〉의 문제」. 『철학연구』(철학연구회), 5: 1-12.

김계숙(1973). 「헤겔철학과 프래그머티즘」. 『학술원 논문집(인문사회과학)』(대한민국 학술원), 12: 1-30.

김계숙(1975). 「이성과 실존」. 『학술원 논문집(인문사회과학)』(대한민국 학술원), 14: 23-63.

김계숙(1977). 「한국교육철학의 과제와 전망 – 한국교육이념의 정립을 중심으로-」. 『교육사교육철학』, 1: 10-18.

김근수 엮음(1988). 『신흥』(상·하 영인본). 서울: 태학사.

김기석(1955). 「칸트와 바울-칸트철학의 일(一)통로-」. 『철학』, 1: 76-95.

김기주(1975). 「단원 회화의 화론적 접근」. 『미학』, 3: 36-60.

김기주(1978). 「미학적 세계관」. 『인하』(인하대), 14: 161-175.

김길환(1972). 「율곡성리학에 있어서 실학개념과 체계」. 『아세아연구』, 15(2): 97-126.

김동화(1956). 「연기설에 대한 관견」. 『서울대 논문집』, 1: 128-162.

김동화·목정배·고익진·김영태(1973). 「불교사상이 신라의 삼국통일에 미친 영향. 『동국대 논문집』, 12: 11-114.

김두헌(1933). 「윤리적 평가의 이념」. 『철학』, 창간호: 82-95.

김두헌(1952). 『윤리학개론』. 서울: 정음사.

김두헌(1971). 「신인(神人)과 인신(人神)」. 『철학』, 5: 5-19.

김복영(1977). 「현대예술에 있어서 역사인식의 문제」. 『미학』, 4: 57-74.

김봉수(1973). 「의미론의 제 학설에 대한 검토」. 『철학연구』(철학연구회), 8: 89-112.

김석목(1955). 「휴맨의 죄악성」. 『철학』, 1: 96-124.

김승택(1978). 「칸트 인식론의 구조」. 『철학연구』(고려대), 5: 1-27.

김여수(1970). 「비트겐슈타인과 본질철학의 종언」. 『철학연구』(철학연구회), 5: 95-108.

김여수(1979). 「환원적 분석」. 『철학』, 13: 43-58.

김여수(1979). 「심신동일론에 대한 Review」. 『심리철학의 문제』(추계연구발표회 발표논문집)(pp. 35-42). 서울: 철학연구회.

김영수(1937). 「5교양종에 대하여」. 『진단학보』, 8: 278-304.

김영철(1958). 「감동주의적 윤리설은 주관주의인가?」. 『철학연구』(고려대), 2: 54-66.

김영철(1962). 「형이상학은 배제되었는가?-논리실증주의를 중심으로-」. 『건국학술연구원 학술지』, 4: 91-119.

김영한(1980).「어거스틴의 내적 경험의 신학」.『철학』, 14: 125-142.
김용배(1947).『철학신강』. 서울: 금용도서주식회사.
김용배(1948).『미학·예술학』. 서울: 동방문화사.
김용배(1955).「정치력사관의 제창」.『철학』, 1: 125-157.
김용섭(2005).『남북학술원과 과학원의 발달』. 서울: 지식산업사.
김용정(1969).「라이프니츠의 보편기호법사상과 역의 논리」.『철학』, 3: 82-109.
김위성(1975).「프레게의 개념론 분석」.『부산수산대학 논문집(인문사회과학편)』, 14: 179-194.
김인관(1980).「로만 잉가르덴(Roman Ingarden) 연구－문예작품의 인식과 가치평가－」.『독일 문학』, 24: 45-67.
김임수(1977).「칸트에 있어 미학과 목적론의 관계」.『미학』, 4: 75-89.
김재권(1994).『수반과 심리철학』(정대현 외 옮김). 서울: 철학과현실사. (1973년에서 1991년까 지 김재권이 발표한 논문 15편을 선정해 우리말로 옮긴 책임.)
김재권(1999).『심리철학』(하종호·김선희 옮김). 서울: 철학과현실사. (원서인 *Philosophy of mind*는 1996년에 Westview Press에서 출판되었음.)
김정선(1976).「양상논리의 존재론적 기초(I)」.『철학연구』(철학연구회), 11: 137-154.
김종태(1978).『동양화론』. 서울: 일지사.
김준섭(1955).「고전논리학과 형식논리학」.『철학』, 1: 138-151.
김준섭(1956).「유형론의 논리적 분석」.『서울대 논문집(인문사회과학)』, 4: 253-280.
김준섭(1958).『현대철학』. 서울: 정음사.
김준섭(1963).『과학철학서설』. 서울: 정음사.
김준섭(1966).「과학적 인과성의 현대적 의미에 관한 연구」.『서울대 논문집(인문사회과학)』, 12: 225-258.
김준섭(1970).「시간과 공간개념의 변혁이 사회과학에 미치는 영향」.『서울대 논문집(인문사회과학)』, 16: 35-70.
김준섭(1974).「기술과 설명에 관한 연구」.『학술원 논문집(인문사회과학)』(대한민국학술원), 13: 51-73.
김준섭(1974).『논리학』. 서울: 정음사.
김준섭(1975).『철학과 논리의 연구』. 서울: 서울대출판부.
김준섭(1985).「확률성과 귀납법의 연구」.『철학과 논리의 연구』(pp.1-47). 서울대출판부. (원 논문은 1968년『인문사회과학』(서울대), 14집에 실림).
김충렬(1977).『중국철학산고』. 서울: 범학도서.
김태길(1961).「평가적 발언의 의미와 그 타당성에 관하여」.『인문과학』(연세대), 6: 91-114.
김태길(1962).「평가판단의 논리에 관하여」.『학술원 논문집(인문사회과학)』(대한민국학술원), 3: 1-162
김태길(1964).『윤리학』. 서울: 박영사.
김태길(1974).「윤리판단의 근본원리」.『철학』, 8: 33-67.
김태길(1976).「철학」.『서울대학교30년사』(pp.573-576). 서울: 서울대출판부.

김태길·김준섭·박홍규(1975). 「근원적 자유의 이념에 관한 연구」. 『철학연구』(철학연구회), 10: 17-57.
김태오(1955). 『미학개론』. 서울: 정음사.
김하우(1980). 「중관(中觀)의 전오방식(轉悟方式)에 있어서 불가득의(不可得義)」. 『철학연구』(고려대), 6: 13-41.
김항배(1980). 「노자의 도에 관한 연구」. 『철학』, 14: 163-190.
김형석(1958). 「시간의 실천적 구조」. 『인문과학』(연세대), 2: 69-118.
김형석(1971). 「기독교사관의 철학적 이해. 『연세논총』, 8: 35-52.
김형석(1971). 「역사에 있어서의 이념의 문제」. 『인문과학』(연세대), 24·25: 121-140.
김형효(1972). 「율곡과 메를로뽕띠와의 비교연구」. 『유교학논총』(민태식박사고희기념회).
대한민국 학술원(1976). 『학술총람』, 11집 〈철학편(1901-1975)〉.
대한민국 학술원(1987). 『학술총람』, 37집 〈철학편(II)(1976-1985)〉.
도서출판 광주 편집부(1988). 『조선철학사 연구』. 광주: 도서출판 광주.
동아출판사 백과사전부(1988). 『동아세계대백과사전』, 12, 19, 24권. 서울: 동아출판사.
문명대(1978). 『한국미술사학의 이론과 방법』. 서울: 열화당.
민경석(1969). 「화이트헤드의 삼성론적 유한신관과 그 문제점」. 『철학』, 3: 60-81.
박범수(1980). 「예술의 통일성과 도구성 - 죤 듀이의 예술경험론을 중심으로 - 」. 『덕성여대 논문집』, 9: 55-95.
박상규(1977). 「로만 잉가르덴의 미학사상」. 『현상과 인식』, 봄호.
박상규(1977). 「현상학적 미학에 있어서의 예술의 의미」. 『홍대논총』, 8: 79-94.
박상규(1978). 「베네데토 크로체의 예술철학」. 『현상과 인식』, 겨울호: 163-187.
박상현(1957). 「실존의 자유 - 사르트르의 입장을 극복하면서 - 」. 『철학』, 2: 38-39.
박순영(1978). 「하버마스의 해석학」. 『철학』, 12: 97-118
박영식(1962). 「플라톤의 이데아론. 『인문과학』(연세대), 7: 389-417.
박영식(1969). 「기호논리학의 특수성 - 형식논리학과의 대비 - 」. 『인문과학』(연세대), 21: 13-43.
박영식(1972). 「인문과학으로서 철학의 수용 및 그 전개과정(1900-1965)」. 『인문과학』(연세대), 26: 105-132.
박영식(1978). 「비트겐슈타인의 《논고》에 있어서의 도시와 밀림」. 『연세논총』, 15: 83-104.
박익수(1955). 『과학의 철학 - 문제의 두 방향 - 』. 서울: 백영사.
박정기(1979). 「하이데거 예술론의 의의 - '예술작품의 근원'을 중심으로 - 」. 『미학』, 6: 71-97.
박종현(1968). 「희랍인들의 탐구정신의 전개과정」. 『철학연구』, 5: 59-93.
박종홍(1933). 「'철학하는 것'의 출발점에 대한 1 의문」. 『철학』, 창간호: 1-16.
박종홍(1934). 「'철학하는 것'의 실천적 지반」. 『철학』, 2: 18-37.
박종홍(1948). 『일반논리학』. 서울: 백영사.
박종홍(1953). 『인식논리학』. 서울: 백영사.
박종홍(1959). 「부정에 관한 연구」. 『서울대 논문집(인문사회과학)』, 8집, 73-156.
박종홍(1965). 「최한기의 경험주의」. 『아세아연구』, 통권 20호, 8(4): 1-41.

박종홍(1972). 『한국사상사 〈불교사상편〉』(서문문고 11). 서울: 서문당.
박종홍(1977). 『변증법적 논리』. 서울: 박영사.
박종홍(1998). 「조선미술의 사적 고찰」. 『박종홍전집 I〈1945년 이전 논문〉』(pp.3-102). 서울: 민음사. (원래의 글은 1922년 4월에서 23년 5월까지 『개벽』 22~35호에 12회에 걸쳐 연재됨.)
박종홍(1998). 「심리학의 입장에서 본 심미적 감정의 우위(한전숙 옮김)」. 『박종홍전집 I〈1945년 이전 논문〉』(pp.103-114). 서울: 민음사. (원 논문은 1925년에 작성됨.)
박종홍(1998). 「Heidegger에 있어서의 Sorge에 관하여(김병우 옮김)」. 『박종홍전집 I 〈1945년 이전 논문〉』(pp.161-205). 서울: 민음사. (1933년에 경성제국대학에 제출된 졸업논문)
박종홍(1998). 「하이데거에 있어서의 지평의 문제」. 『박종홍전집 I 〈1945년 이전 논문〉』(pp.302-313). 서울: 민음사. (원 논문은 1935년에 『이상』 지에 실림)
박치우(1934). 「위기의 철학」. 『철학』, 2: 1-17.
박치우(1937). 「세대사관비판(其一)」. 『신흥』, 9: 27-39.
박치우(1946). 『사상과 현실』. 경성: 백양당.
박희성(1955). 「생명의 문제」. 『고려대학교 58주년 기념논문집』(pp.51-65). 고려대.
박희성(1989). 『회의와 진리』(유고집/여훈근 엮음).
방기중(1993). 『한국근현대사상사연구 - 1930~40년대 백남운의 학문과 정치경제사상 - 』. 서울: 역사비평사.
배용일(2002). 『박은식과 신채호 사상의 비교연구』. 서울: 경인문화사.
배종호(1973). 「성리학과 기고봉」. 『아세아연구』, 16(1): 35-63.
배종호(1974). 『한국유학사』. 서울: 연세대출판부.
배종호(1975). 「한남당과 이외암의 인물성동이론의 비판」. 『연세논총』, 12: 29-67.
백기수(1971). 「응용미학의 기초학으로서의 일반미학의 기초개념」. 『미학』, 1: 1-23.
백기수(1972). 「미학의 기초개념」. 『미학』, 2: 59-73.
백기수(1974). 「미학의 의의와 한국미학의 과제」. 『홍익미술』, 3: 30-37.
백기수(1974). 『예술학개설』. 서울: 동민문화사.
백기수(1975). 「미적 체험에 있어서의 시공간적 계기」. 『미학』, 3: 88-105.
백기수(1976). 「미학」. 『서울대학교30년사』(pp.576-579). 서울: 서울대출판부.
백기수(1977). 「현대적 상황에서의 미학의 과제에 관한 성찰적 시론(I)」. 『미학』, 4: 43-56.
백기수(1978). 『미학』. 서울: 서울대출판부.
백기수(1978). 「예술과 테크놀로지 - 테크놀로지 시대에 있어 예술의 반성과 미학의 과제 - 」. 『동아문화』, 14: 158-184.
백기수(1978). 「예술의 미래상」. 『미학』, 5: 97-115.
백기수(1978). 「예술체험의 원리」. 『예술논문집』(대한민국예술원), 17: 25-46.
백기수(1979). 「예술사의 발전원리」. 『예술논문집』(대한민국예술원), 18: 54-74.
서경보(1959). 『불교철학개론』. 서울: 명문당.
서경수(1980). 「불교문화가 한국인의 윤리관에 미친 영향」. 『한국사상과 윤리』(pp.43-74). 서울: 한국정신문화연구원.
서승원(1977). 「부르크하르트(Burckhardt)와 뵐플린(Wölfflin)의 예술사관」. 『미학』, 4: 91-114.

서울대학교30년사편찬위원회(1976). 「서울대학교 학풍 30년」. 『서울대학교30년사』 (pp.543-709). 서울: 서울대출판부.
소광희(1974). 「시간·자아·역사(I)」. 『철학』, 8: 69-104.
소광희(1975). 「실존주의와 한국사상」. 『철학사상의 한국적 조명』(pp.190-206). 서울: 일지사.
소광희(1980). 『시간과 인간의 존재』. 서울: 문음사.
소광희·김정선(1970). 『기호논리학』. 서울: 법문사.
소흥렬(1969). 「논리적 사고와 합리적 사고」. 『인문과학』(연세대), 21: 45-72.
소흥렬(1969). 「설득의 논리」. 『인문과학』(연세대), 22: 49-57.
소흥렬(1969). 「'하나님'과 '존재'」. 『용산기념논문집』(계명대), 325-339.
소흥렬(1971). 「인간의 합리성」. 『연세논총』, 8: 55-70.
소흥렬(1975). 「직접추리에 의한 명제환원의 방법」. 『철학』, 9: 47-55.
소흥렬(1976). 「과학적 설명과 비과학적 설명-헴펠의 설명이론을 중심으로-」. 『서울대』, 창간호: 46-59.
소흥렬(1979). 「심신동일론」. 『심리철학의 문제』(pp.9-23). 서울: 철학연구회.
손명현(1955). 「자유의 근거」. 『철학』, 1: 53-75.
손명현(1969). 「진리의 문제」. 『철학연구』(철학연구회), 4: 23-58.
손봉호(1974). 「칸트에 있어서 과학으로서의 형이상학」. 『철학연구』(철학연구회), 9:99-112.
송긍섭(1967). 「중용의 제례(制禮)원리」. 『철학연구』(한국철학연구회), 5: 65-73.
송상용(1971). 「L'Homme machine의 분석」. 『서울대 교양과정부』, 3: 53-69.
송상용(1976). 「헥켈의 일원론적 자연철학」. 『철학연구』(철학연구회), 11: 193-209.
송영배(2007). 「우암 생성철학의 학문적 의의」. 『김경탁선생의 생성철학』(한국공자학회) (pp.165-191). 서울:한울.
송현주(1974). 「비트겐슈타인의 *Philosophical investigations* 연구」. 『철학연구』(철학연구회), 9: 47-69.
숭전대학교80년사편찬위원회(1979). 『숭전대학교80년사』. 서울: 숭전대출판부.
신구현(1979). 「신오현 교수의 "자아동일성"에 대한 Review」. 『심리철학의 문제』(추계연구발표회 발표논문집)(pp.75-80). 서울: 철학연구회.
신남철(1931). 「헤겔백년제와 헤겔부흥」. 『신흥』, 5: 17-40.
신남철(1931). 「신헤겔주의와 그 비판」. 『신흥』, 6: 29-37.
신남철(1934). 「현대철학의 Existenz에의 전향과 그것에서 생(生)하는 당면의 과제」. 『철학』, 2: 63-80.
신남철(1937). 「인식, 신체 및 역사」 『신흥』, 9: 2-26.
신남철(1948). 『역사철학』. 서울: 서울출판사.
신동호(1968). 「성선설연구」. 『철학연구』(철학연구회), 3: 99-123.
신상규(2022). 「거인을 떠나 보내며」 『철학과 현실』, 132: 235-242.
신오현(1979). 「자아동일성: 문제성과 접근모형」. 『심리철학의 문제』(추계연구발표회 발표논문집)(pp.43-73). 서울: 철학연구회.
신일철(1955). 「화이트헤드의 사건 개념」. 『철학연구』(고려대), 1: 65-77.

신일철(1958).「화이트헤드의 자연관」.『철학연구』(고려대), 2: 67-100.
신일철(1965).「화이트헤드의 미학」.『철학연구』(고려대), 4: 9-19.
신일철(1969).「역사적 이해의 기준문제」.『고려대 논문집 인문·사회과학편』, 15: 75-102.
신일철(1979).「역사의 과학성 문제」.『철학연구』(철학연구회), 14: 21-36.
신일철(1997).『현대사회철학과 한국사상』. 서울: 문예출판사.
『신흥』(1929-1937). 창간호-9호
심상태(1978).「해석학사에서의 하이데거」.『하이데거의 철학사상』(pp.111-160). 서울: 서광사.
안건훈(1978).「공자의 교육철학과 듀이교육철학의 비교」.『교육사교육철학』, 2: 68-79.
안건훈(2007).『역사와 역사관』. 파주: 서광사.
안병주(1961).「자연철학과 처생철학」.『동양철학』(성균관대 동양철학과), 창간호: 129-144.
안상진(1970).「하이데거의 진리문제」.『성곡논총』, 1: 252-290.
안상진(1974).「하이데거의 기본존재론」.『철학논구』(서울대), 3: 1-21.
안상진(1976).「하이데거의 예술론」.『철학논구』(서울대), 5: 1-25.
안상진(1978).「하이데가의 시론」.『철학논구』(서울대), 6: 7-30.
안재홍(1997).「신민족주의의 과학성과 통일독립의 과제」.『동양학술총서 4-동아시아인의 '동양'인식: 19~20세기-(최원식·백영서 엮음)』(pp.261-277). 서울: 문학과 지성사. (원전은 1949년 8월에『신천지』에 실렸음)
안종수(2003).『한국철학사상의 이해』. 부산: 도서출판 소강.
안진오(1970).「장자의 사생관」.『철학연구』(한국철학연구회), 11: 87-121.
안호상(1933).「객관적 논리학과 주관적 논리학」.『철학』, 창간호: 63-81.
안호상(1935).「이론철학과 실천철학에 대하여(지와 행에 대한 一고찰)」.『철학』, 3: 66-72.
안호상(1948).『논리학』. 서울: 문화당.
안호상(1948).『철학강론』. 서울: 박문출판사.
안호상(1972).「단군의 종교와 철학」.『철학』, 6: 3-22.
양희석(1980/1981).『예술철학(상),(중),(하)』. 서울: 자유문고.
엄정식·김재희·백승영·이승종(2008).『서양철학과 주제학: 승계호의 철학과 해석혁명』. 서울: 아카넷.
여훈근(1967).「확률에 관한 연구」.『인문논집』(고려대), 8: 357-402.
여훈근(1980).『현대논리학』. 서울: 민영사.
여훈근(1986).「확률에 관한 세 학설.『현대논리학의 연구』(pp.221-267). 서울: 고려대출판부.
연세대출판부(2003).『홍이섭전집』, 권 7.
열암기념사업회(1998).『박종홍전집 I〈1945년이전논문〉』,『박종홍전집 III〈논리학〉』,『박종홍 전집 V〈한국사상사 2〉』. 서울: 민음사.
오병남(1973).「현대미학의 계보」.『홍익』(홍익대), 2: 183-193.
오병남(1976).「예술의 개념과 정의의 문제」.『서울대 인문논총』, 1: 161-179.
오병남(1977).「연행(performance)으로서의 예술개념」.『철학연구』(철학연구회), 12: 121-138.

오병남(1978).「근대미학 성립의 배경에 관한 연구 – 예술의 체제의 성립과 미의 개념과의 관계를 중심으로 –」.『미학』, 5: 55-96.
오병남(1978).「현대미학의 방향과 문제」.『문학과 지성』, 가을호: 844-868.
오병남(1979).「미적 태도론의 성립과 현대미학의 문제.『미학』, 6: 43-69.
오지호(1977).「미의 원리 – 미적 감정의 육체생리적 근거 –」.『예술논문집』(대한민국예술원), 16: 56-80.
오천석(1947).『민주주의교육의 건설』. 서울: 국제문화사.
오천석(1972).『교육철학신강』. 서울: 교학사.
우현 고유섭전집 간행위원회(2010).『조선탑파의 연구(상총론편)』(우현 고유섭전집 3, 1936년에서 1944년까지 발표했거나 집필한 것들),『조선탑파의 연구(하각론편)』(고유섭전집 4, 1944년 별세 직전까지의 미발표 글),『고려청자』(고유섭 전집 5, 원저인『朝鮮の青瓷』는 1939년 일본 도쿄의 호운샤(寶雲舍)에서 간행되었음). 파주: 열화당.
유길준(1971).『서유견문』. 서울: 일조각. (초판은 1895년 도쿄의 교순사(文詢社)에서 간행됨)
유명종(1962).「주리파형성의 논거」.『경북대 논문집』, 5: 419-432.
유병덕(1975).「승랑(僧朗)과 삼논사상」.『한국불교사상사』(pp.41-74). 익산: 원광대출판부.
유승국(1974).「한국 문화속의 동양문화」.『이성과 현실(박영문고 27)』(pp.8-23). 서울: 박영사.
유승국(1974).「춘추정신과 주체성」.『이성과 현실(박영문고 27)』(pp.61-66). 서울: 박영사.
유정기(1975).「유학의 진리와 사단칠정설의 문제」.『철학』, 9: 3-18.
육당전집편찬위원회(1974).『육당 최남선전집』, 권 10. 서울: 현암사.
윤노빈(1973).「언어와 사상」.『철학연구』(철학연구회), 8: 139-177.
윤대석·윤미란 편(2010).『사상과 현실: 박치우 전집』. 인천: 인하대출판부.
윤명로(1973).「현상학적 방법과 해석학적 방법의 비교연구」,『성곡논총』, 4: 11-37.
윤사순(1972).「박세당의 실천사상 – 일상적 명실관을 중심으로 –」.『한국철학연구』(해동철학회), 2: 89-124.
윤사순(1972).「퇴계의 가치관 – 당위와 필연의 일치 문제를 중심으로 –」.『퇴계학연구』(pp.511-557). 퇴계선생 400주기 기념사업회.
윤사순(1973).「고봉 심성설의 이기론적 특색」.『아세아연구』, 16(1): 173-197.
윤사순(1973).「이규경실학에 있어서의 전통사상 – 그의 도불관을 중심으로 –」.『아세아연구』, 16(2): 213-239.
윤사순(1977).「한국유학의 제문제」.『한국학보』, 6: 189-204.
위상복(2013).『불화 그리고 불온한 시대의 철학 – 박치우의 삶과 철학사상 –』(인문정신의 탐구 12). 서울: 도서출판 길.
은정희(1978).「대승기신론의 진여연기설」.『철학연구』(고려대), 5, 87-112.
이강수(1978).「장자의 지식론」.『철학연구』(고려대), 5, 113-130.
이건원(1978).「형식언어의 의미론」.『철학논구』(서울대), 6: 69-80.
이관용(1923).「원학인 철학」.『신생명』, 창간호: 30-40.
이광래(1978).「의식시간으로서의 시간의식」.『철학연구』(고려대), 5, 131-146.
이규성(2012).『한국현대철학사론 – 세계상실과 자유의 이념 –』. 서울: 이화여대출판부.

이규호(1966). 「사람됨의 뜻 – 철학적 인간학 – 」. 『연세논총』, 4: 83-144.
이규호(1968). 『말의 힘』. 서울: 제일출판사.
이기백(2000). 『한국사신론』. 서울: 일조각.
이길우(1978). 「후설의 현상학적 판단론」. 『철학연구』(고려대), 5: 147-182.
이남영(1971). 「송대 신유가사상의 천인관」. 『철학』, 5: 20-48.
이남영(1972). 「주자철학에서의 도(道)의 본질적 함의」. 『철학』, 6: 59-83.
이능화(1918). 『조선불교통사』(상). (중). (하). 서울: 신문관.
이돈희(1964). 「플라톤 교육철학과 듀이 교육철학의 비교연구」. 『교육학연구』, 2: 72-82.
이동준(1971). 「화담과 율곡철학의 이동(異同)에 관한 고찰 – 기론을 중심으로 – 」. 『철학』, 5: 49-63.
이동준(1972). 「퇴계 경(敬)사상의 철학적 고찰 – 현대적 의의와 관련하여 – 」. 『퇴계학연구』(pp.473-509). 퇴계선생 400주기 기념사업회.
이명현(1966). 「트락타투스(Tractatus)의 중심사상」. 『철학연구』(철학연구회), 1: 112-141.
이명현(1974). 「콰인(W. v. O. Quine)의 원초적 번역의 불확정성론: 그 비판적 검토」. 『철학연 구』(철학연구회), 9: 71-83.
이명현(1976). 「통합과학의 이념과 학문방법론의 문제」. 『서울대』, 창간호: 11-29.
이명현(1979). 「논평: 신 교수의 자아동일성」. 『심리철학의 문제』(추계연구발표회 발표논문집)(pp.80-88). 서울: 철학연구회.
이병도(1936). 「서화담 및 이연방에 대한 소고」. 『진단학보』, 4: 113-126.
이병도(1936). 「이회재와 그 학문 – 조선유학사의 1절(節) – 」. 『진단학보』, 6: 132-147.
이병도(1966). 「박서계(西溪)와 반주자학적 사상」. 『대동문화연구』, 3: 1-18.
이상은(1955). 「인심도심(人心道心)의 원시해석」. 『철학』, 1: 33-52.
이상은(1966). 「한국에 있어서 유교의 공죄론(功罪論) – 현상윤선생의 유교공죄론에 대한 재평가 – 」. 『아세아연구』, 9: 4(12), 1-20.
이상은(1969). 「한국사상사를 논함」. 『아세아연구』, 12(3): 3-13.
이상은(1972). 「유학의 본질과 시대적응 – 이의예지의 역사적 의의 – 」. 『유교학논총』(pp.153-163). 민태식박사 고희기념회.
이상은(1973). 「4·7논변과 대설(對說)·인설(因說)의 의의」. 『아세아연구』, 16(1), 1-33.
이상철(1969). 「야스퍼스 역사철학의 기초문제」. 『서양사논총』(김성근박사 환력기념)(pp.359-386).
이상철(1972). 「실존조명적 역사철학 – 야스퍼스 역사철학연구 – 」. 『연구논총』(서울사대), 2: 61-86.
이상철(1975). 「딜타이에 있어서의 이해의 문제 – 역사인식론을 중심으로 – 」. 『최재희 박사 환력기념논문집』(pp.107-144). 서울: 청림사.
이석윤(1972). 「변증법에 관한 방법론적 고찰」. 『철학』, 6: 23-58.
이선숙(1971). 「야스퍼스에 있어서의 공자의 근본지」. 『철학사상』(동국대), 2: 49-64.
이수윤(1975). 「후설 현상학의 역사적 이해와 그 방법론적 의의」. 『철학연구』(철학연구회), 10: 179-203.
이영구(1972). 「파초(芭蕉)예술에 있어서의 초심(初心)의 문제 – 배구(俳句)해석과 감상의 입장에서」. 『미학』, 2: 199-214.
이영철(1977). 「대상과 트락타투스(Tractatus)」. 『철학논구』(서울대), 5: 69-82.
이영춘(1980). 「하이데거의 시작(詩作)적 사고」. 『제주대 논문집』, 12: 39-55.
이영춘(1966). 「하이데거에 있어서의 존재와 시와 신」. 『철학연구』, 1: 7-33.
이영호(1979). 「선험적 상호주관성과 생활세계 개념의 고찰-선험적 독아론(獨我論)의 극복을 중심으로-」. 『철학연구』(철학연구회), 14: 37-56.
이영화(2003). 『최남선의 역사학』. 서울: 경인문화사.
이완재(1972). 「퇴계선생의 학문적 방법」. 『퇴계학연구』(퇴계선생 400주기 기념사업회).
이우환(1977). 『이조의 민화』. 서울: 열화당.
이을호(1965). 「다산 실학의 수사학적(洙泗學的) 구조」. 『아세아연구』, 8(2): 99-104.
이을호(1966). 『다산경학사상연구』. 서울: 을유문화사.
이을호(1969). 「논어고금주(論語古今註)의 수사학적 고찰」. 『철학』, 3: 110-123.
이을호(1972). 「이동무의 사상설(四象說) 논고」. 『철학연구』(철학연구회), 7: 1-24.
이을호(1974). 「이조후기 개신유학의 경학사상사적 연구」. 『철학』, 8: 133-157.
이인기(1934). 「개성유형과 그 교육적 의의」, 『철학』, 2: 97-118.
이인기(1935). 교육원리로서의 개성과 사회와 문화」. 『철학』, 3: 1-20.
이인옥(1966). 「사관의 연구(I)-역사인식을 중심으로 한 사관의 구조와 본질-」. 『부산대 20주년 기념논문집』(pp.225-237).
이인옥(1973). 「역사적 지식에 대한 연구」. 『부산대 논문집(인문사회과학편)』, 15: 143-159.
이인옥(1974). 「역사에 있어서의 보편」. 『부산대 논문집(인문사회과학편)』, 18: 17-45.
이장범(1980/1982). 「니체의 예술관 소고(小考) I, II」. 『독일문학』, 26: 130-144; 28: 400-415
이재훈(1933). 「구체적 존재의 구조」. 『철학』(철학연구회), 창간호: 28-47.
이재훈(1934). 「존재·인식」. 『철학』, 2: 38-62.
이재훈(1935). 「철학의 문제 및 입장」. 『철학』, 3: 35-65.
이정민(1976). 「쿤의 과학사관」. 『서울대』, 창간호: 30-45.
이정복(1980). 「가다머(Gadamer)에 있어서 해석학적 방법과 이해의 문제」. 『철학연구』(철학연구회), 15: 3-13.
이정숙(1979). 「쉴러미학에 있어서의 인격」. 『미학』, 6: 99-111.
이정호(1968). 「철학에의 언어학적 모색」. 『철학연구』(한국철학연구회), 7: 23-41.
이종우(1933). 「외계실재성의 근거」. 『철학』, 창간호: 48-62.
이종우(1934). 「생의 구조에 대하여」. 『철학』, 2: 81-96.
이종우(1948). 『철학개론』. 서울: 을유문화사.
이종후·권희경(1979). 『미학입문』. 서울: 송원문화사.
이창대(1976). 「플라톤의 2원론적인 세계관과 Psyche」. 『철학』, 10: 3-32.
이창대(1976). 「플라톤의 존재에 관한 분석적 고찰」. 『철학연구』(철학연구회), 11: 25-46.
이창대(1977). 「플라톤의 변증법에 관한 소고-소피스트편 분석을 중심으로-」. 『철학연구』(철학연구회), 12: 23-46.

이초식(1966).「귀납추리의 정당화에 관한 고찰」.『철학연구』(철학연구회), 1: 60-111.
이초식(1970).「도덕판단의 발달에 관한 고찰」.『서울교육대학 논문집』, 3: 107-121.
이초식(1970).「러셀의 수리철학」.『철학』, 4: 444-463.
이초식(1973).「현대 결단논리의 기본사상」.『철학연구』, 8: 39-66.
이초식(1975).「귀납의 부정론과 긍정론」.『철학』, 9: 57-86.
이초식(1978).「루돌프 카르납의 과학적 휴머니즘과 그 비판에 관한 고찰」.『현상과 인식』, 2(3): 173-198.
이초식(2000).「귀납논리와 20세기 한국의 논리교육」.『귀납논리와 과학철학』(이초식 외 지음, pp.188-217). 서울: 철학과현실사.
이초식·피세진(1980).「가치·규범·의사결정의 논리연구」.『철학』, 14: 47-84.
이충우(1980).『경성제국대학』. 서울: 다락원.
이충우·최종고(2013).『다시 보는 경성제국대학』. 서울: 푸른사상사.
이태우(2018).『일제강점기 한국철학 - 한국현대철학의 여명기를 개척한 철학자들의 고뇌와 사유 -』. 서울: 살림터.
이태진(1974).「조선성리학의 역사적 기능 - 그 재평가를 위한 하나의 시론 -」.『창작과 비평』, 3(9): 842-856.
이한구(1972).「딜타이의 삶의 해석」.『철학논구』(서울대), 1: 16-50.
이한구(1976).「칼 포퍼의 역사주의 비판」.『철학연구』(철학연구회), 11: 155-192.
이한구(1978).「딜타이의 이해(Verstehen)의 분석 - 정신과학 방법론을 중심으로 -」.『철학연 구』(철학연구회), 13: 33-60.
이항녕(1974).『법철학개론』. 서울: 박영사.
이화춘(1973).「칸트의 자유에 관한 연구」.『철학』, 7: 26-48.
이홍수(1974).「헤겔의 변증법」.『철학논구』(서울대), 3: 76-104.
임범재(1975).「미의 보편성과 특수성의 문제」.『홍대논총』, 7: 125-138.
임범재(1976).「조형예술로의 전제적 문제」.『홍익』(홍익대), 18(2): 146-152.
임범재(1977).「칸트의 미적 직관」.『홍대논총』, 8: 69-78.
임영방(1976).「르네쌍스 미술과 그 이론적 배경」.『조형』(서울대 미대), 1: 51-69.
임영방(1976).「후기 르네상스 미술과 바사리(Vasari)의 위치」.『예술논문집』(대한민국예술원), 15: 52-68.
임영방(1978).「파노프스키의 미술사관과 미술사관을 위한 고찰」.『예술논문집』(대한민국예술원), 17: 47-67.
임영방(1979).『현대미술의 이해』. 서울: 서울대 출판부.
임영방(1980).「한국고미술을 통해 본 미의식과 전통」.『예술논문집』(대한민국예술원), 19: 64-88.
장문호(1971).「고려시대 예술의 특성에 대하여 - 선(禪)사상적 회화관(繪畵觀)을 중심으로 -」.『미학』, 1: 86-106.
장미진(1977).「현대추상미술에 있어서의 보링거(W. Worringer)적 추상론의 의의」.『미학』, 4: 115-143.
전두하(1967).『존재와 이기-하이데까와 율곡의 비교연구-』. 서울: 선명문화사.

전두하(1972). 「퇴계의 존재론-헤겔철학적 입장에서 본 일(一)해석-」. 『퇴계학연구』(pp.403-472). 퇴계선생 400주기 기념사업회.
전두하(1973). 「퇴계와 관련시켜 본 고봉의 인성론」. 『아세아연구』, 16(1): 135-172.
전원배(1935). 「사회학의 논리적 구조-한개의 소묘-」. 『철학』, 3: 21-34.
정대현(1965). 「칸트의 시간 공간론에 관하여」. 『철학연구』(고려대), 4: 20-30.
정대현(1978). 「일상언어분석」. 『철학연구』(철학연구회), 13: 61-76.
정대현(1978). 「지행합일이란 무엇인가?」. 『철학』, 12: 85-96.
정명오(1972). 「진리의 본질에 대한 존재론적 구명」. 『철학연구』(철학연구회), 7: 89-104.
정명오(1975). 「실존과 윤리」. 『인하대 인문과학연구소 논문집』, 1: 149-159.
정석해(1966). 「인식으로서의 역사」. 『인문과학』(연세대), 16: 55-63.
정인재(2007). 「존재론과 정면대결한 생성철학자 우암 김경탁」. 『김경탁선생의 생성철학』(한국공자 학회 편)(pp.19-106). 서울: 한울.
정종(1978). 「인간 공자의 예술세계」. 『철학연구』(철학연구회), 13: 1-11.
정진(1968). 「칸트의 '관념론 논박'에 관하여」. 『철학연구』(철학연구회), 3: 1-26.
정진(1969). 「칸트에 있어서의 자유의 개념」. 『서울대 교양과정부 논문집』, 1: 333-363.
정진(1971). 「헤겔에 있어서의 자유와 필연」. 『인문·사회과학』, 17: 69-104.
정진욱(1977). 「쉴러(Schiller)미학에 있어 미의 개념과 본질」. 『인문과학』(공주사대), 6: 129-143.
정태혁(1973). 『불교와 기독교』(불교사상대전 6). 서울: 불교사상사.
조가경(1957). 「고대중국의 자연고(考)-정신과 자연의 일치의 양상을 희랍적 세계와 비교하 여 논함-」. 『철학』, 2: 1-19.
조가경(1969). 「직관과 추상」. 『철학』, 3: 1-37.
조명기(1962). 『신라불교의 이념과 역사』. 서울: 신태양사.
조명기(1980). 「원효사상의 특질」. 『한국사상과 윤리』(pp.1-42). 경기: 한국정신문화연구원.
조선미(1978). 「중국전신론(傳神論) 소고(小考)」, 『미학』, 5: 39-54.
조승옥(1979). 「심신동일론에 대한 Review」. 『심리철학의 문제』(추계연구발표회 발표논문집)(pp.25-33). 서울: 철학연구회.
조요한(1970). 「아리스토텔레스의 비극론에 있어서의 카타르시스(Katharsis)에 대한 해석」. 『숭실대 논문집』, 2: 81-93.
조요한(1972). 「아리스토텔레스의 시간관」. 『숭전대 논문집』, 3: 53-65.
조요한(1973). 『예술철학』. 서울: 법문사.
조요한(1975). 「변증법에 대한 플라톤과 아리스토텔레스의 견해 차이」. 『최재희박사 환력기념논문집』(pp.59-106). 서울: 청림사.
조요한(1974). 「예술철학과 한국사상」. 『철학사상의 한국적 조명』(한국철학회)(pp.70-80). 서울: 일지사.
조희영(1974). 「한국의 현대사상에 미친 서양철학의 영향 – 한국에 있어서의 서양철학연구의 제경향 – 」. 『철학연구』(한국철학연구회), 19: 109-138.
주재용(1958). 『선유(先儒)의 천주(天主)사상과 제사문제』. 서울: 경향잡지사.
진교훈(1976). 「플레스너(Helmuth Plessner)의 철학적 인간에 관한 소고」. 『철학』, 10: 99-

114.
진단학회. 『진단학보』 (4),(6).
차봉희(1978). 「아도르노의 사회학적 예술이론」. 『문학사상』, 75: 329-345.
차봉희(1979). 「발터 벤야민의 예술이론」. 『문학과 지성』, 36: 464-517.
차봉희(1979). 「구조주의와 무카롭스키의 미학」. 『문학사상』, 83: 365-383.
차인석(1977). 「사회과학에 있어서 가치문제 – 현상학적 고찰 – 」. 『현상과 인식』, 1(1): 39-46.
차주환(1978). 『한국도교사상연구』. 서울: 서울대출판부.
채희완(1978). 「가면극의 미의식 연구대상으로서의 의의」. 『미학』, 5: 3-25.
채희완(1979). 「공동체의식의 분화와 탈춤구조」. 『미학』, 6: 25-42.
철학연구회(1933/1934/1935). 『철학』, 창간호/제2호/제3호.
철학연구회(1979). 『심리철학의 문제』(1979년도 추계연구발표회 발표논문집).
최남선(2008). 『불함문화론』(정재승·이주현 옮김). 서울: 우리역사연구재단. (원래의 글인 「(Părkăn不咸文化論)」은 1927년 경성의 조선사상통산사에서 펴낸 『조선과 조선민족』 1집에 일문으로 작성되어 실렸음.)
최남선(1930). 「조선불교 – 동방문화사상에 있는 그 지위 – 」. 『불교』, 74: 1-51.
최덕교(2004). 『한국잡지백년』. 서울: 현암사.
최동희(1970). 「한국사상 연구의 과제」. 『고대문화』, 11: 94-99.
최동희(1995). 『서학(西學)에 대한 한국실학의 반응』(민족문화연구총서 12). 고려대 민족문화연 구소.
최동희(2001). 「고대교풍 100년 〈46〉 : 초창기 한국의 동·서철학 연구 중심으로 자리잡아」. 「고대교우회보」 제371호.
최동희·김영철·신일철(1972). 『대학 교양철학』. 서울: 일신사.
최두성(1947). 『역사철학 〈헤겔철학해설총서 제5부〉』. 서울: 신학사.
최명관(1974). 「정의의 의미」. 『철학』, 8: 3-32.
최명관(1975). 「카실러의 언어철학」. 『철학연구』(철학연구회), 10: 101-125.
최명관(1978). 「베르그송의 직관이론」. 『철학』, 12: 5-19.
최민홍(1972). 「원효의 불교철학연구」. 『한국철학연구』(해동철학회), 2: 7-30.
최민홍(1973). 「이퇴계의 객관적 관념론의 철학」. 『한국철학연구』(해동철학회), 3: 34-46.
최염열(1979). 「장자의 도와 자연의 문제」. 『철학』, 13: 59-76.
최재희(1956/1985). 「자유의지론의 한 타입-하르트만의 존재론적 방법에 입각한-」. 『인문사회 과학』(서울대), 4: 203-250; 『최재희전집 V』(pp.456-506). 서울: 삼지원.
최재희(1966). 『헤겔의 철학사상』. 서울: 정음사.
최재희(1971). 『역사철학』. 서울: 청림사.
최재희(1976). 『칸트의 순수이성비판 연구』. 서울: 박영사.
최재희(1985). 「헤겔의 자유의지론」. 『최재희전집 II』(pp.230-244). 서울: 삼지원.
최재희 전집간행위원회(1985). 『최재희전집 IV,V』. 서울: 삼지원.
크리스찬 아카데미(1977). 『정의의 철학』. 서울: 대화출판사.
하영석(1974). 「하르트만에 있어서 의지자유의 문제」. 『철학연구』(한국철학연구회), 19: 1-28.

한국공자학회(2007). 『김경탁 선생의 생성철학 – 우주론의 동양적 창시 – 』. 서울: 한울.
한국정신문화연구원(1996). 『한국민족문화대백과사전』. 9권, 21권, 41권.
한국철학사상연구회(1995). 『강좌한국철학 – 사상·역사·논쟁의 세계로 초대 – 』. 강좌총서 3. 서울: 예문서원.
한국철학회 편(1978). 『한국철학연구』 (상),(중),(하). 서울: 동명사.
한국철학회 편집위원회(2010). 『한국철학의 회고와 전망 – 〈철학〉 100집 출간기념 – 』. 서울: 철학과현실사.
한국학술진흥재단(1993). 『외국박사학위 논문초록집』.
한글학회(1997). 『우리말 큰사전』. 서울: 어문각.
한동원(1978). 「지배와 예속에 관한 정신현상학의 변증법」. 『철학연구』(고려대), 5: 209-141.
한명수(1972). 「퇴계의 경(敬)에 관한 연구」. 『철학연구』(한국철학연구회), 15: 113-129.
한상갑(1972). 「이퇴계의 실체관에 대하여」. 『한국철학연구』(해동철학회), 2: 31-57.
한상련(1963). 「불교역사철학. 『동국사상』(동국대), 2: 42-51.
한상련(1967). 「불교와 형이상학」. 『불교학보』, 5: 239-255.
한상련(1968). 「한국논리학의 구조」. 『동국대 논문집』, 5: 33-58.
한우근(1973). 『한국통사』. 서울: 을유문화사.
한전숙(1966). 「감각과 신체」. 『철학연구』(철학연구회), 1: 34-50.
한전숙(1970). 「후설의 현상학 I」. 『서울대 교양과정부 논문집(인문사회과학편)』, 2: 385-415.
한전숙(1972). 「후설의 데카르트적 길 – 후설의 현상학 II – 」. 『서울대 교양과정부 논문집(인문사회과학편)』, 4: 1-33.
한전숙(1973). 「후설의 현상학은 현상론이 아니냐?」. 『철학연구』(철학연구회), 8: 21-38.
한전숙(1974). 「현상학적 심리학」. 『철학연구』(철학연구회), 9: 19-45.
한전숙(1975). 「후설에 있어서의 비 데카르트적 길」. 『서울대 논문집(인문사회과학)』, 20: 37-66.
한전숙(1979). 「제임스(William James)의 근본적 경험론과 현상학」. 『이석희박사 환력기념 논총』(pp.39-54).
한철하(1973). 「역사와 종말론」. 『철학연구』(철학연구회), 8: 1-19.
한치진(1948). 『미국실용주의』. 서울: 조선문화연구사.
함석헌(1980). 「씨알 혁명의 꿈」(『씨알의 소리』 창간 10주년 기념강연). 서울: 함석헌기념사업회.
현상윤(1949). 『조선유학사』. 서울: 민중서관.
현상윤(2008). 『기당 현상윤 전집 1』. 서울: 나남. (원저인 『조선유학사』는 1949년 서울 민중서관에서 출판되었음)
홍순창(1966). 「역경의 성립에 대하여」. 『철학연구』(한국철학연구회), 3: 61-79.
홍이섭(2003). 「민족사학의 과제」. 『홍이섭전집 7』(pp.117-131). 서울: 연세대출판부. (원래의 글은 1965년 10월, 『세대』 3(9)에 실렸음)
황경식(1977). 「정의적 의미의 기원 – 스티븐슨(C. C. Stevenson)의 의미론 – 」. 『철학』, 11:

39-66.
황경식(1978).「공리주의적 복지개념의 한계」.『철학연구』(철학연구회), 13: 77-104.
황경식(1978).「도덕판단의 성립요건 - 도덕적 입장의 제모형 - 」.『철학』, 12: 55-84.
황산덕(1971).『법철학강의』. 서울: 박영사.

찾아보기

[ㄴ]

[ㄷ]

[ㄹ]

[ㅁ]

[ㅂ]

[ㅇ]

[ㅈ]

[ㅊ]

[ㅋ]

[ㅌ]

[ㅍ]

[ㅎ]

저자 소개

논리학/과학철학(미시간주립대, M.A.), 교육철학(서울대 문학석사) 등을 공부했다. 「대칭·반대칭관계에 의한 인과성분석」으로 철학박사(고려대)를, 「The free will/determinism controversy: Its implications for moral reasoning and education」으로 Ph.D(미주리대)를 각각 취득했다. 지은 책(단독)으로 『논리와 탐구』, 『기호논리학 I』, 『기호논리학과 그 응용』, 『확실성탐구』, 『이분법적 사고방식』, 『과학·기술 그리고 철학』, 『인과성분석』, 『자유의지와 결정론』, 『현대영미철학』, 『역사와 역사관』, 『철학의 제문제』, 『환경문화와 생태민주주의』, 『생명공동체』, 옮긴 책(단독)으로 『철학적 분석』, 『10가지 도덕적 역설』이 있다. 한국교육개발원(KEDI) 연구원, 강원대 교수 등을, 학회활동으로 한국철학회 부회장, 한국환경철학회 회장, 한국역사철학회 회장 등을 역임했다.